ŒUVRES COMPLÈTES

DE VOLTAIRE

TOME TRENTE-TROISIÈME

PARIS
LIBRAIRIE HACHETTE ET Cⁱᵉ
79, BOULEVARD SAINT-GERMAIN, 79

À LA MÊME LIBRAIRIE

ŒUVRES
DES PRINCIPAUX ÉCRIVAINS FRANÇAIS

VOLUMES IN-18 JÉSUS

On peut se procurer chaque volume de cette série relié en percaline, gaufrée, sans être rogné, moyennant 50 cent.; demi-reliure, dos en chagrin, tranches jaspées, moyennant 1 fr. 25, et avec tranches dorées, moyennant 1 fr. 75, en sus du prix marqué.

1re Série à franc 25 c. le volume.

Barthélemy : *Voyage du jeune Anacharsis en Grèce dans le milieu du IVe siècle avant l'ère chrétienne.* 3 volumes.
Atlas pour le Voyage du jeune Anacharsis, dressé par J.-D. Barbié du Bocage, revu par A.-D. Barbié du Bocage. In-8, 1 fr. 50 c.
Boileau : *Œuvres complètes.* 2 vol.
Bossuet : *Œuvres choisies.* 5 vol.
Corneille : *Œuvres complètes.* 7 vol.
Fénelon : *Œuvres choisies.* 4 vol.
La Fontaine : *Œuvres complètes.* 3 volumes.
Marivaux : *Œuvres choisies.* 2 vol.
Molière : *Œuvres complètes.* 3 vol.
Montaigne : *Essais*, précédés d'une lettre à M. Villemain sur l'éloge de Montaigne, par P. Christian. 2 vol.
Montesquieu : *Œuvres complètes.* 3 volumes.
Pascal : *Œuvres complètes.* 3 vol.
Racine : *Œuvres complètes.* 3 vol.
Rousseau (J.-J.) : *Œuvres complètes.* 13 volumes.
Saint-Simon (le duc de) : *Mémoires complets et authentiques sur le siècle de Louis XIV et la Régence*, collationnés sur le manuscrit original par M. Chéruel, et précédés d'une notice de M. Sainte-Beuve, de l'Académie française. 13 vol.
Sedaine : *Œuvres choisies.* 1 vol.
Voltaire : *Œuvres complètes.* 46 vol.

2e Série à 3 francs 50 cent. le volume.

Chateaubriand : *Le Génie du Christianisme.* 1 vol.
— *Les Martyrs ;* — *le Dernier des Abencerrages.* 1 vol.
— *Atala ;* — *René ;* — *les Natchez.* 1 vol.
Fléchier : *Mémoires sur les Grands Jours d'Auvergne en 1665*, annotés par M. Chéruel et précédés d'une notice par M. Sainte-Beuve. 1 vol.
Malherbe : *Œuvres poétiques*, réimprimées pour le texte sur la nouvelle édition des *Œuvres complètes de Malherbe*, publiées par M. Lud. Lalanne dans la Collection des GRANDS ÉCRIVAINS DE LA FRANCE. 1 vol.
Sévigné (Mme de) : *Lettres de Mme de Sévigné, de sa famille et de ses amis*, réimprimées pour le texte sur la nouvelle édition publiée par M. Monmerqué dans la Collection des GRANDS ÉCRIVAINS DE LA FRANCE. 8 vol.

COULOMMIERS. — TYPOGRAPHIE P. BRODARD ET GALLOIS.

ŒUVRES COMPLÈTES

DE VOLTAIRE

COULOMMIERS. — IMP. P. BRODARD ET GALLOIS.

ŒUVRES COMPLÈTES

DE VOLTAIRE

TOME TRENTE-TROISIÈME

PARIS
LIBRAIRIE HACHETTE ET Cⁱᵉ
79, BOULEVARD SAINT-GERMAIN, 79

1890

CORRESPONDANCE.
(SUITE.)

CDXCVI. — DE FRÉDÉRIC, PRINCE ROYAL DE PRUSSE.

A Remusberg, le 13 novembre.

Voltaire, ce n'est point le rang et la puissance,
Ni les vains préjugés d'une illustre naissance,
Qui peuvent procurer la solide grandeur;
Du vulgaire ignorant telle est souvent l'erreur;
Mais un homme éclairé tient en main la balance;
Lui seul sait distinguer le vrai de l'apparence
Il n'est point ébloui par un trompeur éclat;
Sous des titres pompeux il découvre le fat,
Et d'illustres aïeux ne compte point la suite,
Si vous n'héritez d'eux leurs vertus, leur mérite.

Il est d'autres moyens de se rendre fameux,
Qui dépendent de nous, et sont plus glorieux,
Chacun a des talents dont il doit faire usage,
Selon que le destin en régla le partage.
L'esprit de l'homme est tel qu'un diamant précieux,
Qui sans être taillé ne brille point aux yeux.
Quiconque a trouvé l'art d'anoblir son génie,
Mérite notre hommage, en dépit de l'envie.
Rome nous vante encor les sons de Corelli;
Le Français prévenu fredonne avec Lulli;
L'Énéide immortelle, en beautés si fertile,
Transmet jusqu'à nos jours l'heureux nom de Virgile;
Carrache, le Titien, Rubens, Buonarotti,
Nous sont aussi connus que l'est Algarotti,
Lui dont l'art du compas et le calcul excède
Le savoir tant vanté du célèbre Archimède.
On respecte en tous lieux le profond Cassini;
La façade du Louvre exalte Bernini;
Aux mânes de Newton tout Londre encore encense;
Henri, le grand Colbert, sont chéris dans la France;
Et votre nom, fameux par de savants exploits,
Doit être mis au rang des héros et des rois.

Monsieur, vous savez, sans doute, que le caractère dominant de notre nation n'est pas cette aimable vivacité des Français. On nous attribue en revanche le bon sens, la candeur et la véracité de nos discours. Ce qui suffit pour vous faire sentir qu'un rimeur du fond de la Germanie n'est pas propre à produire des impromptus; la pièce que je vous envoie n'a pas non plus ce mérite.

J'ai été longtemps en suspens si je devais vous envoyer mes vers ou non, à vous l'Apollon du Parnasse français, à vous devant qui les Corneille et les Racine ne sauraient se soutenir. Deux motifs m'y ont pourtant déterminé : celui qui eût sûrement dissuadé tout autre, c'est, monsieur, que vous êtes vous-même poëte, et que par conséquent vous devez connaître ce désir insurmontable, cette fureur que l'on a de produire ses premiers ouvrages ; l'autre, et qui m'a plus fortifié dans mon dessein, est le plaisir que j'ai de vous faire connaître mes sentiments à la faveur des vers, ce qui n'aurait pas eu la même grâce en prose.

Le plus grand mérite de ma pièce est, sans contredit, de ce qu'elle est ornée de votre nom ; mon amour-propre ne m'aveugle pas jusqu'au point de croire cette épître exempte de défauts. Je ne la trouve pas digne même de vous être adressée. J'ai lu, monsieur, vos ouvrages et ceux des plus célèbres auteurs, et je vous assure que je connais la différence infinie qu'il y a entre leurs vers et les miens.

Je vous abandonne ma pièce ; critiquez, condamnez, désapprouvez-la, à condition de faire grâce aux deux vers qui la finissent. Je m'intéresse vivement pour eux : la pensée en est si véritable, si évidente, si manifeste, que je me vois en état d'en défendre la cause contre les critiques les plus rigides, malgré la haine et l'envie, et en dépit de la calomnie. Je suis, etc. FÉDÉRIC.

CDXCVII. — A M. THIERIOT.

Le 18 novembre.

Eh bien ! quand on vous envole des épîtres sur Newton, voilà donc comme vous traitez les gens ! Je m'imagine que si vous ne répondez point, c'est que vous étudiez à présent Newton, et que la première lettre que je recevrai de vous sera un traité sur le carré des distances et sur les forces centripètes. En attendant vous devriez bien vous égayer à m'envoyer la dispute [1] d'Orphée-Rameau avec Euclide-Castel. On dit qu'Orphée a battu Euclide. Je crois en effet notre musicien bien fort sur son terrain.

On m'a envoyé l'*Enfant prodigue* tel qu'on le joue. Vraiment, j'ai bien raison de le désavouer, et je vous prie de le jurer pour moi plus que jamais. On l'avait estropié chez les réviseurs, successeurs de l'abbé Cherrier [2], mais estropié au point qu'il ne pouvait marcher. Les deux frères charmants, que vous connaissez, lui ont vite donné des jambes de bois. Mon ami, donnez-vous la peine de le relire entre les mains de notre Berger, qui va le faire imprimer, et vous m'en direz des nouvelles.

Eh bien, bourreau ! eh bien, marmotte en vie, paresseux Thieriot, vous laissez faire l'édition de Paris et l'édition hollandaise de *la Henriade* sans y mettre un petit mot, sans corriger un vers ! Ah ! quel homme ! quel homme ! Embrassez pour moi l'imagination de Sauveau ; si vous rencontrez Colbert-Melon et Varron-Dubos, bien des compli-

1. Sur le clavecin oculaire. (ÉD.)
2. L'abbé Cherrier, auteur du *Polissoniana*, avait été censeur de la police. (ÉD.)

mentis. Menez-vous toujours une vie charmante chez Pollion ? êtes-vous, après moi, un des plus heureux mortels de ce monde ? digérez-vous ?

Savez-vous que le duc d'Aremberg a chassé Rousseau, pour ce beau libelle imprimé contre moi ? Voilà une assez bonne réponse, c'est une terrible philippique. Je dois avoir pitié de mes ennemis. Rousseau est chassé partout, Desfontaines est détesté, et vit seul comme un lézard; moi, je vis au milieu des délices; j'en suis honteux. *Vale.* Écrivez donc, loir, marmotte; dégourdissez votre indifférence.

L'ambassadeur Falkener vous fait mille compliments. Adieu, mon aimable et paresseux et vieil ami; adieu, *Bibe, vale, scribe.*

CDXCVIII. — A M. LE MARQUIS D'ARGENS.

A Cirey, le 19 novembre.

J'ai reçu, monsieur, votre lettre par la voie de Nanci; mais, comme elle n'était point datée, je ne peux savoir si cette route est plus courte que l'autre, et si votre paquet est venu en droiture. J'ai écrit à M. Prévost, et j'ai recommandé à Ledet de le prendre pour réviseur de *la Henriade*, et surtout de *la Philosophie de Newton*, que j'ai mise à la portée du public, et que je ferai imprimer incessamment.

Je verrai avec grand plaisir le soufflet imprimé que vous allez donner à ce misérable [1] de Bruxelles. Il faut envoyer des copies de tout cela aux connaissances qu'il a dans cette ville, où il est détesté comme ailleurs. Voici un petit rafraîchissement pour ce maraud et pour son associé l'abbé Desfontaines. Cet abbé est un ex-jésuite à qui je sauvai la Grève en 1723, et que je tirai de Bicêtre, où il était renfermé pour avoir corrompu, ne vous en déplaise, des ramoneurs de cheminée, qu'il avait pris pour des Amours, à cause de leur fer et de leur bandeau; enfin il me dut la vie et l'honneur. C'est un fait public; et il est aussi public qu'au sortir de Bicêtre, s'étant retiré chez le président de Bernières, où je lui avais procuré un asile, il fit, pour remercîment, un méchant libelle contre moi. Il vint depuis m'en demander pardon à genoux; et, pour pénitence, il traduisit un *Essai sur la poésie épique*, que j'avais composé en anglais. Je corrigeai toutes les fautes de sa traduction; je souffris qu'on imprimât son ouvrage à la suite de *la Henriade*. Enfin pour nouveau prix de mes bontés, il se ligue contre moi avec Rousseau. Voilà mes ennemis; votre estime et votre amitié sont une réponse bien forte à leurs indignes attaques.

Dans ma dernière lettre je vous demandais, monsieur, si vous êtes l'auteur du *Mentor cavalier* qui se débite à Paris, sous votre nom. J'aurais sur cela plusieurs choses très-importantes à vous dire.

Vous pourriez envoyer à Nanci, à Mme du Châtelet, vos ouvrages; mais, si vous vouliez vous-même venir faire un petit voyage à Cirey, *incognito*, vous y trouveriez des personnes qui sont pleines d'estime pour vous, et qui feraient de leur mieux pour vous bien recevoir.

Ne pourriez-vous pas faire insérer dans quelques gazettes que M. le

1. J. B. Rousseau. (ÉD.)

duc d'Aremberg a chassé Rousseau, pour punir l'insolence que ce misérable a eue de le citer pour garant des impostures répandues dans son dernier libelle? Ce n'est pas tout; il sera poursuivi en justice à Bruxelles. C'est rendre service à tous les honnêtes gens que de contribuer à la punition d'un scélérat.

Adieu, monsieur; je m'intéresserai toujours à votre gloire et à votre bonheur. Je vous suis attaché tendrement.

CDXCIX. — A M. BERGER.
Cirey, novembre.

On me mande de Hollande que Rousseau a été chassé de chez M. le duc d'Aremberg, pour l'avoir faussement cité dans un libelle que Rousseau et l'abbé Desfontaines firent imprimer contre moi, il y a quelques mois, dans la *Bibliothèque française*.

M. le duc d'Aremberg m'a écrit pour désavouer l'insolence et la calomnie de Rousseau. Est-il vrai que ce misérable soit protégé par Mme la princesse de Carignan?

Faites vite un bon marché avec Prault, et, s'il ne veut pas donner ce qui convient, faites affaire avec un autre. Vous aurez incessamment l'*Enfant* et la préface. Adieu, mon cher ami! Où êtes-vous donc? Vous m'oubliez bien. Vous ne savez donc pas combien j'aime vos lettres. Comment va l'*Enfant?* Adieu.

D. — A M. L'ABBÉ MOUSSINOT.
23 novembre.

Je demande à M. de Brézé le secret qu'il exige de moi. Je ne suis pas difficile en affaires; mais je veux éviter toute discussion entre lui et moi. Il faut pour cela qu'il y ait un payement certain d'année en année, ou de six mois en six mois, sans la moindre remise; qu'il consente à cela par un écrit entre vos mains; qu'il affirme, par cet écrit, qu'il n'y a aucune saisie sur les maisons que j'ai choisies pour m'être hypothéquées; qu'il renonce à toutes lettres d'état, de répit, payement en billets, et à autres injustices royales. Ces précautions prises, je consens à tout.

Faites une bonne œuvre, mon bon janséniste; envoyez chercher le jeune d'Arnaud; c'est un jeune homme qu'il faut aider, mais à qui il ne faut pas donner de quoi se débaucher. Donnez-lui, cette fois-ci, dix-huit francs; exhortez-le sérieusement à apprendre à écrire. Assurez-le de mon amitié, et qu'il compte sur mes secours, quand je serai plus riche. Il paraît avoir de bonnes mœurs : il mérite vos conseils; voilà les gens qu'il faut aider.

Quo mihi fortunam, si non conceditur uti?
Hor., liv. I, ép. v, v. 12.

Et *uti*, c'est faire du bien, chacun selon son petit pouvoir. Je vous embrasse tendrement.

DI. — A M. THIERIOT.

Le 24 novembre.

On m'a mandé que *le Mondain* avait été trouvé chez M. de Luçon, et que le président Dupuy en avait distribué beaucoup de copies. On m'en a envoyé une toute défigurée. Il est triste de passer pour un hétérodoxe, et de se voir encore tronqué, estropié, mutilé comme un auteur ancien. Je trouve qu'on a grande raison de s'emporter contre l'auteur dangereux de cet abominable ouvrage, dans lequel on ose dire qu'Adam ne se faisait point la barbe, que ses ongles étaient un peu trop longs, et que son teint était hâlé; cela mènerait tout droit à penser qu'il n'y avait ni ciseaux, ni rasoir, ni savonnette dans le paradis terrestre : ce qui serait une hérésie aussi criante qu'il y en ait. De plus, on suppose, dans ce pernicieux libelle, qu'Adam caressait sa femme dans le paradis. Or, dans les anecdotes de la vie d'Adam, trouvées dans les archives de l'arche, sur le mont Ararat, par saint Cyprien, il est dit expressément que le bonhomme ne b...ait point, et qu'il ne b..da qu'après avoir été chassé; et de là vient, à ce que disent tous les rabbins, le mot b...er de misère. *Ut ut est*, la hauteur et la bêtise avec laquelle un certain homme[1] a parlé à un de nos amis m'aurait donné la plus extrême indignation, si elle ne m'avait pas fait pouffer de rire.

Il n'est pas encore sûr que j'aille en Prusse. Recommandez à votre frère d'envoyer par le coche le paquet du prince philosophe; demandez si ce prince a chez lui des comédiens français; en ce cas, nous lui enverrions *le Prodigue* pour l'amuser. Je suppose que le ministère trouve très-bon ce petit commerce littéraire.

J'ai envoyé à Berlin, dans ce paquet (dont point de nouvelles), *le Mondain*, l'*Ode à Émilie*, la *Newtonique*, une *Lettre sur Locke*, afin de lui faire ma cour *in omni genere*.

De qui est donc ce beau poëme didactique? de M. de La Chaussée sans doute. Il n'y a que lui dont j'attende ce chef-d'œuvre. Mandez-moi si j'ai deviné.

Voici une copie plus exacte de la *Newtonique*, vous pouvez la donner; mais il faut commencer par des gens un peu philosophes et poëtes :

. . . . *Pauci quos æquus amavit*
Jupiter. . . . .
Æneid., liv. VI, v. 129.

Mon copiste, qui n'est ni poëte ni philosophe, avait mis, pour la période de vingt-six mille ans :

Six cents siècles entiers par delà vingt mille ans;

ce qui faisait quatre-vingt mille ans, au lieu de vingt-six mille : bagatelle.

Mille compliments à vous, à votre Parnasse. Si vous voyez l'aimable

---

1. Sans doute le garde des sceaux Chauvelin, exilé à Bourges, le 20 février 1737. (*Note de M. Clogenson.*)

philosophe Mairan, dites-lui qu'il songe à moi, qu'il vous donne sa lettre. Dites que je vais à Berlin. N'écrivez plus jamais qu'à Mme Faverolles à Bar-sur-Aube; retenez cela. Réponse sur tous les articles. Aimez-moi; adieu, Mersenne.

DII. — A Mlle DEMOISELLE QUINAULT.
26 novembre.

[Remerciments de ce qu'elle a bien voulu l'avertir de ce qui se passe (la rumeur à l'occasion du *Mondain*). Reproche de ce qu'elle a refusé les petites étrennes (un petit secrétaire). Annonce son départ pour la Prusse. Laisse entre ses mains les destinées de *l'Enfant prodigue*, pour lequel il lui fait passer différentes corrections. Éloge du *Glorieux* (de Destouches). Annonce qu'on décachète les lettres au bureau de la poste à Meaux. Pense qu'on a pris de travers un ouvrage très-innocent (*le Mondain*). Laisse M. d'Argental le maître absolu de finir cette affaire très-désagréable.]

DIII. — A M. THIERIOT.
A Cirey, le 27 novembre.

Assurément vous êtes le père Mersenne : ce n'est pas tout à fait, mon cher ami, en ce que mes ennemis vous font quelquefois tomber dans leurs sentiments, comme les ennemis de Descartes entraînaient Mersenne dans les leurs; c'est parce que vous êtes le conciliateur des muses. Je vous permets très-fort d'aimer d'autres vers que les miens; je suis une maîtresse assez indulgente pour souffrir le partage. Je suis de ces beautés qui aiment si fort le plaisir qu'elles ne peuvent haïr leurs rivales. J'aime tant les beaux vers que je les aime dans les autres; c'est beaucoup pour un poëte. Je vous fais mon compliment sur votre beau portefeuille; je voudrais bien que *le Mondain* y fût, et ne fût que là. Ce petit enfant tout nu n'était pas fait pour se montrer. Mais est-il possible qu'on ait pu prendre la chose sérieusement ? Il faut avoir l'absurdité et la sottise de l'âge d'or pour trouver cela dangereux, et la cruauté du siècle de fer pour persécuter l'auteur d'un badinage si innocent, fait il y a longtemps.

Ces persécutions d'un côté, et, de l'autre, une nouvelle invitation du prince de Prusse et du duc de Holstein, me forcent enfin à partir. Je serai bientôt à Berlin. Platon allait bien chez Denis, qui assurément ne valait pas le prince de Prusse. Cela vient comme de cire; vous serez l'agent du prince à Paris, et notre commerce en sera plus vif. Voilà un nouveau rapport entre Mersenne et vous : son pauvre ami allait errer dans les climats du Nord. Dieu veuille que quelque gelée ne me tue pas à Berlin, comme le froid de Stockholm tua Descartes !

Dites à votre frère qu'il fasse partir sur-le-champ, par le coche de Bar-sur-Aube, à l'adresse de Mme du Châtelet, le nouveau paquet du prince royal pour moi. Ne manquez pas de dire à tous vos amis qu'il y a déjà longtemps que mon voyage était médité. Je serais très-fâché qu'on crût qu'il entre du dégoût pour mon pays dans un voyage que je n'entreprends que pour satisfaire une si juste curiosité.

Adieu; je pars incessamment avec un officier du prince. Nous irons à petites journées. Écrivez-moi toujours, cela m'est important; vous m'entendez. Une autre fois je vous parlerai de Newton et de l'*Enfant prodigue*. Je vous embrasse.

DIV. — A M. BERGER.

A Cirey, le 27 novembre.

Voilà le *Mondain* pour ce qu'il vaut. La petite vie dont il y est parlé vaut beaucoup mieux que l'ouvrage. Je me mêle aussi d'être voluptueux; mais je ne suis pas tout à fait si paresseux que ces messieurs dont vous faites si bien la critique, qui vantent un souper agréable en mourant de faim, et qui se donnent la torture pour chanter l'oisiveté.

Les comédiens comptaient qu'ils auraient une pièce de moi cet hiver; mais ils ont très-mal compté. Je ne fais point le fin avec vous; je me casse la tête contre Newton, et je ne pourrais pas à présent trouver deux rimes. J'avais fait l'*Enfant prodigue* à Pâques dernier; il était juste que, dans ce saint temps, je tirasse mes farces de l'Évangile. Dieu m'aida, et cela fut fait en quinze jours. Depuis ce temps je n'ai vu que des angles, des *a*, des *b*, des planètes, et des comètes. Mais Mercure n'est pas plus éloigné de Saturne que cette étude l'est d'une tragédie.

Est-il vrai que ce monstre d'abbé Desfontaines a parlé de l'*Enfant prodigue*? Ce brutal ennemi des mœurs et de tout mérite saurait-il que cela est de moi? Mettez-moi un peu au fait, je vous en prie; et continuez d'écrire à votre véritable ami.

Je vous supplie de déterrer M. Pitot, de l'Académie des sciences; il demeure cour du Palais, chez M. Arouet, trésorier de la chambre des comptes. Rendez-lui cette lettre et réponse. *Vale, te amo.*

DV. — A M. L'ABBÉ DU RESNEL.

Ce....

Mon cher abbé, c'est bien mal reconnaître votre présent que de vous envoyer *Marianne* et *Œdipe*; mais l'esprit de tolérantisme qui règne dans votre *Essai sur la critique*, et que j'aime en cela comme un fait de religion, me donne un peu de hardiesse.

Cœur rempli de droiture, esprit plein de justesse,
Doux et compatissant pour les fautes d'autrui;

voilà comme vous êtes, et voilà comme il faut que vous soyez pour moi.

En vérité vous avez embelli Pope; et je ne connais que vous dans Paris capable de ce que vous avez fait. Plus je vous lis et plus je vous vois, plus je souhaite avec passion votre amitié et votre estime.

Pardon, mon cher ami, si je ne viens pas vous dire chez vous tout ce que vous m'inspirez; je suis lutiné par une maudite affaire qui ne me laisse pas un instant de tranquillité. Adieu, je vous embrasse mille fois.

DVI. — A M. LE COMTE D'ARGENTAL.

Ce 1ᵉʳ décembre.

Votre ministère, à l'égard de Cirey, *benefactor in utroque juré*, est le même que celui des protecteurs des couronnes à Rome. Vous veillez sur ce petit coin de terre ; vous en détournez les orages; vous êtes une bien aimable créature. Vous sentez tout ce que je vous dois, car votre cœur entend le mien, et vous avez mesuré vos bontés à mes sentiments. Écoutez, nous sommes dans les horreurs de Newton; mais *l'Enfant prodigue* n'est pas oublié. Mandez-moi vos avis, c'est-à-dire vos ordres définitivement. Faut-il le laisser reposer, et le reprendre à Pâques? très-volontiers; en ce cas, nous attendrons à Pâques à le faire imprimer; mais gare l'ami Minet[1] et les comédiens de campagne qui en ont, dit-on, des copies! Si vous voulez suivre le train ordinaire et qu'on imprime à présent, renvoyez-nous la copie que vous avez, avec annotations; il y a dans cette copie nouvelle du bon en petite quantité qu'il faut conserver. Je crois la tournure des premiers actes meilleure de cette seconde cuvée. Je demande toujours un passe-port pour M. le président, car M. le sénéchal me paraît si provincial et si antiquaille que je ne peux m'y faire. Si vous avez quelque chose à me mander librement, vous savez le moyen, vous avez l'adresse. Au reste, je vous avertis que, quand vous voudrez avoir une tragédie, il faudra faire vos supplications à la divinité newtonienne, qui, à la vérité, souffre les vers, mais qui aime passionnément la règle de Keppler, et qui fait plus de cas d'une vérité que de Sophocle et d'Euripide.

Qu'avez-vous ordonné du sort de ce petit écrit[2] sur les trois infâmes épîtres de mon ennemi? Vous sentez qu'on obtient aisément d'imprimer contre moi; mais quiconque prend ma défense est sûr d'un refus. En vérité, méritais-je d'être ainsi traité dans ma patrie? Votre amitié et Cirey me soutiennent.

Vous croyez bien que Mme du Châtelet vous dit toutes les choses tendres que vous méritez.

DVII. — A M. DE MAIRAN.

A Cirey, le 1ᵉʳ décembre.

J'abuse de vos bontés, monsieur; mais vous êtes fait pour donner des lumières, et moi pour en profiter.

Sur ce que vous me dites, dans votre lettre, que vous vous êtes bien trouvé de ne jamais admettre de merveilleux mathématique, j'ai consulté le *Mémoire* de 1715, que vous m'indiquez, et j'y ai vu le prétendu merveilleux de la roue d'Aristote réduit aux lois mathématiques. Il est clair que vous avez très-bien expliqué ce qui était échappé à Tacquet et aux autres.

J'ose croire sur ce fondement que peut-être ne vous éloignerez-vous pas de mes idées sur la question d'optique que j'ai pris la liberté de vous proposer. Ni Tacquet, ni Barrow, ni Grimaldi, ni Molineux, n'ont

1. Surnom donné à Moncrif, auteur de l'*Histoire des chats*. (ÉD.)
2. L'*Utile examen*. (ÉD.)

pu la résoudre. C'était une question du ressort du P. Malebranche, mais il ne l'a point traitée ; et j'ai grand'peur qu'il ne s'y fût trompé, comme il a fait, à mon avis, sur la raison pour laquelle nous voyons le soleil et la lune plus grands à l'horizon qu'au méridien.

Je suis bien loin d'admettre du merveilleux dans ma difficulté ; ce sont les opticiens qui, en ne l'expliquant pas, en font une espèce de miracle. Il n'y a que l'obscur qui soit merveilleux, et je ne cherche qu'à ôter l'obscurité qui enveloppe depuis longtemps cette question. Il me paraît qu'elle en vaut la peine, et qu'elle tient à une théorie assez sûre et assez curieuse. Voulez-vous vous donner la peine de voir Grimaldi, page 312, et Barrow, *ad finem lectionum ?* Vous trouverez la chose très-obscurément énoncée dans Barrow, et très-clairement dans Grimaldi ; mais, de raison, ni l'un ni l'autre n'en donnent. Voici le fait :

Prenez un miroir concave ; tenez votre montre dans une main, à la distance d'un demi-pied du miroir ; reculez ensuite petit à petit le miroir de votre œil : plus vous le reculez, plus votre montre vous paraît près, jusqu'à ce qu'enfin elle semble être sur la surface du miroir d'une manière très-confuse ; reculez encore un peu plus, vous ne voyez plus rien du tout.

Or, lorsque vous voyez ainsi l'objet de très-près, vous devriez le voir très-loin, par la règle de catoptrique qui vous dit que vous verrez l'objet au point d'intersection de la perpendicule d'incidence et du rayon réfléchi. Ce point d'intersection est très-loin derrière votre œil, et, malgré cela, l'objet vous semble très-près. J'aurai bien de la peine à faire ma figure, car je suis très-maladroit.

Le rayon parti de l'objet A fait un angle d'incidence sur la droite infiniment petite de la courbe du miroir ; l'angle de réflexion B lui est égal. Le rayon réfléchi est B, *e* ; le cathète est la ligne pointillée ; l'intersection de cette ligne et du rayon réfléchi est en D : donc je dois voir l'objet en D ; mais je le vois en *f*, en *g*, quand mon œil est placé à peu près en *h*. Voilà, encore un coup, ce que nul opticien n'a éclairci.

L'évêque de Cloyne[1], savant anglais, est le seul, que je sache, qui ait porté la lumière dans ce petit coin de ténèbres. Il me semble qu'il prouve très-bien que nous ne connaissons point les distances ni les grandeurs par les angles, c'est-à-dire que ces angles ne sont point une cause immédiate du *jugement prompt* que nous portons des distances et des grandeurs.

1. George Berkeley. (ÉD.)

comme les configurations des parties des corps sont une cause immédiate des saveurs que nous sentons, et la dureté, cause immédiate du sentiment de résistance que nous éprouvons, etc.

Dans le cas présent, nous jugeons l'objet très-près, non à cause de ce *point d'intersection* qui n'en pourrait rendre raison, mais parce qu'en effet ce point d'intersection étant très-éloigné, l'objet doit paraître confus. Mais, comme nous sommes accoutumés à voir confusément un objet qui est trop près de nos yeux, l'objet, en cette expérience, devant paraître, et paraissant confus, nous le jugeons à l'instant très-près.

Mais un homme qui aurait la vue si mauvaise qu'il ne pourrait absolument voir qu'à un doigt de ses yeux, verrait très-loin (dans cette même expérience) cet objet que le miroir concave représente très-près aux yeux ordinaires.

J'est donc en cela l'expérience qui fait tout. De là mon Anglais conclut que nous ne pouvons apercevoir en aucune façon les distances; nous ne pouvons les apercevoir par elles-mêmes; nous ne le pouvons par les angles optiques, puisque ces angles sont en défaut dans plusieurs cas. Et non-seulement les distances, mais aussi les grandeurs, les situations des objets, ne sont point senties au moyen de ces angles; car, si ces angles produisaient ces effets, ils les auraient produits dans l'aveugle-né à qui M. Cheselden abaissa les cataractes. Cet aveugle-né avait quinze ans quand Cheselden lui donna la vue; il fut longtemps sans pouvoir distinguer si les objets étaient à un pas ou à une lieue de lui, s'ils étaient grands ou petits, etc. Cet aveugle semble décider la question; mais j'ai bien peur, moi-même, d'être ici l'aveugle. En ce cas, vous serez mon Cheselden, et je vous écris, *Domine, ut videam* [1].

Est-il vrai que le son se réfracte de l'air dans l'eau, et cela en même proportion que la lumière? D'où l'a-t-on pu savoir? Il n'y a que les poissons qui puissent nous le dire, et ils passent pour être sourds et muets. Je vous demande un petit mot sur cela.

Il court, à ce que l'on me mande, une *Épître* sur la philosophie de Newton; j'ai peur qu'elle ne soit très-informe; souffrez que je vous envoie une copie exacte. Je souhaiterais que ce petit ouvrage pût prouver que la physique et la poésie ne sont point incompatibles.

Je vous supplie de vouloir bien me dire, dans votre réponse, pourquoi la lumière est, selon Musschenbroeck, dix minutes à traverser le grand orbe annuel, et arrive cependant en sept minutes ou environ du soleil à nous. N'a-t-il pas pris dix minutes pour environ quatorze minutes? *Ignosce et doce.*

1. Luc, xvn. 41. (Éd.)

DVIII. — DE FRÉDÉRIC, PRINCE ROYAL DE PRUSSE.

A Remusberg, ce 3 décembre.

Monsieur, j'ai été agréablement surpris, en recevant aujourd'hui votre lettre avec les pièces dont vous avez bien voulu l'accompagner. Rien au monde ne m'aurait pu faire plus de plaisir, n'y ayant aucuns ouvrages dont je sois aussi avide que des vôtres. Je souhaiterais seulement que la souveraineté que vous m'accordez, en qualité d'être pensant, me mît en état de vous donner des marques réelles de l'estime que j'ai pour vous, et que l'on ne saurait vous refuser.

J'ai lu la dissertation sur l'âme que vous adressez au P. Tournemine. Tout homme raisonnable qui ne peut croire que ce qu'il peut comprendre, et qui ne décide pas témérairement sur des matières que notre faible raison ne saurait approfondir, sera toujours de votre sentiment. Il est certain que l'on ne parviendra jamais à la connaissance des premières causes. Nous qui ne pouvons pas comprendre d'où vient que deux pierres frappées l'une contre l'autre donnent du feu, comment pouvons-nous avancer que Dieu ne saurait réunir la pensée à la matière ? Ce qu'il y a de sûr, c'est que je suis matière, et que je pense. Cet argument me prouve la vérité de votre proposition.

Je ne connais le P. Tournemine que par la façon indigne dont il a attaqué M. Beausobre sur son *Histoire critique du manichéisme*. Il substitue les invectives aux raisons : faible et grossière ressource qui prouve bien qu'il n'avait rien de mieux à dire. Quant à mon âme, je vous assure, monsieur, qu'elle est bien la très-humble servante de la vôtre. Elle souhaiterait fort qu'un peu plus dégagée de sa matière, elle pût aller s'instruire à Cirey :

A cet endroit fameux où mon âme révère
Le savoir d'Émilie et l'esprit de Voltaire :
Oui, c'est là que le ciel, prodiguant ses faveurs,
Vous a doué d'un bien préférable aux grandeurs.
Il m'a donné du rang le frivole avantage;
A vous tous les talents : gardez votre partage.

Ce n'est pas à vous, monsieur, que je dirai tout ce que je pense des pièces que vous venez de m'envoyer. L'ode remplie de beautés ne contient que des vérités très-évidentes ; l'*Épître à Émilie* est un merveilleux abrégé du système de M. Newton ; et *le Mondain*, aimable pièce qui ne respire que la joie, est, si j'ose m'exprimer ainsi, un vrai cours de morale. La jouissance d'une volupté pure est ce qu'il y a de plus réel pour nous dans ce monde. J'entends cette volupté dont parle Montaigne, et qui ne donne point dans l'excès d'une débauche outrée.

J'attends la *Philosophie de Newton* avec grande impatience ; je vous en aurai une obligation infinie. Je vois bien que je n'aurai jamais d'autre précepteur que M. de Voltaire. Vous m'instruisez en vers, vous m'instruisez en prose ; il faudrait un cœur bien revêche pour être indocile à vos leçons.

J'attends encore *la Pucelle*. J'espère qu'elle ne sera pas plus austère que tant d'autres héroïnes qui se sont pourtant laissé vaincre par les prières et les persévérances de leurs amants.

J'ai reçu deux paquets de votre part : celui-ci, monsieur, est le troisième. J'ai répondu aux deux premiers. Je vous ai ensuite adressé des vers, et voici ma quatrième lettre à laquelle j'attends réponse. La raison de ces retardements est en partie causée par les postes d'Allemagne qui vont lentement; et, d'ailleurs, mes lettres font un grand détour, passant par Paris pour aller en Champagne. Si vous pouvez trouver quelque voie plus courte, je vous prie de me l'indiquer, je serai charmé de m'en servir.

Vous êtes trop au-dessus des louanges pour que je vous en donne, mais, en même temps, trop ami de la vérité pour vous offenser de l'entendre. Souffrez donc, monsieur, que je vous réitère toute l'estime que j'ai pour vous. Mes louanges se bornent à dire que je vous connais. Puisse toute la terre vous connaître de même! Puissent mes yeux un jour voir celui dont l'esprit fait le charme de ma vie!

Je suis avec une véritable considération, monsieur, votre très-affectionné ami.
FRÉDÉRIC.

DIX. — A M. L'ABBÉ D'OLIVET.

A Cirey.

Mon cher maître, j'ai enfin reçu votre *Prosodie*, petit livre où il y a beaucoup à prendre, qui était très-difficile à faire, et qui est fort bien fait. Je vous en remercie, et j'ai grande envie de voir le reste de l'ouvrage. Mandez-moi donc tout franchement si vous croyez que l'*ode*[1] puisse tenir contre cette ode de M. Racine. Vous n'êtes pas dans la nécessité de louer mon ode, parce que je loue votre *Prosodie*. Vous ne me devez que la vérité, car c'est la seule chose que vous recevez de moi quand je vous loue; et je vous aurai plus d'obligation de vos critiques, dont j'ai besoin, que vous ne m'en aurez de mes éloges, dont vous n'avez que faire.

Qu'est-ce que c'est, mon cher abbé, qu'une comédie intitulée l'*Enfant prodigue*, qu'il a pris fantaisie à la moitié de Paris de m'attribuer? Je suis bien étonné que l'on parle encore de moi; je voudrais être oublié du public, et jamais de vous.

DX. — A M. DE CIDEVILLE.

A Cirey, ce 8 décembre.

Une comédie; après une comédie, de la géométrie; après la géométrie la philosophie de Newton; au milieu de tout cela, des maladies; et, avec les maladies, des persécutions plus cruelles que la fièvre, voilà, mon cher ami, *semper amate, semper honorate*, ce qui m'a empêché de vous écrire. Ou n'être point avec moi, ou travailler, ou souffrir, a été, sans discontinuer, ma destinée. Nous avons envoyé les vers sur Newton au philosophe Formont, et j'envoie au délicat, au charmant Cideville, l'*Enfant prodigue*. Ce n'est pas que vous ne

---

1. L'*Ode sur la Paix*. (B.)

soyez philosophe, et que M. de Formont ne soit homme de belles-lettres; il vous a fait part de notre *Newtonique*, et vous lui communiquerez notre *Enfant*. Je me fais un plaisir d'autant plus sensible de vous l'envoyer, que c'est encore un secret pour le public. On doute que cet *enfant* soit de moi, mais je n'ai point pour vous de secret de famille; vous jugerez s'il a un peu l'air de son père.

J'ai fait cet *enfant* pour répondre à une partie des impertinentes épîtres de Rousseau, où cet auteur des *Aïeux chimériques* et des plus mauvaises pièces de théâtre que nous ayons, ose donner des règles sur la comédie. J'ai voulu faire voir à ce docteur flamand que la comédie pouvait très-bien réunir l'intéressant et le plaisant. Le pauvre homme n'a jamais connu ni l'un ni l'autre, parce que les méchants ne sont jamais ni gais ni tendres.

Ce petit essai m'a assez réussi. La pièce a été jouée vingt-deux fois, et n'a été interrompue que par la maladie d'une actrice; mais je ne la ferai imprimer qu'après mûre délibération. J'ai envoyé à M. d'Argental le manuscrit; il vous le fera tenir.

M. et Mlle Linant vous assurent de leurs respects, et ils auraient dû vous parler toujours sur ce ton; je crois qu'ils sont l'un et l'autre dans la seule maison et dans la seule place où ils pussent être. L'extrême paresse de corps et d'esprit est l'apanage de cette famille. Avec cela on meurt partout de faim; c'est un talent sûr pour manquer de tout. Vous riez apparemment quand vous lui conseillez de faire des tragédies. Il y a quatre ans que vous devez vous apercevoir qu'il n'est bon qu'à faire du chyle. Il a de l'esprit, mais un esprit inutile à lui et aux autres. J'ai fait ce que j'ai pu pour le frère et la sœur; mais je ne m'aveugle pas en leur faisant du bien; et je vois Linant de trop près pour ne vous pas assurer qu'il ne fera jamais rien.

Eh bien! mon cher ami, vous coupez donc des forêts, vous abattez ces arbres que vous avez incrustés de *C* et de toutes les autres lettres de l'alphabet, car vous avez mêlé plus d'un chiffre avec le vôtre : tantôt c'est Chloé, tantôt c'est Lycoris ou Glycère qui a eu le cœur de l'Horace de Rouen. Vous songez donc maintenant à vous arrondir. Mais quand vous aurez fait tous vos contrats, et que vous serez las de votre maîtresse, il faut venir voir l'héroïne et le palais de Cirey; nous cacherons les compas et les quarts de cercle, et nous vous offrirons des fleurs.

Je vous ai parlé de persécutions dans ma lettre. Savez-vous bien que *le Mondain* a été traité d'ouvrage scandaleux, et vous douteriez-vous qu'on eût osé prendre ce misérable prétexte pour m'accabler encore? Dans quel siècle vivons-nous! et après quel siècle! Faire à un homme un crime d'avoir dit qu'Adam avait les ongles longs, traiter cela sérieusement d'hérésie¹! Je vous avoue que je suis outré, et qu'il faut que l'amitié soit bien puissante sur mon cœur, pour que je n'aille pas chercher plus loin une retraite, à l'exemple des Descartes,

---

1. La police avait biffé les mots *exorciser* et *pairiarche* dans l'*Enfant prodigue*. (ÉD.)

et des Bayle. Jamais l'hypocrisie n'a plus infecté les Espagnols et les Italiens. Il s'est élevé contre moi une cabale qui a juré ma perte; et pourquoi? parce que j'ai fait *la Henriade*, *Charles XII*, *Alzire*, etc., parce que j'ai travaillé vingt ans à donner du plaisir à mes compatriotes.

> *Virtutem incolumem odimus,*
> *Sublatam ex oculis quærimus invidi.*
> Hor., liv. III, od. xxiv, v. 3L.

Adieu, mon cher et respectable ami; embrassez pour moi M. de Formont. Émilie vous fait mille sincères compliments. V.

DXI. — A M. LE COMTE DE TRESSAN.

Ce 9 décembre.

Il est certain que c'est M. le président Dupuy qui a distribué des copies du *Mondain* dans le monde, et, qui pis est, des copies très défigurées. La pièce, tout innocente qu'elle est, n'était pas faite assurément pour être publique. Vous savez d'ailleurs que je n'ai jamais fait imprimer aucun de ces petits ouvrages de société qui sont, comme les parades du prince Charles [1] et du duc de Nevers, supportables à huis clos. Il y a dix ans que je refuse constamment de laisser prendre copie d'une seule page du poëme de *la Pucelle*, poëme cependant plus mesuré que l'Arioste, quelque peut-être aussi gai. Enfin, malgré le soin que j'ai toujours pris de renfermer mes enfants dans la maison, ils se sont mis quelquefois à courir les rues. *Le Mondain* a été plus libertin qu'un autre. Le président Dupuy dit qu'il le tenait de l'évêque de Luçon, lequel prélat, par parenthèse, n'était pas encore assez *mondain*, puisqu'il a eu le malheur d'amasser douze mille inutiles louis dont il eût pu, de son vivant, acheter douze mille plaisirs.

Venons au fait. Il est tout naturel et tout simple que vous ayez communiqué ce *Mondain* de Voltaire à cet autre *mondain* d'évêque. Je suis fâché seulement qu'on ait mis dans la copie:

> Les parfums les plus doux
> Rendent sa peau douce, fraîche, et polie;

il fallait mettre:

> Rendent sa peau plus fraîche et plus polie.

Voilà sans doute le plus grand grief. Rien ne peut arriver de pis à un poëte qu'un vers estropié.

Le second grief est qu'on ait pu avoir la mauvaise foi, et, j'ose dire, la lâche cruauté de chercher à m'inquiéter pour quelque chose d'aussi simple, pour un badinage plein de naïveté et d'innocence. Cet acharnement à troubler le repos de ma vie, sur des prétextes aussi misérables, ne peut venir que d'un dessein formé de m'accabler et de me chasser de ma patrie. J'avais déjà quitté Paris pour être à

1. Charles de Lorraine. (ÉD.)

l'abri de la fureur de mes ennemis. L'amitié la plus respectable a conduit dans la retraite des personnes qui connaissent le fond de mon cœur, et qui ont renoncé au monde, pour vivre en paix avec un honnête homme dont les mœurs leur ont paru dignes peut-être de tout autre prix que d'une persécution. S'il faut que je m'arrache encore à cette solitude, et que j'aille dans les pays étrangers, il m'en coûtera sans doute, mais il faudra bien s'y résoudre; et les mêmes personnes qui daignent s'attacher à moi aiment beaucoup mieux me voir libre ailleurs que menacé ici.

M. le prince royal de Prusse m'a écrit depuis longtemps, en des termes qui me font rougir, pour m'engager à venir à sa cour. On m'a offert une place auprès de l'héritier d'une vaste monarchie, avec dix mille livres d'appointements; on m'a offert des choses très-flatteuses, en Angleterre. Vous devinez aisément que je n'ai été tenté de rien, et que si je suis obligé de quitter la France, ce ne sera pas pour aller servir des princes.

Je voudrais seulement savoir, une bonne fois pour toutes, quelle est l'intention du ministère, et si, parmi mes ennemis, il n'y en a point d'assez cruels pour avoir juré de me persécuter sans relâche. Ces ennemis, au reste, je ne les connais pas; je n'ai jamais offensé personne; ils m'accablent gratuitement.

Floratere suis non respondere favorem
Speratum meritis.
Hor., lib. II, ep. I, v. 9.

Je demande uniquement d'être au fait, de bien savoir ce qu'on veut, de n'être pas toujours dans la crainte, de pouvoir enfin prendre un parti. Vous êtes à portée, et par vous-même et par vos amis, de savoir précisément les intentions. M. le bailli de Froulat, M. de Bissi, peuvent s'unir avec vous. Je vous devrai tout, si je vous dois au moins la connaissance de ce qu'on veut. Voilà la grâce que vous demande celui qui vous a aimé dès votre enfance, qui a vu un des premiers tout ce que vous deviez valoir un jour, et qui vous aime avec d'autant plus de tendresse, que vous avez passé toutes ses espérances.

Soyez aussi heureux que vous méritez de l'être, et à la cour, et en amour. Vous êtes né pour plaire, même à vos rivaux. Je serai consolé de tout ce qu'on me fait souffrir, si j'apprends au moins que la fortune continue à vous rendre justice. Comptez qu'il n'y a pas deux personnes que votre bonheur intéresse plus que moi.

Permettez-moi de présenter mes respects à Mlle de Tressan et à Mme de Genlis. Vous m'écriviez :

Formosam resonare doces Amaryllida silvas;
Virg., ecl. I, v. 5.
faudra-t-il que je réponde :

Nos patriam fugimus?...

Adieu, Pollion; adieu, Tibulle. On me traite comme Bavius.

DXII. — A M. LE MARQUIS D'ARGENS.

A Cirey, le 10 décembre.

J'attends avec bien de l'impatience, monsieur, le nouvel ouvrage que vous m'avez annoncé. J'y trouverai sûrement ces vérités courageuses que les autres hommes osent à peine penser. Vous êtes né pour faire bien de l'honneur aux lettres et, j'ose le dire, à la raison humaine.

L'habitude que vous avez prise de si bonne heure de mettre vos pensées par écrit est excellente pour fortifier son jugement et ses connaissances. Quand on ne réfléchit que pour soi, et comme en passant, on accoutume son esprit à je ne sais quelle mollesse qui le fait languir à la longue; mais quand on ose, dans une si grande jeunesse, se recueillir assez pour écrire en philosophe et penser pour soi et pour le public, on acquiert bientôt une force de génie qui met au-dessus des autres hommes. Continuez à faire un si noble usage du loisir que peut vous laisser l'attachement[2] respectable qui vous a conduit où vous êtes.

Je crois que j'irai bientôt en Prusse voir un autre prodige. C'est le prince royal, qui est à peu près de votre âge et qui pense comme vous. Je compte, à mon retour, passer par la Hollande et avoir l'honneur de vous y embrasser. Un de mes amis, qui va à Leyde, et qui doit y passer quelque temps, sera en attendant, si vous le voulez bien, le lien de notre correspondance. Il s'appelle de Révol[3]; il est sage, discret et bon ami. Ce sera lui qui vous fera tenir ma lettre; vous pourrez vous confier à lui en toute sûreté. Je ne lui ai point dit votre demeure, et vous resterez le maître de votre secret : je lui ai dit seulement qu'il pouvait vous écrire chez M. Prosper, à la Haye.

Adieu, monsieur; permettez-moi de présenter mes respects à la personne qui vous retient où vous êtes.

DXIII. — A M. BERGER.

A Cirey, le 12 décembre.

Je reçois votre lettre du 8. Je fais partir par cet ordinaire la pièce[4] et la préface, pour être imprimées par le libraire qui en offrira davantage; car je ne veux faire plaisir à aucun de ces messieurs, qui sont, comme les comédiens, créés par les auteurs, et très-ingrats envers leurs créateurs.

Je suis indigné contre Prault de ce qu'il ne m'envoie point le carton du portrait[5] de M. le duc d'Orléans, et de ce qu'il ne m'envoie point la préface[6] imprimée, et de ce qu'il a l'impertinence de ne pas répondre exactement à mes lettres. Faites-lui sentir ses torts, et punissez-le en donnant la pièce à un autre.

1. *Les Lettres juives.* (ÉD.)
2. Mlle Cochois, comédienne, que Voltaire appelle plus bas *Mlle Le Couvreur d'Utrecht.* (ÉD.)
3. Révol est le nom sous lequel Voltaire resta d'abord en Hollande. (ÉD.)
4. *L'Enfant prodigue.* (ÉD.)
5. Dans le chant VII de *la Henriade,* v. 440. (ÉD.) — 6. Celle de Linant. (ÉD.)

Vous aurez la *Newtonade*, ou plutôt l'*Eucliade*. Thieriot doit vous la faire voir, mais il faut être philosophe pour aimer cela.

Je vous prie de passer chez l'abbé Moussinot; il y a une très-jolie pendule d'or moulu, dont je veux faire présent à Mlle Quinault pour ses peines. Voyez si vous voulez avoir la bonté de vous charger de faire ce présent. Vous n'avez pas besoin de cela pour être reçu à merveille; mais ce sera un petit véhicule pour vous faire avoir vos entrées. Il faudra forcer Mlle Quinault à accepter cette bagatelle[1]. Voilà déjà une petite négociation, en attendant mieux.

A l'égard de l'*Enfant prodigue*, il faut qu'il soit mieux que la *Henriade*. Je suis honteux de la négligence de Prault; mauvais papier, mauvais caractère, point de table : cela est honteux.

Vous trouverez la pièce et la préface chez M. d'Argental, qui vous remettra l'une et l'autre; ainsi négociez avec le libraire le moins fripon et le moins ignorant que faire se pourra.

Comment pourrait-on faire pour avoir par écrit le procès[2] de Castel et de Rameau ? Vous êtes un correspondant à qui on peut demander de tout. Envoyez-moi ce procès; écrivez-moi souvent; sachez comment va l'*Enfant prodigue*; aimez le père, qui vous aime de tout son cœur.

Je défie M. le chevalier de Villefort d'avoir dit, et même d'avoir connu combien on est heureux à Cirey.

Les nuages que les Rousseau et les Desfontaines veulent élever, du sein de la fange où ils rampent, ne vont pas jusqu'à moi. Je crache quelquefois sur eux, mais c'est sans y songer. Adieu.

DXIV. — A M. L'ABBÉ MOUSSINOT.

Cirey, décembre.

Que dites-vous, mon cher abbé, de ce petit La Mare, qui est venu escroquer de l'argent chez vous par un mensonge, et qui ne m'a pas écrit depuis que j'ai quitté Paris ? L'ingratitude me paraît innée dans le genre humain, bien plus que les idées métaphysiques dont parlent Descartes et Malebranche. Vous avez raison d'être plus content du jeune Baculard, à qui vous avez donné de l'argent, que du sieur La Mare, qui vous en a escamoté, et je vois leurs caractères fort différents; je crois dans l'un encourager la vertu, je ne vois rien dans l'autre. Vous les connaissez; c'est à vous d'en juger.

Si vous avez de l'argent, je vous prie de donner cent francs à M. Berger; et, si vous ne les avez pas, de vendre vite quelqu'un de mes meubles pour les lui donner, dussiez-vous lui donner cinquante francs une fois, et cinquante livres une autre fois. Ayez la bonté de lui faire ce plaisir; je lui ai une grande obligation de vouloir bien s'adresser à moi. Le plus grand regret que j'aie, dans le dérangement où Demoulin a mis ma fortune, est d'être si peu utile à des amis tels que M. Berger. Enfin, il faut songer à ce qui me reste plus qu'à ce

1. La pendule fut refusée comme le petit secrétaire, dont il est question dans la lettre CXXV. (Ép.)
2. Sur le clavecin oculaire. (Éd.)

que j'ai perdu, et tâcher d'arranger mes petites affaires de façon que je puisse passer ma vie à être un peu utile à moi-même et à ceux que j'aime.

Si le chevalier de Mouhi vient vous voir, dites-lui que je suis prêt à lui faire tous les plaisirs qui dépendront de moi; mais ne vous engagez pas, et même ne lui donnez pas de parole trop positive.

Depuis huit jours je suis sur le point de partir pour aller voir le prince de Prusse, qui m'a fait l'honneur de m'écrire souvent pour m'inviter d'aller à sa cour passer quelque temps. Je vous embrasse, mon cher chanoine, et vous aimerai toujours bien sincèrement, même après avoir vu le prince royal de Prusse.

DXV. — A M. BERGER.

A Cirey, décembre.

Vous vous moquez de moi, mon cher ami, avec votre billet. Est-ce que les amis se font des billets? Je suis très en colère, messieurs; vous ne trouvez pas la préface de M. Linant bonne : faites-en une meilleure, et on l'imprimera; mais tant que vous n'en ferez point, on imprimera la sienne.

Il serait très-ridicule de demander pardon au public de ce qu'on imprime si souvent *la Henriade*. On la réimprime quand les éditions sont épuisées. Il faudrait le demander, si on ne la réimprimait pas. Les criailleries de quelques ennemis, que je ne dois qu'à mes succès et à mes bienfaits, ne doivent point fermer la bouche à mes amis; et ils ne doivent pas être timides, parce que Rousseau est un monstre de jalousie, et Desfontaines un monstre d'ingratitude.

Je vous prie, mon cher ami, de me mander si la lettre au prince royal de Prusse, envoyée cachetée le 8 de ce mois à Thieriot le marchand, pour être remise à l'envoyé de Prusse, a été en effet remise à ce ministre. A l'égard du paquet à cachet volant, contenant l'épître en vers, vous l'avez sans doute remis à M. Chambrier. Je serais très-fâché que cette épître courût. Elle n'est pas finie. Elle trouvera grâce devant un prince favorablement disposé, et n'en trouverait pas devant des critiques sévères; mais j'ai voulu payer, par un prompt hommage, les bontés de ce prince. J'aurais attendu trop longtemps si j'avais limé mon ouvrage.

Tâchez de trouver le Prussien Gresset. Il va dans une cour où Rousseau est regardé comme un faquin de versificateur, dans une cour où l'on aime la philosophie et la liberté de penser, où l'on déteste le cagotisme, et où l'on m'aime comme homme et poète. Faites adroitement la leçon à son cœur et à son esprit. Vous êtes fait pour en conduire plus d'un. Je vous embrasse.

DXVI. — A M. LE MARQUIS D'ARGENS.

Le 20 décembre.

J'ai reçu, monsieur, votre lettre du 10 décembre, et, depuis ce temps, une heureuse occasion a fait parvenir jusqu'à moi votre livre de philosophie. Mes louanges vous seront fort inutiles : je suis un juge bien corrompu. Je pense absolument comme vous presque sur tout. Si l'intérêt de mon opinion ne me rendait pas un peu suspect, je vous dirais :

Macte animo, generose puer; sic itur ad astra.

Mais je ne veux pas vous louer, je ne veux que vous remercier. Oui, je vous rends grâces, au nom de tous les gens qui pensent, au nom de la nature humaine qui réside dans eux seuls, des vérités courageuses que vous dites : *Vos exæquat victoria cœlo*[1]. Je vous trouve l'esprit de Bayle, et le style de Montaigne. Votre livre doit avoir un très-grand succès, et les écrits de la superstition et de l'hypocrisie ne serviront qu'à votre gloire. Mon Dieu, que votre *indépoir* m'a réjoui! et que cela donne un bon ridicule à l'indéfini! Mais qu'il y a de choses qui m'ont plu! et que j'ai envie de vous voir pour vous le dire! Vous devez mener une vie très-heureuse; vous vivez avec les belles-lettres, la philosophie, tous les arts. Je vous fais bien mes compliments sur tout cela.

Qu'il me soit permis de profiter de votre exemple, et d'être un peu philosophe à mon tour. Je vous envoie une *Épître* à Mme la marquise du Châtelet, épître qui est, ce me semble, dans un autre goût que celles de Rousseau. N'est-ce pas un peu rappeler l'art des vers à son origine, que de faire parler à Apollon le langage de la philosophie? Je voudrais bien n'avoir consacré mon temps qu'à des choses aussi dignes de la curiosité des hommes raisonnables. Je suis surtout très-affligé d'être obligé quelquefois de perdre des heures précieuses à repousser les indignes attaques de Rousseau et de Desfontaines. La jalousie a fait le premier mon ennemi, l'autre ne l'est devenu que par excès d'ingratitude. Ce qui me console et me justifie, c'est que mes ennemis sont les vôtres.

DXVII. — A M. LE COMTE D'ARGENTAL.

Ce dimanche, à quatre heures du matin, décembre.

Votre amie[2] a été d'abord bien étonnée quand elle a appris qu'un ouvrage aussi innocent que *le Mondain* avait servi de prétexte à quelques-uns de mes ennemis; mais son étonnement s'est tourné dans la plus grande confusion et dans l'horreur la plus vive, à la nouvelle qu'on voulait me persécuter sur ce misérable prétexte. Sa juste douleur l'a emporté sur la résolution de passer avec moi sa vie. Elle n'a pu souffrir que je restasse plus longtemps dans un pays où je suis traité si inhumainement. Nous venons de partir de Cirey; nous sommes, à quatre heures du matin, à Vassy, où je dois prendre des chevaux de poste. Mais mon véritable, mon tendre et respectable ami, quand je vois arriver le moment où il faut se séparer pour jamais de quelqu'un qui a fait tout pour moi, qui a quitté pour moi Paris, tous ses amis, et tous les agréments de la vie, quelqu'un que j'adore et que je dois adorer, vous sentez bien ce que j'éprouve; l'état est horrible. Je partirais avec une joie inexprimable; j'irais voir le prince de Prusse,

1. Lucrèce, I, 80. (ÉD.) — 2. Mme la marquise du Châtelet. (ÉD.)

qui m'écrit souvent pour me prier d'aller à sa cour; je mettrais entre l'envie et moi un assez grand espace pour n'en être plus troublé; je vivrais, dans les pays étrangers, en Français qui respectera toujours son pays; je serais libre, et je n'abuserais point de ma liberté; je serais le plus heureux homme du monde : mais votre amie est devant moi, qui fond en larmes. Mon cœur est percé. Faudra-t-il la laisser retourner seule dans un château qu'elle n'a bâti que pour moi, et me priver de ce qui est la consolation de ma vie, parce que j'ai des ennemis à Paris? Je suspens, dans mon désespoir, mes résolutions; j'attendrai encore que vous m'ayez instruit de l'excès de fureur où l'on peut se porter contre moi.

C'est bien, assurément, réunir l'absurdité de l'âge d'or et la barbarie du siècle de fer, que de me menacer pour un tel ouvrage. Il faut donc qu'on l'ait falsifié. Enfin je ne sais que croire. Tout ce que je sais, c'est que je voudrais être ignoré de toute la terre, et n'être connu que de vous et de votre amie. Elle était déterminée, à neuf heures du soir, à me laisser partir; mais, moi, je vous dis; à quatre heures du matin, à présent de concert avec elle : faites tout ce que vous croyez convenable. Si vous jugez l'orage trop fort, mandez-le-nous à l'adresse ordinaire, et j'achèverai ma route; si vous le croyez calmé véritablement, je resterai. Mais quelle vie affreuse! Être éternellement bourrelé par la crainte de perdre, sans forme de procès, sa liberté sur le moindre rapport, j'aimerais mieux la mort. Enfin je m'en rapporte à vous; voyez ce que je dois faire. Je suis épuisé de lassitude, accablé de chagrin et de maladie. Adieu; je vous embrasse mille fois, vous et votre aimable frère.

Pourquoi Mlle Quinault ne m'aime-t-elle pas assez pour daigner recevoir un colifichet de ma part?

DXVIII. — A MADAME DE CHAMPBONIN.

De Givet, décembre.

M. de Champbonin, madame, a un cœur fait comme le vôtre; il vient de m'en donner une preuve bien sensible. Je me flatte que vous rendrez encore un plus grand service à la plus adorable personne du monde; vous la consolerez; vous resterez auprès d'elle autant que vous le pourrez. J'ai plus besoin encore de consolations; j'ai perdu mille fois davantage, vous le savez; vous êtes témoin de tout ce que son cœur et son esprit valent; c'est la plus belle âme qui soit jamais sortie des mains de la nature : voilà ce que je suis forcé de quitter. Parlez-lui de moi, je n'ai pas besoin de vous en conjurer. Vous auriez été le lien de nos cœurs, s'ils avaient pu ne se pas unir eux-mêmes. Hélas! vous partagez nos douleurs! non, ne les partagez pas, vous seriez trop à plaindre. Les larmes coulent de mes yeux en vous écrivant. Comptez sur moi comme sur vous-même. Je vous remercie encore une fois de la marque d'amitié que vient de me donner M. de Champbonin.

DXIX. — A MADAME LA MARQUISE DU CHATELET.

Décembre.

.... J'écris à Mme de Richelieu, mais je ne lui parle presque pas de mon malheur. Je ne veux pas avoir l'air de me plaindre !

DXX. — AU PRINCE ROYAL DE PRUSSE.

Décembre.

Monseigneur, j'ai versé des larmes de joie en lisant la lettre du 9 septembre, dont Votre Altesse royale a bien voulu m'honorer; j'y reconnais un prince qui certainement sera l'amour du genre humain. Je suis étonné de toute manière : vous pensez comme Trajan, vous écrivez comme Pline, et vous parlez français comme nos meilleurs écrivains. Quelle différence entre les hommes ! Louis XIV était un grand roi, je respecte sa mémoire; mais il ne parlait pas aussi humainement que vous, monseigneur, et ne s'exprimait pas de même. J'ai vu de ses lettres; il ne savait pas l'orthographe de sa langue. Berlin sera, sous vos auspices, l'Athènes de l'Allemagne, et pourra l'être de l'Europe. Je suis ici dans une ville où deux simples particuliers, M. Boerhaave d'un côté, et M. s'Gravesande de l'autre, attirent quatre ou cinq cents étrangers. Un prince tel que vous en attirera bien davantage; et je vous avoue que je me tiendrais bien malheureux si je mourais avant d'avoir vu l'exemple des princes et la merveille de l'Allemagne.

Je ne veux point vous flatter, monseigneur, ce serait un crime; ce serait jeter un souffle empoisonné sur une fleur; j'en suis incapable; c'est mon cœur pénétré qui parle à Votre Altesse royale.

J'ai lu la *Logique* de M. Wolff, que vous avez daigné m'envoyer; j'ose dire qu'il est impossible qu'un homme qui a les idées si nettes, si bien ordonnées, fasse jamais rien de mauvais. Je ne m'étonne plus qu'un tel prince aime un tel philosophe. Ils étaient faits l'un pour l'autre. Votre Altesse royale, qui lit ses ouvrages, peut-elle me demander les miens? Le possesseur d'une mine de diamants me demande des grains de verre; j'obéirai, puisque c'est vous qui ordonnez.

J'ai trouvé, en arrivant à Amsterdam, qu'on avait commencé une édition de mes faibles ouvrages. J'aurai l'honneur de vous envoyer le premier exemplaire. En attendant, j'aurai la hardiesse d'envoyer à Votre Altesse royale un manuscrit[2] que je n'oserais jamais montrer qu'à un esprit aussi dégagé des préjugés, aussi philosophe, aussi indulgent que vous l'êtes, et à un prince qui mérite, parmi tant d'hommages, celui d'une confiance sans bornes. Il faudra un peu de temps

---

1. De la volumineuse correspondance de Voltaire avec Mme du Châtelet (voy. n° CCLXXXVIII), il ne reste que ce fragment que M. Clogenson croit du 25 au 30 décembre, et quelques lignes qui doivent être du mois d'août 1736 : « Voici, dit-il, des fleurs et des épines que je vous envoie. Je suis comme saint Pacôme, qui, récitant ses matines sur sa chaise percée, disait au diable : *Mon ami, ce qui va en haut est pour Dieu; ce qui tombe en bas est pour toi.* Le diable, c'est Rousseau; et pour Dieu, vous savez bien que c'est vous. » (*Note de M. Beuchot.*)
2. Le *Traité de Métaphysique*. (ÉD.)

pour le revoir et le transcrire, et je le ferai partir par la voie que vous m'indiquerez. Je dirai alors :

Parce (sed *invideo*), *sine me liber, ibis* ad illum
Ovid., *Trist.*, I, eleg. I, v. 1.

Des occupations indispensables, et des circonstances dont je ne suis pas le maître, m'empêchent d'aller moi-même porter à vos pieds ces hommages que je vous dois. Un temps viendra peut-être où je serai plus heureux.

Il paraît que Votre Altesse royale aime tous les genres de littérature. Un grand prince a soin de tous les ordres de l'État; un grand génie aime toutes les sortes d'étude. Je n'ai pu, dans ma petite sphère, que saluer de loin les limites de chaque science; un peu de métaphysique, un peu d'histoire, quelque peu de physique, quelques vers ont partagé mon temps : faible dans tous ces genres, je vous offre au moins ce que j'ai.

Si vous voulez, monseigneur, vous amuser de quelques vers, en attendant de la philosophie, *carmina possumus donare*[1]. J'apprends que le sieur Thieriot a l'honneur de faire quelques commissions pour Votre Altesse royale, à Paris. J'espère, monseigneur, que vous en serez très-content. Si vous aviez quelques ordres à donner pour Amsterdam, je serais bien flatté d'être votre Thieriot de Hollande. Heureux qui peut vous servir, plus heureux qui peut approcher de vous !

Si je ne m'intéressais pas au bonheur des hommes, je serais fâché de vous voir destiné à être roi. Je vous voudrais particulier; je voudrais que mon âme pût approcher en liberté de la vôtre; mais il faut que mon goût cède au bien public.

Souffrez, monseigneur, qu'en vous je respecte encore plus l'homme que le prince; souffrez que de toutes vos grandeurs, celle de votre âme ait mes premiers hommages; souffrez que je vous dise encore combien vous me donnez d'admiration et d'espérance.

Je suis, etc.

DXXI. — DE FRÉDÉRIC, PRINCE ROYAL DE PRUSSE.

A Berlin, décembre.

Monsieur, je vous avoue que j'ai senti une secrète joie de vous savoir en Hollande, me voyant par là plus à portée de recevoir de vos nouvelles, quoique je craignisse, de la façon dont vous me marquez y être, que quelque fâcheuse raison ne vous eût obligé de quitter la France, et de prendre l'*incognito*. Soyez sûr, monsieur, que ce secret ne transpirera pas par mon indiscrétion.

La France et l'Angleterre sont les deux seuls États où les arts soient en considération. C'est chez eux que les autres nations doivent s'instruire. Ceux qui ne peuvent pas s'y transporter en personne peuvent du moins dans les écrits de leurs auteurs célèbres puiser des connaissances et des lumières. Leurs langues, par conséquent, méritent

1. Horace, liv. IV, ode VIII, vers 11-12. (ÉD.)

bien que les étrangers les étudient, principalement la française qui, selon moi, pour l'élégance, la finesse, l'énergie et les tours, a une grâce particulière. Ce sont ces motifs suffisants qui m'ont engagé à m'y appliquer. Je me sens récompensé richement de mes peines par l'approbation que vous m'accordez avec tant d'indulgence.

Louis XIV était un prince grand par une infinité d'endroits; un solécisme, une faute d'orthographe ne pouvait ternir en rien l'éclat de sa réputation établie par tant d'actions qui l'ont immortalisé. Il lui convenait en tout sens de dire : *Cæsar est supra grammaticam*. Mais il y a des cas particuliers qui ne sont pas généralement applicables. Celui-ci est de ce nombre; et ce qui était un défaut imperceptible en Louis XIV deviendrait une négligence impardonnable en tout autre.

Je ne suis grand par rien. Il n'y a que mon application qui pourra peut-être un jour me rendre utile à ma patrie, et c'est là toute la gloire que j'ambitionne. Les arts et les sciences ont toujours été les enfants de l'abondance. Les pays où ils ont fleuri ont eu un avantage incontestable sur ceux que la barbarie nourrissait dans l'obscurité. Outre que les sciences contribuent beaucoup à la félicité des hommes, je me trouverais fort heureux de pouvoir les amener dans nos climats reculés, où, jusqu'à présent, elles n'ont que faiblement pénétré; semblable à ces connaisseurs en tableaux, qui savent les juger, qui connaissent les grands maîtres, mais qui ne s'entendent pas même à broyer des couleurs, je suis frappé par ce qui est beau, je l'estime, mais je n'en suis pas moins ignorant. Je crains sérieusement, monsieur, que vous ne preniez une idée trop avantageuse de moi. Un poëte s'abandonne volontiers au feu de son imagination, et il pourrait fort bien arriver que vous vous forgeassiez un fantôme à qui vous attribueriez mille qualités, mais qui ne devrait son existence qu'à la fécondité de votre imagination.

Vous avez lu, sans doute, le poëme d'*Alaric*, de M. de Scudéri; il commence, si je ne me trompe, par ce vers :

Je chante le vainqueur des vainqueurs de la terre.

Voilà certainement tout ce que l'on peut dire; mais malheureusement le poëte en reste là; et la superbe idée que l'on s'était formée du héros diminue à chaque page. Je crains beaucoup d'être dans le même cas; et je vous avoue, monsieur, que j'aime infiniment mieux ces rivières qui, coulant doucement près de leur source, s'accroissent dans leur cours, et roulent enfin, parvenues à leur embouchure, des flots semblables à ceux de la mer.

Je m'acquitte enfin de ma promesse, et je vous envoie par cette occasion la moitié de la *Métaphysique* de Wolff; l'autre moitié suivra dans peu. Un homme [1] que j'aime et que j'estime s'est chargé de cette traduction par amitié pour moi. Elle est très-exacte et fidèle. Il en aurait châtié le style si des affaires indispensables ne l'avaient arraché de chez moi. J'ai pris soin de marquer les endroits principaux. Je me

---

[1]. Ulrich-Frédéric de Suhm. (Éd.)

flatte que cet ouvrage aura votre approbation : vous avez l'esprit trop juste pour ne le pas goûter.

La proposition de l'*être simple*, qui est une espèce d'atomes ou des monades dont parle Leibnitz, vous paraîtra peut-être un peu obscure. Pour la bien comprendre, il faut faire attention aux définitions que l'auteur fait auparavant de l'espace, de l'étendue, des limites, et de la figure.

Le grand ordre de cet ouvrage, et la connexion intime qui lie toutes les propositions les unes avec les autres, est, à mon avis, ce qu'il y a de plus admirable dans ce livre. La manière de raisonner de l'auteur est applicable à toutes sortes de sujets. Elle peut être d'un grand usage à un politique qui sait s'en servir. J'ose même dire qu'elle est applicable à tous les sujets de la vie privée.

La lecture des ouvrages de M. Wolff, bien loin de m'offusquer les yeux sur ce qui est beau, me fournit encore des motifs plus puissants pour y donner mon approbation.

J'attends vos ouvrages en vers et en prose avec une égale impatience. Vous augmenterez de beaucoup, monsieur, toute la reconnaissance que je vous dois déjà. Vous pourriez donner vos productions à des personnes plus éclairées, mais jamais à aucune qui en fasse plus de cas. Votre réputation vous met au-dessus de l'éloge, mais les sentiments d'admiration que j'ai pour vous m'empêchent de me taire. Vous savez, monsieur, que, quand on sent bien quelque chose, il est difficile, pour ne pas dire impossible, de le cacher. J'entrevois tant de modestie dans la façon dont vous parlez de vos propres ouvrages, que je crains de la choquer, même en ne disant qu'une partie de la vérité.

J'avoue que j'aurais une grande envie de vous voir et de connaître, monsieur, en votre personne, ce que ce siècle et la France ont produit de plus accompli. La philosophie m'apprend cependant à mettre un frein à cette envie. La considération de votre santé qui, à ce qu'on m'assure, est délicate ; vos arrangements particuliers, joints à un motif que vous pourriez avoir d'ailleurs pour ne point porter vos pas dans ces contrées, me sont des raisons suffisantes pour ne vous point presser sur ce sujet. J'aime mes amis d'une amitié désintéressée, et je préférerai, en toute occasion, leur intérêt à mon agrément. Il suffit que vous me laissiez l'espérance de vous voir une fois dans la vie. Votre correspondance me tiendra lieu de votre personne ; j'espère qu'elle sera plus facile à présent, vu la commodité des postes.

Je vous prie, monsieur, de m'avertir quand vous quitterez la Hollande pour aller en Angleterre ; en ce cas, vous pouvez remettre vos lettres à notre envoyé Borck. Je souffre beaucoup, en voyant un homme de votre mérite la victime et la proie de la méchanceté des hommes. Le suffrage que je vous donne doit, par mon éloignement, vous tenir lieu de celui de la postérité. Triste et frivole consolation ! Elle a pourtant été celle de tous les grands hommes qui, avant vous, ont souffert de la haine que les âmes basses et envieuses portent aux génies supérieurs. Des gens peu éclairés se laissent séduire par la madignité des méchants; semblables à ces chiens qui suivent en tout le chef de meute, qui aboient quand ils entendent aboyer, et qui prennent servilement le change avec lui. Quiconque est éclairé par la vérité se dégage des préjugés; il la découvre, et les déteste; il dévoile la calomnie, et l'abhorre. Soyez sûr, monsieur, que ces considérations font que je vous rendrai toujours justice. Je vous croirai toujours semblable à vous-même. Je m'intéresserai toujours vivement à ce qui vous regarde; et la Hollande, pays qui ne m'a jamais déplu, me deviendra une terre sacrée puisqu'elle vous contient. Mes vœux vous suivront partout; et la parfaite estime que j'ai pour vous, étant fondée sur votre mérite, ne cessera que quand il plaira au Créateur de mettre fin à mon existence. Ce sont les sentiments avec lesquels je suis, monsieur, votre très-parfaitement affectionné ami, FÉDÉRIC.

DXXII. — A M. BERGER.

Amsterdam, le 3 janvier 1737.

Je compte toujours, monsieur, sur votre amitié. J'ai reçu votre lettre du 9 du mois passé. Je ne peux y répondre de ma main, étant tombé malade à Aix-la-Chapelle. Vous me ferez un sensible plaisir de m'écrire des nouvelles une ou deux fois par semaine. Vous savez combien j'aime vos lettres. Je regarderai cette assiduité comme un service d'ami, et vous pouvez compter sur ma reconnaissance, comme je compte sur une discrétion extrême : c'est une vertu nécessaire dans les petites choses, et sans laquelle les hommes les plus indifférents et les plus innocents pourraient être empoisonnés.

Mon adresse est tout simplement : à MM. Servau et d'Arti, à Amsterdam. En quelque endroit que je sois, ils me feront tenir mes lettres très-exactement. Je vous embrasse de tout mon cœur.

DXXIII. — AU PRINCE ROYAL DE PRUSSE.

A Leyde, janvier.

Monseigneur, si j'étais malheureux, je serais bientôt consolé. On apprend que Votre Altesse royale a daigné m'envoyer son portrait; c'est ce qui pouvait jamais m'arriver de plus flatteur, après l'honneur de jouir de votre présence. Mais le peintre aura-t-il pu exprimer dans vos traits ceux de cette belle âme à laquelle j'ai consacré mes hommages? J'ai appris que M. Chambrier avait retiré le portrait à la poste; mais sur-le-champ Mme la marquise du Châtelet, Émilie, lui a écrit que ce trésor était destiné pour Cirey. Elle le revendique, monseigneur; elle partage mon admiration pour Votre Altesse royale; elle ne souffrira pas qu'on lui enlève ce dépôt précieux; il fera le principal ornement de la maison charmante qu'elle a bâtie dans son désert. On y lira cette petite inscription : *Vultus Augusti, mens Trojani.*

Apparemment, monseigneur, que le bruit du présent dont vous m'avez honoré a fait croire que j'étais en Prusse. Toutes les gazettes le disent : il est douloureux pour moi qu'en devinant si bien mon goût, elles aient si mal deviné mes marches. Vous ne doutez pas, monseigneur, de l'envie extrême que j'ai d'aller vous admirer de plus près; mais j'ai déjà eu l'honneur de vous mander qu'une occupation indispensable me retenait ici. C'est pour être plus digne de vos bontés, monseigneur, que je suis à Leyde; c'est pour me fortifier dans les connaissances des choses que vous favorisez. Vous n'aimez que les vérités, et j'en cherche ici. Je prendrai la liberté d'envoyer à Votre Altesse royale la petite provision que j'aurai faite; vous démêlerez, d'un coup d'œil, les mauvais fruits d'avec les bons.

En attendant, si Votre Altesse royale veut s'amuser par une petite suite¹ du *Mondain*, j'aurai l'honneur de l'envoyer incessamment; c'est un petit essai de morale mondaine où je tâche de prouver, avec quelque gaieté, que le luxe, la magnificence, les arts, tout ce qui fait la splendeur d'un État en fait la richesse; et que ceux qui crient contre ce qu'on appelle *le luxe*, ne sont guère que *des pauvres* de mauvaise humeur. Je crois qu'on peut enrichir un État en donnant beaucoup de plaisir à ses sujets. Si c'est une erreur, elle me paraît jusqu'ici bien agréable. Mais j'attendrai le sentiment de Votre Altesse royale pour savoir ce que je dois en penser. Au reste, monseigneur, c'est par pure humanité que je conseille les plaisirs; le mien n'est guère que l'étude et la solitude. Mais il y a mille façons d'être heureux. Vous méritez de l'être de toutes; ce sont les vœux que je fais pour vous, etc.

DXXIV. — A M. THIERIOT.

A Leyde, le 17 janvier.

Il est vrai, mon cher ami, que j'ai été très-malade; mais la vivacité de mon tempérament me tient lieu de force; ce sont des ressorts délicats qui me mettent au tombeau, et qui m'en retirent bien vite. Je suis venu à Leyde consulter le docteur Boerhaave sur ma santé, et s'Gravesande sur la philosophie de Newton. Le prince royal me remplit tous les jours d'admiration et de reconnaissance; il daigne m'écrire comme à son ami; il fait pour moi des vers français tels qu'on en faisait à Versailles dans le temps du bon goût et des plaisirs. C'est dommage qu'un pareil prince n'ait point de rivaux. Je ne manque pas de lui glisser quelques mots de vous dans toutes mes lettres. Si ma tendre amitié pour vous vous peut être utile, ne serais-je pas trop heureux? Je ne vis que pour l'amitié, c'est elle qui m'a retenu à Cirey si longtemps; c'est elle qui m'y ramènera, si je retourne en France. Le prince royal m'a envoyé le comte de Borck, ambassadeur du roi de Prusse en Angleterre, pour m'offrir sa maison à Londres, en cas que je voulusse y aller, comme le bruit en a couru : je suis d'ailleurs traité ici beaucoup mieux que je ne mérite. Le libraire Ledet, qui a gagné quelque chose à débiter mes faibles ouvrages, et qui en fait actuellement une magnifique édition, a plus de reconnaissance que les libraires de Paris n'ont d'ingratitude. Il m'a forcé de loger chez lui quand je viens à Amsterdam voir comment va la philosophie newtonienne. Il s'est avisé de prendre pour enseigne la tête de votre ami

---

1. La *Défense du Mondain*. (Ep.)

Voltaire. La modestie qu'il faut avoir défend à ma sincérité de vous dire l'excès de considération qu'on a ici pour moi.

Je ne sais quelle gazette impertinente, misérable écho des misérables *Nouvelles à la main* de Paris, s'était avisée de dire que je m'étais retiré dans les pays étrangers pour écrire plus librement. Je démens cette imposture en déclarant, dans la gazette d'Amsterdam, que je désavoue tout ce qu'on fait courir sous mon nom, soit en France, soit dans les pays étrangers, et que je n'avoue rien que ce qui aura ou un privilége ou une permission connue. Je confondrai mes ennemis en ne leur donnant aucune prise, et j'aurai la consolation qu'il faudra toujours mentir pour me nuire.

J'ai trouvé ici le gouvernement de France en très-grande réputation ; et ce qui m'a charmé, c'est que les Hollandais sont plus jaloux de notre compagnie des Indes que Rousseau ne l'est de moi. J'ai vu aujourd'hui des négociants qui ont acheté, à la dernière vente de Nantes, ce qui leur manquait à Amsterdam. Voilà de ces choses dont Pollion¹ peut faire usage auprès du ministre, dans l'occasion ; mais, comme je fais plus de cas d'un bon vers que du négoce et de la politique, tâchez donc de me marquer ce que vous trouvez de si négligé dans les vers dont vous me parlez. Je suis aussi sévère que vous pour le moins ; et, dans les intervalles que me laisse la philosophie, je corrige toutes les pièces de poésie que j'ai faites, depuis *Œdipe* jusqu'au *Temple de l'Amitié*. Il y en aura quelques-unes qui vous seront adressées ; ce seront celles dont j'aurai plus de soin.

DXXV. — De Frédéric, prince royal de Prusse.

A Berlin, janvier.

Non, monsieur, je ne vous ai point envoyé mon portrait ; une pareille idée ne m'est jamais venue dans l'esprit. Mon portrait n'est ni assez beau ni assez rare pour vous être envoyé. Un malentendu a donné lieu à cette méprise. Je vous ai envoyé, monsieur, une bagatelle pour marque de mon estime ; un buste de Socrate en guise de pommeau sur une canne ; et la façon dont cette canne a été roulée, à la manière dont on roule les tableaux, aura donné lieu à cette erreur. Ce buste, de toutes façons, était plus digne de vous être envoyé que mon portrait. C'est l'image du plus grand homme de l'antiquité, d'un philosophe qui a fait la gloire des païens, et qui, jusqu'à nos jours, est l'objet de la jalousie et de l'envie des chrétiens. Socrate fut calomnié ; eh ! quel grand homme ne l'est pas ? Son esprit, amateur de la vérité, revit en vous. Ainsi vous seul méritez de conserver le buste de ce philosophe. J'espère, monsieur, que vous voudrez bien le conserver.

Mme la marquise du Châtelet me fait bien de l'honneur, de vouloir bien s'intéresser pour mon soi-disant portrait. Elle serait capable de me donner meilleure opinion de moi que je n'en ai jamais eu et que je n'en devrais avoir. Ce serait à moi à désirer le sien. Je vous

---

1. La Popelinière. (Éd.)

avoue que les charmes de son esprit m'ont fait oublier sa matière. Vous trouverez peut-être que c'est penser trop philosophiquement à mon âge, mais vous pourriez vous tromper. L'éloignement de l'objet, et l'impossibilité de le posséder, peuvent y avoir autant de part que la philosophie. Elle ne doit pas nous rendre insensibles, ni empêcher d'avoir le cœur tendre; elle ferait, en ce cas, plus de mal que de bien aux hommes.

Il semble en effet que quelque démon familier se soit abouché avec tous les gazetiers de Hollande pour leur faire écrire unanimement que vous m'êtes venu voir. J'en ai été informé par la voix publique, ce qui me fit d'abord douter de la vérité du fait. Je me dis que vous ne vous serviriez pas des gazetiers pour annoncer votre voyage, et qu'en cas que vous me fissiez le plaisir de venir en ce pays-ci, j'en aurais des nouvelles plus intimes. Le public me croit plus heureux que je ne le suis. Je me tue de le détromper. Je me sens d'ailleurs fort obligé au gazetier d'effectuer en idée ce qu'il juge très-bien qui peut m'être infiniment agréable.

Quoique vous n'ayez en aucune manière besoin de vous perfectionner, par de nouvelles études, dans la connaissance des sciences, je crois que la conversation du fameux M. s'Gravesande pourra vous être fort agréable. Il doit posséder la philosophie de Newton dans la dernière perfection. M. Boerhaave ne vous sera pas d'un moindre secours pour le consulter sur l'état de votre santé. Je vous la recommande, monsieur. Outre le penchant que vous sentez naturellement pour la conservation de votre corps, ajoutez, je vous prie, quelque nouvelle attention à celle que vous avez déjà pour l'amour d'un ami qui s'intéresse vivement à tout ce qui vous regarde. J'ose vous dire que je sais ce que vous valez, et que je connais la grandeur de la perte que le monde ferait en vous : les regrets que l'on donnerait à vos cendres seraient inutiles et superflus pour ceux qui les sentiraient. Je prévois ce malheur et je le crains; mais je voudrais le différer.

Vous me ferez beaucoup de plaisir, monsieur, de m'envoyer vos nouvelles productions. Les bons arbres portent toujours de bons fruits. *La Henriade* et vos ouvrages immortels me répondent de la beauté des futurs. Je suis fort curieux de voir la suite du *Mondain* que vous me promettez. Le plan que vous m'en marquez est tout fondé sur la raison et sur la vérité. En effet, la sagesse du Créateur n'a rien fait inutilement dans ce monde. Dieu veut que l'homme jouisse des choses créées, et c'est contrevenir à son but que d'en user autrement. Il n'y a que les abus et les excès qui rendent pernicieux ce qui, d'ailleurs, est bon en soi-même.

Ma morale, monsieur, s'accorde très-bien avec la vôtre. J'avoue que j'aime les plaisirs et tout ce qui y contribue. La brièveté de la vie est le motif qui m'enseigne d'en jouir. Nous n'avons qu'un temps dont il faut profiter. Le passé n'est qu'un rêve, le futur est incertain ; ce principe n'est point dangereux; il faut seulement n'en point tirer de mauvaise conséquence.

Je m'attends que votre essai de morale sera l'histoire de mes pen-

ées, quoique mon plus grand plaisir soit l'étude et la culture des
beaux-arts; vous savez, monsieur, mieux que personne, qu'ils exigent
du repos, de la tranquillité, et du recueillement d'esprit :

Car loin du bruit et du tumulte,
Apollon s'était retiré
Au haut d'un coteau consacré
Par les neuf muses à son culte.
Pour courtiser les doctes sœurs,
Il faut du repos, du silence,
Et des travaux en abondance
Avant de goûter leurs faveurs.
Voltaire, votre nom, immortel dans l'histoire,
Est gravé par leurs mains aux fastes de la gloire.

Il y a bien de la témérité pour un écolier, ou, pour mieux dire, à une grenouille du sacré vallon, d'oser coasser en présence d'Apollon. Je le reconnais, je me confesse, et vous en demande l'absolution. L'estime que j'ai pour vous me la doit mériter. Il est bien difficile de se taire sur de certaines vérités, quand on en est bien pénétré, risque à s'exprimer bien ou mal. Je suis dans ce cas : c'est vous qui m'y mettez, et qui, par conséquent, devez avoir plus d'indulgence pour moi qu'aucun autre. Je suis à jamais avec toute la considération que vous méritez, monsieur, votre très-affectionné ami, FÉDÉRIC.

DXXVI. — A M. LE MARQUIS D'ARGENS.

A Leyde, le 20 janvier.

Si les *Lettres juives* me plaisent, mon cher *Isaac*! si j'en suis charmé! ne vous l'ai-je pas écrit trente fois? Elles sont agréables et instructives, elles respirent l'humanité et la liberté. Je soutiens que c'est rendre un très-grand service au public que de lui donner, deux fois par semaine, de si excellents préservatifs. J'aime passionnément les *Lettres* et l'auteur; je voudrais pouvoir contribuer à son bonheur, j'irai l'embrasser incessamment. Je suis bien fâché de l'avoir vu si peu, et je veux du mal à Newton, qui s'est fait mon tyran, et qui m'empêche d'aller jouir de la conversation aimable de M. Boyer[1].

J'irai, j'irai sans doute. J'ai été obligé d'aller à Amsterdam pour l'impression de mes guenilles; j'y ai vu M. Prévost, qui vous aime de tout son cœur : je le crois bien, et j'en fais autant. Je n'ai osé avilir votre main à faire un dessin de vignette; mais vous ennobliriez la vignette, et votre main ne serait point avilie.

Je vous enverrai l'*Épître du fils d'un bourgmestre sur la Politesse hollandaise*, et je vous prierai de lui donner une petite place dans vos juiveries.

Adieu, monsieur; je vous embrasse tendrement. J'espère encore une fois venir jouer quelque rôle dans vos pièces. Je présente mes

---

1. Nom de famille du marquis d'Argens. (ÉD.)

respects à Mlle Le Couvreur [1] d'Utrecht; vous faites tous deux une charmante synagogue, car synagogue signifie assemblage.

P. S. Ma foi, je suis enchanté que vous ayez reçu des nouvelles qui vous plaisent. Si j'avais un fils comme vous, et qu'il se fît turc, je me ferais turc, et j'irais vivre avec lui et servir sa maîtresse. Malheur aux Nazaréens qui ne pensent pas ainsi !

Je vous envoie *la Politesse hollandaise;* faites-en usage le plus tôt que vous pourrez. Voilà le canevas; vous prendrez de vos couleurs, vous flatterez la nation chez qui vous êtes, et vous punirez l'ennemi de toutes les nations. Je vous embrasse tendrement.

DXXVII. — DE FRÉDÉRIC, PRINCE ROYAL DE PRUSSE.

A Berlin, le 23 janvier.

Monsieur, j'ai reçu avec beaucoup de plaisir la *Défense du Mondain*, et le joli badinage au sujet de *la Mule du pape*. Chacune de ces pièces est charmante dans son genre. Le faux zèle de votre voisin le dévot représente très-bien celui de beaucoup de personnes qui, dans leur stupide sainteté, taxent tout de péché, tandis qu'ils s'aveuglent sur leurs propres vices. Il n'y a rien de plus heureux que la transition du vin dont notre béat humecte son gosier séché à force d'argumenter. Le pauvre qui vit des vanités des grands, le dieu qui, du temps de Tulle, *était de bois*, et *d'or*, sous le consulat de Lucille, etc., sont des endroits dont les beautés marchent à grands pas vers l'immortalité. Mais, monsieur, pourrais-je vous présenter mes doutes? C'est le moyen de m'instruire par les bonnes raisons dont vous vous servirez sans doute.

Peut-on donner l'épithète de *chimérique* à l'histoire romaine, histoire avérée par le témoignage de tant d'auteurs, de tant de monuments respectables de l'antiquité, et d'une infinité de médailles (dont il ne faudrait qu'une partie pour établir les vérités de la religion)? Les étendards de foin des Romains me sont inconnus; mon ignorance me peut servir d'excuse; mais, autant que je peux m'en ressouvenir, leurs premiers étendards furent des mains ajustées au haut d'une perche.

Vous voyez, monsieur, un disciple qui demande à s'instruire : vous voyez en même temps un ami sincère qui agit avec franchise; et j'espère que votre esprit juste et pénétrant s'apercevra facilement que mon amitié seule vous parle : usez-en, je vous prie, de même à mon égard.

J'avoue que mes réflexions sont plutôt celles d'un géomètre que les remarques d'un poète; mais l'estime que j'ai pour vous, étant trop bien établie, sera toujours la même. Je suis à jamais, monsieur, votre très-affectionné ami, FRÉDÉRIC.

DXXVIII. — A M. LE COMTE D'ARGENTAL.

A Amsterdam, ce 27 janvier.

Respectable ami, je vous dois compte de ma conduite; vous m'avez conseillé de partir, et je suis parti; vous m'avez conseillé de ne point

---

1. Mlle Cochois ou Cauchois, que d'Argens épousa depuis. (ÉD.)

aller en Prusse, et je n'y ai point été; voici le reste que vous ne savez pas. Rousseau apprit mon passage par Bruxelles, et se hâta de répandre et de faire insérer dans les gazettes que je me réfugiais en Prusse, que j'avais été condamné à Paris à une prison perpétuelle, etc. Cette belle calomnie n'ayant pas réussi, il s'avise d'écrire que je prêche l'athéisme à Leyde; là-dessus il forge une histoire, et on envoie ces contes bleus à Paris, où sans doute la bonté du prochain ne les laissera pas tomber par terre. On m'a renvoyé, de Paris une des lettres circulaires qu'il a fait écrire par un moine défroqué, qui est son correspondant à Amsterdam. Ces calomnies si réitérées, si acharnées, et si absurdes, ne peuvent ici me porter coup, mais elles peuvent beaucoup me nuire à Paris; elles m'y ont déjà fait des blessures, elles rouvriront les cicatrices. Je sais, par expérience, combien le mal réussit dans une belle et grande ville comme Paris, où l'on n'a guère d'autre occupation que de médire. Je sais que le bien qu'on dit d'un homme ne passe guère la porte de la chambre où on en parle, et que la calomnie va à tire-d'aile jusqu'aux ministres. Je suis persuadé que, si ces misérables bruits parviennent à vous, vous en verrez aisément la source et l'horreur, et que vous préviendrez l'effet qu'ils peuvent faire. Je voudrais être ignoré, mais il n'y a plus moyen. Il faut se résoudre à payer toute ma vie quelques tributs à la calomnie. Il est vrai que je suis taxé un peu haut; mais c'est une sorte d'impôt fort mal réparti. Si l'abbé de Saint-Pierre a quelque projet pour arrêter la médisance, je le ferai volontiers imprimer à mes dépens.

Du reste je vis en philosophe, j'étudie beaucoup, je vois du monde, je tâche d'entendre Newton et de le faire entendre. Je me console, avec l'étude, de l'absence de mes amis. Il n'y a pas moyen de refondre à présent l'*Enfant prodigue*. Je pourrais bien travailler à une tragédie le matin, et à une comédie le soir; mais passer en un jour de Newton à Thalie, je ne m'en sens pas la force.

Attendez le printemps, messieurs; la poésie servira son quartier; mais à présent c'est le tour de la physique. Si je ne réussis pas avec Newton, je me consolerai bien vite avec vous. Mille tendres respects, je vous en prie, à monsieur votre frère. Je suis bien tenté d'écrire à Thalie[1]; je vous prie de lui dire combien je l'aime, combien je l'estime. Adieu; si je voulais dire à quel point je pousse ces sentiments-là pour vous, et y ajouter ceux de mon éternelle reconnaissance, je vous écrirais des in-folio de bénédictins.

DXXIX. — A M. THIERIOT.

Le 28 janvier.

Mon cher ami, il faut s'armer de patience dans cette vie, et tâcher d'être aussi insensible aux traverses que nos cœurs sont ouverts aux charmes de l'amitié. Ce bon dévot de Rousseau fut informé, il y a un mois, que j'avais passé par Bruxelles; aussitôt sa vertu se ranima pour faire mettre dans trois ou quatre gazettes que je m'en allais en

---

1. Mlle Quinault. (Éd.)

Prusse, parce que j'étais chassé de France; sa probité a même été jusqu'à écrire et à faire écrire contre moi en Prusse. Voyant que Dieu ne bénissait pas ses pieuses intentions, et que j'étais tranquille à Leyde, où je travaillais à *la Philosophie de Newton*, il a recouru chrétiennement à une autre batterie. Il a semé le bruit que j'étais venu prêcher l'athéisme à Leyde, et que j'en serais chassé comme Descartes; que j'avais eu une dispute publique avec le professeur s'Gravesande sur l'existence de Dieu, etc. Il a fait écrire cette belle nouvelle à Paris, par un moine défroqué qui faisait autrefois une libelle hebdomadaire intitulé *le Glaneur*. Ce moine est chassé de la Haye, et est caché à Amsterdam. J'ai été bien vite informé de tout cela. Il se fait ici, parmi quelques malheureux réfugiés, un commerce de scandales et de mensonges à la main, qu'ils débitent chaque semaine dans tout le Nord pour de l'argent. On paye deux, trois cents, quatre cents florins par an à des nouvellistes obscurs de Paris, qui griffonnent toutes les infamies imaginables, qui forgent des histoires auxquelles les regrattiers de Hollande ajoutent encore; et tout cela s'en va réjouir les cours de l'Allemagne et de la Russie. Ces messieurs-là sont une engeance à étouffer.

Vous avez à Paris des personnes bien plus charitables, qui composent pour rien des chansons sur leur prochain. On vient de m'en envoyer une où vous et Pollion, et le gentil Bernard, et tous vos amis, et moi indigne, ne sommes pas trop bien traités; mais cela ne dérangera ni ma philosophie ni la vôtre, et Newton ira son train.

Tranquille au haut des cieux que Newton s'est soumis,
Il ignore en effet s'il a des ennemis.

Après les consolations de l'amitié et de la philosophie, la plus flatteuse que je reçoive est celle des bontés inexprimables du prince royal de Prusse. J'ai été très-fâché que l'on ait inséré dans les gazettes que je devais aller en Prusse, que le prince m'avait envoyé son portrait, etc. Je regarde ses faveurs comme celles d'une belle femme; il faut les goûter et les taire. Mandez-lui, mon cher ami, que je suis discret, et que je ne me vante point des caresses de ma maîtresse. De mon côté, je ne vous oublie pas quand je lui parle de belles-lettres et de mérite.

Mille respects, je vous prie, à votre Parnasse, à nos loyaux chevaliers [1]. Parlez un peu à M. d'Argental des saintes calomnies du béat Rousseau. Adieu, nous ne sommes qu'honnêtes gens, Dieu merci; je vous embrasse.

CXXX. — A M. LE MARQUIS D'ARGENS.

Amsterdam, le 2a janvier.

Je n'ai pu achever la lecture de l'*Almanach du Diable*. Je suis persuadé que Belzébuth sera très-fâché qu'on lui impute un si plat ou-

---

1. Le bailli de Froulai et le chevalier d'Aidie. (Ép.)

vrage; il est très-inintelligible : je ne sais si vous y êtes fourré. On dit qu'il y en a deux éditions; je vous les apporterai toutes deux. Il me paraît que ce titre, *Almanach du Diable*, peut fournir une bonne *lettre juive*. Mon cher *Isaac* dira des choses charmantes sur le ministre Bekker, qui a fait *le Monde enchanté* pour prouver qu'il n'y a point de diable; sur l'origine du diable, dont il n'est pas dit un mot dans la très-sainte Écriture; sur son histoire faite en anglais.

Ah! mon cher *Isaac*, mon cher *Isaac!* vous êtes selon mon cœur! Que ne puis-je travailler auprès de vous! que n'êtes-vous à Amsterdam! Je n'attends que le moment d'être débarrassé de mes graveurs, de mes imprimeurs, pour venir vous embrasser. Mais quel tour les révérends ont-ils voulu vous jouer! *Ah! traditori!*

Je vous prie de presser la publication de la lettre du petit *bourgmestre*. Embellissez, enflez cela; le canevas doit plaire à ce pays-ci. Il est bon d'avoir les bourgmestres pour soi, si on a les jésuites contre.

Sæpe, premente deo, fert deus alter opem.
Ovid., *Trist.*, I, eleg. II, v. 4.

Mon cher *Isaac*, je vous aime tendrement. Je viens de lire le numéro où il est parlé de Jacques Clément et des précepteurs de Ravaillac. Vous êtes plus hardi que Henri IV; il craignait les jésuites.

DXXXI. — AU MÊME.

A Leyde, ce 2 février.

Je crois, mon cher *Isaac*, que vous ferez trente volumes de *Lettres juives*. Continuez; c'est un ouvrage charmant; plus vous irez en avant, plus il y aura du débit et de la réputation.

Si *le Mondain* paraissait dans ces lettres, il faudrait, au lieu de ce vers :

En secouant madame Ève, ma mère,

mettre :

En tourmentant madame Ève, ma mère;

mais je crois, toutes réflexions faites, qu'il vaut mieux que *le Mondain* ne paraisse pas.

Pour la lettre *sur la Politesse*, je vous conseille toujours de venger les Suisses et les Hollandais des attaques de l'ennemi commun. En nous moquant un peu des Espagnols, il est bon d'avoir tout d'un coup deux nations dans son parti. Je vous exhorte à rendre cette lettre digne de vous.

Vous avez terriblement malmené le don Quichotte de l'Espagne[1]; vous êtes plus dangereux pour lui que des moulins à foulon. Vous faites bien de lui apprendre à nous respecter.

Je suis ici à Leyde; je reviens toujours à mon s'Gravesande; mais, si mon goût décidait de ma conduite, ce serait chez vous que j'irais

1. Bruzen la Martinière. (ÉD.)

Je ne me hâte de finir mes affaires avec Newton que pour venir plus tôt vous embrasser.

Je ne sais rien de ce misérable *Almanach*. C'est un libelle généralement méprisé.

DXXXII. — A M. THIERIOT.

A Leyde, le 4 février.

J'ai fait ce que j'ai pu, mon cher ami, pour les mânes de ce M. de Lacreuse, qui s'est tué comme Brutus, Cassius, Caton, Othon, pour avoir perdu une commission de tabac; mais je ne sais si mes représentations sourdines en faveur de cette âme romaine ou anglaise réussiront.

Vous n'avez pas relu apparemment le manuscrit de *l'Enfant prodigue*; vous y reprenez toutes les choses qui n'y sont plus. Vous êtes le contraire des amants, qui trouvent toujours dans leurs maîtresses des beautés que personne n'y trouve plus qu'eux. Il est bon d'être sévère, mais il faut être exact, et ne plus voir ce que j'ai ôté.

Je crois que le fond de cette comédie sera toujours intéressant. Si quelque plaisanterie vient se présenter à moi pour égayer le sujet, je la prendrai; mais pour les mœurs et la tendresse, mon âme en a un magasin tout plein.

Mes récréations sont ici de corriger mes ouvrages de belles-lettres; et mon occupation sérieuse, d'étudier Newton, et de tâcher de réduire ce géant-là à la mesure des nains, mes confrères. Je mets Briarée en miniature. La grande affaire est que les traits soient ressemblants. J'ai entrepris une besogne bien difficile; ma santé n'en est pas meilleure; il arrivera peut-être que je la perdrai entièrement, et que mon ouvrage ne réussira point; mais il ne faut jamais se décourager. Je prétends que Polymnie[1] entendra toute cette philosophie, comme elle exécute une sonate. Vous me direz si cela est clair. Je vous en ferai tenir quelques feuilles; vous les jetterez au feu si vous avez trop soupé la veille, et si vous n'êtes pas en état de lire.

Je suis enchanté que ma nièce[2] lise Locke. Je suis comme un vieux bonhomme de père qui pleure de joie de ce que ses enfants se tournent au bien. Dieu soit béni de ce que je fais des prosélytes dans ma famille!

Je ne suis pas fâché des calomnies que saint Rousseau a débitées sur mon compte. Elles étaient si grossières qu'il fallait bien qu'elles retombassent sur lui. Ce bon dévot sera le patron des calomniateurs. Il avait publié partout que j'avais eu une belle querelle avec s'Gravesande, au sujet de l'existence de Dieu. Cela a indigné M. s'Gravesande et tout le monde. Oh! pour le coup, je défie ici la calomnie. Je passe ma vie à voir des expériences de physique, à étudier. Je souffre tous mes maux patiemment, presque toujours dans la solitude. Pour peu que je veuille de société, je trouve ici plus d'accueil qu'on ne m'en a jamais fait en France; on m'y fait plus d'honneur que je ne mérite.

Je persiste dans le dessein de ne point répondre aux Desfontaines.

1. Mlle Deshayes. (ÉD.) — 2. Louise Mignot, qui fut Mme Denis. (ÉD.)

Je tâche de mettre mes ouvrages hors de portée des griffes de la censure.

Mon cher ami, je vous fais là un long détail de petites choses; pardon. Faites mes compliments aux preux chevaliers, au Parnasse, à Pollion, à Polymnie, à Varron-Dubos et à Colbert-Melon. Eh bien ! *Castor et Pollux* ¹ sont donc sous l'autre hémisphère jusqu'à l'année prochaine ? Mais ceux que vous me dites qui ont payé d'ingratitude les bienfaits de Pollion devraient être dans les enfers à tout jamais. Votre âme tendre et reconnaissante doit trouver ce crime horrible. Écrivez à Émilie; elle est bien au-dessus encore de tout ce que vous me dites d'elle. Adieu; que Berger m'écrive donc; il m'oublie.

DXXXIII. — De Frédéric, prince royal de Prusse.

A Remusberg, le 8 février.

Monsieur, ne vous embarrassez nullement du bruit qui s'est répandu sur la correspondance que j'ai avec vous; ce bruit ne nous peut faire de la peine ni à l'un ni à l'autre. Il est vrai que des personnes superstitieuses, dont il y a tant dans ce pays, et peut-être plus qu'ailleurs, ont été scandalisées de ce que j'étais en commerce de lettres avec vous : ces personnes me soupçonnent d'ailleurs de ne point croire, à la rigueur, tout ce qu'elles nomment articles de foi. Vos ennemis les ont si fort prévenues par les calomnies qu'ils répandent sur votre sujet, avec la dernière malignité, que ces bons dévots damnent saintement ceux qui vous préfèrent à Luther et à Calvin, et qui poussent l'endurcissement de cœur jusqu'à oser vous écrire. Pour me débarrasser de leur importunité, j'ai cru que le parti le plus convenable était de faire avertir le gazetier de Hollande et d'Amsterdam qu'il me ferait plaisir de ne parler de moi en aucune façon.

Voilà, monsieur, la vérité de tout ce qui s'est passé; vous pouvez y ajouter foi. Je peux vous assurer que je me fais honneur de vous estimer, et que je tire gloire de rendre hommage à votre génie. Je consentirai même à faire imprimer tous les endroits de mes lettres où il est parlé de vous, pour manifester aux yeux du monde entier que je ne rougis point de me faire éclairer d'un homme qui mérite de m'instruire, et qui n'a d'autre défaut que d'être trop supérieur au reste des hommes. Mais vous, monsieur, vous n'avez pas besoin d'un témoignage aussi faible que le mien, pour affermir votre réputation si bien établie par vous-même. Ce fondement est plus noble et plus solide que celui de mes suffrages. Dans tout autre siècle que celui où nous vivons, je n'aurais pas interdit au sieur Franchin la liberté de parler de moi, et même de la façon qu'il lui aurait plu. Il ne risquerait jamais de faire le Bajazet au mont Saint-Michel. C'est une règle de la prudence : et vous savez, monsieur, qu'il faut céder aux circonstances et s'accommoder au temps. Je me suis vu obligé de la pratiquer.

Vous avez reçu avec tant d'indulgence les vers que je vous ai adressés, que je hasarde de vous envoyer une *Ode sur l'Oubli*. Ce sujet n'a

1. Opéra de Bernard et de Rameau, joué en 1737. (Éd.)

pas été traité, que je sache. Je vous demande, monsieur, à son égard, toute l'inflexibilité d'un maître et la sévère rigidité d'un censeur. Vos corrections m'instruiront; elles me vaudront des préceptes dictés par Apollon même, et l'inspiration des muses.

Vous me ferez plaisir, monsieur, de me marquer vos doutes sur la *Métaphysique* de Wolff. Je vous enverrai dans peu le reste de l'ouvrage. Je crois que vous l'attaquerez par la définition qu'il fait de l'*être simple*. Il y a une *Morale* du même auteur : tout y est traité dans le même ordre que dans la *Métaphysique*; les propositions sont intimement liées les unes avec les autres, et se prêtent, pour ainsi dire, mutuellement la main pour se fortifier. Un certain Jordan, que vous devez avoir vu à Paris, en a entrepris la traduction. Il a quitté saint Paul en faveur d'Aristote.

Wolff établit à la fin de sa *Métaphysique* l'existence d'une âme différente du corps; il s'explique sur l'immortalité en ces termes : « L'âme ayant été créée de Dieu tout d'un coup et non successivement, Dieu ne peut l'anéantir que par un acte formel de sa volonté. » Il semble croire l'éternité du monde, quoiqu'il n'en parle pas en termes aussi clairs qu'on le désirerait.

Ce que l'on peut dire de plus palpable sur ce sujet est, selon mes faibles lumières, que le monde est éternel dans le temps, ou bien dans la succession des actions; mais que Dieu, qui est hors des temps, doit avoir été avant tout. Ce qu'il y a de bien sûr, c'est que le monde est beaucoup plus vieux que nous ne le croyons. Si Dieu de toute éternité l'a voulu créer, la volonté et le parfaire n'étant qu'un en lui, il s'ensuit nécessairement que le monde est éternel. Ne me demandez pas, je vous prie, monsieur, ce que c'est qu'éternel, car je vous avoue, par avance, qu'en prononçant ce terme, je dis un mot que je n'entends pas moi-même. Les questions métaphysiques sont au-dessus de notre portée. Nous tâchons en vain de deviner les choses qui excèdent notre compréhension ; et dans ce monde ignorant, la conjecture la plus vraisemblable passe pour le meilleur système.

Le mien est d'adorer l'Être suprême, uniquement bon, uniquement miséricordieux, et qui par cela seul mérite mes hommages; d'adoucir et de soulager, autant que je le peux, les humains dont la misérable condition m'est connue, et de m'en rapporter sur le reste à la volonté du Créateur, qui disposera de moi comme bon lui semblera, et duquel, arrive ce qui peut, je n'ai rien à craindre. Je compte bien que c'est là à peu près votre confession de foi.

Si la raison m'inspire, si j'ose me flatter qu'elle parle par ma bouche, c'est d'une manière qui vous est avantageuse : elle vous rend justice comme au plus grand homme de France, et comme à un mortel qui fait honneur à la parole.

Si jamais je vais en France, la première chose que je demanderai ce sera : « Où est M. de Voltaire? » Le roi, sa cour, Paris, Versailles, ni le sexe, ni les plaisirs, n'auront part à mon voyage; ce sera vous seul. Souffrez que je vous livre encore un assaut, au sujet du poëme de la *Pucelle*. Si vous avez assez de confiance en moi pour me croire incapablé de trahir un homme que j'estime, si vous me croyez honnête homme, vous ne me le refuserez pas. Ce caractère m'est trop précieux pour le violer de ma vie; et ceux qui me connaissent savent que je ne suis ni indiscret ni imprudent.

Continuez, monsieur, à éclairer le monde. Le flambeau de la vérité ne pouvait être confié en de meilleures mains. Je vous admirerai de loin, ne renonçant cependant pas à la satisfaction de vous voir un jour. Vous me l'avez promis, et je me réserve de vous en faire ressouvenir à temps.

Comptez, monsieur, sur mon estime; je ne la donne pas légèrement et je ne la retire pas de même. Ce sont les sentiments avec lesquels je suis à jamais, monsieur, votre très-affectionné ami, FÉDÉRIC.

DXXXIV. — A M. THIERIOT.

A Leyde, le 14 février.

Je reçois votre lettre du 7 février, mon cher ami. Je pars incessamment pour achever, à Cambridge[1], mon petit cours de newtonisme; j'en reviendrai au mois de juin, et je veux qu'au mois de septembre vous et les vôtres soyez newtoniens. Si mon ouvrage n'est pas aussi clair qu'une fable de La Fontaine, il faut le jeter au feu. A quoi bon être philosophe, si on n'est pas entendu des gens d'esprit?

J'ai vu l'ode[2] de Rousseau; elle n'est pas plus mauvaise que ses trois Épîtres.

Solve senescentem mature sanus equum....

Hor., lib. I, ép. I, v. 8.

Apollon lui a ôté le talent de la poésie, comme on dégrade un prêtre, avant de le livrer au bras séculier. J'ai appris dans ce pays-ci des traits de son hypocrisie à mettre dans *le Tartufe*. C'était un scélérat qui avait le vernis de l'esprit : le vernis s'en est allé et le coquin est demeuré.

M. d'Aremberg, convaincu de ses impostures, et, qui pis est, ennuyé de lui, ne veut plus le voir. Il est réduit à un juif nommé Médina, condamné en Hollande au dernier supplice. Il passe chez lui sa journée au sortir de la messe. Il communie, il calomnie, il ennuie; n'en parlons plus.

Le prince royal est plus Titus, plus Marc-Aurèle que jamais.

J'ai écrit aux deux aimables frères. Ce sont les plus aimables amis que j'aie après vous. Je n'ai point vu le nouveau rien de l'ex-jésuite[3].

DXXXV. — A M. DE CIDEVILLE.

Amsterdam, ce 18 février.

Mon cher Cideville, j'ai reçu vos lettres, où vous faites parler votre cœur avec tant d'esprit. Pardon, mon cher ami, si j'ai tardé si long-

---

1. C'est-à-dire à Cirey, où Voltaire, qui désirait qu'on le crût alors en Angleterre, retourna vers la fin de février 1737. (ÉD.)
2. L'*Ode à la paix*. (ÉD.)
3. Gresset, qui venait de publier une *Épître écrite à la campagne*, adressée au P. Bougeant. (ÉD.)

temps à vous répondre. Je vais bien haïr la philosophie, qui m'a ôté l'exactitude que l'amitié m'avait donnée. Que gagnerai-je à connaître le chemin de la lumière et la gravitation de Saturne? Ce sont des vérités stériles; un sentiment est mille fois au-dessus. Comptez que cette étude, en m'absorbant pour quelque temps, n'a point pourtant desséché mon cœur; comptez que le compas ne m'a point fait abandonner nos musettes. Il me serait bien plus doux de chanter avec vous,

Lentus in umbra,
Formosam resonare docens Amaryllida silvas,
(Virg., ecl. I, v. 4.)

que de voyager dans le pays des démonstrations; mais, mon cher ami, il faut donner à son âme toutes les formes possibles. C'est un feu que Dieu nous a confié, nous devons le nourrir de ce que nous trouvons de plus précieux; il faut faire entrer dans notre être tous les modes imaginables, ouvrir toutes les portes de son âme à toutes les sciences et à tous les sentiments; pourvu que tout cela n'entre pas pêle-mêle, il y a place pour tout le monde. Je veux m'instruire et vous aimer; je veux que vous soyez newtonien et que vous entendiez cette philosophie comme vous savez aimer.

Je ne sais pas ce qu'on pense à Rouen et à Paris, et j'ignore la raison pour laquelle vous me parlez de Rousseau. C'est un homme que je méprise infiniment comme homme et que je n'ai jamais beaucoup estimé comme poète. Il n'a rien de grand ni de tendre; il n'a qu'un génie de détail; c'est un ouvrier, et je veux un génie. Il faut que vous vous soyez mépris quand vous m'avez conseillé de le louer, et même de caresser quelques personnes dont vous croyez qu'on doit mendier le suffrage. Je ne louerai jamais ce que je méprise, et je ne ferai jamais ma cour à personne. Prenez des sentiments plus hauts et plus honorables pour l'humanité. Ne croyez pas d'ailleurs qu'il n'y ait que la France où l'on puisse vivre : c'est un pays fait pour les jeunes femmes et les voluptueux, c'est le pays des madrigaux et des pompons; mais on trouve ailleurs de la raison, des talents, etc. Bayle ne pouvait vivre que dans un pays libre : la sève de cet arbre heureusement transplanté eût été étouffée dans son pays natal.

Je sais que partout la jalousie poursuit les arts; je connais cette rouille attachée à nos métaux. Le poison de Rousseau m'a été lancé jusqu'ici. Il a écrit que j'avais eu une dispute sur l'athéisme avec s'Gravesande. Sa calomnie a été confondue, et ainsi le seront tôt ou tard toutes celles dont on m'a noirci. Je ne crains personne, je ne demanderai de faveur à personne, et je ne déshonorerai jamais le peu de talent que la nature m'a donné par aucune flatterie. Un homme qui pense ainsi mérite votre amitié; autrement j'en serais indigne. C'est cette amitié seule qui me fera retourner en France, si j'y retourne.

Adieu; je vous embrasse de tout mon cœur. Mille tendres compliments à M. de Formont, que vous voyez, ou à qui vous écrivez.

J'ai lu la pauvre ode de Rousseau *sur la Paix*; cela est presque aussi mauvais que tous ses derniers ouvrages.

DXXXVI. — A FRÉDÉRIC, PRINCE ROYAL DE PRUSSE.

Monseigneur, je ne sais par où commencer; je suis enivré de plaisir, de surprise, de reconnaissance;

Pollio et ipse facit nova carmina : pascite taurum.

Virg., ecl. III, v. 85.

Vous faites à Berlin des vers français tels qu'on en faisait à Versailles du temps du bon goût et des plaisirs. Vous m'envoyez la *Métaphysique* de M. Wolff, et j'ose vous dire que Votre Altesse royale a bien l'air de l'avoir traduite elle-même. Vous m'envoyez M. de Borck dans le sein de ma solitude ; vous savez combien un homme digne de votre bienveillance doit m'être cher. Je reçois à la fois quatre lettres de Votre Altesse royale ; le buste de Socrate est à Cirey : je suis ébloui de tant de biens ; j'ai une peine extrême à me recueillir assez pour vous remercier.

Les grandes passions parleront les premières : ces passions, monseigneur, sont vous et les vers :

Moderne Alcibiade, aimable et grand génie,
Sans avoir ses défauts, vous avez ses vertus :
Protecteur de Socrate, ennemi d'Anitus,
Vous ne redoutez point qu'on vous excommunie.
Je ne suis point Socrate ; un oracle des dieux
Ne s'avisa jamais de me déclarer sage,
Et mon Alcibiade est trop loin de mes yeux.
C'est vous que j'aimerais, vous qui seriez mon maître,
Vous, contre la ciguë illustre et sûr appui,
Vous, sans qui tôt ou tard un Anitus, un prêtre,
Pourrait dévotement m'immoler comme lui.

Monseigneur, autrefois Auguste fit des vers pour Horace et pour Virgile ; mais Auguste s'était souillé par des proscriptions : Charles IX fit des vers, et même assez jolis, pour Ronsard ; mais Charles IX fut coupable d'avoir au moins permis la Saint-Barthélemy, pire que les proscriptions. Je ne vous comparerai qu'à notre Henri le Grand, à François Iᵉʳ. Vous savez sans doute, monseigneur, cette charmante chanson de Henri le Grand pour sa maîtresse

Recevez ma couronne,
Le prix de ma valeur :
Je la tiens de Bellone,
Tenez-la de mon cœur.

Voilà des modèles d'hommes et de rois ; et vous les surpasserez. M. de Borck a ému mon cœur par tout ce qu'il m'a dit de Votre Altesse royale : mais il ne m'a rien appris.

Vous sentez bien, monseigneur, que j'ai dû recevoir vos lettres très-tard, attendu mon voyage. Enfin Mme du Châtelet les a reçues avec le Socrate. Le sieur Thieriot aurait pu retirer le paquet à la poste plus tôt; mais M. Chambrier le retira; et, croyant que c'était votre portrait, il voulait, comme de raison, le garder. Émilie est au désespoir que ce ne soit que Socrate. Monseigneur, le palais de Cirey s'est flatté d'être orné de l'image du seul prince que nous comptions sur la terre. Émilie l'attend; elle le mérite, et vous êtes juste.

Le sieur Thieriot a encore cru que j'allais en Prusse. L'éclat de vos bontés pour moi l'a persuadé à beaucoup de monde. On insèra cette nouvelle dans les gazettes; il y a presque un mois. Mais, monseigneur, la pénétration de votre esprit vous aura fait deviner mon caractère; je suis sûr que vous m'aurez rendu la justice d'être persuadé que j'ai la plus extrême envie de vous faire ma cour, mais que je n'ai eu nullement le dessein d'y aller. Je suis incapable de faire une telle démarche sans des ordres précis.

La cour du roi votre père et votre personne, monseigneur, doivent attirer des étrangers; mais un homme de lettres qui vous est attaché ne doit pas aller sans ordre.

Je ne comptais pas assurément sortir de Cirey, il y a un mois. Mme du Châtelet, dont l'âme est faite sur le modèle de la vôtre, et qui a sûrement avec vous une *harmonie préétablie*, devait me retenir dans sa cour que je préfère, sans hésiter, à celle de tous les rois de la terre, et comme ami, et comme philosophe, et comme homme libre; car.

Fuge suspicari
Cujus octavum trepidavit ætas
Claudere lustrum.
Hor., liv. II, od. IV, v. 22.

Un orage m'a arraché de cette retraite heureuse; la calomnie m'a été chercher jusque dans Cirey. Je suis persécuté depuis que j'ai fait *la Henriade*. Croiriez-vous qu'on m'a reproché plus d'une fois d'avoir peint la Saint-Barthélemy avec des couleurs trop odieuses? On m'a appelé *athée*, parce que je dis que les hommes ne sont point nés pour se détruire. Enfin la tempête a redoublé, et je suis parti par les conseils de mes meilleurs amis. J'avais esquissé les principes assez faciles de la *Philosophie de Newton*; Mme du Châtelet avait sa part à l'ouvrage; Minerve dictait, et j'écrivais. Je suis venu à Leyde travailler à rendre l'ouvrage moins indigne d'elle et de vous; je suis venu à Amsterdam le faire imprimer et faire dessiner les planches. Cela durera tout l'hiver. Voilà mon histoire et mon occupation; les bontés de Votre Altesse royale exigeaient cet aveu.

J'étais d'abord en Hollande sous un autre nom, pour éviter les visites, les nouvelles connaissances, et la perte du temps; mais les gazettes ayant débité des bruits injurieux semés par mes ennemis, j'ai pris sur-le-champ la résolution de les confondre, en les démentant et en me faisant connaître.

Je n'ai pas encore eu le temps de lire toute la *Métaphysique* dont vous avez daigné me faire présent; le peu que j'en ai lu m'a paru une chaîne d'or qui va du ciel en terre. Il y a, à la vérité, des chaînons si déliés, qu'on craint qu'ils ne se rompent; mais il y a tant d'art à les avoir faits, que je les admire, tout fragiles qu'ils peuvent être.

Je vois très-bien qu'on peut combattre l'espèce d'*harmonie prééstablie* où M. Wolff veut venir, et qu'il y a bien des choses à dire contre son système; mais il n'y a rien à dire contre sa vertu et contre son génie. Le taxer d'athéisme, d'immoralité, enfin le persécuter, me paraît absurde. Tous les théologiens de tous les pays, gens enivrés de chimères sacrées, ressemblent aux cardinaux qui condamnèrent Galilée. Ne voudraient-ils point brûler vif M. Wolff, parce qu'il a plus d'esprit qu'eux? Ange tutélaire de Wolff et de la raison, grand prince, génie vaste et facile, est-ce qu'un coup d'œil de vous n'impose pas silence aux sots?

Dans les lettres que je reçois de Votre Altesse royale, parmi bien des traits de prince et de philosophe, je remarque celui où vous dites : *Cæsar est supra grammaticam*. Cela est très-vrai : il sied très-bien à un prince de n'être pas puriste; mais il ne sied pas d'écrire et d'orthographier comme une femme. Un prince doit en tout avoir reçu la meilleure éducation; et de ce que Louis XIV ne savait rien, de ce qu'il ne savait pas même la langue de sa patrie, je conclus qu'il fut mal élevé. Il était né avec un esprit juste et sage; mais on ne lui apprit qu'à danser et à jouer de la guitare. Il ne lut jamais; et, s'il avait lu, s'il avait su l'histoire, vous auriez moins de Français à Berlin. Votre royaume ne se serait pas enrichi, en 1686, des dépouilles du sien. Il aurait moins écouté le jésuite Le Tellier; il aurait, etc., etc., etc.

Oh votre éducation a été digne de votre génie, monseigneur, ou vous avez tout suppléé. Il n'y a aucun prince à présent sur la terre qui pense comme vous. Je suis bien fâché que vous n'ayez point de rivaux. Je serai toute ma vie, etc.

DXXXVII. — A MADEMOISELLE QUINAULT.
18 février 1737.
[Voltaire lui annonce qu'un magistrat d'Amsterdam a traduit *la Mort de César* en hollandais. Réflexions chagrines sur son absence de la France, quand on y voit demeurer l'abbé Desfontaines, et revenir Rousseau.]

DXXXVIII. — A M. LE COMTE D'ARGENTAL.
A Leyde, ce 25 février.

Je ne sais rien de rien. Si vous savez de mes nouvelles, mon respectable et généreux ami, vous me ferez un sensible plaisir de m'en apprendre. Je ne compte point voir cet hiver le prince de Prusse. Ce sera pour cet été, si en effet je me résous d'y aller; en attendant, je m'occuperai à l'étude. J'aurai des secours où je suis, et je ne perdrai pas mon temps; on le perd toujours dans une cour. Je sacrifie à présent l'idée d'une tragédie [1] à la physique, à laquelle je me suis remis. Newton l'emporte sur ce prince royal; il l'emportera bien sur des vers alexandrins; mais je vous jure que j'y reviendrai, puisque vous les aimez.

1. *Mérope.* (Éd.)

Le genre de vie que je mène est tout à fait de mon goût, et me rendrait heureux si je n'étais pas loin d'une personne qui avait daigné faire dépendre son bonheur de vivre avec moi.

Mandez-moi, je vous prie, vos intentions sur notre Enfant. Je n'écris point à Mlle Quinault; je compte que vous joindrez à toutes vos bontés celle de l'assurer de ma tendre reconnaissance.

Si cet Enfant a en effet gagné sa vie, je vous prie de faire en sorte que son pécule me soit envoyé, tous frais faits. C'est une bagatelle; mais il m'est arrivé encore de nouveaux désastres; j'ai fait des pertes dans le chemin.

Souffrez que je joigne ici une lettre pour Thieriot le marchand. Adieu; on ne peut être plus pénétré de vos bontés. Adieu, les deux frères que j'aimerai et que je respecterai toute ma vie.

DXXXIX. — A Frédéric, prince royal de Prusse.
Février.

Les lauriers d'Apollon se fanaient sur la terre,
Les beaux-arts languissaient ainsi que les vertus;
La Fraude aux yeux menteurs et l'aveugle Plutus
Entre les mains des rois gouvernaient le tonnerre;
La Nature indignée élève alors sa voix :
« Je veux former, dit-elle, un règne heureux et juste,
Je veux qu'un héros naisse, et qu'il joigne à la fois
Les talents de Virgile et les vertus d'Auguste,
Pour l'ornement du monde et l'exemple des rois. »
Elle dit; et du ciel les Vertus descendirent,
Tout le Nord tressaillit, tout l'Olympe accourut;
L'olive, les lauriers, les myrtes, reverdirent,
Et Frédéric parut.

Que votre modestie, monseigneur, pardonne ce petit enthousiasme à cette vénération pleine de tendresse que mon cœur sent pour vous.

J'ai reçu les lettres charmantes de Votre Altesse royale, et des vers tels qu'en faisait Catulle du temps de César. Vous voulez donc exceller en tout ? J'ai appris que c'est donc Socrate, et non Frédéric, que Votre Altesse royale m'a donné. Encore une fois, monseigneur, je déteste les persécuteurs de Socrate, sans me soucier infiniment de ce sage au nez épaté.

Socrate ne m'est rien, c'est Frédéric que j'aime.

Quelle différence entre un bavard athénien, avec son démon familier, et un prince qui fait les délices des hommes, et qui en fera la félicité !

J'ai vu à Amsterdam des Berlinois : *Fruere fama tui, Germanice*[1]. Ils parlent de Votre Altesse royale avec des transports d'admiration. Je m'informe de votre personne à tout le monde. Je dis : *Ubi est Deus*

1. *Fruiturque fama sui*; Tacite, *Annales*, II, XIII. (ÉD.)

meus¹ ? Deus tuus, me répond-on, a le plus beau régiment de l'Europe; *Deus tuus* excelle dans les arts et dans les plaisirs; il est plus instruit qu'Alcibiade, joue de la flûte comme Télémaque, et est fort au-dessus de ces deux Grecs; et alors je dis comme le vieillard Siméon :

Quand mes yeux verront-ils le sauveur de ma vie²!

J'aurais déjà dû adresser à Votre Altesse royale cette *Philosophie* promise et cette *Pucelle* non promise; mais premièrement croyez, monseigneur, que je n'ai pas eu un instant dont j'aie pu disposer. Secondement, cette *Pucelle* et cette *Philosophie* vont tout droit à la cigue. Troisièmement, soyez persuadé que la curiosité que vous excitez dans l'Europe, comme prince et comme être pensant, à continuellement les yeux sur vous. On épie nos démarches et nos paroles; on mande tout, on sait tout.

Il y a par le monde des vers charmants qu'on attribue à Auguste-Virgile-Frédéric, quand Tournemine dit :

Il avouera, voyant cette figure immense,
Que la matière pense.

Ce n'est pas Votre Altesse royale qui m'a envoyé cela; d'où le sais-je? Croyez, monseigneur, que tout ministre étranger, quelque attaché qu'il vous soit, et quelque aimable qu'il puisse être, sacrifiera tout au petit mérite de conter des nouvelles aux supérieurs qui l'emploient. Cela dit, j'enverrai à Vesel le paquet que j'ose adresser à Votre Altesse royale; mais permettez encore que je vous répète, comme Lucrèce à Memmius :

Tantum relligio potuit suadere malorum!
Liv. I.

Ce vers doit être la devise de l'ouvrage. Vous êtes le seul prince sur la terre à qui j'osasse l'envoyer. Regardez-moi, monseigneur, comme le plus attaché que vous ayez; car je n'ai point et ne veux avoir d'autre maître. Après cela, décidez.

Je pars incessamment de Hollande malgré moi; l'amitié me rappelle à Cirey : on est venu me relancer ici. Le plus grand prince de la terre est devenu mon confident. Si donc Votre Altesse royale a quelques ordres à me donner, je la supplie de les adresser sous le couvert de M. Dubreuil, à Amsterdam ; il me les fera tenir. Ils arriveront tard; aussi, dans mes complaintes de la Providence, il y aura un grand article sur l'injustice extrême de n'avoir pas mis Cirey en Prusse. Je suis avec la vénération la plus tendre, permettez-moi ce mot, monseigneur, etc.

1. *Ubi est Deus tuus*, psalm. XLI, versets 4 et 11. (Éd.)
2. Saint Luc, II, 30. (Éd.) — 3. Le *Traité de Métaphysique.* (Éd.)

DXL. — A MADAME DE CHAMPBONIN.

D'Amsterdam, février.

Rien ne peut me surprendre d'un cœur tel que le vôtre. Ce procédé-ci m'étonnerait de tout autre. Il n'y a plus de malheur pour moi que celui de n'avoir point d'ailes; j'arrange tout, je mets ordre à tout, pour partir.

Je fais en un jour ce que j'aurais fait en quinze. Je me tue pour aller vivre dans le sein de l'amitié; mais, malgré toutes mes diligences, je ne pourrai partir que vers le 16 ou le 17. J'en suis au désespoir; mais figurez-vous que j'avais commencé une besogne[1] où j'employais sept ou huit personnes par jour; que j'étais seul à les conduire; qu'il faut leur laisser des instructions aisées, et apaiser une famille qui s'imagine perdre sa fortune par mon absence. Enfin je suis assez malheureux pour ne partir que le 16. Soyez bien sûre, tendre et charmante amie, que je ne reviendrais pas si des rois me demandaient; mais l'amitié me rappelle, je pars. Mandez donc bien vite à la plus respectable, à la plus belle âme qu'il y ait au monde, que je ne peux partir que le 16; qu'elle compte surtout que nous sommes en février, et qu'on fait par jour tout au plus douze lieues. En ce cas, je serai le 16 à Cirey. Je finis de vous écrire pour hâter le moment de vous embrasser. Surtout ne dites à qui que ce soit que je viens en France. Je veux qu'on ignore, du moins autant qu'il sera possible, ma retraite et mon bonheur.

DXLI. — A M. L'ABBÉ MOUSSINOT.

Je me trouve, mon cher trésorier, dans la situation d'avoir toujours devant moi une grosse somme d'argent dont je puisse disposer.

Vos lettres seront dorénavant à l'adresse de Mme d'Azilli, à Cirey. N'y mettez rien trop clairement qui fasse voir que c'est à moi que vous écrivez. Je me trouve bien de mon obscurité. Je ne veux avoir de commerce de lettres avec personne : je prétends être ignoré de tout le monde, hors vous; que j'aime de tout mon cœur, et que je prie très-instamment de me trouver un correspondant littéraire qui donnera des nouvelles exactement, et auquel vous laisserez ignorer ma retraite.

DXLII. — A M. S'GRAVESANDE.

Cirey

Vous vous souvenez, monsieur, de l'absurde calomnie qu'on fit courir dans le monde, pendant mon séjour en Hollande. Vous savez si nos prétendues disputes sur le spinosisme et sur des matières de religion ont le moindre fondement. Vous avez été si indigné de ce mensonge que vous avez daigné le réfuter publiquement; mais la calomnie a pénétré jusqu'à la cour de France, et la réfutation n'y est pas parvenue. Le mal a des ailes, et le bien va à pas de tortue. Vous ne sauriez croire avec quelle noirceur on a écrit et parlé au cardinal de Fleuri. Vous connaissez par ouï-dire ce que peut le pouvoir arbi-

1. L'impression des *Éléments de la philosophie de Newton*. (ÉD.)

traire. Tout mon bien est en France, et je suis dans la nécessité de détruire une imposture que, dans votre pays, je me contenterais de mépriser, à votre exemple.

Souffrez donc, aimable et respectable philosophe, que je vous supplie très-instamment de m'aider à faire connaître la vérité. Je n'ai point encore écrit au cardinal pour me justifier. C'est une posture trop humiliante que celle d'un homme qui fait son apologie; mais c'est un beau rôle que celui de prendre en main la défense d'un homme innocent. Ce rôle est digne de vous, et je vous le propose comme à un homme qui a un cœur digne de son esprit. Il y a deux partis à prendre, ou celui de faire parler monsieur votre beau-frère à M. de Fénelon, et d'exiger de M. de Fénelon qu'il écrive en conformité au cardinal, ou celui d'écrire vous-même. Je trouverais ce dernier parti plus prompt, plus efficace et plus convenable à un homme comme vous. Deux mots et votre nom feraient beaucoup; je vous en réponds. Il ne s'agirait que de dire au cardinal que l'équité seule vous force à l'instruire que le bruit que mes ennemis ont fait courir est sans fondement, et que ma conduite en Hollande a confondu les calomniateurs.

Soyez sûr que le cardinal vous répondra, et qu'il en croira un homme accoutumé à démontrer la vérité. Je vous remercie, et je me souviendrai toujours de celles que vous m'avez enseignées. Je n'ai qu'un regret, c'est de n'en plus apprendre sous vous. Je vous lis au moins, ne pouvant plus vous entendre. L'amour de la vérité m'avait conduit à Leyde, l'amitié seule m'en a arraché. En quelque lieu que je sois, je conserverai pour vous le plus tendre attachement et la plus parfaite estime.

DXLIII. — A M. LE COMTE DE SAXE [1].

Voici, monsieur le comte, la *Défense du Mondain*; j'ai l'honneur de vous l'envoyer, non-seulement comme à un mondain très-aimable, mais comme à un guerrier très-philosophe, qui sait coucher au bivouac aussi lestement que dans le lit magnifique de la plus belle de ses maîtresses, et tantôt faire un souper de Lucullus, tantôt un souper de houssard.

Omnis Aristippum decuit color et status et res.

Je vous cite Horace, qui vivait dans le siècle du plus grand luxe et des plaisirs les plus raffinés; il se contentait de deux demoiselles ou de l'équivalent, et souvent il ne se faisait servir à table que par trois laquais : *cœna ministratur pueris tribus.* Les poëtes de ce temps-ci, sous un Mécène tel que le cardinal de Fleuri, sont encore plus modestes

> Oui, je suis loin de m'en dédire
> Le luxe a des charmes puissants;
> Il encourage les talents,
> Il est la gloire d'un empire.

1. Maréchal de France en 1743. (Éd.)

Il ressemble aux vins délicats,
Il faut s'en permettre l'usage;
Le plaisir sied très-bien au sage :
Buvez, ne vous enivrez pas!
Qui ne sait pas faire abstinence
Sait mal goûter la volupté;
Et qui craint trop la pauvreté
N'est pas digne de l'opulence.

DXLIV. — DE FRÉDÉRIC, PRINCE ROYAL DE PRUSSE.

(Remusberg, 6 mars.

Monsieur, j'ai été très-agréablement surpris par les vers que vous avez bien voulu m'adresser; ils sont dignes de l'auteur. Le sujet le plus stérile devient fécond entre vos mains. Vous parlez de moi, et je ne me reconnais plus : tout ce que vous touchez se convertit en or.

Mon nom sera connu par tes fameux écrits.
Des temps injurieux affrontant les mépris,
Je renaîtrai sans cesse, autant que tes ouvrages,
Triomphant de l'envie, iront, d'âges en âges,
De la postérité recueillir les suffrages,
Et feront en tout temps le charme des esprits.

De tes vers immortels un pied, un hémistiche,
Où tu places mon nom, comme un saint dans sa niche,
Me fait participer à l'immortalité
Que le nom de Voltaire avait seul mérité.

Qui saurait qu'Alexandre le Grand exista jadis, si Quinte-Curce et quelques fameux historiens n'eussent pris soin de nous transmettre l'histoire de sa vie? Le vaillant Achille et le sage Nestor n'auraient pas échappé à l'oubli des temps, sans Homère qui les célébra. Je ne suis, je vous assure, ni une espèce ni un candidat de grand homme; je ne suis qu'un simple individu qui n'est connu que d'une petite partie du continent, et dont le nom, selon toutes les apparences, ne servira jamais qu'à décorer quelque arbre de généalogie, pour tomber ensuite dans l'obscurité et dans l'oubli. Je suis surpris de mon imprudence, lorsque je fais réflexion que je vous adresse des vers. Je désapprouve ma témérité dans le temps que je tombe dans la même faute. Despréaux dit que :

Un âne, pour le moins, instruit par la nature,
A l'instinct qui le guide obéit sans murmure;
Ne va pas follement, de sa bizarre voix,
Défier aux chansons les oiseaux dans les bois.

Sat. VIII, v. 247.

Je vous prie, monsieur, de vouloir bien être mon maître en poésie, comme vous le pouvez être en tout. Vous ne trouverez jamais de disciple plus docile et plus souple que je le serai. Bien loin de m'offenser de vos corrections, je les prendrai comme les marques les plus certaines de l'amitié que vous avez pour moi.

Un entier loisir m'a donné le temps de m'occuper à la science qui me plaît. Je tâche de profiter de cette oisiveté, et de la rendre utile, en m'appliquant à l'étude de la philosophie, de l'histoire, et en m'amusant avec la poésie et la musique. Je vis à présent comme un homme, et je trouve cette vie infiniment préférable à la majestueuse gravité et à la tyrannique contrainte des cours. Je n'aime pas un genre de vie mesuré à la toise. Il n'y a que la liberté qui ait des appas pour moi.

Des personnes peut-être prévenues vous ont fait un portrait trop avantageux de moi; leur amitié m'a tenu lieu de mérite. Souvenez-vous, monsieur, je vous prie, de la description que vous faites de la Renommée.

Dont la bouche, indiscrète en sa légèreté,
Prodigue le mensonge avec la vérité.

Henriade, ch. I, v. 367.

Quand des personnes d'un certain rang remplissent la moitié d'une carrière, on leur adjuge le prix, que les autres ne reçoivent qu'après l'avoir achevée. D'où peut venir une si étrange différence? ou bien nous sommes moins capables que d'autres de faire bien ce que nous faisons, ou de vils adulateurs relèvent et font valoir nos moindres actions.

Le feu roi de Pologne, Auguste, calculait de grands nombres avec assez de facilité; tout le monde s'empressait à vanter sa haute science dans les mathématiques; il ignorait jusqu'aux éléments de l'algèbre.

Dispensez-moi, je vous prie, de vous citer plusieurs autres exemples que je pourrais vous alléguer.

Il n'y a eu, de nos jours, de grand prince véritablement instruit que le czar Pierre Iᵉʳ. Il était non-seulement législateur de son pays, mais il possédait parfaitement l'art de la marine. Il était architecte, anatomiste, chirurgien (quelquefois dangereux), soldat expert, économe consommé; enfin, pour en faire le modèle de tous les princes, il aurait fallu qu'il eût eu une éducation moins barbare et moins féroce que celle qu'il avait reçue dans un pays où l'autorité absolue n'était connue que par la cruauté.

On m'a assuré que vous étiez amateur de la peinture; c'est ce qui m'a déterminé à vous envoyer une tête de Socrate, qui est assez bien travaillée. Je vous prie de vous contenter de mon intention.

J'attends avec une véritable impatience cette *Philosophie* et ce poème qui mène *tout droit à la ciguë*. Je vous assure que je garderai un secret inviolable sur ce sujet; jamais personne ne saura que vous m'avez envoyé ces deux pièces, et bien moins seront-elles vues. Je m'en fais une affaire d'honneur. Je ne peux vous en dire davantage, sentant toute l'indignité qu'il y aurait de trahir, soit par imprudence, soit par indiscrétion, un ami que j'estime et qui m'oblige.

---

1. *Le Traité de Métaphysique* et *la Pucelle*. (ÉD.)

Les ministres étrangers, je le sais, sont des espions privilégiés des cours. Ma confiance n'est pas aveugle, ni destituée de prévoyance sur ce sujet. D'où pouvez-vous avoir l'épigramme que j'ai faite sur M. Lacroze? je ne l'ai donnée qu'à lui. Ce bon gros savant occasionna ce badinage; c'était une saillie d'imagination, dont la pointe consiste dans une équivoque assez triviale, et qui était passable dans la circonstance où je l'ai faite, mais qui d'ailleurs est assez insipide. La pièce du P. Tournemine se trouve dans la *Bibliothèque française*. M. Lacroze l'a lue. Il hait les jésuites comme les chrétiens haïssent le diable, et n'estime d'autres religieux que ceux de la congrégation de Saint-Maur, dans l'ordre desquels il a été.

Vous voilà donc parti de la Hollande. Je sentirai le poids de ce double éloignement. Vos lettres seront plus rares, et mille empêchements fâcheux concourront à rendre notre correspondance moins fréquente. Je me servirai de l'adresse que vous me donnez du sieur Dubreuil. Je lui recommanderai fort d'accélérer autant qu'il pourra l'envoi de mes lettres et le retour des vôtres.

Puissiez-vous jouir à Cirey de tous les agréments de la vie! Votre bonheur n'égalera jamais les vœux que je fais pour vous, ni ce que vous méritez. Marquez, je vous prie, à Mme la marquise du Châtelet qu'il n'y a qu'elle seule à qui je puisse me résoudre de céder M. de Voltaire, comme il n'y a qu'elle seule aussi qui soit digne de vous posséder.

Quand même Cirey serait à l'autre bout du monde, je ne renonce pas à la satisfaction de m'y rendre un jour. On a vu des rois voyager pour de moindres sujets, et je vous assure que ma curiosité égale l'estime que j'ai pour vous. Est-il étonnant que je désire voir l'homme le plus digne de l'immortalité, et qui la tient de lui-même?

Je viens de recevoir des lettres de Berlin, d'où l'on m'écrit que le résident de l'Empereur avait reçu *la Pucelle* imprimée. Ne m'accusez pas d'indiscrétion. Je suis avec toute l'estime imaginable, monsieur, votre très-affectionné ami, Frédéric.

DXLV. — De M. Rousset de Missy.
7 mars 1737.

Je joins, monsieur, mes tendres remercîments à ceux que M. de Médine, mon intime ami, vous fait de votre générosité. Je partage les services que vous avez la bonté de lui rendre, et j'admire votre procédé qui est aussi grand et aussi noble que celui de ce scélérat de Rousseau est abominable. Disposez de moi, monsieur, dans ce pays-ci. Je suis à vos ordres. Je publierai partout le mérite extrême de votre cœur et de votre esprit. Ne m'épargnez pas : je brûle d'envie de vous faire connaître à quel point je suis, monsieur, votre, etc.

DXLVI. — A M. le comte d'Argental.
A Cirey, mars.

Je profite, mon cher et respectable ami, du voyage de M. le marquis du Châtelet, pour répandre mon cœur dans le vôtre avec liberté. Je n'ai osé vous écrire depuis que je suis à Cirey, et vous croyez bien que je n'ai écrit à personne. Vous sentez, sans doute, combien il en coûte de garder le silence avec quelqu'un à qui je voudrais parler toute ma vie de ma reconnaissance.

Je n'ai pu reconnaître toutes vos bontés qu'en suivant vos ordres à la lettre, lorsque j'étais en Hollande. Je trouvai, en arrivant, une cabale établie par Rousseau contre moi, et une foule de libelles imprimés depuis longtemps pour me noircir; de sorte que je me voyais à la fois persécuté en France et calomnié dans toute l'Europe. Je ne pris d'autre parti que de vivre assez retiré, et de chercher des consolations dans l'étude et dans la société de quelques amis, que je m'attirai malgré les efforts de mes ennemis. Le hasard me fit connaître une ou deux de ces personnes que Rousseau avait animées contre moi. J'eus le bonheur de les voir détrompées en peu de temps. Loin de vouloir continuer cette malheureuse guerre d'injures, je retranchai de l'édition qu'on fait de mes ouvrages tout ce qui se trouve contre Rousseau.

Je vous envoie la lettre d'un homme de lettres d'Amsterdam, qui vous instruira mieux de tout cela que je ne pourrais le faire, et qui vous fera voir en même temps ce que c'est que Rousseau. Je vous prie de lire cette lettre d'Amsterdam et la copie de l'écrit qu'elle contient. Je crois qu'il est bon que ce nouveau crime de Rousseau soit public. Peut-être ceux qu'il anime à me persécuter en France rougiront-ils de prendre son parti, et imiteront ceux qu'il avait séduits en Hollande, qui sont tous revenus à moi, et m'aiment autant qu'ils le détestent.

Vous n'ignorez peut-être pas qu'en dernier lieu ce scélérat, croyant aplanir son retour en France, a fait imprimer contre le vieux Saurin les calomnies les plus atroces. Vous savez que c'est lui qui écrivait et qui faisait écrire que j'étais venu prêcher l'athéisme en Hollande, que j'avais soutenu une thèse d'athéisme, à Leyde, contre M. s'Gravesande, qu'on m'avait chassé de l'université, etc. Vous êtes instruit de la lettre de M. s'Gravesande, dans laquelle cette indigne et absurde calomnie est si pleinement confondue; l'original est entre les mains de M. de Richelieu; je ne sais quel usage il en a fait, ni même s'il en doit faire usage. Je souhaiterais fort pourtant que M. de Maurepas en fût informé : ne pourrait-il pas, dans l'occasion, en parler au cardinal, et ne dois-je pas le souhaiter ?

Je vous avoue que si l'amitié, plus forte que les autres sentiments, ne m'avait pas rappelé, j'aurais bien volontiers passé le reste de mes jours dans un pays où, du moins, mes ennemis ne peuvent me nuire, et où le caprice, la superstition, et l'autorité d'un ministre, ne sont point à craindre. Un homme de lettres doit vivre dans un pays libre, ou se résoudre à mener la vie d'un esclave craintif, que d'autres esclaves jaloux accusent sans cesse auprès du maître. Je n'ai à attendre en France que des persécutions; ce sera là toute ma récompense. Je m'y verrais avec horreur, si la tendresse et toutes les grandes qualités de la personne qui m'y retient ne me faisaient oublier que j'y suis. Je sens que je serai toujours la victime du premier calomniateur. Hérault est celui qui m'a le plus nui auprès du cardinal. Faut-il qu'un homme qui pense comme moi ait à craindre un homme comme Hérault! Eh! qui me répondra que, m'ayant desservi avec malice, il ne me poursuivra pas avec acharnement? J'ai beau me cacher dans l'obscurité, j'ai beau n'écrire à personne, on saura où je suis, et mon obstination à me cacher rendra peut-être encore ma retraite coupable. Enfin je vis dans une crainte continuelle, sans savoir comment je peux parer les coups qu'on me porte tous les jours. C'est une chose bien inouïe que la manière dont on en use avec moi; mais enfin je la souffre, je me fais esclave volontiers, pour vivre auprès de la personne auprès de qui tout doit disparaître. Il n'y a pas d'apparence que je revienne jamais à Paris m'exposer encore aux fureurs de la superstition et de l'envie. Je vivrai à Cirey ou dans un pays libre. Je vous l'ai toujours dit, si mon père, mon frère, ou mon fils, était premier ministre dans un État despotique, j'en sortirais demain; jugez ce que je dois éprouver de répugnance en m'y trouvant aujourd'hui. Mais enfin Mme du Châtelet est pour moi plus qu'un père, un frère, et un fils.

Je ne demande qu'à vivre enseveli dans les montagnes de Cirey, et je n'y désirerai jamais rien que vous y voir. Adieu, les deux frères aimables; je vous embrasse tendrement. Voici une lettre pour M. de Maurepas, que vous donnerez si vous le jugez à propos; mais il faut qu'il sache d'où viennent les deux chevreuils [1].

Je ne peux vous rien dire des *Éléments de la Philosophie de Newton*. Je n'ai point reçu de nouvelles de mes libraires de Hollande. Ce sont de bonnes gens, mais très-peu exacts. Je ne refuse point de la faire imprimer en France, quelque juste aversion que j'aie pour la douane des pensées. Au reste c'est un ouvrage purement physique, où le plus imbécile fanatique et l'hypocrite le plus envenimé ne sauraient rien entendre ni rien trouver à redire. J'ai un beau sujet de tragédie; je le travaillerai à loisir, et je ne donnerai l'ouvrage que quand les comédiens auront repris *Zaïre* et *Brutus*.

Je n'ai point de termes pour vous dire à quel point mon cœur est à vous.

DXLVII. — A M. L'ABBÉ MOUSSINOT.

Je suis très-aise, mon cher correspondant, que M. Berger me croie en Angleterre. J'y suis pour tout le monde, excepté pour vous. Remettez, je vous prie, cent louis d'or à M. le marquis du Châtelet, qui me les rapportera.

A présent, mon cher abbé, voulez-vous que je vous parle franchement? Il faudrait que vous me fissiez l'amitié de prendre par an un petit honoraire, une marque d'amitié. Agissons sans aucune façon. Vous aviez une petite rétribution de vos chanoines; traitez-moi comme un chapitre; prenez le double de votre ami le poëte philosophe de ce

---

1. Ils avaient été envoyés par Mme du Châtelet. (ÉD.)

que vous donnait votre cloître; sans préjudice ou souvenir que j'aurai toujours pour vous. Réglez cela, et aimez-moi.

DXLVIII. — A FRÉDÉRIC, PRINCE ROYAL DE PRUSSE.
Mars.

Deliciæ humani generis, ce titre vous est plus cher que celui de monseigneur, d'*altesse royale* et de *majesté*, et ne vous est pas moins dû.

Je dois d'abord rendre compte à Votre Altesse royale de mes marches; car enfin je me suis fait votre sujet. Nous avons, nous autres catholiques, une espèce de sacrement que nous appelons la confirmation; nous y choisissons un saint pour être notre patron dans le ciel, notre espèce de Dieu tutélaire : je voudrais bien savoir pourquoi il me serait permis de me choisir un petit dieu plutôt qu'un roi. Vous êtes fait pour être mon roi, bien plus assurément que saint François d'Assise ou saint Dominique ne sont faits pour être mes saints. C'est donc à mon roi que j'écris, et je vous apprends, *rex amate*, que je suis revenu dans votre petite province de Cirey où habitent la philosophie, les grâces, la liberté, l'étude. Il n'y manque que le portrait de Votre Majesté. Vous ne nous le donnez point; vous ne voulez point que nous ayons des images pour les adorer, comme dit la sainte Écriture¹.

J'ai vu encore le Socrate dont Votre Altesse royale m'a daigné faire présent; ce présent me fait relire tout ce que Platon dit de Socrate. Je suis toujours de mon premier avis :

La Grèce, je l'avoue, eut un brillant destin;
Mais Frédéric est né; tout change; je me flatte
Qu'Athènes, quelque jour, doit céder à Berlin;
Et déjà Frédéric est plus grand que Socrate,

aussi dégagé des superstitions populaires, aussi modeste qu'il était vain. Vous n'allez point dans une église de luthériens vous faire déclarer le plus sage de tous les hommes; vous vous bornez à faire tout ce qu'il faut pour l'être. Vous n'allez point de maison en maison, comme Socrate, dire au maître qu'il est un sot, au précepteur qu'il est un âne, au petit garçon qu'il est un ignorant; vous vous contentez de penser tout cela de la plupart des animaux qu'on appelle hommes, et vous songez encore, malgré cela, à les rendre heureux.

J'ai à répondre aux critiques que Votre Altesse royale a daigné me faire dans une de ses lettres, au sujet des anciens Romains qui,

Dans les champs de Mars,
Portaient jadis du foin pour étendards.

Le colonel du plus beau régiment de l'Europe a peine à consentir que les vainqueurs de la sixième partie de notre continent n'aient pas toujours eu des aigles d'or à la tête de leurs armées. Mais tout a un com-

---

1. *Lévitique*, XXVI, 1. (ÉD.)

niétiçement. Quand les Romains n'étaient que des paysans, ils avaient du foin pour enseignes; quand ils furent *populum late regem*, ils eurent des aigles d'or.

Ovide, dans ses *Fastes*, dit expressément des anciens Romains :

Non illi cœlo labentia signa movebant,
Sed sua, quæ magnum perdere crimen erat;
Liv. III, v. 113-14.

antithèse assez ridicule de dire : « Ils ne connaissaient point les signes célestes; ils ne connaissaient que les signes de leurs armées. » Il continue, et dit, en parlant de ces enseignes :

Illaque de fœno; sed erat reverentia fœno
Quantam nunc aquilas cernis habere tuas!
Pertica suspensos portabat longa manipulos ;
Unde manipularis nomina miles habet.
Liv. III, v. 115-18.

Voilà mes bottes de foin bien constatées. A l'égard des premiers temps de leur histoire, je m'en rapporte à Votre Altesse royale comme sur tous les premiers temps. Que pensez-vous de Rémus et de Romulus, fils du dieu Mars? de la louve? du pivert? de la tête d'homme toute fraîche, qui fit bâtir le Capitole? des dieux de Lavinium, qui revenaient à pied d'Albe à Lavinium? de Castor et de Pollux combattant au lac de Négillo? d'Attilius Nævius, qui coupait des pierres avec un rasoir? de la vestale qui tirait un vaisseau avec sa ceinture? du palladium? des boucliers tombés du ciel? enfin, de Mutius Scévola, de Lucrèce, des Horaces, de Curtius? histoires non moins *chimériques* que les miracles dont je viens de parler. Monseigneur, il faut mettre tout cela dans la salle d'Odin, avec notre sainte ampoule, la chemise de la Vierge, le sacré prépuce, et les livres de nos moines.

J'apprends que Votre Altesse royale vient de faire rendre justice à M. Wolff. Vous immortalisez votre nom; vous le rendez cher à tous les siècles en protégeant le philosophe éclairé contre le théologien absurde et intrigant. Continuez, grand prince, grand homme; abattez le monstre de la superstition et du fanatisme, ce véritable ennemi de la divinité et de la raison. Soyez le roi des philosophes; les autres princes ne sont que les rois des hommes.

Je remercie tous les jours le ciel de ce que vous existez. Louis XIV, dont j'aurai l'honneur d'envoyer un jour à Votre Altesse royale l'histoire manuscrite, a passé les dernières années de sa vie dans de misérables disputes, au sujet d'une bulle ridicule pour laquelle il s'intéressait, sans savoir pourquoi; et il est mort tiraillé par des prêtres qui s'anathématisaient les uns les autres avec le zèle le plus insensé et le plus furieux. Voilà à quoi les princes sont exposés; l'ignorance, mère de la superstition, les rend victimes des faux dévots. La science que vous possédez vous met hors de leurs atteintes.

J'ai lu avec une grande attention la *Métaphysique* de M. Wolff. Grand prince, me permettez-vous de dire ce que j'en pense? Je crois que c'est vous qui avez daigné la traduire[1]; j'y ai vu des petites corrections de votre main. Émilie vient de la lire avec moi.

« C'est de votre Athènes nouvelle
Que ce trésor nous est venu;
Mais Versailles n'en a rien su;
Ce trésor n'est pas fait pour elle.

« Cette Émilie, digne de Frédéric, joint ici son admiration et ses respects pour le seul prince qu'elle trouve digne de l'être; mais elle en est d'autant plus fâchée de n'avoir point le portrait de Votre Altesse royale. Il y a enfin quelque chose de prêt selon vos ordres. J'envoie celle-ci au maître de la poste de Trèves, en droiture, sans passer par Paris; de là elle ira à Vesel. Daignez ordonner si vous voulez que je me serve de cette voie. Je suis avec un profond respect, etc.

DXLIX. — A M. L'ABBÉ MOUSSINOT.

Je vous réitère, mon tendre ami, la prière de ne parler de mes affaires à personne[2], et, surtout, de dire que je suis en Angleterre; j'ai pour cela de très-fortes raisons. Il y aurait à moi, dans le moment critique où je me trouve, beaucoup d'imprudence de mettre dans le commerce de Pinga une partie forte qui serait trop longtemps à rentrer. N'y mettons donc que quatre à cinq mille francs pour nous amuser. Pareille somme dans les tableaux, cela vous amusera encore plus. Les billets des fermiers généraux sont à six pour cent; c'est l'emploi le plus sûr de l'argent. Amusez-vous encore là-dessus. Achetez des actions; cette marchandise baissera dans peu, du moins je le pense : c'est encore là un honnête délassement pour un chanoine; et je m'en rapporte entièrement à votre intelligence pour tous ces amusements.

De plus, mettons entre les mains de M. Michel[3], dont vous connaissez la probité et la fortune, la moitié de notre argent comptant, à raison de cinq pour cent, et pas davantage; ne fût-ce que pour six mois, cela vaudra quelque chose; en fait d'intérêt il ne faut rien négliger, et, dans le placement de son argent, se conformer toujours à la loi du prince. Que tout cela, comme mes autres affaires, soit dans un profond secret.

Encore dix-huit francs à d'Arnaud, et deux Henriades. Je m'aperçois que je vous donne plus d'embarras que tout votre chapitre; mais je ne serai pas si ingrat.

DL. — De FRÉDÉRIC, PRINCE ROYAL DE PRUSSE.

De Remusberg, le 7 d'avril.

Monsieur, il n'y a pas jusqu'à votre manière de cacheter qui ne me soit garant des attentions obligeantes que vous avez pour moi. Vous me

---

1. La traduction était de Suhm. (ÉD.)
2. La police, d'accord avec les employés de la poste, ouvrait toutes les lettres de Voltaire, et en remettait des extraits aux ministres. (*Note de M. Clogenson.*)
3. Cet honnête homme était receveur général à Montauban, où il fit banqueroute. (ÉD.)

parlez d'un ton extrêmement flatteur ; vous me comblez de louanges ; vous me donnez des titres qui n'appartiennent qu'à de grands hommes ; et je succombe sous le faix de ces louanges.

Mon empire sera bien petit, monsieur, s'il n'est composé que de sujets de votre mérite. Faut-il des rois pour gouverner des philosophes ? des ignorants pour conduire des gens instruits ? en un mot, des hommes pleins de leurs passions pour contenir les vices de ceux qui les suppriment, non par la crainte des châtiments, non par la puérile appréhension de l'enfer et des démons, mais par amour de la vertu ?

La raison est votre guide ; elle est votre souveraine ; et Henri le Grand, le saint qui vous protége. Une autre assistance vous serait superflue. Cependant, si je me voyais, relativement au poste que j'occupe, en état de vous faire ressentir les effets des sentiments que j'ai pour vous, vous trouveriez en moi un saint qui ne se ferait jamais invoquer en vain ; je commence par vous en donner un petit échantillon. Il me paraît que vous souhaitez d'avoir mon portrait ; vous le voulez, je l'ai commandé sur l'heure.

Pour vous montrer à quel point les arts sont en honneur chez nous, apprenez, monsieur, qu'il n'est aucune science que nous ne tâchions d'anoblir. Un de mes gentilshommes, nommé Knobelsdorf, qui ne borne pas ses talents à savoir manier le pinceau, a tiré ce portrait. Il sait qu'il travaille pour vous, et que vous êtes connaisseur ; c'est un aiguillon qui suffit pour l'animer à se surpasser. Un de mes intimes amis, le baron de Kaiserling, ou Césarion, vous rendra mon effigie. Il sera à Cirey vers la fin du mois prochain. Vous jugerez, en le voyant, s'il ne mérite pas l'estime de tout honnête homme. Je vous prie, monsieur, de vous confier à lui. Il est chargé de vous presser vivement au sujet de la *Pucelle*, de la *Philosophie de Newton*, de l'*Histoire de Louis XIV*, et de tout ce qu'il pourra vous extorquer.

Comment répondre à vos vers, à moins d'être né poëte ? Je ne suis pas assez aveuglé sur moi-même pour imaginer que j'aie le talent de la versification. Écrire dans une langue étrangère, y composer des vers, et, qui pis est, se voir désavoué d'Apollon, c'en est trop

 Je rime pour rimer ; mais est-ce être poëte
  Que de savoir marquer le repos dans un vers ;
 Et se sentant pressé d'une ardeur indiscrète,
  Aller psalmodier sur des sujets divers ?
 Mais lorsque je te vois t'élever dans les airs,
  Et d'un vol assuré prendre l'essor rapide,
 Je crois, dans ce moment, que Voltaire me guide :
  Mais non ; Icare tombe, et périt dans les mers.

En vérité, nous autres poëtes nous promettons beaucoup et tenons peu. Dans le moment même que je fais amende honorable de tous les mauvais vers que je vous ai adressés, je tombe dans la même faute. Que Berlin devienne Athènes, j'en accepte l'augure ; pourvu qu'elle soit capable d'attirer M. de Voltaire, elle ne pourra manquer de devenir une des villes les plus célèbres de l'Europe.

Je me rends, monsieur, à vos raisons. Vous justifiez vos vers à merveille. Les Romains ont eu des bottes de foin en guise d'étendards. Vous m'éclairez, vous m'instruisez ; vous savez me faire tirer profit de mon ignorance même.

Par quoi mon régiment a-t-il pu exciter votre curiosité? Je voudrais qu'il fût connu par sa bravoure, et non par sa beauté. Ce n'est pas par un vain appareil de pompe et de magnificence, par un éclat extérieur qu'un régiment doit briller. Les troupes avec lesquelles Alexandre assujettit la Grèce, et conquit la plus grande partie de l'Asie, étaient conditionnées bien différemment. Le fer faisait leur unique parure. Elles étaient, par une longue et pénible habitude, endurcies aux travaux; elles savaient endurer la faim, la soif, et tous les maux qu'entraîne après soi l'âpreté d'une longue guerre. Une vigoureuse et rigide discipline les unissait intimement ensemble, les faisait tous concourir à un même but, et les rendait propres à exécuter avec promptitude et vigueur les desseins les plus vastes de leurs généraux.

Quant aux premiers temps de l'histoire romaine, je me suis vu engagé à soutenir sa vérité; et cela par un motif qui vous surprendra. Pour vous l'expliquer, je suis obligé d'entrer dans un détail que je tâcherai d'abréger autant qu'il me sera possible.

Il y a quelques années qu'on trouva dans un manuscrit du Vatican l'histoire de Romulus et de Rémus, rapportée d'une manière toute différente de celle dont elle nous est connue. Ce manuscrit fait foi que Rémus s'échappa des poursuites de son frère, et que, pour se dérober à sa jalouse fureur, il se réfugia dans les provinces septentrionales de la Germanie, vers les rives de l'Elbe; qu'il y bâtit une ville située auprès d'un grand lac, à laquelle il donna son nom; et qu'après sa mort, il fut inhumé dans une île qui, s'élevant du sein des eaux, forme une espèce de montagne au milieu du lac.

Deux moines sont venus ici, il y a quatre ans, de la part du pape, pour découvrir l'endroit que Rémus a fondé, selon la description que je viens d'en faire. Ils ont jugé que ce devait être Remusberg, ou comme qui dirait mont Rémus. Ces bons pères ont fait creuser dans l'île, de toutes parts, pour découvrir les cendres de Rémus. Soit qu'elles n'aient pas été conservées assez soigneusement, ou que le temps, qui détruit tout, les ait confondues avec la terre, ce qu'il y a de sûr, c'est qu'ils n'ont rien trouvé.

Une chose qui n'est pas plus avérée que celle-là, c'est qu'il y a cent ans, en posant les fondements de ce château, on trouva deux pierres sur lesquelles était gravée l'histoire du vol des vautours. Quoique les figures aient été effacées, on en a pu reconnaître quelque chose. Nos gothiques aïeux, malheureusement fort ignorants, et peu curieux des antiquités, ont négligé de nous conserver ces précieux monuments de l'histoire, et nous ont par conséquent laissés dans une incertitude obscure sur la vérité d'un fait aussi important.

On a trouvé, il n'y a pas trois mois, en remuant la terre dans le jardin, une urne et des monnaies romaines, mais qui étaient si vieilles que le coin en était quasi effacé. Je les ai envoyées à M. de

Lacroze; il a jugé que leur antiquité pouvait être de dix-sept à dix-huit siècles.

J'espère, monsieur, que vous me saurez gré de l'anecdote que je viens de vous apprendre, et que, en sa faveur, vous excuserez l'intérêt que je prends à tout ce qui peut regarder l'histoire d'un des fondateurs de Rome, dont je crois conserver la cendre. D'ailleurs on ne m'accuse point de trop de crédulité. Si je pèche, ce n'est pas par superstition.

Ma foi, se défiant même du vraisemblable,
En évitant l'erreur, cherche la vérité.
Le grand, le merveilleux, approchent de la fable;
Le vrai se reconnaît à la simplicité.

L'amour de la vérité et l'horreur de l'injustice m'ont fait embrasser le parti de M. Wolff. La vérité nue a peu de pouvoir sur l'esprit de la plupart des hommes; pour se montrer, il faut qu'elle soit revêtue du rang, de la dignité, et de la protection des grands.

L'ignorance, le fanatisme, la superstition, un zèle aveugle, mêlé de jalousie, ont poursuivi M. Wolff. Ce sont eux qui lui ont imputé des crimes, jusqu'à ce qu'enfin le monde commence d'apercevoir l'aurore de son innocence.

Je ne veux point m'arroger une gloire qui ne m'est point due, ni tirer vanité d'un mérite étranger. Je peux vous assurer que je n'ai point traduit la *Métaphysique* de M. Wolff; c'est un de mes amis à qui l'honneur en est dû. Un enchaînement d'événements l'a conduit en Russie où il est depuis quelques mois, quoiqu'il mérite un sort meilleur. Je n'ai d'autre part à cet avantage que de l'avoir occasionné, et celui de la correction. Le copiste tient le reste de cette traduction; je l'attends tous les jours; vous l'aurez dans peu.

Le souvenir d'Émilie m'est bien flatteur. Je vous prie de l'assurer que j'ai des sentiments très-distingués pour elle.

Car l'Europe la compte au rang des plus grands hommes.
Henriade, chant II, v. 70.

Que pourrais-je refuser à Newton-Vénus, à la plus haute science revêtue des agréments de la beauté, des grâces et des appas? La marquise du Châtelet veut mon portrait (ce serait à moi à lui demander le sien); j'y souscris. Chaque trait de pinceau fera foi de l'admiration que j'ai pour elle.

J'envoie cette lettre par le canal du sieur Dubreuil, à l'adresse que vous m'avez indiquée. Je crois qu'il serait bon de prendre des mesures avec le maître de poste de Trèves pour régler notre petite correspondance. J'attendrai que vous ayez pris des arrangements avec lui avant de me servir de cette voie.

Quand est-ce que le plus grand homme de la France n'aura plus besoin de tant de précautions? Est-ce que vos compatriotes seront les seuls à vous dénier la gloire qui vous est due? Sortez de cette ingrate patrie, et venez dans un pays où vous serez adoré. Que vos talents trouvent un jour dans cette nouvelle Athènes leur rémunérateur.

Amène dans ces lieux la foule des beaux-arts,
Fais-nous part du trésor de ta philosophie;
Des peuples de savants suivront tes étendards;
Éclaire-les du feu de ton puissant génie.
Les myrtes, les lauriers, soignés dans ce canton,
Attendent que, cueillis par les mains d'Émilie,
Ils servent quelque jour à te ceindre le front.
J'en vois crever Rousseau de fureur et d'envie.

Je viens de recevoir *l'Enfant Prodigue*. Il est plein de beaux endroits; il n'y manque que la dernière main.

Vos lettres me font un plaisir infini; mais je vous avoue que je leur préférerais de beaucoup la satisfaction de m'entretenir avec vous, et de vous assurer de vive voix de la plus parfaite estime avec laquelle je suis à jamais, monsieur, votre très-affectionné ami, FRÉDÉRIC.

DLI. — A M. L'ABBÉ MOUSSINOT.

14 avril.

M. l'abbé de Breteuil est venu ici; il cherche des estampes pour son appartement; s'il m'en restait une demi-douzaine d'assez jolies, vous me feriez, mon cher ami, le plaisir de les lui envoyer. Vous aurez la bonté d'y joindre un petit mot de lettre, portant que, ayant recommandé qu'on lui présentât de ma part les estampes qui me restent, vous n'avez que celles-là, et qu'il est supplié de vouloir bien les accepter.

Outre les deux mille quatre cents livres que vous avez dû donner à M. le marquis du Châtelet, il faut encore lui donner cinquante louis. Il faut encore, mon cher abbé, me trouver un homme qui veuille nous donner à Cirey, deux fois la semaine, des *Nouvelles à la main*. Je vous demande mille pardons, mon généreux correspondant, du détail fatigant de mes commissions; mais il faut avoir pitié des campagnards dont on est tendrement aimé.

DLII. — AU PRINCE ROYAL DE PRUSSE.

17 avril.

Voilà, monseigneur, les réflexions que vous m'avez ordonné de faire sur cette ode¹ dont Votre Altesse royale a daigné embellir la poésie française. Souffrez que je vous dise encore combien je suis étonné de l'honneur que vous faites à notre langue, et, sans fatiguer davantage votre modestie de tout ce que m'inspire mon admiration, je suis venu au détail de chaque strophe. Après avoir cueilli avec Votre Altesse royale les fleurs de la poésie, il faut passer aux épines de la métaphysique.

J'admire avec Votre Altesse royale l'esprit vaste et précis, la mé-

1. L'ode sur l'oubli. (B.)

thode, la finesse de M. Wolff. Il me paraît qu'il y a de la honte à le persécuter, et de la gloire à le protéger. Je vois avec un plaisir extrême que vous le protégez en prince, et que vous le jugez en philosophe.

Votre Altesse royale a senti, en esprit supérieur, le point critique de cette métaphysique, d'ailleurs admirable. Cet *être simple* dont il parle, donne naissance à bien des difficultés. Il y a, dit-il, art. XVI, des êtres simples partout où il y a des êtres composés. Voici ses propres paroles : « S'il n'y avait pas des êtres simples, il faudrait que toutes les parties les plus petites consistassent en d'autres parties ; et comme on ne pourrait indiquer aucune raison d'où viendraient les êtres composés, aussi peu qu'on pourrait comprendre d'où existerait un nombre s'il ne devait point contenir d'unités, il faut à la fin concevoir des êtres simples, par lesquels les êtres composés ont existé. »

Ensuite, art. LXXXI : « Les êtres simples n'ont ni figure, ni grandeur, et ne peuvent remplir d'espace. »

Ne pourrait-on pas répondre à ces assertions : 1° Un être composé est nécessairement divisible à l'infini ; et cela est prouvé géométriquement. 2° S'il n'est pas physiquement divisible à l'infini, c'est que nos instruments sont trop grossiers : c'est que les formes et les générations des choses ne pourraient subsister, si les premiers principes dont les choses sont formées se divisaient, se décomposaient. Divisez, décomposez le premier germe des hommes, des plantes, il n'y aura plus ni hommes ni plantes. Il faut donc qu'il y ait des corps indivisés.

Mais il ne s'ensuit pas de là que ces premiers germes, ces premiers principes soient indivisibles en effet, simples, sans étendue ; car alors ils ne seraient pas corps, et il se trouverait que la matière ne serait pas composée de matière, que les corps ne seraient pas composés de corps ; ce qui serait un peu étrange.

Que sera-ce donc que les premiers principes de la matière ? Ce seront des corps divisibles sans doute, mais qui seront indivisés tant que la nature des choses subsistera.

Mais quelle sera la raison suffisante de l'existence des corps ? Il n'y a certainement que deux façons de concevoir la chose : ou les corps sont tels par leur nature nécessairement, ou ils sont l'ouvrage de la volonté d'un libre et très-libre Être suprême. Il n'y a pas un troisième parti à prendre. Mais dans les deux opinions, on a des difficultés bien grandes à résoudre.

Quelle sera donc l'opinion que j'embrasserai ? celle où j'aurai, de compte fait, moins d'absurdités à dévorer. Or, je trouve beaucoup plus de contradictions, de difficultés, d'embarras dans le système de l'existence nécessaire à la matière ; je me range donc à l'opinion de l'existence de l'Être suprême, comme la plus vraisemblable et la plus probable.

Je ne crois pas qu'il y ait de démonstration proprement dite de l'existence de cet Être indépendant de la matière. Je me souviens que je ne laissais pas, en Angleterre, d'embarrasser un peu le fameux docteur Clarke, quand je lui disais : On ne peut appeler démonstration, un enchaînement d'idées qui laisse toujours des difficultés. Dire que le carré construit sur le grand côté d'un triangle est égal au carré des deux autres côtés, c'est une démonstration qui, toute compliquée qu'elle est, ne laisse aucune difficulté; mais l'existence d'un Être créateur laisse encore des difficultés insurmontables à l'esprit humain. Donc cette vérité ne peut être mise au rang des démonstrations proprement dites. Je la crois, cette vérité; mais je la crois comme ce qui est le plus vraisemblable; c'est une lumière qui me frappe à travers mille ténèbres.

Il y aurait sur cela bien des choses à dire, mais ce serait porter de l'or au Pérou que de fatiguer Votre Altesse royale de réflexions philosophiques.

Toute la métaphysique, à mon gré, contient deux choses : la première, tout ce que les hommes de bon sens savent; la seconde, ce qu'ils ne sauront jamais.

Nous savons, par exemple, ce que c'est qu'une idée simple, une idée composée; nous ne saurons jamais ce que c'est que cet être qui a des idées. Nous mesurons les corps; nous ne saurons jamais ce que c'est que la matière. Nous ne pouvons juger de tout cela que par la voie de l'analogie; c'est un bâton que la nature a donné à nous autres aveugles, avec lequel nous ne laissons pas d'aller et aussi de tomber.

Cette analogie m'apprend que les bêtes, étant faites comme moi, ayant du sentiment comme moi, des idées comme moi, pourraient bien être ce que je suis. Quand je veux aller au delà, je trouve un abîme, et je m'arrête sur le bord du précipice.

Tout ce que je sais, c'est que, soit que la matière soit éternelle (ce qui est bien incompréhensible), soit qu'elle ait été créée dans le temps (ce qui est sujet à de grands embarras), soit que notre âme périsse avec nous, soit qu'elle jouisse de l'immortalité, on ne peut dans ces incertitudes prendre un parti plus sage, plus digne de vous, que celui que vous prenez de donner à votre âme, périssable ou non, toutes les vertus, tous les plaisirs, et toutes les instructions dont elle est capable, de vivre en prince, en homme, et en sage, d'être heureux, et de rendre les autres heureux.

Je vous regarde comme un présent que le ciel fait à la terre. J'admire qu'à votre âge le goût des plaisirs ne vous ait point emporté, et je vous félicite infiniment que la philosophie vous laisse le goût des plaisirs. Nous ne sommes point nés uniquement pour lire Platon et Leibnitz, pour mesurer des courbes, et pour arranger des faits dans notre tête; nous sommes nés avec un cœur qu'il faut remplir, avec des passions qu'il faut satisfaire, sans en être maîtrisés.

Que je suis charmé de votre morale, monseigneur! que mon cœur se sent né pour être le sujet du vôtre! J'éprouve trop de satisfaction de penser en tout comme vous.

Votre Altesse royale me fait l'honneur de me dire, dans sa dernière lettre, qu'elle regarde le feu czar comme le plus grand homme du dernier siècle; et cette estime que vous avez pour lui ne vous aveugle pas sur ses cruautés. Il a été un grand prince, un législateur, un fondateur; mais si la politique lui doit tant, quels reproches, l'humanité n'a-t-elle pas à lui faire ! On admire en lui le roi; mais on ne peut aimer l'homme. Continuez, monseigneur, et vous serez admiré et aimé du monde entier.

Un des plus grands biens que vous ferez aux hommes, ce sera de fouler aux pieds la superstition et le fanatisme; de ne pas permettre qu'un homme en robe persécute d'autres hommes qui ne pensent pas comme lui, il est très-certain que les philosophes ne troubleront jamais les États. Pourquoi donc troubler les philosophes? Qu'importait à la Hollande que Bayle eût raison? Pourquoi faut-il que Jurieu, ce ministre fanatique, ait eu le crédit de faire arracher à Bayle sa petite fortune? Les philosophes ne demandent que de la tranquillité; ils ne veulent que vivre en paix sous le gouvernement établi, et il n'y a pas un théologien qui ne voulût être le maître de l'État. Est-il possible que des hommes qui n'ont d'autre science que le don de parler sans s'entendre et sans être entendus, aient dominé et dominent encore presque partout?

Les pays du Nord ont cet avantage sur le midi de l'Europe, que ces tyrans des âmes y ont moins de puissance qu'ailleurs. Aussi les princes du Nord sont-ils, pour la plupart, moins superstitieux et moins méchants qu'ailleurs. Tel prince italien se servira du poison et ira à confesse. L'Allemagne protestante n'a ni de pareils sots, ni de pareils monstres; et en général, je n'aurais pas de peine à prouver que les rois les moins superstitieux ont toujours été les meilleurs princes.

Vous voyez, digne héritier de l'esprit de Marc-Aurèle, avec quelle liberté j'ose vous parler. Vous êtes presque le seul sur la terre qui méritiez qu'on vous parle ainsi.

DLIII. — A M. L'ABBÉ MOUSSINOT.

Vous irez donc à Rouen, mon cher trésorier? Voyez, je vous prie, M. le marquis de Lézeau. Parlez-lui de la pauvreté de notre caisse. Je suis persuadé que vous l'engagerez à payer; vous avez le don de la persuasion.

Il est, mon cher abbé, de nécessité absolue que je sache comment j'ignore avoir donné quittance à M. le président d'Auneuil. Il faut que ce soit un autre qui ait donné cette quittance, et qui ait reçu pour moi; c'est de la bouche de Demoulin qu'on peut savoir si cet argent a été reçu ou non. Mesnil, notaire, l'avait délivré; Demoulin doit l'avoir reçu. Cet homme, qui m'emporte vingt mille francs, et qui est un ingrat, m'aurait-il encore escamoté cette demi-année? Il faut s'adresser à ces deux personnes pour savoir la vérité; et, si ni l'une ni l'autre ne s'en souvient, il est bon que M. d'Auneuil sache que je ne suis pas plus instruit qu'elles sur cette affaire. En fait d'intérêt et d'argent, on ne peut trop mettre les choses au net. Il faut tout prévoir et tout prévenir.

M. de Richelieu ne doit qu'une année; il n'est pas de la bienséance d'exiger cette année dans le temps qu'il me paye quarante-trois mille deux cents francs. Je n'empêche pourtant pas qu'il ne me donne de l'argent comptant, s'il en a envie; mais je serai très-content d'une bonne délégation, tant pour les deux mille neuf cents livres d'arrérages qui me restent à recevoir de lui, que pour la rente de quatre mille francs, qu'il me paye annuellement. Il ne serait plus importuné, et les affaires en seraient plus en règle et plus faciles.

Vous pouvez, mon cher abbé, mettre au coche, en toute sûreté, trois cents louis bien empaquetés, sans les déclarer, et sans rien payer, pourvu que la caisse soit bien et dûment enregistrée, comme contenant des meubles précieux; cela suffira. Outre ces trois cents louis, il faut encore me faire tenir une rescription de deux mille quatre cents livres; le receveur général de Champagne vous donnera cette rescription pour votre argent. Tout financier vous indiquera le nom et la demeure du receveur général.

Je suis honteux de tout l'embarras que je vous donne, et je suis obligé d'avouer, mon cher ami, que vous étiez fait pour gouverner de plus grandes affaires que le trésor d'un chapitre de Saint-Merri et la mense d'un philosophe qui vous embrasse de tout son cœur. En ce monde on est rarement ce qu'on devrait être.

DLIV. — AU MÊME.
Mai.

L'homme qui a le secret du tombac qui se file n'est pas le seul; mais je crois qu'on n'en peut filer que très-peu, et qu'il se casse. Sondez cet homme au tombac; nous pourrions bien le prendre ici, et lui donner une chambre, un laboratoire, la table, et une pension de cent écus. Il serait à portée de faire des expériences, et d'essayer de faire de l'acier, ce qui est bien plus aisé assurément que de faire de l'or. S'il a le malheur de chercher la pierre philosophale, je ne suis pas surpris que de six mille livres de rente il soit réduit à rien. Un philosophe qui a six mille livres de rente a la pierre philosophale. Cette pierre conduit tout naturellement à parler d'affaires d'intérêt.

Voici le certificat que vous demandez. Je vous réitère mes prières pour qu'on écrive sans délai à M. de Guise, à M. de Lézeau et autres, pour que vous voyiez M. Pâris Duvernei, et que vous lui fassiez entendre qu'on me fera grand plaisir de me laisser jouir de la pension de la reine, et de l'argent du trésor royal, dont j'ai un très-grand besoin, et dont je serai très-obligé.

Veuillez encore, mon cher abbé, arranger à l'amiable ma rente, mon dû et les arrérages, avec l'intendant de M. de Richelieu; le tout sans marquer une défiance injuste. Cela devrait être consommé depuis plus d'un mois. Une assurance d'un payement régulier épargnerait à M. le duc des détails désagréables, délivrerait son intendant d'un grand embarras, vous épargnerait à vous, mon cher ami, beaucoup de pas perdus, des corvées fatigantes et infructueuses.

Nous en dirons davantage là-dessus une autre fois, car je crains d'oublier de vous demander une très-bonne machine pneumatique, ce qui est rare à trouver; un bon télescope de réflexion, ce qui pour le moins est aussi rare; les volumes des pièces qui ont été couronnées à l'Académie. Ce sont là des choses savantes dont mon esprit peu savant a un besoin très-urgent.

Je n'ai, mon cher abbé, ni le temps ni la force d'être plus long, ni même de vous remercier du chimiste que vous m'avez envoyé. Je ne l'ai encore guère vu qu'à la messe; il aime la solitude; il doit être content. Je ne pourrai travailler avec lui en chimie que quand un appartement que je bâtis sera achevé; en attendant, il faut que chacun étudie de son côté, et que vous m'aimiez toujours.

DLVI. — DE FRÉDÉRIC, PRINCE ROYAL DE PRUSSE.

Remusberg, le 9 mai.

Monsieur, je viens de recevoir votre lettre sous date du 17 avril; elle est arrivée assez vite; je ne sais d'où vient que les miennes ont été si longtemps en chemin. Que votre indulgence pour mes vers me paraît suspecte! Avouez-le, monsieur, vous craignez le sort de Philoxène, vous me croyez un Denys, sans quoi votre langage aurait été tout différent. Un ami sincère dit des vérités désagréables, mais salutaires. Vous auriez critiqué le monument et les funérailles placés avant les batailles dans la strophe quatrième de l'ode; vous auriez condamné la figure du chagrin désarmé qui est trop hardie, etc. En un mot, vous m'auriez dit :

Émondez-moi ces rameaux trop épars.

Que sert-il à un borgne qu'on l'assure qu'il a la vue bonne? en voit-il mieux? Je vous prie, monsieur, soyez mon censeur rigide, comme vous êtes déjà mon exemple et mon maître, en fait de poésie. Ne vous en tenez pas aux ongles de la figure d'un très-ignorant sculpteur ; corrigez tout l'ouvrage. Je vous envoie la suite de la traduction de Wolff jusqu'au paragraphe 770. Vous en aurez la fin par mon cher Césarion, mon petit ambassadeur dans la province de la Raison, au paradis terrestre. Je ne chercherais pas ma souveraine félicité dans l'éclat de la magnificence, mais dans une volupté pure, et dans le commerce des êtres les plus raisonnables parmi les mortels : en un mot, si je pouvais disposer de ma personne, je me rendrais moi-même à Cirey, pour y raisonner tout mon soûl. Je vous compte à la tête de tous les êtres pensants ; certes le Créateur aurait de la peine à produire un esprit plus sublime que le vôtre :

    Génie heureux que la nature
    De ses dons combla sans mesure
    Le ciel, jaloux de ses faveurs,
Ne fait que rarement de brillants caractères;
    Il pétrit là de ces humains vulgaires;
    De ces gens faits pour les grandeurs :
Mais, hélas! dans mille ans qu'on voit peu de Voltaires.

1. C'était *la galerie* ou le cabinet de physique dont Voltaire parle à Thieriot, dans la lettre du 23 juin 1738. (ÉD.)

Mon portrait s'achèvera aujourd'hui; le peintre s'évertue de faire de son mieux. Je vous dois déjà quelques coups de grâce; mais en conscience j'ai cru devoir vous en avertir. Pourrais-je finir ma lettre sans y insérer un article pour Émilie? Faites-lui, je vous prie, bien des assurances de ma parfaite estime. Vous devriez bien me faire avoir son portrait; par je n'oserais le lui demander. Si mon corps pouvait voyager comme mes pensées, je vous assurerais de vive voix de la parfaite estime et de la considération avec laquelle je suis, etc.

DLVI. — A M. L'ABBÉ MOUSSINOT.

Il faut, mon cher ami, demander, redemander, presser, voir, importuner, et non persécuter mes débiteurs pour les rentes et pour les arrérages. Une lettre ne coûte rien; deux sont un très-petit embarras, et servent à ce qu'on ne puisse se plaindre, si je suis obligé de me servir des voies de la justice. Après deux lettres aux fermiers, à un mois l'une de l'autre, et un petit mot d'excuse aux maîtres, il faudra faire des commandements à ces fermiers des terres sur lesquelles mes rentes sont déléguées. Je vous en enverrai la liste. Pour le reste de ma vie, ce sera aux fermiers que j'aurai affaire. Cela vaudra beaucoup mieux.

Pinga dit partout qu'il vend mes effets, et cela fait encore plus mauvais effet que tout ce que je vends. Je me flatte, mon cher ami, que vous gardez beaucoup mieux le secret sur toutes mes affaires. Vous avez, Dieu merci, toutes les bonnes qualités.

DLVII. — A M. PITOT.

Le 17 mai.

Vous m'aviez flatté, monsieur, l'année passée, que vous voudriez bien donner quelque attention à des *Éléments de la philosophie de Newton*, que j'ai mis par écrit pour me rendre compte à moi-même de mes études, et pour fixer dans mon esprit les faibles connaissances que je peux avoir acquises. Si vous voulez le permettre, je vous ferai tenir mon manuscrit, qui n'est qu'un recueil de doutes, et je vous prierai de m'instruire.

Si, après cela, vous trouvez que le public puisse tirer quelque utilité de l'ouvrage, et que vous vouliez l'abandonner à l'impression, peut-être que la nouveauté et l'envie de voir de près quelques-uns des mystères newtoniens cachés jusqu'ici au gros du monde, pourront procurer au livre un débit qu'il ne mériterait guère sans ce goût de la nouveauté, et surtout sans vos soins. Les libraires le demandent déjà avec assez d'empressement.

Je me flatte qu'un esprit philosophique comme le vôtre ne sera point effarouché de l'attraction. Elle me paraît une nouvelle propriété de la matière. Les effets en sont calculés; et il est de toute impossibilité de reconnaître pour principes de ces effets l'impulsion telle que nous en avons l'idée. Enfin vous en jugerez.

Je vous dirai, pour commencer mon commerce de questions avec vous, qu'ayant vu les expériences de M. s'Gravesande sur les chûtes et les chocs des corps, j'ai été obligé d'abandonner le système qui fait la quantité de mouvement le produit de la masse par la vitesse, et, en gardant pour M. de Mairan et pour son *Mémoire*[1] une estime infinie, je passe dans le camp opposé, ne pouvant juger d'une cause que par ses effets, et les effets étant toujours le produit de la masse par le carré de la vitesse, dans tous les cas possibles et à tous les moments, etc.

Il y a des idées bien nouvelles (et qui me paraissent vraies) d'un docteur Berkeley, évêque de Cloyne, sur la manière dont nous voyons. Vous en lirez une petite ébauche dans ces *Éléments*; mais je me repens de n'en avoir pas assez dit. Il me paraît surtout qu'il décide très-bien une question d'optique que personne n'a jamais pu résoudre : c'est la raison pour laquelle nous voyons dans un miroir concave les objets tout autrement placés qu'ils ne devraient l'être suivant les lois ordinaires.

Il décide aussi la question du différend entre Régis et Malebranche, au sujet du disque du soleil et de la lune, qu'on voit toujours plus grands à l'horizon qu'au méridien, quoiqu'ils soient vus à l'horizon sous un plus petit angle. Il me paraît qu'il prouve assez que Malebranche et Régis avaient également tort.

Pour moi, qui viens d'observer ces astres à leur lever et à leur coucher avec un large tuyau de carton qui me cachait tout l'horizon, je peux vous assurer que je les ai vus tout aussi grands que quand mes yeux les regardaient sans tube. Tous les assistants en ont jugé comme moi.

Ce n'est donc pas la longue étendue du ciel et de la terre qui me fait paraître ces astres plus grands à leur lever et à leur coucher qu'au méridien, comme le dit Malebranche.

J'ajouterai un article sur ce phénomène et sur celui des miroirs concaves dans mon livre. En attendant, permettez que je vous consulte sur un fait d'une autre nature qui me paraît très-important.

M. Godin, après le chevalier de Louville, assure enfin que l'obliquité de l'écliptique a diminué de près d'une minute depuis l'érection de la méridienne de Cassini à Saint-Pétrone. Il est donc constant que voilà une nouvelle période, une révolution nouvelle qui va changer l'astronomie de face.

Il faut ou que l'équateur s'approche de l'écliptique, ou l'écliptique de l'équateur. Dans les deux cas, tous les méridiens doivent changer peu à peu. Celui de Saint-Pétrone a donc changé; il est donc midi un peu plus tôt qu'il n'était. A-t-on fait sur cela quelques observations ? Le système du changement de l'obliquité, qui entraîne une si grande révolution, pourrait-il subsister sans qu'on se fût aperçu d'une aberration sensible dans le mouvement apparent des astres ? Je vous prie de me mander quelle nouvelle on sait du ciel sur ce point-là.

N'a-t-on point quelques nouvelles aussi sur les mesures des degrés

---

[1] *Sur les forces motrices.* (Éd.)

vers le pôle? Je serais bien attrapé si la terre n'était pas un sphéroïde aplati aux deux extrémités de l'axe; mais je crois encore que M. de Maupertuis trouvera la terre comme il l'a devinée. Il est fait pour s'être rencontré avec celui que Platon appelle l'éternel Géomètre.

On ne peut être avec plus d'estime que moi, monsieur, votre, etc.

DLVIII. — DE FRÉDÉRIC, PRINCE ROYAL DE PRUSSE.

Ruppin, 20 mai.

Monsieur, je vous prie d'excuser l'injustice que j'ai faite à votre sincérité dans ma dernière lettre. Je suis charmé de m'être trompé, et de voir que vous me connaissez assez pour vouloir me corriger.

Je passe condamnation au sujet de mon ode. Je conviens de toutes les fautes que vous me reprochez; mais loin de me rebuter, je vous importunerai encore avec quelques-unes de mes pièces que je vous prierai de vouloir corriger avec la même sévérité. Si je n'y profite autrement, je trouve toujours ce moyen heureux pour vous escroquer quelques bons vers.

Les Grâces qui partout accompagnent vos pas,
En prêtant à mes vers le tour qu'ils n'avaient pas,
Suppléent par leurs soins à mon peu de pratique,
Ornent de mille fleurs mon ode prosaïque,
Et font voir, par l'effet d'un assez rare effort,
Que ce que vous touchez se convertit en or

Je passe à présent à la philosophie. Vous suivez en tout la route des grands génies, qui, loin de se sentir animés d'une basse et vile jalousie, estiment le mérite où ils le rencontrent, et le prisent sans prétention. Je vous fais des compliments à la place de M. Wolff, sur la manière avantageuse dont vous vous expliquez sur son sujet. Je vois, monsieur, que vous avez très-bien compris les difficultés qu'il y a sur l'*être simple*. Souffrez que j'y réponde.

Les géomètres prouvent qu'une ligne peut être divisée à l'infini; que tout ce qui a deux côtés ou deux faces, ce qui revient au même, peut l'être également : mais, dans la proposition de M. Wolff, il ne s'agit, si je ne me trompe, ni de lignes, ni de points; il s'agit des unités ou parties indivisibles qui composent la matière.

Personne ne peut ni ne pourra jamais les apercevoir; donc on n'en peut avoir d'idées; car nous n'avons d'idées nettes que des choses qui tombent sous nos sens. M. Wolff dit tout ce que l'*être simple* n'est pas; il écarte l'espace, la longueur, la largeur, etc., avec beaucoup de précaution, pour prévenir le raisonnement des géomètres, qui n'est plus applicable à son *être simple*, parce qu'il n'a aucune propriété de la matière. Notre philosophe se sert de l'artifice de saint Paul qui, après nous avoir promenés jusque dans le sanctuaire des cieux, nous abandonne à notre propre imagination, suppléant par le terme d'*ineffable* à ce qu'il n'aurait pu expliquer sans donner prise sur lui.

Il me semble cependant qu'il n'y a rien de plus vrai que toute chose composée doit avoir des parties. Ces parties en peuvent avoir à leur tour autant que vous en voudrez imaginer. Mais enfin il faut pourtant qu'on trouve des unités; et, faute de n'avoir pas l'organe des yeux et de l'attouchement assez subtil, faute d'instruments assez délicats, nous ne décomposerons jamais la matière jusqu'à pouvoir trouver ces unités.

Que vous représentez-vous quand vous pensez à un régiment composé de quinze cents hommes? Vous vous représentez ces quinze cents hommes comme autant d'unités ou comme autant d'individus réunis sous un même chef. Prenons un de ces hommes seul : je trouve que c'est un être fini, qui a de l'étendue, largeur, épaisseur, etc.; que cet être a des bornes, et par conséquent une figure; je trouve qu'il est divisible (l'expérience le prouve); mais je ne saurais dire qu'il est divisible à l'infini. Pourrait-il être un être fini et infini en même temps? Non, car cela implique contradiction. Or, comme une chose ne saurait être et ne pas être en même temps, il faut nécessairement que l'homme ne soit pas infini : donc il n'est pas divisible à l'infini; donc il y a des unités qui, prises ensemble, font des nombres composés, qu'on nomme matière.

Je vous abandonne volontiers le divin Platon, le divin Aristote et tous les héros de la philosophie scolastique. C'étaient des hommes qui avaient recours à des mots pour cacher leur ignorance. Leurs disciples les en croyaient sur leur réputation : et des siècles entiers se sont contentés de parler sans s'entendre. Il n'est plus permis de nos jours de se servir de mots que dans leur sens propre. M. Wolff donne la définition de chaque mot, il règle son usage; et ayant fixé les termes, il prévient beaucoup de disputes qui ne naissent souvent que d'un jeu de mots, ou de la différente signification que les personnes y attachent.

Il n'y a rien de plus vrai que ce que vous dites de la métaphysique; mais je vous avoue que, indépendamment de cela, je ne saurais défendre à mon esprit, naturellement curieux et avide de nouveautés, d'approfondir des matières qui l'intéressent beaucoup et qui l'attirent par les difficultés qu'elles lui présentent.

Vous me dites le plus poliment du monde que je suis une bête. Je m'en étais bien douté jusqu'à présent; mais je commence à en être convaincu. A parler sérieusement, vous n'avez pas tort; et cette raison, prérogative dont les hommes tirent un si orgueilleux avantage, qu'est-elle? et qui est-ce qui la possède? des hommes qui, pour vivre ensemble, ont été obligés de se choisir des supérieurs et de se faire des lois, pour s'apprendre que c'était une injustice de s'entre-tuer, de se voler, etc. Ces hommes raisonnables se font la guerre pour de vains arguments, qu'ils ne comprennent pas; ces êtres raisonnables ont cent religions différentes, toutes plus absurdes les unes que les autres; ils aiment à vivre longtemps, et se plaignent de la durée du temps et de l'ennui pendant toute leur vie. Sont-ce là les effets de cette raison qui les distingue des brutes?

On peut m'objecter les savantes découvertes des géomètres, les calculs de M. Bernoulli et de Newton; mais en quoi ces gens-là étaient-ils plus raisonnables que les autres? Ils passaient toute leur vie à chercher des propositions algébriques, des rapports de nombres; et ils ne tiraient aucun profit de la courte et brève durée de la vie.

Que j'approuve un philosophe qui sait se délasser auprès d'Émilie! Je sais bien que je préférerais infiniment sa connaissance à celle du centre de gravité, de la quadrature du cercle, de l'or potable, et du péché contre le Saint-Esprit.

Vous parlez, monsieur, en homme instruit sur ce qui regarde les princes du Nord. Ils ont incontestablement de grandes obligations à Luther et à Calvin (pauvres gens d'ailleurs), qui les ont affranchis du joug des prêtres et de la cour romaine, et qui ont augmenté considérablement leurs revenus par la sécularisation des biens ecclésiastiques. Leur religion cependant n'est pas purifiée de superstitieux et de bigots. Nous avons une secte de béats qui ne ressemblent pas mal aux presbytériens d'Angleterre, et qui sont d'autant plus insupportables qu'ils damnent avec beaucoup d'orthodoxie et sans appel tous ceux qui ne sont pas de leur avis. On est obligé de cacher ses sentiments pour ne se point faire d'ennemis mal à propos. C'est un proverbe commun, et qui est dans la bouche de tout le monde, de dire : « Cet homme n'a ni foi ni loi. » Cela vaut seul la décision d'un concile. L'on vous condamne sans vous entendre, et on vous persécute sans vous connaître. D'ailleurs, attaquer la religion reçue dans un pays, c'est attaquer dans son dernier retranchement l'amour-propre des hommes, qui leur fait préférer un sentiment reçu et la foi de leurs pères à toute autre créance, quoique plus raisonnable que la leur.

Je pense comme vous, monsieur, sur M. Bayle. Cet indigne Jurieu, qui le persécutait, oubliait le premier devoir de toute religion, qui est la charité. M. Bayle m'a paru d'autant plus estimable, qu'il était de la secte des académiciens, qui ne faisaient que rapporter simplement le pour et le contre des questions, sans décider témérairement sur des sujets dont nous ne pouvons découvrir que les abîmes.

Il me semble que je vous vois à table, le verre à la main, vous ressouvenir de votre ami. Il m'est plus flatteur que vous buviez à ma santé, que de voir ériger en mon honneur les temples qu'on érigeait à Auguste. Brutus se contentait de l'approbation de Caton; les suffrages d'un sage me suffisent.

Que vous prêtez un secours puissant à mon amour-propre! Je lui oppose sans cesse l'amitié que vous avez pour moi; mais qu'il est difficile de se rendre justice! et combien ne doit-on pas être en garde contre la vanité à laquelle nous nous sentons une pente si naturelle!

Mon petit ambassadeur partira dans peu pour Cirey, muni d'un crédit et du portrait que vous voulez absolument avoir. Des occupations militaires ont retardé son départ. Il est comme le Messie annoncé; je vous en parle toujours et il n'arrive jamais. C'est à lui que je vous prie de remettre tout ce que voudrez confier à ma discrétion. Je suis avec une très-parfaite estime, monsieur, votre affectionné ami, FÉDÉRIC.

CORRESPONDANCE.

DLIX. — A M. L'ABBÉ MOUSSINOT.

Grand merci, mon cher abbé, de la gratification faite à La Mare, d'autant plus que c'est la dernière que mes affaires me permettent de lui accorder. Si jamais il vient vous importuner, ne vous laissez pas entamer. Répondez que vous n'avez aucun commerce avec moi; cela coupe court. Sachez s'il est vrai que ce petit monsieur, que j'ai accablé de bienfaits, se déchaîne aussi contre moi. Parlez à Demoulin avec bonté; il doit bien rougir de son procédé envers moi; il m'emporte vingt mille francs et veut me déshonorer. En perdant vingt mille francs, il ne me faut pas acquérir un ennemi.

Autre importunité, mon cher abbé. Un ami [1], qui me demande un secret inviolable, me charge de savoir quel est le sujet du prix proposé cette année par l'Académie des sciences. Je ne connais point d'homme plus secret que vous; ce sera donc vous, mon cher ami, qui nous rendrez ce service. Si j'écrivais à quelque académicien, il penserait peut-être que je veux composer pour les prix; cela ne convient ni à mon âge, ni à mon peu d'érudition.

DLX. — DE FRÉDÉRIC, PRINCE ROYAL DE PRUSSE.

A Naven, le 25 mai.

Monsieur, je viens de munir mon cher Césarion de tout ce qu'il lui fallait pour faire le voyage de Cirey. Il vous rendra ce portrait que vous voulez avoir absolument. Il n'y a que la malheureuse matérialité de mon corps qui empêche mon esprit de l'accompagner.

Césarion a le malheur d'être né Courlandais (le baron de Kaiserling, son père, est maréchal à la cour du duc de Courlande), mais il est le Plutarque de cette Béotie moderne. Je vous le recommande au possible. Confiez-vous entièrement à lui; il a le rare avantage d'être homme d'esprit et discret en même temps. Je dirai, en le voyant partir :

Cher vaisseau qui portes Virgile
Sur le rivage athénien, etc.

Si j'étais envieux, je le serais du voyage que Césarion va faire. La seule chose qui me console est l'idée de le voir revenir comme ce chef des Argonautes qui emporta les trésors de Colchos. Quelle joie pour moi, quand il me rendra la *Pucelle*, le *Règne de Louis XIV*, la *Philosophie de Newton* et les autres merveilles inconnues que vous n'avez pas voulu communiquer jusqu'ici au public ! Ne me privez pas de cette consolation. Vous qui désirez si ardemment le bonheur des humains, voudriez-vous ne pas contribuer au mien ? Une lecture agréable entre, selon moi, pour beaucoup dans l'idée du vrai bonheur.

Il est juste que vous assuriez de mes attentions Vénus-Newton. La science ne pouvait jamais mieux se loger que dans le corps d'une ai-

---

1. Cet ami était probablement Voltaire, qui concourut pour le prix proposé par l'Académie des sciences en 1736, prix dont le sujet était : *La nature du feu et sa propagation*. (ÉD.)

mable personne. Quel philosophe pourrait résister à ses arguments ? En se laissant guider par cette aimable philosophe, la raison nous guiderait-elle toujours ? Pour moi, je craindrais fort les flèches dorées du petit dieu de Cythère.

Césarion vous rendra compte de l'estime parfaite que j'ai pour vous; il vous dira jusqu'à quel point nous honorons la vertu, le mérite et les talents. Croyez, je vous prie, tout ce qu'il vous dira de ma part; et soyez sûr qu'on ne peut exagérer la considération avec laquelle je suis, monsieur, votre très-affectionné ami, FRÉDÉRIC.

DLXI. — A FRÉDÉRIC, PRINCE ROYAL DE PRUSSE.

A Cirey, le 27 mai.

C'est sans doute un héros, c'est un sage, un grand homme
Qui fonda cet asile embelli par vos pas;
Mais cet honneur n'est dû qu'aux vrais héros de Rome;
Rémus ne le méritait pas.

Scipion l'Africain, bravant sa république,
En quittant un sénat trop ingrat envers lui,
Porta dans vos climats ce courage héroïque
Qui faisait trembler Rome, et qui fut son appui.

Cicéron dans l'exil y porta l'éloquence,
Ce grand art des Romains, cette auguste science
D'embellir la raison, de forcer les esprits.
Ovide y fit briller un art d'un plus grand prix,
L'art d'aimer, de le dire, et surtout l'art de plaire.
Tous trois vous ont formé, leur esprit vous éclaire :
Voilà les fondateurs de ces aimables lieux.
Vous suivez leur exemple, ils sont vos vrais aïeux.

La véritable Rome est cette heureuse enceinte
Où les plaisirs pour vous vont tous se signaler.
L'autre Rome est tombée, et n'est plus que la sainte ;
Remusberg est la seule où je voudrais aller.

Voilà, monseigneur, ce que je pense du mont Rémus ; je suis destiné à avoir en tout des opinions fort différentes des moines. Vos deux antiquaires à capuchon, soi-disant envoyés par le pape pour voir si le frère de Romulus a fondé votre palais, devaient bien faire un saint de ce Rémus, n'en pouvant faire le fondateur de votre palais; mais apparemment que Rémus aurait été aussi étonné de se voir en paradis qu'en Prusse.

On attend avec impatience, dans le petit paradis de Cirey, deux choses qui seront bien rares en France : le portrait d'un prince tel que vous, et M. de Kaiserling, que Votre Altesse royale honore du nom de son ami intime.

Louis XIV disait un jour à un homme qui avait rendu de grands services au roi d'Espagne, Charles II, et qui avait eu sa familiarité : « La roi d'Espagne vous aimait donc beaucoup? — Ah! sire, répondit le pauvre courtisan, est-ce que vous autres rois vous aimez quelque chose?

Vous voulez donc, monseigneur, avoir toutes les vertus qu'on leur souhaite si inutilement, et dont on les a toujours loués si mal à propos; ce n'est donc pas assez d'être supérieur aux hommes par l'esprit comme par le rang, vous l'êtes encore par le cœur. Vous, prince et ami! Voilà deux grands titres réunis qu'on a crus jusqu'ici incompatibles.

Cependant j'avais toujours osé penser que c'était aux princes à sentir l'amitié pure, car d'ordinaire les particuliers qui prétendent être amis sont rivaux. On a toujours quelque chose à se disputer : de la gloire, des places, des femmes, et surtout des faveurs de vous autres maîtres de la terre, qu'on se dispute encore plus que celles des femmes, qui vous valent pourtant bien.

Mais il me semble qu'un prince, et surtout un prince tel que vous, n'a rien à disputer, n'a point de rival à craindre, et peut aimer sans embarras et tout à son aise. Heureux, monseigneur, qui peut avoir part aux bontés d'un cœur comme le vôtre! M. de Kaiserling ne désire rien sans doute. Tout ce qui m'étonne, c'est qu'il voyage.

Cirey est aussi, monseigneur, un petit temple dédié à l'Amitié. Mme du Châtelet, qui, je vous assure, a toutes les vertus d'un grand homme, avec les grâces de son sexe, n'est pas indigne de sa visite, et elle le recevra comme l'ami du prince Frédéric.

Que Votre Altesse royale soit bien persuadée, monseigneur, qu'il n'y aura jamais à Cirey d'autre portrait que le vôtre. Il y a ici une petite statue de l'Amour, au bas de laquelle nous avons mis *noto Deo*; nous mettrons au bas de votre portrait *soli Principi*.

Je me sais bien mauvais gré de ne dire jamais, dans mes lettres à Votre Altesse royale, aucune nouvelle de la littérature française, à laquelle vous daignez vous intéresser; mais je vis dans une retraite profonde, auprès de la dame la plus estimable du siècle présent, et avec les livres du siècle passé; il n'est guère parvenu dans ma retraite de nouveautés qui méritent d'aller au mont Rémus.

Nos belles-lettres commencent à bien dégénérer, soit qu'elles manquent d'encouragement, soit que les Français, après avoir trouvé le bien dans le siècle de Louis XIV, aient aujourd'hui le malheur de chercher le mieux; soit qu'en tout pays la nature se repose après de grands efforts, comme les terres après une moisson abondante.

La partie de la philosophie la plus utile aux hommes, celle qui regarde l'âme, ne vaudra jamais rien parmi nous, tant qu'on ne pourra pas penser librement. Un certain nombre de gens superstitieux fait grand tort ici à toute vérité. Si Cicéron vivait, et qu'il écrivît *De natura deorum* ou ses *Tusculanes*; si Virgile disait :

> *Felix qui potuit rerum cognoscere causas,*
> *Atque metus omnes et inexorabile fatum*
> *Subjecit pedibus, strepitumque Acherontis avari!*
>   Georg., II, v. 490-2.

Cicéron et Virgile couraient grand risque. Il n'y a que les jésuites à qui il est permis de tout dire; et si Votre Altesse royale a lu ce qu'ils disent, je doute qu'elle leur fasse le même honneur qu'à M. Rollin [1].

Pour bien écrire l'histoire, il faut être dans un pays libre; mais la plupart des Français réfugiés en Hollande ou en Angleterre ont altéré la pureté de leur langue.

A l'égard de nos universités, elles n'ont guère d'autre mérite que celui de leur antiquité. Les Français n'ont point de Wolf, point de Mac-Laurin, point de Manfredi, ni de s'Gravesande, ni de Musschenbroeck. Nos professeurs de physique, pour la plupart, ne sont pas dignes d'étudier sous ceux que je viens de citer. L'Académie des sciences soutient très-bien l'honneur de la nation, mais c'est une lumière qui ne se répand pas encore assez généralement; chaque académicien se borne à des vues particulières. Nous n'avons ni bonne physique, ni bons principes d'astronomie pour instruire la jeunesse; et nous sommes obligés, en cela, d'avoir recours aux étrangers.

L'Opéra se soutient, parce qu'on aime la musique; et malheureusement cette musique ne saurait être, comme l'italienne, du goût des autres nations. La comédie tombe absolument. A propos de comédie, je suis très-mortifié, monseigneur, qu'on ait envoyé *l'Enfant prodigue* à Votre Altesse royale. Premièrement, la copie que vous avez n'est point mon véritable ouvrage; en second lieu, la véritable n'est qu'une ébauche, que je n'ai ni le temps ni la volonté d'achever, et qui ne méritait point du tout vos regards.

Je parle à Votre Altesse royale avec la naïveté qui n'est peut-être que trop mon caractère; je vous dis, monseigneur, ce que je pense de ma nation, sans vouloir la mépriser ni la louer : je crois que les Français vivent un peu dans l'Europe sur leur crédit, comme un homme riche qui se ruine insensiblement. Notre nation a besoin de l'œil du maître pour être encouragée; et pour moi, monseigneur, je ne demande rien, que la continuation des regards du prince Frédéric. Il n'y a que la santé qui me manque; sans cela je travaillerais bien à mériter vos bontés; mais peu de génie et peu de santé, cela fait un pauvre homme.

Je suis avec un profond respect, etc.

DLXII. — AU MÊME.

Mai.

J'ai reçu la lettre du prince philosophe, et j'apprends qu'il y a un gros paquet pour moi entre les mains du sieur Dubreuil-Tronchin, à Amsterdam.

Ce paquet est probablement la seconde partie de la *Métaphysique*; tout est de votre ressort, prince inimitable. Je suis avec Votre Altesse royale comme un cercle infiniment petit, concentrique à un cercle infiniment grand; toutes les lignes du cercle infiniment grand vont trouver le centre du pauvre infiniment petit; mais quelle différence de

---

1. Frédéric avait chargé Thieriot d'aller féliciter Rollin de sa part. (ÉD.)

leur circonférence ! J'aime tout ce que votre génie aime; mais je touche à peine ce que vous embrassez. Je vois non-seulement le protecteur de Wolff, mais une intelligence égale à lui. Je vais oser parler à cette intelligence.

Vous me faites l'honneur de me dire qu'un être tel que l'homme ne saurait être fini et infini à la fois, et que cela impliquerait une *contradiction*; il est vrai qu'il ne saurait être fini et infini dans le même sens; mais il peut être fini physiquement, et être divisible à l'infini géométriquement. Cette division à l'infini n'est autre chose que l'impossibilité d'assigner un dernier point indivisible; et cette impuissance est ce que les hommes appellent infini en petit; de même que l'impuissance d'assigner les bornes de l'étendue est ce que nous appelons l'infini en grand.

Par exemple, soit une unité : 1 est fini; mais prenez $\frac{1}{2}, \frac{1}{4}, \frac{1}{8}, \frac{1}{16}$, etc., vous n'épuiserez jamais cette série. Il est pourtant vrai que cette série, une moitié, un quart, un huitième, un seizième, prise tout entière, est égale à cette unité. Voilà, je crois, tout le secret de l'infini en petit.

De même, prenez tout d'un coup l'infini en grand; il est certain que les nombres 1, 2, 4, 8, 16, 32, etc., n'en approcheront jamais : mais prenez tous ces nombres à la fois, sans compter; ils sont égaux à l'infini.

Cette méthode est celle des géomètres; elle est démontrée; on ne peut pas en appeler.

Il n'y a donc nulle contradiction entre ces deux propositions; cette unité est finie; et la série $\frac{1}{2}, \frac{1}{4}, \frac{1}{8}$, égale à cette unité, est infinie.

Ces vérités, ces démonstrations géométriques n'empêchent point du tout qu'il n'y ait des êtres indivisés dans la nature, des êtres uns, des atomes, sans quoi le monde ne serait point organisé. Il est très-vrai que la matière est composée d'indivisés, parce qu'il faut des êtres inaltérables pour faire des germes qui sont toujours les mêmes; parce que les éléments des êtres mixtes ne seraient pas éléments s'ils étaient composés. Il est donc très-vrai que les principes des choses sont des substances dures, solides, indivisées; mais ces principes sont-ils pour cela indivisibles? je n'en vois nullement la conséquence.

S'ils étaient encore divisés, cet univers ne serait pas tel qu'il est; mais il est toujours clair qu'ils sont divisibles, puisqu'ils sont matière, qu'ils ont des côtés.

Tant que les éléments du feu, de l'eau, de l'air, seront tels qu'ils sont, indivisés, ils seront les mêmes; la nature ne changera pas; mais l'auteur de la nature peut les diviser.

Reste actuellement à comprendre comment, selon M. Wolff, la matière serait composée d'êtres simples sans étendue; c'est à quoi ma pauvre âme ne peut arriver. J'attends la seconde partie de cette *Métaphysique* dont Votre Altesse royale daigne me faire présent. J'espère que cette seconde partie me donnera des ailes pour m'élever vers l'*être simple* ; ma misérable pesanteur me rabaisse toujours vers l'*être étendu*.

Quand est-ce que j'aurai des ailes pour aller rendre mes respects à l'être le moins simple, le plus universel qui existe dans le monde, à Votre Altesse royale ?

Mme la marquise du Châtelet attend avec impatience cet homme aimable que Frédéric appelle son ami, cet Éphestion de cet Alexandre.

Monseigneur, je vais enfin user de vos bontés : je vais prendre la liberté de mettre en usage votre caractère bienfaisant. Je demande instamment une grâce au prince philosophe.

Je m'avisai, je ne sais comment, il y a quelques années, d'écrire une espèce d'histoire de cet homme moitié Alexandre, moitié don Quichotte, de ce roi de Suède si fameux. M. Fabrice, qui avait été sept ans auprès de lui, l'envoyé de France et l'envoyé d'Angleterre, un colonel de ses troupes, m'avaient donné des mémoires. Ces messieurs ont très-bien pu se tromper ; et j'ai senti combien il était difficile d'écrire une histoire contemporaine. Tous ceux qui ont vu les mêmes événements les ont vus avec des yeux différents ; les témoins se contredisent. Il faudrait, pour écrire l'histoire d'un roi, que tous les témoins fussent morts : comme à Rome on attend, pour faire un saint, que ses maîtresses, ses créanciers, ses valets de chambre ou ses pages soient enterrés.

De plus, je me reproche fort d'avoir barbouillé deux tomes pour un seul homme, quand cet homme n'est pas vous.

J'ai honte surtout d'avoir parlé de tant de combats, de tant de maux faits aux hommes ; je m'en repens d'autant plus que quelques officiers ont dit, en parlant de ces combats, que je n'avais pas dit vrai, attendu que je n'avais pas parlé de leurs régiments ; ils supposaient que je devais écrire leur histoire.

J'aurais bien mieux fait d'éviter tous ces détails de combats donnés chez les Sarmates, et d'entrer plus profondément dans le détail de ce qu'a fait le czar pour le bien de l'humanité. Je fais plus de cas d'une lieue en carré défrichée, que d'une plaine jonchée de morts.

On a commencé une nouvelle édition de mes folies en prose et en vers ; il me semble que ces folies deviendraient plus utiles, si je donnais un abrégé des grandes choses qu'a faites Charles XII, et des choses utiles qu'a faites le czar Pierre.

Je n'ai pas de mémoires de Moscovie dans ma retraite de Cirey. La philosophie, les belles-lettres, la paix, la félicité, y habitent ; mais on n'y a aucune nouvelle des Russes.

Je me jette aux pieds de Votre Altesse royale ; je la supplie de vouloir bien engager un serviteur éclairé, qu'elle a en Moscovie, à répondre aux questions ci-jointes. J'aurai à Votre Altesse royale l'obligation d'avoir mieux connu la vérité : c'est un commerce rare entre des princes et des particuliers ; mais vous ne ressemblez en rien aux autres princes : on demandera aux autres des biens, des honneurs ; on demandera à vous seul d'être éclairé.

Salomon du Nord, la reine de Saba, c'est-à-dire de Cirey, joint ses sentiments d'admiration aux miens.

DLXIII. — A M. L'ABBÉ MOUSSINOT.
1ᵉʳ juin 1737.

Il est impossible, mon cher ami, qu'il y ait trente-un volumes de pièces de l'Académie des sciences, depuis qu'elle distribue des prix. Il faut que vous ayez pris la malheureuse Académie française pour l'Académie des sciences. On envoya un jour dix-huit singes à un homme qui avait demandé dix-huit cygnes pour mettre sur son canal. J'ai bien la mine d'avoir trente-un singes, au lieu de dix-huit cygnes qu'il me fallait. Si l'on a fait, mon cher abbé, ce quiproquo, comme je le présume, il faut vite acheter les volumes des pièces qui ont remporté le prix à la véritable académie, et je vous renverrai les ennuyeux compliments de la pauvre Académie française. Franchement il serait dur d'avoir des compliments, que je ne lis pas, au lieu de bons ouvrages, dont j'ai besoin.

Vous vous moquez, mon cher ami, de me dire ce que vaut votre cachet, et d'où il vient. Passez-le en ligne de compte pour dix louis. En outre, je vous remercie de m'avoir procuré le plaisir de faire une galanterie qui a été bien reçue.

DLXIV. — AU MÊME.
Juin.

Armez-vous de courage, mon cher et aimable facteur, car aujourd'hui je serai bien importun. Voici une négociation de savants où il faut, s'il vous plaît, que vous réussissiez, et que je ne sois point deviné. Visite à M. de Fontenelle, et longue explication sur ce qu'on entend par la *propagation du feu*.

Les raisonneurs, au nombre desquels je m'avise quelquefois de me fourrer, disputent si le feu est pesant ou non. M. Lémeri, dont vous m'avez envoyé la *Chimie*, prétend, chapitre v, qu'après avoir calciné vingt livres de plomb, il les a trouvées, en les pesant après la calcination, augmentées de cinq livres; il ne dit point s'il a pesé la terrine dans laquelle cette calcination a été faite, s'il est entré du charbon dans son plomb; il suppose tout simplement, ou plutôt tout hardiment, que le plomb s'est pénétré des particules de feu qui ont augmenté son poids. Cinq livres de feu! cinq livres de lumière! cela est admirable, et si admirable que je ne le crois pas.

D'autres savants ont fait des expériences dans la vue de peser le feu; ils ont mis de la limaille de cuivre et de la limaille d'étain dans des retortes de verre bouchées hermétiquement; ils ont calciné cette limaille, et ils l'ont trouvée augmentée de poids; une once de cuivre a acquis quarante-neuf grains, et une once d'étain quatre grains. L'antimoine, calciné aux rayons du soleil par le verre ardent, a aussi augmenté de poids entre les mains du chimiste Homberg.

Je veux que toutes ces expériences soient vraies; je veux que les matières dans lesquelles on tenait les métaux en calcination n'aient pas contribué à augmenter le poids de ces métaux; mais moi, qui vous parle, j'ai pesé plus d'un millier de fer tout rouge et tout enflammé, et je l'ai ensuite pesé refroidi, je n'ai pas trouvé un grain de différence. Or il serait bien singulier que vingt livres de plomb calciné pesassent cinq livres de plus, et qu'un millier de fer ardent n'acquît pas un grain de pesanteur.

Voilà, mon cher abbé, des difficultés qui, depuis un mois, fatiguent la tête peu physique de votre ami, et le rendent incertain en chimie, comme d'autres difficultés d'un ordre différent le rendent chancelant sur quelques points peu importants de la théologie scolastique. Dans chaque science on cherche de bonne foi la vérité, et quand on croit la tenir, on n'embrasse souvent qu'une erreur.

Voici maintenant la grâce que je vous demande. Entrez chez votre voisin, le sieur Geoffroi, apothicaire, de l'Académie des sciences; liez conversation avec lui, au moyen d'une demi-livre de quinquina, que vous lui achèterez, et que vous m'enverrez. Interrogez-le sur les expériences de Lémeri et de Homberg, et sur les miennes. Vous êtes un négociateur très-habile, vous saurez aisément ce que M. Geoffroi pense de tout cela, et vous m'en direz des nouvelles, le tout sans me commettre.

Je suis, comme vous voyez, mon cher ami, fort occupé de physique; mais je n'oublie pas ce *superflu* qu'on nomme *nécessaire*. J'espère qu'Hébert ne tardera pas à le finir, et qu'il n'épargnera rien pour le goût et pour la magnificence.

DLXV. — A M. PITOT.

Le 20 juin.

Vous devez avoir actuellement, monsieur, tout l'ouvrage[1] sur lequel vous voulez bien donner votre avis. J'en ai commencé l'édition en Hollande, et j'ai appris depuis que le gouvernement désirait que le livre parût en France, d'une édition de Paris. M. d'Argenson sait de quoi il s'agit; je n'ai osé lui écrire sur cette bagatelle. La retraite où je vis ne me permet guère d'avoir aucune correspondance à Paris, et surtout d'importuner les gens en place de mes affaires particulières. Sans cela, il y a longtemps que j'aurais écrit à M. d'Argenson, avec qui j'ai eu l'honneur d'être élevé, et qui, depuis vingt-cinq ans, m'a toujours honoré de ses bontés. Je compte qu'il m'a conservé la même bienveillance.

Je vous supplie, monsieur, de lui montrer cet article de ma lettre, quand vous le trouverez dans quelque moment de loisir. Vous l'instruirez mieux que je ne le ferais touchant cet ouvrage. Vous lui direz qu'ayant commencé l'édition en Hollande, et en ayant fait présent au libraire qui l'imprime, je n'ai songé à le faire imprimer en France que depuis que j'ai su qu'on désirait qu'il y parût avec privilége et approbation.

Ce livre est attendu ici avec plus de curiosité qu'il n'en mérite, parce que le public s'empresse de chercher à se moquer de l'auteur de *la Henriade* devenu physicien. Mais cette curiosité maligne du pu-

1. *Les Éléments de la philosophie de Newton.* (Éd.)

blic, servira encore à procurer un prompt débit à l'ouvrage, bon ou mauvais.

La première grâce que j'ai à vous demander, monsieur, est de me dire, en général, ce que vous pensez de cette philosophie, et de me marquer les fautes que vous y aurez trouvées. J'ai un instinct qui me fait aimer le vrai; mais je n'ai que l'instinct, et vos lumières le conduiront.

Vous trouvez que je m'explique assez clairement; je suis comme les petits ruisseaux; ils sont transparents parce qu'ils sont peu profonds. J'ai tâché de présenter les idées de la manière dont elles sont entrées dans ma tête. Je me donne bien de la peine pour en épargner à nos Français, qui, généralement parlant, voudraient apprendre sans étudier.

Vous trouverez dans mon manuscrit quelques anecdotes semées parmi les épines de la physique. Je fais l'histoire de la science dont je parle, et c'est peut-être ce qui sera lu avec le moins de dégoût. Mais le détail des calculs me fatigue et m'embarrasse encore plus qu'il ne rebutera les lecteurs ordinaires. C'est pour ces cruels détails surtout que j'ai recours à votre tête algébrique et infatigable; la mienne, poétique et malade, est fort empêchée à peser le soleil.

Si madame votre femme est accouchée d'un garçon, je vous en fais mon compliment. Ce sera un honnête homme et un philosophe de plus, car j'espère qu'il vous ressemblera.

Sans aucune cérémonie, je vous prie de compter sur ma reconnaissance autant que sur mon estime et mon amitié; il serait indigne de la philosophie d'aller barbouiller nos lettres d'un votre très-humble, etc.

P. S. Vous vous moquez du monde de me remercier comme vous faites, et encore plus de parler d'acte par-devant notaire; je le déchirerais. Votre nom me suffit, et je ne veux point que le nom d'un philosophe soit déshonoré par des obligations en parchemin. S'il n'y avait que des gens comme nous, les gens de justice n'auraient pas beau jeu.

DLXVI. — A M. LE MARQUIS D'ARGENS.

Le 22 juin.

J'ai reçu vos *Lettres*, mon cher Isaac, comme nos pères reçurent es cailles dans le désert [2]; mais je ne me lasserai pas de vos *Lettres* comme ils se lassèrent de leurs cailles. Souvenez-vous que je vous ai toujours assuré un succès invariable pour les *Lettres juives*. Comptez que vous vous lasserez plus tôt d'en écrire, que le public de les lire et de les désirer.

Je suis très-aise que vous ayez exécuté ce petit projet d'*Anecdotes littéraires* [3]. Le goût que vous avez pour le bon et pour le vrai ne

1. En octobre 1738 Voltaire prêta une autre somme d'argent (huit cents livres) à Pitot. (Éd.)
2. *Exode*, chap. XVI. (Éd.)
3. *Anecdotes historiques, galantes et littéraires.* (Éd.)

vous permettra pas de passer sous silence les *Visions de Marie Alacoque*).

Les vers français que Jésus-Christ a faits pour cette sainte; vers qui feraient penser que notre divin Sauveur était un très-mauvais poëte, si on ne savait d'ailleurs que Languet, archevêque de Sens, a été le Pellegrin qui a fait ces vers de Jésus-Christ;

L'impertinence absurde des jésuites, qui, dans leur misérable *Journal*, viennent d'assurer que l'*Essai sur l'Homme* de Pope est un ouvrage diabolique contre la religion chrétienne;

Le style d'un certain P. Regnault, auteur des *Entretiens physiques*, style digne de son ignorance. Ce bon père a la justice d'appeler les admirables découvertes et les démonstrations de Newton sur la lumière, *un système*; et ensuite il a la modestie de proposer le sien. Il dit qu'Hercule *était physicien*, et qu'on ne pouvait résister à *un physicien de cette force*. Il examine la question du vide, et il dit ingénieusement : « Voyons s'il y a du vide *ailleurs que dans la bouteille ou dans la bourse*. »

C'est là le style de nos beaux esprits savants, qui ne peuvent imiter que les défauts de Voiture et de Fontenelle.

Pareilles impertinences dans le P. Castel, qui, dans un livre de mathématiques, pour faire comprendre que le cercle est un composé d'une infinité de lignes droites, introduit un ouvrier faisant un talon de soulier, qui dit qu'un cône n'est qu'un pain de sucre, etc., etc., et que ces notions suffisent pour être bon mathématicien;

Les cabales et les intrigues pour faire réussir de mauvaises pièces, et pour faire croire qu'elles ont réussi; quand elles ont fait bâiller le peu d'auditeurs qu'elles ont eus; témoin l'*École des Amis*[1], *Childéric*[2], et tant d'autres, qu'on ne peut lire.

Enfin vous ne manquerez pas de matières. Vous aurez toujours de quoi venger et éclairer le public.

Vous faites fort bien, tandis que vous êtes encore jeune, d'enrichir votre mémoire par la connaissance des langues; et, puisque vous faites aux belles-lettres l'honneur de les cultiver, il est bon que vous vous fassiez un fonds d'érudition qui donnera toujours plus de poids à votre gloire et à vos ouvrages. Tout est également frivole en ce monde; mais il y a des inutilités qui passent pour solides, et ces inutilités-là ne sont pas à négliger. Tôt ou tard vous en recueillerez le fruit, soit que vous restiez dans les pays étrangers, soit que vous rentriez dans votre patrie.

Voici une lettre que j'ai reçue, laquelle doit vous confirmer dans l'idée que vous avez de Rousseau. Adieu; je vous aime autant qu'il est méprisable. Je vous suis attaché pour toute ma vie.

---

1. Comédie en cinq actes, en vers, de La Chaussée. (ÉD.)
2. Tragédie de Morand. (ÉD.)

DLXVII. — A M. L'ABBÉ MOUSSINOT.

29 juin.

Voudriez-vous, mon cher ami, faire une visite longue ou courte, à votre gré, à M. Boulduc, savant chimiste? On m'assure qu'il a fait des expériences qui tendent à prouver que le feu n'augmente pas la pesanteur des corps : il s'agit d'avoir sur cela une conversation avec lui. Il y a encore un M. Grosse qui demeure dans le même corps de logis; c'est encore un chimiste très-intelligent et très-laborieux : je vous prie de demander à l'un et à l'autre ce qu'ils pensent des expériences du plomb calciné au feu ordinaire, et des matières calcinées au feu des rayons du soleil réunis par le verre ardent. Ils se feront un plaisir de vous parler, de vous instruire, et vous m'enverrez un précis de leurs instructions philosophiques. C'est là, mon cher correspondant, une commission plus amusante que de se mettre au marc la livre avec les créanciers du prince de Guise. Ce prince m'a toujours caché l'établissement d'une commission pour la liquidation de ses dettes. Une rente viagère doit être sacrée; il m'en doit trois années. Une commission établie par le roi n'est pas établie pour frustrer des créanciers. Les rentes viagères doivent certainement être exceptées des lois les plus favorables aux débiteurs de mauvaise volonté. Parlez-en, je vous prie, à M. de Machault[1], et, après lui avoir représenté mon droit et la lésion que je souffre, vous agirez comme il conviendra : il est essentiel d'en venir à des voies juridiques, et bienséant de mêler à cela toute la considération possible. Ne vous en reposez pas sur la parole positive du prince de Guise. Les paroles positives des princes sont des chansons, et les siennes sont pis.

DLXVIII. — AU MÊME.

30 juin.

Encore une petite visite, mon cher ami, au sieur Geoffroi. Remettez-le encore, moyennant quelques onces de quinquina, ou de séné, ou de manne, ou de tout ce qu'il vous plaira acheter pour votre santé ou pour la mienne, remettez-le, dis-je, sur le chapitre du plomb et du régule d'antimoine augmentés de poids après la calcination.

Il vous a dit, et cela est très-vrai, que ces matières perdent cette augmentation de poids après être refroidies; mais ce n'est pas assez : il faut savoir si ce poids se perd, quand le corps calciné s'est simplement refroidi, ou s'il se perd quand ce corps calciné a été ensuite fondu. Lémeri, qui rapporte que vingt livres de plomb calciné ont produit vingt-cinq livres pesant, ajoute que ce plomb, refondu ensuite, n'a pesé que dix-neuf livres.

MM. Duclos et Homberg rapportent que le régule de mars et celui d'antimoine, calcinés au verre ardent, ont augmenté de poids; mais que, fondus après à ce même verre, ils ont perdu et ce poids qui leur avait été ajouté, et un peu du leur propre. Ce n'est donc pas après

---

1. Machault d'Arnouville, depuis garde des sceaux. (ÉD.)

avoir été refroidis que ces corps ont perdu le poids ajouté à leur substance par l'action du feu.

Il faudrait encore savoir si M. Geoffroi pense que la matière ignée seule a produit ce poids surabondant; si la cuiller de fer avec laquelle on remue pendant l'opération, si le vase qui contient le métal, n'augmentent pas le poids de ce métal, en passant en quelque quantité dans sa substance.

Sachez, mon cher ami, le sentiment de monsieur l'apothicaire sur tous ces objets, et mandez-le-moi vite. Vous êtes très-capable de faire parler ce chimiste, et tous les chimistes de l'Académie, et de les bien entendre. Je compte sur votre amitié et sur votre discrétion.

DLXIX. — DE FRÉDÉRIC, PRINCE ROYAL DE PRUSSE.

A Ruppin, le 6 juillet.

Monsieur, si j'étais né poëte, j'aurais répondu en vers aux stances charmantes, à votre lettre du 27 de mai; mais des revues, des voyages, des coliques et des fièvres m'ont tellement fatigué, que Phébus est demeuré inexorable aux prières que je lui ai faites de m'inspirer son feu divin.

Remusberg est la seule où je voudrais aller.

Ce vers m'a causé le plus grand plaisir du monde; je l'ai lu plus de mille fois. Ce serait une apparition bien rare dans ce pays qu'un génie de votre ordre, un homme libre de préjugés, et dont l'imagination est gouvernée par la raison. Quel bonheur pourrait égaler le mien si je pouvais nourrir mon esprit du vôtre, et me voir guidé par vos soins dans le chemin du beau?

Je ne vous ai donné l'histoire de Rémus que pour ce qu'elle vaut. Les origines des nations sont pour la plupart fabuleuses; elles ne prouvent que l'antiquité des établissements. Mettez l'anecdote de Rémus à côté de l'histoire de la *sainte ampoule*, et des opérations magiques de Merlin.

Les *antiquaires à capuchon* ne seront jamais mes historiographes, ni les directeurs de ma conscience. Que votre façon de penser est différente de celle de ces suppôts de l'erreur! Vous aimez la vérité, ils aiment la superstition; vous pratiquez les vertus, ils se contentent de les enseigner; ils calomnient, et vous pardonnez. Si j'étais catholique, je ne choisirais ni saint François d'Assise ni saint Bruno pour mes patrons; j'irais droit à Cirey, où je trouverais des vertus et des talents supérieurs en tout genre à ceux de la haire et du froc.

Ces rois sans amitié et sans retour, dont vous me parlez, me paraissent ressembler à la bûche que Jupiter donna pour roi aux grenouilles. Je ne connais l'ingratitude que par le mal qu'elle m'a fait. Je peux même dire, sans affecter des sentiments qui ne me sont pas naturels, que je renoncerais à toute grandeur si je la croyais incompatible avec l'amitié. Vous avez bien votre part à la mienne. Votre naïveté, cette sincérité et cette noble confiance que vous me témoignez dans toutes les occasions, méritent bien que je vous donne le titre d'ami.

Je voudrais que vous fussiez le précepteur des princes, que vous leur apprissiez à être hommes, à avoir des cœurs tendres, que vous leur fissiez connaître le véritable prix des grandeurs, et le devoir qui les oblige à contribuer au bonheur des humains.

Mon pauvre Césarion a été arrêté tout court par la goutte. Il s'en est défait du mieux qu'il a pu, et s'est mis en chemin pour Cirey. C'est à vous de juger s'il ne mérite pas toute l'amitié que j'ai pour lui.

En prenant congé de mon petit ami, je lui ai dit : « Songez que vous allez au paradis terrestre, à un endroit mille fois plus délicieux que l'île de Calypso ; que la déesse de ces lieux ne le cède en rien à la beauté de l'enchanteresse de Télémaque ; que vous trouverez en elle tous les agréments de l'esprit, si préférables à ceux du corps ; que cette merveille occupe son loisir par la recherche de la vérité. C'est là que vous verrez l'esprit humain dans son dernier degré de perfection, la sagesse sans austérité, entourée des tendres Amours et des Ris. Vous y verrez d'un côté le sublime Voltaire, et de l'autre l'aimable auteur du *Mondain* ; celui qui sait s'élever au-dessus de Newton, et qui, sans s'avilir, sait chanter Phyllis. De quelle façon, mon cher Césarion, pourra-t-on vous faire abandonner un séjour si plein de charmes ? Que les liens d'une vieille amitié seront faibles contre tant d'appas ! »

Je remets mes intérêts entre vos mains ; c'est à vous, monsieur, de me rendre mon ami. Il est peut-être l'unique mortel digne de devenir citoyen de Cirey ; mais souvenez-vous que c'est tout mon bien, et que ce serait une injustice criante de me le ravir.

J'espère que mon petit ambassadeur reviendra chargé de la toison d'or, c'est-à-dire de votre *Pucelle* et de tant d'autres pièces à moitié promises, mais encore plus impatiemment attendues. Vous savez que j'ai un goût déterminé pour vos ouvrages ; il y aurait plus que de la cruauté à me les refuser.

Il me semble que la dépravation du goût n'est pas si générale en France que vous le croyez. Les Français connaissent encore un Apollon à Cirey, des Fontenelle, des Crébillon, des Rollin pour la clarté et la beauté du style historique, des d'Olivet pour les traductions, des Bernard et des Gresset, dont les muses naturelles et polies peuvent très-bien remplacer les Chaulieu et les La Fare.

Si Gresset pèche quelquefois contre l'exactitude, il est excusable par le feu qui l'emporte ; plein de ses pensées, il néglige les mots. Que la nature fait peu d'ouvrages accomplis ! et qu'on voit peu de Voltaires ! J'ai pensé oublier M. de Réaumur, qui, en qualité de physicien, est en grande réputation chez nous. Voilà ce qui me paraît la quintessence de vos grands hommes. Les autres auteurs ne me semblent pas fort dignes d'attention. Les belles-lettres ne sont plus récompensées comme elles l'étaient du temps de Louis le Grand. Ce prince, quoique peu instruit, se faisait une affaire sérieuse de protéger ceux dont il attendait son immortalité. Il aimait la gloire, et c'est à cette noble passion que la France est redevable de son Académie et des arts qui y fleurissent encore.

Quant à la métaphysique, je ne crois pas qu'elle fasse jamais fortune ailleurs qu'en Angleterre. Vous avez vos bigots, nous avons les nôtres. L'Allemagne ne manque ni de superstitieux, ni de fanatiques entêtés de leurs préjugés, et malfaisants au dernier point, et qui sont d'autant plus incorrigibles, que leur stupide ignorance leur interdit l'usage du raisonnement. Il est certain qu'on a lieu d'être prudent dans la compagnie de pareils sujets. Un homme qui passe pour n'avoir point de religion, fût-il le plus honnête homme du monde, est généralement décrié. La religion est l'idole des peuples; ils adorent tout ce qu'ils ne comprennent point. Quiconque ose y toucher d'une main profane, s'attire leur haine et leur est en abomination. J'aime infiniment Cicéron; je trouve dans ses *Tusculanes* beaucoup de sentiments conformes aux miens. Je ne lui conseillerais pas de dire, s'il vivait de nos jours:

Mourir peut être mal, mais être mort n'est rien.

En un mot, Socrate a préféré la ciguë à la gêne de contenir sa langue; mais je ne sais s'il y a plaisir à être le martyr de l'erreur d'autrui. Ce qu'il y a de plus réel pour nous dans ce monde, c'est la vie; il me semble que tout homme raisonnable devrait tâcher de la conserver.

Je vous assure que je méprise trop les jésuites pour lire leurs ouvrages. Les mauvaises dispositions du cœur éclipsent en eux toutes les qualités de l'esprit. Nous vivons d'ailleurs si peu, et nous avons, pour la plupart, si peu de mémoire, qu'il ne faut nous instruire que de ce qu'il y a de plus exquis.

Je vous envoie par cet ordinaire l'*Histoire de la Vierge de Czenstokowa*, par M. de Beausobre; j'espère que vous serez content du tour et du style de cette pièce. Autant que je m'y connais, je n'ai point remarqué de fautes contre la pureté de la langue. Il est vrai que la plupart des *réfugiés* la négligent beaucoup. Il s'en trouve pourtant quelques-uns qui, je crois, pourraient ne pas être réprouvés par votre Académie. Nos universités et notre Académie des sciences se trouvent dans un triste état; il paraît que les muses veulent déserter ces climats.

Frédéric Ier, roi de Prusse, prince d'un génie fort borné, bon, mais facile, a fait assez fleurir les arts sous son règne. Ce prince aimait la grandeur et la magnificence; il était libéral jusqu'à la profusion. Épris de toutes les louanges qu'on prodiguait à Louis XIV, il crut qu'en choisissant ce prince pour modèle, il ne pourrait pas manquer d'être loué à son tour. Dans peu on vit la cour de Berlin devenir le singe de celle de Versailles : on imitait tout; cérémonial, harangues, pas mesurés, mots comptés, grands mousquetaires, etc., etc. Souffrez que je vous épargne l'ennui d'un pareil détail.

La reine Charlotte, épouse de Frédéric, était une princesse qui, avec tous les dons de la nature, avait reçu une excellente éducation.

Elle était fille du duc de Lunebourg, depuis électeur de Hanovre. Cette princesse avait connu particulièrement Leibnitz à la cour de son père. Ce savant lui avait enseigné les principes de la philosophie, et surtout de la métaphysique. La reine considérait beaucoup Leibnitz; elle était en commerce de lettres avec lui, ce qui lui fit faire de fréquents voyages à Berlin. Ce philosophe aimait naturellement toutes les sciences; aussi les possédait-il toutes. M. de Fontenelle, en parlant de lui, dit très-spirituellement qu'en le décomposant, on trouverait assez de matière pour former beaucoup d'autres savants. L'attachement de Leibnitz pour les sciences ne lui faisait jamais perdre de vue le soin de les établir. Il conçut le dessein de former à Berlin une académie sur le modèle de celle de Paris, en y apportant cependant quelques légers changements. Il fit ouverture de son dessein à la reine, qui en fut charmée, et lui promit de l'assister de tout son crédit.

On parla un peu de Louis XIV; les astronomes assurèrent qu'ils découvriraient une infinité d'étoiles dont le roi serait indubitablement parrain; les botanistes et les médecins lui consacreraient leurs talents, etc. Qui aurait pu résister à tant de genres de persuasion? Aussi en vit-on les effets. En moins de rien l'observatoire fut élevé, le théâtre de l'anatomie ouvert; et l'Académie toute formée eut Leibnitz pour son directeur. Tant que la reine vécut, l'Académie se soutint assez bien; mais, après sa mort, il n'en fut pas de même. Le roi son époux la suivit de près. D'autres temps, d'autres soins. A présent les arts dépérissent de jour en jour, et je vois, les larmes aux yeux, le savoir fuir de chez nous; et l'ignorance, d'un air arrogant, et la barbarie des mœurs s'en approprier la place :

> Du laurier d'Apollon, dans nos stériles champs,
> La feuille négligée est désormais flétrie :
> Dieux! pourquoi mon pays n'est-il plus la patrie
> Et de la gloire et des talents?

Je crois avoir porté un jugement juste sur *l'Enfant prodigue*. Il s'y trouve des vers que j'ai d'abord reconnus pour les vôtres; mais il y en a d'autres qui m'ont paru plutôt l'ouvrage d'un écolier que d'un maître.

Nous avons l'obligation aux Français d'avoir fait revivre les sciences. Après que des guerres cruelles, l'établissement du christianisme, et les fréquentes invasions des barbares eurent porté un coup mortel aux arts réfugiés de Grèce en Italie, quelques siècles d'ignorance s'écoulèrent, quand enfin ce flambeau se ralluma chez vous. Les Français ont écarté les ronces et les épines qui avaient entièrement interdit aux hommes le chemin de la gloire qu'on peut acquérir dans les belles-lettres. N'est-il pas juste que les autres nations conservent l'obligation qu'elles ont à la France du service qu'elle leur a rendu généralement? Ne doit-on pas une reconnaissance égale à ceux qui nous donnent la vie, et à ceux qui nous fournissent les moyens de nous instruire?

Quant aux Allemands, leur défaut n'est pas de manquer d'esprit. Le bon sens leur est tombé en partage; leur caractère approche assez de celui des Anglais. Les Allemands sont laborieux et profonds : quand une fois ils se sont emparés d'une matière, ils pèsent dessus. Leurs livres sont d'un diffus assommant. Si on pouvait les corriger de leur pesanteur, et les familiariser un peu plus avec les Grâces, je ne désespérerais pas que ma nation ne produisît de grands hommes. Il y a cependant une difficulté qui empêchera toujours que nous ayons de bons livres en notre langue; elle consiste en ce qu'on n'a pas fixé l'usage des mots; et, comme l'Allemagne est partagée entre une infinité de souverains, il n'y aura jamais moyen de les faire consentir à se soumettre aux décisions d'une académie.

Il ne reste donc plus d'autre ressource à nos savants que d'écrire dans des langues étrangères; et, comme il est très-difficile de les posséder à fond, il est fort à craindre que notre littérature ne fasse jamais de fort grands progrès. Il se trouve encore une difficulté qui n'est pas moindre que la première : les princes méprisent généralement les savants ; le peu de soin que ces messieurs portent à leur habillement, la poudre du cabinet dont ils sont couverts, et le peu de proportion qu'il y a entre une tête meublée de bons écrits et la cervelle vide de ces seigneurs, font qu'ils se moquent de l'extérieur des savants, tandis que le grand homme leur échappe. Le jugement des princes est trop respecté des courtisans, pour qu'ils s'avisent de penser d'une manière différente ; et ils se mêlent également de mépriser ceux qui les valent mille fois. *O tempora, o mores!*

Pour moi, qui ne me sens point fait pour le siècle où nous vivons, je me contente de ne point imiter l'exemple de mes égaux. Je leur prêche sans cesse que le comble de l'ignorance c'est l'orgueil; et, reconnaissant la supériorité de vous autres grands hommes, je vous crois dignes de mon encens; et vous, monsieur, de toute mon estime : elle vous est entièrement acquise. Regardez-moi comme un ami désintéressé, et dont vous ne devez la connaissance qu'à votre mérite. Je vous écris un pied à l'étrier, et prêt à partir. Je serai de retour dans quinze jours. Je suis à jamais, monsieur, votre très-affectionné ami,

FRÉDÉRIC.

DLXX. — A M. L'ABBÉ MOUSSINOT.

6 juillet.

Il y a plaisir, mon cher ami, à vous donner des commissions savantes, tant vous vous en acquittez bien. On ne peut rendre service ni mieux ni plus promptement.

Le viens de faire sur-le-champ l'expérience que le savant charbonnier, M. Grosse, conseille sur le fer. J'en ai pesé un morceau de deux livres, que j'ai fait rougir sur une tuile à l'air; je l'ai pesé rouge, je l'ai pesé froid, il a toujours été de même poids. J'ai pesé tous ces jours-ci du fer et de la fonte enflammés; j'en ai pesé depuis deux livres jusqu'à mille livres. Loin de trouver le poids du fer rouge plus grand, je l'ai trouvé plus petit de beaucoup, ce que j'attribue à l'effet de la fournaise prodigieusement ardente, qui aura enlevé quelques particules de fer; c'est ce que je vous prie de dire au sieur Grosse quand vous le verrez; voyez donc promptement ce gnome, et, avec votre *incognito* ordinaire, faites-lui une nouvelle consultation. C'est un homme, bien au fait. Sachez donc, 1° s'il croit que le feu pèse; 2° si les expériences faites par M. Homberg, et autres doivent l'emporter à ce sujet, sur celle du fer rouge et refroidi, qui pèse toujours également. Nous sommes environnés, mon cher abbé, d'incertitudes dans tous les genres possibles. La moindre vérité donne des peines infinies à trouver.

3° Demandez-lui si le miroir ardent du Palais-Royal fait le même effet sur les matières mises dans l'air libre et dans le vide de la machine pneumatique. Il faudrait là-dessus le faire jaser longtemps, lui demander les effets des rayons du soleil dans ce vide sur la poudre à canon, sur le fer, sur les liqueurs, sur les métaux, et prendre un petit nota de toutes les réponses de ce savant.

4° L'interroger si le phosphore de Boyle, si le phosphore igné, s'allument dans le vide; enfin s'il a vu de bon naphte de Perse, et s'il est vrai que ce naphte brûle dans l'eau. Vous voilà, mon cher abbé, archiphysicien. Je vous lutine furieusement, car j'ajoute encore que le temps me presse. J'abuse excessivement de votre complaisance; mais, en revanche, je vous aime excessivement.

DLXXI. — A FRÉDÉRIC, PRINCE ROYAL DE PRUSSE.

Juillet.

Monseigneur, je suis entouré de vos bienfaits, M. de Kaiserling, le portrait de Votre Altesse royale, la seconde partie de la *Métaphysique* de M. Wolff, la *Dissertation* de M. de Beausobre, et surtout la lettre charmante que vous avez daigné m'écrire de Ruppin, le 6 juillet. Avec cela on peut braver la fièvre et la langueur qui me minent; et je m'aperçois qu'on peut souffrir et être heureux.

Votre aimable ambassadeur n'a plus de goutte; nous allons le perdre; il n'est venu que pour se faire regretter; il retourne vers le prince qu'il aime, et dont il est aimé; il laisse à Cirey un souvenir éternel de lui, et le règne de Frédéric bien établi. Il emporte mon tribut; j'ai donné tout ce que j'avais. On dit qu'il y a eu des tyrans qui dépouillaient leurs sujets; mais les bons sujets donnent volontiers tous leurs biens aux bons princes.

J'ai donc mis dans un petit paquet tout ce que j'ai fait de l'*Histoire de Louis XIV*, quelques pièces de vers qui ont été imprimées à la suite de la *Henriade* d'une manière très-fautive, quelques morceaux de philosophie. Je me suis dit, en faisant emballer toutes mes pensées:

Pauvre petit génie, oseras-tu paraître
Devant ce génie immortel?
Pour être digne de ton maître,
Il faudrait être universel,
Et tu n'as pas l'honneur de l'être.

« Ton prince, continuai-je, aîné, connaît, cultive tous les arts, depuis la musique jusqu'à la vraie philosophie; il connaît surtout le grand art de plaire; et, s'il ne joignait pas à ces vertus celle de l'indulgence, M. de Kaiserling n'emporterait pas un si énorme paquet. »

Enfin, monseigneur, vous m'avez inspiré ce que les princes inspirent si rarement, la confiance la plus grande.

J'aurais bien voulu joindre *la Pucelle* au reste du tribut; votre ambassadeur vous dira que la chose est impossible. Ce petit ouvrage est, depuis près d'un an, entre les mains de Mme la marquise du Châtelet, qui ne veut pas s'en dessaisir. L'amitié dont elle m'honore ne lui permet pas de hasarder une chose qui pourrait me séparer d'elle pour jamais; elle a renoncé à tout pour vivre avec moi dans le sein de la retraite et de l'étude; elle sait que la moindre connaissance qu'on aurait de cet ouvrage exciterait certainement un orage. Elle craint tous les accidents; elle sait que M. de Kaiserling a été gardé à vue à Strasbourg; qu'il le sera encore à son passage; qu'il est épié, qu'il peut être fouillé; elle sait surtout que vous ne voudriez pas hasarder de faire le malheur de vos deux sujets de Cirey pour une plaisanterie en vers. Votre Altesse royale trouverait ce petit poëme d'un ton un peu différent de l'*Histoire de Louis XIV* et de la *Philosophie de Newton; sed dulce est desipere in loco*. Malheur aux philosophes qui ne savent pas se dérider le front! Je regarde l'austérité comme une maladie : j'aime encore mieux mille fois être languissant et sujet à la fièvre, comme je le suis, que de penser tristement. Il me semble que la vertu, l'étude et la gaieté sont trois sœurs qu'il ne faut point séparer : ces trois divinités sont vos suivantes; je les prends pour mes maîtresses.

La métaphysique entre pour beaucoup dans votre immensité; je n'ai donc pas hésité de vous soumettre mes doutes sur cette matière, et de demander à vos royales mains un petit peloton de fil pour me conduire dans ce labyrinthe. Vous ne sauriez croire, monseigneur, quelle consolation c'est pour Mme du Châtelet et pour moi de voir combien vous pensez en philosophe, et combien votre vertu déteste la superstition. Si la plupart des rois ont encouragé le fanatisme dans leurs États, c'est qu'ils étaient ignorants, c'est qu'ils ne savaient pas que les prêtres sont leurs plus grands ennemis.

En effet, y a-t-il un seul exemple, dans l'histoire du monde, de prêtres qui aient entretenu l'harmonie entre les souverains et leurs sujets? Ne voit-on pas partout, au contraire, des prêtres qui ont levé l'étendard de la discorde et de la révolte? Ne sont-ce pas les presbytériens d'Écosse qui ont commencé cette malheureuse guerre civile qui a coûté la vie à Charles I⁽ᵉʳ⁾, à un roi qui était honnête homme? N'est-ce pas un moine qui a assassiné Henri III, roi de France? L'Europe n'est-elle pas encore remplie des traces de l'ambition ecclésiastique? Des évêques devenus princes, et ensuite vos confrères, dans l'électorat, un évêque de Rome foulant aux pieds les empereurs, n'en sont-ils pas d'assez forts témoignages?

Pour moi, quand je songe jusqu'à quel point les hommes sont faibles et fous, je suis toujours étonné que, dans les temps d'ignorance, les papes n'aient pas eu la monarchie universelle.

Je suis persuadé qu'il ne tient à présent qu'à un souverain d'étouffer chez lui toutes les semences de fureur religieuse et de discorde ecclésiastique. Il n'y a qu'à être honnête homme et nullement dévot ; les hommes, tout sots qu'ils sont, sentent bien dans leur cœur que la vertu vaut mieux que la dévotion. Sous un roi dévot, il n'y a que des hypocrites ; un roi honnête homme forme des hommes comme lui.

J'ose ainsi penser tout haut devant Votre Altesse royale, car votre caractère divin m'encourage à tout. Je viens de finir une conversation avec M. de Kaiserling ; il a encore enflammé mon zèle et mon admiration pour votre personne. Tout mon malheur est d'avoir une santé qui probablement m'empêchera d'être le témoin du bien que vous ferez aux hommes et des grands exemples que vous donnerez. Heureux ceux qui verront ces beaux jours! D'autres verront de près la gloire et le bonheur de votre gouvernement; mais moi, j'aurai joui des bontés du prince philosophe, j'aurai eu les prémices de sa grande âme, j'aurai été trop heureux, etc.

DLXXII. — A M. LE BARON DE KAISERLING.

Favori d'un prince adorable,
Courtisan qui n'es point flatteur,
Allemand qui n'es point buveur,
Voyageant sans être menteur,
Souvent goutteux, toujours aimable;
Le caprice injuste du sort
T'avait fait naître sur le bord
De la pesante Moscovie :
Le ciel, pour réparer ce tort,
Te donna le feu du génie
Au milieu des glaces du Nord.
Orné de grâces naturelles,
Tu plairais à Rome, à Paris,
Aux papistes, aux infidèles;
Citoyen de tous les pays,
Et chéri de toutes les belles.

Voilà, monsieur, un petit portrait de vous, plus fidèle encore que le plan que vous avez emporté de Cirey. Nous avons reçu vos lettres dans lesquelles vous nous faites voir des sentiments qui ne sont point d'un voyageur. Les voyageurs oublient; vous ne nous oubliez point; vous songez à nous consoler de votre absence. Mme du Châtelet et tout ce qui est à Cirey, et moi, monsieur, nous nous souviendrons toute notre vie que nous avons vu Alexandre de Remusberg dans Éphestion Kaiserling. Je trouve déjà le prince royal un très-grand politique; il choisit pour ambassadeurs ceux dont il connaît le caractère conforme à celui des puissances auprès desquelles il faut négocier. Il a envoyé à Mme la marquise du Châtelet un homme sensible à la beauté, à l'esprit, à la vertu, et qui a tous les goûts, comme il parle toutes les langues : en un mot, son envoyé était chargé de plaire, et il a mieux rempli sa légation que le cardinal d'Ossat ou Grotius n'auraient fait. Vous négociez sans doute sur ce pied-là auprès de Mme de

Nassau. En quelque endroit du monde que vous soyez, souvenez-vous qu'il y a en France une petite vallée riante, entourée de bois, où votre nom ne périra pas tant que nous l'habiterons. Parlez quelquefois de nous à Frédéric-Marc-Aurèle quand vous aurez le bonheur de vous retrouver auprès de lui. Vous avez été témoin de cette tendresse plus forte que le respect dont nos cœurs sont pénétrés pour lui. Nous ne faisons guère de repas sans faire commémoration du prince et de l'ambassadeur ; nous ne passons point devant son portrait sans nous arrêter, sans dire : « Voilà donc celui à qui il est réservé de rendre les hommes heureux! voilà le vrai prince et le vrai philosophe! » J'apprends encore que vous ne bornez point votre sensibilité pour Cirey au seul souvenir, vous songez à rendre service à M. Linant ; vos bons offices pour lui sont un bienfait pour moi, souffrez que je partage la reconnaissance.

Il y a donc deux terres de Cirey dans le monde, deux paradis terrestres : Mmes de Nassau ont l'un, mais Mme du Châtelet a l'autre. Ce que vous me dites de Weilbourg augmente la respectueuse estime que j'avais déjà pour les princesses dont vous me parlez ; adieu, monsieur, nous ne perdrons jamais celle que nous avons pour vous. Ma malheureuse santé m'a empêché de vous écrire plus tôt, mais elle ne diminuera rien de mes tendres sentiments.

Si dans votre chemin vous rencontrez des gens dignes de voir Émilie, et qui voyagent en France, envoyez-nous-les, ils seront reçus en votre nom comme vous-même. Mme du Châtelet sera comptée au rang des choses qu'il faut voir en France, parmi celles qu'on y regrette.

Je suis avec l'estime la plus respectueuse et la plus tendre, etc.

DLXXIII. — DE FRÉDÉRIC, PRINCE ROYAL DE PRUSSE.

A Remusberg, le 16 août

Quoi, sans cesse ajoutant merveilles sur merveilles,
Voltaire, à l'univers tu consacres tes veilles!
Non content de charmer par tes divins écrits,
Tu fais plus, tu prétends éclairer les esprits.
Tantôt, du grand Newton débrouillant le système,
Tu montres à nos yeux sa profondeur extrême ;
Tantôt, de Melpomène arborant les drapeaux,
Ta verve nous prépare à des charmes nouveaux.
Tu passes de Thalie aux pinceaux de l'histoire :
Du grand Charle et du czar éternisant la gloire,
Tu marqueras dans peu, de ta savante main,
Leurs vices, leurs vertus, et quel fut leur destin ;
De ce héros vainqueur la brillante folie,
De ce législateur les travaux en Russie ;
Et dans ce parallèle, effroi des conquérants,
Tu montreras aux rois le seul devoir des grands.
Pour moi, de ces climats habitant sédentaire

Qui sans prévention rends justice à Voltaire,
J'admire en tes écrits de diverse nature;
Tous les *dons* dont le ciel te combla sans mesure.
Que si la calomnie, avec ses noirs serpents,
Veut flétrir sur ton front tes lauriers verdoyants,
Si, du fond de Bruxelle, un Rufus[1] en furie
Ose lancer son fiel au sein de ta patrie,
Que mon simple suffrage, enfant de l'équité,
Te tienne du moins lieu de la postérité !

Où prenez-vous, monsieur, tout le temps pour travailler ? Ou vos moments valent le triple de ceux des autres, ou votre génie heureux et fécond surpasse celui de l'ordinaire des grands hommes. A peine avez-vous achevé d'éclaircir la *Philosophie* de Newton, que vous travaillez à enrichir le théâtre français d'une tragédie nouvelle[2] ; et cette pièce qui, selon les apparences, n'a pas encore quitté le chantier, est déjà suivie d'un nouvel ouvrage que vous projetez.

Vous voulez faire au czar l'honneur d'écrire son histoire en philosophe. Non content d'avoir surpassé tous les auteurs qui vous ont précédé, par l'élégance, la beauté et l'utilité de vos ouvrages, vous voulez encore les surpasser par le nombre. Empressé à servir le genre humain, vous consacrez votre vie entière au bien public. La Providence vous avait réservé pour apprendre aux hommes à préférer la lyre d'Amphion, qui élevait les murs de Thèbes, à ces instruments belliqueux qui faisaient tomber ceux de Jéricho.

Le témoignage de quelques vérités découvertes et de quelques erreurs détruites est, à mon avis, le plus beau trophée que la postérité puisse ériger à la gloire d'un grand homme. Que n'avez-vous donc pas à prétendre, vous qui êtes aussi fidèle au culte de la vérité, que zélé destructeur des préjugés et de la superstition !

Vous vous attendez sans doute à recevoir, par cet ordinaire, tous les matériaux nécessaires pour commencer l'ouvrage auquel vous vous êtes proposé de travailler. Quelle sera votre surprise quand vous ne recevrez qu'une *Métaphysique* et des vers ! C'est cependant tout ce que j'ai pu vous envoyer. Une métaphysique diffuse et un copiste paresseux ne font guère de chemin ensemble.

J'ai lu avec beaucoup d'attention votre raisonnement géométrique et pressant sur les infiniment petits. Je vous avoue tout ingénument que je n'ai aucune idée de l'infini. Je crois que nous ne différons que dans la façon de nous exprimer. Je vous avoue encore que je ne connais que deux sortes de nombres, des nombres pairs et des nombres impairs : or, l'infini étant un nombre, il n'est ni pair ni impair : qu'est-il donc ?

Si je vous ai bien compris, votre sentiment, qui est aussi le mien, est que la matière, relativement aux hommes, est divisible infiniment; ils auront beau décomposer la matière, ils n'arriveront jamais aux

---

1. J. B. Rousseau. (Éd.). — 2. *Mérope*. (Éd.)

unités qui la composent. Mais, réellement et relativement à l'essence des choses, la matière doit nécessairement être composée d'un amas d'unités qui en sont les seuls principes, et que l'auteur de la nature a jugé à propos de nous cacher. Or, qui dit matière, sans l'idée de ces unités jointes et arrangées ensemble, dit un mot qui n'a aucun sens. La modification de ces unités détermine ensuite la différence des êtres.

M. Wolff est peut-être le seul philosophe qui ait eu la hardiesse de faire la définition de l'*être simple*. Nous n'avons de connaissance que des choses qui tombent sous nos sens, ou qu'on peut exprimer par des signes; mais nous ne pouvons avoir de connaissance intuitive des unités, parce que jamais nous n'aurons d'instruments assez fins pour pouvoir séparer la matière jusqu'à ce point. La difficulté est à présent de savoir comment on peut expliquer une chose qui n'a jamais frappé nos sens. Il a fallu nécessairement donner des nouvelles définitions et des définitions différentes de tout ce qui a rapport avec la matière.

M. Wolff, pour arriver à cette définition, nous y prépare par celle qu'il fait de l'espace et de l'étendue. Si je ne me trompe, il s'en explique ainsi :

« L'espace est le vide qui est entre les parties, de façon que tout être, qui a des pores, occupe toujours un espace entre eux. Or, tous les êtres composés doivent avoir des pores, les uns plus sensibles que les autres, selon leur différente composition : donc tous les êtres composés contiennent un espace. Mais une unité n'ayant point de parties, et par conséquent point d'interstices ou de pores, ne peut point, par conséquent, tenir d'espace. »

Wolff nomme l'étendue, la continuité des êtres. Par exemple, une ligne n'est formée que par l'arrangement d'unités qui se touchent les unes les autres, et qui peuvent se suivre en ligne courbe ou droite. Ainsi une ligne a de l'étendue; mais un être *un*, qui n'est pas continu, ne peut occuper d'étendue. Je le répète encore : l'étendue n'est, selon Wolff, que la continuité des êtres. Un petit moment d'attention nous fera trouver ces définitions si vraies, que vous ne pourrez leur refuser votre approbation. Je ne vous demande qu'un coup d'œil : il vous suffit, monsieur, pour vous élever non-seulement à l'*être simple*, mais au plus haut degré de connaissance auquel l'esprit humain peut parvenir.

Je viens de voir un homme, à Berlin, avec lequel je me suis bien entretenu de vous. C'est notre ministre Borck, qui est de retour d'Angleterre. Il m'a fort alarmé sur l'état de votre santé : il ne finit point quand il parle des plaisirs que votre conversation lui a causés. L'esprit, dit-il, triomphe des infirmités du corps.

Vous serez servi en philosophe, et par des philosophes, dans la commission dont vous m'avez jugé capable. J'ai tout aussitôt écrit à mon ami, en Russie; il répondra avec exactitude et avec vérité aux points sur lesquels vous souhaitez des éclaircissements. Non content de cette démarche, je viens de déterrer un secrétaire de la cour qui ne fait que revenir de Moscovie, après un séjour de dix-huit ans consécutifs. C'est un homme de très-bon sens, un homme qui a de l'intelligence, et qui est au fait de leur gouvernement; il est, de plus, véridique. Je l'ai chargé de me répondre sur les mêmes points. Je crains qu'en qualité d'Allemand, il n'abuse du privilége d'être diffus, et qu'au lieu d'un mémoire, il ne compose un volume. Dès que je recevrai quelque chose que ce soit sur cette matière, je le ferai partir avec diligence.

Je ne vous demande pour salaire de mes peines qu'un exemplaire de la nouvelle édition de vos Œuvres. Je m'intéresse trop à votre gloire pour n'être pas instruit des premiers de vos nouveaux succès.

Selon la description que vous me faites de la vue de Cirey, je crois ne voir que la description et l'histoire de ma retraite. Remusberg est un petit Cirey, monsieur, à cela près qu'il n'y a ni de Voltaire ni de Mme du Châtelet chez nous.

Voici encore une petite ode assez mal tournée et assez insipide; c'est l'*Apologie des bontés de Dieu*. C'est le fruit de mon loisir que je n'ai pu m'empêcher de vous envoyer. Si ce n'est abuser de ces moments précieux dont vous savez faire un usage si merveilleux, pourrai-je vous prier de la corriger? J'ai le malheur d'aimer les vers et d'en faire souvent de très-mauvais. Ce qui devrait m'en dégoûter, et rebuterait toute personne raisonnable, est justement l'aiguillon qui m'anime le plus. Je me dis : « Petit malheureux, tu n'as pu réussir jusqu'à présent; courage, reprenons le rabot et la lime, et derechef mettons-nous à l'ouvrage. » Par cette inflexibilité, je crois me rendre Apollon plus favorable.

Une aimable personne [1] m'inspira, dans la fleur de mes jeunes ans, deux passions à la fois; vous jugez bien que l'une fut l'amour et l'autre la poésie. Ce petit miracle de la nature, avec toutes les grâces possibles, avait du goût et de la délicatesse. Elle voulut me les communiquer. Je réussis assez en amour, mais mal en poésie. Depuis ce temps j'ai été amoureux assez souvent, et toujours poëte.

Si vous savez quelque secret pour guérir les hommes de cette manie, vous ferez vraiment œuvre chrétienne de me le communiquer; sinon je vous condamne à m'enseigner les règles de cet art enchanteur que vous avez embelli, et qui, à son tour, vous fait tant d'honneur.

Nous autres princes, nous avons tous l'âme intéressée, et nous ne faisons jamais de connaissances que nous n'ayons quelques vues particulières, et qui regardent directement notre profit.

Que Césarion est heureux ! il doit avoir passé des moments délicieux à Cirey. Quels plaisirs surpassent en effet ceux de l'esprit? J'ai fait des efforts d'imagination surprenants pour l'accompagner; mais ni mon imagination n'est assez vive, ni mon esprit assez délié pour l'avoir pu suivre. Contentez-vous, monsieur, de mes efforts, tandis qu'il me suffira d'avoir conversé avec vous par le ministère de mon ami. Je suis ravi des bontés que Mme du Châtelet témoigne à Césarion. Ce serait un titre pour estimer encore davantage cette dame, si c'était une chose possible.

1. Depuis Mme Shommers. (Éd.)

La sagesse de Salomon eût été bien récompensée, si la reine de Saba eût ressemblé à celle de Cirey. Pour moi, qui n'ai l'honneur d'être ni sage, ni Salomon, je me trouve toujours fort honoré de l'amitié d'une personne aussi accomplie que madame la marquise. J'ai lieu de croire que sa vue me ferait naître des idées un peu différentes de ce que le vulgaire nomme sagesse. Je me flatte que, comme vous avez la satisfaction de connaître de plus près cette divinité, vous vous sentirez quelque indulgence pour mes faiblesses, si faiblesse y a de trop admirer les chefs-d'œuvre de la nature.

D'un raisonnement de philosophe, je me vois insensiblement engagé dans un avorton de déclaration d'amour; et, tandis que ma métaphysique garde le style de Wolff, ma *morale* pourrait bien ressembler un peu à celle que Rameau réchauffe *des sons de sa musique*.

Quant à l'amitié, je vous prie de me croire constant, me déterminant difficilement à donner mon cœur, mais faisant des choix à ne me repentir jamais. Je suis avec l'estime que vous méritez plus que qui que ce soit, monsieur, votre très-affectionné ami, FÉDÉRIC.

DLXXIV. — DU MÊME.

A Remusberg, le 27 août.

Monsieur, Césarion m'a transporté en esprit à Cirey. Il m'en fait une description charmante; et ce qui me ravit au possible, c'est qu'il m'assure que vous surpassez de beaucoup la haute idée que je m'étais faite de vous.

Il semble que la maladie vous tienne tous les deux, pour que le pauvre Césarion ne goûte pas des plaisirs parfaits dans cette vie. Votre fièvre me fournit l'occasion de vous parler sur un sujet qui m'intéresse beaucoup; c'est votre santé. Je vous prie très-instamment de ne pas trop travailler; les études et les travaux de l'esprit minent infiniment la santé du corps. Vous devez vous conserver, mon amitié vous y oblige.

Je compte pour un des plus grands bonheurs de ma vie, d'être né contemporain d'un homme d'un mérite aussi distingué que le vôtre; mais mon bonheur ne peut être parfait si je ne vous possède, et si je n'ai pas la satisfaction de vous voir un jour. Vous m'envoyez vos ouvrages; ils n'ont point de prix, et ne mettent aucune borne à ma reconnaissance. Je vous prie, monsieur, de marquer à la divine Émilie toute l'estime que j'ai pour elle : je suis pénétré de la façon dont elle a reçu mon petit plénipotentiaire. Vous avez été tous les deux dignes de mon admiration, mais à présent vous m'enlevez le cœur.

Si j'étais envieux, je le serais de Césarion. Je supporterais volontiers sa goutte, pour avoir vu et entendu ce qu'il vient de voir et d'entendre.

L'antiquité, en nous vantant les merveilles du monde, nous les représente éloignées les unes des autres. A Cirey, on en trouve deux d'un prix bien supérieur à ces masses de pierre qui d'elles-mêmes n'avaient aucune vertu. L'esprit mâle et solide d'une femme, et le génie vif et universel, et toutefois réglé, d'un poète, me paraissent plus merveilleux.

Vous ne me devez aucune reconnaissance de ce que je vous rends justice. Je voudrais, monsieur, pouvoir vous témoigner mon estime par des marques plus réelles que des portraits. Contentez-vous de ces types, et attendez-en l'accomplissement. Je suis à jamais, monsieur, votre très-affectionné ami, FRÉDÉRIC.

DLXXV. — A M. L'ABBÉ MOUSSINOT.

Chaque jour, mon cher ami, sera donc une nouvelle importunité de ma part. Dites-moi, ne sera-ce pas abuser de votre patience, de vous prier de revoir M. Grosse, et d'avoir avec ce célèbre chimiste une nouvelle conversation scientifique? Voyez-le donc, et ayez la bonté de demander à ce savant charbonnier s'il a jamais fait l'expérience de plonger son thermomètre dans l'esprit-de-vin, dans l'esprit de nitre, d'urine, etc., pour voir si le thermomètre hausse dans les liqueurs.

Je suis, mon cher abbé, toujours honteux de mes importunités; mais n'épargnez ni les carrosses, ni les commissionnaires, et faites toujours bien à votre aise les affaires de votre ami.

DLXXVI. — De FRÉDÉRIC, PRINCE ROYAL DE PRUSSE.

À Remusberg, le 20 septembre.

Monsieur, si j'écrivais à un ingrat, je serais obligé de lui faire comprendre, par un long verbiage, ce que c'est que la reconnaissance; heureusement pour moi, je ne suis pas dans ce cas. Ma lettre s'adresse à un exemple de vertu, à un homme qui m'entendra très-bien, en lui disant simplement que je suis pénétré des obligations que je lui dois.

Césarion, connaissant mon empressement pour tout ce qui me vient de vous, m'a envoyé vos deux lettres, se réservant à lui-même de me remettre le reste de vos ouvrages immortels entre les mains. S'il y a quelque chose qui me puisse faire redoubler l'impatience de le revoir, c'est le trésor précieux dont il est dépositaire.

Vos ouvrages seront conservés comme l'étaient ceux d'Aristote par Alexandre. Ils ne me quitteront jamais; et je compte de posséder en eux une bibliothèque entière. C'est le miel que vous avez tiré des plus belles fleurs, et qui n'a rien perdu en passant par vos mains.

Non, monsieur, tant que vous vivrez, je n'enverrai qu'à Girey faire la quête des vérités. Je ne troublerai point les glaçons de la Nouvelle-Zemble ni les déserts arides de l'Éthiopie, pour apprendre des nouvelles de la figure du monde[1]. Ces découvertes sont certainement louables, et, loin de les blâmer, je les trouve dignes des soins de ceux qui les ont entreprises; mais il me semble que votre façon impartiale et judicieuse d'envisager les choses m'est infiniment plus profitable. J'ap-

1. Allusion aux voyages que venaient de faire, au Pérou, Bouguer, Godin, La Condamine, au nord, Clairaut, Lemonnier, Maupertuis. (ÉD.)

prends plus par vos doutes que par tout ce que le divin Aristote, le sage Platon, et l'incomparable Descartes, ont affirmé si légèrement. En philosophie, ce sont des progrès égaux, ou de se délivrer des préjugés, ou d'acquérir de nouvelles connaissances. L'un éclairé, l'autre instruit. Le plaisir le plus vif qu'un homme raisonnable puisse avoir dans ce monde, est, à mon avis, de découvrir de nouvelles vérités. Je m'attendais d'en faire une abondante moisson dans votre *Métaphysique*; Mme du Châtelet m'enlève ce bien déjà possédé, d'entre les mains de mon ami.

Quel sujet pour une élégie! Cependant il en reste là,

Car il avait l'âme trop bonne [1].

Ne vous attendez donc à aucun reproche. Je vous prie de vouloir seulement dire à la divine Émilie que mon esprit se plaint au sien des ténèbres qu'elle vous empêche de dissiper.

Dans les ténèbres égaré
D'une métaphysique obscure,
J'attendais, pour être éclairé,
Quelques mots de votre écriture.
De l'astre brillant qui nous luit,
Charmante et divine Émilie,
Voulez-vous tirer tout le fruit?
Ah! permettez, je vous en prie,
Que, dans mon paisible réduit,
Vienne cette philosophie,
Dont certes je ferai profit.

Je suis édifié de voir revivre à Cirey les temps d'Oreste et de Pylade. Vous donnez l'exemple d'une vertu qui, jusqu'à nos jours, n'a malheureusement existé que dans la fable.

Ne craignez point, monsieur, que je trouble les douceurs de votre repos philosophique. Si mes mains pouvaient cimenter ou raffermir les liens de votre divine union, je vous offrirais volontiers leur ministère. J'ai essuyé une espèce de naufrage dans ma vie; le ciel me préserve d'en occasionner d'autres!

Je crois cependant avoir trouvé un expédient, moyennant lequel vous pourrez sans risque, et sans troubler la tranquillité d'Émilie, satisfaire à ma curiosité. Ce serait, monsieur, de me communiquer, toutes les fois que vous me faites le plaisir de m'écrire, quelques traits de votre *Métaphysique*, répandus dans vos lettres. La confiance que j'ai en vous, jointe à l'ardeur de m'instruire, vous attire ces importunités. D'ailleurs, le ciel vous a doué de trop de talents pour les cacher; vous devez éclairer le genre humain; vous n'êtes point avare de vos connaissances, et je suis votre ami.

Mon correspondant russien n'a pu encore me donner des nouvelles

---

1. Vers de Scarron, dans le *Virgile travesti*, liv. I. (ÉD.)

de ce que vous souhaitez savoir. J'espère cependant pouvoir vous satisfaire dans peu.

Certes, les prêtres ne vous choisiront pas pour leur panégyriste. Vos réflexions sur le pouvoir des ecclésiastiques sont très-justes, et, de plus, appuyées par le témoignage irrévocable de l'histoire. Leur ambition ne viendrait-elle pas de ce qu'on leur interdit le chemin à tout autre vice?

Les hommes se sont forgé un fantôme bizarre d'austérité et de vertu; ils veulent que les prêtres, ce peuple moitié imposteur et moitié superstitieux, adoptent ce caractère. Il ne leur est pas permis d'aimer ouvertement les filles et le vin, mais l'ambition ne leur est pas interdite. Or, l'ambition traîne seule après elle des crimes et des désordres affreux.

Il me souvient du singe de la reine Cléopâtre, auquel on avait très-bien appris à danser; quelqu'un s'avisa de lui jeter des noix, et le singe, oubliant ses habits, la danse, et le rôle qu'il jouait, se jeta sur les noix. Un prêtre fait le personnage vertueux tant que son intérêt le comporte; mais, à la moindre occasion, la nature perce bientôt le nuage; et les crimes et les méchancetés qu'il couvrait des apparences de la vertu paraissent alors à découvert. Il est étonnant que la monarchie ecclésiastique soit établie sur des fondements si peu solides.

L'autorité des prêtres du paganisme venait de leurs oracles trompeurs, de leurs sacrifices ridicules, et de leur impertinente mythologie. C'était un conte bien grave que celui de Daphné changée en laurier; des vierges enceintes par Jupiter, et qui accouchaient de dieux; un Jupiter dieu qui quitte le ciel, son tonnerre, et sa foudre, pour venir sur la terre, sous la figure d'un taureau, enlever Europe; la résurrection d'Orphée qui triomphe des enfers; et enfin une infinité d'autres absurdités et de contes puérils, tout au plus capables d'amuser les enfants. Mais les hommes, charmés du merveilleux, ont de tout temps donné dans ces chimères, et révéré ceux qui en étaient les défenseurs. Ne serait-il pas permis de disputer la raison aux hommes, après leur avoir prouvé qu'ils sont si peu raisonnables?

Votre philosophie me charme. Sans doute, monsieur, tout doit tendre au bonheur des hommes. A quoi sert, en effet, de savoir combien de temps vit une puce, si les rayons du soleil entrent profondément dans la mer, et de rechercher si les huîtres ont une âme ou non?

La gaieté nous rend des dieux; l'austérité, des diables. Cette austérité est une espèce d'avarice qui prive les hommes d'un bonheur dont ils pourraient jouir.

Tantale dans un fleuve a soif et ne peut boire [1].

Sans doute que la nature, se repentant d'avoir fait un être trop heureux dans ce monde, vous a assujetti à tant d'infirmités. Votre fièvre m'inquiète et m'alarme beaucoup. Je crains de perdre *solum homi-*

[1]. Desmarets, *Défense du poëme héroïque*, dialogue III. (ÉD.)

nem, mon maître qui m'instruit et me guide; je crains, avec raison, de perdre un homme qui vaut seul plus que toute sa nation.

La nature à force de travailler devient plus habile: elle a formé votre cerveau sur tous les bons originaux qu'elle a faits en tous les siècles. Il est à craindre qu'elle se contente de n'avoir fait que ce chef-d'œuvre. Soyez sûr, monsieur, que vos jours me sont aussi chers et aussi précieux que les miens propres.

Ah! si le sort cruel veut attaquer ta vie,
Si pour jamais enfin il veut nous séparer,
Ta mort de mon trépas serait dans peu suivie.
Mais non ; ce coup affreux peut encor se parer;
Pour servir l'univers, pour servir Émilie,
Pour conserver tes jours, c'est à moi d'expirer.

Je suis, avec une sincère amitié et avec toute l'estime que la vertu suprême et le mérite extorquent même aux envieux, et reçoivent en hommage des âmes bien nées, monsieur, votre très-fidèlement affectionné ami, FRÉDÉRIC.

DLXXVII. — A M. L'ABBÉ MOUSSINOT.
Octobre.

M. de Brézé est-il bien solide? Qu'en pensez-vous, mon prudent ami? Cet article d'intérêt mûrement examiné, prenez vingt mille livres chez M. Michel, et donnez-les à M. Brézé, en rentes viagères, au denier dix. Cet emploi sera d'autant plus agréable qu'on sera payé aisément et régulièrement sur ses maisons à Paris. Arrangez cette affaire pour le mieux; et, une fois arrangée, si la terre de Spoix peut se donner pour cinquante mille livres, nous les trouverons vers le mois d'avril. Nous vendrons des actions, nous emprunterons au denier vingt, cela ne sera difficile ni à vous ni à moi. La vie est courte; Salomon dit qu'il faut jouir[1]. Je songe à jouir, et pour cela je me sens une grande vocation pour être jardinier, laboureur, et vigneron ; peut-être même réussirai-je mieux à planter des arbres, à bêcher la terre et à la faire fructifier, qu'à faire des tragédies, de la chimie, des poëmes épiques, et autres sublimes sottises, qui font des ennemis implacables. Donnez l'*Enfant prodigue* à Prault, moyennant cinquante louis d'or, six cents francs tout de suite, et un billet pour les autres six cents livres, payables quand ce malheureux *Enfant* verra le jour. Cet argent sera employé à quelque bonne œuvre. Je m'en tiens à mon lot, qui est un peu de gloire et quelques coups de sifflet.

DLXXVIII. — A FRÉDÉRIC, PRINCE ROYAL DE PRUSSE.
Octobre.

Monseigneur, il est bien douloureux que Cirey soit si loin du trône de Remusberg. Vos bienfaits et vos ordres sont bien longtemps en chemin. Je reçois, le 10 d'octobre, une lettre du 16 août, remplie de

1. *Ecclésiaste*, II, 1; et III, 12. (ÉD.)

vers et d'excellente morale, et de bonne métaphysique, et de grands sentiments, et d'une bonté qui enchante mon cœur. Ah! monseigneur, pourquoi êtes-vous prince? pourquoi n'êtes-vous pas, du moins un an ou deux, un homme comme les autres? on aurait le bonheur de vous voir; et c'est le seul qui me manque, depuis que vous daignez m'écrire. Vous êtes comme le Dieu d'Abraham, d'Isaac, et de Jacob; vous communiquez avec les fidèles par le ministère des anges. Vous nous aviez envoyé l'ange Césarion, et il est trop tôt retourné vers son ciel; nous vous avons vu dans votre ambassadeur. Vous voir face à face est un bonheur qui ne nous est pas donné; c'est pour les élus de Remusberg.

Notre petit paradis de Cirey présente ses très-humbles respects à votre empyrée, et la déesse Émilie s'incline devant Gott-Frédéric. J'ai donc enfin reçu, après mille détours, et cette belle lettre, l'ode, et le troisième cahier de la *Métaphysique* wolffienne. Voilà, encore une fois, de ces bienfaits que les autres rois, ces pauvres hommes, qui ne sont que rois, sont incapables de répandre.

Je vous dirai sur cette *Métaphysique*, un peu longue, un peu trop pleine de choses communes, mais d'ailleurs admirable, très-bien liée, et souvent très-profonde; je vous dirai, monseigneur, que je n'entends goutte à l'*être simple* de Wolff. Je me vois transporté tout d'un coup dans un climat dont je ne puis respirer l'air, sur un terrain où je ne puis mettre le pied, chez des gens dont je n'entends point la langue. Si je me flattais d'entendre cette langue, je serais peut-être assez hardi pour disputer contre M. Wolff, en le respectant, s'entend. Je nierais, par exemple, tout net la définition de l'étendue, qui est, selon ce philosophe, la continuité des êtres. L'espace pur est étendu, et n'a pas besoin d'autres êtres pour cela. Si M. Wolff nie l'espace pur, en ce cas nous sommes de deux religions différentes; qu'il reste dans la sienne, et moi dans la mienne. Je suis tolérant; je trouve très-bon qu'on pense autrement que moi; car que tout soit plein ou non, ne m'importe; et moi je suis tout plein d'estime pour lui.

Je ne peux finir sur les remercîments que je dois à Votre Altesse royale. Vous daignez encore me promettre des mémoires sur ce que le czar a fait pour le bien des hommes; c'est ce qui vous touche le plus; c'est l'exemple que vous devez surpasser, et le thème que je dois écrire. Vous êtes né pour commander à des hommes plus dignes de vous que les sujets du czar. Vous avez tout ce qui manquait à ce grand homme; et sur toutes choses, vous avez l'humanité qu'il avait le malheur de ne pas connaître.

Prince adorable, ma santé est toujours languissante; mais si je souhaite de vivre, c'est pour être témoin de ce que vous ferez. Je désire bien que Lucrèce ait tort, et que mon âme soit immortelle, afin d'entendre vos louanges ou là-haut ou là-bas, je ne sais où; mais sûrement, si j'ai alors des oreilles, elles entendront dire que vous avez rempli la devise de notre petit feu d'artifice à Cirey, *spes humani generis*.

Enfin, pour comble de bienfaits, monseigneur, vous m'envoyez une nouvelle ode de votre main. C'est ainsi que César, jeune et oisif, s'occupait. Lui et Auguste, et presque tous les bons empereurs, ont fait des vers : je citerais même les mauvais princes, mais je ne veux pas déshonorer la poésie.

Vous faites très-bien, grand prince, d'exercer aussi dans ce genre votre génie qui s'étend à tout. Puisque vous avez fait à la langue française l'honneur de la savoir si bien, c'est un excellent moyen de la parler avec plus d'énergie que de mettre ses pensées en vers; car c'est l'essence des vers de dire plus et mieux que la prose. J'ai donc, une seconde fois, pris la liberté d'examiner très-scrupuleusement votre ouvrage. J'ose vous dire mon avis sur les moindres choses. Quelque parfaite connaissance que vous ayez de la langue française, on ne devine point, par le génie, certains tours, certaines façons de parler que l'usage établit parmi nous. Il est impossible de distinguer quelquefois le mot qui appartient à la prose, de celui que la poésie souffre, et celui qui est admis dans un genre, de celui qui n'est pas reçu. Je fais tous les jours de ces fautes quand j'écris en latin. Il est vrai que Votre Altesse royale possède infiniment mieux le français que je ne sais la langue latine; mais enfin il y a toujours quelques petites virgules, quelques points sur les i à mettre; et je me charge, sous votre bon plaisir, de ce petit détail.

Je joins même à mes remarques sur votre ode¹ quelques stances, dans lesquelles, en suivant absolument toutes vos idées, je les présente sous d'autres expressions; et je n'ai cette témérité qu'afin que vous daigniez refondre mes stances, si vous daignez appliquer vos moments de loisir à rendre votre ode parfaite. Je sais que vous avez la noble ambition de songer à exceller dans tout ce que vous entreprenez. Vous avez tellement réussi dans la musique, que votre difficulté à présent sera d'avoir auprès de vous un musicien qui vous surpasse. Nous venons d'exécuter ici de votre musique. Votre portrait était au-dessus du clavecin. Vous êtes donc fait, grand prince, pour enchanter tous les sens! Ah! qu'on doit être heureux auprès de votre personne, et que M. de Kaiserling a bien raison de l'aimer! Nous avons tous jugé, en le voyant, de l'ambassadeur par le prince, et du prince par l'ambassadeur. Enfin, monseigneur, les autres princes n'auront que des sujets, et vous n'aurez que des amis. C'est en quoi surtout vous excellez.

Je vois que le bonheur est rarement pur. Votre Altesse royale m'écrit des lettres d'un grand homme, m'envoie les ouvrages d'un sage; et vous voyez que le chemin est bien long pour me faire parvenir ces trésors. M. Dubreuil remet les paquets à un ami qui a des correspondances, et cela prend bien des détours. Vous m'avez rendu avide et impatient. Je suis comme les courtisans, insatiable de nouveaux bienfaits. Voulez-vous, monseigneur, essayer de la voie de M. Thieriot? Il me remettra les paquets par une voie sûre de Paris à Cirey.

Recevez, monseigneur, avec votre bonté ordinaire, les sincères pro-

---

1. *Apologie des bontés de Dieu.* (Cl.)

testations du respect profond, du tendre, de l'inviolable dévouement, de l'estime, et de la passion, enfin de tous les sentiments avec lesquels je suis, etc.

DLXXIX. — AU MÊME.

A Cirey, octobre.

Monseigneur, j'ai reçu la dernière lettre dont Votre Altesse royale m'a honoré, en date du 20 septembre. Je suis fort en peine de savoir si mon dernier paquet et celui qui était destiné pour de M. Kaiserling sont parvenus à leur adresse; ces paquets étaient du commencement du mois d'août.

Vous m'ordonnez, monseigneur, de vous rendre compte de mes doutes métaphysiques; je prends la liberté de vous envoyer un extrait d'un chapitre *sur la Liberté*. Votre Altesse royale y verra au moins de la bonne foi, si elle y trouve de l'ignorance; et plût à Dieu que tous les ignorants fussent au moins sincères !

Peut-être l'humanité, qui est le principe de toutes mes pensées, m'a séduit dans cet ouvrage; peut-être l'idée où je suis qu'il n'y aurait ni vice ni vertu, qu'il ne faudrait ni peine ni récompense, que la société serait, surtout chez les philosophes, un commerce de méchanceté et d'hypocrisie, si l'homme n'avait pas une liberté pleine et absolue, peut-être, dis-je, cette opinion m'a entraîné trop loin. Mais si vous trouvez des erreurs dans mes pensées, pardonnez-les au principe qui les a produites.

Je ramène toujours, autant que je peux, ma métaphysique à la morale. J'ai examiné sincèrement, et avec toute l'attention dont je suis capable, si je peux avoir quelques notions de l'âme humaine, et j'ai vu que le fruit de toutes mes recherches est l'ignorance. Je trouve qu'il en est de ce principe pensant, libre, agissant, à peu près comme de Dieu même : ma raison me dit que Dieu existe; mais cette même raison me dit que je ne puis savoir ce qu'il est. En effet, comment connaîtrions-nous ce que c'est que notre âme, nous qui ne pouvons nous former aucune idée de la lumière, quand nous avons le malheur d'être nés aveugles? Je vois donc, avec douleur, que tout ce que l'on a jamais écrit sur l'âme, ne peut nous apprendre la moindre vérité.

Mon principal but, après avoir tâtonné autour de cette âme, pour deviner son espèce, est de tâcher au moins de la régler; c'est le ressort de notre horloge. Toutes les belles idées de Descartes sur l'élasticité ne m'apprennent point la nature de ce ressort; j'ignore encore la cause de l'élasticité; cependant je monte ma pendule; elle va tant bien que mal.

C'est l'homme que j'examine. De quelques matériaux qu'il soit composé, il faut voir s'il y a en effet du vice et de la vertu. Voilà le point important à l'égard de l'homme, je ne dis pas à l'égard de telle société vivant sous telles lois, mais pour tout le genre humain : pour vous, monseigneur, qui devez régner, pour le bûcheron de vos forêts, pour le docteur chinois, et pour le sauvage de l'Amérique. Locke, le plus sage métaphysicien que je connaisse, semble, en combattant avec raison les idées innées, penser qu'il n'y a aucun principe universel de morale. J'ose combattre ou plutôt éclaircir, en ce point, l'idée de ce grand homme. Je conviens avec lui qu'il n'y a réellement aucune idée innée ; il suit évidemment qu'il n'y a aucune proposition de morale innée dans notre âme ; mais de ce que nous ne sommes pas nés avec de la barbe, s'ensuit-il que nous ne soyons pas nés, nous autres habitants de ce continent, pour être barbus à un certain âge ? Nous ne naissons point avec la force de marcher ; mais quiconque naît avec deux pieds marchera un jour. C'est ainsi que personne n'apporte en naissant l'idée qu'il faut être juste ; mais Dieu a tellement conformé les organes des hommes, que tous, à un certain âge conviennent de cette vérité.

Il me paraît évident que Dieu a voulu que nous vivions en société, comme il a donné aux abeilles un instinct et des instruments propres à faire le miel. Notre société ne pouvant subsister sans les idées du juste et de l'injuste, il nous a donc donné de quoi les acquérir. Nos différentes coutumes, il est vrai, ne nous permettront jamais d'attacher la même idée de juste aux mêmes notions. Ce qui est crime en Europe sera vertu en Asie, de même que certains ragoûts allemands ne plairont point aux gourmands de France ; mais Dieu a tellement façonné les Allemands et les Français, qu'ils aimeront tous à faire bonne chère. Toutes les sociétés n'auront donc pas les mêmes lois, mais aucune société ne sera sans lois. Voilà donc certainement le bien de la société établi par tous les hommes, depuis Pékin jusqu'en Irlande, comme la règle immuable de la vertu ; ce qui sera utile à la société sera donc bon par tout pays. Cette seule idée concilie tout d'un coup toutes les contradictions qui paraissent dans la morale des hommes. Le vol était permis à Lacédémone ; mais pourquoi ? parce que les biens y étaient communs, et que voler un avare qui gardait pour lui seul ce que la loi donnait au public, était servir la société.

Il y a, dit-on, des sauvages qui mangent des hommes, et qui croient bien faire. Je réponds que ces sauvages ont la même idée que nous du juste et de l'injuste. Ils font la guerre comme nous par fureur et par passion ; on voit partout commettre les mêmes crimes, manger ses ennemis n'est qu'une cérémonie de plus. Le mal n'est pas de les mettre à la broche, le mal est de les tuer, et j'ose assurer qu'il n'y a point de sauvage qui croie bien faire en égorgeant son ami. J'ai vu quatre sauvages de la Louisiane qu'on amena en France en 1723. Il y avait parmi eux une femme d'une humeur fort douce. Je lui demandai, par interprète, si elle avait mangé quelquefois de la chair de ses ennemis, et si elle y avait pris goût ; elle me répondit que oui : je lui demandai si elle aurait volontiers tué ou fait tuer un de ses compatriotes pour le manger ; elle me répondit en frémissant, et avec une horreur visible pour ce crime. Parmi les voyageurs, je défie le plus déterminé menteur d'oser dire qu'il y ait une peuplade, une famille où il soit permis de manquer à sa parole. Je suis bien fondé à croire que Dieu ayant créé certains animaux pour paître en commun, d'autres pour ne se voir que deux à deux très-rarement, les araignées pour faire des toiles, chaque espèce a les instruments nécessaires pour les ouvrages qu'elle doit faire. L'homme a reçu tout ce qu'il faut pour vivre en société; de même qu'il a reçu un estomac pour digérer, des yeux pour voir, une âme pour juger.

Mettez deux hommes sur la terre, ils n'appelleront bon, vertueux et juste, que ce qui sera bon pour eux deux. Mettez-en quatre, il n'y aura de vertueux que ce qui conviendra à tous les quatre; et si l'un des quatre mange le souper de son compagnon, ou le bat ou le tue, il soulève sûrement les autres. Ce que je dis de ces quatre hommes, il le faut dire de tout l'univers. Voilà, monseigneur, à peu près le plan sur lequel j'ai écrit cette *Métaphysique* morale; mais quand il s'agit de vertu, est-ce à moi à en parler devant vous?

> Les vertus sont l'apanage
> Que vous reçûtes des cieux;
> Le trône de vos aïeux,
> Près de ces dons précieux,
> Est un bien faible avantage.
> C'est l'homme en vous; c'est le sage
> Qui m'asservit sous sa loi.
> Ah! si vous n'étiez que roi,
> Vous n'auriez point mon hommage.

Jugez mes idées, grand prince; car votre âme est le tribunal où mes jugements ressortissent. Que Votre Altesse royale me donne d'envie de vivre, pour voir un jour de mes yeux le Salomon du Nord! mais j'ai bien peur de n'être pas si heureux que le bon vieillard Siméon. Nous ne passons point devant votre portrait sans dire notre hymne qui commence :

> Espérons le bonheur du monde.

J'attends votre décision sur l'*Histoire de Louis XIV* et sur les *Éléments de la philosophie de Newton*; si mes tributs ont été reçus avec bonté, j'espère que j'aurai des instructions pour récompense.

J'ose supplier Votre Altesse royale de daigner m'envoyer, par une voie sûre (et je crois que celle de M. Thieriot l'est), les mémoires que vous avez eu la bonté de me promettre sur le czar. Cependant je ne renonce point aux vers; je les aime plus que jamais, monseigneur, puisque en vous faites. J'espère envoyer bientôt quelque chose qu'on pourra représenter sur le théâtre de Remusberg. Je suis indigné qu'on ait pu présenter à Votre Altesse royale le misérable manuscrit de *l'Enfant prodigue* qui est entre vos mains; cela ressemble à ma pièce comme un singe ressemble à un homme. Je ne sais d'autre parti à prendre que de l'imprimer pour me justifier.

Je n'ai point de termes pour remercier Votre Altesse royale de ses bontés. Avec quelle générosité, j'ai pensé dire avec quelle tendresse, elle daigne s'intéresser à moi! Vous m'écrivez ce qu'Horace disait à Mécénas, et vous êtes le Mécénas et l'Horace. Mme la marquise du Châtelet, qui partage mon admiration pour votre personne, et à qui vous donnez la permission de joindre ses respects aux miens, use de cette liberté. Je suis avec le respect le plus profond et la plus tendre reconnaissance, votre, etc.

Sur la Liberté. — La question de la *liberté* est la plus intéressante que nous puissions examiner, puisque l'on peut dire que de cette seule question dépend toute la morale. Un aussi grand intérêt mérite bien que je m'éloigne un peu de mon sujet pour entrer dans cette discussion, et pour mettre ici sous les yeux du lecteur les principales objections que l'on fait contre la liberté, afin qu'il puisse juger lui-même de leur solidité.

Je sais que la *liberté* a d'illustres adversaires. Je sais que l'on fait contre elle des raisonnements qui peuvent d'abord séduire; mais ce sont ces raisons mêmes qui m'engagent à les rapporter et à les réfuter.

On a tant obscurci cette matière, qu'il est absolument indispensable de commencer par définir ce qu'on entend par *liberté*, quand on veut en parler et se faire entendre.

J'appelle *liberté* le pouvoir de penser à une chose ou de n'y pas penser, de se mouvoir ou de ne se mouvoir pas, conformément au choix de son propre esprit. Toutes les objections de ceux qui nient la liberté se réduisent à quatre principales, que je vais examiner l'une après l'autre.

Leur première objection tend à infirmer le témoignage de notre conscience et du sentiment intérieur que nous avons de notre liberté. Ils prétendent que ce n'est que faute d'attention sur ce qui se passe en nous-mêmes, que nous croyons avoir ce sentiment intime de liberté; et que lorsque nous faisons une attention réfléchie sur les causes de nos actions, nous trouvons, au contraire, qu'elles sont toujours déterminées nécessairement.

De plus, nous ne pouvons douter qu'il n'y ait des mouvements dans notre corps qui ne dépendent point de notre volonté, comme la circulation du sang, le battement de cœur, etc.; souvent aussi la colère ou quelque autre passion violente, nous emporte loin de nous, et nous fait faire des actions que notre raison désapprouve. Tant de chaînes visibles dont nous sommes accablés prouvent, selon eux, que nous sommes liés de même dans tout le reste.

L'homme, disent-ils, est tantôt emporté avec une rapidité et des secousses dont il sent l'agitation et la violence; tantôt il est mené par un mouvement paisible dont il ne s'aperçoit pas, mais dont il n'est plus maître. C'est un esclave qui ne sent pas toujours le poids et la flétrissure de ses fers, mais qui n'en est pas moins esclave.

Ce raisonnement est tout semblable à celui-ci : les hommes sont quelquefois malades, donc ils n'ont jamais de santé. Or qui ne voit pas, au contraire, que sentir sa maladie et son esclavage, c'est une preuve qu'on a été sain et libre?

Dans l'ivresse, dans l'emportement d'une passion violente, dans un dérangement d'organes, etc., notre liberté n'est plus obéie par nos sens; et nous ne sommes pas plus libres alors d'user de notre liberté, que nous ne le serions de mouvoir un bras sur lequel nous aurions une paralysie.

La liberté, dans l'homme est la santé de l'âme.

Peu de gens ont cette santé entière et inaltérable. Notre liberté est faible et bornée comme toutes nos autres facultés ; nous la fortifions en nous accoutumant à faire des réflexions et à maîtriser nos passions ; et cet exercice de l'âme la rend un peu plus vigoureuse. Mais quelques efforts que nous fassions, nous ne pourrons jamais parvenir à rendre cette raison souveraine de tous nos désirs ; et il y aura toujours dans notre âme, comme dans notre corps, des mouvements involontaires ; car nous ne sommes ni sages, ni libres, ni sains, que dans un très-petit degré.

Je sais que l'on peut, à toute force, abuser de sa raison pour contester la liberté aux animaux, et les concevoir comme des machines qui n'ont ni sensations, ni désirs, ni volontés, quoiqu'ils en aient toutes les apparences. Je sais qu'on peut forger des systèmes, c'est-à-dire des erreurs, pour expliquer leur nature. Mais enfin, quand il faut s'interroger soi-même, il faut bien avouer, si l'on est de bonne foi, que nous avons une volonté, que nous avons le pouvoir d'agir, de remuer notre corps, d'appliquer notre esprit à certaines pensées, de suspendre nos désirs, etc.

Il faut donc que les ennemis de la *liberté* avouent que notre sentiment intérieur nous assure que nous sommes libres ; et je ne crains point d'assurer qu'il n'y en a aucun qui doute de bonne foi de sa propre liberté, et dont la conscience ne s'élève contre le sentiment artificiel par lequel ils veulent se persuader qu'ils sont nécessités dans toutes leurs actions. Aussi ne se contentent-ils pas de nier ce sentiment intime de la liberté ; mais ils vont encore plus loin. « Quand on vous accorderait, disent-ils, que vous avez le sentiment intérieur que vous êtes libres, cela ne prouverait rien encore ; car notre sentiment nous trompe sur notre liberté, de même que nos yeux nous trompent sur la grandeur du soleil, lorsqu'ils nous font juger que le disque de cet astre est environ large de deux pieds, quoique son diamètre soit réellement à celui de la terre comme cent est à un. »

Voici, je crois, ce qu'on peut répondre à cette objection. Les deux cas que vous comparez sont fort différents ; je ne puis et ne dois voir les objets qu'en raison directe de leur grosseur, et en raison renversée du carré de leur éloignement. Telles sont les lois mathématiques de l'optique, et telle est la nature de nos organes, que, si ma vue pouvait apercevoir la grandeur réelle du soleil, je ne pourrais voir aucun objet sur la terre, et cette vue, loin de m'être utile, me serait nuisible. Il en est de même des sens de l'ouïe et de l'odorat. Je n'ai et ne puis avoir ces sensations plus ou moins fortes (toutes choses d'ailleurs égales) que suivant que les corps sonores ou odoriférants sont plus ou moins près de moi. Ainsi Dieu ne m'a point trompé, en me faisant voir ce qui est éloigné de moi d'une grandeur proportionnée à sa distance. Mais si je croyais être libre, et que je ne le fusse point, il faudrait que Dieu m'eût créé exprès pour me tromper; car nos actions nous paraissent libres, précisément de la même manière qu'elles nous le paraîtraient si nous l'étions véritablement.

Il ne reste donc à ceux qui soutiennent la négative, qu'une simple possibilité que nous soyons faits de manière que nous soyons toujours invinciblement trompés sur notre liberté; encore cette possibilité n'est-elle fondée que sur une absurdité; puisqu'il ne résulterait de cette illusion perpétuelle que Dieu nous ferait, qu'une façon d'agir dans l'Être suprême indigne de sa sagesse infinie.

Qu'on ne dise pas qu'il est indigne d'un philosophe de recourir ici à ce Dieu; car ce Dieu étant une fois prouvé, comme il l'est invinciblement, il est certain qu'il est l'auteur de ma liberté si je suis libre, et qu'il est l'auteur de mon erreur si, ayant fait de moi un être purement passif, il m'a donné le sentiment irrésistible d'une liberté qu'il m'a refusée.

Ce sentiment intérieur que nous avons de notre liberté est si fort, qu'il ne faudrait pas moins, pour nous en faire douter, qu'une démonstration qui nous prouvât qu'il implique contradiction que nous soyons libres. Or certainement il n'y a point de telles démonstrations.

Joignez à toutes ces raisons qui détruisent les objections des fatalistes, qu'ils sont obligés eux-mêmes de démentir à tout moment leur opinion par leur conduite; car on aura beau faire les raisonnements les plus spécieux contre notre liberté, nous nous conduirons toujours comme si nous étions libres; tant le sentiment intérieur de notre liberté est profondément gravé dans notre âme, et tant il a, malgré nos préjugés, d'influence sur nos actions!

Forcées dans ce retranchement, les personnes qui nient la *liberté* continuent, et disent: « Tout ce que ce sentiment intérieur, dont vous faites tant de bruit, nous assure, c'est que les mouvements de notre corps et les pensées de notre esprit obéissent à notre volonté; mais cette volonté elle-même est toujours déterminée nécessairement par les choses que notre entendement juge être les meilleures, de même qu'une balance est toujours emportée par le plus grand poids. Voici la façon dont les chaînons de notre chaîne tiennent les uns aux autres:

« Les idées, tant de sensation que de réflexion, se présentent à vous, soit que vous le vouliez ou que vous ne le vouliez pas; car vous ne formez pas vos idées vous-même. Or, quand deux idées se présentent à votre entendement, comme, par exemple, l'idée de vous coucher et l'idée de vous promener, il faut absolument que vous vouliez l'une de ces deux choses, ou que vous ne vouliez ni l'une ni l'autre. Vous n'êtes donc pas libre, quant à l'acte même de vouloir.

« De plus, il est certain que si vous choisissez, vous vous déciderez sûrement pour votre lit ou pour la promenade, selon que votre entendement jugera que l'une ou l'autre de ces deux choses vous est utile et convenable; or, votre entendement ne peut juger bon et convenable que ce qui lui paraît tel. Il y a toujours des différences dans les choses, et ces différences déterminent nécessairement votre jugement; car il vous serait impossible de choisir entre deux choses indiscernables, s'il y en avait. Donc toutes vos actions sont nécessaires, puisque, par votre aveu même, vous agissez toujours conformément à votre volonté, et que je viens de vous prouver : 1° que votre volonté est nécessairement déterminée par le jugement de votre entendement ; 2° que ce jugement dépend de la nature de vos idées ; et enfin 3° que vos idées ne dépendent point de vous.

Comme cet argument, dans lequel les ennemis de la *liberté* mettent leur principale force, a plusieurs branches, il y a aussi plusieurs réponses.

1° Quand on dit que nous ne sommes pas libres quant à l'acte même de vouloir, cela ne fait rien à notre liberté, car la *liberté* consiste à agir ou ne pas agir, et non pas à vouloir et à ne vouloir pas.

2° Notre entendement, dit-on, ne peut s'empêcher de juger bon ce qui lui paraît tel ; l'entendement détermine la volonté, etc. Ce raisonnement n'est fondé que sur ce qu'on fait, sans s'en apercevoir, autant de petits êtres de la volonté et de l'entendement, lesquels on suppose agir l'un sur l'autre, et déterminer ensuite nos actions. Mais c'est une méprise qui n'a besoin que d'être aperçue pour être rectifiée ; car on sent aisément que vouloir, juger, etc., ne sont que différentes fonctions de notre entendement. De plus, avoir des perceptions, et juger qu'une chose est vraie et raisonnable, lorsqu'on voit qu'elle l'est effectivement, ce n'est point une action, mais une simple passion ; car ce n'est en effet que sentir ce que nous sentons, et voir ce que nous voyons, et il n'y a aucune liaison entre l'approbation et l'action, entre ce qui est passif et ce qui est actif.

3° Les différences des choses déterminent, dit-on, notre entendement. Mais on ne considère pas que la liberté d'indifférence, avant le *dictamen* de l'entendement, est une véritable contradiction dans les choses qui ont des différences réelles entre elles ; car, selon cette belle définition de la *liberté*, les idiots, les imbéciles, les animaux même, seraient plus libres que nous ; et nous le serions d'autant plus, que nous aurions moins d'idées, que nous apercevrions moins les différences des choses, c'est-à-dire à proportion que nous serions plus imbéciles ; ce qui est absurde. Si c'est cette liberté qui nous manque, je ne vois pas que nous ayons beaucoup à nous plaindre. La liberté d'indifférence, dans les choses discernables, n'est donc pas réellement une liberté.

A l'égard du pouvoir de choisir entre des choses parfaitement semblables, comme nous n'en connaissons point, il est difficile de pouvoir dire ce qui nous arriverait alors. Je ne sais même si ce pouvoir serait une perfection, mais ce qui est bien certain, c'est que le pouvoir soi-mouvant, seule et véritable source de la *liberté*, ne pourrait être détruit par l'indiscernabilité de deux objets : or, tant que l'homme aura ce pouvoir soi-mouvant, l'homme sera libre.

4° Quant à ce que notre volonté est toujours déterminée par ce que notre entendement juge le meilleur, je réponds . La volonté, c'est-à-dire la dernière perception ou approbation de l'entendement, car c'est là le sens de ce mot dans l'objection dont il s'agit ; la volonté, dis-je, ne peut avoir aucune influence sur le pouvoir soi-mouvant en quoi consiste la *liberté*. Ainsi la volonté n'est jamais la cause de nos actions, quoiqu'elle en soit l'occasion; car une notion abstraite ne peut avoir aucune influence physique sur le pouvoir physique soi-mouvant qui réside dans l'homme; et ce pouvoir est exactement le même avant et après le dernier jugement de l'entendement.

Il est vrai qu'il y aurait une contradiction dans les termes, moralement parlant, qu'un être qu'on suppose sage fasse une folie, et que, par conséquent, il préférera sûrement ce que son entendement jugera être le meilleur; mais il n'y aurait à cela aucune contradiction physique; car la nécessité physique et la nécessité morale sont deux choses qu'il faut distinguer avec soin. La première est toujours absolue; mais la seconde n'est jamais que contingente; et cette nécessité morale est très-compatible avec la liberté naturelle et physique la plus parfaite.

Le pouvoir physique d'agir est donc ce qui fait de l'homme un être libre, quel que soit l'usage qu'il en fait, et la privation de ce pouvoir suffirait seule pour le rendre un être purement passif, malgré son intelligence; car une pierre que je jette n'en serait pas moins un être passif, quoiqu'elle eût le sentiment intérieur du mouvement que je lui donne et lui imprime. Enfin, être déterminé par ce qui nous paraît le meilleur, c'est une aussi grande perfection que le pouvoir de faire ce que nous avons jugé tel.

Nous avons la faculté de suspendre nos désirs et d'examiner ce qui nous semble le meilleur, afin de pouvoir le choisir; voilà une partie de notre liberté. Le pouvoir d'agir ensuite conformément à ce choix, voilà ce qui rend cette liberté pleine et entière, et c'est en faisant un mauvais usage de ce pouvoir que nous avons de suspendre nos désirs, et en se déterminant trop promptement, que l'on fait tant de fautes.

Plus nos déterminations sont fondées sur de bonnes raisons, plus nous approchons de la perfection; et c'est cette perfection, dans un degré plus éminent, qui caractérise la liberté des êtres plus parfaits que nous et celle de Dieu même.

Car, que l'on y prenne bien garde, Dieu ne peut être libre que de cette façon. La nécessité morale de faire toujours le meilleur, est même d'autant plus grande dans Dieu, que son être infiniment parfait est au-dessus du nôtre. La véritable et la seule liberté est donc le pouvoir de faire ce que l'on choisit de faire; et toutes les objections que l'on fait contre cette espèce de liberté détruisent également celle de Dieu et celle de l'homme; et, par conséquent, s'il s'ensuivait que l'homme ne fût pas libre, parce que sa volonté est toujours déterminée par les choses que son entendement juge être les meilleures, il s'ensuivrait aussi que Dieu ne serait point libre, et que tout serait effet sans cause dans l'univers; ce qui est absurde.

Les personnes, s'il y en a, qui osent douter de la liberté de Dieu, se fondent sur ces arguments: Dieu, étant infiniment sage, est forcé, par une nécessité de nature, à vouloir toujours le meilleur; donc toutes ses actions sont nécessaires. Il y a trois réponses à cet argument : 1° Il faudrait commencer par établir ce que c'est que le meilleur rapport à Dieu, et antécédemment à sa volonté; ce qui peut-être ne serait pas aisé.

Cet argument se réduit donc à dire que Dieu est nécessité à faire ce qui lui semble le meilleur, c'est-à-dire à faire sa volonté; or, je demande s'il y a une autre sorte de liberté, et si faire ce que l'on veut et ce que l'on juge le plus avantageux, ce qui plaît enfin, n'est pas précisément être libre. 2° Cette nécessité de faire toujours le meilleur ne peut jamais être qu'une nécessité morale; or, une nécessité morale n'est pas une nécessité absolue. 3° Enfin, quoiqu'il soit impossible à Dieu, d'une impossibilité morale, de déroger à ses attributs moraux, la nécessité de faire toujours le meilleur, qui en est une suite nécessaire, ne détruit pas plus sa liberté que la nécessité d'être présent partout, éternel, immense, etc.

L'homme est donc, par sa qualité d'être intelligent, dans la nécessité de vouloir ce que son jugement lui présente être le meilleur. S'il en était autrement, il faudrait qu'il fût soumis à la détermination d. quelque autre que lui-même; et il ne serait plus libre; car vouloir ce qui ne ferait pas plaisir est une véritable contradiction, et faire ce que l'on juge le meilleur, ce qui fait plaisir, c'est être libre. A peine pourrions-nous concevoir un être plus libre, qu'en tant qu'il est capable de faire ce qui lui plaît; et tant que l'homme a cette liberté, il est aussi libre qu'il est possible à la liberté de le rendre libre, pour me servir des termes de M. Locke. Enfin l'Achille des ennemis de la *liberté* est cet argument-ci : « Dieu est omniscient; le présent, l'avenir, le passé, sont également présents à ses yeux : or, si Dieu sait tout ce que je dois faire, il faut absolument que je me détermine à agir de la façon dont il l'a prévu : donc nos actions ne sont pas libres; car si quelques-unes des choses futures étaient contingentes ou incertaines; si elles dépendaient de la liberté de l'homme; en un mot, si elles pouvaient arriver ou n'arriver pas, Dieu ne les pourrait pas prévoir. Il ne serait donc pas omniscient. »

Il y a plusieurs réponses à cet argument qui paraît d'abord invincible. 1° La prescience de Dieu n'a aucune influence sur la manière de l'existence des choses. Cette prescience ne donne pas aux choses plus de certitude qu'elles n'en auraient, s'il n'y avait pas de prescience; et si l'on ne trouve pas d'autres raisons, la seule considération de la certitude de la prescience divine ne serait pas capable de détruire cette liberté; car la prescience de Dieu n'est pas la cause de l'existence des choses, mais elle est elle-même fondée sur leur existence. Tout ce qui existe aujourd'hui ne peut pas ne point exister pendant qu'il existe; et il était hier de toute éternité aussi certainement vrai que les choses qui existent aujourd'hui devaient exister, qu'il est maintenant certain que ces choses existent.

2° La simple prescience d'une action, avant qu'elle soit faite, ne diffère en rien de la connaissance qu'on en a après qu'elle est faite. Ainsi la prescience ne change rien à la certitude d'événement. Car, supposé pour un moment que l'homme soit libre, et que ses actions ne puissent être prévues, n'y aura-t-il pas, malgré cela, la même certitude d'événement dans la nature des choses; et malgré la liberté, n'y a-t-il pas eu hier et de toute éternité une aussi grande certitude que je ferais une telle action aujourd'hui, qu'il y en a actuellement que je fais cette action? Ainsi, quelque difficulté qu'il y ait à concevoir la manière dont la prescience de Dieu s'accorde avec notre liberté, comme cette prescience ne renferme qu'une certitude d'événement qui se trouverait toujours dans les choses, quand même elles ne seraient pas prévues, il est évident qu'elle ne renferme aucune nécessité et qu'elle ne détruit point la possibilité de la liberté.

La prescience de Dieu est précisément la même chose que sa connaissance. Ainsi, de même que sa connaissance n'influe en rien sur les choses qui sont actuellement, de même sa prescience n'a aucune influence sur celles qui sont à venir; et si la liberté est possible d'ailleurs, le pouvoir qu'a Dieu de juger infailliblement des événements libres, ne peut les faire devenir nécessaires, puisqu'il faudrait, pour cela, qu'une action pût être libre et nécessaire en même temps.

3° Il ne nous est pas possible, à la vérité, de concevoir comment Dieu peut prévoir les choses futures, à moins de supposer une chaîne de causes nécessaires; car de dire, avec les scolastiques, que tout est présent à Dieu, non pas, à la vérité, dans sa propre mesure; mais dans une autre mesure, *non in mensura propria, sed in mensura aliena*, ce serait mêler du comique à la question la plus importante que les hommes puissent agiter. Il vaut beaucoup mieux avouer que les difficultés que nous trouvons à concilier la prescience de Dieu avec notre liberté viennent de notre ignorance sur les attributs de Dieu, et non pas de l'impossibilité absolue qu'il y a entre la prescience de Dieu et notre liberté; car l'accord de la prescience avec notre liberté n'est pas plus incompréhensible pour nous que son *ubiquité*, sa durée infinie déjà écoulée, sa durée infinie à venir, et tant de choses qu'il nous sera toujours impossible de nier et de connaître. Les attributs infinis de l'Être suprême sont des abîmes où nos faibles lumières s'anéantissent. Nous ne savons et nous ne pouvons savoir quel rapport il y a entre la prescience du Créateur et la liberté de la créature; et comme le dit le grand Newton : *Ut cæcus ideam non habet colorum, sic nos ideam non habemus modorum quibus Deus sapientissimus sentit et intelligit omnia;* ce qui veut dire en français : « De même que les aveugles n'ont aucune idée des couleurs, ainsi nous ne pouvons comprendre la façon dont l'Être infiniment sage voit et connaît toutes choses. »

4° Je demanderais de plus à ceux qui, sur la considération de la prescience divine, nient la liberté de l'homme, si Dieu a pu créer des créatures libres. Il faut bien qu'ils répondent qu'il l'a pu; car Dieu peut tout, hors les contradictions; et il n'y a que les attributs auxquels l'idée de l'existence nécessaire de l'indépendance absolue est attachée, dont la communication implique contradiction. Or, la liberté n'est certainement pas dans ce cas; car, si cela était, il serait impossible que nous nous crussions libres, comme il l'est que nous nous croyions infinis, tout-puissants, etc. Il faut donc avouer que Dieu a pu créer des choses libres, ou dire qu'il n'est pas tout-puissant, ce que je crois, personne ne dira. Si donc Dieu a pu créer des êtres libres, on peut supposer qu'il l'a fait, et si créer des êtres libres et prévoir leur détermination était une contradiction, pourquoi Dieu, en créant des êtres libres, n'aurait-il pas pu ignorer l'usage qu'ils feraient de la liberté qu'il leur a donnée? Ce n'est pas limiter la puissance divine, que de la borner aux seules contradictions. Or, créer des créatures libres, et gêner de quelque façon que ce puisse être leur détermination, c'est une contradiction dans les termes; car c'est créer des créatures libres et non libres en même temps. Ainsi il s'ensuit nécessairement du pouvoir que Dieu a de créer des êtres libres, que, s'il a créé de tels êtres, sa prescience ne détruit point leur liberté, ou bien qu'il ne prévoit pas leurs actions; et celui qui, sur cette supposition, nierait la prescience de Dieu, ne nierait pas plus sa toute-science que celui qui dirait que Dieu ne peut pas faire ce qui implique contradiction, ne nierait sa toute-puissance.

Mais nous ne sommes pas réduits à faire cette supposition; car il n'est pas nécessaire que je comprenne la façon dont la prescience divine et la liberté de l'homme s'accordent, pour admettre l'une et l'autre. Il me suffit d'être assuré que je suis libre, et que Dieu prévoit tout ce qui doit arriver; car alors je suis obligé de conclure que son omniscience et sa prescience ne gênent point ma liberté, quoique je ne puisse point concevoir comme cela se fait; de même que lorsque je me suis prouvé un Dieu, je suis obligé d'admettre la création *ex nihilo*, quoiqu'il me soit impossible de la concevoir.

5° Cet argument de la prescience de Dieu, s'il avait quelque force contre la liberté de l'homme, détruirait encore également celle de Dieu; car si Dieu prévoit tout ce qui arrivera, il n'est donc pas en son pouvoir de ne pas faire ce qu'il a prévu qu'il ferait. Or il a été démontré ci-dessus que Dieu est libre; la liberté est donc possible; Dieu a donc pu donner à ses créatures une petite portion de liberté, de même qu'il leur a donné une petite portion d'intelligence. La liberté dans Dieu est le pouvoir de penser toujours tout ce qui lui plaît, et de faire toujours tout ce qu'il veut. La liberté donnée de Dieu à l'homme est le pouvoir faible et limité d'opérer certains mouvements, et de s'appliquer à quelques pensées. La liberté des enfants qui ne réfléchissent jamais consiste seulement à vouloir et à opérer certains mouvements. Si nous étions toujours libres, nous serions semblables à Dieu. Contentons-nous donc d'un partage convenable au rang que nous tenons dans la nature; mais parce que nous n'avons pas les attributs d'un Dieu, ne renonçons pas aux facultés d'un homme.

DLXXX. — AU MÊME.

Du 24 octobre

Monseigneur, l'admiration, le respect, la reconnaissance, souffrez que je dise encore le tendre attachement pour Votre Altesse royale, ont dicté toutes mes lettres, et ont occupé mon cœur. La douleur la plus vive vient aujourd'hui se mêler à ces sentiments. Voici un extrait de la lettre que je reçois dans le moment d'un homme aussi attaché que moi à Votre Altesse royale. Cet extrait parlera mieux que tout ce que je pourrais dire.

Comme je n'ai aucune connaissance de ce dont il s'agit que par la lettre de M. Thieriot, je ne peux que montrer ici à Votre Altesse royale l'accablement où je suis. Vous voyez les choses de plus près, monseigneur, et vous seul pouvez savoir ce qu'il convient de faire. Je voudrais bien que l'auteur d'un pareil libelle[2] fût exemplairement puni; mais probablement le mépris dû à cette infamie aura sauvé le coupable, que d'ailleurs son obscurité et sa bassesse mettent sans doute en sûreté. Peut-être le roi votre père ignore-t-il cette sottise; rarement les injures de la canaille parviennent-elles jusqu'aux oreilles des rois; et si elles se font entendre, c'est un bourdonnement d'insectes qui est presque toujours négligé, parce qu'il ne peut ni nuire ni choquer. Un coquin obscur peut bien faire une satire punissable; mais il ne peut offenser un souverain. Quand un misérable est assez fou pour oser faire un libelle contre un roi, ce n'est pas le roi qu'il outrage, c'est uniquement le nom de celui sous lequel il se cache pour donner cours à son libelle. La clémence du roi votre père peut pardonner au satirique; mais sa justice ne laisserait pas en paix le calomniateur, s'il était connu.

Pour moi, monseigneur, j'avoue que je suis aussi sensiblement affligé que si on m'accusait d'avoir manqué personnellement à Votre Altesse royale; et n'est-ce pas en effet s'attaquer à votre propre personne, que de manquer de respect au roi? Peut-être la chose dont je vous parle est inconnue; peut-être, si elle a été connue, elle a déjà le sort de tout mauvais libelle, d'être oublié bien vite. Mais enfin j'ai cru qu'il était de mon devoir de vous en avertir.

Je ne songe au reste, monseigneur, dans les moments de relâche que me donne ma mauvaise santé, qu'à me rendre un peu moins indigne de vos bontés, en étudiant de plus en plus des arts que vous protégez, et que vous daignez cultiver vous-même. Je regarde la vie que mène Votre Altesse royale comme le modèle de la vie privée; mais, si jamais vous étiez sur le trône, les rois devraient faire alors ce que nous faisons à présent, nous autres petits particuliers, prendre exemple de vous.

Mme la marquise du Châtelet est aussi sensible à l'honneur de votre souvenir qu'elle en est digne. Son âme pense en tout comme la vôtre. Nous étions faits pour être vos sujets. Je suis persuadé que, si vous regardiez bien dans vos titres, vous verriez que le marquisat de Cirey est une ancienne dépendance du Brandebourg; cela est plus sûr que la fondation de Remusberg par Rémus.

Nous sommes toujours incertains si le paquet d'octobre pour Votre

---

1. Comme la division du prince royal et du roi avait éclaté, il était tout simple que les ennemis de M. de Voltaire l'accusassent, en qualité d'ami du prince royal, du tout ce qu'on écrivait contre le roi; d'autant plus que cette calomnie pouvait nuire au prince comme à M. de Voltaire. (*Éd. de Kehl.*)
2. *Lettre de don Quichotte au chevalier des Cygnes.* (ÉD.)

Altesse royale, et celui pour votre aimable ambassadeur, sont parvenus à votre adresse.

Je suis, avec le plus profond respect, et avec l'attachement le plus inviolable et le plus tendre, etc.

DLXXXI. — A M. LE COMTE D'ARGENTAL.

A Cirey, ce 2 novembre.

Tout mon chagrin est donc à présent de ne pouvoir vous embrasser en vous félicitant du meilleur de mon cœur. Il ne me manque pour sentir un bonheur parfait que d'être témoin du vôtre. Que je suis enchanté, mon cher et respectable ami, de ce que vous venez de faire ! que je reconnais bien là votre cœur tendre et votre esprit ferme !

On disait que l'Hymen a l'intérêt pour père;
Qu'il est triste, sans choix, aveugle, mercenaire :
Ce n'est point là l'Hymen; on le connaît bien mal.
Ce dieu des cœurs heureux est chez vous, d'Argental;
La Vertu la conduit, la Tendresse l'anime;
Le Bonheur sur ses pas est fixé sans retour;
Le véritable Hymen est le fils de l'Estime,
Et le frère du tendre Amour.

Permettez-moi donc de vous faire ici à tous deux des compliments de la part de tous les honnêtes gens, de tous les gens qui pensent, de tous les gens aimables. Mon Dieu ! que vous avez bien fait l'un et l'autre ! Partagez, madame, les bontés de M. d'Argental pour moi. Ah ! s'il vous prenait fantaisie à tous deux de venir passer quelque temps à la campagne, pendant qu'on dorera votre cabinet, qu'on achèvera votre meuble, Mme du Châtelet va vous en écrire sur cela de bonnes. Enfin ne nous ôtez point l'espérance de vous revoir. Les heureux n'ont point besoin de Paris. Nous n'irons point; il faut donc que vous veniez ici. Vivez heureux, couple aimable, couple estimable. Vendez vite votre vilaine charge de conseiller au parlement, qui vous prend un temps que vous devez aux charmes de la société; quittez ce triste fardeau qui fait qu'on se lève matin. Il n'y a pas moyen que le plaisir dont votre bonheur me pénètre me permette de vous parler d'autre chose. Une autre fois je vous entretiendrai de Melpomène, de Thalie; mais aujourd'hui la divinité à qui vous sacrifiez a tout mon encens.

DLXXXII. — A M. THIERIOT.

A Cirey, le 3 novembre.

N'osant vous écrire par la poste, je me sers de cet homme qui part de Cirey, et qui se charge de ma lettre. Croiriez-vous bien que la plus lâche, la plus infâme calomnie qu'un prêtre puisse inventer a été cause de mon voyage en Hollande ? Vous avez été, avec plusieurs honnêtes gens, enveloppé vous-même dans cette calomnie absurde dont vous ne vous doutez pas. Il ne m'est pas permis encore de vous dire ce que c'est. Je vous demande même en grâce, mon cher ami, au nom de la tendre amitié qui nous unit depuis plus de vingt ans, et qui ne finira qu'avec ma vie, de ne paraître pas seulement soupçonner que vous sachiez qu'il y a eu une calomnie sur notre compte. Ne dites point surtout que vous ayez reçu de lettre de moi; cela est de très-grande conséquence. Il vous paraîtra sans doute surprenant qu'il y ait une pareille inquisition secrète; mais enfin elle existe, et il faut que les honnêtes gens, qui sont toujours les plus faibles, cèdent aux plus forts. J'avais voulu vous écrire par M. l'abbé du Resnel, qui est venu passer un mois à Cirey, et je ne me suis privé de cette consolation que parce qu'il ne devait retourner à Paris qu'après la Saint-Martin. Mon cher Thieriot, quand vous saurez de quoi il a été question, vous rirez, et vous serez indigné à l'excès de la méchanceté et du ridicule des hommes. J'ai bien fait de ne vivre que dans la cour d'Émilie, et vous faites très-bien de ne vivre que dans celle de Pollion.

Je lus, il y a un mois, le petit extrait que Mlle Deshayes avait fait de l'ouvrage de l'*Euclide-Orphée*, et je dis à Mme du Châtelet : « Je suis sûr qu'avant qu'il soit peu, Pollion épousera cette muse-là. » Il y avait dans ces trois ou quatre pages une sorte de mérite peu commun; et cela, joint à tant de talents et de grâces, fait en tout une personne si respectable, qu'il était impossible de ne pas mettre tout son bonheur et toute sa gloire à l'épouser. Que leur bonheur soit public, mon cher ami, et que mes compliments soient bien secrets, je vous en conjure. Je souhaite qu'on se souvienne de moi dans votre Temple des Muses, je veux être oublié partout ailleurs.

Je viens de lire les paroles de *Castor et Pollux*. Ce poëme est plein de diamants brillants; cela étincelle de pensées et d'expressions fortes. Il y manque quelque petite chose que nous sentons bien tous, et que l'auteur sent aussi; mais c'est un ouvrage qui doit faire grand honneur à son esprit. Je n'en sais pas le succès; il dépend de la musique, et des fêtes, et des acteurs. Je souhaiterais de voir cet opéra avec vous, d'en embrasser les auteurs, de souper avec eux et avec vous, mon cher ami, si je pouvais souhaiter quelque chose; mais mon petit paradis terrestre me retiendra jusqu'à ce que quelque diable m'en chasse.

Vous savez peut-être que le seul vrai prince qu'il y ait en Europe nous a envoyé dans notre Éden un petit ambassadeur, qu'il qualifie de son ami intime, et qui mérite ce titre. Les autres rois n'ont que des courtisans, mais notre prince n'aura que des amis. Nous avons reçu celui-ci comme Adam et Ève reçoivent l'ange dans le *Paradis* de Milton; à cela près qu'il a fait meilleure chère, et qu'il a eu des fêtes plus galantes. Notre prince devient tous les jours plus étonnant; c'est un prodige de talents et de vraie vertu. Je crains qu'il ne meure. Les hommes ne sont pas faits pour être gouvernés par un tel homme; ils ne méritent pas d'être heureux.

Il m'envoie quelquefois de gros paquets qui sont six mois en route, et qui probablement arriveraient plus tôt s'ils passaient par vos mains. Je voudrais bien que vous fussiez notre unique correspondant. Je me flatte que dans peu il me sera permis d'écrire librement à mes amis. Le nombre ne sera pas grand, et vous serez toujours à la tête.

Vous devriez bien aller voir mes nièces, qui ont perdu leur père. Vous me ferez grand plaisir de leur parler de leur oncle le solitaire (sans témoins s'entend). Il y a là une nièce aînée[1] qui est une élève de Rameau, et qui a l'esprit aimable. Je voudrais bien l'avoir auprès de moi, aussi bien que sa sœur[2]. Vous pourriez leur en inspirer l'envie ; elles ne se repentiraient pas du voyage.

Mandez-moi donc des nouvelles de votre santé, de vos plaisirs, de tout ce qui vous regarde, et de nos amis, que j'embrasse en bonne fortune. Adieu, mon très-cher ami, que j'aimerai toujours.

DLXXXIII. — AU MÊME.

Novembre.

Je n'ai reçu qu'aujourd'hui votre lettre du 22, mon cher ami. La route est plus longue, mais plus sûre. Nos cœurs peuvent se parler, et voilà ce que je voulais.

Premièrement je ne vous crois point instruit de la raison qui m'a obligé à me priver si longtemps du commerce de mes amis ; mais je crois enfin pouvoir vous la dire. Savez-vous bien qu'on avait accusé plusieurs personnes d'*athéisme ?* Savez-vous bien que vous étiez du nombre ? Je n'en dirai pas plus. Ah ! mon ami, que nous sommes loin de mériter cette sotte et abominable accusation ! Il est au moins de notre intérêt qu'il y ait un Dieu, et qu'il punisse ces monstres de la société, ces scélérats qui se font un jeu de la plus damnable imposture.

A l'égard de la nouvelle calomnie dont vous me parlez, j'ai cru devoir en écrire à Son Altesse royale. Je vous instruis de cette démarche, afin que vous vous y conformiez, et que vous m'éclairiez, en cas que cette impertinence continue. Le roi de Prusse, avec de grands États, beaucoup d'argent comptant, et une armée de géants, peut très-bien se moquer d'un sot libelle ;

Mais moi, chétif, qui ne suis roi, ni rien,

je tremble toujours de la calomnie, quelque absurde qu'elle soit, et je suis comme le lièvre, qui craignait qu'on ne prît ses oreilles pour des cornes.

Tout cela m'attristerait bien ; mais la vie douce dont je jouis me console ; la sagesse, l'esprit, la bonté extrême dont le prince royal m'honore, me rassurent ; et je ne crains pas avec votre amitié.

DLXXXIV. — DE FRÉDÉRIC, PRINCE ROYAL DE PRUSSE.

A Reinusberg, ce 10 novembre.

Monsieur, je vous avoue qu'il n'est rien de plus trompeur que de juger les hommes sur leur réputation. L'Histoire du Czar, que je vous envoie, m'oblige de me rétracter de ce que la haute opinion que j'avais de ce prince m'avait fait avancer. Il vous paraîtra, dans cette histoire,

---

1. Louise Mignot, depuis Mme Denis. (ÉD.)
2. Marie-Élisabeth Mignot, qui épousa en premières noces M. de Dompierre de Fontaine, et en secondes noces le marquis de Florian. (ÉD.)

bien différent de ce qu'il est dans votre imagination; et c'est, si je peux m'exprimer ainsi, un homme de moins dans le monde réel.

Un concours de circonstances heureuses, des événements favorables, et l'ignorance des étrangers, ont fait du czar un fantôme héroïque, de la grandeur duquel personne ne s'est avisé de douter. Un sage historien, en partie témoin de sa vie, lève un voile indiscret, et nous fait voir ce prince avec tous les défauts des hommes, et avec peu de vertus. Ce n'est plus cet esprit universel qui conçoit tout, et qui veut tout approfondir; mais c'est un homme gouverné par des fantaisies assez nouvelles pour donner un certain éclat et pour éblouir. Ce n'est plus ce guerrier intrépide, qui ne craint et ne connaît aucun péril, mais un prince lâche, timide, et que sa brutalité abandonne dans les dangers; cruel dans la paix, faible à la guerre, admiré des étrangers, haï de ses sujets; un homme enfin qui a poussé le despotisme aussi loin qu'un souverain puisse le pousser, et auquel la fortune a tenu lieu de sagesse; d'ailleurs, grand mécanicien, laborieux, industrieux, et prêt à tout sacrifier à sa curiosité.

Tel vous paraîtra, dans ces Mémoires, le czar Pierre Ier. Et, quoiqu'on soit obligé de détruire une infinité de préjugés avant que d'avoir le cœur de se le représenter ainsi dépouillé de ses grandes qualités, il est cependant sûr que l'auteur n'ayance rien qu'il ne soit pleinement en état de prouver.

On peut conclure de là qu'on ne saurait être assez sur ses gardes en jugeant les grands hommes. Tel qui a vu Pompée avec des yeux d'admiration, dans l'Histoire romaine, le trouve bien différent quand il apprend à le connaître par les *Lettres de Cicéron*. C'est proprement de la faveur des historiens que dépend la réputation des princes. Quelques apparences de grandes actions ont déterminé les écrivains de ce siècle en faveur du czar, et leur imagination a eu la générosité d'ajouter à son portrait ce qu'ils ont cru qui pouvait y manquer.

Il se peut qu'Alexandre n'ait été qu'un brigand fameux ; Quinte-Curce a cependant trouvé le moyen, soit pour abuser de la crédulité des peuples, soit pour étaler l'élégance de son style, de le faire passer, dans l'esprit de tous les siècles, pour un des plus grands hommes que jamais la terre ait portés. Combien d'exemples ne fournissent pas les historiens d'une prédilection marquée pour la gloire de certains princes ! Mais s'ils ont donné des exemples de leur bienveillance, l'histoire nous en fournit aussi de leur haine et de leur noirceur. Rappelez-vous les différents caractères attribués à Julien l'Apostat. La haine, la fureur, la rage de vos saints évêques, l'ont défiguré de façon qu'à peine ses traits sont reconnaissables dans les portraits que leur malignité en a faits. Des siècles entiers ont eu ce prince en horreur ; tant le témoignage de ces imposteurs a fait impression sur les esprits ! Enfin, un sage est venu qui, s'apercevant de l'artifice des moines historiens, rend ses vertus à l'empereur Julien, et confond la calomnie des pères de votre Église.

Toutes les actions des hommes sont sujettes à des interprétations différentes. On peut répandre du venin sur les bonnes, et donner aux mauvaises un tour qui les rende excusables et même louables; et c'est la partialité ou l'impartialité de l'historien qui décide le jugement du public et de la postérité.

Je vous remets entre les mains tout ce que j'ai pu amasser de plus curieux sur l'histoire que vous m'avez demandée : ces mémoires contiennent des faits aussi rares qu'inconnus : ce qui fait que je puis me flatter de vous avoir fourni une pièce que vous n'auriez pu avoir sans moi; et j'aurai le même mérite, relativement à votre ouvrage, que celui qui fournit de bons matériaux à un architecte fameux.

Ayez la bonté de remettre cette *Épître* à l'incomparable Émilie. J'ai consacré ma muse en travaillant pour elle. Je lui demande une critique sévère pour récompense de mes peines; et si j'ai eu la témérité de m'élever trop haut, ma chute ne peut être que glorieuse, semblable à ces illustres malheureux que leurs sottises ont rendus célèbres. J'ajoute à tout ceci quelques autres enfants de mon loisir, que je vous prierai de corriger avec une exactitude didactique.

Donnez-moi, je vous prie, des nouvelles, et répondez-moi par le porteur de cette lettre. Il y a plus d'un mois que je n'ai reçu de lettres de Cirey. N'alarmez pas en vain mon amitié par les craintes où je suis pour votre santé. Dites-moi, du moins : « Je vis, je respire. » Vous me devez ces petits soins plus qu'à personne, puisque peu de personnes peuvent avoir pour vous autant d'estime que j'en ai, et que, quand même on aurait toute cette estime, on n'aurait pourtant pas toute la reconnaissance avec laquelle je suis, monsieur, votre très-fidèlement affectionné ami, FRÉDÉRIC.

DLXXXV. — A M. L'ABBÉ MOUSSINOT.

Novembre.

Votre patience, mon cher abbé, va être mise à une étrange question; je tremble qu'elle n'en puisse soutenir l'épreuve. J'espère tout de votre amitié. Affaires temporelles, affaires spirituelles, ce sont là les deux grands sujets du long bavardage que je vais vous faire.

M. de Lézeau me doit trois ans; il faut le presser sans trop l'importuner. Une lettre au prince de Guise; cela ne coûte rien et avance les affaires. Les Villars et les d'Auneuil doivent deux années; il faut poliment et sagement remontrer à ces messieurs leurs devoirs à l'égard de leurs créanciers. Il faut aussi terminer avec M. de Richelieu, et en passer par où l'on voudra. J'aurais de grandes objections à faire sur ce que l'on me propose; mais j'aime encore mieux une conclusion qu'une objection. Concluez donc, mon cher ami, je m'en rapporte aveuglément à vos lumières, qui me sont toujours très-utiles.

Prault doit donner cinquante francs à monsieur votre frère. Je le veux; c'est un petit pot de vin, une petite bagatelle qui est entrée dans mon marché; et, quand cette bagatelle sera payée, monsieur votre frère grondera de ma part le négligent Prault, qui, dans les envois des livres que je veux, met toujours des retards qui m'impatientent cruellement; rien de tout ce qu'il m'expédie n'arrive à point nommé.

Monsieur votre frère demandera ensuite à ce libraire, ou à tel autre qu'il voudra; un *Puffendorf*; la *Chimie* de Boërhaave la plus complète; une *Lettre sur la divisibilité de la matière*, chez Jombert; la *Table des trente premiers tomes de l'Histoire de l'Académie des sciences*; Mariotte, *de la Nature de l'Air*; idem, *du Froid et du Chaud*; Boyle, *De ratione inter ignem et flammam*, difficile à trouver: c'est l'affaire de monsieur votre frère.

Autres commissions. Deux rames de papier de ministre, autant de papier à lettres : le tout papier de Hollande; douze bâtons de cire d'Espagne à l'esprit-de-vin, une sphère copernicienne, un verre ardent des plus grands, mes estampes du Luxembourg, deux globes avec leurs pieds, deux thermomètres, deux baromètres (les plus longs sont les meilleurs); deux planches bien graduées, des terrines, des retortes. En fait d'achat, mon ami, qu'on préfère toujours le beau et le bon un peu cher au médiocre moins coûteux.

Voilà pour le bel esprit qui cherche à s'instruire à la suite des Fontenelle, des Boyle, des Boërhaave, et autres savants. Ce qui suit est pour l'homme matériel, qui digère fort mal; qui a besoin de faire, à ce qu'on lui dit, de grands exercices, et qui, outre ce besoin de nécessité, a encore d'autres besoins de société. Je vous prie, en conséquence, de lui faire acheter un bon fusil, une jolie gibecière avec appartenances, marteaux d'armes, tire-bourre; et grandes boucles de diamants pour souliers, autres boucles à diamants pour jarretières; vingt livres de poudre à poudrer, dix livres de poudre de senteur, une bouteille d'essence au jasmin, deux énormes pots de pommade à la fleur d'orange, deux houppes à poudrer, un très-bon couteau, trois éponges fines, trois balais pour secrétaire, quatre paquets de plumes, deux pinces de toilette très-propres, une paire de ciseaux de poche très-bons, deux brosses à frotter, enfin trois paires de pantoufles bien fourrées : et puis, je ne me souviens de rien de plus.

De tout cela on fera un ballot, deux s'il le faut, trois même s'ils sont nécessaires. Votre emballeur est excellent. Envoyez le tout par Joinville, non à mon adresse, car je suis en Angleterre (je vous prie de vous en souvenir), mais à l'adresse de Mme de Champbonin.

Tout cela coûte, me direz-vous; et où prendre l'argent? Où vous voudrez, mon cher abbé. On a des actions, on en fond. Il ne faut jamais rien négliger de son plaisir, parce que la vie est courte. Je serai tout à vous pendant cette courte vie.

DLXXXVI. — DE FRÉDÉRIC, PRINCE ROYAL DE PRUSSE.
Remusberg, le 19 novembre.

Monsieur, je n'ai pas été le dernier à m'apercevoir des langueurs de notre correspondance. Il y avait environ deux mois que je n'avais reçu de vos nouvelles, quand je fis partir, il y a huit jours, un gros paquet pour Cirey. L'amitié que j'ai pour vous m'alarmait furieusement. Je m'imaginais, ou que des indispositions vous empêchaient de me répondre, ou quelquefois même j'appréhendais que la délicatesse de votre tempérament n'eût cédé à la violence et à l'acharnement de la maladie. Enfin, j'étais dans la situation d'un avare qui croit ses trésors en un danger évident. Votre lettre vient sur ces entrefaites; elle dissipe non-seulement mes craintes, mais encore elle me fait sentir tout le plaisir qu'un commerce comme le vôtre peut produire.

Être en correspondance, c'est être en trafic de pensées; mais j'ai cet avantage de notre trafic, que vous me donnez en retour de l'esprit et des vérités. Qui pourrait être assez brute, ou assez peu intéressé, pour ne pas chérir un pareil commerce? En vérité, monsieur, quand on vous connaît une fois, on ne saurait plus se passer de vous, et votre correspondance m'est devenue comme une des nécessités indispensables de la vie. Vos idées servent de nourriture à mon esprit.

Vous trouverez dans le paquet que je viens de dépêcher, l'Histoire du czar Pierre Ier. Celui qui l'a écrite a ignoré absolument à quel usage je la destinais. Il s'est imaginé qu'il n'écrivait que pour ma curiosité: et de là il s'est cru permis de parler avec toute la liberté possible du gouvernement et de l'état de la Russie. Vous trouverez dans cette histoire des vérités qui, dans le siècle où nous sommes, ne se comportent guère avec l'impression. Si je ne me reposais entièrement sur votre prudence, je me verrais obligé de vous avertir que certains faits contenus dans ce manuscrit doivent être retranchés tout à fait, ou, du moins, traités avec tout le ménagement imaginable; autrement vous pourriez vous exposer au ressentiment de la cour russienne. On ne manquerait pas de me soupçonner de vous avoir fourni les anecdotes de cette histoire, et ce soupçon retomberait infailliblement sur l'auteur qui les a compilées. Cet ouvrage ne sera pas lu; mais tout le monde ne se lassera point de vous admirer.

Qu'une vie contemplative est différente de ces vies qui ne sont qu'un tissu continuel d'actions! Un homme qui né s'occupe qu'à penser peut penser bien et s'exprimer mal; mais un homme d'action, quand il s'exprimerait avec toutes les grâces imaginables, ne doit point agir faiblement. C'est une pareille faiblesse qu'on reprochait au roi d'Angleterre Charles II. On disait de ce prince, qu'il ne lui était jamais échappé de parole qui ne fût bien placée, et qu'il n'avait jamais fait d'action qu'on pût nommer louable.

Il arrive souvent que ceux qui déclament le plus contre les actions des autres font pire qu'eux, lorsqu'ils se trouvent dans les mêmes circonstances. J'ai lieu de craindre que cela ne m'arrive un jour, puisqu'il est plus facile de critiquer que de faire, et de donner des préceptes que de les exécuter. Et, après tout, les hommes sont si sujets à se laisser séduire, soit par la présomption, soit par l'éclat de la grandeur, ou soit par l'artifice des méchants, que leur religion peut être surprise, quand même ils auraient les intentions les plus intègres et les plus droites.

L'idée avantageuse que vous vous faites de moi ne serait-elle pas fondée sur celles que mon cher Césarion vous en a données? En vérité, on est bien heureux d'avoir un pareil ami. Mais souffrez que je vous détrompe, et que je vous fasse en deux mots mon caractère, afin que vous ne vous y mépreniez plus; à condition toutefois que vous ne m'accuserez pas du défaut qu'avait votre défunt ami *Chaulieu*, qui parlait toujours de *lui-même*. Fiez-vous sur ce que je vais vous dire.

J'ai peu de mérite et peu de savoir; mais j'ai beaucoup de bonne volonté, et un fonds inépuisable d'estime et d'amitié pour les personnes d'une vertu distinguée; et avec cela je suis capable de toute la constance que la vraie amitié exige. J'ai assez de jugement pour vous rendre toute la justice que vous méritez; mais je n'en ai pas assez pour m'empêcher de faire de mauvais vers. *La Henriade* et vos magnifiques pièces de poésies m'ont engagé à faire quelque chose de semblable; mais mon dessein est avorté, et il est juste que je reçoive le correctif de celui d'où m'était venue la séduction.

Rien ne peut égaler la reconnaissance que j'ai de ce que vous vous êtes donné la peine de corriger mon ode. Vous m'obligez sensiblement. Mais comment pourrais-je remettre la main à cette ode, après que vous l'avez rendue parfaite? et comment pourrais-je supporter mon bégaiement, après vous avoir entendu articuler avec tant de charmes?

Si ce n'était abuser de votre amitié, et vous dérober de ces moments que vous employez si utilement pour le bien public, pourrais-je vous prier de me donner quelques règles pour distinguer les mots qui conviennent aux vers de ceux qui appartiennent à la prose? Despréaux ne touche point cette matière dans son *Art poétique*, et je ne sache pas qu'un autre auteur en ait traité. Vous pourriez, monsieur, mieux que personne, m'instruire d'un art dont vous faites l'honneur, et dont vous pourriez être nommé le père.

L'exemple de l'incomparable Émilie m'anime et m'encourage à l'étude. J'implore le secours des deux divinités de Cirey, pour m'aider à surmonter les difficultés qui s'offrent dans mon chemin. Vous êtes mes lares et mes dieux tutélaires, qui présidez dans mon Lycée et dans mon Académie.

  La sublime Émilie et le divin Voltaire
   Sont de ces présents précieux
   Qu'en mille ans, une fois ou deux,
  Daignent faire les cieux pour honorer la terre.

Il n'y a que Césarion qui puisse vous avoir communiqué les pièces de ma musique. Je crains fort que des oreilles françaises n'aient guère été flattées par des sons italiens, et qu'un art qui touche les sens puisse plaire à des personnes qui trouvent tant de charmes dans des plaisirs intellectuels. Si cependant il se pouvait que ma musique eût eu votre approbation, je m'engagerais volontiers à chatouiller vos oreilles, pourvu que vous ne vous lassiez pas de m'instruire.

Je vous prie de saluer de ma part la divine Émilie, et de l'assurer de mon admiration. Si les hommes sont estimables de fouler aux pieds les préjugés et les erreurs, les femmes le sont encore davantage, parce qu'elles ont plus de chemin à faire avant que d'en venir là, et qu'il faut qu'elles détruisent plus que nous avant de pouvoir édifier. Que la marquise du Châtelet est louable d'avoir préféré l'amour de la vérité aux illusions des sens, et d'abandonner les plaisirs faux et passagers de ce monde, pour s'adonner entièrement à la recherche de la philosophie la plus sublime.

On ne saurait réfuter M. Wolff plus poliment que vous le faites. Vous rendez justice à ce grand homme, et vous marquez en même temps les endroits faibles de son système; mais c'est un défaut commun à tout système, d'avoir un côté moins fortifié que le reste. Les ouvrages des hommes se ressentiront toujours de l'humanité; et ce n'est pas de leur esprit qu'il faut attendre des productions parfaites. En vain les philosophes combattront-ils l'erreur; cette hydre ne se laisse point abattre; il y paraît toujours de nouvelles têtes, à mesure qu'on les a terrassées. En un mot, le système qui contient le moins de contradictions, le moins d'impertinences, et les absurdités les moins grossières, doit être regardé comme le meilleur.

Nous ne saurions exiger, avec justice, que messieurs les métaphysiciens nous donnent une carte exacte de leur empire. On serait bien embarrassé de faire la description d'un pays que l'on n'a jamais vu, dont on n'a aucune nouvelle, et qui est inaccessible. Aussi ces messieurs ne font-ils que ce qu'ils peuvent. Ils nous débitent leurs romans dans l'ordre le plus géométrique qu'ils ont pu imaginer; et leurs raisonnements, semblables à des toiles d'araignée, sont d'une subtilité presque imperceptible. Si les Descartes, les Locke, les Newton, les Wolff, n'ont pu deviner le mot de l'énigme, il est à croire, et l'on peut même affirmer, que la postérité ne sera pas plus heureuse que nous en ses découvertes.

Vous avez considéré ces systèmes en sage; vous en avez vu l'insuffisance, et vous y avez ajouté des réflexions très-judicieuses. Mais ce trésor que je possédais par procuration est entre les mains d'Émilie : je n'oserais le réclamer, malgré l'envie que j'en ai ; je me contenterai de vous en faire souvenir modestement pour ne pas perdre la valeur de mes droits.

En vérité, monsieur, si la nature a le pouvoir de faire une exception à la règle générale, elle en doit faire une en votre faveur; et votre âme devrait être immortelle, afin que Dieu pût être le rémunérateur de vos vertus. Le ciel vous a donné des gages d'une prédilection si marquée, qu'en cas d'un avenir, j'ose vous répondre de votre félicité éternelle. Cette lettre-ci vous sera remise par le ministère de M. Thieriot. Je voudrais non-seulement que mon esprit eût des ailes, pour qu'il pût se rendre à Cirey, mais je voudrais encore que ce moi matériel, enfin ce véritable moi-même, en eût pour vous assurer de vive voix de l'estime infinie avec laquelle je suis, monsieur, votre très-affectionné ami, FÉDÉRIC.

DLXXXVII. — A MADAME DE CHAMPBONIN.

De Cirey, décembre.

Aimable amie, je n'ai point été libre jusqu'à ce moment; pardon ! mais sachez que c'est à moi et à ma nièce à vous remercier. Sachez que c'est faire son bonheur que de la mettre près de vous. Vous avez tout, hors l'amour-propre. Le mien est extrême de pouvoir être uni à vous par les liens du sang, que je me propose; mais ne nous enivrons point des fumées d'un vin que nous n'avons point encore bu. Ne croyons jamais que ce qui est fait. Je crois l'affaire en train, mais qui peut répondre des événements? Je ne réponds que de mon cœur, qui est à vous pour toujours. Venez me voir, ma chère amie, quand vous passerez près de la ville des *Entre-sois*.

DLXXXVIII. — A M. L'ABBÉ MOUSSINOT.

Décembre.

Au lieu de l'argent que me doit Prault, mon cher abbé, je lui ai demandé des livres. Vous dites qu'il est mécontent, j'en suis surpris; il doit savoir qu'on ne s'interdit jamais la liberté des éditions étrangères. Sitôt qu'un livre est imprimé à Paris, avec privilége, les libraires de Hollande s'en saisissent, et le premier qui l'imprime est celui qui a le privilége exclusif dans ce pays-là; et, pour avoir ce droit d'imprimer le premier, il suffit de faire annoncer l'ouvrage dans les gazettes. C'est un usage établi, et qui tient lieu de loi.

Or, quand je veux favoriser un libraire de Hollande, je l'avertis de l'ouvrage que je fais imprimer en France, et je tâche qu'il en ait le premier exemplaire, afin qu'il prenne le devant sur ses confrères. J'ai donc promis à un libraire hollandais que je lui ferais avoir incessamment l'ouvrage en question, et je lui ai promis cette petite faveur pour l'indemniser de ce qu'on tarde à lui faire achever les *Éléments de la philosophie de Newton*, qu'il a commencés depuis près d'un an.

Il ne s'agit que de hâter Prault afin de hâter en même temps le petit avantage qui indemnisera le libraire hollandais que j'affectionne et qui est très-honnête homme. Le sieur Prault sait très-bien ce dont il s'agit. Son privilége est pour la France et non pour la Hollande; il n'a même transigé que sur ce pied-là, et à condition qu'on imprimerait à la fois à Paris et à Amsterdam.

Pour prévenir toute difficulté, envoyez-lui ce billet, et qu'il y mette sa réponse.

Vous voilà au fait, et je vous demande pardon de ce verbiage.

Prault doit encore cinquante francs à monsieur votre frère; je veux qu'il les paye. C'est un nouveau pot de vin que je le prie d'accepter. Je le prie aussi de m'envoyer la vieille tragédie de *Cresphonte* et tous les bouquins que j'ai notés sur le catalogue qu'il m'a fait parvenir.

DLXXXIX. — A M. THIERIOT.

A Cirey, le 6 décembre.

Je vois par votre lettre, mon cher ami, que vous êtes très-peu instruit de la raison qui m'a forcé de me priver, pour un temps, du commerce de mes amis; mais votre commerce m'est si cher, que je ne veux pas hasarder de vous en parler dans une lettre qui peut fort bien être ouverte, malgré toutes mes précautions.

J'ai cru devoir mander au prince royal la calomnie dont je vous remercie de m'avoir instruit. Vous croyez bien que je ne fais ni à lui ni à moi l'outrage de me justifier; je lui dis seulement que votre zèle extrême pour sa personne ne vous a pas permis de me cacher cette horreur, et que les mêmes sentiments m'engagent à l'en avertir. Je crois que c'est un de ces attentats méprisables, un de ces crimes de la canaille, que les rois doivent ignorer. Nous aut: philosophes, nous devons penser comme des rois; mais malheureusement la calomnie nous fait plus de mal réel qu'à eux.

Vous deviez bien m'envoyer les versiculets du prince et la réponse. Vous me direz que c'était à moi d'en faire, et que je suis bien impertinent de rester dans le silence quand les savants et les princes s'empressent à rendre hommage à Mme de La Popelinière.

<pre>
    Mais, quoi! si ma muse échauffée
    Eût loué cet objet charmant,
    Qui réunit si noblement
    Les talents d'Euclide et d'Orphée,
    Ce serait un faible ornement
    Au piédestal de son trophée.
    La louer est un vain emploi;
    Elle régnera bien sans moi
    Dans ce monde et dans la mémoire;
    Et l'heureux maître de son cœur,
    Celui qui fait seul son bonheur,
    Pourrait seul augmenter sa gloire.
</pre>

A propos de vers, on imprime l'*Enfant prodigue* un peu différent de la détestable copie qu'ont les comédiens, et que vous avez envoyée (dont j'enrage) au prince royal.

Je n'ai encore fait que deux actes de *Mérope*, car j'ai un cabinet de physique qui me tient au cœur.

Pluribus attentus, minor est ad singula sensus.

Je trouve dans *Castor et Pollux* des traits charmants; le tout ensemble n'est pas peut-être bien tissu. Il y manque le *molle et amœnum*, et même il y manque de l'intérêt. Mais, après tout, je vous avoue que j'aimerais mieux avoir fait une demi-douzaine de petits morceaux qui sont épars dans cette pièce qu'un de ces opéras insipides et uniformes. Je trouve encore que les vers n'en sont pas toujours bien lyriques, et je crois que le récitatif a dû beaucoup coûter à notre grand Rameau. Je ne songe point à sa musique que je n'aie de tendres retours pour *Samson*. Est-ce qu'on n'entendra jamais à l'Opéra :

<pre>
    Profonds abîmes de la terre,
    Enfer, ouvre-toi, etc.?
              Act. V, sc. I.
</pre>

Mais ne pensons plus aux vanités du monde.

Je vous remercie, mon ami, d'avoir consolé mes nièces. Je ne leur proposais un voyage à Cirey qu'en cas que leurs affaires et les bienséances s'accordassent avec ce voyage. Mais voici une autre négociation qui est assez digne de la bonté de votre cœur et du don de persuader dont Dieu a pourvu votre esprit accort et votre longue physionomie.

Si Mme Pagnon voulait se charger de marier la cadette à quelque bon gros robin, je me chargerais de marier l'aînée à un jeune homme de condition, dont la famille entière m'honore de la plus tendre et de la plus inviolable amitié. Assurément je ne veux pas hasarder de la rendre malheureuse; elle aurait affaire à une famille qui serait à ses pieds; elle serait maîtresse d'un château assez joli qu'on embellirait pour elle. Un bien médiocre là ferait vivre avec beaucoup plus d'abondance que si elle avait quinze mille livres de rente à Paris. Elle passerait une partie de l'année avec Mme du Châtelet; elle viendrait à Paris avec nous dans l'occasion; enfin je serais son père.

C'est, mon cher ami, ce que je lui propose, en cas qu'elle ne trouve pas mieux. Dieu me préserve de prétendre gêner la moindre de ses inclinations! Attenter à la liberté de son prochain me paraît un crime contre l'humanité; c'est le péché contre nature. C'est à votre prudence à sonder ses inclinations. Si, après que vous lui aurez présenté ce parti avec vos lèvres de persuasion, elle le trouve à son gré, alors qu'elle me laisse faire. Vous pourrez lui insinuer un peu de dégoût pour la vie médiocre qu'elle mènerait à Paris, et beaucoup d'envie de s'établir honnêtement. Ce serait ensuite à elle à ménager tout doucement l'esprit de ses oncles.

Tout ceci, comme vous le voyez, est l'exposition de la pièce; mais le dernier acte n'est pas, je crois, près d'être joué. Je remets l'intrigue entre vos mains.

Voici un petit mot de lettre pour l'ami Berger. Adieu; je vous embrasse. Comment donc le *gentil* Bernard a-t-il quitté Pollion et Tucca?

Je reçois dans le moment une lettre de ma nièce, qui me fait beaucoup de plaisir. Elle n'est pas loin d'accepter ce que je lui propose, et elle a raison. *Vale.*

DXC. — A M. L'ABBÉ MOUSSINOT.

Cambridge, décembre.

Je suis fort aise, mon cher physicien, que M. de Fontenelle se soit expliqué sur la *propagation du feu*. Comme la lumière du soleil est le feu le plus puissant que nous connaissions, il était naturel d'avoir quelques idées un peu claires sur la propagation de ce feu élémentaire. C'était l'affaire d'un philosophe; le reste est l'affaire d'un forgeron. Je suis au milieu des forges, et la matière me convient assez. J'espère que Bronod s'expliquera aussi clairement sur les cinquante louis dont vous me parlez, que M. de Fontenelle sur la lumière. Si Bronod ne donne pas cet argent, je crois qu'il faudra vendre une action. Je ne vois pas grand mal à cela; on ne perd jamais son dividende; il est vrai que le prix varie vers les époques de leur payement, c'est-à-dire de six en six mois, mais cela va à peu de chose; et d'ailleurs il vaut mieux sacrifier quelques pistoles, que de vous donner la peine d'aller encore chez le sieur Bronod.

Les trois louis que vous avez donnés en dernier lieu au sieur Robert, étaient sans doute pour ses avances. Je ne peux imaginer qu'un procureur se soit avisé de faire des frais, puisque je n'ai point eu d'affaires, à moins que je n'aie eu quelque procès sans le savoir.

M. Michel veut donc garder mon argent jusqu'au 1er mars? Soit : laissez-le-lui donc; ce sera toujours deux mois d'intérêt de gagnés. Ne dédaignons pas de pareilles broutilles.

Faites, je vous prie, et si vous le jugez nécessaire, un petit présent à l'intendant de M. de Richelieu; mais, au préalable, il faut qu'il y ait une bonne délégation sur Bouillé Menard pour mes arrérages, et une délégation pour que dorénavant je reçoive régulièrement une rente de quatre mille livres.

Un louis d'or à d'Arnaud, sans lui dire ni où je suis ni ce que je fais, ni à lui ni à personne. Je suis à Cirey pour vous seul, et dans la Cochinchine pour tous les Parisiens, ou, ce qui sera plus vraisemblable, confiné dans quelque province d'Angleterre.

DXCI. — DE FRÉDÉRIC, PRINCE ROYAL DE PRUSSE.

Remusberg, le 6 décembre.

Monsieur, miserable inconstance humaine! s'écrierait un orateur, s'il savait la résolution que j'avais prise de ne plus toucher à mon ode, et s'il voyait avec quelle légèreté cette résolution est rompue. J'avoue que je n'ai aucune raison assez forte pour m'excuser; aussi n'est-ce pas pour vous faire mon apologie que je vous écris; bien loin de là, je vous regarde comme un ami sûr et sincère, auquel je puis faire un libre aveu de toutes mes faiblesses. Vous êtes mon confesseur philosophique; enfin j'ai si bonne opinion de votre indulgence, que je ne crains rien en vous confiant mes folies. En voici un bon nombre : une épître qui vous fera suer, vu la peine qu'elle m'a donnée; un petit conte assez libre, qui vous donnera mauvaise idée de ma catholicité, et encore plus de mes hérétiques ébats; et enfin cette ode à laquelle vous avez touché, et que j'ai eu la hardiesse de refondre. Encore un coup, souvenez-vous, monsieur, que je ne vous envoie ces pièces que pour les soumettre à votre critique, et non pour gueuser vos suffrages. Je sens tout le ridicule qu'il y aurait à moi de vouloir entrer en lice avec vous, et je comprends très-bien que, si quelque Paphlagonien s'était avisé d'envoyer des vers latins à Virgile pour le défier au combat, Virgile, au lieu de lui répondre, n'aurait pu mieux faire que de conseiller à ses parents de l'enfermer aux petites-maisons, au cas qu'il y en eût en Paphlagonie. Enfin je ne vous demande que de la critique et une sévérité inflexible. Je suis à présent dans l'attente de vos lettres; je m'en promets tous les jours de poste; vers l'heure qu'elles arrivent tous mes domestiques sont en campagne pour m'apporter mon paquet; bientôt l'impatience me prend moi-même, je cours à la fenêtre; et ensuite, fatigué de ne rien voir venir, je me remets à mes occupations ordinaires. Si j'entends du bruit dans l'antichambre, m'y voilà : « Eh bien! qu'est-ce? qu'on me donne mes lettres : point de nouvelles? » Mon imagination devance de beaucoup le courrier. Enfin, après que ce train a continué pendant quelques heures, voilà mes lettres qui arrivent, moi à les décacheter; je cherche votre écriture (souvent vainement); et lorsque je l'aperçois, mon empressement m'empêcha d'ouvrir le cachet : je lis, mais si vite, que je suis obligé d'en revenir quelquefois jusqu'à la troisième lecture, avant que mes esprits calmés me permettent de comprendre ce que j'ai lu; et il arrive même que je n'y réussis que le lendemain. Les hommes font entrer un concours de certaines idées dans la composition de cet être qu'ils nomment le bonheur : s'ils ne possèdent qu'imparfaitement ou que quelques parties de cet être idéal, ils éclatent en plaintes amères, et souvent en reproches contre l'injustice du ciel, qui leur refuse ce que leur imagination leur adjuge si libéralement : c'est un sentiment qui se manifeste en moi. Vos lettres me causent tant de plaisir, lorsque j'en reçois, que je puis les ranger à juste titre sous ce qui contribue à mon bonheur. Vous jugerez facilement de là que n'en point recevoir doit être un malheur, et qu'en ce cas c'est vous seul qui le causez; je m'en prends quelquefois à Dubreuil-Tronchin, quelquefois à la distance des lieux, et souvent même j'ose en accuser jusqu'à Émilie; mais ne craignez pas que je veuille vous être à charge, et que, malgré le plaisir que je trouve à m'entretenir avec vous, mon importune amitié veuille vous contraindre; bien loin de là, je connais trop le prix de la liberté pour la vouloir ravir à des personnes qui me sont chères. Je ne vous demande que quelques signes de vie, quelques marques de souvenir, un peu d'amitié, beaucoup de sincérité, et une ferme persuasion de la parfaite estime avec laquelle je suis, etc.

DXCII. — A M. L'ABBÉ MOUSSINOT.

L'estampe tirée sur pastel, mon cher abbé, est horrible et misérable, n'en déplaise au graveur; peu m'en soucie. Je ne prendrai point le parti de mon visage, que je ne connais pas trop; mais, mon cher ami, ne pourrait-on pas me faire moins vilain? J'abandonne cela à vos soins; surtout n'en parlez pas à Mme du Châtelet.

Venons au nécessaire de cette dame. Voyez au plus tôt Hébert, et recommandez-lui la plus prompte diligence. Vous lui avez donné cinquante louis; donnez-lui-en cinquante autres, s'il les exige, et assurez-le que, à l'instant de la délivrance, le tout sera exactement payé.

Si, suivant ma dernière lettre, vous avez fait vendre une action, vous avez bien fait; si vous ne l'avez pas vendue, vous avez encore bien fait. Je vous approuve en tout, parce que tout ce que vous faites est toujours bien; et vous méritez qu'on vous remercie et qu'on vous embrasse bien fort.

DXCIII. — AU MÊME.

Décembre.

Vous me parlez, mon cher abbé, d'un bonhomme de chimiste, et je vous écoute avec plaisir; vous me proposez ensuite de le prendre avec moi, je ne demande pas mieux. Il sera ici d'une liberté entière, pas mal logé, bien nourri, une grande commodité pour cultiver à son aise son talent de chimiste ; mais il faudrait qu'il sût dire la messe, et qu'il voulût la dire les dimanches et les fêtes dans la chapelle du château. Cette messe est une condition sans laquelle je ne puis me charger de lui. Je lui donnerai cent écus par an, mais je ne peux rien faire de plus.

Il faut encore l'instruire qu'on mange très-rarement avec Mme la marquise du Châtelet, dont les heures de repas ne sont pas trop réglées ; mais il y a la table de M. le comte du Châtelet son fils, et d'un précepteur, homme d'esprit, servie régulièrement à midi et à huit heures du soir. M. du Châtelet père y mange souvent, et quelquefois nous soupons tous ensemble. D'ailleurs on jouit ici d'une grande liberté. On ne peut lui donner, pour le présent, qu'une chambre avec antichambre. S'il accepte mes propositions, il peut venir et apporter tous ses instruments de chimie. S'il a besoin d'argent, vous pourrez lui donner un quartier d'avance, à condition qu'il partira sur-le-champ. S'il tarde à partir, ne tardez pas, mon cher trésorier, à m'envoyer de l'argent par la voie du carrosse. Au lieu de deux cent cinquante louis, envoyez-en hardiment trois cents, avec les livres et les bagatelles que j'ai demandés.

Au reste, mon cher ami, je suppose que votre chimiste est un homme sage, puisque vous le proposez : dites-moi son nom, car encore faut-il que je sache comment il s'appelle. S'il fait des thermomètres à la Fahrenheit, il en fera ici, et il rendra service à la physique. Ces thermomètres cadrent-ils avec ceux de Réaumur ? Ces instruments ne conviennent qu'autant qu'ils sonnent la même octave.

DXCIV. — AU MÊME.

Décembre.

La terre de Spoix, mon cher plénipotentiaire, est à vendre. Je sais ce qu'elle vaut. Si on pouvait l'avoir pour moins de cinquante mille livres, on ne risquerait rien. Il est vrai qu'il faudrait payer pour treize mille livres de droits ; mais avec cela ce serait encore bien placer son argent. Elle sera adjugée aux requêtes du palais, au premier mars ; la quarantaine est ouverte. Si M. d'Estaing songe à cette terre, je lui propose de s'en accommoder à vie, et, s'il n'y songe pas, et qu'elle ne coûte que cinquante mille livres, je veux bien l'acheter. Chargez donc un procureur d'enchérir pour mon compte. L'acquisition de cette terre est une chose importante et digne d'occuper votre esprit plein de ressources et de sagesse.

Encore un louis d'or à ce grand d'Arnaud : c'est son étrenne. Dites-lui que je n'écris à personne, qu'il apprenne lui-même à écrire, et que je songe à lui.

O mon ami, que je suis incommode !

DXCV. — AU MÊME.

Oui, mon cher ami, je sais que, en achetant la terre de Spoix, il y aura le quint et le requint à payer en entier ; qu'il y aura de grandes réparations à faire, chose naturelle dans une terre en décret. Je sais encore que onze arpents de bois sont entièrement dévastés. Tous les gros chênes ont été vendus, chose encore plus naturelle dans une terre entre les mains d'un seigneur aussi peu économe que le cordon bleu. Il y a des vignes assez bien tenues, et je me flatte que, étant à portée de bien régir cette terre, je la ferai valoir beaucoup plus qu'elle n'est affermée depuis cent ans.

Le château de Spoix reste à Mme d'Estaing, veuve du cordon bleu. Ce château est, je crois, pour son habitation; elle a quatre-vingts ans; et pour peu de chose elle cédera son droit. De plus, je ne compte pas habiter Spoix de quelque temps.

J'ai tout lieu de croire que le décret en vertu duquel on vend cette terre est un accord par lequel quelqu'un de la famille veut se la faire adjuger. M. de Maulevrier, gendre de M. d'Estaing, est celui qui a le premier droit au retrait lignager, et le seul des parents qui pût et qui voulût faire ce retrait. C'est Mme de Maulevrier qui gouverne les affaires et qui les entend bien. En cas qu'elle voulût faire ce retrait, mon dessein serait qu'elle me laissât, ma vie durant, la jouissance de Spoix. J'en aurais soin; je mettrais cette terre en valeur. Tâchez de savoir ses intentions. Je vous enverrai un pouvoir absolu pour traiter. C'est là une petite négociation que je remets à votre prudence et à votre amitié.

DXCVI. — AU MÊME.
Décembre.

Je vous traite, mon cher chanoine, comme le diable de Papefiguière; je ne cesse de vous accabler de commissions, et je ne vous en donnerais aucune si je n'y ajoutais de les faire faire par qui vous voudrez. Ne vous gênez jamais sur les détails; il faut que nous soyons à notre aise l'un avec l'autre. N'épargnez pas l'argent quand il faudra des voitures; je ne vous en parle jamais, mais c'est toujours sous-entendu.

A ces conditions, je vous prie de voir Penel. Si le portrait est bien, prenez-le, payez-le, faites-le monter en bague pour femme, et dépêchez-le-nous. Si le cabaret à pieds dorés et le petit secrétaire ne sont point vendus, faites-leur faire le voyage de Cirey où je ne suis pas. Je voudrais avoir deux vestes brodées et cent louis d'or. Ces deux articles seront remis à M. le marquis du Châtelet, pour m'être apportés à Cambridge. En retirant le tableau de chez Chevalier, vous lui donnerez un louis d'or. Les soins d'un honnête homme méritent une honnête récompense. Les vôtres sont d'un prix infini à mes yeux, et je ne puis vous exprimer, mon cher abbé, à quel point je suis touché des marques de votre amitié.

DXCVII. — AU MÊME.
Décembre.

Les biens de M. de Richelieu me paraissent très-engagés. Me trompé-je? les terres qui entrent dans son duché sont, par cela seul, substituées de droit. Son père a vendu tout ce qu'il pouvait vendre; mon hypothèque ne subsistant plus, sur quoi puis-je me faire payer?

Malgré ces scrupules, je donnerai encore de l'argent à M. le duc de Richelieu. Et voici un petit projet que je soumets à votre esprit d'ordre et de sagesse.

J'ai prêté vingt mille livres à M. du Châtelet, j'emprunterai sur sa terre de Cirey la même somme; j'en donnerai quatorze mille sept cents à M. de Richelieu, qui, avec les cinq mille trois cents, feront les vingt mille livres. Il me payerait alors une rente de six mille livres. Voyez, mon ami, à arranger cette affaire; vous avez tout pouvoir pour cela, et j'ai toute confiance en vous.

J'espère que la ville, Villars, d'Estaing, d'Aurueil, Lézeau, le trésor royal et les fermiers généraux nous aideront. Si le prince de Guise donne mille écus, il faudra s'en contenter. M. de Brezé fera un bon contrat; M. Michel en fera un autre. Je n'aurai plus qu'à recevoir sans peine un revenu assez fort pour vivre heureux dans quelque agréable retraite où l'amitié désire un jour vous en faire les honneurs.

Ne mettez rien à la loterie dont vous parlez; elle ne peut convenir qu'à ceux qui ont beaucoup de contrats et beaucoup d'argent. Je ne suis dans aucun de ces deux cas. Engagez M. Michel à garder votre argent jusqu'en avril; c'est de conséquence; et donnez ce que j'ai promis à d'Arnaud. Il m'avait promis d'apprendre à écrire; je l'aurais placé; il a tort : dites-lui cette vérité pour son bien.

DXCVIII. — AU MÊME.
Décembre.

Je vous prie, mon cher abbé, de faire chercher une montre à secondes chez Leroy, ou chez Lebon, ou chez Thiout; enfin la meilleure montre, soit d'or, soit d'argent, il n'importe; le prix n'importe pas davantage. Si vous pouvez charger l'honnête Savoyard, que vous nous avez déjà envoyé ici à cinquante sous par jour (et que nous récompenserons encore, outre le prix convenu), de cette montre à répétition, vous l'expédierez tout de suite, et vous ferez là une affaire dont je serai bien satisfait.

D'Hombre, que vous connaissez, a fait banqueroute; il me devait quinze cents francs; il vient de faire un contrat avec ses créanciers que je n'ai point signé. Parlez, je vous prie, à un procureur, et qu'on m'exploite ce drôle, dont je suis très-mécontent.

J'ai lu l'épître d'Arnaud; je ne crois pas que cela soit imprimé, ni doive l'être. Dites-lui que ma santé ne me permet d'écrire à personne, mais que je l'aime beaucoup. Retenez-le à dîner quelquefois chez M. Dubreuil, je payerai les poulardes très-volontiers; éprouvez son esprit et sa probité, afin que je puisse le placer. Je vous le répète, mon cher ami, vous avez carte blanche sur tout, et je n'ai jamais que des remercîments à vous faire.

DXCIX. — AU MÊME.
Décembre.

J'attends le pâté que vous m'annoncez, et pour douze à quinze francs de joujoux d'enfants. Nous voici bientôt aux étrennes; c'est le temps de leurs plaisirs et de ma petite moisson, à laquelle il faut penser.

Si l'on ne voit pas distinctement les satellites de Jupiter, je ne veux point du télescope de Newton. Notre chimiste fait des difficultés ! il faut payer son voyage et demeurer là. Au lieu de trois *Henriades*, j'en demande six bien reliées. Je suis honteux de vous importuner pour des bagatelles.

L'affaire de M. de Guise n'est pas si bagatelle. Il m'écrit que les procédures qu'on a faites sont assez inutiles. C'est de quoi je ne conviens pas; je les crois très-nécessaires. Savez-vous, mon cher ami, que vous ne feriez pas mal d'aller voir M. Chopin dans quelque intervalle de la grand'messe et de vêpres? Il me semble qu'on fait plus de choses dans une conversation avec le chef de la commission qu'avec des rames de papier timbré. Je souhaiterais que ce M. Chopin eût quelques rentes viagères, il verrait ce que c'est que de n'avoir point à vivre de son vivant, et de laisser à ses hoirs trois ou quatre années à percevoir. Vous lui diriez que le sérénissime prince de Guise se moque de moi, chétif citoyen; qu'il fait bombance à Arcueil, et qu'il laisse mourir de faim ses créanciers; vous lui feriez un beau discours sur le respect que l'on doit aux rentes viagères. Il est vrai que le roi a réduit les nôtres à moitié; mais le prince de Guise n'est pas si modéré, il me retranche toute la mienne. Je vous avoue que je trouve ce procédé-là pire que les barricades de Guise le Balafré. Je vous embrasse de tout mon cœur, mon ami et nous boirons à votre santé en mangeant le pâté.

DC. — AU MÊME.

Décembre.

On m'avait mandé, mon cher ami, que tous les meubles d'Arouet¹ avaient été brûlés, et son logement consumé; je vois avec plaisir que cela n'est pas. Ne négligez rien, je vous en conjure, tant auprès de Mᵉ Picard qu'auprès de ses connaissances, pour découvrir le mariage secret d'Arouet. Cela m'est important, car je suis sur le point de marier une de mes nièces. On le dit fort intrigué dans cette affaire des convulsions. Quel fanatisme! Mon cher, ne donnez pas dans ces horribles folies. Tout bon Français applaudit à un bon janséniste, qui crie contre les formulaires et les excommunications, et qui se moque un peu de l'infaillibilité du pape; mais on méprise un insensé qui se fait crucifier, et un imbécile qui assiste à ces crucifiements de galetas.

Je sais bien qu'il ne serait pas mal que je fusse à Paris; mais je crois mes intérêts mieux entre vos mains qu'entre les miennes; et l'ancien trésorier du chapitre de Saint-Merri a, pour conduire les affaires de ce bas monde, infiniment plus d'intelligence que son ami le philosophe, qui, dans sa solitude de Cirey, fait des vers, étudie Newton, le tout avec assez peu de succès, et qui, en outre, digère fort mal.

---

1. Armand Arouet, frère aîné de Voltaire, demeurait sous la Chambre des Comptes, cour du Palais. Il choisissait ses maîtresses parmi les plus jolies convulsionnaires, et on doit croire qu'il resta célibataire. Il est mort vers la fin de 1745. (*Note de M. Clogenson.*)

DCI. — A FRÉDÉRIC, PRINCE ROYAL DE PRUSSE.

A Cirey, le 29 décembre.

Monseigneur, j'ai reçu, le 12 du présent mois, la lettre de Votre Altesse royale du 19 novembre. Vous daignez m'avertir, par cette lettre, que vous avez eu la bonté de m'adresser un paquet contenant des mémoires sur le gouvernement du czar Pierre I⁰ʳ, et, en même temps, vous m'avertissez, avec votre prudence ordinaire, de l'usage retenu que j'en dois faire. L'unique usage que j'en ferai, monseigneur, sera d'envoyer à Votre Altesse royale l'ouvrage rédigé selon vos intentions, et il ne paraîtra qu'après que vous y aurez mis le sceau de votre approbation. C'est ainsi que je veux en user pour tout ce qui pourra partir de moi; et c'est dans cette vue que je prends la liberté de vous envoyer aujourd'hui, par la route de Paris, sous le couvert de M. Borck, une tragédie que je viens d'achever[1], et que je soumets à vos lumières. Je souhaite que mon paquet parvienne en vos mains plus promptement que le vôtre ne me parviendra.

Votre Altesse royale mande que le paquet contenant le mémoire du czar, et d'autres choses beaucoup plus précieuses pour moi, est parti le 10 novembre. Voilà plus de six semaines écoulées, et je n'en ai pas encore de nouvelles. Daignez, monseigneur, ajouter à vos bontés celle de m'instruire de la voie que vous avez choisie, et le recommander à ceux à qui vous l'avez confié. Quand Votre Altesse royale daignera m'honorer de ses lettres, de ses ordres, et me parler avec cette bonté pleine de confiance qui me charme, je crois qu'elle ne peut mieux faire que d'envoyer les lettres à M. Pidol, maître des postes à Trèves; la seule précaution est de les affranchir jusqu'à Trèves; et, sous le couvert de ce Pidol, serait l'adresse à d'Artigni, à Bar-le-Duc. A l'égard des paquets que Votre Altesse royale pourrait me faire tenir, peut-être la voie de Paris, l'adresse et l'entremise de M. Thieriot, seraient plus commodes.

Ne vous lassez point, monseigneur, d'enrichir Cirey de vos présents. Les oreilles de Mme du Châtelet sont de tous pays, aussi bien que votre âme et la sienne. Elle se connaît très-bien en musique italienne; ce n'est pas qu'en général elle aime la musique de prince. Feu M. le duc d'Orléans fit un opéra détestable, nommé Panthée[2]. Mais, monseigneur, vous n'êtes pour nous ni prince ni roi; vous êtes un grand homme.

On dit que Votre Altesse royale a envoyé des vers charmants à Mme de La Popelinière. Savez-vous bien, monseigneur, que vous êtes adoré en France? on vous y regarde comme le jeune Salomon du Nord. Encore une fois, c'est bien dommage pour nous que vous soyez né pour régner ailleurs. Un million au moins de rente, un joli palais dans un climat tempéré, des amis au lieu de sujets, vivre entouré des arts et des plaisirs, ne devoir le respect et l'admiration des hommes

---

1. *Mérope*. (ÉD.)
2. On prétend que le Régent composa aussi, avec Gervais, la musique d'*Hypermnestre*, opéra joué en 1716. (ÉD.)

qu'à soi-même, cela vaudrait peut-être un royaume; mais votre devoir est de rendre un jour les Prussiens heureux. Ah! qu'on leur porte envie!

Vous m'ordonnez, monseigneur, de vous présenter quelques règles pour discerner les mots de la langue française qui appartiennent à la prose de ceux qui sont consacrés à la poésie. Il serait à souhaiter qu'il y eût sur cela des règles; mais à peine en avons-nous pour notre langue. Il me semble que les langues s'établissent comme des lois. De nouveaux besoins, dont on ne s'est aperçu que petit à petit, ont donné naissance à bien des lois qui paraissent se contredire. Il semble que les hommes aient voulu se contredire et parler au hasard. Cependant, pour mettre quelque ordre dans cette matière, je distinguerai les idées, les tours et les mots poétiques.

Une idée poétique, c'est, comme le sait Votre Altesse royale, une image brillante substituée à l'idée naturelle de la chose dont on veut parler; par exemple, je dirai en prose : *Il y a dans le monde un jeune prince vertueux et plein de talents, qui déteste l'envie et le fanatisme.* Je dirai en vers :

  O Minerve! ô divine Astrée!
  Par vous sa jeunesse inspirée
  Suivit les arts et les vertus;
  L'Envie au cœur faux, à l'œil louche,
  Et le Fanatisme farouche,
  Sous ses pieds tombent abattus.

Un tour poétique, c'est une inversion que la prose n'admet point. Je ne dirai point en prose : *D'un maître efféminé corrupteurs politiques*[1], mais *corrupteurs politiques d'un prince efféminé.* Je ne dirai point :

  Tel, et moins généreux, aux rivages d'Épire[2],
  Lorsque de l'univers il disputait l'empire,
  Confiant sur les eaux, aux aquilons mutins,
  Le destin de la terre et celui des Romains,
  Défiant à la fois et Pompée et Neptune,
  César à la tempête opposait sa fortune.

Ce César à la sixième ligne est un tour purement poétique, et en prose je commencerais par César.

Les mots uniquement réservés pour la poésie, j'entends la poésie noble, sont en petit nombre; par exemple, on ne dira pas en prose *coursiers* pour chevaux, *diadème* pour couronne, *empire de France* pour royaume de France, *char* pour carrosse, *forfaits* pour crimes, *exploits* pour actions, *l'empyrée* pour le ciel, *les airs* pour l'air, *fastes* pour registre, *naguère* pour depuis peu, etc.

A l'égard du style familier, ce sont à peu près les mêmes termes qu'on emploie en prose et en vers. Mais j'oserai dire que je n'aime point cette liberté qu'on se donne souvent, de mêler dans un ouvrage

---

1. *Henriade*, chap. 1, v. 37. (ÉD.) — 2. *Id.*, v. 177. (ÉD.)

qui doit être uniforme, dans une épître, dans une satire, non-seulement les styles différents, mais encore les langues différentes; par exemple, celle de Marot et celle de nos jours. Cette bigarrure me déplaît autant que ferait un tableau où l'on mêlerait des figures de Callot et les charges de Téniers avec des figures de Raphaël. Il me semble que ce mélange gâte la langue, et n'est propre qu'à jeter tous les étrangers dans l'erreur.

D'ailleurs, monseigneur, l'usage et la lecture des bons auteurs en a beaucoup plus appris à Votre Altesse royale que mes réflexions ne pourraient lui en dire.

Quant à la *Métaphysique* de M. Wolff, il me paraît presque en tout dans les principes de Leibnitz. Je les regarde tous deux comme de très-grands philosophes; mais ils étaient des hommes, donc ils étaient sujets à se tromper. Tel qui remarque leurs fautes est bien loin de les valoir; car un soldat peut très-bien critiquer son général sans pour cela être capable de commander un bataillon.

Vous me charmez, monseigneur, par la défiance où vous êtes de vous-même, autant que par vos grands talents. Mme la marquise du Châtelet, pénétrée d'admiration pour votre personne, mêle ses respects aux miens. C'est avec ces sentiments, et ceux de la plus respectueuse et tendre reconnaissance, que je suis pour toute ma vie, etc.

DCII. — A M. THIERIOT.

A Cirey, le 21 décembre.

Je réponds en hâte, mon cher ami, à votre lettre du 18, touchant l'article qui concerne mes nièces. Vous mandez à Mme du Châtelet que vous pensez que je veux faire plus de bien à ce gentilhomme que je propose qu'à ma nièce même. Je crois en faire beaucoup à tous les deux; et je crois en faire à moi-même, en vivant avec une personne à qui le sang et l'amitié m'unissent, qui a des talents, et dont l'esprit me plaît beaucoup. Je trouve de plus une charge très-honnête, convenable à un gentilhomme, et, qui plus est, lucrative, que ma nièce pourrait acheter, et qui lui appartiendrait en propre. Je connais moins la cadette que l'aînée; mais quand il s'agira d'établir cette cadette, je ferai tout ce qui sera en mon pouvoir. Si ma nièce aînée était contente de sa campagne, et qu'elle voulût avoir un jour sa sœur auprès d'elle; si cette sœur aimait mieux être dame de château que citadine de Paris malaisée, je trouverais bien à la marier dans notre petit paradis terrestre. Au bout du compte, je n'ai réellement de famille qu'elles; je serai très-aise de me les attacher. Il faut songer qu'on devient vieux, infirme, et qu'alors il est doux de retrouver des parents attachés par la reconnaissance. Si elles se marient à des bourgeois de Paris, serviteur très-humble; elles sont perdues pour moi. Vieillir fille est un piètre état. Les princesses du sang ont bien de la peine à soutenir cet état contre nature. Nous sommes nés pour avoir des enfants. Il n'y a que quelques fous de philosophes, du nombre desquels nous sommes, à qui il soit décent de se sauver de la règle générale. Je peux vous assurer enfin que je compte faire le bonheur de Mlle Mignot, mais il faut qu'elle le veuille; et vous qui êtes fait pour le bonheur des autres, c'est votre métier de contribuer au sien.

Faites ma cour, mon cher ami, à Pollion, à Polymnie, à Orphée. Je vous embrasse tendrement.

DCIII. — A M. L'ABBÉ MOUSSINOT.

Instruisez un maudit curieux, mon cher ami, et qui met un grand intérêt dans sa petite curiosité. Avez-vous entendu dire que la terre du Faou, sur laquelle est placée ma rente de quatre mille livres, est en vente? Si l'acquéreur du Faou veut se charger de me payer, tant mieux; si M. de Richelieu veut me rembourser deux fois, tant mieux; s'il m'assigne ailleurs, tant pis.

Notre chimiste s'en retourne; il a vu les lieux et ordonné les laboratoires. Je vais lui faire accommoder un petit appartement avec un jardin dont il sera absolument le maître. Il achètera, à Paris, tous les ustensiles qui me seront nécessaires pour devenir chimiste; et vous, monsieur le trésorier, vous payerez tout ce qu'achètera le chimiste, aussi bien que ses voyages. J'espère qu'il sera aussi content de moi que je le suis de sa franchise, de son humeur aimable, et de la profonde connaissance qu'il paraît avoir de la chimie. Il aime comme moi la solitude et le travail; je me flatte que nous nous conviendrons. Je voudrais bien, mon cher abbé, vous que je tourmente et fatigue journellement, que vous fissiez ce que monsieur le chimiste a fait, que vous vinssiez ici quelque jour vous reposer, voir et embrasser votre ami.

DCIV. — A M. THIERIOT.

A Cirey, le 23 décembre.

Mon cher ami, je n'ai rien à ajouter ni à la peinture que la déesse de Cirey fait de notre vie philosophique, ni aux souhaits de partager quelque temps cette vie avec vous. Si certaine chose que j'ai entamée réussissait, il faudrait bien vous voir à toute force, au bout du compte. Pollion vous donnerait sa chaise de poste jusqu'à Troyes, et à Troyes vous trouveriez la mienne et des relais. En un jour et demi vous feriez le voyage, et puis

O noctes cœnæque deum................
Hor., liv. II, sat. vi, v. 65.

On sait bien qu'on ne pourrait vous garder longtemps, mais enfin on vous verrait.

Je suis d'autant plus fâché de la déconvenue des Linant, que le frère commençait à faire de bons vers, et que sa tragédie n'était pas en si mauvais train. Quand je vois qu'un disciple d'Apollon pèche par le cœur, je ressens les douleurs d'un directeur qui apprend que sa pénitente est au b.....

Ma nièce n'a point voulu de mon campagnard; je ne lui en sais aucun mauvais gré. J'aurais voulu trouver mieux pour elle. Cependant il est certain qu'elle aurait eu huit mille livres de rente, au moins;

mais enfin elle ne l'a pas voulu, et vous savez si je veux la gêner. Je ne veux que son bonheur, et je mettrais une partie du mien à pouvoir vivre quelquefois avec elle. Dieu veuille que quelque plat bourgeois de Paris ne l'ensevelisse pas dans un petit ménage avec des caillettes de la rue Thibantodé! Il me semble qu'elle était faite pour Cirey.

Une tragédie nouvelle est actuellement le démon qui tourment mon imagination. J'obéis au dieu ou au diable qui m'agite. Physique, géométrie, adieu jusqu'à Pâques; sciences et arts, vous servez par quartier chez moi; mais Thieriot est dans mon cœur toute l'année. Votre frère m'a envoyé des habits qui sont si beaux que j'en suis honteux.

Portez-vous bien, aimez-moi, écrivez-moi.

A propos, j'ai corrigé les premiers actes d'*Œdipe*, *Zaïre*, et tous mes petits ouvrages; toujours enfantant, toujours léchant. Mais le monde est trop méchant.

DCV. — A M. DE CIDEVILLE.

A Cirey, ce 23 décembre.

L'Amitié, ma déesse unique,
Vient enfin de me réveiller
De cette langueur léthargique
Où je paraissais sommeiller,
Et m'a dit d'un ton véridique :
« N'as-tu pas assez barbouillé
Ton système philosophique,
Assez énoncé, détaillé
De Louis l'histoire authentique?
N'as-tu pas encor rimaillé
Récemment une œuvre tragique?
Seras-tu sans cesse embrouillé
De vers et de mathématique?
Renonce plutôt à Newton,
A Sophocle, aux vers de Virgile,
A tous les maîtres d'Hélicon;
Mais sois fidèle à Cideville. »

J'ai répondu du même ton :
« O ma patronne! ô ma déesse!
Cideville est le plus beau don
Que je tienne de ta tendresse;
Il est lui seul mon Apollon,
C'est lui dont je veux le suffrage;
Pour lui mon esprit tout entier
S'occupait d'un trop long ouvrage;
Et si j'ai paru l'oublier,
C'est pour lui plaire davantage. »

Voilà une de mes excuses, mon cher Cideville, et cette excuse vous arrivera incessamment par le coche. C'est une tragédie; c'est *Mérope*, tragédie sans amour, et qui peut-être n'en est que plus tendre. Vous en jugerez, vous qui avez un cœur si bon et si sensible, vous qui seriez le plus tendre des pères, comme vous avez été le meilleur des fils, et comme vous êtes le plus fidèle ami et le plus sensible des amants.

Une autre excuse bien cruelle de mon long silence, c'est que la calomnie, qui m'a persécuté si indignement, m'a forcé enfin de rompre tout commerce avec mes meilleurs amis pendant une année. *On ouvrait toutes mes lettres*, on empoisonnait ce qu'elles avaient de plus innocent; et des personnes qui avaient apparemment juré ma perte en faisaient des extraits odieux qu'ils portaient jusqu'aux ministres, dans l'occasion. J'avais cru apaiser la rage de ses persécuteurs, en faisant un tour en Hollande; ils m'y ont poursuivi. Rousseau, entre autres, ce monstre né pour calomnier, écrivit que j'étais venu en Hollande prêcher contre la religion, que j'avais tenu école de déisme chez M. s'Gravesande, fameux philosophe de Hollande. Il fallut que M. s'Gravesande démentît ce bruit abominable dans les gazettes. Je ne m'occupai, dans mon séjour en Hollande, qu'à voir les expériences de la physique newtonienne que fait M. s'Gravesande, qu'à étudier et qu'à mettre en ordre les *Éléments* de cette physique, commencés à Cirey. Je n'ai opposé à la rage de mes ennemis qu'une vie obscure, retirée, des études sérieuses auxquelles ils n'entendent rien. Bientôt l'amitié me fit revenir en France. Je retrouvai à Cirey Mme du Châtelet et toute sa famille. Ils connaissent mon cœur; ils ne se sont jamais démentis un moment pour moi. J'y ai trouvé le repos et la douceur de la vie, que mes ennemis voudraient m'arracher. Pour montrer une docilité sans réserve à ceux dont je peux dépendre, j'ai, par le conseil de M. d'Argental, envoyé, il y a plus de six mois, mes *Éléments de Newton* à la censure à Paris. Ils y sont restés; on ne me les rend point. J'en ai suspendu la publication en Hollande. Je la suspends encore. Les libraires (qui se sont trouvés par hasard d'honnêtes gens) ont bien voulu différer par amitié pour moi. J'attendais quelque décision en France de la part de ceux qui sont à la tête de la littérature. Je n'en ai aucune. Voilà quant à la philosophie; car je veux vous rendre un compte exact.

Quant aux autres ouvrages, j'ai donc fait *Mérope*, dont vous jugerez incessamment. J'ai corrigé toutes mes tragédies, entre autres les trois premiers actes d'*OEdipe*. J'ai retouché beaucoup jusqu'aux petites pièces détachées que vous avez entre les mains. J'ai poussé l'histoire de Louis XIV jusqu'à la bataille de Turin. Je m'amuse d'ailleurs à me faire un cabinet de physique assez complet. Mme du Châtelet est dans tout cela mon guide et mon oracle. On a imprimé l'*Enfant prodigue*, mais je ne l'ai point encore vu.

Comme je suis en train de vous rendre compte de tout, il faut vous dire que ce Demoulin, qui voulait faire imprimer vos lettres, est celui qui me suscita l'infâme procès de Jore. Il m'avait dissipé vingt mille francs que je lui avais confiés; et, pour m'empêcher de lui faire rendre compte, il m'embarrassa dans ce procès. Il vient aujourd'hui de me demander pardon, et de me tout avouer. O hommes! ô monstres! qu'il y a peu de Cidévilles!

Continuons; vous aurez tout le détail de mes peines. Une des plus grandes a été d'avoir donné à Mme du Châtelet les Linant. Vous savez quel prix elle a reçu de ses bontés. Je crois la sœur plus coupable que le frère. Je suis d'autant plus affligé que Linant semblait vouloir travailler. Il reprenait sa tragédie à cœur; je m'y intéressais; je le faisais travailler; il me serait devenu cher à mesure qu'il eût cultivé son talent; mais il ne m'est plus permis de conserver avec lui le moindre commerce.

Mon cher ami, cette lettre est une jérémiade. Je pleure sur les hommes; mais je me console, car il y a des Émilies et des Cidevilles.

DVI. — A M. DE FORMONT.

A Cirey, le 25 décembre.

A mon très-cher ami Formont,
Demeurant sur le double mont,
Au-dessus de Vincent Voiture,
Vers la taverne où Bachaumont
Buvait et chantait sans mesure,
Où le plaisir et la raison
Ramenaient le temps d'Épicure.

Vous voulez donc que des filets
De l'abstraite philosophie
Je revole au brillant palais
De l'agréable poésie,
Au pays où règnent Thalie,
Et le cothurne, et les sifflets.
Mon ami je vous remercie
D'un conseil si doux et si sain.
Vous le voulez; je cède enfin
A ce conseil, à mon destin;
Je vais de folie en folie,
Ainsi qu'on voit une catin
Passer du guerrier au robin,
Au gras prieur d'une abbaye,
Au courtisan, au citadin;
Ou bien, si vous voulez encore,
Ainsi qu'une abeille au matin
Va sucer les pleurs de l'Aurore
Ou sur l'absinthe ou sur le thym,
Toujours travaille, et toujours cause,
Et nous pétrit son miel divin
Des gratte-culs et de la rose.

J'ai donc, suivant votre conseil, abandonné pour un temps la raison réciproque des carrés des distances, et la progression en nombres impairs dans laquelle tombent les corps graves, et autres casse-tête, pour retourner à Melpomène. J'ai fait *Mérope*, mon cher ami, *orbiter elegantiarum et judex noster*. Ce n'est pas la *Mérope* de Maffei, c'est la mienne. Je veux vous l'envoyer à vous et à notre aimable Cideville. Il y a si longtemps que je n'ai payé aucun tribut à notre amitié, qu'il faut bien réparer le temps perdu. Ce n'était pas la seule tragédie qu'on faisait à Cirey. Linant avait remis sur le métier cette intrigue égyptiaque que je lui avais fait commencer il y a sept ans. Enfin il avait repris vigueur, et je me flattais que dans quatorze ans il aurait fini le cinquième acte. Raillerie à part, s'il avait voulu un peu travailler, je crois que l'ouvrage aurait eu du succès; mais vous savez que le démon d'écrire en prose avait tellement possédé la sœur, que Mme du Châtelet a été dans la nécessité absolue de renvoyer la sœur et le frère. Ils ont grand tort l'un et l'autre; ils pouvaient se faire un sort très-doux, et se préparer un avenir agréable. Linant aurait passé sa vie dans la maison avec une pension. Son pupille en aurait eu soin toute sa vie. Il y a de la probité, de l'honneur dans cette maison du Châtelet. Celui qui avait élevé M. du Châtelet est mort dans leur famille assez à son aise. Que pouvait faire de mieux un paresseux comme Linant, un homme qui, d'ailleurs, a si peu de ressources, un homme qui doit craindre à tout moment de perdre la vue; que pouvait-il, dis-je, faire de mieux que de s'attacher à cette maison? Je crois qu'il se repentira plus d'un jour; mais il ne me convient pas de conserver avec lui le moindre commerce. Mon devoir a été de lui faire du bien quand vous et M. de Cideville me l'avez recommandé. Mon devoir est de l'oublier, puisqu'il a manqué à Mme du Châtelet.

Voulez-vous, en attendant *Mérope*, une *Ode* que j'ai faite *sur la Paix*? On a tant fait de ces drogues, que je n'ai pas voulu donner la mienne. Envoyez-la à notre ami Cideville, et dites-m'en votre avis; mais qu'elle n'ennuie que Cideville et vous. Les esprits sont à Paris dans une petite guerre civile; les jansénistes attaquent les jésuites, les cassinistes s'élèvent contre Maupertuis, et ne veulent pas que la terre soit plate aux pôles. Il faudrait les y envoyer pour leur peine. Les lullistes appellent les partisans de Rameau, les *ramoneurs*. Pour moi, sans parti, sans intrigue, retiré dans le paradis terrestre de Cirey, je suis si peu attaché à tout ce qui se passe à Paris, que je ne regrette pas même la diablerie de Rameau[1] ou les beaux airs de *Persée*[2]. Si je peux regretter quelque chose, c'est vous, mon cher Formont, que j'estimerai et que j'aimerai toute ma vie. Mme du Châtelet, qui partage mes sentiments pour vous, vous fait les plus sincères compliments.

On arrête en France l'impression de ma *Philosophie de Newton*. Sans doute il y a dans cet ouvrage des erreurs que je n'ai pas aperçues.

1. Les enfers, dans *Castor et Pollux*. (ÉD.)
2. Opéra de Quinault et de Lulli. (ÉD.)

DCVII. — DE FRÉDÉRIC, PRINCE ROYAL DE PRUSSE.

A Berlin, le 26 décembre.

J'ai été richement dédommagé aujourd'hui du long intervalle pendant lequel je n'avais point reçu de vos lettres, cette poste m'en ayant apporté deux à la fois, auxquelles je vous répondrai selon l'ordre des dates.

Rien ne m'a plus surpris que celle du 24 octobre, où vous me marquez l'alarme que Thieriot vous a donnée très-mal à propos. Vous pouvez être tranquille sur tout ce qu'on vous écrit, puisque vous n'êtes point du tout soupçonné d'avoir eu part au libelle qu'on a fait contre le roi, ni même d'en avoir eu connaissance. Je vous exposerai, en peu de mots, l'affaire dont il s'agit, qui, dans le fond, n'est qu'une bagatelle méprisable, et aucunement digne de considération. Il y a un an qu'on vendit ici, sous le manteau, un libelle diffamatoire, attaquant la personne du roi, sous le titre de *Don Quichotte au chevalier des Cygnes*. Les vers en sont passables, mais ce ne sont que des injures rimées. Le sens contient la bile la plus venimeuse qui fut jamais. C'est un tissu d'anecdotes cousues avec toute la malignité possible, et brodées d'une manière abominable. Le roi a vu cette pièce; mais, sensible uniquement à la vraie gloire et à l'approbation des gens de bien, il a souverainement méprisé l'auteur et la production. On s'est contenté d'en défendre la vente sous de grièves peines. De plus, on n'ignore pas où cette pièce a été fabriquée. On sait que l'auteur infâme est de ces écrivains mercenaires que l'animosité d'une cour étrangère a incités au crime; mais il est trop au-dessous d'un roi de s'amuser à punir un misérable. Si le Créateur voulait lancer son tonnerre sur chaque reptile qui, en sa frénésie, pousse l'audace jusqu'à le blasphémer, des nuages épais couvriraient continuellement la surface de la terre, et les foudres ne cesseraient de gronder dans les cieux. Croyez-vous, monsieur, que j'aurais été le dernier à vous avertir des soupçons injurieux qu'on aurait conçus contre vous, si le fait avait existé? Vous me connaissez bien mal, et vous n'avez qu'une faible idée de mon amitié. Sachez que j'ai pris sur moi le soin de votre réputation. Je fais ici l'office de votre Renommée. Vous m'entendez, et vous comprenez bien que je ne prétends dire autre chose, sinon que je me suis chargé de défendre votre réputation contre les préjugés des ignorants, et contre la calomnie de vos envieux. Je réponds de vous corps pour corps; et j'emploie arguments, exemples, et vos ouvrages mêmes, pour vous faire des prosélytes. Je peux me flatter d'avoir assez bien réussi, quoique je ne m'attribue aucun autre mérite que celui de vous avoir véritablement fait connaître de mes compatriotes. Je vous prie, monsieur, de vous tranquilliser désormais, et d'attendre que je vous donne le signal pour prendre l'alarme.

J'ai oublié de vous dire que l'officier dont Thieriot fait mention n'est point de mon régiment, et passe dans l'armée pour un homme peu véridique; ce qui peut d'autant plus vous ôter tout sujet d'inquiétude.

J'ai reçu votre chapitre de métaphysique *sur la* LIBERTÉ, et je suis mortifié de vous dire que je ne suis pas entièrement de votre sentiment. Je fonde mon système sur ce qu'on ne doit pas renoncer volontairement aux connaissances qu'on peut acquérir par le raisonnement. Cela posé, je fais mes efforts pour connaître de Dieu tout ce qui m'est possible, à quoi la voie de l'analogie ne m'est pas d'un faible secours. Je vois premièrement qu'un Être créateur doit être sage et puissant. Comme sage, il a voulu, dans son intelligence éternelle, le plan du monde; et comme tout-puissant il l'a exécuté.

De là il s'ensuit nécessairement que l'Auteur de cet univers doit avoir eu un but en le créant. S'il a eu un but, il faut que tous les événements y concourent. Si tous les événements y concourent, il faut que tous les hommes agissent conformément aux desseins du Créateur, et qu'ils ne se déterminent à toutes leurs actions que suivant les lois immuables de ces desseins, auxquelles ils obéissent en les ignorant; sans quoi Dieu serait spectateur oisif de la nature; le monde se gouvernerait suivant le caprice des hommes; et celui dont la puissance a formé l'univers serait inutile depuis que de faibles mortels l'ont peuplé. Je vous avoue que, puisqu'il faut opter entre faire un être passif ou du Créateur ou de la créature, je me détermine en faveur de Dieu. Il est plus naturel que ce Dieu fasse tout, et que l'homme soit l'instrument de sa volonté, que de se figurer un Dieu qui crée un monde, qui le peuple d'hommes, pour ensuite rester les bras croisés, et asservir sa volonté et sa puissance à la bizarrerie de l'esprit humain. Il me semble voir un Américain ou quelque sauvage qui voit pour la première fois une montre; il croira que l'aiguille qui montre les heures a la liberté de se tourner d'elle-même, et il ne soupçonnera pas seulement qu'il y a des ressorts cachés qui la font mouvoir; bien moins encore, que l'horloger l'a faite à dessein qu'elle fasse précisément le mouvement auquel elle est assujettie. Dieu est cet horloger. Les ressorts dont il nous a composés sont infiniment plus subtils, plus déliés et plus variés que ceux de la montre. L'homme est capable de beaucoup de choses; et, comme l'art est plus caché en nous, et que le principe qui nous meut est invisible, nous nous attachons à ce qui frappe le plus nos sens, et celui qui fait jouer tous ces ressorts échappe à nos faibles yeux; mais il n'a pas moins eu intention de nous destiner précisément à ce que nous sommes; il n'a pas moins voulu que toutes nos actions se rapportassent à un tout, qui est le soutien de la société et le bien de la totalité du genre humain.

Lorsqu'on regarde les objets séparément, il peut arriver qu'on en conçoive des idées bien différentes que si on les envisageait avec tout ce qui a relation avec eux. On ne peut juger d'un édifice par un astragale; mais lorsqu'on considère tout le reste du bâtiment, alors on peut avoir une idée précise et nette des proportions et des beautés de l'édifice. Il en est de même des systèmes philosophiques. Dès qu'on prend des morceaux détachés, on élève une tour qui n'a point de fondement, et qui, par conséquent, s'écroule de soi-même. Ainsi, dès qu'on avoue qu'il y a un Dieu, il faut nécessairement que ce Dieu soit de la partie du système, sans quoi il vaudrait mieux, pour plus de commodité, le nier tout à fait. Le nom de Dieu, sans l'idée de ses attributs, et principalement sans l'idée de sa puissance, de sa sagesse et de sa prescience, est un son qui n'a aucune signification, et qui ne se rapporte à rien absolument.

J'avoue qu'il faut, si je puis m'exprimer ainsi, entasser ce qu'il y a de plus noble, de plus élevé, et de plus majestueux, pour concevoir, quoique très-imparfaitement, ce que c'est que cet Être créateur, cet Être éternel, cet Être tout-puissant, etc. Cependant j'aime mieux m'abîmer dans son immensité que de renoncer à sa connaissance, et à toute l'idée intellectuelle que je puis me former de lui.

En un mot, s'il n'y avait pas de Dieu, votre système serait l'unique que j'adopterais; mais, comme il est certain que ce Dieu est, on ne saurait assez mettre de choses sur son compte. Après quoi il reste encore à vous dire que, comme tout est fondé, ou bien comme tout a sa raison dans ce qui l'a précédé, je trouve la raison du tempérament et de l'humeur de chaque homme dans la mécanique de son corps. Un homme emporté a la bile facile à émouvoir; un misanthrope a l'hypocondre enflé; le buveur, le poumon sec; l'amoureux, le tempérament robuste, etc. Enfin, comme je trouve toutes ces choses disposées de cette façon dans notre corps, je conjecture de là qu'il faut nécessairement que chaque individu soit déterminé d'une façon précise, et qu'il ne dépend point de nous de ne point être du caractère dont nous sommes. Que dirai-je des événements qui servent à nous donner des idées, et à nous inspirer des résolutions, comme, par exemple, le beau temps m'invite à prendre l'air; la réputation d'un homme de bon goût, qui me recommande un livre, m'engage à le lire? ainsi du reste. Si donc on ne m'avait jamais dit qu'il y eût un Voltaire au monde, si je n'avais pas lu ses excellents ouvrages, comment est-ce que ma volonté, cet agent libre, aurait pu me déterminer à lui donner toute mon estime? en un mot, comment est-ce que je puis vouloir une chose si je ne la connais pas?

Enfin, pour attaquer la *liberté* dans ses derniers retranchements, comment est-ce qu'un homme peut se déterminer à un choix ou à une action, si les événements ne lui en fournissent l'occasion? et ces événements, qui est-ce qui les dirige? Ce ne peut être le hasard, puisque le hasard est un mot vide de sens. Ce ne peut donc être que Dieu. Si donc Dieu dirige les événements selon sa volonté, il dirige aussi et gouverne nécessairement les hommes; et c'est ce principe qui est la base et comme le fondement de la providence divine, qui me fait concevoir la plus haute, la plus noble et la plus magnifique idée qu'une créature aussi bornée que l'homme peut se former d'un Être aussi immense que l'est le Créateur. Ce principe me fait connaître en Dieu un Être infiniment grand et sage, n'étant point absorbé dans les plus grandes choses, et ne s'avilissant point dans les plus petits détails. Quelle immensité n'est pas celle d'un Dieu qui embrasse généralement toutes choses, et dont la sagesse a préparé dès le commencement du monde ce qu'il exécute à la fin des temps! Je ne prétends pas cependant mesurer les mystères de Dieu selon la faiblesse des conceptions humaines : je porte ma vue aussi loin que je puis; mais, si quelques objets m'échappent, je ne prétends pas renoncer à ceux que mes yeux me font apercevoir clairement.

Peut-être qu'un préjugé, qu'une prévention, que la flatteuse pensée de suivre une opinion particulière m'aveugle. Peut-être que j'avilis trop les hommes; cela se peut, je n'en disconviens pas. Mais si le roi de France était en compromis avec le roi d'Yvetot, je suis sûr que tout homme sensé reconnaîtrait la puissance du roi Louis XV supérieure à l'autre. A plus forte raison devons-nous nous déclarer pour la puissance de Dieu, qui ne peut, en aucune façon, entrer en ligne de comparaison avec ces êtres fugitifs que le temps produit, dont le sort se joue, et que le temps détruit après une durée courte et passagère.

Lorsque vous parlez de la vertu, on voit que vous êtes en pays de connaissance ; vous parlez en maître de cette matière, dont vous connaissez la théorie et la pratique; en un mot, il vous est facile de discourir savamment de vous-même. Il est certain que les vertus n'ont lieu que relativement à la société. Le principe primitif de la vertu est l'intérêt (que cela ne vous effraye point), puisqu'il est évident que les hommes se détruiraient les uns les autres, sans l'intervention des vertus. La nature produit naturellement des voleurs, des envieux, des faussaires, des meurtriers; ils couvrent toute la face de la terre; et, sans les lois qui répriment le vice, chaque individu s'abandonnerait à l'instinct de la nature, et ne penserait qu'à soi. Pour réunir tous ces intérêts particuliers, il fallait trouver un tempérament pour les contenter tous; et l'on convint que l'on ne se déroberait point réciproquement son bien, qu'on n'attenterait point à la vie de ses semblables, et que l'on se prêterait mutuellement à tout ce qui pourrait contribuer au bien commun.

Il y a des mortels heureux, de ces âmes bien nées qui aiment la vertu pour l'amour d'elle-même; leur cœur est sensible au plaisir qu'il y a de bien faire. Il vous importe peu de savoir que l'intérêt ou le bien de la société demande que vous soyez heureux. Le Créateur vous a heureusement formé de façon que votre cœur n'est point accessible aux vices; et ce Créateur se sert de vous comme d'un instrument, comme d'un ministre, pour rendre la vertu plus respectable et plus aimable au genre humain. Vous avez voué votre plume à la vertu, et il faut avouer que c'est le plus grand présent qui lui ait jamais été fait. Les temples que les Romains lui consacrèrent sous divers titres servaient à l'honorer, mais vous lui faites des disciples. Vous travaillez à lui former des sujets, et donnez un exemple, par votre vie, de ce que l'humanité a de plus louable.

J'attends la *Philosophie de Newton* et l'Histoire de Louis XIV, qui, avec Césarion, me viendront le 16 de janvier. La goutte, la fièvre et l'amour ont empêché mon petit ambassadeur de me joindre plus tôt. Il ne faut qu'un de ces maux pour déranger furieusement la liberté de notre volonté. Je ne manquerai pas de vous dire mon sentiment, avec toute la franchise possible, sur les ouvrages que vous avez bien voulu m'envoyer; c'est la marque la plus manifeste que je puisse vous donner de l'estime que j'ai pour vous. Si je vous expose mes doutes, ce n'est point par arrogance, ce n'est point non plus que j'aie une haute opinion de mon habileté; mais c'est pour découvrir la vérité. Mes doutes sont des interrogations, afin d'être plus foncièrement instruit, et pour éviter tous les obstacles qui pourraient se rencontrer dans une matière aussi épineuse qu'est celle de la métaphysique.

Ce sont là les raisons qui m'obligent à ne vous jamais déguiser mes sentiments. Il serait à souhaiter que tout commerce pût être un trafic de vérité ; mais combien y a-t-il d'hommes capables de l'écouter ? Une malheureuse présomption, une pernicieuse idée d'infaillibilité, une funeste habitude de voir tout plier devant eux, les en éloignent. Ils ne sauraient souffrir que l'écho de leurs pensées, et ils poussent la tyrannie jusqu'à vouloir gouverner aussi despotiquement sur les pensées et sur les opinions, que les Russes peuvent gouverner une troupe de serviles esclaves. Il n'y a que la seule vertu qui soit digne d'entendre la vérité. Puisque le monde aime l'erreur, et qu'il veut se tromper, il faut l'abandonner à son mauvais destin ; et c'est, selon moi, l'hommage le plus flatteur qu'on puisse rendre à quelqu'un, que de lui découvrir sans crainte le fond de ses pensées. En un mot, oser contredire un auteur, c'est rendre un hommage tacite à sa modération, à sa justice, et à sa raison.

Vous me faites naître des espérances charmantes. Il ne vous suffit pas de m'instruire des matières les plus profondes, vous pensez encore à ma récréation. Que ne vous devrai-je pas ! Il est sûr que le ciel me devait, pour mon bonheur, un homme de votre mérite. Vous seul m'en valez des milliers. Vous avez reçu à présent une bonne quantité de mes vers, que j'ai fait partir à la fin de novembre, pour Cirey. J'aime la poésie à la passion ; mais j'ai trop d'obstacles à vaincre pour faire quelque chose de passable. Je suis étranger ; je n'ai point l'imagination assez vive, et toutes les bonnes choses ont été dites avant moi. Pour à présent, il en est de moi comme des vignes, qui se ressentent toujours du terroir où elles sont plantées. Il semble que celui de Remusberg est assez propre pour les vers, mais que celui-ci ne produit tout au plus que de la prose.

Vous voudrez bien assurer l'incomparable Émilie de toute mon estime ; elle a désarmé mon courroux par le morceau de votre *Métaphysique* que je viens de recevoir. J'avais regret, je l'avoue, de trouver en elle la moindre bagatelle qui pût approcher de l'imperfection. La voilà à présent comme je désirais qu'elle fût. Il serait superflu de vous répéter les assurances de mon estime et de mon amitié. Je me flatte que vous en êtes convaincu, ainsi que de tous les sentiments avec lesquels je suis, monsieur, votre très-fidèlement affectionné ami, FRÉDÉRIC.

DCVIII. — A M. L'ABBÉ MOUSSINOT.

28 décembre.

Voici, mon cher ami, une bonne œuvre que je vous prie de ne pas négliger. Il y a, rue Sainte-Marguerite, une demoiselle d'Amfreville, fille de condition, qui a une espèce de terre à Cirey. Je ne la connais guère ; mais elle est, me dit-on, dans un extrême besoin. Vite, mon cher abbé, prenez une voiture, allez trouver cette demoiselle, dites-lui que je prends la liberté de lui prêter dix pistoles, et que je suis à son service, si elle en a encore besoin. Assurez-la de ma tendre amitié dans les termes les plus forts ; vous me ferez plaisir de lui faire un peu sentir la différence de mon caractère avec celui d'Arouet, ma facilité en affaires, enfin tout ce que vous croirez qui pourra augmenter son amitié et sa confiance. Elle avait eu envie de vous charger de sa procuration, et de venir s'établir auprès de moi ; faites-lui entendre qu'elle eût très-bien fait. Après cette bonne œuvre, vous en ferez une autre d'honnêteté ; ce sera de porter à Mlle Mignot l'aînée un sac de mille livres, lui demandant bien pardon de ma grossièreté, et lui ajoutant que sur ces mille livres il y en a quatre cents pour sa cadette. Vous direz en particulier à cette aînée que je suis fâché qu'elle ait refusé le parti que je lui proposais ; qu'elle aurait joui de plus de huit mille livres de rente, et qu'elle eût épousé un homme de condition très-aimable ; mais que j'ai tout rompu dès que j'ai su qu'elle faisait la moindre difficulté.

DCIX. — A MLLE QUINAULT.

2 janvier 1738.

(Voltaire se rend aux observations de Mlle Quinault et de M. d'Argental. Il avoue ne pas avoir conçu assez quelle est la différence qui doit exister entre l'auditoire de Paris et celui de Vérone, à propos de *Mérope*; dit qu'il ne connaissait, lorsqu'il a composé cette pièce, ni le *Téléphonte* de La Chapelle, ni l'*Amasis* de Lagrange-Chancel, et qu'il n'a d'abord voulu donner *Mérope* que comme une imitation de la pièce de Maffei, qui est parfaite. Il annonce *Adélaïde* corrigée, ainsi que l'*Enfant prodigue* et *Zaïre*.)

DCX. — DE FRÉDÉRIC, PRINCE ROYAL DE PRUSSE.

A Berlin, le 14 janvier.

Monsieur, vous me faites la plus jolie galanterie du monde. Je reçois un paquet sous mon adresse ; je reconnais les cachets, j'ouvre, et je trouve *Mérope*. Je lis, je suis charmé, j'admire, et je suis obligé d'augmenter la reconnaissance que je vous dois, et que je ne croyais pas susceptible d'accroissement. *Mérope* est une des plus belles tragédies qu'on ait faites ; l'économie de la pièce est menée avec sagesse ; la terreur croît de scène en scène ; et la tendresse maternelle, substituée à l'amour doucereux, m'a charmé. J'avoue que la voix de la nature me paraît infiniment plus pathétique que celle d'une passion frivole. Les vers sont pleins de noblesse, les sentiments expliqués avec dignité ; enfin la conduite de la pièce, l'expression des mœurs, la vraisemblance, le dénoûment, tout y est aussi heureusement amené qu'on peut le désirer. Il n'y a que vous au monde qui puissiez faire une pièce aussi parfaite que *Mérope*. J'en suis charmé, j'en suis extasié, et je ne finirais point si ce n'était pour épargner votre modestie.

Si je ne puis vous payer en même monnaie, je ne veux pas cependant ne vous point témoigner ma reconnaissance. Je vous prie, conservez la bague que je vous envoie comme un monument du plaisir que votre incomparable tragédie m'a causé. Si vous n'aviez jamais fait que *Mérope*, cette pièce suffirait seule pour faire passer votre nom jusqu'aux siècles les plus reculés. Vos ouvrages suffiraient pour immortaliser vingt grands hommes, dont aucun ne manquerait de gloire.

Vous m'avez obligé sensiblement par les attentions que vous me témoignez en toutes les occasions qui se présentent. Je reste toujours en arrière avec vous, et je m'impatiente de ne pouvoir pas vous témoigner toute l'étendue des sentiments pleins d'estime avec lesquels je suis votre très-fidèlement affectionné ami, FÉDÉRIC.

N'oubliez pas de faire mille amitiés de ma part à l'incomparable Émilie. Césarion n'est pas encore arrivé; il faut avouer que l'amour est un grand maître.

DCXI. — A FRÉDÉRIC, PRINCE ROYAL DE PRUSSE.

Janvier.

Monseigneur, je reçois à la fois les plus agréables étrennes qu'on ait jamais reçues : deux bons gros paquets de Votre Altesse royale, l'un venant par la voie de M. Thieriot, l'autre par celle de M. Ploetz, capitaine dans votre régiment, qui m'adresse son paquet de Lunéville. C'est par ce même M. Ploetz que j'ai l'honneur de faire réponse à Votre Altesse royale, le même jour ou plutôt la même nuit; car j'ai passé une bonne partie de cette nuit à lire vos vers que ces deux paquets contiennent, et la prose très-instructive sur la Russie.

Soyez bien sûr, monseigneur, que vos vers font grand tort à cette prose, et que nous aimons mieux quatre rimes signées *Fédéric*, que tout le détail de l'empire des Russes, que l'*Histoire universelle*. Ce n'est pas parce que ces vers louent Émilie et moi, ce n'est pas par l'honneur qu'ont ces vers français d'être de la façon d'un héritier d'une couronne d'Allemagne; la vérité est qu'il y en a réellement beaucoup de très-jolis, de très-bien faits, et du meilleur ton du monde. Mme du Châtelet, qui jusqu'à présent n'a été que philosophe, va devenir poëte pour vous répondre. Pour moi, je suis si plein de vos présents, monseigneur, que je ne sais de quoi vous parler d'abord. Nous n'avons pu encore lire le tout que très-rapidement; mais au premier coup d'œil nous avons donné la préférence à la petite pièce en vers¹ de huit syllabes, qui est un parallèle de votre vie retirée et libre avec celle qu'il faudra malheureusement que vous meniez un jour.

Je suis persuadé d'une chose; dites-moi si je me trompe : c'est que cet ouvrage vous a moins coûté que les autres. Il respire la facilité de génie, l'aisance, les grâces. Il me paraît, de plus, que c'est de tous les styles celui qui convient peut-être le mieux à un prince tel que vous, parce qu'il est plein de cette liberté et de ces agréments que vous répandez dans la société qui a l'honneur de vous entourer. Ce style ne sent point le travail d'un homme trop occupé de la poésie. Les autres ouvrages ont leur prix; j'aurai l'honneur de vous en parler dans ma première lettre; mais celui-ci sera le saint du jour. Il n'y a que très-peu de fautes qui ont échappé à la vivacité du royal écrivain, et qui sont les fautes des doigts et non de l'esprit. Par exemple :

J'ause profiter de la vie,
Sans craindre les *tres* de l'envie.

Votre main rapide a mis là *j'ause* pour *j'ose*, et *tres* pour *traits*, *matein* pour *matin*, etc. Vous faites *amitié* de quatre syllabes, ce mot

(1. L'*Épître sur la Retraite*. (ÉD.)

n'est que de trois; vous faites *carrière* de trois syllabes, ce mot n'en a que deux. Voilà des observations telles qu'en ferait le portier de l'Académie française; mais, monseigneur, c'est que je n'en ai guère d'autres à vous faire. Je raccommode une boucle à vos souliers, tandis que les Grâces vous donnent votre chemise et vous habillent.

Ce qui me fait encore, du moins jusqu'à présent, donner la préférence à cet ouvrage, c'est qu'il est la peinture naïve de la vie que vous menez. Il me semble que je suis de la cour de Votre Altesse royale, que j'ai le bonheur de l'entendre et de lui exposer mes doutes sur les sciences qu'elle cultive. D'ailleurs Cirey est la petite image de Remusberg; mon héroïne vit comme mon héros. J'allais vous parler, monseigneur, de l'*Épître* que Votre Altesse royale lui adresse; mais je ferais trop de tort à tous deux de parler pour elle.

Digne de vous parler, digne de vous entendre,
Seule elle peut répondre à vos charmants écrits;
   Et c'est à cette Thalestris
  D'entretenir cet Alexandre.

Que j'aurai encore de remercîments à faire à Votre Altesse royale sur la lettre à M. Duhan, à M. Pesne! Je n'ose à peine parler des vers que vous daignez m'adresser. Quelle récompense pour moi, monseigneur, quel encouragement pour mériter, si je peux, vos bontés! Laissez-moi, s'il vous plaît, me recueillir un peu; ma tête est ivre. J'aurai l'honneur de vous parler de tout cela quand je serai de sang-froid.

Pour me désenivrer, je viens vite à la prose, aux éclaircissements sur la Russie, que vous avez daigné faire parvenir jusqu'à moi, et dont j'étais extrêmement en peine.

Ils ont l'air d'être écrits par un homme bien au fait, et qui connaît bien l'intérieur du pays. Je ne suis point étonné de voir dans le czar Pierre Ier les contrastes qui déshonorent ses grandes qualités; mais tout ce que je peux dire pour excuser ce prince, c'est qu'il les sentait. Un bourgmestre d'Amsterdam le louait un jour de ce qu'il voulait réformer sa nation : « J'y aurai beaucoup de peine, répondit le czar; mais j'ai un plus grand ouvrage à entreprendre. — Eh! quel est-il? dit le Hollandais. — C'est de me réformer moi-même, » reprit le czar. Je conviens, monseigneur, que c'était un barbare; mais enfin c'est un barbare qui a créé des hommes; c'est un barbare qui a quitté son empire pour apprendre à régner; c'est un barbare qui a lutté contre l'éducation et contre la nature. Il a fondé des villes, il a joint des mers par des canaux; il a fait connaître la marine à un peuple qui n'en avait pas d'idée; il a voulu même introduire la société chez des hommes insociables.

Il avait de grands défauts, sans doute; mais n'étaient-ils pas couverts par cet esprit créateur, par cette foule de projets tous imaginés pour la grandeur de son pays, et dont plusieurs ont été exécutés? N'a-t-il pas établi les arts? N'a-t-il pas enfin diminué le nombre des moines? Votre Altesse royale a grande raison de détester ses vices et sa férocité; vous haïssez dans Alexandre, dont vous me parlez, le meurtrier de Clitus : mais n'admirez-vous pas le vengeur de la Grèce, le vainqueur de Darius, le fondateur d'Alexandrie ? ne songez-vous pas qu'il vengeait les Grecs de l'insolent orgueil des Perses, qu'il fondait des villes qui sont devenues le centre du commerce du monde, qu'il aimait les arts, qu'il était le plus généreux des hommes ? Le czar, dites-vous, monseigneur, n'avait pas la valeur de Charles XII; cela est vrai : mais enfin ce czar, né avec peu de valeur, a donné des batailles, a vu bien du monde tué à ses côtés, a vaincu en personne le plus brave homme de la terre. J'aime un poltron qui gagne des batailles.

Je ne dissimulerai pas ses fautes, mais j'élèverai le plus haut que je pourrai, non-seulement ce qu'il a fait de grand et de beau, mais ce qu'il a voulu faire. Je voudrais qu'on eût jeté au fond de la mer toutes les histoires qui ne nous retracent que les vices et les fureurs des rois. A quoi servent ces registres de crimes et d'horreurs, qu'à encourager quelquefois un prince faible à des excès dont il aurait honte s'il n'en voyait des exemples ? La fraude et le poison coûteront-ils beaucoup à un pape, quand il lira qu'Alexandre VI s'est soutenu par la fourberie, et a empoisonné ses ennemis ?

Plût à Dieu que nous ne connussions des princes que le bien qu'ils ont fait ! l'univers serait heureusement trompé, et peut-être nul prince n'oserait donner l'exemple d'être méchant et tyrannique.

Je serai probablement obligé de parler de l'impératrice Marthe, nommée depuis Catherine, et du malheureux fils de ce féroce législateur. Oserai-je supplier Votre Altesse royale de me procurer quelque connaissance sur la vie de cette femme singulière, sur les mœurs et sur le genre de mort du czarovitz? J'ai bien peur que cette mort ne ternisse la gloire du czar. J'ignore si la nature a défait un grand homme d'un fils qui ne l'eût pas imité, ou si le père s'est souillé d'un crime horrible.

Infelix, utcumque ferent ea fata nepotes !
Æneid., lib. VI, v. 822.

Votre Altesse royale aura-t-elle la bonté de joindre ces éclaircissements à ceux dont elle m'a déjà honoré ? Votre destin est de me protéger et de m'instruire, etc.

DCXII. — AU MÊME.

Janvier.

Monseigneur, Votre Altesse royale a dû recevoir une réponse de Mme la marquise du Châtelet, par la voie de M. Ploetz; mais comme M. Ploetz ne nous accuse ni la réception de cette lettre, ni celle d'un assez gros paquet que je lui avais adressé, huit jours auparavant, pour Votre Altesse royale, je prends la liberté d'écrire cette fois par la voie de M. Thieriot.

Je vous avais mandé, monseigneur, que j'avais, du premier coup d'œil, donné la préférence à l'*Épître sur la Retraite*, à cette description aimable du loisir occupé dont vous jouissez; mais j'ai bien peur aujourd'hui, de me rétracter. Je ne trouve aucune faute contre la langue dans l'*Épître à Pesne*[1], et tout y respire le bon goût. C'est le peintre de la raison qui écrit au peintre ordinaire. Je peux vous assurer, monseigneur, que les six derniers vers, par exemple, sont un chef-d'œuvre :

Abandonne tes saints entourés de rayons ;
Sur des sujets brillants exerce tes crayons ;
Peins-nous d'Amaryllis les grâces ingénues,
Les nymphes des forêts, les Grâces demi-nues ;
Et souviens-toi toujours que c'est au seul Amour
Que ton art si charmant doit son être et le jour.

C'est ainsi que Despréaux les eût faits. Vous allez prendre cela pour une flatterie. Vous êtes tout propre, monseigneur, à ignorer ce que vous valez.

L'*Épître à M. Duhan*[2] est bien digne de vous ; elle est d'un esprit sublime et d'un cœur reconnaissant. M. Duhan a élevé apparemment Votre Altesse royale. Il est bien heureux, et jamais prince n'a donné une telle récompense. Je m'aperçois, en lisant tout ce que vous avez daigné m'envoyer, qu'il n'y a pas une seule pensée fausse. Je vois de temps en temps des petits défauts de la langue, impossibles à éviter; car, par exemple, comment auriez-vous deviné que *nourricier* est de trois syllabes et non de quatre ? que *aient* est d'une syllabe et non pas de deux ? Ce n'est pas vous qui avez fait notre langue ; mais c'est vous qui pensez :

.... *Sapere est et principium et fons.*
HOR., *de Arte poet.*, v. 309.

Un esprit vrai fait toujours bien ce qu'il fait. Vous daignez vous amuser à faire des vers français et de la musique italienne, vous saisissez le goût de l'un et de l'autre. Vous vous connaissez très-bien en peinture ; enfin le goût du vrai vous conduit en tout. Il est impossible que cette grande qualité, qui fait le fond de votre caractère, ne fasse le bonheur de tout un peuple après avoir fait le vôtre. Vous serez sur le trône ce que vous êtes dans votre retraite ; et vous régnerez comme vous pensez et comme vous écrivez. Si Votre Altesse royale s'écarte un peu de la vérité, ce n'est que dans les éloges dont elle me comble ; et cette erreur ne vient que de sa bonté.

L'épître que vous daignez m'adresser, monseigneur, est une bien belle justification de la poésie, et un grand encouragement pour moi. Les cantiques de Moïse, les oracles des païens, tout y est employé à relever l'excellence de cet art ; mais vos vers sont le plus grand éloge qu'on ait fait de la poésie. Il n'est pas bien sûr que Moïse soit l'auteur des deux beaux cantiques, ni que le meurtrier d'Urie, l'amant de Bethsabée, le roi traître aux Philistins et aux Israélites, etc., ait fait

1. Pesne était un peintre que Voltaire nomme dans sa lettre du 2 décembre 1751 à Mme Denis. (ÉD.)
2. Précepteur de Frédéric. (ÉD.)

ses psaumes; mais il est sûr que l'héritier de la monarchie de Prusse fait de très-beaux vers français.

Si j'osais éplucher cette épître (et il le faut bien, car je vous dois la vérité), je vous dirais, monseigneur, que *trompette* ne rime point à *tête*, parce que *tête* est long, et que *pette* est bref, et que la rime est pour l'oreille et non pour les yeux. *Défaites*, par la même raison, ne rime point avec *conquête*; *quête* est long, *faites* est bref. Si quelqu'un voyait mes lettres, il dirait : « Voilà un franc pédant qui s'en va parler de brèves et de longues à un prince plein de génie. » Mais le prince daigne descendre à tout. Quand ce prince fait la revue de son régiment, il examine le fourniment du soldat. Le grand homme ne néglige rien; il gagnera des batailles dans l'occasion; il signera le bonheur de ses sujets, de la même main dont il rime des vérités.

Venons à l'ode [1]; elle est infiniment supérieure à ce qu'elle était, et je ne saurais revenir de ma surprise qu'on fasse si bien des odes françaises au fond de l'Allemagne. Nous n'avons qu'un exemple d'un Français qui faisait très-bien des vers italiens, c'était l'abbé Regnier; mais il avait été longtemps en Italie, et vous, mon prince, vous n'avez point vu la France.

Voici encore quelques petites fautes de langage. *Je n'eus point reçu l'existence*, il faut dire *je n'eusse*; et la *sagesse avait pourvue*, il faut dire *pourvu*. Jamais un verbe ne prend cette terminaison, que quand son participe est considéré comme adjectif. Voici qui est encore bien pédant; mais j'en ai déjà demandé pardon, et vous voulez savoir parfaitement une langue à qui vous faites tant d'honneur. Par exemple, on dira *la personne que vous avez aimée*, parce que *aimée* est comme un adjectif de la personne. On dira *la sagesse dont votre âme est pourvue*, par la même raison; mais on doit dire : *Dieu a pourvu à former un prince qui*, etc.

Ta clémence infinie,
Dans aucun sens ne se dénie.

Dénie ne peut pas être employé pour dire *se dément*; le mot de *dénier* ne peut être mis que pour *nier* ou *refuser*.

Si tu me condamne à périr.

Il faut absolument dire : *Si tu me condamnes*.

Tel qui n'est plus ne peut souffrir.

Tel signifie toujours, en ce sens, un nombre d'hommes qui fait une chose, tandis qu'un autre ne la fait pas; mais ici c'est une affaire commune à tous les hommes; il faut mettre :

Qui n'est plus ne saurait souffrir, etc.

1. C'est celle qui commence par ce vers :
Toi dont la sagesse adorable.
Elle se trouve à la suite de la lettre à Suhm du 16 novembre 1737. (Éd.)

DCXIII. — AU MÊME.

23 janvier.

Je reçois de Berlin une lettre du 26 décembre; elle contient deux grands articles : un plein de bonté, de tendresse et d'attention à m'accabler des bienfaits les plus flatteurs ; le second article est un ouvrage bien fort de métaphysique. On croirait que cette lettre est de M. Leibnitz, ou de M. Wolff, à quelqu'un de ses amis; mais elle est signée Frédéric. C'est un des prodiges de votre âme, monseigneur; Votre Altesse royale remplit avec moi tout son caractère. Elle me lave d'une calomnie; elle daigne protéger mon honneur contre l'envie, et elle donne des lumières à mon âme.

Je vais donc me jeter dans la nuit de la métaphysique, pour oser combattre contre les Leibnitz, les Wolff, les Frédéric. Me voilà comme Ajax, ferraillant dans l'obscurité; et je vous crie :

Grand Dieu, rends-nous le jour, et combats contre nous¹!

Mais, avant d'oser entrer en lice, je vais faire transcrire, pour mettre dans un paquet, deux *Épîtres* qui sont le commencement d'une espèce de système de morale que j'avais commencé il y a un an; il y a quatre *Épîtres* de faites. Voici les deux premières : l'une roule sur *l'égalité des conditions*, l'autre sur *la liberté*. Cela est peut-être fort impertinent à moi, atome de Cirey, de dire à une tête presque couronnée que les hommes sont égaux, et d'envoyer des injures rimées, contre les partisans du *fatum*, à un philosophe qui prête un appui si puissant à ce système de la nécessité absolue.

Mais ces deux témérités de ma part prouvent combien Votre Altesse royale est bonne. Elle ne gêne point les consciences. Elle permet qu'on dispute contre elle; c'est l'ange qui daigne lutter contre Israël. J'en resterai boiteux², mais n'importe; je veux avoir l'honneur de me battre.

Pour *l'Égalité des conditions*, je le crois aussi fermement que je crois qu'une âme comme la vôtre serait également bien partout. Votre devise est :

Nave ferar magna an parva, ferar unus et idem.
Hor., lib. II, ep. II, v. 200.

Pour *la Liberté*, il y a un peu de chaos dans cette affaire. Voyons si les Clarke, les Locke, les Newton, me doivent éclairer; ou si les Leibnitz, princes ou non, doivent être ma lumière. On ne peut certainement rien de plus fort que tout ce que dit Votre Altesse royale pour prouver la nécessité absolue. Je vois d'abord que Votre Altesse royale est dans l'opinion de la raison suffisante de MM. Leibnitz et Wolff. C'est une idée très-belle, c'est-à-dire très-vraie; car, enfin, il n'y a rien qui n'ait sa cause, rien qui n'ait une raison de son existence. Cette idée exclut-elle la liberté de l'homme?

1. Ce vers appartient à l'*Iliade*, traduite par Houdar de La Motte. (Éd.)
2. *Genèse*, XXXII, 26. (Éd.)

1° Qu'entends-je par *liberté?* le pouvoir de penser, et d'opérer des mouvements en conséquence; pouvoir très-borné, comme toutes mes facultés.

2° Est-ce moi qui pense et qui opère des mouvements? Est-ce un autre qui fait tout cela pour moi? Si c'est moi, je suis libre; car être libre, c'est agir. Ce qui est passif n'est point libre. Est-ce un autre qui agit pour moi? je suis trompé par cet autre, quand je crois être agent.

3° Quel est cet autre qui me tromperait? Où il y a un Dieu, ou non. S'il est un Dieu, c'est lui qui me trompe continuellement. C'est l'Être infiniment sage, infiniment conséquent, qui, sans raison suffisante, s'occupe éternellement d'erreurs opposées directement à son essence, qui est la vérité.

S'il n'y a point de Dieu, qui est-ce qui me trompe? Est-ce la matière qui d'elle-même n'a pas d'intelligence?

4° Pour nous prouver, malgré ce sentiment intérieur, malgré ce témoignage que nous nous rendons de notre liberté, pour nous prouver, dis-je, que cette liberté n'existe pas, il faut nécessairement prouver qu'elle est impossible. Cela me paraît incontestable. Voyons comme elle serait impossible.

5° Cette liberté ne peut être impossible que de deux façons, ou parce qu'il n'y a aucun être qui puisse la donner, ou parce qu'elle est en elle-même une contradiction dans les termes, comme un carré plus long que large est une contradiction. Or, l'idée de la liberté de l'homme ne portant rien en soi de contradictoire, reste à voir si l'Être infini et créateur est libre; et si, étant libre, il peut donner une partie de son attribut à l'homme, comme il lui a donné une petite portion d'intelligence.

6° Si Dieu n'est pas libre, il n'est pas un agent; donc il n'est pas Dieu. Or, s'il est libre et tout-puissant, il suit qu'il peut donner à l'homme la *liberté.* Reste donc à savoir quelle raison on aurait de croire qu'il ne nous a pas fait ce présent.

7° On prétend que Dieu ne nous a pas donné la *liberté,* parce que, si nous étions des agents, nous serions en cela indépendants de lui; et que ferait Dieu, dit-on, pendant que nous agirions nous-mêmes? Je réponds à cela deux choses: 1° Ce que Dieu fait lorsque les hommes agissent; ce qu'il faisait avant qu'ils fussent, et ce qu'il fera quand ils ne seront plus. 2° Que son pouvoir n'en est pas moins nécessaire à la conservation de ses ouvrages, et que cette communication qu'il nous a faite d'un peu de liberté ne nuit en rien à sa puissance infinie, puisqu'elle-même est un effet de sa puissance infinie.

8° On objecte que nous sommes emportés quelquefois malgré nous, et je réponds: Donc nous sommes quelquefois maîtres de nous. La maladie prouve la santé, et la liberté *est la santé de l'âme.*

9° On ajoute que l'assentiment de notre esprit est nécessaire, que la volonté suit cet assentiment; donc, dit-on, on veut et on agit nécessairement. Je réponds qu'en effet on désire nécessairement; mais désir et volonté sont deux choses très-différentes, et si différentes, qu'un homme sage veut et fait souvent ce qu'il ne désire pas. Combattre ses désirs est le plus bel effet de la *liberté*; et je crois qu'une des grandes sources du malentendu qui est entre les hommes sur cet article, vient de ce que l'on confond souvent la volonté et le désir.

10° On objecte que, si nous étions libres, il n'y aurait point de Dieu; je crois, au contraire, que c'est parce qu'il y a un Dieu que nous sommes libres. Car, si tout était nécessaire, si ce monde existait par lui-même, d'une nécessité absolue (ce qui fourmille de contradictions), il est certain qu'en ce cas tout s'opérerait par des mouvements liés nécessairement ensemble; donc il n'y aurait alors aucune liberté; donc sans Dieu point de liberté. Je suis bien surpris des raisonnements échappés sur cette matière à l'illustre M. Leibnitz.

11° Le plus terrible argument qu'on ait jamais apporté contre notre liberté, est l'impossibilité d'accorder avec elle la prescience de Dieu. Et quand on me dit : « Dieu sait ce que vous ferez dans vingt ans, donc ce que vous ferez dans vingt ans est d'une nécessité absolue, » j'avoue que je suis à bout, que je n'ai rien à répondre, et que tous les philosophes qui ont voulu concilier les futurs contingents avec la prescience de Dieu ont été de bien mauvais négociateurs. Il y en a d'assez déterminés pour dire que Dieu peut fort bien ignorer des futurs contingents, à peu près, s'il m'est permis de parler ainsi, comme un roi peut ignorer ce que fera un général à qui il aura donné carte blanche.

Ces gens-là vont encore plus loin : ils soutiennent que, non-seulement ce ne serait point une imperfection dans un Être suprême d'ignorer ce que doivent faire librement des créatures qu'il a faites libres; et qu'au contraire il semble plus digne de l'Être suprême de créer des êtres semblables à lui, semblables, dis-je, en ce qu'ils pensent, qu'ils veulent, et qu'ils agissent, que de créer simplement des machines.

Ils ajouteront que Dieu ne peut faire des contradictions, et que peut-être il y aurait de la contradiction à prévoir ce que doivent faire ses créatures, et à leur communiquer cependant le pouvoir de faire le pour et le contre. Car, diront-ils, la *liberté* consiste à pouvoir agir ou ne pas agir; donc, si Dieu sait précisément que l'un des deux arrivera, l'autre dès lors devient impossible; donc plus de *liberté*. Or, ces gens-là admettent une liberté; donc selon eux, en admettant la prescience, ce serait une contradiction dans les termes.

Enfin ils soutiendront que Dieu doit ignorer ce qu'il est de sa nature d'ignorer; et ils oseront dire qu'il est de sa nature d'ignorer tout futur contingent, et qu'il ne doit point savoir ce qui n'est pas.

« Ne se peut-il pas très-bien faire, disent-ils, que du même fonds de sagesse dont Dieu prévoit à jamais les choses nécessaires, il ignore aussi les choses libres? En serait-il moins le créateur de toutes choses, et des agents libres, et des êtres purement passifs?

« Qui nous a dit, continueront-ils, que ce ne serait pas une assez grande satisfaction pour Dieu de voir comment tant d'êtres libres, qu'il a créés dans tant de globes, agissent librement? Ce plaisir, toujours nouveau, de voir comment ses créatures se servent à tous moments des instruments qu'il leur a donnés, ne vaut-il pas bien cette éternelle et oisive contemplation de soi-même, assez incompatible avec les occupations extérieures qu'on lui donne? »

On objecte à ces raisonneurs-là, que Dieu voit en un instant l'avenir, le passé et le présent; que l'éternité est instantanée pour lui; mais ils répondront qu'ils n'entendent pas ce langage, et qu'une éternité qui est un instant leur paraît aussi absurde qu'une immensité qui n'est qu'un point.

Ne pourrait-on pas, sans être aussi hardi qu'eux, dire que Dieu prévoit nos actions libres, à peu près comme un homme d'esprit prévoit le parti que prendra, dans une telle occasion, un homme dont il connaît le caractère? La différence sera qu'un homme prévoit à tort et à travers, et que Dieu prévoit avec une sagacité infinie. C'est le sentiment de Clarke.

J'avoue que tout cela me paraît très-hasardé, et que c'est un aveu, plutôt qu'une solution, de la difficulté. J'avoue enfin, monseigneur, qu'on fait contre la *liberté* d'excellentes objections; mais on en fait d'aussi bonnes contre l'existence de Dieu; et comme, malgré les difficultés extrêmes contre la création et la Providence, je crois néanmoins la création et la Providence, aussi je me crois libre (jusqu'à un certain point s'entend), malgré les puissantes objections que vous me faites.

Je crois donc écrire à Votre Altesse royale, non pas comme à un automate créé pour être à la tête de quelques milliers de marionnettes humaines, mais comme à un être des plus libres et des plus sages que Dieu ait jamais daigné créer.

Permettez-moi ici une réflexion, monseigneur. Sur vingt hommes, il y en a dix-neuf qui ne se gouvernent point par leurs principes; mais votre âme paraît être de ce petit nombre, plein de fermeté et de grandeur, qui agit comme il pense.

Daignez, au nom de l'humanité, penser que nous avons quelque liberté; car si vous croyez que nous sommes de pures machines, que deviendra l'amitié dont vous faites vos délices? de quel prix seront les grandes actions que vous ferez? quelle reconnaissance vous devra-t-on des soins que Votre Altesse royale prendra de rendre les hommes plus heureux et meilleurs? comment, enfin, regarderez-vous l'attachement qu'on a pour vous, les services qu'on vous rendra, le sang qu'on versera pour vous? Quoi! de plus généreux, le plus tendre, le plus sage des hommes, verrait tout ce qu'on ferait pour lui plaire du même œil dont on voit des roues de moulin tourner sur le courant de l'eau, et se briser à force de servir! Non, monseigneur, votre âme est trop noble pour se priver ainsi de son plus beau partage.

Pardonnez à mes arguments, à ma morale, à ma bavarderie. Je ne dirai point que je n'ai pas été libre en disant tout cela. Non, je crois l'avoir écrit très-librement, et c'est pour cette liberté que je demande pardon. Mme la marquise du Châtelet joint toujours ses respects pleins d'admiration aux miens.

Ma dernière lettre était d'un pédant grammairien, celle-ci est d'un mauvais métaphysicien; mais toutes seront d'un homme éternellement attaché à votre personne. Je suis, etc.

DCXIV. — A M. THIERIOT.

A Cirey, le 25 janvier.

Je comptais, mon cher ami, vous envoyer un énorme paquet pour le prince, et j'aurais été charmé que vous eussiez lu tout ce qu'il contient. Vous eussiez vu et peut-être approuvé la manière dont je pense sur bien des choses, et surtout sur vous. Je lui parle de vous comme le doit faire un homme qui vous estime et qui vous aime depuis si longtemps. Il doit, par vos lettres, vous aimer et vous estimer aussi; cela est indubitable, mais ce n'est pas assez. Il faut que vous soyez regardé par lui comme un philosophe indépendant, comme un homme qui s'attacha à lui par goût, par estime, sans aucune vue d'intérêt. Il faut que vous ayez auprès de lui cette espèce de considération qui vaut mieux que mille écus d'appointements, et qui, à la longue, attire en effet des récompenses solides. C'est sur ce pied-là que je vous ai cru tout établi dans son esprit, et c'est de là que je suis parti toutes les fois qu'il s'est agi de vous. J'étais d'autant plus disposé à le croire que vous me mandâtes, il y a quelque temps, à propos de M. de Kaiserling, que le prince envoya de Berlin à Mme la marquise du Châtelet : *Le prince nous a aussi envoyé un gentilhomme*, etc. Vous ajoutiez je ne sais quoi de *bruit dans le monde*; à quoi je n'entendais rien; et tout ce que je comprenais, c'était que le prince vous donnait tous les agréments et toutes les récompenses que vous méritez, et que vous devez en attendre.

Enfin je croyais ces récompenses si sûres, que M. de Kaiserling, qui est en effet son favori, et dont le prince ne me parle jamais que comme de son ami intime, me dit que l'intention de Son Altesse royale était de vous faire sentir de la manière la plus gracieuse les effets de sa bienveillance. Voici à peu près mot à mot ce qu'il me dit : « Notre prince n'est pas riche à présent, et il ne veut pas emprunter, parce qu'il dit qu'il est mortel, et qu'il n'est pas sûr que le roi son père payât ses dettes. Il aime mieux vivre en philosophe, attendant qu'il vive un jour en grand roi, et il serait très-fâché alors qu'il y eût un prince sur la terre qui récompensât mieux ses serviteurs que lui. Je vous avouerai même, continua-t-il, que l'extrême envie qu'il a d'établir sa réputation chez les étrangers l'engagera toujours à prodiguer des récompenses d'éclat sur ses serviteurs qui ne sont pas ses sujets. »

Ce fut à cette occasion que je parlai de vous à M. de Kaiserling dans des termes qui lui firent une très-grande impression. C'est un homme de beaucoup de mérite, qui s'est conduit avec le roi en serviteur vertueux, et auprès du prince en ami véritable. Le roi l'estime, et le prince l'aime comme son frère. Mme la marquise du Châtelet l'a si bien reçu, lui a donné des fêtes si agréables, avec un air si aisé, et qui sentait si peu l'empressement et la fatigue d'une fête, elle l'a forcé d'une manière si noble et si adroite à recevoir des présents extrêmement jolis, qu'il s'en est retourné enchanté de tout ce qu'il a vu, entendu et reçu. Ses impressions ont passé dans l'âme du prince royal, qui en a conçu pour Mme la marquise du Châtelet toute l'estime et, j'ose dire, l'admiration qu'elle mérite. Je vous fais tout ce détail, mon cher ami, pour vous persuader que M. de Kaiserling doit être l'homme par qui les bienfaits du prince doivent tomber sur vous.

Je vous répète que je suis bien content de la politique habile et noble que vous avez mise dans le refus adroit d'une petite pension, et, si, par hasard (car il faut prévoir tout), il arrivait que Son Altesse royale prît votre refus pour un mécontentement secret, ce que je ne crois pas, je vous réponds qu'en ce cas M. de Kaiserling vous servirait avec autant de zèle que moi-même. Continuez sur ce ton; que vos lettres insinuent toujours au prince le prix qu'il doit mettre à votre affection à son service, à vos soins, à votre sagesse, à votre désintéressement; et je vous réponds, moi, que vous vous en trouverez très-bien. J'ai été prophète une fois en ma vie, aussi n'était-ce pas dans mon pays; c'était à Londres, avec notre cher Falkener. Il n'était que marchand, et je lui prédis qu'il serait ambassadeur à la Porte. Il se mit à rire; et enfin le voilà ambassadeur. Je vous prédis que vous serez un jour chargé des affaires du prince devenu roi; et, quoique je fasse cette prédiction dans mon pays, votre sagesse l'effectuera. Mais, d'une manière ou d'autre, soyez sûr d'une fortune.

Je suis bien aise que Piron gagne quelque chose à me tourner en ridicule¹. L'aventure de la Malcrais-Maillard est assez plaisante. Elle prouve au moins que nous sommes très-galants; car, quand Maillard nous écrivait, nous ne lisions pas ses vers; quand Mlle de Lavigne nous écrivit, nous lui fîmes des déclarations.

M. le chancelier n'a pas cru devoir m'accorder le privilége des *Éléments de Newton*, peut-être dois-je lui en être très-obligé. Je traitais la philosophie de Descartes comme Descartes a traité celle d'Aristote. M. Pitot, qui a examiné mon ouvrage avec soin, le trouvait assez exact; mais enfin je n'aurais eu que de nouveaux ennemis, et je garderai pour moi les vérités que Newton et s'Gravesande m'ont apprises. Adieu, mon cher ami.

DCXV. — DE FRÉDÉRIC, PRINCE ROYAL DE PRUSSE.

A Potsdam, le 26 janvier.

Monsieur, j'espère que vous avez reçu à présent les mémoires sur le gouvernement du czar Pierre, et les vers que je vous ai adressés. Je me suis servi de la voie d'un capitaine de mon régiment, nommé Ploetz, qui est à Lunéville, et qui, apparemment, n'aura pas voulu les remettre plus tôt à cause de quelques absences, ou bien faute d'avoir trouvé une bonne occasion.

Je sais que je ne risque rien en vous confiant des pièces secrètes et curieuses. Votre discrétion et votre prudence me rassurent sur tout ce que j'aurais à craindre. Si je vous ai averti de l'usage que vous devez faire de ces mémoires sur la Moscovie, mon intention n'a été que de vous faire connaître la nécessité où l'on est d'employer quelques ména-

1. Dans la *Métromanie*. (ÉD.)

gements, en traitant des matières de cette délicatesse. La plupart des princes ont une passion singulière pour les arbres généalogiques; c'est une espèce d'amour-propre qui remonte jusqu'aux ancêtres les plus reculés, et qui les intéresse à la réputation non-seulement de leurs parents en droite ligne, mais encore de leurs collatéraux. Oser leur dire qu'il y a parmi leurs prédécesseurs des hommes peu vertueux, et, par conséquent, fort méprisables, c'est leur faire une injure qu'ils ne pardonnent jamais, et malheur à l'auteur profane qui a eu la témérité d'entrer dans le sanctuaire de leur histoire, et de divulguer l'opprobre de leur maison! Si cette délicatesse s'étendait à maintenir la réputation de leurs ancêtres du côté maternel, encore pourrait-on trouver des raisons valables pour leur inspirer un zèle aussi ardent; mais de prétendre que cinquante ou soixante aïeux aient tous été les plus honnêtes gens du monde, c'est renfermer la vertu dans une seule famille, et faire une grande injure au genre humain.

J'eus l'étourderie de dire une fois assez inconsidérément, en présence d'une personne, que monsieur *un tel* avait fait une action indigne d'un cavalier. Il se trouva, pour mon malheur, que celui dont j'avais parlé si librement était le cousin germain de l'autre, qui s'en formalisa beaucoup. J'en demandai la raison, on m'en éclaircit, et je fus obligé de passer par tout un détail généalogique, pour reconnaître en quoi consistait ma sottise. Il ne me restait d'autre ressource qu'à sacrifier à la colère de celui que j'avais offensé tous mes parents qui ne méritaient point de l'être. On m'en blâma fort; mais je me justifiai en disant que tout homme d'honneur, tout honnête homme était mon parent, et que je n'en reconnaissais point d'autres.

Si un particulier se sent si grièvement offensé de ce qu'on peut dire de ses parents, à quel emportement une souveraine[1] ne se livrerait-elle pas si elle apprenait le mal qu'on a dit d'un parent qui est respectable pour elle, et dont elle tient toute sa grandeur!

Je me sens très-peu capable de censurer vos ouvrages. Vous leur imprimez un caractère d'immortalité auquel il n'y a rien à ajouter; et, malgré l'envie que j'ai de vous être utile, je sens bien que je ne pourrai jamais vous rendre le service que la servante de Molière lui rendait lorsqu'il lui lisait ses ouvrages.

Je vous ai dit mes sentiments sur la tragédie de *Mérope*, qui, selon le peu de connaissance que j'ai du théâtre et des règles dramatiques, me paraît la pièce la plus régulière que vous ayez faite. Je suis persuadé qu'elle vous fera plus d'honneur qu'*Alzire*. Je vous prierai de m'envoyer la correction des fautes de copiste que je vous indique.

J'essayerai de la voie de Trèves, selon que vous me le marquez, et j'espère que vous aurez soin de vous faire remettre mes lettres de Trèves à Cirey, et d'avertir le maître de poste du soin qu'il doit prendre de cette correspondance.

Vous me parlez d'une manière qui me fait entendre qu'il ne vous se-

1. Anne-Iwanowna, impératrice régnante de Russie. (ÉD.)

rait pas désagréable de recevoir quelques pièces de musique de ma façon. Ayez donc la bonté de me marquer combien de personnes vous avez pour l'exécution, afin que, sachant leur nombre et en quoi consistent leurs talents, je puisse vous envoyer des pièces propres à leur usage. Je vous enverrais la Le Couvreur en cantate :

Que vois-je! quel objet! quoi! ces lèvres charmantes, etc.;

mais je crains de réveiller en vous le souvenir d'un bonheur qui n'est plus. Il faut, au contraire, arracher l'esprit de dessus des objets lugubres. Notre vie est trop courte pour nous abandonner au chagrin; à peine avons-nous le temps de nous réjouir : aussi ne vous enverrai-je que de la musique joyeuse.

L'indiscret Thieriot a trompeté dans les quatre parties du monde que j'avais adressé une lettre en vers à Mme de La Popelinière. Si ces vers avaient été passables, ma vanité n'aurait pas manqué de vous en importuner au plus vite; mais la vérité est qu'ils ne valent rien. Je me suis bien repenti de leur avoir fait voir le jour.

Je voudrais bien pouvoir vivre dans un climat tempéré. Je voudrais bien mériter d'avoir des amis tels que vous, d'être estimé des gens de bien; je renoncerais volontiers à ce qui fait l'objet principal de la cupidité et de l'ambition des hommes; mais je sens trop que, si je n'étais pas prince, je serais peu de chose. Votre mérite vous suffit pour être estimé, pour être envié, et pour vous attirer des admirations. Pour moi, il me faut des titres, des armoiries et des revenus, pour attirer sur moi les regards des hommes.

Ah! mon cher ami, que vous avez raison d'être satisfait de votre sort! Un grand prince, étant au moment de tomber entre les mains de ses ennemis, vit ses courtisans en pleurs, et qui se désespéraient autour de lui; il dit ce peu de paroles qui enferment un grand sens : *Je sens à vos larmes que je suis encore roi.*

Que ne vous dois-je point de reconnaissance pour toutes les peines que je vous coûte! Vous m'instruisez sans cesse, vous ne vous lassez point de me donner des préceptes. En vérité, monsieur, je serais bien ingrat, si je ne sentais pas tout ce que vous faites pour moi. Je m'appliquerai à présent à mettre en pratique toutes les règles que vous avez bien voulu me donner, et je vous prierai encore de ne vous point lasser à force de me corriger.

J'ai cherché plus d'une fois pourquoi les Français, si amateurs des nouveautés, ressuscitaient de nos jours le langage antique de Marot. Il est certain que la langue française n'était pas, à beaucoup près, aussi polie qu'elle l'est à présent. Quel plaisir une oreille bien née, peut-elle trouver à des sons rudes comme le sont ceux de ces vieux mots *oncques, prou, la machine publique, accoutrements*, etc., etc.?

On trouverait étrange à Paris, si quelqu'un y paraissait vêtu comme du temps de Henri IV, quoique cet habillement pût être tout aussi bon que le moderne. D'où vient, je vous prie, que l'on veut parler et qu'on aime à rajeunir la langue contemporaine de ces modes qu'on ne peut plus souffrir? et, ce qu'il y a de plus extraordinaire, c'est que cette langue est peu entendue à présent; que celle qu'on parle de nos jours est beaucoup plus correcte et beaucoup meilleure, qu'elle est susceptible de toute la naïveté de celle de Marot, et qu'elle a des beautés auxquelles l'autre n'osera jamais prétendre. Ce sont là, selon moi, des effets du mauvais goût et de la bizarrerie des caprices. Il faut avouer que l'esprit humain est une étrange chose!

Me voilà sur le point de m'en retourner chez moi, pour me vouer à l'étude, et pour reprendre la philosophie, l'histoire, la poésie et la musique. Pour la géométrie, je vous avoue que je la crains; elle sèche trop l'esprit. Nous autres Allemands ne l'avons que trop sec; c'est un terrain ingrat qu'il faut cultiver, arroser sans cesse pour qu'il produise.

Assurez la marquise du Châtelet de toute mon estime; dites à Émilie que je l'admire au possible. Pour vous, monsieur, vous devez être persuadé de l'estime parfaite que j'ai pour vous. Je vous le répète encore, je vous estimerai tant que je vivrai, étant, avec ces sentiments d'amitié que vous savez inspirer à tous ceux qui vous connaissent, monsieur, votre très-fidèlement affectionné ami, FÉDÉRIC.

DCXVI. — A. M. DE MAUPERTUIS.

A Cirey, janvier.

Romulus, et Liber pater, et cum Castore Pollux...,
Ploravere suis non respondere favorem
Speratum meritis.

HOR., lib. II, ep. 1, v. 5.

Je ne puis m'empêcher, monsieur, de vous rappeler à ce petit texte dont votre mérite, vos travaux, et le prix injuste que vous en recevez, sont le commentaire.

Vos huit triangles liés entre eux, et formant ce bel heptagone qui prouve tout d'un coup l'infaillibilité de vos opérations; enfin votre génie et vos connaissances, très-fort au-dessus de cette opération même, doivent vous assurer, en France, et les plus belles récompenses et les éloges les plus unanimes. Mais ce n'est pas d'aujourd'hui que l'envie se déchaînait contre vous. Des personnes incapables de savoir même quel est votre mérite s'avisaient à Paris de vous chansonner, quand vous travailliez sous le cercle polaire, pour l'honneur de la France et de la raison humaine. Je reçus à Amsterdam, l'hiver dernier, une chanson plate et misérable contre plusieurs de vos amis et contre vous; elle était de la façon du petit Lélio, et je crus reconnaître son écriture. Le couplet qui vous regardait était outrageant, et finissait par :

Des meules de moulin
De ce calotin.

C'est ainsi qu'un misérable bouffon traitait et votre personne et votre excellent livre[1], qui n'a d'autre défaut que d'être trop court. Mais aussi M. Musschenbroeck me disait, en parlant de ce petit livre, que c'était le meilleur ouvrage que la France eût produit en fait de physique. S'Gravesande en parlait sur ce ton, et l'un et l'autre s'étonnaient fort que M. Cassini, et après lui M. de Fontenelle, assurassent si hardiment le prétendu ovale de la terre sur les petites différences très-peu décisives qui se trouvaient dans leurs degrés, tandis que les mesures de Norwood assuraient à la terre une forme toute semblable à celle que vos raisonnements lui ont donnée, et que vos mesures infaillibles ont confirmée.

Tôt ou tard il faut bien que vous et la vérité vous l'emportiez. Souvenez-vous qu'on a soutenu des thèses contre la circulation du sang; songez à Galilée, et consolez-vous.

Je suis persuadé que, quand vous avez refusé les douze cents livres de pension, que vous avez généreusement répandues sur vos compagnons de voyage, vous avez dû paraître au ministère un esprit plus noble que mécontent. Vous devez en être plus estimé; et il vient un temps où l'estime arrache les récompenses[2].

J'avais osé, dans les intervalles que me laissent mes maladies, écrire le peu que j'entendais de Newton, que mes chers compatriotes n'entendent point du tout. J'ai suspendu cette édition qui se faisait à Amsterdam, pour avoir l'attache du ministère de France; j'avais remis une partie de l'imprimé et le reste du manuscrit à M. Pitot, qui se chargeait de solliciter le privilége. Le livre est approuvé depuis huit mois; mais M. le chancelier ne me le rend point. Apparemment que de dire que l'attraction est possible et prouvée, que la terre doit être aplatie aux pôles, que le vide est démontré, que les tourbillons sont absurdes, etc.. cela n'est pas permis à un pauvre Français. J'ai parlé de vous et de votre livre, dans mes petits *Éléments*, avec le respect que j'ai pour votre génie. Peut-être m'a-t-on rendu service en supprimant ces *Éléments*; vous n'auriez eu que le chagrin de voir votre éloge dans un mauvais ouvrage. M. Pitot m'avait pourtant flatté que *ce petit catéchisme de la foi newtonienne était assez orthodoxe*. Je vous prie de lui en parler. Il y a six mois que j'ai quitté toute sorte de philosophie. Je suis retombé dans mon ignorance et dans les vers; j'ai fait une tragédie[3], mais je n'attends que des sifflets. J'ai une fois fait un poëme épique; il y en a plus de vingt éditions dans l'Europe : toute ma récompense a été d'être joué en personne, moi, mes amis, et ma *Henriade*, aux Italiens et à la Foire, avec approbation et privilége.

Qui bene latuit bene vixit[4]. Je n'ai plus assez de santé pour travailler à rien, ni pour vous étudier; mais je vous admirerai et vous aimerai toute ma vie, vous et le grand petit Clairaut.

---

1. *Discours sur les différentes figures des astres*. (ÉD.)
2. Maupertuis avait été blessé de la modicité de la récompense; il voulait qu'on le regardât comme le chef de l'entreprise, et ses confrères comme des élèves qui avaient travaillé sous lui. Ces confrères étaient cependant Clairaut, Camus, Lemonnier. (*Éd. de Kehl.*)
3. *Mérope*. (ÉD.) — 4. Ovide, *Tristes*, III, élégie IV, v. 25. (ÉD.)

DCXVII. — A M. L'ABBÉ MOUSSINOT.

Janvier.

Je fais premièrement, mon cher trésorier, mon compliment à votre chapitre de ce qu'il vous a remis dans votre emploi d'*hierophanta*, mot grec qui signifie receveur sacré. Je tremble que ce chapitre ne me fasse baisser un peu dans votre cœur, et que le devoir ne l'emporte sur l'amitié; mais, Dieu merci, vous aimez vos amis comme vos devoirs. J'accepte les douze assiettes de la belle porcelaine ; non les plats, le lustre à la mode, tel que Le Brun en vend, non les vieux lustres, quelque beaux qu'on les dise; et je vous embrasse de tout mon cœur.

DCXVIII. — DE FRÉDÉRIC, PRINCE ROYAL DE PRUSSE.

A Remusberg, le 4 février.

Monsieur, je suis bien fâché que l'histoire du czar et mes mauvais vers se soient fait attendre si longtemps. Vous en rêvez de meilleurs que je n'en fais les yeux ouverts; et si dans la foule il s'en trouve de passables, c'est qu'ils seront volés, ou imités d'après les vôtres. Je travaille comme ce sculpteur qui, lorsqu'il fit la Vénus de Médicis, composa les traits de son visage et les proportions de son corps d'après les plus belles personnes de son temps. C'étaient des pièces de rapport; mais si ces dames lui eussent redemandé, l'une ses yeux, l'autre sa gorge, une autre son tour de visage, que serait-il resté à la pauvre Vénus du statuaire?

Je vous avoue que le parallèle de ma vie et de celle de la cour m'a peu coûté; vous lui donnez plus de louanges qu'il n'en mérite. C'est plutôt une relation de mes occupations qu'une pièce poétique, ornée d'images qui lui conviennent. J'ai pensé ne pas vous l'envoyer, tant j'en ai trouvé le style négligé.

J'attends, avec bien de l'impatience, les vers qu'Émilie veut bien se donner la peine de composer. Je suis toujours sûr de gagner au troc; et, si j'étais cartésien, je tirerais une grande vanité d'être la cause occasionnelle des bonnes productions de la marquise. On dit que, lorsqu'on fait des dons aux princes, ils les rendent au centuple; mais ici c'est tout le contraire; je vous donne de la mauvaise monnaie, et vous me rendez des marchandises inestimables. Qu'on est heureux d'avoir affaire à un esprit comme le vôtre, ou comme celui d'Émilie! C'est un fleuve qui se déborde, et qui fertilise les campagnes sur lesquelles il se répand.

Il ne me serait pas difficile de faire ici l'énumération de tous les sujets de reconnaissance que vous m'avez donnés, et j'aurais une infinité de choses à dire du *Mondain*, de sa *Défense*, de l'*Ode à Émilie*, et d'autres pièces, et de l'incomparable *Mérope*. Ce sont des présents que vous seul êtes en état de faire.

Vous ne sauriez croire à quel point vos vers rabaissent mon amour-propre; il n'y a rien qui tienne contre eux.

Je suis dans le cas de ces Espagnols établis au Mexique, qui fondent une vanité fort singulière sur la beauté de leur peau bise et de leur teint olivâtre. Que deviendraient-ils s'il voyaient une beauté européane, un teint brillant des plus belles couleurs, une peau dont la finesse est comme celle de ces vernis transparents qui couvrent les peintures, et laissent entrevoir jusqu'aux traits du pinceau les plus subtils? Leur orgueil, ce me semble, se trouverait sapé par le fondement; et je me trompe fort, ou les miroirs de ces ridicules Narcisses seraient cassés avec dépit et emportement.

Vous me paraissez satisfait des mémoires du czar Pierre Ier, que je vous ai envoyés, et je le suis de ce que j'ai pu vous être de quelque utilité. Je me donnerai tous les mouvements nécessaires pour vous faire avoir les particularités des aventures de la czarine, et la vie du czarovitz que vous demandez. Vous ne serez pas satisfait de la manière dont ce prince a fini ses jours, la férocité et la cruauté de son père ayant mis fin à sa triste destinée.

Si l'on voulait se donner la peine d'examiner, à tête reposée, le bien et le mal que le czar a faits dans son pays, de mettre ses bonnes et mauvaises qualités dans la balance, de les peser, et de juger ensuite de lui sur celles de ses qualités qui l'emporteraient, on trouverait peut-être que ce prince a fait beaucoup de mauvaises actions brillantes, qu'il a eu des vices héroïques, et que ses vertus ont été obscurcies et éclipsées par une foule innombrable de vices. Il me semble que l'humanité doit être la première qualité d'un homme raisonnable. S'il part de ce principe, malgré ses défauts, il n'en peut arriver que du bien. Mais si, au contraire, un homme n'a que des sentiments barbares et inhumains, il se peut bien qu'il fasse quelque bonne action, mais sa vie sera toujours souillée par ses crimes.

Il est vrai que les histoires sont en partie les archives de la méchanceté des hommes; mais, en offrant le poison, elles offrent aussi l'antidote. Nous voyons dans l'histoire quantité de méchants princes, des tyrans, des monstres, et nous les voyons tous haïs de leurs peuples, détestés de leurs voisins, et en abomination dans tout l'univers. Leur nom seul devient une injure; et c'est un opprobre à la réputation des vivants que d'être apostrophés du nom de ces morts.

Peu de personnes sont insensibles à leur réputation; quelque méchants qu'ils soient, ils ne veulent pas qu'on les prenne pour tels; et, malgré qu'on en ait, ils veulent être cités comme des exemples de vertu et de probité, et d'hommes héroïques. Je crois qu'avec de semblables dispositions, la lecture de l'histoire, et les monuments qu'elle nous laisse de la mauvaise réputation de ces monstres que la nature a produits, ne peut que faire un effet avantageux sur l'esprit des princes qui les lisent; car, en regardant les vices comme des actions qui dégradent et qui ternissent la réputation, le plaisir de faire du bien doit paraître si pur, qu'il n'est pas possible de n'y être point sensible.

Un homme ambitieux ne cherche point dans l'histoire l'exemple d'un ambitieux qui a été détesté; et quiconque lira la fin tragique de César apprendra à redouter les suites de la tyrannie. De plus, les hommes se cachent, autant qu'ils peuvent, la noirceur et la méchanceté de leur cœur. Ils agissent indépendamment des exemples, et n'ont d'autre buque celui d'assouvir leurs passions déréglées. D'ailleurs, si un scélérat veut autoriser ses crimes par des exemples, il n'a pas besoin (ceci soit dit à l'honneur de notre siècle) de remonter jusqu'à l'origine du monde pour en trouver; le genre humain corrompu en présente tous les jours des plus récents, et qui, par là même, en ont plus de force. Enfin il n'y a qu'à être homme pour être en état de juger de la méchanceté des hommes de tous les siècles. Il n'est pas étonnant que vous n'ayez pas fait les mêmes réflexions.

Ton âme, de tout temps à la vertu nourrie,
Cherche ses aliments dans la philosophie,
Et sut l'art d'enchaîner tous ces tyrans fougueux
Qui déchirent les cœurs des humains malheureux.
Tranquille au haut des cieux, où nul mortel t'égale,
Le vice est à tes yeux comme une terre australe.

Mon impatience n'est pas encore contentée sur l'arrivée de Césarion et du *Siècle de Louis le Grand*. La goutte les arrête en chemin. Il faut, à la vérité, savoir se passer des agréments dans la vie, quoique j'espère que mon attente ne durera guère, et que ce Jason me rendra dans peu possesseur de cette toison d'or tant désirée et tant attendue.

Vous pouvez vous attendre, et je vous le promets, à toute la sincérité et à toute la franchise de ma part sur vos ouvrages. Mes doutes sont des espèces d'interrogatoires qui vous obligent à la justice de m'instruire.

Je vous prie d'assurer l'incomparable Émilie de l'estime dont je suis pénétré pour elle. Mais je m'aperçois que je finis mes lettres par des salutations aux sœurs, comme saint Paul avait coutume de conclure ses Épîtres, quoique je sois persuadé que, ni sous l'économie de l'ancienne loi, ni sous celle du Nouveau Testament, il n'y eut d'Iduméenne qui valût la centième partie d'Émilie. Quant à l'estime, l'amitié et la considération que j'ai pour vous, elles ne finiront jamais, étant, monsieur, votre très-fidèlement affectionné ami, Frédéric.

DCXIX. — A Frédéric, prince royal de Prusse.

5 février.

Prince, cet anneau magnifique
Est plus cher à mon cœur qu'il ne brille à mes yeux.
L'anneau de Charlemagne et celui d'Angélique
Étaient des dons moins précieux;
Et celui d'Hans-Carvel, s'il faut que je m'explique,
Est le seul que j'aimasse mieux.

Votre Altesse royale m'embarrasse fort, monseigneur, par ses bontés; car j'ai bientôt une autre tragédie à lui envoyer; et quelque honneur qu'il y ait à recevoir des présents de votre main, je voudrais pourtant que cette nouvelle tragédie servît, s'il se peut, à payer la bague, au lieu de paraître en briguer une nouvelle.

Pardon de ma poétique insolence, monseigneur; mais comment voulez-vous que mon courage ne soit un peu enflé? Vous me donnez votre suffrage : voilà, monseigneur, la plus flatteuse récompense; et je m'en tiens si bien à ce prix, que je ne crois pas vouloir en tirer un autre de ma *Mérope*. Votre Altesse royale me tiendra lieu du public. Car c'est assez pour moi que votre esprit mâle et digne de votre rang ait approuvé une pièce française sans amour. Je ne ferai pas l'honneur à notre parterre et à nos loges de leur présenter un ouvrage qui condamne trop ce goût frelaté et efféminé, introduit parmi nous. J'ose penser, d'après le sentiment de Votre Altesse royale, que tout homme qui ne se sera pas gâté le goût par ces élégies amoureuses que nous nommons tragédies, sera touché de l'amour maternel qui règne dans *Mérope*. Mais nos Français sont malheureusement si galants et si jolis, que tous ceux qui ont traité de pareils sujets les ont toujours ornés d'une petite intrigue entre une jeune princesse et un fort aimable cavalier. On trouve une partie carrée tout établie dans l'*Électre* de Crébillon, pièce remplie d'ailleurs d'un tragique très-pathétique. L'*Amasis* de Lagrange, qui est le sujet de *Mérope*, est enjolivé d'un amour très-bien tourné. Enfin voilà notre goût général; Corneille s'y est toujours asservi. Si César vient en Égypte, c'est pour y voir une *reine adorable*; et Antoine lui répond : *Oui, seigneur, je l'ai vue, elle est incomparable*[1]. Le vieux Martian[2], le ridé Sertorius, sainte Pauline, sainte Théodore la prostituée, sont amoureux.

Ce n'est pas que l'amour ne puisse être une passion digne du théâtre; mais il faut qu'il soit tragique, passionné, furieux, cruel, et criminel, horrible, si l'on veut, et point du tout galant.

Je supplie Votre Altesse royale de lire la *Mérope* italienne du marquis Maffei; elle verra que, toute différente qu'elle est de la mienne, j'ai du moins le bonheur de me rencontrer avec lui dans la simplicité du sujet, et dans l'attention que j'ai eue de n'en pas partager l'intérêt par une intrigue étrangère. C'est une occupation digne d'un génie comme le vôtre, que d'employer son loisir à juger les ouvrages de tous pays; voilà la vraie monarchie universelle; elle est plus sûre que celle où les maisons d'Autriche et de Bourbon ont aspiré. Je ne sais encore si Votre Altesse royale a reçu mon paquet et la lettre de Mme la marquise du Châtelet, par la voie de M. Ploetz. Je vous quitte, monseigneur, pour aller vite travailler au nouvel ouvrage dont j'espère amuser, dans quelques semaines, le Trajan et le Mécène du Nord.

Je suis avec le plus profond respect et la plus tendre reconnaissance, monseigneur, de Votre Altesse royale, etc.

DCXX. — A M. L'ABBÉ MOUSSINOT.

Février.

On doit, mon cher abbé, vous aller voir, de la part d'un M. de Médine, et vous demander trois cents florins de Flandre. Vous direz à

1. *La Mort de Pompée*, acte III, scène III. (ÉD.)
2. Martian, Pauline, Sertorius, Théodore, sont les noms de personnages dans les tragédies de P. Corneille, *Héraclius*, *Polyeucte*, *Sertorius*, *Théodore*. (ÉD.)

l'envoyé. J'ai reçu commission de les prêter, *hoc verum*; mais de les prêter en l'air, *hoc absurdum*. Qu'un bon banquier fasse son billet payable dans un an, et vous aurez les trois cents florins. »

M. Le Ratz de Lanthenée est un homme de lettres; il me demande cent écus à emprunter, et il faut les lui donner sur-le-champ; mais que celui qui imprime son ouvrage signe un billet payable dans un an. Il faut prêter et non perdre, être bon et non dupe. Je ne connais pas ce M. de Lanthenée; il suffit donc de l'aider, et c'est l'aider que de lui prêter cent écus.

A votre loisir, je vous prie de voir un avocat, et d'avoir son avis sur ce point de jurisprudence. Un homme[1] a des rentes viagères; il s'en va à Utrecht pour jansénisme ou calvinisme, comme il vous plaira. Il doit cent mille florins; et, avant de partir, il délègue dix mille livres de rente pour dix ans. Cependant on confisque son bien. La confiscation a-t-elle lieu? Ses créanciers seront-ils payés? Ses délégations sont-elles payables sa vie durant? Belles questions! *Vale!*

DCXXI. — A M. THIERIOT.

Cirey, ce 7 février.

Je vous envoie, mon cher ami, une lettre pour le prince royal, en réponse à celle que vous m'avez dépêchée par l'autre voie. Sa lettre contenait une très-belle émeraude accompagnée de diamants brillants, et je ne lui envoie que des paroles. Soyez sûr, mon cher Thieriot, que mes remercîments pour lui seront bien plus tendres et bien plus énergiques, quand il aura fait pour vous ce que vous méritez et ce que j'attends. Ne soyez point du tout en peine de la façon dont je m'exprime sur votre compte, quand je lui parle de vous; je ne lui écris jamais rien qui vous regarde, qu'à l'occasion des lettres qu'il peut faire passer par vos mains, et que je le prie de vous confier. Je suis bien loin de paraître soupçonner qu'il soit seulement possible qu'il vous ait donné le moindre sujet d'être mécontent. Quand je serais capable de faire cette balourdise, l'amitié m'en empêcherait bien. Elle est toujours éclairée quand elle est si vraie et si tendre. Continuez donc à le servir dans le commerce aimable de littérature dont vous êtes chargé, et soyez sûr, encore une fois, qu'il vous dira un jour: *Euge, serve bone et fidelis, quia super pauca fuisti fidelis*[3], etc.

Vous vous intéressez à mes nièces; vous savez sans doute ce que c'est que M. de La Rochemondière, qui veut de notre aînée. Je le crois homme de mérite, puisqu'il cherche à vivre avec quelqu'un qui en a. Si je peux faciliter ce mariage, en assurant vingt-cinq mille livres, je suis tout prêt; et s'il en veut trente, j'en assurerai trente; mais, pour de l'argent comptant, il faut qu'il soit assez philosophe pour se contenter du sien, et de vingt mille écus que ma nièce lui apportera. Je me

1. Gentilhomme liégeois. (ÉD.)
2. Claude-Alexandre, comte de Bonneval, mort à Constantinople le 22 mars 1747. Voltaire l'avait connu chez le grand prieur de Vendôme. (ÉD.)
3. Matthieu, XXV, 21, 23. (ÉD.)

suis cru, en dernier lieu, dans la nécessité de prêter tout ce dont je pouvais disposer. Le prêt est très-assuré; le temps du payement ne l'est pas; ainsi je ne peux m'engager à rien donner actuellement par un contrat. Mais ma nièce doit regarder mes sentiments pour elle comme quelque chose d'aussi sûr qu'un contrat par-devant notaire. J'aurais bien mauvaise opinion de celui qui la recherche, si un présent de noce de plus ou de moins (qu'il doit laisser à ma discrétion) pouvait empêcher le mariage. C'est une chose que je ne peux soupçonner. Je ferai à peu près pour la cadette ce que je fais pour l'aînée. Leur frère, correcteur des comptes, est bien pourvu. Le petit frère sera, quand il voudra, officier dans le régiment de M. du Châtelet. Voilà toute la nichée établie d'un trait de plume. Votre cœur charmant, et qui s'intéresse si tendrement à ses amis, veut de ces détails. C'est un tribut que je lui paye.

Mandez-moi si ce que l'on publie touchant la cuirasse de François Iᵉʳ est vrai. Je ne sais de qui est *Maximien*¹. On la dit de l'abbé Le Blanc. Mais quel qu'en soit l'auteur, je serais très-fâché qu'on m'en donnât la gloire, si elle est bonne; et, en cas qu'elle ne vaille rien, je rends les sifflets à qui ils appartiennent.

J'achèterai sur votre parole le livre² de l'abbé Banier; je compte n'y point trouver que Cham est l'Ammon des Égyptiens, que Loth est l'Érictée, qu'Hercule est copié de Samson, que Baucis et Philémon sont imités d'Abraham et de Sara. Je ne sais quel académicien des Belles-Lettres avait découvert que les patriarches étaient les inventeurs du zodiaque; que Rebecca était la Vierge; Ésaü et Jacob, les Gémeaux. Il est bon d'avoir quelques dissertations pareilles dans son cabinet, pour mettre à côté du poëme de *la Madelène*³; mais il n'en faut pas trop. Empêchez donc M. d'Argental d'aller à Saint-Domingue⁴. Un homme de probité, un homme aimable comme lui, doit rester dans ce monde.

DCXXII. — DE FRÉDÉRIC, PRINCE ROYAL DE PRUSSE.

A Remusberg, le 17 février.

Monsieur, on vient de me rendre votre lettre du 23 janvier, qui sert de réponse, ou plutôt de réfutation, à celle du 26 décembre que je vous avais écrite. Je me repens bien de m'être engagé trop légèrement, et peut-être inconsidérément, dans une discussion métaphysique, avec un adversaire qui va me battre à plate couture; mais il n'est plus temps de reculer lorsqu'on a déjà tant fait.

Je me souviens, à cette occasion, d'avoir été présent à une dispute où il s'agissait de la préférence que l'on devait, ou à la musique française, ou à l'italienne. Celui qui faisait valoir la française se mit à

1. De La Chaussée. (ÉD.)
2. *La Mythologie et les Fables expliquées par l'histoire*. (ÉD.)
3. Poëme du P. Pierre de Saint-Louis. (ÉD.)
4. D'Argental venait d'être nommé intendant de Saint-Domingue; mais il finit par n'y pas aller. (ÉD.)

chanter misérablement une ariette italienne, en soutenant que c'était la plus abominable chose du monde; de quoi on ne disconvenait pas. Après quoi il pria quelqu'un qui chantait très-bien en français, et qui s'en acquitta à merveille, de faire les honneurs de Lulli. Il est certain que, si on avait jugé de ces deux musiques différentes sur cet échantillon, on n'aurait pu que rejeter le goût italien; et, au fond, je crois qu'on aurait mal jugé.

La métaphysique ne serait-elle pas entre mes mains ce que cette ariette italienne était dans la bouche de ce cavalier qui n'y entendait pas grand'chose? Quoi qu'il en soit, j'ai votre gloire trop à cœur pour vous céder gain de cause, sans plus faire de résistance. Vous aurez l'honneur d'avoir vaincu un adversaire intrépide, et qui se servira de toutes les défenses qui lui restent et de tout son magasin d'arguments, avant que de battre la chamade.

Je me suis aperçu que la différence dans la manière d'argumenter nous éloignait le plus dans les systèmes que nous soutenons. Vous argumentez *a posteriori*, et moi *a priori*; ainsi, pour nous conduire avec plus d'ordre, et pour éviter toute confusion dans les profondes ténèbres métaphysiques dont il faut nous débrouiller, je crois qu'il serait bon de commencer par établir un principe certain; ce sera le pôle avec lequel notre boussole s'orientera; ce sera le centre où toutes les lignes de mon raisonnement doivent aboutir.

Je fonde tout ce que j'ai à vous dire sur la providence, sur la sagesse et sur la prescience de Dieu. Ou Dieu est sage, ou il ne l'est pas. S'il est sage, il ne doit rien laisser au hasard; il doit se proposer un but, une fin en tout ce qu'il fait; si Dieu est sans sagesse, ce n'est plus un dieu, c'est un être sans raison, un aveugle hasard, un assemblage contradictoire d'attributs qui ne peuvent exister réellement. Il faut donc que, nécessairement la sagesse, la prévoyance et la prescience soient des attributs de Dieu; ce qui prouve suffisamment que Dieu voit les effets dans leurs causes, et que, comme infiniment puissant, sa volonté s'accorde avec tout ce qu'il prévoit. Remarquez, en passant, que ceci détruit les contingents futurs; car l'avenir ne peut point avoir d'incertitude à l'égard de Dieu tout-puissant, qui veut tout ce qu'il peut, et qui peut tout ce qu'il veut.

Vous trouverez bon à présent que je réponde aux objections que vous venez de me faire. Je suivrai l'ordre que vous avez tenu, afin que, par ce parallèle, la vérité en devienne plus palpable.

1° La liberté de l'homme, telle que vous la définissez, ne saurait avoir, selon mon principe, une raison suffisante; car, comme cette liberté ne pouvait venir uniquement que de Dieu, je vais vous prouver que cela même implique contradiction, et qu'ainsi c'est une chose impossible. Dieu ne peut changer l'essence des choses; car, comme il lui est impossible de donner quatre côtés à un triangle, en tant que triangle, de faire que le passé n'ait pas été, aussi peu saurait-il changer sa propre essence. Or, il est de son essence, comme un Dieu sage, tout-puissant, et connaissant l'avenir, de fixer les événements qui doivent arriver dans tous les siècles qui s'écouleront. Il ne saurait donner à l'homme la liberté d'agir d'une manière diamétralement opposée à ce qu'il a une fois voulu; de quoi il résulte qu'on avance une contradiction, lorsqu'on soutient que Dieu peut donner la liberté à l'homme.

2° L'homme pense, opère des mouvements, et agit, j'en conviens, mais d'une manière subordonnée aux inviolables lois du destin. Tout avait été prévu par la divinité, tout avait été réglé; mais l'homme, qui ignore l'avenir, ne s'aperçoit pas qu'en semblant agir indépendamment, toutes ses actions tendent à remplir les décrets de la Providence.

On voit la Liberté, cette esclave si fière,
Par d'invisibles nœuds dans ces lieux prisonnière;
Sous un joug inconnu, que rien ne peut briser,
Dieu sait l'assujettir sans la tyranniser.
Henriade, ch. VIII, v. 289.

3° Je vous avoue que j'ai été ébloui par le début de votre troisième objection. J'avoue qu'un Dieu trompeur, issu de mon propre système, me surprit; mais il faut examiner si ce Dieu nous trompe autant qu'on veut bien le faire croire.

Ce n'est point l'Être infiniment sage, infiniment conséquent, qui en impose à ses créatures par une liberté feinte qu'il semble leur avoir donnée. Il ne leur dit point : « Vous êtes libres, vous pouvez agir selon votre volonté; mais il a trouvé à propos de cacher à leurs yeux les ressorts qui les font agir. Il ne s'agit point ici du ministère des passions, qui est une voie entièrement ouverte à notre sujétion; au contraire, il ne s'agit que des motifs qui déterminent notre volonté. C'est une idée d'un bonheur que nous nous figurons, ou d'un avantage qui nous flatte, et dont la représentation sert de règle à tous les actes de notre volonté. Par exemple, un voleur ne déroberait point s'il ne se figurait un état heureux dans la possession du bien qu'il veut ravir; un avare n'amasserait pas trésors sur trésors, s'il ne se représentait pas un bonheur idéal dans l'entassement de toutes ces richesses; un soldat n'exposerait point sa vie, s'il ne trouvait sa félicité dans l'idée de la gloire et de la réputation qu'il peut acquérir; d'autres, dans l'avancement; d'autres, dans des récompenses qu'ils attendent : en un mot, tous les hommes ne se gouvernent que par les idées qu'ils ont de leur avantage et de leur bien-être.

4° Je crois d'ailleurs que j'ai suffisamment développé la contradiction qui se trouve dans le système du *franc arbitre*, tant par rapport aux perfections de Dieu, que relativement à ce que l'expérience nous confirme. Vous conviendrez donc avec moi que les moindres actions de la vie découlent d'un principe certain, d'une idée de bonheur qui nous frappe; et c'est ce qu'on appelle motifs raisonnables, qui sont, selon moi, les cordes et les contre-poids qui font agir toutes les machines de l'univers; ce sont les ressorts cachés dont il plaît à Dieu de se servir pour assujettir nos actions à sa volonté suprême.

Les tempéraments des hommes et les causes occasionnelles (toutes également asservies à la volonté divine) donnent ensuite lieu aux modifications de leurs volontés, et causent la différence si notable que nous voyons dans les actions des hommes.

5° Il me semble que les révolutions des corps célestes, et l'ordre auquel tous ces mondes sont assujettis, pourraient nous fournir encore un argument bien fort pour soutenir la nécessité absolue.

Pour peu qu'on ait de connaissance de l'astronomie, on est instruit de la régularité infinie avec laquelle les planètes font leur cours. On connaît d'ailleurs les lois de la pesanteur, de l'attraction, du mouvement, toutes lois inviolables de la nature. Si des corps de cette matière, si des mondes, si tout l'univers est assujetti à des lois fixes et permanentes, comment est-ce que M. Clarke, que Newton, viendront me dire que l'homme, cet être si petit, si imperceptible, en comparaison de ce vaste univers; que dis-je? ce malheureux reptile qui rampe sur la surface de ce globe qui n'est qu'un point dans l'univers, cette misérable créature aura-t-elle seule le préalable d'agir au hasard, de n'être gouvernée par aucunes lois, et, en dépit de son créateur, de se déterminer sans raison dans ses actions? Car qui soutient la *liberté entière* des hommes, nie positivement que les hommes soient raisonnables, et qu'ils se gouvernent selon les principes que j'ai allégués ci-dessus. Fausseté évidente; il ne faut que vous connaître pour en être convaincu.

6° Ayant déjà répondu à votre sixième objection, il me suffira de rappeler ici que Dieu, ne pouvant pas changer l'essence des choses, ne saurait, par conséquent, se priver de ses attributs.

7° Après avoir prouvé qu'il est contradictoire que Dieu puisse donner à l'homme la liberté d'agir, il serait superflu de répondre à la septième objection, quoique je ne puisse m'empêcher de dire, au nom des Wolff et des Leibnitz, aux Clarke et aux Newton, qu'un Dieu qui entre dans la régie du monde, entre dans les plus petits détails, dirige toutes les actions des hommes, dans le même temps qu'il pourvoit aux besoins d'un nombre innombrable de mondes, me paraît bien plus admirable qu'un Dieu qui, à l'exemple des nobles et des grands d'Espagne, adonnés à l'oisiveté, ne s'occupe de rien. De plus, que deviendra l'immensité de Dieu si, pour le soulager, nous lui ôtons le soin des petits détails?

Je le répète, le système de Wolff explique les actions des hommes, conformément aux attributs de Dieu et à l'autorité de l'expérience.

8° Quant aux emportements et aux passions violentes des hommes, ce sont des ressorts qui nous frappent, puisqu'ils tombent visiblement sous nos sens; les autres n'en existent pas moins, mais ils demandent plus d'application d'esprit et plus de méditation pour être découverts.

9° Les désirs et la volonté sont deux choses qu'il ne faut pas confondre, j'en conviens; mais le triomphe de la volonté sur les désirs ne prouve rien en faveur de la *liberté*. Ce triomphe ne prouve autre chose sinon qu'une idée de gloire qu'on se présente en supprimant ses désirs. Une idée d'orgueil, quelquefois aussi de prudence, nous détermine à vaincre ces désirs, ce qui est l'équivalent de ce que j'ai établi plus haut.

10° Puisque, sans Dieu, le monde ne pourrait pas avoir été créé, comme vous en convenez, et puisque je vous ai prouvé que l'homme n'est pas libre, il s'ensuit que, puisqu'il y a un Dieu, il y a une nécessité absolue, et, puisqu'il y a une nécessité absolue, l'homme doit, par conséquent, y être assujetti, et ne saurait avoir de liberté.

11° Lorsqu'on parle des hommes, toutes les comparaisons prises des hommes peuvent cadrer; mais, dès qu'on parle de Dieu, il me paraît que toutes ces comparaisons deviennent fausses, puisque en cela nous lui attribuons des idées humaines, nous le faisons agir comme un homme, et nous lui faisons jouer un rôle qui est entièrement opposé à sa majesté.

Réfuterai-je encore le système des sociniens, après avoir suffisamment établi le mien? Dès qu'il est démontré que Dieu ne saurait rien faire de contraire à son essence, on en peut tirer la conséquence que tout ce qu'on peut dire pour prouver la liberté de l'homme sera toujours également faux. Le système de Wolff est fondé sur les attributs qu'on a démontrés en Dieu; le système contraire n'a d'autre base que des suppositions évidemment fausses. Vous comprenez que tous les autres s'écroulent d'eux-mêmes.

Pour ne rien laisser en arrière, je dois vous faire remarquer une inconséquence qui me paraît être dans le plaisir que Dieu prend de voir agir des créatures libres. On ne s'aperçoit pas qu'on juge de toutes choses par un certain retour qu'on fait sur soi-même; par exemple, un homme prend plaisir à voir une république laborieuse de fourmis pourvoir avec une espèce de sagesse à sa subsistance; de là on s'imagine que Dieu doit trouver le même plaisir aux actions des hommes. Mais on ne s'aperçoit pas, en raisonnant de la sorte, que le plaisir est une passion humaine, et que, comme Dieu n'est pas homme, qu'il est un être parfaitement heureux en lui-même, il n'est susceptible de recevoir aucune impression, ni de joie, ni d'amour, ni de haine, ni de toutes les passions qui troublent les humains.

On soutient, il est vrai, que Dieu voit le passé, le présent et l'avenir; que le temps ne le vieillit point, et que le moment d'à présent, des mois, des années, des mille milliers d'années, ne changent rien à son être, et ne sont en comparaison de sa durée, qui n'a ni commencement ni fin, que comme un instant, et moins encore qu'un clin d'œil.

Je vous avoue que le Dieu de M. Clarke m'a bien fait rire. C'est un Dieu assurément qui fréquente les cafés, et qui se met à politiquer avec quelques misérables nouvellistes sur les conjonctures présentes de l'Europe. Je crois qu'il doit être bien embarrassé, à présent, pour deviner ce qui se fera la campagne prochaine en Hongrie, et qu'il attend avec grande impatience l'arrivée des événements, pour savoir s'il s'est trompé dans ses conjectures ou non.

Je n'ajouterai qu'une réflexion à celles que je viens de faire, c'est que ni le franc arbitre ni la fatalité absolue ne disculpent pas la divinité de sa participation au crime; car, que Dieu nous donne la liberté de mal faire, ou qu'il nous pousse immédiatement au crime, cela revient à peu près au même ; il n'y a que du plus ou du moins. Remontez à l'origine du mal, vous ne pourrez que l'attribuer à Dieu, à moins que vous ne vouliez embrasser l'opinion des manichéens touchant les deux principes; ce qui ne laisse pas d'être hérissé de difficultés. Puis donc que, selon nos systèmes, Dieu est également le père des crimes et des vertus, puisque MM. Clarke, Locke et Newton ne me présentent rien qui concilie la sainteté de Dieu avec le fauteur des crimes, je me vois obligé de conserver mon système; il est plus lié, plus suivi. Après tout, je trouve une espèce de consolation dans cette *fatalité absolue*, dans cette *nécessité* qui dirige tout, qui conduit nos actions, et qui fixe les destinées.

Vous me direz que c'est une petite consolation que celle que l'on tire des considérations de notre misère et de l'immutabilité de notre sort; j'en conviens ; mais il faut bien s'en contenter, faute de mieux. Ce sont de ces remèdes qui assoupissent les douleurs, et qui laissent à la nature le temps de faire le reste.

Après vous avoir fait un exposé de mes opinions, j'en reviens, comme vous, à l'insuffisance de nos lumières. Il me paraît que les hommes ne sont pas faits pour raisonner profondément sur les matières abstraites. Dieu les a instruits autant qu'il est nécessaire pour se gouverner dans ce monde, mais non pas autant qu'il faudrait pour contenter leur curiosité. C'est que l'homme est fait pour agir, et non pas pour contempler.

Prenez-moi, monsieur, pour tout ce qu'il vous plaira, pourvu que vous vouliez croire que votre personne est l'argument le plus fort qu'on puisse présenter en faveur de notre être. J'ai une idée plus avantageuse de la perfection des hommes en vous considérant ; et d'autant plus suis-je persuadé qu'il n'y a qu'un Dieu, ou quelque chose de divin, qui puisse rassembler dans une même personne toutes les perfections que vous possédez. Ce ne sont pas des idées indépendantes qui vous gouvernent : vous agissez selon un principe, selon la plus sublime raison; donc vous agissez selon une nécessité. Ce système, bien loin d'être contraire à l'humanité et aux vertus, y est même très-favorable, puisque, trouvant notre bonheur, notre intérêt, et notre satisfaction dans l'exercice de la vertu, ce nous est une nécessité de nous porter toujours à tout ce qui est vertueux; et, comme je ne saurais n'être pas reconnaissant sans me rendre insupportable à moi-même, mon bonheur, mon repos, l'idée de mon bien-être, m'obligent à la reconnaissance.

J'avoue que les hommes ne suivent pas toujours la vertu; et cela vient de ce qu'ils ne se font pas tous la même idée du bonheur ; que les causes étrangères et les passions leur donnent lieu de se conduire d'une façon différente, et selon ce qu'ils croient de leur intérêt. Le tumulte de leurs passions fait surseoir, dans ces moments, les mûres délibérations de l'esprit et de la raison.

Vous voyez, monsieur, par ce que je viens de vous dire, que mes opinions métaphysiques ne renversent aucunement les principes de la saine morale, d'autant plus que la raison la plus épurée nous fait trouver les seuls véritables intérêts de notre conservation dans la bonne morale.

Au reste, j'en agis avec mon système comme les bons enfants avec leurs pères; ils connaissent leurs défauts, et les cachent. Je vous présente un tableau du beau côté, mais je n'ignore pas que ce tableau a un revers.

On peut disputer des siècles entiers sur ces matières, et, après les avoir pour ainsi dire épuisées, on en revient où l'on avait commencé. Dans peu nous en serons à l'âne de Buridan.

Je ne saurais assez vous dire, monsieur, jusqu'à quel point je suis charmé de votre franchise; votre sincérité ne vous mérite pas un petit éloge. C'est par là que vous me persuadez que vous êtes de mes amis, que votre esprit aime la vérité, que vous ne me la déguiserez jamais. Soyez persuadé, monsieur, que votre amitié et votre approbation m'est plus flatteuse que celle de la moitié du genre humain :

Les dieux sont pour César, mais Caton suit Pompée.

Si j'approchais de la divine Émilie, je lui dirais, comme l'ange annonciateur : « Vous êtes la bénie d'entre les femmes, car vous possédez un des plus grands hommes du monde; » et j'oserais encore lui dire : « Marie a choisi le bon parti, elle a embrassé la philosophie. »

En vérité, monsieur, vous étiez bien nécessaire dans le monde pour que j'y fusse heureux. Vous venez de m'envoyer deux *Épîtres* qui n'ont jamais eu leurs semblables. Il sera donc dit que vous vous surpasserez toujours vous-même. Je n'ai pas jugé de ces deux *Épîtres* comme d'un thème de philosophie; mais je les ai considérées comme des ouvrages tissus de la main des Grâces.

Vous avez ravi à Virgile la gloire du poëme épique, à Corneille celle du théâtre; vous en faites autant à présent aux épîtres de Despréaux. Il faut avouer que vous êtes un terrible homme. C'est là cette monarchie que Nabuchodonosor vit en rêve, et qui engloutit toutes celles qui l'avaient précédée.

Je finis en vous priant de ne pas laisser longtemps dépareillées les belles *Épîtres* que vous avez bien voulu m'envoyer. Je les attends avec la dernière impatience, et avec cette avidité que vos ouvrages inspirent à tous vos lecteurs.

La philosophie me prouve que vous êtes l'être du monde le plus digne de mon estime; mon cœur m'engage à le croire, et la reconnaissance m'y oblige; jugez donc de tous les sentiments avec lesquels je suis, monsieur, votre très-fidèle ami, Frédéric.

DCXXIII. — Du même.

A Remusberg, le 19 février.

Monsieur, je viens de recevoir la lettre que vous m'avez écrite du.... janvier. J'y vois la bonté avec laquelle vous excusez mes fautes, et la sincérité avec laquelle vous voulez bien me les découvrir. Vous daignez quitter pour quelques moments le ciel de Newton et l'aimable compagnie des Muses, pour décrasser un poëte nouveau dans les eaux bondissantes de l'Hippocrène. Vous quittez le pinceau en ma faveur pour prendre la lime; enfin, vous vous donnez la peine de m'apprendre à épeler, vous qui savez penser. Mais je vous importunerai encore; et je crains que vous ne me preniez pour un de ces gens à qui on fait quelque charité, et qui en demandent toujours davantage.

Mme du Châtelet m'a adressé des vers que j'ai admirés, à cause de leur beauté, de leur noblesse, et de leur tour original. J'ai été fort étonné en même temps de voir qu'on m'y donnait du divin, quoique je connaisse, par les mêmes endroits qu'Alexandre, que je ne suis pas de céleste origine, et que je crains fort qu'en qualité de dieu, mon sort ne devienne semblable à celui de cette canaille de nouveaux dieux que Lucien nous dit avoir été chassés de l'Olympe par Jupiter, ou bien aux saints que le sieur de Launoy trouva fort à propos de dénicher du paradis. Quoi qu'il en soit, j'ai répondu en vers à Mme du Châtelet, et je vous prie, monsieur, de vouloir bien donner quelques coups de plume à cette pièce, afin qu'elle soit digne d'être offerte à la marquise.

Je regarde cette Émilie comme une divinité d'ancienne date, à laquelle il n'est pas permis de parler le langage des humains. Il faut lui parler celui des dieux, il faut lui parler en vers. Il est bien permis à nous autres hommes de s'égayer quand nous nous mêlons de parler une langue qui nous est si étrangère; aussi puis-je espérer que vos divinités voudront excuser les fautes que font ces pauvres mortels, quand ils se mêlent de vouloir parler comme vous.

J'attends quelque coup de foudre de la part du Jupiter de Cirey, sur certaine discussion de métaphysique que j'ai osé hasarder. Je fais ce que je puis pour m'élever aux cieux; je remue les bras, et je crois voler; mais, quoi que je puisse faire, je sens bien que mon esprit n'est pas de nature à pouvoir se démêler de toutes les difficultés qui se présentent dans cette carrière.

Il semble que le Créateur nous a donné autant de raison qu'il nous en faut pour nous conduire sagement dans ce monde, et pour pourvoir à tous nos besoins; mais il semble aussi que cette raison ne suffit pas pour contenter ce fonds insatiable de curiosité que nous avons en nous, et qui s'étend souvent trop loin. Les absurdités et les contradictions qui se rencontrent de toutes parts donnent sans fin naissance au pyrrhonisme; et, à force d'imaginer, on ne parle qu'à son imagination. Après tout, je tiens pour une vérité incontestable et certaine le plaisir et l'admiration que vous me causez. Ce n'est point une illusion des sens, un préjugé frivole, mais une parfaite connaissance de l'homme le plus aimable du monde.

Je m'en vais rayer toutes les trompettes, corriger, changer et me peiner, jusqu'à ce que vos remarques soient éludées. Mérope ne sort point de mes mains; c'est une vierge dont je garde l'honneur. Je suis avec une très-parfaite estime, monsieur, votre très-fidèlement affectionné ami, FÉDÉRIC.

DCXXIV. — A MLLE QUINAULT.

...

[Voltaire envoie une correction pour la fin du quatrième acte de *l'Enfant prodigue*. Il ne demande pas l'amitié de Guyot de Merville, mais qu'il cesse de l'injurier dans ses préfaces. Il annonce avoir corrigé *Mérope*, et avoir recommandé à Linant de consulter souvent, pour ses ouvrages, Mlle Quinault.]

DCXXV — A M. L'ABBÉ MOUSSINOT.

Février.

Vraiment, mon cher ami, vous m'avez fait une belle tracasserie avec le sieur Médiné ou Médina. Ah! mon cher abbé, ne montrez donc point mes lettres. Je veux bien obliger ce juif; je veux bien aussi ne point perdre l'argent que je lui prête; mais je ne voulais pas qu'il fût instruit de la défiance très-raisonnable que j'avais du payement. J'avais grande raison de demander une signature d'homme solvable. Je voulais et je devais lui épargner la mortification d'un refus, qui lui fît sentir que l'état où il est est trop connu. C'est un homme obéré que je voulais servir avec un peu de prudence, sans lui marquer que je suis instruit du mauvais état de ses affaires. Vous me ferez plaisir de raccommoder ce petit mal, sinon je m'en console.

Un nommé Darius vous viendra voir de sa part. Si ce Darius est bon, et qu'il endosse le billet, vous lui direz que je suis très-aise de faire plaisir à M. Médiné; mais que ce n'est qu'à cette condition que vous pouvez vous dessaisir de l'argent qu'il demande, attendu que c'est un argent de famille. Cela tranche net et prévient toute difficulté. Avant tout, informez-vous si ce Darius est bon; Paquier vous dira cela, et continuez-moi vos soins dont j'ai besoin, et votre amitié dont j'ai encore plus besoin.

DCXXVI. — A M. PRAULT, LIBRAIRE A PARIS.

A Cirey, le 24 février.

J'ai reçu votre lettre du 20. Je ne me plains donc plus du correspondant. Je vous prie, mon cher paresseux, qui ne le serez plus, de prier, par un petit mot de lettre, M. Berger de passer chez vous pour affaire; on a de ses nouvelles à l'hôtel de Soissons. Cette affaire sera que vous lui compterez dix pistoles; vous lui demanderez de vous-même un billet, par lequel il reconnaîtra avoir reçu cent livres de mes deniers par vos mains. Je remets à votre prudence et à votre esprit le soin de lui faire sentir doucement que, quoique les plaisirs que je lui fais soient peu considérables, cependant vous ne laissez pas d'être surpris de la manière peu mesurée dont il parle de moi en votre présence, et qu'un cœur comme le mien méritait des amis plus attachés. Je vous prie de m'envoyer incessamment une demi-douzaine d'exemplaires de la nouvelle édition d'*Œdipe*. Vous n'aurez *Mérope* que dans un mois; je ne crois pas que les approbateurs puissent vous inquiéter, quoiqu'elle soit sous mon nom. Je vous prie de bien déclarer qu'il est très faux que *Maximien* soit de moi. Je n'aime point à me charger des ouvrages des autres.

DCXXVII. — DE FRÉDÉRIC, PRINCE ROYAL DE PRUSSE.

A Remusberg, le 27 février.

Monsieur, mes ouvrages n'ont aucun prix; c'est une vérité dont je suis convaincu il y a longtemps. Cela n'empêche pas cependant que je ne doive vous témoigner ma reconnaissance et ma gratitude. Les bagatelles que je vous envoie ne sont que des marques de souvenir, des signes auxquels vous devez vous rappeler le plaisir que m'ont fait vos ouvrages.

Il semble, monsieur, que les sciences et les arts vous servent par semestre. Ce quartier paraît être celui de la poésie. Comment! vous mettez la main à une nouvelle tragédie! d'où prenez-vous votre temps? ou bien est-ce que les vers coulent chez vous comme de la prose? Autant de questions, autant de problèmes.

Mérope ne sort point de mes mains. Il en revient trop à mon amour-propre d'être l'unique dépositaire d'une pièce à laquelle vous avez travaillé. Je la préfère à toutes les pièces qui ont paru en France, hormis à *la Mort de César*.

Les intrigues amoureuses me paraissent le propre des comédies; elles en sont comme l'essence; elles font le nœud de la pièce; et, comme il faut finir de quelque manière, il semble que le mariage y soit tout propre. Quant à la tragédie, je dirais qu'il y a des sujets qui demandent naturellement de l'amour, comme *Titus et Bérénice*, le *Cid*, *Phèdre* et *Hippolyte*. Le seul inconvénient qu'il y ait, c'est que l'amour se ressemble trop, et que, quand on a vu vingt pièces, l'esprit se dégoûte d'une répétition continuelle de sentiments doucereux, et qui sont trop éloignés des mœurs de notre siècle. Depuis qu'on a attaché, avec raison, un certain ridicule à l'amour romanesque, on ne sent plus le pathétique de la tendresse outrée. On supporte le soupirant pendant le premier acte, et on se sent tout disposé à se moquer de sa simplicité au quatrième ou au cinquième acte; au lieu que la passion qui anime Mérope est un sentiment de la nature, dont chaque cœur bien placé connaît la voix. On ne se moque point de ce qu'on sent soi-même, et de ce qu'on est capable de sentir. Mérope fait tout ce que ferait une tendre mère qui se trouverait en sa situation. Elle parle comme nous parle le cœur, et l'acteur ne fait qu'exprimer ce que l'on sent.

J'ai fait écrire à Berlin pour la *Mérope* du marquis Maffei, quoique je sois très-assuré que sa pièce n'approche pas de la vôtre. Le peuple des savants de France sera toujours invincible tant qu'il aura des personnes de votre ordre à sa tête. J'ose même dire que je le redouterais infiniment plus que vos armées avec tous vos maréchaux.

Voici une ode nouvellement achevée, moins mauvaise que les précédentes. Césarion y a donné lieu. Le pauvre garçon a la goutte d'une violence extrême. Il me l'écrit dans des termes qui me percent le cœur. Je ne puis rien pour lui que lui prêcher la patience; faible remède, si vous voulez, contre des maux réels; remède cependant capable de tranquilliser les saillies impétueuses de l'esprit auxquelles les douleurs aiguës donnent lieu.

J'attends de votre franchise et de votre amitié que vous voudrez bien me faire apercevoir les défauts qui se trouvent en cette pièce. Je sens que j'en suis père, et je me sais mauvais gré de n'avoir pas les yeux assez ouverts sur mes productions;

> Tant l'erreur est notre apanage !
> Souvent un rien nous éblouit,
> Et de l'insensé jusqu'au sage,
> S'il juge de son propre ouvrage,
> Par l'amour-propre il est séduit

Vous n'oublierez pas de faire mille assurances d'estime à la marquise du Châtelet, dont l'esprit ingénieux a bien voulu se faire connaître par un petit échantillon. Ce n'est qu'un rayon de ce soleil qui s'est fait apercevoir à travers les nuages; que ne doit-ce point être lorsqu'on le voit sans voiles ! Peut-être faut-il que la marquise cache son esprit, comme Moïse voilait son visage, parce que le peuple d'Israël n'en pouvait supporter la clarté. Quand même j'en perdrais la vue, il faut, avant de mourir, que je voie cette terre de Canaan, ce pays des sages, ce paradis terrestre. Comptez sur l'estime parfaite et l'amitié inviolable avec laquelle je suis, monsieur, votre très-affectionné ami, Frédéric.

DCXXVIII. — A M. Berger.

A Cirey, février.

Vous avez grande raison assurément, monsieur, de vouloir me développer l'histoire de Constantin; car c'est une énigme que je n'ai jamais pu comprendre, non plus qu'une infinité d'autres traits d'histoire. Je n'ai jamais bien concilié les louanges excessives que tous nos auteurs ecclésiastiques, toujours très-justes et très-modérés, ont prodiguées à ce prince, avec les vices et les crimes dont toute sa vie a été souillée. Meurtrier de sa femme, de son beau-père, plongé dans la mollesse, entêté à l'excès du faste, soupçonneux, superstitieux; voilà les traits sous lesquels je le connais. L'histoire de sa femme Fausta et de son fils Crispus était un très-beau sujet de tragédie; mais c'était Phèdre sous d'autres noms. Ses démêlés avec Maximien-Hercule, et son extrême ingratitude envers lui, ont déjà fourni une tragédie à Thomas Corneille, qui a traité à sa manière la prétendue conspiration de Maximien-Hercule. Fausta se trouve, dans cette pièce, entre son mari et son père; ce qui produit des situations fort touchantes. Le complot est très-intrigué, et c'est une de ces pièces dans le goût de *Camma* et de *Timocrate*[1]. Elle eut beaucoup de succès dans son temps; mais elle est

---

1. Tragédies de Thomas Corneille. (Ép.)

tombée dans l'oubli, avec presque toutes les pièces de Thomas Corneille, parce que l'intrigue, trop compliquée, ne laisse pas aux passions le temps de paraître; parce que les vers en sont fort faibles; en un mot; parce qu'elle manque de cette éloquence qui seule fait passer à la postérité les ouvrages de prose et les vers. Je ne doute pas que M. de La Chaussée n'ait mis dans sa pièce tout ce qui manque à celle de Thomas Corneille. Personne n'entend mieux que lui l'art des vers; il a l'esprit cultivé par de longues études, et plein de goût et de ressources. Je crois qu'il se pliera aisément à tout ce qu'il voudra entreprendre. Je l'ai toujours regardé comme un homme fort estimable, et je suis bien aise qu'il continue à confondre le misérable auteur[1] des *Aïeux chimériques* et des trois *Épîtres* tudesques où ce cynique hypocrite prétendait donner des règles de théâtre, qu'il n'a jamais mieux entendues que celles de la probité. Je m'aperçois que je vous ai appelé *monsieur ;* mais *dominus* entre nous veut dire *amicus.*

DCXXIX. — A FRÉDÉRIC, PRINCE ROYAL DE PRUSSE.

Février.

Monseigneur, une maladie qui a fait le tour de la France est enfin venue s'emparer de ma figure légère, dans un château qui devrait être à l'abri de tous les fléaux de ce monde, puisqu'on y vit sous les auspices *divi Federici et divæ Emiliæ.* J'étais au lit lorsque je reçus à la fois deux lettres bien consolantes de Votre Altesse royale : l'une par la voie de M. Thieriot, à qui Votre Altesse royale, très-juste dans ses épithètes, donne celle de *trompette,* mais qui est aussi une des trompettes de votre gloire; l'autre lettre est venue en droiture à sa destination.

Toutes celles dont vous m'avez honoré, monseigneur, ont été autant de bienfaits pour moi ; mais la dernière est celle qui m'a causé le plus de joie. Ce n'est pas simplement parce qu'elle est la dernière, c'est parce que vous avez jugé des défauts de *Mérope* comme si Votre Altesse royale avait passé sa vie à fréquenter nos théâtres. Nous en parlions, la sublime Emilie et moi, et nous nous demandions si cette crainte que marquait Polyphonte au quatrième acte, si cette langueur du vieux bon homme Narbas, et ce soin de se conserver, au cinquième, auraient déplu à Votre Altesse royale. Le courrier des lettres arriva et apporta vos critiques ; nous fûmes enchantés. Que croyez-vous que je fis sur-le-champ, monseigneur, tout malade que j'étais? Vous le devinez bien ; je corrigeai ce quatrième et ce cinquième acte.

Je m'étais un peu hâté, monseigneur, de vous envoyer l'ouvrage. L'envie de présenter des prémices *divo Federico* ne m'avait pas permis d'attendre que la moisson fût mûre; ainsi je vous supplie de regarder cet essai comme des fruits précoces ; ils approchent un peu plus actuellement de leur point de maturité. J'ai beaucoup retouché la fin du second, la fin du troisième, le commencement et la fin du quatrième, et presque la moitié du cinquième. Si Votre Altesse royale le permet, je

1. J. B. Rousseau. (ÉD.)

lui enverrai, ou bien une copie des quatre actes retouchés, ou bien seulement les endroits corrigés.

Je crois que M. Thieriot enverra bientôt à Votre Altesse royale une tragédie nouvelle, qui est infiniment goûtée à Paris; elle est d'un homme à peu près de mon âge, nommé La Chaussée, qui s'est mis à composer pour le théâtre assez tard, comme s'il avait voulu attendre que son génie fût dans toute sa force. Il a fait déjà une comédie fort estimée, intitulée le *Préjugé à la mode*, et une *Épître à Clio*, dont les trois quarts sont un ouvrage parfait dans son genre. J'espère beaucoup de sa tragédie de *Maximien*; ce sera un amusement de plus pour Remusberg. Il sera lu et approuvé par Votre Altesse royale; je ne peux lui souhaiter rien de mieux.

Vous êtes notre juge, monseigneur; nous sommes comme les peuples d'Élide, qui crurent n'avoir point établi des jeux honorables, si on ne les approuvait en Égypte.

Votre Altesse royale me fait frémir en me parlant de ce que je soupçonnais du czar. Ah! cet homme est indigne d'avoir bâti des villes; c'est un tigre qui a été le législateur des loups.

Votre Altesse royale daigne me promettre la cantate de la Le Couvreur; ah! monseigneur, honorez Cirey de ce présent; il faut qu'une partie de nos plaisirs vienne de Remusberg. Je serai en paradis quand mes oreilles entendront mes vers embellis par votre musique, et chantés par Émilie.

Je voudrais que tous nos petits rimailleurs pussent lire ce que Votre Altesse royale m'a écrit sur le style marotique, et sur le ridicule d'exprimer en vieux mots des choses qui ne méritent d'être exprimées en aucune langue. Gresset ne tombe point dans ce défaut; il écrit purement; il a des vers heureux et faciles; il ne lui manque que de la force, un peu de variété, et, surtout, un style plus concis: car il dit d'ordinaire en dix vers ce qu'il ne faudrait dire qu'en deux; mais votre esprit supérieur sent tout cela mieux que moi.

Je m'imagine que M. le baron de Kaiserling est enfin revenu vers son étoile polaire, et que Louis XIV et Newton ont subi leur arrêt. J'attends cet arrêt pour continuer ou pour suspendre l'histoire du *Siècle de Louis XIV*.

Je suis avec un profond respect et la plus tendre reconnaissance, *pariter cum Emilia*, etc.

DCXXX. — A M. L'ABBÉ MOUSSINOT.

Mars.

Je reviens, mon cher abbé, à notre transfuge d'Utrecht. Peu importe qu'il soit né calviniste, ou janséniste, ou musulman, ou païen; ce qui importe, c'est de savoir si ses biens ayant été confisqués par justice, ses rentes viagères y sont comprises, et si les billets antérieurs à cette confiscation sont valables au profit des créanciers. A en juger par les pauvres lumières de la raison, cela doit être ainsi. Voici le fait:

On a confisqué, en 1730, le bien de M. de Bonneval le musulman. ne dois-je pas être payé de ce qu'il me devait en 1727. Ce qu'il me devait était mon bien, et non le sien; mais ce bien était une rente de M. de Bonneval, non échue alors, et confisquée depuis. La justice, en ce cas, n'est-elle pas contraire à la raison? Voilà ce que je demande à votre raison très-éclairée. Vous m'avez instruit en physique, instruisez-moi encore, mon ami, en jurisprudence.

Si M. de Barassi ne me rend pas les deux mille francs dont il s'est emparé fort mal à propos, il ne faudra pas le ménager; je vous le recommande auprès de monsieur le lieutenant civil.

Je n'écrirai point à M. de Gennes; c'est monsieur votre frère qui doit s'acquitter de ce compliment, et l'avertir que l'échéance est arrivée. Refuse-t-il de donner de l'argent? un exploit, je vous prie; c'est là toute la cérémonie. M. de Gennes est fermier-général des états de Bretagne; s'il ne paye pas, c'est une très-mauvaise volonté, à quoi la justice est le remède. Il n'est pas si radoteur que vous me le dites; il est cousu d'or; et, s'il radote, c'est en Harpagon; et ce serait radoter nous-mêmes que de ne le pas faire payer. Sa réponse doit être une lettre de change pour un payement complet, ou c'est à un huissier à faire toutes les honnêtetés de cette affaire; et je vous supplie de ne pas épargner cette politesse, dont l'utilité est très-reconnue et toujours pardonnable envers un avare.

Je vous recommande encore Mlle d'Amfreville pour cent francs, et d'Arnault pour ce que je lui ai promis. Je voudrais faire mieux, mais je trouve qu'en présents, dans ce commencement d'année, il m'en a coûté mille écus. Lisez, et envoyez à M. de Guise la lettre que je lui écris.

DCXXXI. — A M. LE PRINCE DE GUISE.

Mars.

Monseigneur, je reçois en même temps une lettre de Votre Altesse, et une de M. l'abbé Moussinot, qui, depuis un an, et sous le nom de son frère, veut bien avoir la bonté de se mêler de mes affaires, lesquelles étaient dans le plus cruel dérangement. Je n'entends guère les affaires, encore moins les procédures. J'ai tout remis à votre bonté et à votre équité.

Dans le projet de délégation que vous me faites l'honneur de m'envoyer, vous me dites que vous avez toujours exactement payé M. Crozat. La différence est cruelle pour moi. M. Crozat, qui a cent mille écus de rente au moins, est payé à point nommé; et moi, parce que je ne suis pas riche, on me doit près de quatre années. Ce n'est pas là, en vérité, le sens du *dabitur habenti* de l'Évangile[1], et jamais le receveur saint Matthieu ni son camarade saint Marc n'ont prétendu que Votre Altesse dût payer M. Crozat de préférence à moi. Voyez, monseigneur, tous les commentaires des quatre évangélistes sur ce texte; il n'y est pas dit un mot, je vous le jure, de M. Crozat. Hélas! monseigneur, je ne vous demandais pas ce payement régulier que vous avez fait à ce Crésus-Crozat; je vous demandais une assurance, une simple délégation pour Irus-Voltaire.

1. Saint Matthieu, xxv, 29. (Éd.)

J'avais prié M. l'abbé Moussinot de vous aller trouver; car pour son frère, il ne sait que signer son nom; mais, monseigneur, cet abbé est une espèce de philosophe peu accoutumé à parler aux princes, les respectant beaucoup, et les fuyant davantage. C'est un homme simple, doux, dont la simplicité s'effarouche à la vue d'un grand seigneur. Il m'abandonnerait sur-le-champ, s'il fallait qu'il fût obligé de parler contradictoirement à un homme de votre nom. Daignez condescendre à sa timidité, et souffrez que vos gens d'affaires confèrent avec lui, ou que M. Bronod lui donne un rendez-vous certain. C'est encore une chose très-dure d'aller inutilement chez M. Bronod.

Je suis bien plus fâché que vous, monseigneur, des procédures qu'on a faites. Les avocats au conseil ne sont pas à bon marché, et tout cela est infiniment désagréable. Je m'en console par un peu de philosophie, et, surtout, par l'espérance que vous me continuerez vos bontés.

DCXXXII. — A M. THIERIOT.

A Cirey, le 8 mars.

J'étais bien étonné, mon cher ami, que, quand j'avais la fièvre, vous vous portassiez bien; mais je vois par votre lettre que notre ancienne sympathie dure toujours. Vous avez dû être saigné du pied, car je le fus il y a cinq ou six jours, et probablement cela vous a fait grand bien. Voilà ma nièce à Landau. Je l'eusse mieux aimée à Paris ou dans mon voisinage. Elle épouse au moins un homme dont tout le monde m'écrit du bien. Elle sera heureuse partout où elle sera. Si vous avez un peu d'amitié pour la cadette, recommandez-lui de faire comme son aînée; je ne dis pas de s'en aller en province, mais de choisir un honnête homme qui surtout ne soit point bigot. Le fanatique Arouet la déshéritera, si elle ne prend pas un convulsionnaire; et moi je la déshérite, si elle prend un homme qui sache seulement ce que c'est que la Constitution. Raillerie à part, je voudrais qu'elle pût trouver quelque garçon de mérite avec qui je puisse un peu vivre. Je ne veux point laisser mon bien à un sot. Je lui donnerai à peu près autant qu'à son aînée. Tâchez, mon ami, de lui trouver son fait.

Je ne suis point étonné que vous ayez deviné M. de La Chaussée; vous êtes *homo argutæ naris*, et ses vers doivent frapper un odorat fin comme le vôtre. Je suis bien aise qu'il continue à confondre, par ses succès dans des genres opposés, les impertinentes *Épîtres* de l'auteur des *Aïeux chimériques*. Son *Maximien* sera sans doute autrement écrit que celui de Thomas Corneille. Il est vrai que ce Thomas intriguait ses pièces comme un Espagnol. On ne peut pas nier qu'il n'y ait beaucoup d'invention et d'art dans son *Maximien*, aussi bien que dans *Camma*, *Stilicon*, *Timocrate*. Le rôle de Maximien même n'est pas sans beauté; et la manière dont il se tue eut autrefois un très-grand succès.

J'avais songé d'abord à te faire tomber :
Voilà, pour me punir d'avoir manqué ta chute,
Et comme je prononce, et comme j'exécute.

Ces vers et cette mort furent fort bien reçus, et la pièce eut plus de trente représentations; mais cet effort d'intrigue, cet art recherché avec lequel la pièce est conduite, a servi ensuite à la faire tomber; car, au milieu de tant de ressorts et d'incidents, les passions n'ont pas leurs coudées franches; il faut qu'elles soient à l'aise pour que les babillards puissent toucher. D'ailleurs, le style de Thomas Corneille est si faible qu'il fait tout languir, et une pièce mal écrite ne peut jamais être une bonne pièce.

Vous donnerez, à mon gré, une louange médiocre au nouvel auteur, si sa tragédie n'était pas mieux écrite que l'*Héraclius* de Pierre Corneille, dont vous me parlez. Je vous avoue que le style de cet ouvrage m'a toujours surpris par la dureté, le galimatias, et le familier qui y règne. Je ne connais guère de beau dans *Héraclius* que ce morceau qui vaut seul une pièce :

O malheureux Phocas! ô trop heureux Maurice, etc.
                     Act. IV, sc. IV.

D'ailleurs, l'insipidité de la partie carrée entre Léonce et Pulchérie, Héraclius et Léontine, et les malheureux raisonnements d'amour en vers très-bourgeois dont tout cela est farci, m'ont excédé toujours, et terriblement ennuyé. Je sais bien que Despréaux avait en vue *Héraclius* dans ces vers :

Et qui, débrouillant mal une pénible intrigue,
D'un divertissement me fait une fatigue.
                     Art poét., ch. III, v. 51.

Je n'ai point vu *la Métromanie*; mais on peut hardiment juger de l'ouvrage par l'auteur.

Voici une lettre pour votre prince. Adieu; vous devriez bien venir nous voir avec ces Denis.

DCXXXIII. — A FRÉDÉRIC, PRINCE ROYAL DE PRUSSE.

A Cirey, le 8 mars.

Monseigneur, le plus zélé de vos admirateurs n'est pas le plus assidu de vos correspondants. La raison en est qu'il est le plus malade, et que très-souvent la fièvre le prend quand il voudrait passer ses plus agréables heures à avoir l'honneur d'écrire à Votre Altesse royale.

Nous avons reçu votre belle prose du 19 février, et vos vers pour Mme la marquise du Châtelet, qui est confondue, charmée, et qui ne sait comment répondre à ces agaceries si séduisantes; et avec votre lettre du 27, l'*Ode sur la Patience*, par laquelle votre muse royale adoucit les maux de M. de Kaiserling. J'ai fait mon profit de cette ode; elle va très-bien à mon état de langueur. Le remède opère sur moi tout aussi bien que sur votre goutteux, car je me tiens tout aussi philosophe que lui. Je sens comme lui le prix de vos vers, et je trouve, comme lui, dans les lettres de Votre Altesse royale, un charme contre tous les maux.

Vous aimez Kaiserling, et vous prenez le soin
De l'exhorter à patience;

Ah! quand nous vous lisons, grâce à votre éloquence,
D'une telle vertu nous n'avons pas besoin.

Puisque vous daignez, monseigneur, amuser votre loisir par des vers, voici donc la troisième *Épître sur le Bonheur*, que je prends la liberté de vous envoyer. Le sujet de cette troisième *Épître* est l'*Envie*, passion que je voudrais bien que Votre Altesse royale inspirât à tous les rois. Je vous envoie de mes vers, monseigneur, et vous m'honorez des vôtres. Cela me fait souvenir du commerce perpétuel qu'Hésiode dit que la terre entretient avec le ciel : elle envoie des vapeurs, les dieux rendent de la rosée. Grand merci de votre rosée, monseigneur ; mais ma pauvre terre sera incessamment en friche. Les maladies me minent, et rendront bientôt mon champ aride ; mais ma dernière moisson sera pour vous.

Extremum hunc, Arethusa, mihi concede laborem,
Pauca Federico..................
Virg., ecl. x, v. 1.

J'ai pourtant dans mon lit fait deux nouveaux actes, à la place des deux derniers de *Mérope*, qui m'ont paru trop languissants. Quand Votre Altesse royale voudra voir le fruit de ses avis dans ces nouveaux actes, j'aurai l'honneur de les lui envoyer. J'ai bien à cœur de donner une pièce tragique qui ne soit point enjolivée d'une intrigue d'amour, et qui mérite d'être lue ; je rendrais par là quelque service au théâtre français, qui, en vérité, est trop galant. Cette pièce est sans amour ; la première que j'aurai l'honneur d'envoyer à Remusberg méritera pour titre : *De Remedio amoris*. Ce n'est pas que je n'aie assurément un profond respect pour l'amour et pour tout ce qui lui appartient ; mais qu'il se soit emparé entièrement de la tragédie, c'est une usurpation de notre souverain ; et je protesterai au moins contre l'usurpation, ne pouvant mieux faire. Voilà, monseigneur, tout ce que vous aurez de moi, cette fois-ci, pour le département poétique ; mais le département de la métaphysique m'embarrasse beaucoup.

La lettre du 17 janvier, de Votre Altesse royale, est en vérité un chef-d'œuvre. Je regarde ces deux lettres sur la *Liberté* comme ce que j'ai vu de plus fort, de mieux lié, de plus conséquent, sur ces matières. Vous avez certainement bien des grâces à rendre à la nature de vous avoir donné un génie qui vous fait roi dans le monde intellectuel, avant que vous le soyez dans ce misérable monde composé de passions, de grimaces, et d'extérieur. J'avais déjà beaucoup de respect pour l'opinion de la fatalité, quoique ce ne soit pas la mienne ; car en nageant dans cette mer d'incertitudes, et n'ayant qu'une petite branche où je me tiens, je me donne bien de garde de reprocher à mes compagnons les nageurs que leur petite branche est trop faible. Je suis fort aise, si mon roseau vient à casser, que mon voisin puisse me prêter le sien. Je respecte bien davantage l'opinion que j'ai combattue, depuis que Votre Altesse royale l'a mise dans un si beau jour ; me permettra-t-elle de lui exposer encore mes scrupules ?

Je me bornerai, pour ne pas ennuyer le Marc-Aurèle d'Allemagne, à deux idées qui me frappent encore vivement, et sur lesquelles je le supplie de daigner m'éclairer.

Plus je m'examine, plus je me crois libre (en plusieurs cas); c'est un sentiment que tous les hommes ont comme moi; c'est le principe invariable de notre conduite. Les plus outrés partisans de la fatalité absolue se gouvernent tous suivant les principes de la *Liberté*. Or, je leur demande comment ils peuvent raisonner et agir d'une manière si contradictoire, et ce qu'il y a à gagner à se regarder comme des tournebroches, lorsqu'on agit comme un être libre? Je leur demande encore par quelle raison l'auteur de la nature leur a donné ce sentiment de liberté, s'ils ne l'ont point? pourquoi cette imposture dans l'Être qui est la vérité même? De bonne foi, trouve-t-on une solution à ce problème? Répondre que Dieu ne nous a pas dit : « Vous êtes libres, » n'est-ce pas une défaite? Dieu ne nous a pas dit que nous sommes libres, sans doute, car il ne daigne pas nous parler; mais il a mis dans nos cœurs un sentiment que rien ne peut affaiblir, et c'est là pour nous la voix de Dieu. Tous nos autres sentiments sont vrais. Il ne nous trompe point dans le désir que nous avons d'être heureux, de boire, de manger, de multiplier notre espèce. Quand nous sentons des désirs, certainement ces désirs existent; quand nous sentons des plaisirs, il est bien sûr que nous n'éprouvons pas des douleurs; quand nous voyons, il est bien certain que l'action de voir n'est pas celle d'entendre; quand nous avons des pensées, il est bien clair que nous pensons. Quoi donc! le sentiment de la *Liberté* sera-t-il le seul dans lequel l'Être infiniment parfait se sera joué en nous faisant une illusion absurde? Quoi! quand je confesse qu'un dérangement de mes organes m'ôte ma liberté, je ne me trompe pas, et je me tromperais quand je sens que je suis libre? Je ne sais si cette exposition naïve de ce qui se passe en nous fera quelque impression sur votre esprit philosophe; mais je vous conjure, monseigneur, d'examiner cette idée, de lui donner toute son étendue, et, ensuite, de la juger sans aucune acception de parti, sans même considérer d'autres principes plus métaphysiques, qui combattent cette preuve morale. Vous verrez ensuite lequel il faudra préférer, ou de cette preuve morale qui est chez tous les hommes, ou de ces idées métaphysiques qui portent toujours le caractère de l'incertitude.

Mon second scrupule roule sur quelque chose de plus philosophique. Je vois que tout ce qu'on a jamais dit contre la liberté de l'homme se tourne encore avec bien plus de force contre la liberté de Dieu.

Si on dit que Dieu a prévu toutes nos actions, et que, par là, elles sont nécessaires, Dieu a aussi prévu les siennes, qui sont d'autant plus nécessaires que Dieu est immuable. Si on dit que l'homme ne peut agir sans *raison suffisante*, et que cette raison incline sa volonté, la raison suffisante doit encore plus emporter la volonté de Dieu, qui est l'Être souverainement raisonnable.

Si on dit que l'homme doit choisir ce qui lui paraît le meilleur, Dieu est encore plus nécessité à faire ce qui est le meilleur.

« Voilà donc Dieu réduit à être l'esclave du destin; ce n'est plus un être qui est déterminé par lui-même; c'est donc une cause étrangère qui le détermine; ce n'est plus un agent, ce n'est plus Dieu.

» Mais si Dieu est libre, comme les fatalistes même doivent l'avouer, pourquoi Dieu ne pourra-t-il pas communiquer à l'homme un peu de cette liberté, en lui communiquant l'être, la pensée, le mouvement, la volonté, toutes choses également inconnues? Sera-t-il plus difficile à Dieu de nous donner la *Liberté*, que de nous donner le pouvoir de marcher, de manger, de digérer? Il faudrait avoir une démonstration que Dieu n'a pu communiquer l'attribut de la *Liberté* à l'homme; et, pour avoir cette démonstration, il faudrait connaître les attributs de la Divinité; mais qui les connaît?

» On dit que Dieu, en nous donnant la *Liberté*, aurait fait des dieux de nous; mais sur quoi le dit-on? Pourquoi serais-je dieu avec un peu de liberté, quand je ne le suis pas avec un peu d'intelligence? Est-ce être dieu que d'avoir un pouvoir faible, borné et passager, de choisir et de commencer le mouvement? Il n'y a pas de milieu: ou nous sommes des automates qui ne faisons rien, et dans qui Dieu fait tout; ou nous sommes des agents, c'est-à-dire des créatures libres. Or, je demande quelle preuve on a que nous sommes de simples automates, et que ce sentiment intérieur de liberté est une illusion.

» Toutes les preuves qu'on apporte se réduisent à la prescience de Dieu. Mais sait-on précisément ce que c'est que cette prescience? Certainement on l'ignore. Comment donc pouvons-nous faire servir notre ignorance des attributs suprêmes de Dieu à prouver la fausseté d'un sentiment réel de liberté que nous éprouvons dans nos âmes?

» Je ne peux concevoir l'accord de la prescience et de la *Liberté*, je l'avoue; mais dois-je pour cela rejeter la *Liberté*? nierai-je que je sois un être pensant, parce que je ne vois point ni comment la matière peut penser, ni comment un être pensant peut être esclave de la matière? Raisonner ce qu'on appelle a *priori*, est une chose fort belle, mais elle n'est pas de la compétence des humains. Nous sommes tous sur les bords d'un grand fleuve; il faut le remonter avant d'oser parler de sa source. Ce serait assurément un grand bonheur si on pouvait, en métaphysique, établir des principes clairs, indubitables, et en grand nombre, d'où découlerait une infinité de conséquences, comme en mathématiques; mais Dieu n'a pas voulu que la chose fût ainsi. Il s'est réservé le patrimoine de la métaphysique; le règne des idées pures et des essences des choses est le sien. Si quelqu'un est entré dans ce partage béni, c'est assurément vous, monseigneur; et je dirai, dans mon cœur, de votre personne, ce que les flatteurs disent des rois, qu'ils sont des images de la Divinité.

» Au reste, les vers de *la Henriade*, que vous daignez citer, n'ont été faits que dans la vue d'exprimer uniquement que notre liberté ne nuit pas à la prescience divine, qui fait ce qu'on appelle *le destin*. Je me suis exprimé un peu durement dans cet endroit; mais en poésie on ne dit pas toujours précisément ce que l'on voudrait dire; la roue tourne et emporte son homme par sa rapidité.

Avant de finir sur cette matière, j'aurai l'honneur de dire à Votre Altesse royale que les sociniens, qui nient la prescience de Dieu sur les contingents, ont un grand apôtre qu'ils ne connaissent peut-être pas, c'est Cicéron, dans son livre *de la Divination*. Ce grand homme aime mieux dépouiller les dieux de la prescience que les hommes de la *Liberté*.

Je ne crois pas que, tout grand orateur qu'il était, il eût pu répondre à vos raisons. Il aurait eu beau faire de longues périodes; ce seraient des sons contre des vérités: laissons-le donc avec ses phrases.

Mais que Votre Altesse royale me permette de lui dire que les dieux de Cicéron et le dieu de Newton et de Clarke ne sont pas de la même espèce; c'est le dieu de Cicéron qu'on peut appeler un dieu raisonnant dans les cafés sur les opérations de la campagne prochaine; car qui n'a point de prescience n'a que des conjectures, et qui n'a que des conjectures est sujet à dire autant de pauvretés que le *London's journal* ou la Gazette de Hollande; mais ce n'est pas là le compte de sir Isaac Newton et de Samuel Clarke, deux têtes aussi philosophiques que Marc Tulle était bavard.

Le docteur Clarke, qui a assez approfondi ces matières, dont Newton n'a parlé qu'en passant, dit, me semble, avec assez de raison, que nous ne pouvons nous élever à la connaissance imparfaite des attributs divins que comme nous élevons un nombre quelconque à l'infini, allant du connu à l'inconnu.

Chaque manière d'apercevoir, bornée et finie dans l'homme, est infinie dans Dieu. L'intelligence d'un homme voit un objet à la fois, et Dieu embrasse tous les objets. Notre âme prévoit par la connaissance du caractère d'un homme ce que cet homme fera dans une telle occasion, et Dieu prévoit, par la même connaissance poussée à l'infini, ce que cet homme fera. Ainsi ce qui dans nous est science de conjecture, et qui ne nuit point à la *Liberté*, est dans Dieu science certaine, tout aussi peu nuisible à la *Liberté*. Cette manière de raisonner n'est pas, me semble, si ridicule.

Mais je m'aperçois, monseigneur, que je le suis très-fort en vous ennuyant de mes idées, et en affaiblissant celles des autres. Votre seule bonté me rassure. Je vois que votre cœur est aussi humain que votre esprit est étendu. Je vois, par vos vers à M. de Kaiserling, combien vous êtes capable d'aimer: aussi ma quatrième *Épître sur le Bonheur* finira par l'amitié; sans elle il n'y a point de bonheur sur la terre.

Mme la marquise du Châtelet vous admire si fort, qu'elle n'ose vous écrire. Je suis donc bien hardi, monseigneur, moi qui vous admire tout autant, pour le moins, et qui me répands en ces énormes bavarderies.

Que ne puis-je vous dire :

.............*In publica commoda peccem,*
Si longo sermone morer tua tempora, Cæsar !
Hor., lib. II, ep. v. 3.

Je suis avec un profond respect, un attachement, une reconnaissance sans bornes, etc.

DCXXXIV. — A M. THIERIOT.

A Cirey, le 22 mars.

Mon cher ami, allez vous faire.... avec vos excuses et votre chagrin sur la petite inadvertance en question. Tous mes secrets assurément sont à vous comme mon cœur. Je dois à votre seigneur royal trois ou quatre réponses. Vous voyez qu'il égaye sa solitude par des vers et de la prose. La seule entreprise de faire des vers français me paraît un prodige dans un Allemand qui n'a jamais vu la France. Il a raison de faire des vers français; car combien de Français font des vers allemands! Mais je vous assure que, si le seul projet d'être poëte m'étonne dans un prince, sa philosophie me surprend bien davantage. C'est un terrible métaphysicien et un penseur bien intrépide. Mon cher Thieriot, voilà notre homme, conservez la bienveillance de cette âme-là, et m'en croyez. J'ai vu la *Piromanie*[1] : cela n'est pas sans esprit ni sans beaux vers; mais ce n'est un ouvrage estimable en aucun sens. Il ne doit son succès passager qu'à Le Franc et à moi. On m'a envoyé aussi *Lysimachus*[2] : j'ai lu la première page, et vite au feu. J'ai lu ce poëme sur l'*Amour-propre*[3], et j'ai bâillé. Ah! qu'il pleut de mauvais vers! Envoyez-moi donc ces *Épîtres*[4] qu'on m'attribue. Qu'est-ce que c'est que cette drogue *sur le bonheur*? N'est-ce point quelque misérable qui babille sur la félicité, comme les Gresset et d'autres pauvres diables qui suent d'ahan dans leurs greniers pour chanter la volupté et la paresse?

Comment va le procès d'Orphée-Rameau et de Zoïle-Castel? Ce monstre d'abbé Desfontaines continue-t-il de donner ses *malsemaines*? Mais, ce qui m'intéresse le plus, viendrez-vous nous voir? Savez-vous ce que Quesnel-Arouet a donné à mon aimable nièce? Dites-moi donc cela, car je veux lui disputer son droit d'aînesse. Mes compliments à ceux qui m'aiment; de l'oubli aux autres. *Vale*; je vous aime de tout mon cœur.

DCXXXV. — A M. RAMEAU.

Mars.

Je vous félicite beaucoup, monsieur, d'avoir fait de nouvelles découvertes dans votre art, après nous avoir fait entendre de nouvelles beautés. Vous joignez aux applaudissements du parterre de l'Opéra les suffrages de l'Académie des sciences; mais surtout vous avez joui d'un honneur que jamais, ce me semble, personne n'a eu avant vous. Les autres auteurs sont commentés d'ordinaire, des milliers d'années après leur mort, par quelque vilain pédant ennuyeux; vous l'avez été de

---

1. *La Métromanie*. (Éd. de Kehl.)
2. Tragédie de Gilles de Caux. (Éd.)
3. *Essai sur l'Amour-propre*, poëme, par M. de La Drevetière, sieur de l'Isle. (Éd.)
4. Les trois *Épîtres sur le Bonheur*, qui sont les trois premiers *Discours sur l'Homme*, et qu'alors Voltaire désavouait. (Éd.)

votre vivant, et on sait que votre commentateur [1] est quelque chose de très-différent, en toute manière, de l'espèce de ces messieurs.

Voilà bien de la gloire; mais le R. P. Castel a considéré que vous pourriez en prendre trop de vanité, et il a voulu, en bon chrétien, vous procurer des humiliations salutaires. Le zèle de votre salut lui tient si fort au cœur que, sans trop considérer l'état de la question, il n'a songé qu'à vous abaisser, aimant mieux vous sanctifier que vous instruire.

Le beau mot, *sans raison*, du P. Canaye, l'a si fort touché qu'il est devenu la règle de toutes ses actions et de tous ses livres; et il fait valoir si bien ce grand argument, que je m'étonne comment vous aviez pu l'éluder.

Vous pouvez disputer contre nous, monsieur, qui avons la pauvre habitude de ne reconnaître que des principes évidents, et de nous traîner de conséquence en conséquence.

Mais comment avez-vous pu disputer contre le R. P. Castel? En vérité, c'est combattre comme Bellérophon. Songez, monsieur, à votre téméraire entreprise; vous vous êtes borné à calculer les sons; et à nous donner d'excellente musique pour nos oreilles, tandis que vous avez affaire à un homme qui fait de la musique pour les yeux. Il peint des menuets et de belles sarabandes. Tous les sourds de Paris sont invités au concert qu'il leur annonce depuis douze ans; et il n'y a point de teinturier qui ne se promette un plaisir inexprimable à l'Opéra des couleurs que doit représenter le révérend physicien avec son *clavecin oculaire*. Les aveugles mêmes y sont invités [2]; il les croit d'assez bons juges des couleurs. Il doit le penser, car ils en jugent à peu près comme lui de votre musique. Il a déjà mis les faibles mortels à portée de ses sublimes connaissances. Il nous prépare par degrés à l'intelligence de cet art admirable. Avec quelle bonté, avec quelle condescendance pour le genre humain, daigne-t-il démontrer dans ses *Lettres*, dont les journaux de Trévoux sont dignement ornés, je dis démontrer par lemmes, théorèmes, scolies, 1° que les hommes aiment les plaisirs; 2° que la peinture est un plaisir; 3° que le jaune est différent du rouge, et cent autres questions épineuses de cette nature!

Ne croyez pas, monsieur, que, pour s'être élevé à ces grandes vérités, il ait négligé la musique ordinaire; au contraire, il veut que tout le monde l'apprenne facilement, et il propose, à la fin de sa *Mathématique universelle*, un plan de toutes les parties de la musique, en cent trente-quatre traités, pour le soulagement de la mémoire: division certainement digne de ce livre rare, dans lequel il emploie trois cent soixante pages avant de dire ce que c'est qu'un angle.

Pour apprendre à connaître votre maître, sachez encore, ce que vous avez ignoré jusqu'ici avec le public nonchalant, qu'il a fait un nouveau système de physique qui assurément ne ressemble à rien; et

---

1. Ce n'est point un commentaire, mais seulement un extrait de l'ouvrage de Rameau, qu'avait donné Mme de La Popelinière. (ÉD.)
2. Le P. Castel, dans ses *Lettres au président de Montesquieu*, dit que les aveugles mêmes sauront juger de son clavecin.

qui est unique comme lui. Ce système est en deux gros tomes. Je connais un homme intrépide qui a osé approcher de ces terribles mystères; ce qu'il m'en a fait voir est incroyable. Il m'a montré (liv. IV, chap. III, IV, et V) que ce sont « les hommes qui entretiennent le mouvement dans l'univers, et tout le mécanisme de la nature; et que, s'il n'y avait point d'hommes, toute la machine se déconcerterait. » Il m'a fait voir de petits tourbillons, des roues engrenées les unes dans les autres, ce qui fait un effet charmant, et en quoi consiste tout le jeu des ressorts du monde. Quelle a été mon admiration quand j'ai vu (p. 309, part. II) ce beau titre : « Dieu a créé la nature, et la nature a créé le monde! » Il ne pense jamais comme le vulgaire. Nous avions cru jusqu'ici, sur le rapport de nos sens trompeurs, que le feu tend toujours à s'élever dans l'air; mais il emploie trois chapitres à prouver qu'il tend en bas. Il combat généreusement une des plus belles démonstrations de Newton[1]. Il avoue qu'en effet il y a quelque vérité dans cette démonstration; mais, semblable à un Irlandais célèbre dans les écoles, il dit : *Hoc fateor, verum contrà sic argumentor.* Il est vrai qu'on lui a prouvé que son raisonnement contre la démonstration de Newton était un sophisme; mais, comme dit M. de Fontenelle, les hommes se trompent, et les grands hommes avouent qu'ils se sont trompés. Vous voyez bien, monsieur, qu'il ne manque rien au révérend père qu'un petit aveu pour être grand homme. Il porte partout la sagacité de son génie, sans jamais s'éloigner de sa sphère. Il parle de la folie (chap. VII, liv. V), et il dit que les organes du cerveau d'un fou sont « une ligne courbe et l'expression géométrique d'une équation. » Quelle intelligence! Ne croirait-on pas voir un homme opulent qui calcule son bien?

En effet, monsieur, ne reconnaît-on pas à ses idées, à son style, un homme extrêmement versé dans ces matières? Savez-vous bien que, dans sa *Mathématique universelle*, il dit que ce que l'on appelle le plus grand angle est réellement le plus petit; et que l'angle aigu, au contraire, est le plus grand; c'est-à-dire, il prétend que le contenu est plus grand que le contenant, chose merveilleuse comme bien d'autres!

Savez-vous encore qu'en parlant de l'évanouissement des quantités infiniment petites par la multiplication, il ajoute joliment « qu'on ne s'élève souvent que pour donner du nez en terre? »

Il faut bien, monsieur, que vous succombiez sous le géomètre et sous le bel esprit. Ce nouveau P. Garasse, qui attaque tout ce qui est bon, n'a pas dû vous épargner. Il est encore tout glorieux des combats qu'il a soutenus contre les Newton, les Leibnitz, les Réaumur, les Maupertuis. C'est le don Quichotte des mathématiques, à cela près que don Quichotte croyait toujours attaquer des géants, et que le révérend père se croit un géant lui-même.

Ne le troublons point dans la bonne opinion qu'il a de lui; laissons en paix les mânes de ses ouvrages, ensevelis dans le *Journal de Trévoux*,

---

[1]. C'est la proposition dans laquelle Newton démontre, par la méthode des fluxions, que tout corps mû en une courbe quelconque, s'il parcourt des aires égales dans des temps égaux, tend vers un centre, *et vice versâ*.

qui, grâce à ses soins, s'est si bien soutenu dans la réputation que Boileau lui a donnée, quoique, depuis quelques années, les *Mémoires* modernes ne fassent point regretter les anciens. Il va écrire peut-être une nouvelle *lettre* pour rassurer l'univers sur votre musique; car il a déjà écrit plusieurs brochures pour rassurer l'univers, pour éclairer l'univers. Imitez l'univers, monsieur, et ne lui répondez point.

DCXXXVI. — DE FRÉDÉRIC, PRINCE ROYAL DE PRUSSE.

A Remusberg, le 28 mars.

« Monsieur, j'ai reçu votre lettre du 8 de ce mois avec quelque sorte d'inquiétude sur votre santé. M. Thieriot me marque qu'elle n'était pas bonne, ce que vous me confirmez encore. Il semble que la nature, qui vous a partagé d'une main si avantageuse du côté de l'esprit, ait été plus avare en ce qui regarde votre santé; comme si elle avait eu regret d'avoir fait un ouvrage achevé. Il n'y a que les infirmités du corps qui puissent nous faire présumer que vous êtes mortel; vos ouvrages doivent nous persuader le contraire.

« Les grands hommes de l'antiquité ne craignaient jamais plus l'implacable malignité de la fortune qu'après les grands succès. Votre fièvre pourrait être comptée à ce prix comme un équivalent ou comme un contre-poids de votre *Mérope*.

« Pourrais-je me flatter d'avoir deviné les corrections que vous voulez faire à cette pièce? vous qui en êtes le père, vous qui l'avez jugée en Brutus. Pour moi, qui ne l'ai point faite, moi qui n'y prends d'autre intérêt que celui que m'inspire l'auteur, j'ai lu la *Mérope* avec toute l'attention dont je suis capable, sans y apercevoir de défauts. Il en est de vos ouvrages comme du soleil; il faut avoir le regard très-perçant pour y découvrir des taches.

« Vous voudrez bien m'envoyer les quatre actes corrigés, comme vous me le faites espérer, sans quoi les ratures et les corrections rendraient mon original embrouillé et difficile à déchiffrer.

« Despréaux et tous les grands poètes n'atteignaient à la perfection qu'en corrigeant. Il est fâcheux que les hommes, quelques talents qu'ils aient, ne puissent produire quelque chose de bon tout d'un coup. Ils n'y arrivent que par degrés. Il faut sans cesse effacer, châtier, émonder; et chaque pas qu'on avance est un peu de correction.

« Virgile, ce prince de la poésie latine, était encore occupé de son *Énéide* lorsque la mort le surprit. Il voulait sans doute que son ouvrage répondît à ce point de perfection qu'il avait dans l'esprit, et qui était semblable à celui de l'orateur dont Cicéron nous fait le portrait.

« Vous, dont on peut placer le nom à côté de celui de ces grands hommes, sans déroger à leur réputation, vous tenez le chemin qu'ils ont tenu, pour imprimer à vos ouvrages le caractère d'immortalité si estimable, et si rare.

« *La Henriade*, le *Brutus*, la *Mort de César*, etc., sont si parfaits, que ce n'est pas une petite difficulté de ne rien faire de moindre. C'est un fardeau que vous partagez avec tous les grands hommes. On ne leur passe pas ce qui serait bon en d'autres. Leurs ouvrages, leurs actions, leur vie, enfin tout doit être excellent en eux. Il faut qu'ils répondent sans cesse à leur réputation ; il faut, s'il m'est permis de me servir de cette expression, qu'ils gravissent sans cesse contre les faiblesses de l'humanité.

Le *Maximien* de La Chaussée n'est point encore parvenu jusqu'à moi. J'ai vu l'*École des Amis*, qui est de ce même auteur, dont le titre est excellent et les vers ordinaires, faibles, monotones, et ennuyeux. Peut-être y a-t-il trop de témérité à moi, étranger et presque barbare, de juger des pièces du théâtre français ; cependant ce qui est sec et rampant dégoûte bientôt. Nous choisissons ce qu'il y a de meilleur pour le représenter ici. Ma mémoire est si mauvaise, que je fais avec beaucoup de discernement le triage des choses qui doivent la remplir ; c'est comme un petit jardin où l'on ne sème pas indifféremment toutes sortes de semences, et qu'on n'orne que des fleurs les plus rares et les plus exquises.

Vous verrez, par les pièces que je vous envoie, les fruits de ma retraite et de vos instructions. Je vous prie de redoubler votre sévérité pour tout ce qui vous viendra de ma part. J'ai du loisir, j'ai de la patience, et, avec tout cela, rien de mieux à faire qu'à changer les endroits de mes ouvrages que vous aurez réprouvés.

On travaille actuellement à la Vie de la Czarine et du Czarovitz. J'espère vous envoyer dans peu ce que j'aurai pu ramasser à ce sujet. Vous trouverez dans ces anecdotes des barbaries et des cruautés semblables à celles qu'on lit dans l'histoire des premiers Césars.

La Russie est un pays où les arts et les sciences n'avaient point pénétré. Le Czar n'avait aucune teinture d'humanité, de magnanimité, ni de vertu ; il avait été élevé dans la plus crasse ignorance ; il n'agissait que selon l'impulsion de ses passions déréglées : tant il est vrai que l'inclination des hommes les porte au mal, et qu'ils ne sont bons qu'à proportion que l'éducation ou l'expérience a pu modifier la fougue de leur tempérament.

J'ai connu le grand maréchal de la cour (de Prusse), Printz, qui vivait encore en 1724, et qui, sous le règne du feu roi, avait été ambassadeur chez le Czar. Il m'a raconté que, lorsqu'il arriva à Pétersbourg, et qu'il demanda de présenter ses lettres de créance, on le mena sur un vaisseau qui n'était pas encore lancé du chantier. Peu accoutumé à de pareilles audiences, il demanda où était le Czar ; on le lui montra qui accommodait des cordages au haut du tillac. Lorsque le Czar eut aperçu M. de Printz, il l'invita à lui par le moyen d'un échelon de cordes ; et, comme il s'en excusait sur sa maladresse, le Czar se descendit à un câble comme un matelot, et vint le joindre.

La commission dont M. de Printz était chargé lui ayant été très-agréable, le prince voulut donner des marques éclatantes de sa satisfaction. Pour cet effet, il fit préparer un festin somptueux auquel M. de Printz fut invité. On y but, à la façon des Russes, de l'eau-de-vie, et on en but brutalement. Le Czar, qui voulait donner un relief particulier à cette fête, fit amener une vingtaine de strélitz qui étaient détenus dans les prisons de Pétersbourg, et, à chaque grand verre qu'on vidait, ce monstre affreux abattait la tête de ces misérables. Ce prince dénaturé voulut, pour donner une marque de considération particulière à M. de Printz, lui procurer, suivant son expression, le plaisir d'exercer son adresse sur ces malheureux. Jugez de l'effet qu'une semblable proposition dut faire sur un homme qui avait des sentiments et le cœur bien placé. De Printz, qui ne le cédait en sentiments à qui que ce fût, jeta une offre qui, en tout autre endroit, aurait été regardée comme injurieuse au caractère dont il était revêtu, mais qui n'était qu'une simple civilité dans ce pays barbare. Le Czar pensa se fâcher de ce refus, et il ne put s'empêcher de lui témoigner quelques marques de son indignation, ce dont cependant il lui fit réparation le lendemain.

Ce n'est pas une histoire faite à plaisir; elle est si vraie, qu'elle se trouve dans les relations de M. de Printz, que l'on conserve dans les archives. J'ai même parlé à plusieurs personnes qui ont été dans ce temps-là à Pétersbourg, lesquelles m'ont attesté ce fait. Ce n'est point un conte su de deux ou trois personnes, c'est un fait notoire.

De ces horribles cruautés, passons à un sujet plus gai, plus riant, et plus agréable; ce sera la petite pièce qui suivra cette tragédie.

Il s'agit de la muse de Gresset, qui à présent est une des premières du Parnasse français. Cet aimable poëte a le don de s'exprimer avec beaucoup de facilité. Ses épithètes sont justes et nouvelles; avec cela il a des tours qui lui sont propres; on aime ses ouvrages, malgré leurs défauts. Il est trop peu soigné, sans contredit, et la paresse, dont il fait tant d'éloge, est la plus grande rivale de sa réputation.

Gresset a fait une ode sur *l'Amour de la patrie*, qui m'a plu infiniment. Elle est pleine de feu et de morceaux achevés. Vous aurez remarqué sans doute que les vers de huit syllabes réussissent mieux à ce poëte que ceux de douze.

Malgré le succès des petites pièces de Gresset, je ne crois pas qu'il réussisse jamais au théâtre français, ou dans l'épopée. Il ne suffit pas de simples bluettes d'esprit pour des pièces de si longue haleine; il faut de la force, il faut de la vigueur et de l'esprit vif et mûr pour y réussir. Il n'est pas permis à tout le monde d'aller à Corinthe.

On copie, suivant que vous le souhaitez, la cantate de la Le Couvreur. Je l'enverrai échouer à Cirey. Des oreilles françaises, accoutumées à des vaudevilles et à des antiennes, ne seront guère favorables aux airs méthodiques et expressifs des Italiens. Il faudrait des musiciens en état d'exécuter cette pièce dans le goût où elle doit être jouée, sans quoi elle vous paraîtra tout aussi touchante que le rôle de Brutus récité par un acteur suisse ou autrichien.

Césarion vient d'arriver avec toutes les pièces dont vous l'avez chargé; je vous en remercie mille fois; je suis partagé entre l'amitié, la joie et la curiosité. Ce n'est pas une petite satisfaction que de parler à quelqu'un qui vient de Cirey; que dis-je? à un autre moi-même qui m'y transporte, pour ainsi dire. Je lui fais mille questions à la fois, je l'empêche même de me satisfaire; il nous faudra quelques jours avant d'être en état de nous entendre. Je m'amuse bien mal à propos de vous parler de l'amitié, vous qui la connaissez si bien, et qui en avez si bien décrit les effets.

Je ne vous dis rien encore de vos ouvrages. Il me les faut lire à tête reposée pour vous en dire mon sentiment; non que je m'ingère de les apprécier : ce serait faire tort à ma modestie. Je vous exposerai mes doutes, et vous confondrez mon ignorance.

Mes salutations à la sublime Émilie, et mon encens pour le divin Voltaire. Je suis avec une très-parfaite estime, monsieur, votre très-fidèlement affectionné ami, Frédéric.

DCXXXVII. — A M. THIERIOT.

Le 28 mars.

Je vois, mon cher Thieriot, que *Maximien* a le sort de toutes les pièces trop intriguées. Ces ouvrages-là sont comme les gens accablés de trop d'affaires. Il n'y a point d'éloquence où il y a surcharge d'idées; et, sans éloquence, comment peut-on plaire longtemps?

Or çà, je veux bientôt vous envoyer une pièce aussi simple que *Maximien* est implexe. Il vous a donné un microscope à facette ; je vous donnerai une glace tout unie, et vous la casserez si elle ne vous plaît pas. On m'a fait cent chicanes, cent tracasseries pour mes *Éléments de Newton*; ma foi, je les laisse là; je ne veux pas perdre mon repos pour Newton même : je me contente d'avoir raison pour moi. Je n'aurai pas l'honneur d'être apôtre, je ne serai que croyant.

On m'a fait voir une lettre à Rameau sur le R. P. Castel, qui m'a paru plaisante, et qui vaut bien une réplique sérieuse; mais je n'ose même l'envoyer, de peur qu'une tracasserie me passe par les mains. Si vous étiez homme à promettre, *jurejurando*, secret profond et inviolable, je pourrais vous envoyer cela; car si promettez tiendrez.

Ce que vous me dites de Le Franc m'étonne. De quoi diable s'avise-t-il d'aller parler du droit de remontrances à une cour des aides[1] de province? J'aime autant vanter les droits des ducs et pairs au mon bailliage. Je m'imagine qu'on l'a exilé à cause de la vanité qu'il a eue de faire de la cour des aides de Montauban un parlement de Paris. Cependant il a été dévoré du zèle de bon citoyen; en cette qualité je lui fais mon compliment, et je vous prie de lui dire que, comme homme, comme Français, et comme poëte, je m'intéresse fort à lui. Il aurait dû savoir plus tôt que des personnes comme lui et moi devaient être unies contre les Piron; mais sa *Didon*, toute médiocre qu'elle est, lui tourna la tête, et lui fit faire une préface[2] impertinente *au possible*, qui mérite mieux l'exil que tout discours à une cour des aides.

Vous avez vu ma nichée de nièces, et vous ne me mandez point ce

---

1. Le Franc (de Pompignan) était alors avocat général de la cour des aides, à Montauban. (Cl.)
2. La *Préface*, qu'on lit en tête de *Didon*, dans les diverses éditions des Œuvres de Le Franc de Pompignan, est bien différente de ce qu'elle était dans les premières éditions où elle était intitulée : *Lettre à M. le marquis de Noelle* (Note de M. Beuchot).

que Quesnel-Arouet a donné. Il faudrait pourtant que Locke-Voltaire en sût deux mots. Je vous embrasse tendrement. Comment vont votre estomac, votre poitrine, vos entrailles ? Tout cela ne vaut pas le diable chez moi.

« P. S. On me mande de Bruxelles que saint Rousseau, confessé par un carme, a déclaré n'avoir point de parents, quoiqu'il ait une sœur à Paris, et un cousin cordonnier¹, rue de la Harpe. Il a fait dire trois messes pour sa guérison, et a fait un pèlerinage à une *Madona*; il s'en porte beaucoup mieux. Il a fait une ode sur le miracle de la sainte Vierge en sa faveur.

DCXXXVIII. — DE FRÉDÉRIC, PRINCE ROYAL DE PRUSSE.

31 mars.

Monsieur, je suis obligé de vous avertir que j'ai reçu deux jours de poste successivement les lettres de M. Thieriot ouvertes. Je ne jurerais pas même que la dernière que vous m'avez écrite n'ait essuyé le même sort. J'ignore si c'est en France, ou dans les États de mon père, qu'elles ont été victimes d'une curiosité assez mal placée. On peut savoir tout ce que contient notre correspondance. Vos lettres ne respirent que la vertu et l'humanité, et les miennes ne contiennent, pour l'ordinaire, que des éclaircissements que je vous demande sur des sujets auxquels la plupart du monde ne s'intéresse guère. Cependant, malgré l'innocence des choses que contient notre correspondance, vous savez assez ce que c'est que les hommes, et qu'ils ne sont que trop portés à mal interpréter ce qui doit être exempt de tout blâme. Je vous prierai donc de ne point adresser par M. Thieriot les lettres qui rouleront sur la philosophie ou sur des vers. Adressez-les plutôt à M. Tronchin-Dubreuil; elles me parviendront plus tard, mais j'en serai récompensé par leur sûreté. Quand vous m'écrirez des lettres où il n'y aura que des bagatelles, adressez-les à votre ordinaire par M. Thieriot, afin que les curieux aient de quoi se satisfaire.

Césarion me charme par tout ce qu'il me dit de Cirey. Votre *Histoire du Siècle de Louis XIV* m'enchante. Je voudrais seulement que vous n'eussiez point rangé Machiavel, qui était un malhonnête homme, au rang des autres grands hommes de son temps. Quiconque enseigne à manquer de parole, à opprimer, à commettre des injustices, fût-il d'ailleurs l'homme le plus distingué par ses talents, ne doit jamais occuper une place due uniquement aux vertus et aux talents louables. Cartouche ne mérite point de tenir un rang parmi les Boileau, les Colbert, et les Luxembourg. Je suis sûr que vous êtes de mon sentiment. Vous êtes trop honnête homme pour vouloir mettre en honneur la réputation flétrie d'un coquin méprisable; aussi suis-je sûr que vous n'avez envisagé Machiavel que du côté du génie. Pardonnez-moi ma sincérité; je ne la prodiguerais pas si je ne vous en croyais très-digne.

1. Le père de J. B. Rousseau était cordonnier aussi, et il avait chaussé le père de Voltaire pendant vingt ans. (ÉD.)

Si les histoires de l'univers avaient été écrites comme celle que vous m'avez confiée, nous serions plus instruits des mœurs de tous les siècles, et moins trompés par les historiens. Plus je vous connais, et plus je trouve que vous êtes un homme unique. Jamais je n'ai lu de plus beau style que celui de l'*Histoire de Louis XIV*. Je relis chaque paragraphe deux ou trois fois, tant j'en suis enchanté. Toutes les lignes portent coup; tout est nourri de réflexions excellentes; aucune fausse pensée, rien de puéril, et, avec cela, une impartialité parfaite. Dès que j'aurai lu tout l'ouvrage, je vous enverrai quelques petites remarques, entre autres sur les noms allemands qui sont un peu maltraités: ce qui peut répandre de l'obscurité sur cet ouvrage, puisqu'il y a des noms qui sont si défigurés qu'il faut des deviner.

Je souhaiterais que votre plume eût composé tous les ouvrages qui sont faits et qui peuvent être de quelque instruction; ce serait le moyen de profiter et de tirer utilité de la lecture. Je m'impatiente quelquefois des inutilités, des pauvres réflexions, ou de la sécheresse qui règne dans certains livres; c'est au lecteur à digérer de pareilles lectures. Vous épargnez cette peine à vos lecteurs. Qu'un homme ait du jugement ou non, il profite également de vos ouvrages. Il ne lui faut que de la mémoire.

Il me faut de l'application et une contention d'esprit pour étudier vos *Éléments de Newton*; ce qui se fera après Pâques,

    Faisant une petite absence
    Pour prendre ce que vous savez,
    Avec beaucoup de bienséance.

Je vous exposerai mes doutes avec la dernière franchise, honteux de vous mettre toujours dans le cas des Israélites, qui ne pouvaient relever les murs de Jérusalem qu'en se défendant d'une main, tandis qu'ils travaillaient de l'autre.

Avouez que mon système est insupportable; il me l'est quelquefois à moi-même. Je cherche un objet pour fixer mon esprit, et je n'en trouve encore aucun. Si vous en savez, je vous prie de m'en indiquer qui soit exempt de toute contradiction. S'il y a quelque chose dont je puisse me persuader, c'est qu'il y a un Dieu adorable dans le ciel, et un Voltaire presque aussi estimable à Cirey.

J'envoie une petite bagatelle à madame la marquise, que vous lui ferez accepter. J'espère qu'elle voudra la placer dans ses entre-sols, et qu'elle voudra s'en servir pour ses compositions.

Je n'ai pas pu laisser votre portrait entre les mains de Césarion. J'ai envié à mon ami d'avoir conversé avec vous, et de posséder encore votre portrait. « C'en est trop, me suis-je dit, il faut que nous partagions les faveurs du destin. » Nous pensons tous de même sur votre sujet, et c'est à qui vous aimera et vous estimera le plus.

J'ai presque oublié de vous parler de vos pièces fugitives : la *Modération dans le bonheur*, le *Cadenas*, le *Temple de l'Amitié*, etc., tout cela m'a charmé. Vous accumulez la reconnaissance que je vous dois. Que la marquise n'oublie pas d'ouvrir l'encrier. Soyez persuadé que je ne regrette rien plus au monde que de ne pouvoir vous convaincre des sentiments avec lesquels je suis, monsieur, votre très-fidèlement affectionné ami, FÉDÉRIC.

DCXXXIX. — A M. BERGER.

Cirey, avril.

Mme la marquise du Châtelet a renvoyé le livre que vous lui avez prêté. Il doit être chez l'abbé Moussinot. Après la honte de barbouiller de tels ouvrages, la plus grande est de les lire : aussi Mme du Châtelet l'a envoyé à Pacolet après en avoir vu deux pages.

Je puis vous dire, mon cher monsieur, que ces *Épîtres* dont vous me parlez ne sont pas de moi, et vous me feriez une vraie peine si vous ne faisiez pas tous vos efforts pour désabuser le public. Je ne veux ni usurper la gloire des autres, ni me charger de leurs querelles. Je suis assez fâché qu'on m'ait osé imputer l'ennuyeuse et dix fois trop longue *Réponse* aux Épîtres de Rousseau. Il est bien lâche à celui qui l'a osé faire de n'avoir osé l'avouer.

J'ai fait pis contre ce scélérat : je l'ai convaincu de calomnie par la lettre de M. le duc d'Aremberg et par vingt autres preuves. J'ai parlé de lui, comme un honnête homme doit parler d'un monstre ; mais, en prononçant sa sentence, je l'ai signée de mon nom.

Je vous prie de me faire voir une ode de l'ex-jésuite Gresset qu'on dit être très-belle.

Je suis très-fâché que les *Éléments de Newton* paraissent. Les libraires se sont trop précipités. Il est assez plaisant que j'achète mon ouvrage. Je crois qu'il sera utile aux personnes qui ont du goût pour les sciences, qui cherchent la vérité, et qui n'ont pas le temps de la retrouver dans les sources. Ce qui me fâche, c'est que, outre mes fautes, il y en aura beaucoup de la part des éditeurs. Mandez-moi des nouvelles de mon livre.

Je vous prie de faire mes compliments à certain élève d'Apollon et de Minerve, nommé La Bruère. C'est un des jeunes gens de Paris dont j'ai la meilleure opinion. Il devrait m'envoyer sa tragédie. Je lui garderais une fidélité inviolable.

Je vous embrasse.

DCXL. — A M. THIERIOT.

Le 10 avril.

J'ai reçu, mon cher ami, le petit écrit imprimé ; je vous remercie bien de ces attentions. La littérature m'est plus chère que jamais. Newton ne m'a point rendu insensible, et vous pouvez me dire avec notre maître Horace :

Quæ circumvolitas agilis thymo ?..........
Lib. I, ep. III, v. 21.

Vous devriez bien m'envoyer le discours populaire de Le Franc ; je m'intéresse beaucoup à lui depuis qu'il a fait doublement cocu un intendant. En vérité, cela est fort à l'honneur des belles-lettres ; mais, mon cher ami, cela n'est point à l'honneur des lettres de cachet, et je trouve fort mauvais qu'on exile les gens pour avoir..... Mme*** a...

Vous verrez ci-jointe la lettre d'une bonne âme à Orphée-Rameau sur Zoïle-Castel.

.... Secretum petimusque damusque vicissim.
Hor., de Art. poet., v. 11.

Ce Castel-là est un chien enragé; c'est le fou des mathématiques, et le tracassier de la société.

Je vous enverrai incessamment la *Mérope*; mais, pour Dieu, n'en parlez pas; n'allez pas aussi vous imaginer que cela soit écrit du ton de *Brutus*.

Telephus et Peleus, quum pauper et exul uterque
Proficit ampullas...................
Hor., de Art. poet., v. 96.

Dieu garde Zaïre d'être autre chose que tendre! Dieu garde Mérope de faire la Cornélie! *Flebilis Ino*! Vous ne verrez là d'autre amour que celui d'une mère, d'autre intrigue que la crainte et la tendresse, trois personnages principaux, et voilà tout. La plus extrême simplicité est ce que j'aime; si elle dégénère en platitude, vous en avertirez votre ami.

Je serais bien étonné que mes *Éléments de Newton* parussent. La copie que j'avais laissée en Hollande était assez informe; ce qu'ils avaient commencé de l'édition était encore plus vicieux. J'ai averti les libraires de ne pas presser, de m'envoyer les feuilles, d'attendre les corrections; s'ils ne le font pas, tant pis pour eux. Deux personnes de l'Académie des sciences ont vu l'ouvrage, et l'ont approuvé. Je suis assez sûr d'avoir raison. Si les libraires ont tort, je les désavouerai hautement.

M. le chancelier a trouvé que j'étais un peu hardi de soupçonner le monde d'être un peu plus vieux qu'on ne dit; cependant je n'ai fait que rapporter les observations astronomiques de MM. de Louville et Godin. Or, par ses observations, il apparaît que notre pôle pourrait bien avoir changé de place dans le sens de la latitude, et cela assez régulièrement. Or, si cela était, il pourrait à toute force y avoir une période d'environ deux millions d'années; et si cette période existait, et qu'elle eût commencé à un point, comme, par exemple, au nord, il serait démontré que le monde aurait environ cent trente mille ans d'antiquité, et c'est le moins qu'on pourrait lui donner. Mais je ne veux me brouiller avec personne pour l'antiquité de la noblesse de ce globe; eût-il vécu cent millions de siècles, ma vie ni la vôtre n'en dureraient pas un jour de plus. Songeons à vivre et à vivre heureux. Pour moi,

Que les dieux ne m'ôtent rien,
C'est tout ce que je leur demande.

1. Horace, *de Arte post.*, 123. (ÉD.)
2. MM. Pitot et Montcarville. Ce dernier n'était pas de l'Académie des sciences. (ÉD.)

D'ailleurs, quand les hommes seraient encore plus sots qu'ils ne sont, je ne m'en mêlerais point.

Votre petit Basque a bien fait; mais on avait fait assez mal ici de ne pas le faire venir d'abord. On ne doit jamais manquer l'acquisition d'un homme de mérite.

J'ai l'insolence d'en chercher un pour mon usage. Je voudrais quelque petit garçon philosophe qui fût adroit de la main, qui pût me faire mes expériences de physique; je le ferais seigneur d'un cabinet de machines, et de quatre ou cinq cents livres de pension, et il aurait le plaisir d'entendre Émilie Newton, qui, par parenthèse, entend mieux l'*Optique* de ce grand homme qu'aucun professeur, et que M. Coste, qui l'a traduite.

Adieu, père Mersenne.

DCXLI. — DE FRÉDÉRIC, PRINCE ROYAL DE PRUSSE.

À Ruppin, le 19 avril.

Monsieur, j'y perds de toutes les façons lorsque vous êtes malade, tant par l'intérêt que je prends à tout ce qui vous touche, que par la perte d'une infinité de bonnes pensées que j'aurais reçues si votre santé l'avait permis.

Pour l'amour de l'humanité, ne m'alarmez plus par vos fréquentes indispositions, et ne vous imaginez pas que ces alarmes soient métaphoriques; elles sont trop réelles pour mon malheur. Je tremble de vous appliquer les deux plus beaux vers que Rousseau ait peut-être faits de sa vie :

Et ne mesurons point au nombre des années
La course des héros.

Césarion m'a fait un rapport exact de l'état de votre santé. J'ai consulté des médecins à ce sujet; ils m'ont assuré, foi de médecins, que je n'avais rien à craindre pour vos jours; mais, pour votre incommodité, qu'elle ne pouvait être radicalement guérie, parce que le mal était trop invétéré. Ils ont jugé que vous deviez avoir une obstruction dans les viscères du bas-ventre, que quelques ressorts se sont relâchés, que des flatuosités ou une espèce de néphrétique sont la cause de vos incommodités. Voilà ce qu'à plus de cent lieues la Faculté en a jugé. Malgré le peu de foi que j'ajoute à la décision de ces messieurs, plus incertaine souvent que celle des métaphysiciens, je vous prie cependant, et cela véritablement, de faire dresser le *statum morbi* de vos incommodités, afin de voir si peut-être quelque habile médecin ne pourrait vous soulager. Quelle joie serait la mienne de contribuer en quelque façon au rétablissement de votre santé! Envoyez-moi donc, je vous prie, l'énumération de vos infirmités et de vos misères, en termes barbares et en langage baroque, et cela avec toute l'exactitude possible. Vous m'obligerez véritablement, ce sera un petit sacrifice que vous serez obligé de faire à mon amitié.

Vous m'avez accusé la réception de quelques-unes de mes pièces, et vous n'y ajoutez aucune critique. Ne croyez point que j'aie négligé celles que vous avez bien voulu faire de mes autres pièces. Je joins ici a correction nouvelle de l'ode *sur l'Amour de Dieu*, ajoutée à une petite pièce adressée à Césarion. La manie des vers me lutine sans cesse, et je crains que ce soit de ces maux auxquels il n'y a aucun remède.

Depuis que l'Apollon de Cirey veut bien éclairer les petits atomes de Rumsberg, tout y cultive les arts et les sciences.

Je voudrais que vous eussiez en besoin de mon ode *sur la Patience*, pour vous consoler des rigueurs d'une maîtresse, et non pour supporter vos infirmités. Il est facile de donner des consolations de ce qu'on ne souffre point soi-même; mais c'est l'effort d'un génie supérieur que de triompher des maux les plus aigus, et d'écrire avec toute la liberté d'esprit, du sein même des souffrances.

Votre *Épître sur l'Envie* est inimitable. Je la préfère presque encore à ses deux jumelles. Vous parlez de l'envie comme un homme qui a senti le mal qu'elle peut faire, et des sentiments généreux comme de votre patrimoine. Je vous reconnais toujours aux grands sentiments. Vous les sentez si bien, qu'il vous est facile de les exprimer.

Comment parler de mes pièces, après avoir parlé des vôtres? Ce qu'il vous plaît d'en dire sent un tant soit peu l'ironie. Mes vers sont les fruits d'un arbre sauvage; les vôtres sont d'un arbre franc. En un mot :

Tandis que l'aigle altier s'élève dans les airs,
L'hirondelle rase la terre.
Philomèle est ici l'emblème de mes vers;
Quant à l'oiseau du dieu qui porte le tonnerre,
Il ne convient qu'au seul Voltaire.

Je me conforme entièrement à votre sentiment touchant les pièces de théâtre. L'amour, cette passion charmante, ne devrait y être employé que comme des épiceries que l'on met dans certains ragoûts, mais qu'on ne prodigue pas, de crainte d'émousser la finesse du palais. *Mérope* mérite de toutes manières de corriger le goût corrompu du public, et de relever Melpomène du mépris que les colifichets de ses ornements lui attirent. Je me repose bien sur vous des corrections que vous aurez faites aux deux derniers actes de cette tragédie. Peu de chose la rendrait parfaite; elle l'est assurément à présent.

Corneille, après lui Racine, ensuite La Grange, ont épuisé tous les lieux communs de la galanterie et du théâtre. Crébillon a mis, pour ainsi dire, les Furies sur la scène; toutes ses pièces inspirent de l'horreur, tout y est affreux, tout y est terrible. Il fallait absolument après eux quitter une route usée, pour en suivre une plus neuve, une plus brillante.

Les passions que vous mettez sur le théâtre sont aussi capables que l'amour d'émouvoir, d'intéresser et de plaire. Il n'y a qu'à les bien traiter, et les produire de la manière que vous le faites dans la *Mérope* et dans *la Mort de César*.

Le ciel te réservait pour éclairer la France.
Tu sortais triomphant de la carrière immense

Que l'épopée offrait à tes désirs ardents ;
Et, nouveau Thucydide, on te vit avec gloire
Remporter les lauriers consacrés à l'histoire.
Bientôt d'un vol plus haut, par des efforts puissants,
Ta main sut débrouiller Newton et la nature;
Et Melpomène enfin, languissant sans parure,
Attend tout à présent de tes riches présents.

Je quitte la brillante poésie pour m'abîmer avec vous dans le gouffre de la métaphysique; j'abandonne le langage des dieux, que je ne fais que bégayer, pour parler celui de la divinité même, qui m'est inconnu. Il s'agit à présent d'élever le faîte du bâtiment dont les fondements sont très-peu solides. C'est un ouvrage d'araignée qui est à jour de tous côtés, et dont les fils subtils soutiennent la structure.

Personne ne peut être moins prévenu en faveur de son opinion que je le suis de la mienne. J'ai discuté la fatalité absolue avec toute l'application possible, et j'y ai trouvé des difficultés presque invincibles. J'ai lu une infinité de systèmes, et je n'en ai trouvé aucun qui ne soit hérissé d'absurdités; ce qui m'a jeté dans un pyrrhonisme affreux. D'ailleurs je n'ai aucune raison particulière qui me porte plutôt pour *la fatalité absolue* que pour *la liberté*. Qu'elle soit ou qu'elle ne soit pas, les choses iront toujours le même train. Je soutiens ces sortes de choses tant que je puis, pour voir jusqu'où l'on peut pousser le raisonnement, et de quel côté se trouve le plus d'absurdités.

Il n'en est pas tout à fait de même de la *raison suffisante*. Tout homme qui veut être philosophe, mathématicien, politique, en un mot, tout homme qui veut s'élever au-dessus du commun des autres, doit admettre la raison suffisante.

Qu'est-ce que la raison suffisante ? c'est la cause des événements. Or tout philosophe recherche cette cause, ce principe; donc tout philosophe admet la raison suffisante. Elle est fondée sur la vérité la plus évidente de nos actions. *Rien* ne saurait produire un être, puisque *rien* n'existe pas. Il faut donc nécessairement que les êtres, ou les événements, aient une cause de leur être dans ce qui les a précédés, et cette cause on l'appelle raison suffisante de leur existence ou de leur naissance. Il n'y a que le vulgaire qui, ne connaissant point de *raison suffisante*, attribue au *hasard* les effets dont les causes lui sont inconnues. Le *hasard*, en ce sens, est le synonyme de *rien*. C'est un être sorti du cerveau creux des poëtes, et qui, comme ces globules de savon que font les enfants, n'a aucun corps.

Vous allez boire à présent la lie de mon nectar sur le sujet de la fatalité absolue. Je crains fort que vous n'éprouviez, à l'application de mon hypothèse, ce qui m'arriva l'autre jour. J'avais lu dans je ne sais quel livre de physique, où il s'agissait du muscle céphalopharyngien. Me voilà à consulter Furetière pour en trouver l'éclaircissement. Il dit que le muscle céphalopharyngien est l'orifice de l'œsophage, nommé pharynx. « Ah ! pour le coup, dis-je, me voilà devenu bien habile. » Les explications sont souvent plus obscures que le texte même. Venons à la mienne.

J'avoue premièrement que les hommes ont un sentiment de liberté ; ils ont ce qu'ils appellent la puissance de déterminer leur volonté, d'opérer des mouvements, etc. Si vous appelez ces actes la liberté de l'homme, je conviens avec vous que l'homme est libre. Mais, si vous appelez liberté les raisons qui déterminent les résolutions, les causes des mouvements qu'elles opèrent, en un mot, ce qui peut influer sur ces actions, je puis prouver que l'homme n'est point libre.

Mes preuves seront tirées de l'expérience. Elles seront tirées des observations que j'ai faites sur les motifs de mes actions et sur celles des autres.

Je soutiens premièrement que tous les hommes se déterminent par des raisons tant bonnes que mauvaises (ce qui ne fait rien à mon hypothèse), et ces raisons ont pour fondement une certaine idée de bonheur ou de bien-être. D'où vient que, lorsqu'un libraire m'apporte *la Henriade* et les *Épigrammes* de Rousseau, d'où vient, dis-je, que je choisis la *Henriade* ? c'est que *la Henriade* est un ouvrage parfait, et dont mon esprit et mon cœur peuvent tirer un usage excellent, et que les épigrammes ordurières salissent l'imagination. C'est donc l'idée de mon avantage, de mon bien-être, qui porte ma raison à se déterminer en faveur d'un de ces ouvrages préférablement à l'autre ; c'est donc l'idée de mon bonheur qui détermine toutes mes actions ; c'est donc le ressort dont je dépends, et ce ressort est lié avec un autre qui est mon tempérament. C'est là précisément la roue avec laquelle le Créateur monte les ressorts de la volonté ; et l'homme a la même liberté que la pendule.

Il a de certaines vibrations ; en un mot, il peut faire des actions, etc., mais toutes asservies à son tempérament et à sa façon de penser plus ou moins bornée.

Questionnez quel homme il vous plaira sur ce qu'il a fait telle ou telle action ; le plus stupide de tous vous alléguera une raison. C'est donc une raison qui le détermine ; l'homme agit donc selon une loi, et en conséquence du ton que le Créateur a donné.

Voici donc une vérité non moins fondée sur l'expérience. Concluons donc que l'homme porte en soi le mobile qui le détermine ou qui cause ses résolutions.

Je voudrais, pour l'amour de la fatalité absolue, qu'on n'eût jamais cherché de subterfuge contre la liberté dans de faux raisonnements. Tel est celui que vous combattez très-bien, et que vous détruisez totalement. En effet rien de moins conséquent, que nous serions des dieux si nous étions libres, il y a beaucoup de témérité à vouloir raisonner des choses qu'on ne connaît point ; et il y en a encore infiniment plus de vouloir prescrire des limites à la toute-puissance divine.

J'examine simplement les vérités qui me sont connues ; et de là je conclus que, puisqu'elles sont telles, Dieu a voulu qu'elles soient. Mon raisonnement ne fait qu'enchaîner les effets de la nature avec leur cause primitive, qui est Dieu.

Selon ce système, Dieu ayant prévu les effets des tempéraments et des caractères des hommes, conserve en plein sa prescience, et les hommes ont une espèce de liberté, quoique très-bornée, de suivre leurs raisonnements ou leur façon de penser.

Il s'agit à présent de montrer que mon hypothèse ne contient rien d'injurieux ni de contradictoire contre l'essence divine. C'est ce que je vais prouver.

L'idée que j'ai de Dieu est celle d'un Être tout-puissant, très-bon, infini, et raisonnable à un degré supérieur. Je dis que ce Dieu se détermine en tout par les raisons les plus sublimes, qu'il ne fait rien que de très-raisonnable et de très-conséquent. Ceci ne renverse en aucune façon la liberté de Dieu; car, comme Dieu est la raison même, dire qu'il se détermine par la raison, c'est dire qu'il se détermine par sa volonté; ce qui n'est, en ce sens, qu'un jeu de mots. De plus, Dieu peut prévoir ses propres actions, puisqu'elles sont asservies à l'infini à l'excellence de ses attributs. Elles portent toujours le caractère de la perfection. Si donc Dieu est lui-même le destin, comment peut-il être l'esclave? Et si ce Dieu qui, selon M. Clarke, ne peut se tromper, si ce Dieu prévoit les actions des hommes, il faut donc nécessairement qu'elles arrivent. M. Clarke lui-même l'avoue sans s'en apercevoir.

Mon raisonnement se réduit à ce que, Dieu étant l'excellence même, il ne peut rien faire que de très-excellent; et c'est ce qu'attestent les œuvres de la nature; c'est de quoi tous les hommes en général nous sont un témoignage, et de quoi vous persuaderiez, seul, s'il n'y avait que vous dans l'univers.

Cependant il faut se garder de juger du monde par parties; ce sont les membres d'un tout, où l'assortiment est nécessaire. Dire, parce qu'il y a quelques hommes malfaisants, que Dieu a tout mal fait, c'est perdre de vue la totalité, c'est considérer un point dans un ouvrage de miniature, et négliger l'effet de l'ensemble. Comptons que tout ce que nous apercevons dans la nature concourt aux vues du Créateur. Si nos yeux de taupe ne peuvent apercevoir ces vues, ce défaut est dans notre nerf optique, et non pas dans l'objet que nous envisageons.

Voilà tout ce que mon imagination a pu vous fournir sur le roman de la fatalité absolue, et sur la prescience divine. Du reste, je respecte beaucoup Cicéron, protecteur de la liberté, quoique, à dire vrai, ses Tusculanes soient, de tous ses ouvrages, celui qui me convient le mieux.

Vous anoblissez¹ le dieu de M. Clarke d'une telle façon que je commence déjà à sentir du respect pour cette divinité. Si vous eussiez vécu du temps de Moïse, le dieu d'Abraham, d'Isaac et de Jacob n'y aurait rien perdu, et sûrement il aurait été plus digne de nos hommages que celui que nous présente le bègue législateur des Juifs.

Je me réserve de vous parler une autre fois de votre excellent *Essai de physique*. Cet ouvrage mérite bien d'occuper une autre lettre par...

1. *Ennoblissez*. (Éd.)

ticulièrement destinée à ce sujet. Je remplirai également mes engagements touchant le *Siècle de Louis XIV*; et je joindrai à cette lettre quelques *Considérations sur l'état du corps politique de l'Europe*, que je vous prierai cependant de ne communiquer à personne. Mon dessein était de les faire imprimer en Angleterre comme l'ouvrage d'un anonyme. Quelques raisons m'en ont fait différer l'exécution.

J'attends l'*Épître sur l'Amitié* comme une pièce qui couronnera les autres. Je suis aussi affamé de vos ouvrages que vous êtes diligent à les composer.

Je fus tout surpris, en vérité, lorsque je vis que la marquise du Châtelet me trouvait si admirable. J'en ai cherché la raison suffisante avec Leibnitz, et je suis tenté de croire que cette grande admiration de la marquise ne vient que d'un petit grain de paresse. Elle n'est pas aussi généreuse que vous de ses moments. Je me déclare incontinent le rival de Newton, et, suivant la mode de Paris, je vais composer un libelle contre lui. Il ne dépend que de la marquise de rétablir la paix entre nous. Je cède volontiers à Newton la préférence que l'ancienneté de connaissance et son mérite personnel lui ont acquise, et je ne demande que quelques mots écrits dans des moments perdus; moyennant quoi je tiens quitte la marquise de toute admiration quelconque.

J'ai sonné le tocsin mal à propos dans la dernière lettre que je vous ai écrite; vous voudrez bien continuer votre correspondance par M. Thieriot. Mon soupçon, après l'avoir éclairci, s'est trouvé mal fondé. J'en suis bien aise, parce que cela me procurera d'autant plus promptement vos réponses.

Vous ne sauriez croire à quel point j'estime vos pensées, et combien j'aime votre cœur. Je suis bien fâché d'être le Saturne du monde planétaire dont vous êtes le soleil. Qu'y faire ? mes sentiments me rapprochent de vous, et l'affection que je vous porte n'en est pas moins fervente. Je joins à cette lettre ce que vous m'avez demandé sur la vie de la czarine et du czarovitz. Si vous souhaitez quelque chose de plus sur ce sujet, je m'offre de vous satisfaire, étant à jamais, monsieur, votre affectionné et très-fidèle ami, FRÉDÉRIC.

DCXLII. — A M. THIERIOT.

Cirey, jeudi 23 avril.

Je reçois, mon cher Thieriot, un paquet de notre prince philosophe qui m'en apprend de bonnes. Mais pourquoi, s'il vous plaît, n'accompagnez-vous pas vos paquets d'un petit mot de votre main ? Pensez-vous que le commerce de l'héritier d'une couronne me soit plus cher que celui d'un ami ?

Urbis amatorem Thirium salvare jubemus
Ruris amatores................
Hor., lib. I, ch. X, v.

Mme la marquise du Châtelet a eu chez elle M. et Mme Denis. On a été extrêmement content, et je les ai vus partir avec regret. Si vous pouviez trouver un mari dans ce goût-là à la Serizy, vous lui rendriez un bon service. Je cherche à présent un Strabon¹, un garçon philosophe, qui puisse m'aider en physique, *mente manuque*, un petit diminutif de la race des Vaucanson. Une bonne maison, de la liberté, de la tranquillité, quatre ou cinq cents livres bien payées par an, et la disposition d'une bibliothèque de physique complète, et d'un cabinet de mathématiques, feraient son sort. Au reste ce goût pour la physique n'éteint point celui de la littérature. Envoyez-moi donc ce qu'il y a de nouveau. On me parle d'une ode excellente de Gresset sur *l'Amour de la Patrie*, et d'une épître du P. Brumoi sur *la Liberté*. Peut-être sont-ce de vieilles nouvelles qui arrivent tout usées.

Si vous venez à Cirey, j'ai quelque chose pour vous qui vous sera très-agréable et très-utile. *Vale.*

DCXLIII. — A FRÉDÉRIC, PRINCE ROYAL DE PRUSSE.

Avril.

Monseigneur, j'ai reçu de nouveaux bienfaits de Votre Altesse royale, des fruits précieux de votre loisir et de votre singulier génie. L'ode à Sa Majesté la reine votre mère me paraît votre plus bel ouvrage. Il faut bien, quand votre cœur se joint à votre esprit, qu'il en naisse un chef-d'œuvre. Je n'y trouve à reprendre que quelques expressions qui ne sont pas tout à fait dans notre exactitude française. Nous ne disons pas *des encens* au pluriel; nous ne disons point, comme on dit, je crois, en allemand, encenser à quelqu'un. Cette phrase n'est en usage que parmi quelques ministres réfugiés, qui tous ont un peu corrompu la pureté de la langue française. Voilà à peu près tout ce que ma pédanterie grammaticale peut critiquer dans cet ouvrage charmant, que je chéris comme homme, comme poète, comme serviteur bien tendrement attaché à votre auguste personne.

Que je suis enchanté quand je vois un prince, né pour régner, dire:

Ta clémence et ton équité,
Ces limites de ta puissance!

Voilà deux vers que j'admirerais dans le meilleur poëte, et qui me transportent dans un prince. Vous faites comme Marc-Aurèle, la satire des cours par votre exemple et par vos écrits, et vous avez par-dessus lui le mérite de dire en beaux vers, dans une langue étrangère, ce qu'il disait assez sèchement dans sa langue propre.

Si la tendresse respectable qui a dicté cette ode ne m'avait enlevé mon premier suffrage, je pourrais le donner à l'ode. Enfin il y a plus d'imagination; et le mérite de la difficulté surmontée, qu'on doit compter dans tous les arts, est bien plus grand dans une ode que dans une épître libre.

Le Printemps est dans un tout autre goût; c'est un tableau de

1. Nom du valet dans la comédie de *Démocrite*, de Regnard. (Ep.)

Claude Lorrain. Il y a un poëte anglais, homme de mérite, nommé Thomson, qui a fait les *Quatre Saisons* dans ce goût-là, en *blank verses*, sans rime. Il semble que le même dieu vous ait inspirés tous deux.

Votre Altesse royale me permettra-t-elle de faire sur ce poëme une remarque qui n'est guère poétique?

Et dans le vaste cours de ses longs mouvements,
La terre gravitant et roulant sur ses flancs,
Approchant du soleil, en sa carrière immense....

Voilà des vers philosophiques, par conséquent leur devoir est d'être vrais et d'avoir raison. Ce n'est pas ici Josué qui s'accommode à l'erreur vulgaire, et qui parle en homme très-vulgaire; c'est un prince copernicien qui parle, un prince dans les États de qui Copernic est né; car je le crois né à Thorn, et je pense que votre maison royale pourrait bien avoir des droits sur Thorn; mais venons au fait. Ce fait est que la terre, du printemps à l'été, s'éloigne toujours du soleil, de façon qu'au milieu du Cancer elle est environ d'un million de grands milles germaniques plus loin de cet astre qu'au milieu de l'hiver, et que nous avons, moyennant cette inégalité dans son cours, huit jours d'été de plus que d'hiver. Je sais bien qu'on a cru longtemps qu'en été nous étions plus près du soleil; mais c'est une grande erreur. Il ne doit pas paraître singulier qu'un trente-troisième degré de proximité de plus ne nous échauffe pas; car je n'ai guère plus chaud à trente-deux pieds de ma cheminée qu'à trente-trois. Ce qui fait la chaleur n'est donc pas la proximité, mais la perpendicularité des rayons du soleil, et leur plus grande quantité réfractée de l'air sur la terre. Or, en été, les rayons sont plus approchants de la perpendicule et plus réfractés sur notre horizon septentrional, comme sait Votre Altesse. Je fais tout ce verbiage pour excuser mon unique critique. D'ailleurs je ne puis trop remercier Votre Altesse royale de l'honneur qu'elle fait à notre Parnasse français.

J'envoie la quatrième *Épître* par ce paquet; je corrige la troisième. J'aurais envoyé les trois nouveaux derniers actes de *Mérope*, mais on les transcrit.

Ce que Votre Altesse a daigné me mander du czar Pierre 1ᵉʳ change bien mes idées. Est-il possible que tant d'horreurs aient pu se joindre à des desseins qui auraient honoré Alexandre? Quoi! policer son peuple, et le tuer! être bourreau, abominable bourreau, et législateur! quitter le trône pour le souiller ensuite de crimes! créer des hommes, et déshonorer la nature humaine! Prince, qui faites l'honneur du genre humain par le cœur et par l'esprit, daignez me développer cette énigme. J'attendrai les mémoires que vos bontés voudront bien me communiquer, et je n'en ferai usage que par vos ordres. Je ne continuerai l'*Histoire de Louis XIV*, ou plutôt de son *Siècle*, que quand vous me le commanderez. Je ne veux.... (*Le reste manque*.)

DCXLIV. — A M. THIERIOT.

Je reçois votre lettre du 25, et bien des nouvelles qui me chagrinent. Premièrement je suis assez fâché que Racine, que je n'ai jamais offensé, ait sollicité la permission d'imprimer une satire dévote de Rousseau contre moi. Je suis encore plus fâché qu'on m'attribue des épîtres sur *la Liberté*. Je ne veux point me trouver dans les caquets de Molina ni de Jansénius. On m'envoie un morceau d'une autre pièce de vers où je trouve un portrait assez ressemblant à celui du prêtre de Bicêtre; mais, en vérité, il faut être bien peu fin pour ne pas voir que cela est de la main d'un académicien, ou de quelqu'un qui aspire à l'être. Je n'ai ni cet honneur ni cette faiblesse; et si j'ai à reprocher quelque chose à ce monstre d'abbé Desfontaines, ce n'est pas de s'être moqué de quelques ouvrages des Quarante.

Je suis bien aise que vous ayez gagné un louis à *gentil* Bernard; je voudrais que vous en gagnassiez cent mille à Crésus-Bernard.

Je n'ai point vu l'*Épître sur la Liberté*; je vais la faire venir avec les autres brochures du mois. C'est un amusement qui finit d'ordinaire par allumer mon feu.

Autre sujet d'affliction. On me mande que, malgré toutes mes prières, les libraires de Hollande débitent mes *Éléments de la philosophie de Newton*, quoique imparfaits; or, *damì consiglio*. Les libraires hollandais avaient le manuscrit depuis un an, à quelques chapitres près. J'ai cru qu'étant en France, je devais à M. le chancelier le respect de lui faire présenter le manuscrit entier. Il l'a lu, il l'a marginé de sa main; il a trouvé surtout le dernier chapitre peu conforme aux opinions de ce pays-ci. Dès que j'ai été instruit par mes yeux des sentiments de M. le chancelier, j'ai cessé sur-le-champ d'envoyer en Hollande la suite du manuscrit; le dernier chapitre surtout, qui regarde les sentiments théologiques de M. Newton, n'est pas sorti de mes mains. Si donc il arrive que cet ouvrage tronqué paraisse en France par la précipitation des libraires, et si M. le chancelier m'en savait mauvais gré, il serait aisé, par l'inspection seule du livre, de le convaincre de ma soumission à ses volontés. Le manque des derniers chapitres est une démonstration que je me suis conformé à ses idées, dès que je les ai pu entrevoir; je dis entrevoir, car il ne m'a jamais fait dire qu'il trouvât mauvais qu'on imprimât le livre en pays étranger. En un mot, soit respect pour M. le chancelier, soit aussi amour de mon repos, je ne veux point de querelle pour un livre; je les brûlerais plutôt tous. Voulez-vous lire ce petit endroit de ma lettre à M. d'Argenson? est-il à propos que je lui en écrive? Conduisez-moi. M. le bailli de Froulai est venu ici, et a été, je crois, aussi content de Cirey que vous le serez. Les Denis en sont assez satisfaits.

J'ai toujours *Mérope* sur le métier. *Vale, te amo.*

DCXLV. — A M. LE COMTE D'ARGENTAL.

4 mai.

Je ne puis, mon cher et respectable ami, laisser partir la lettre de Mme la marquise du Châtelet, sans mêler encore mes regrets aux siens. Nous imaginions vous posséder, parce qu'au moins vous êtes à Paris. C'est une consolation de vous savoir dans notre hémisphère;

mais cette consolation va donc bientôt nous être ravie. Mme du Châtelet, que l'amitié conduit toujours, vous parle de nos craintes au sujet de ces *Éléments de Newton*; pour moi, je n'ai d'autre crainte que d'être séparé d'elle, et d'autre malheur que d'être destiné à vivre loin de vous. Je serai privé de la douceur de vous embrasser avant votre départ. Je ne pourrai pas dire à Mme d'Argental tout ce que je pense de son cœur et du vôtre. Vous serez tous deux heureux à Saint-Domingue; il n'y aura que vos amis à plaindre. J'embrasse tendrement M. de Pont de Veyle, à qui je suis attaché comme à vous.

DCXLVI. — A M. THIERIOT.

A Cirey, le 5 mai.

Mon cher ami, je vous ai envoyé un chiffon pour vous et monsieur votre frère, et un gros paquet pour le fils du roi des géants. Je ne sais si je pourrai prendre le jeune homme qui a appartenu à Mme Dupin. On m'a, je crois, arrêté un jeune mathématicien très-savant et très-aimable. En ce cas, ce ne sera pas lui qui sera auprès de moi, mais bien moi auprès de lui; je lui appartiendrai, et je le payerai.

Vraiment j'ai bien d'autres affaires que d'imprimer des épîtres en vers.

I nunc et versus tecum meditare canoros.
Hor., lib. II, ep. II, v. 76.

Le débit précipité de mes *Éléments de Newton* m'occupe très-désagréablement. Le titre charlatan que d'imbéciles libraires ont mis à l'ouvrage est ce qui m'inquiète le moins. Cependant je vous prie de détromper sur ce point ceux qui me soupçonneraient de cette affiche ridicule.

Je vous avoue que je serais fort aise que l'ouvrage parût à Paris, purgé des fautes infinies que les éditeurs hollandais ont faites. Je suis persuadé que l'ouvrage peut être utile. Je serai auprès de M. de Maupertuis ce qu'est Despautère auprès de Cicéron; mais je serai content si j'apprends à la raison humaine à bégayer les vérités que Maupertuis n'enseigne qu'aux sages. Il sera le précepteur des hommes, et moi des enfants; Algarotti le sera des dames, mais non pas de Mme du Châtelet, qui en sait au moins autant que lui, et qui a corrigé bien des choses dans son livre.

Je vous réponds qu'avec un peu d'attention un esprit droit me comprendra. Tâchez de recueillir les sentiments, et d'informer le monde qu'on ne doit m'imputer ni le titre ni les fautes glissées dans cette édition. On dit d'ailleurs qu'elle est très-belle; mais j'aime mieux une vérité que cent vignettes.

Je voudrais bien savoir quel est le Sosie qui me fait honnir en vers, pendant qu'on m'inquiète ainsi en prose. Ce Sosie m'a bien la mine d'être l'auteur de l'*Épître à Rousseau*, si longue et si inégale. Je sais quel il est, je connais ses manœuvres. Il doit haïr Rousseau et Desfontaines. Il veut se servir de moi pour tirer les marrons du feu. Je ne lui pardonnerai jamais d'avoir fait tomber sur moi le soupçon d'être l'auteur de cette misérable épître. Qu'il jouisse de ses succès passagers, qu'il se fasse de la réputation à force d'intrigues, mais qu'il ne me donne point ses enfants à élever.

Mon cher ami, on a bien de la peine dans ce monde. Ce monde méchant est jaloux du repos des solitaires; il leur envie la paix qu'il n'a point. Adieu; je n'ai jamais moins regretté Paris.

DCXLVII. — A M. L'ABBÉ MOUSSINOT.

Cirey, le 9 mai.

Sans aucun délai, mon cher ami, courez chez Prault, chez le paresseux Prault; portez-lui ce *Mémoire* pour être inséré dans le Mercure, dans le Journal de Trévoux, dans tous les journaux de France, de Suisse, de Hollande, d'Allemagne, et de tous les pays du monde, s'il est possible. C'est au sujet du livre des *Éléments de Newton*, qu'on vend informe, tronqué, plein de fautes.

Faites gourmander Prault par monsieur votre frère; gourmandez-le vous-même bien fort. Je n'ai point encore reçu les livres qu'il m'a annoncés. J'en demande beaucoup d'autres. Qu'on les achète où l'on voudra, mais qu'on les achète promptement, et qu'on me les envoie, sans aucun retard. Il me faut l'histoire *des Vents* par Dampier, l'histoire *de la Mer* de Delisle, la *Physique* de Keill, Huygens *de Horologio oscillatorio*, tous les numéros des *Observations*, tous ceux du *Pour et du Contre*, les *Transactions* de Londres. Il me faut encore une prompte réponse à ce billet ci-inclus de la part de MM. de Fontenelle, Mairan et Réaumur; il faut surtout avec ces trois académiciens ce secret impénétrable que vous joignez à vos autres vertus.

Je veux absolument que ce soit Prault qui donne cinquante livres à Linant. J'ai mes raisons. Si je lui dois de l'argent, payez-le, afin qu'il n'ait aucune excuse pour ne pas donner ces cinquante francs.

A l'égard des autres affaires d'argent, je n'ai pas le courage de vous en parler. Je suis accablé du travail qu'il me faut faire pour les *Éléments de Newton* qu'on débite sous mon nom.

DCXLVIII. — A M. DE PONT DE VEYLE.

10 mai.

Je fais mon très-humble compliment à l'honnête homme, quel qu'il soit, qui a fait cette jolie comédie du *Gascon* de La Fontaine, dont on m'a dit tant de bien.

Puisque vous êtes coadjuteur de M. d'Argental, dans le pénible emploi de mon ange gardien, voici de quoi faire usage de vos bontés.

Je vous envoie, ange gardien charmant, une petite addition à un mémoire que je suis obligé de publier au sujet des *Éléments de Newton*, débités trop précipitamment, etc. Cette petite addition vous mettra au fait. Vous connaissez mon caractère, vous savez combien je suis vrai.

J'ai poussé la vertu jusques à l'*imprudence*.

« Autre tracasserie : des *Épîtres* nouvelles, dont je ne veux certainement pas être l'auteur, des imputations que vous savez que je ne mérite pas, un vers qu'on applique à la fille d'un ministre! Je suis au désespoir! J'ai mille obligations à ce ministre. Il y a vingt-cinq ans que je suis attaché à la mère de la personne à qui l'on ose faire cette application malheureuse. J'aime personnellement cette personne; son mari, que je pleure encore, est mort dans mes bras; par quelle rage, par quelle démence aurais-je pu l'offenser? sur quoi fonde-t-on cette interprétation si maligne? a-t-elle jamais fait des couplets contre quelqu'un? Si on persiste à répandre un venin si affreux sur des choses si innocentes, il faut renoncer aux vers, à la prose, à la vie.

J'ai fait la valeur de quatre nouveaux actes de *Mérope*, j'y travaille encore; voilà pourquoi je ne l'ai point envoyée à Mme de Richelieu. Si vous la voyez, dites-lui à l'oreille un mot de réponse. Je me recommande à Raphaël, lorsque Gabriel s'en va au diable. Mme du Châtelet, qui vous aime infiniment, vous fait les plus tendres compliments. Je vous suis attaché comme à monsieur votre frère; que puis-je dire de mieux? Adieu, Castor et Pollux, *mea sidera*, qui n'habiterez bientôt plus le même hémisphère.

« Ordonnez ce qu'il faut faire pour réparer le malheur de cette horrible application. J'écris à Prault de tout supprimer; j'écris à monsieur votre frère en conséquence. Je vous demande en grâce le secret sur les *Épîtres* que je désavoue, et la plus vive protection sur l'abus qu'on en fait. Mme du Châtelet vous fait les plus tendres compliments, et partage ma reconnaissance. Vous devriez bien nous faire avoir le *Fat puni*[1]; on dit qu'il est charmant.

DCXLIX. — A M. Berger.

« A Cirey, le 14 mai.

Il y a longtemps, monsieur, qu'on m'impute des ouvrages que je n'ai jamais vus; je viens enfin de voir ces trois *Épîtres* en question. Je puis vous assurer que je ne suis point l'auteur de ces sermons. Je conçois fort bien que le portrait de l'abbé Desfontaines est peint d'après nature; mais, de bonne foi, suis-je le seul qui connaisse, qui déteste, et qui puisse peindre ce misérable? Y a-t-il un homme de lettres qui ne pense ainsi sur son compte? Je ne veux imputer ces *Épîtres* à personne; mais, s'il était question d'en deviner l'auteur, je crois que je trouverais aisément le mot de cette énigme. Tout ce qui m'importe le plus est de ne pas passer pour l'auteur des ouvrages que je n'ai pas faits. Le peu de connaissance que j'ai depuis quatre ans dans le monde fait que je ne peux deviner les allusions dont vous me parlez; mais il suffit qu'on fasse des applications malignes pour que je sois au désespoir qu'on m'attribue un écrit qui a donné lieu à ces applications. J'ai toujours détesté la satire; et, si j'ai de l'horreur pour Rousseau et pour Desfontaines, c'est parce qu'ils sont satiriques, l'un en vers très-sou-

---

1. Comédie de M. de Pont de Veyle, représentée le 14 avril 1738. Elle est tirée du *Gascon puni*, conte de La Fontaine. (*Éd. de Kehl.*)

vers durs et forcés, l'autre en prose sans esprit et sans génie. Je vous prie, au nom de la vérité et de l'amitié, de détromper ceux qui penseraient que j'aurais la moindre part à ces *Épîtres*.

Il y a longtemps que je ne m'occupe uniquement que de physique. Je ne comptais pas que les *Éléments de Newton* parussent sitôt. Je ne les ai point encore; mais ce que je peux dire, c'est qu'il n'y a point d'exemple d'une audace et d'une impertinence pareilles de la part des libraires de Hollande. Ils n'ont pas attendu la fin de mon manuscrit; ils osent donner le livre imparfait, non corrigé, sans table, sans *errata*; les quatre derniers chapitres manquent absolument. Je ne conçois pas comment ils en peuvent vendre deux exemplaires; leur précipitation mériterait qu'ils fussent ruinés. Ils se sont empressés, grâce à l'*auri sacra fames*, de vendre le livre; et le public curieux et ignorant l'achète comme on va en foule à une pièce nouvelle. L'affiche de ces libraires est digne de leur sottise; leur titre n'est point assurément celui que je destinais à cet ouvrage; ce n'était pas même ainsi qu'était ce titre dans les premières feuilles imprimées que j'ai eues, et que j'ai envoyées à M. le chancelier; il y avait simplement : *Éléments de la philosophie de Newton*. Il faut être un vendeur d'orviétan pour y ajouter : *mis à la portée de tout le monde*, et un imbécile pour penser que la philosophie de Newton puisse être à la portée de tout le monde. Je crois que quiconque aura fait des études passables, et aura exercé son esprit à réfléchir, comprendra aisément mon livre; mais, si l'on s'imagine que cela peut se lire entre l'opéra et le souper, comme un conte de La Fontaine, on se trompe assez lourdement : c'est un livre qu'il faut étudier. Quand M. Algarotti me lut ses *Dialogues sur la lumière*, je lui donnai l'éloge qu'il méritait d'avoir répandu infiniment d'esprit et de clarté sur cette belle partie de la physique; mais alors il avait peu approfondi cette matière. L'esprit et les agréments sont bons pour des vérités qu'on effleure; les *Dialogues des Mondes*, qui n'apprennent pas grand'chose, et qui d'ailleurs sont trop remplis de la misérable hypothèse des tourbillons, sont pourtant un livre charmant, par cela même que le livre est d'une physique peu recherchée, et que rien n'y est traité à fond. Mais si M. Algarotti est entré, depuis notre dernière entrevue à Cirey, dans un plus grand examen des principes de Newton, son titre *per le Dame* ne convient point du tout, et sa marquise imaginaire devient assez déplacée. C'est ce que je lui ai dit, et voilà pourquoi j'ai commencé par ce trait qu'on me reproche, en parlant à une philosophe plus réelle. Je n'ai aucune intention de choquer l'auteur *des Mondes*, que j'estime comme un des hommes qui font le plus d'honneur à ce monde-ci. C'est ce que je déclare publiquement dans les mémoires envoyés à tous les journaux. Continuez, mon cher ami, à écrire à Cirey à votre ami.

DCL. — A Frédéric, prince royal de Prusse.

A Cirey, le 20 mai.

Monseigneur, vos jours de poste sont comme les jours de Titus; vous pleureriez si vos lettres n'étaient pas des bienfaits. Vos deux dernières, du 31 mars et 19 avril, dont Votre Altesse royale m'honore, sont de nouveaux liens qui m'attachent à elle; et il faut bien que chacune de mes réponses soit un nouveau serment de fidélité que mon âme, votre sujette, fait à votre âme, sa souveraine.

La première chose dont je me sens forcé de parler est la manière dont vous pensez sur Machiavel. Comment ne seriez-vous point ému de cette colère vertueuse où vous êtes presque contre moi, de ce que j'ai loué le style d'un méchant homme? C'était aux Borgia, père et fils, et à tous ces petits princes qui avaient besoin de crimes pour s'élever, à étudier cette politique infernale; il est d'un prince tel que vous de la détester. Cet art, qu'on doit mettre à côté de celui des Locuste et des Brinvilliers, a pu donner à quelques tyrans une puissance passagère, comme le poison peut procurer un héritage; mais il n'a jamais fait ni de grands hommes, ni des hommes heureux; cela est bien certain. A quoi peut-on donc parvenir par cette politique affreuse? au malheur des autres, et au sien même. Voilà les vérités qui sont le catéchisme de votre belle âme.

Je suis si pénétré de ces sentiments, qui sont vos idées innées, et dont le bonheur des hommes doit être le fruit, que j'oubliais presque de rendre grâce à Votre Altesse royale de la bonté qu'elle a de s'intéresser à mes maux particuliers. Mais ne faut-il pas que l'amour du bien public marche le premier? Vous joignez donc, monseigneur, à tant de bienfaits, celui de daigner consulter pour moi des médecins. Je ne sais qu'une seule chose aussi singulière que cette bonté, c'est que les médecins vous ont dit vrai. Il y a longtemps que je suis persuadé que ma maladie, s'il est permis de comparer le mal avec le bien, est, tout comme mon attachement à votre personne, une affaire pour la vie.

Les consolations que je goûte dans ma délicieuse retraite, et dans l'honneur de vos lettres, sont assez fortes pour me faire supporter des douleurs encore plus grandes. Je souffre très-patiemment; et, quoique les douleurs soient quelquefois longues et aiguës, je suis très-éloigné de me croire malheureux. Ce n'est pas que je sois stoïcien; au contraire, c'est parce que je suis très-épicurien, parce que je crois la douleur un mal et le plaisir un bien, et que, tout bien compté et bien pesé, je trouve infiniment plus de douceurs que d'amertumes dans cette vie.

De ce petit chapitre de morale je volerai sur vos pas, si Votre Altesse royale le permet, dans l'abîme de la métaphysique. Un esprit aussi juste que le vôtre ne pouvait assurément regarder la question de la *Liberté* comme une chose démontrée. Ce goût, que vous avez pour 'ordre et l'enchaînement des idées, vous a représenté fortement Dieu comme maître unique et infini de tout; et cette idée, quand elle est regardée seule, sans aucun retour sur nous-mêmes, semble être un principe fondamental d'où découle une fatalité inévitable dans toutes les opérations de la nature. Mais aussi une autre manière de raisonner semble encore donner à Dieu plus de puissance, et en faire un être, si j'ose le dire, plus digne de nos adorations : c'est de lui attribuer le pouvoir de faire des êtres libres. La première méthode semble en faire le dieu des machines, et la seconde le dieu des êtres pensants. Or ces deux méthodes ont chacune leur force et leur faiblesse. Vous les pesez dans la balance du sage; et, malgré le terrible poids que les Leibnitz et les Wolff mettent dans cette balance, vous prenez encore ce mot de Montaigne, *que sais-je?* pour votre devise.

Je vois plus que jamais, par le mémoire sur le czarovitz que Votre Altesse royale daigne m'envoyer, que l'histoire a son pyrrhonisme aussi bien que la métaphysique. J'ai eu soin, dans celle de Louis XIV, de ne pas percer plus qu'il ne faut dans l'intérieur du cabinet. Je regarde les grands événements de ce règne comme de beaux phénomènes dont je rends compte, sans remonter au premier principe. La cause première n'est guère faite pour le physicien, et les premiers ressorts des intrigues ne sont guère faits pour l'historien. Peindre les mœurs des hommes, faire l'histoire de l'esprit humain dans ce beau siècle, et surtout l'histoire des arts, voilà mon seul objet. Je suis bien sûr de dire la vérité quand je parlerai de Descartes, de Corneille, du Poussin, de Girardon, de tant d'établissements utiles aux hommes; je serais sûr de mentir, si je voulais rendre compte des conversations de Louis XIV et de Mme de Maintenon.

Si vous daigniez m'encourager dans cette carrière, je m'y enfoncerai plus avant que jamais; mais, en attendant, je donnerai le reste de cette année à la physique, et surtout à la physique expérimentale. J'apprends, par toutes les nouvelles publiques, qu'on débite mes *Éléments de Newton*, mais je ne les ai point encore vus. Il est plaisant que l'auteur et la personne¹ à qui ils sont dédiés soient les seuls qui n'aient point l'ouvrage. Les libraires de Hollande se sont précipités, sans me consulter, sans attendre les changements que je préparais; ils ne m'ont ni envoyé le livre, ni averti qu'ils le débitaient. C'est ce qui fait que je ne peux avoir moi-même l'honneur de l'adresser à Votre Altesse royale; mais on en fait une nouvelle édition plus correcte, que j'aurai l'honneur de lui envoyer.

Il me semble, monseigneur, que ce petit *Commercium epistolicum* embrasse tous les arts. J'ai eu l'honneur de vous parler de morale, de métaphysique, d'histoire, de physique; je serais bien ingrat si j'oubliais les vers. Eh! comment oublier les derniers que Votre Altesse vient de m'envoyer? Il est bien étrange que vous puissiez écrire avec tant de facilité dans une langue étrangère. Des vers français sont très-difficiles à faire en France, et vous en composez à Remusberg, comme si Chaulieu, Chapelle, Gresset, avaient l'honneur de souper avec Votre Altesse royale. (*Le reste manque.*)

DCLI. — A M. THIERIOT.

Ce 21 mai, à Cirey.

Mon cher ami, quand Descartes était malade, il ne répondait pas régulièrement à son père Mersenne.

1° Non-seulement aucune de ces *Épîtres* dont vous parlez n'est de moi, mais c'est être mon ennemi que de me les attribuer; c'est vou-

1. La marquise du Châtelet. (ÉD.)

loir me rendre responsable de certains traits qui y sont répandus, et dont on dit qu'on a fait un usage extrêmement odieux. Je vous prie instamment de représenter ou de faire représenter au gentil Bernard combien son acharnement à soutenir qu'elles sont de moi m'est préjudiciable. Je suis persuadé qu'il ne voudra pas me nuire, et c'est me nuire infiniment que de m'imputer ces ouvrages; je remets cela à votre prudence.

Je vous prie de remercier tendrement pour moi le protecteur des arts, M. de Caylus; il a trop de mérite pour avoir jamais pris aucune des impressions cruelles qu'a voulu donner de moi le sieur de Launai. Je n'ai jamais mérité l'iniquité de de Launai; mais je me flatte de n'être pas tout à fait indigne des bontés de M. de Caylus, dont je respecte les mœurs, le caractère et les talents. En vérité, mon cher Thieriot, vous ne pouvez pas me rendre un plus grand service que de me ménager une place dans un cœur comme le sien. Je vous supplie de lui présenter un exemplaire de mon Newton. Je laisse à votre amitié le choix des personnes à qui vous en donnerez de ma part.

Quant au *Mémoire sur le feu*, que Mme du Châtelet a composé, il est plein de choses qui feraient honneur aux plus grands physiciens, et elle aurait eu un des prix, si l'absurde et ridicule chimère des tourbillons ne subsistait pas encore dans les têtes. Il n'y a que le temps qui puisse défaire les Français des idées romanesques. M. de Maupertuis, le plus grand géomètre de l'Europe, a mandé tout net que les deux mémoires français couronnés sont pitoyables; mais il ne faut pas le dire.

Je vous envoie une lettre de M. de Pitot, qui vous mettra plus au fait que tout ce que je pourrais vous dire sur cette aventure très-singulière dans le pays des lettres, et qui mérite place dans votre répertoire d'anecdotes.

En voici une qui est moins intéressante, mais qui peut faire nombre. Rousseau m'a envoyé cette longue et mauvaise ode [1] dont vous parlez. Il m'a fait dire qu'il me faisait ce présent par humilité chrétienne, et qu'il m'a toujours fort estimé. Je lui ai fait dire que je m'entendais mal en humilité chrétienne, mais que je me connaissais fort bien en probité et en odes; que, s'il m'avait estimé, il n'aurait pas dû me calomnier, et que, puisqu'il m'avait calomnié, il aurait dû se rétracter; que je ne pouvais pardonner qu'à ce prix; qu'à la vérité il y a de l'humilité à faire de pareilles odes, mais qu'il faut être juste, au lieu d'affecter d'être humble.

Vous reconnaîtrez à cela mon caractère. Je pardonne toutes les faiblesses; mais il est d'un esprit bas et lâche de pardonner aux méchants. Vous devriez, sur ce principe, mander à M. Le Franc qu'il est indigne de lui de ménager l'abbé Desfontaines, qu'il méprise. Les éloges d'un scélérat ne doivent jamais flatter un honnête homme, et Desfontaines n'est pas assez bon écrivain pour racheter ses vices par ses talents, et pour donner du prix à son suffrage.

1. *Ode au comte de Lannoy.* (ÉD.)

Je souscris aux vers de la satire sur l'*Envie*.

Méprisable en son goût, détestable en ses mœurs;

et vous devez d'autant plus y souscrire, que ce misérable vous a traité indignement dans la rapsodie de son *Dictionnaire néologique*, et dans les lettres qu'il osait m'écrire autrefois.

Renvoyez-nous vite Mme de Champbonin, et venez vite après elle. Mme du Châtelet et moi nous serions cruellement mortifiés qu'on imputât à Cirey la lettre que vous nous avez envoyée sur le P. Castel, et à laquelle nous n'avons d'autre part que de l'avoir lue. Il serait bien cruel qu'on pût avoir sur cela le moindre soupçon. Vous savez, mon cher ami, ce que vous nous avez mandé, et votre probité et votre amitié sont mes garants. Je suis bien sûr que si les jésuites m'imputent cet ouvrage, vous ferez ce qu'il faudra pour leur faire sentir combien je suis sensible à cette calomnie.

Envoyez-moi la *Lettre* contre les *Éléments de Newton*[1], s'il y a du bon, j'en profiterai.

Adieu, mon cher ami ; je vous embrasse avec tendresse. Mandez-moi, je vous prie, à qui vous avez donné des *Newtons*, pour ne pas tomber dans les doubles emplois. Comment va votre santé ? La mienne s'en va au diable.

Répondez à votre tour, article par article. Voici une lettre pour notre prince, à l'adresse qu'il m'a donnée.

DCLII. — A M. DE MAUPERTUIS.

A Cirey-Kittis[2], 22 mai.

Je viens de lire, monsieur, une histoire et un morceau de physique[3] plus intéressant que tous les romans. Mme du Châtelet va le lire, elle en est plus digne que moi. Il faut au moins, pendant qu'elle aura le plaisir de s'instruire, avoir celui de vous remercier.

Il me semble que votre préface est très-adroite, qu'elle fait naître dans l'esprit du lecteur du respect pour l'importance de l'entreprise, qu'elle intéresse les navigateurs, à qui la figure de la terre était assez indifférente ; qu'elle insinue sagement les erreurs des anciennes mesures et l'infaillibilité des vôtres ; qu'elle donne une impatience extrême de vous suivre en Laponie.

Dès que le lecteur y est avec vous, il croit être dans un pays enchanté dont les philosophes sont les fées. Les Argonautes, qui s'en allèrent commercer dans la Crimée, et dont la bavarde Grèce a fait des demi-dieux, valaient-ils, je ne dis pas les Clairaut, les Camus, et les Lemonnier, mais les dessinateurs qui vous ont accompagné ? On les a divinisés ; et vous ! quelle est votre récompense ? Je vais vous le dire : l'estime des connaisseurs, qui vous répond de celle de la postérité.

1. Par le P. Regnault. (ÉD.)
2. Allusion à l'observatoire de Kittis, sous le cercle polaire. (*Éd. de Kehl.*)
3. L'ouvrage de M. de Maupertuis, sur *la Figure de la Terre*, imprimé au Louvre en 1738. (*Id.*)

Soyez sûr que les suffrages des êtres pensants du xviii siècle sont fort au-dessus des apothéoses de la Grèce.

Je vous suis avec transport et avec crainte à travers vos cataractes, et sur vos montagnes de glace :

Quod latus mundi nebulæ, malusque
Jupiter urget.
Hor., lib. I, od. xxii, v. 19.

Certainement vous savez peindre; il ne tenait qu'à vous d'être notre plus grand poète comme notre plus grand mathématicien. Si vos opérations sont d'Archimède, et votre courage de Christophe Colomb, votre description des neiges de Tornéo est de Michel-Ange, et celle des espèces d'aurores boréales est de l'Albane. Tout ce qui m'étonne, c'est que vous n'ayez point voulu nous dire la raison pourquoi un ciel si charmant couvrait une terre si affreuse. Eh bien! moi, qui la sais (et c'est la seule chose que je sache mieux que vous); je vous la dirai

Lorsque la Vérité, sur les gouffres de l'onde,
Dirigeait votre course aux limites du monde,
Tout le Nord tressaillit, tout le conseil des dieux
    Descendit de l'Olympe, et vint sur l'hémisphère
Contempler à quel point les enfants de la terre
    Oseraient pénétrer dans les secrets des cieux.
Iris y déployait sa charmante parure
Dans cet arc lumineux que nous peint la nature :
Prodige pour le peuple, et charme de nos yeux.
Pour la seconde fois, oubliant sa carrière,
Détournant ses chevaux et son char de rubis,
Le père des Saisons franchissait sa barrière;
Il vint, il tempéra les traits de sa lumière;
    Il avança vers vous tel qu'il parut jadis,
Lorsque dans son palais il embrassa son fils,
Son fils, qui moins que vous lui parut téméraire.
Atlas, par qui le ciel fut, dit-on, soutenu,
    Aux champs de Tornéo parut avec Hercule.
On vante en vain leurs noms chez la Grèce crédule;
    Ils ont porté le ciel, et vous l'avez connu.
Hercule, en vous voyant, s'étonne que l'Envie,
    Dans les glaces du Nord expirât sous vos coups,
    Lui qui ne put jamais terrasser dans sa vie
Cet ennemi des dieux, des héros et de vous.
Dans ce conseil divin Newton parut sans doute;
Descartes précédait, incertain dans sa route;
Tel qu'une faible aurore, après la triste nuit,
Annonce les clartés du soleil qui la suit;
    Il cherchait vainement, dans le sein de l'espace,
Ces mondes infinis qu'enfanta son audace,

Ses tourbillons divers, et ses trois éléments,
Chimériques appuis du plus beau des romans.
Mais le sage de Londre et celui de la France
S'unissaient à vanter votre entreprise immense.

Tous les temps à venir en parleront comme eux.
Poursuivez, éclairez ce siècle et nos neveux;
Et que vos seuls travaux soient votre récompense.
Il n'appartient qu'à vous, après de tels exploits,
De ne point accepter les dons des plus grands rois.
Est-ce à vous d'écouter l'ambition funeste,
Et la soif des faux biens dont on est captivé?
Un instant les détruit, mais la vérité reste.
Voilà le seul trésor; et vous l'avez trouvé.

Je laisse à Mme du Châtelet, la plus digne amie assurément que vous ayez, le soin de vous dire combien de sortes de plaisirs votre excellent ouvrage nous cause. Ce qu'il y a de triste, c'est que son succès infaillible vous arrêtera dans Paris, et nous privera de vous.

Nous apprenons dans l'instant, par votre lettre, que vos succès ne vous retiennent point à Paris, mais que la sensibilité de votre cœur vous fait partir pour Saint-Malo. Comment faites-vous avec cet esprit sublime pour avoir aussi un cœur?

Je ne vous ai point envoyé mon ouvrage, parce que je ne l'avais point; il vient enfin de m'en venir un exemplaire de Paris. On ne peut pas imprimer un livre avec moins d'exactitude; cela fourmille de fautes. Les ignorants pour lesquels il était destiné ne pourront les corriger, et les savants me les attribueront.

Je ne suis ni surpris ni fâché que l'abbé Desfontaines essaye de donner des ridicules à l'attraction. Un homme aussi entiché du péché antiphysique, et qui est d'ailleurs aussi peu physicien, doit toujours pécher contre nature.

J'ai lu le livre de M. Algarotti. Il y a, comme de raison, plus de jours et de pensées que de vérités. Je crois qu'il réussira en italien, mais je doute qu'en français « l'amour d'un amant qui décroît en raison du cube de la distance de sa maîtresse, et du carré de l'absence, » plaise aux esprits bien faits qui ont été choqués de « la beauté blonde du soleil » et de « la beauté brune de la lune, » dans le livre *des Mondes*.

Ce livre a besoin d'un traducteur excellent. Mais celui qui est capable de bien traduire s'amuse rarement à traduire.

J'apprends dans le moment qu'on réimprime mon maudit ouvrage. Je vais sur-le-champ me mettre à le corriger. Il y a mille contre-sens dans l'impression. J'ai déjà corrigé les fautes de l'éditeur sur la lumière; mais si vous vouliez consacrer deux heures à me corriger les miennes et sur la lumière et sur la pesanteur, vous me rendriez un service dont je ne perdrai jamais le souvenir. Je suis si pressé par le temps, que j'en ai la vue éblouie; le torrent de l'avidité des libraires m'entraîne; je m'adresse à vous pour n'être point noyé.

La femme de l'Europe la plus digne, et la seule digne peut-être de votre société, joint ses prières aux miennes. On ne vous supplie point de perdre beaucoup de temps; et d'ailleurs est-ce le perdre que de catéchiser son disciple? C'est à vous à dire, quand vous n'aurez pas instruit quelqu'un : *Amici, diem perdidi*.

Comptez que Cirey sera à jamais le très-humble serviteur de Kittis.

Je crois que je tiens de corriger assez exactement les fautes touchant la lumière. Je tremble de vous importuner; mais, au nom de Newton et d'Émilie, un petit mot sur la pesanteur et sur la fin de l'ouvrage [1].

DCLIII. — A M. L'ABBÉ MOUSSINOT.

Cirey, mai.

Autres commissions, mon cher ami; elles regardent monsieur votre frère. Je me loue infiniment de sa promptitude à m'obliger; qu'il m'envoie donc un livre d'architecture bien dessiné, soit que le livre soit de Perrault, ou de Blondel, ou de Scamozzi, ou de Palladio, ou de Vignole, il n'importe; qu'il coûte six francs ou dix écus, il n'importe encore. Mais ce qui m'importe fort, c'est de savoir s'il est vrai qu'on ait mis depuis à la Bastille un homme soupçonné d'être l'auteur de l'insolent libelle intitulé *Almanach du Diable*. Votre frère, qui m'a envoyé ce livre abominable, devrait bien faire tous ses efforts pour en savoir des nouvelles; il pourrait compter sur une reconnaissance égale au chagrin que j'ai eu qu'il m'ait envoyé à Cirey un ouvrage indigne d'être lu par d'honnêtes gens. Je le prie aussi de passer rue de la Harpe, et de s'informer s'il n'y a pas un cordonnier nommé Rousseau, parent du scélérat qui est à Bruxelles, et qui veut me déshonorer. Qu'il me découvre du moins l'auteur de l'*Almanach du Diable*; il ne sera point compromis. Ce diable d'*Almanach* me tient prodigieusement au cœur.

Je voudrais, mon cher abbé, une petite montre jolie, bonne ou mauvaise, simple, d'argent seulement, mais surtout petite, avec un cordon soie et or. Trois louis doivent payer cela. Vous me l'enverrez *subito, subito* par le coche. C'est un petit présent que je veux faire au fils de M. le marquis du Châtelet; c'est un enfant de dix ans. Il la cassera, mais il en veut une, et j'ai peur d'être prévenu. Je vous embrasse.

DCLIV. — A M. DE MAUPERTUIS.

Cirey, le 25 mai.

Voici, monsieur, une obligation que Cirey peut vous avoir, et une affaire digne de vous.

Un *Mémoire sur la nature du feu et sur sa propagation*, avec la devise :

*Ignea convexi vis et sine pondere cœli
Emicuit, summaque locum sibi legit in arce.*
         Ovid. *Metam.*, lib. I, v. 26.

---

1. Ces quatre dernières lignes étaient de la main de Mme du Châtelet. (**Éd.**)
2. Quesnel, mort à la Bastille vers 1739. (**Éd.**)

est de Mme du Châtelet, et semble avoir eu votre approbation. Ne serait-il point de l'honneur de l'Académie, autant que de celui d'un sexe à qui nous devons tous nos hommages, d'imprimer ce mémoire en avertissant qu'il est d'une dame? Mais vous partez pour Saint-Malo: qui pouvez-vous charger, en votre absence, de cette négociation? et qu'en pensez-vous? Réponse à vos admirateurs, la plus prompte que vous pourrez. Peut-être croirez-vous que j'ai pu gâter le mémoire de Mme du Châtelet en y mêlant du mien; mais tout est d'elle. Les fautes sont en petit nombre, et les beautés me paraissent grandes. Il faudrait qu'elle eût la liberté de le corriger. Vos académiciens seraient des ours, s'ils négligeaient cette occasion de faire honneur aux sciences. Je vous embrasse du meilleur de mon cœur.

DCLV. — A M. L'ABBÉ MOUSSINOT.

Juin.

M. Michel, mon cher trésorier, demande de garder vingt mille livres de capital dont il me fera une rente viagère, soit. Outre cela, il reste dans sa caisse, à moi appartenant, autres vingt mille livres; veut-il encore les garder? Je le veux bien, à cinq pour cent; mais à condition que, s'il m'arrivait une affaire urgente, il donne sa parole de les rendre avant l'échéance de six mois. Je veux savoir toujours où prendre de l'argent. D'ailleurs il m'est indifférent que ce soit le sieur Paquier ou le sieur Michel qui ait ce fonds de vingt mille francs, pourvu que je puisse le toucher à volonté. S'ils ne veulent point de cette clause, que l'un ou l'autre prenne mon argent à cinq pour cent de trois mois en trois mois, et le tout se trouvera arrangé. Ce que nous avons de reste servira à acheter des actions, à payer les glaces dont je vous envoie le mémoire. Chargez celui de vos marchands que vous affectionnerez le plus de faire cette expédition : le tout bien mis au tain et bien conditionné.

Je réitère à monsieur votre frère l'instante prière que je lui ai déjà faite de me mander de qui il tient l'*Almanach du Diable* et les poésies du sieur Ferrand. Je ne le commettrai point, et il doit se rendre à l'intérêt que j'ai de savoir ce dont il s'agit. Aimez-moi, mon cher ami, comme je vous aime.

DCLVI. — A M. THIERIOT.

Le 5 juin.

Mon cher ami, vous passez donc une partie de vos beaux jours à la campagne, et vous n'aurez pas plus daigné assister à une noce bourgeoise, que vous ne daignez aller voir jouer des pièces ennuyeuses à la Comédie. Assemblées de parents, quolibets de noces, plates plaisanteries, contes lubriques, qui font rougir la mariée et pincer les lèvres aux bégueules, grand bruit, propos interrompus, grande et mauvaise chère, ricanements sans avoir envie de rire, lourds baisers donnés lourdement, petites filles regardant tout du coin de l'œil : voilà les noces de la rue des Deux-Boules, et la rue des Deux-Boules est partout. Cependant; voilà ma nièce, votre amie, bien établie, et dans l'espérance de venir manger à Paris un bien honnête. Si elle ne vous aime pas de tout son cœur, je lui donne ma sainte malédiction.

Quand aurai-je la démonstration de Rameau contre Newton ? Lit-on le livre de Maupertuis[1] ? C'est un chef-d'œuvre. Il a eu raison de ne rien vouloir des rois. *Regum æquabat opes meritis.* Les Français ont-ils la tête assez rassise pour lire ce livre excellent ? Un de mes amis, qui n'est pas un sot, sachant que le sodomite Desfontaines[2] avait osé blasphémer l'attraction, m'a envoyé ce petit correctif :

Pour d'amour antiphysique
Desfontaines flagellé
A, dit-on, fort mal parlé
Du système newtonique.
Il a pris tout à rebours
La vérité la plus pure;
Et ses erreurs sont toujours
Des péchés contre nature.

Pour moi j'avoue que j'aime beaucoup mieux cet ancien conte que vous aviez, ce me semble, perdu à Paris, et que je viens de retrouver dans mes paperasses.

Pour la consolation des gens de bien, mon cher ami, vous devriez faire tenir cela au sieur Guyot[2], afin qu'il en dise son avis dans quelques *Observations*. Je me recommande à vos charitables soins. Mais passons à d'autres articles de littérature honnête. J'ai été si mécontent de la fautive et absurde édition des *Éléments de Newton*, et je crois vous avoir dit qu'elle fourmille de tant d'énormes fautes, que mon avertissement pour les journaux est devenu fort inutile. J'en ai écrit au Trublet, que je connais un peu, et je lui ai dit que je le priais seulement qu'on décriât l'édition et non moi. Le petit journaliste ne m'a pas encore répondu; vous devriez le relever un peu de sentinelle, et, sur ce, je vous embrasse tendrement.

DCLVII. — A M. L'ABBÉ MOUSSINOT.

Cirey, juin.

Parlons aujourd'hui, mon cher abbé, de ce diable de temporel, sans lequel on ne peut en ce monde faire son salut. *Il faut*, me dites-vous, *il faut* vingt pistoles au caissier de M. Michel.

Point du tout, monsieur le trésorier. Un petit présent de trois à quatre louis, en argent ou en bijou, est tout ce que je destine à ce caissier. C'est ce qui est convenable pour lui et pour moi, et cela à la clôture de vos comptes avec M. Michel son maître. Toute peine mé-

---

1. *La figure de la terre déterminée par les observations de MM. de Maupertuis, Clairaut, Camus, Lemonnier, de l'Académie royale des sciences, et de M. l'abbé Outhier, correspondant de la même Académie.* (ÉD.)
2. Nom de famille de Desfontaines. (ÉD.)

rite salaire, mais ce salaire doit être proportionné. Un notaire peut exiger un demi pour cent de ceux qui empruntent; mais un caissier ne peut l'exiger de moi qui prête mon argent. Si j'étais receveur général, et que mon caissier fît cette manœuvre, il ne la ferait pas longtemps. Votre *il faut au caissier* a l'air d'un droit exigé d'un demi pour cent, et ce droit ressemble au droit du notaire qui prête. Je n'entends pas cela. Je suis le prêteur, et, en cette qualité, je puis récompenser, mais je ne veux payer aucun droit.

Mes débiteurs sont, je crois, fort endormis. Ils ne pensent point à moi. Le président d'Auneuil rend apparemment quelque arrêt au parlement, par lequel il me condamne à n'être point payé de lui. M. d'Estaing met mon argent sur une carte. M. de Guise mène joyeuse vie, et ne songe ni à moi, ni au nom qu'il porte. M. de Richelieu m'oublie pour les affaires du Languedoc. Le marquis de Lézeau me croit certainement enterré. Ne pourrait-on pas rappeler à ces messieurs que je vis encore, et que, pour vivre, j'ai de petits moyens et de grands besoins? Je laisse cela à vos soins, d'autant plus que, au premier jour, il me faudra peut-être neuf à dix mille francs pour mon cabinet de physique. Nous sommes dans un siècle où on ne peut être savant sans argent. Savant ou non, je vous aimerai toujours, mon cher abbé.

DCLVIII. — DE FRÉDÉRIC, PRINCE ROYAL DE PRUSSE.

Juin.

Mon cher ami, ce titre vous est dû, et par votre rare mérite, et par la sincérité avec laquelle vous me faites apercevoir mes fautes. Je suis charmé de votre critique; je corrigerai tous les endroits que vous avez marqués; je travaillerai comme sous vos yeux. Vos lumières et vos censures seront comme les canaux qui forment les jets d'eau; elles régleront l'essor de mon esprit; et, plus vous mettrez de sévérité dans vos critiques, plus vous augmenterez mes obligations.

Votre quatrième Épître est un chef-d'œuvre. Césarion et moi nous l'avons lue, relue et admirée plus d'une fois. Je ne saurais vous dire jusqu'à quel point j'estime vos ouvrages. La noble hardiesse avec laquelle vous débitez de grandes vérités m'enchante.

Au bord de l'infini ton cours doit s'arrêter.

Ce vers est peut-être le plus philosophique qui ait jamais été fait. L'orgueil de la plupart des savants n'est pas capable de se ployer sous cette vérité. Il faut avoir épuisé la philosophie pour en dire autant.

Vous avez un talent tout particulier pour exprimer les grands sentiments et les grandes vérités. Je suis charmé de ces deux vers :

O divine amitié, félicité parfaite;
Seul mouvement de l'âme où l'excès soit permis!

Je voudrais pouvoir inculquer cette vérité dans le cœur de tous mes compatriotes et de tous les hommes. Si le genre humain pensait ainsi, nous verrions une république plus parfaite et plus heureuse que celle de Platon.

Cette saison, qui est pour moi le semestre de Mars, m'a tant fourni d'occupation qu'il m'a été impossible de vous répondre plus tôt. J'ai reçu encore la cinquième *Épître sur le Bonheur*, et je réponds à toutes ces lettres à la fois.

Pour vous parler avec ma franchise ordinaire, je vous avouerai naturellement que tout ce qui regarde l'*Homme-Dieu* ne me plaît point dans la bouche d'un philosophe, d'un homme qui doit être au-dessus des erreurs populaires. Laissez au grand Corneille, vieux radoteur et tombé dans l'enfance, le travail insipide de rimer l'*Imitation de Jésus-Christ*, et ne tirez que de votre fonds ce que vous avez à nous dire. On peut parler de fables, mais seulement comme fables; et je crois qu'il vaut mieux garder un silence profond sur les fables chrétiennes, canonisées par leur ancienneté et par la crédulité des gens absurdes et insipides.

Il n'y aurait qu'au théâtre où je permettrais de représenter quelque fragment de l'histoire de ce prétendu *sauveur*, mais dans votre cinquième *Épître* il paraît que trop de condescendance pour les jésuites et la prêtraille vous a déterminé à parler de ce ton.

Vous voyez, monsieur, que je suis sincère. Je puis me tromper, mais je ne saurais vous déguiser mes sentiments.

Césarion a reçu avec joie et avec transport la lettre que vous lui avez écrite. Vous recevrez sa réponse sous ce même couvert. Nous allons nous séparer pour un temps, puisque je suivrai le roi au pays de Clèves. Je compte y être le mois prochain. Ayez la bonté d'adresser vos lettres, vers ce temps, au colonel Borck à Vesel. J'espère en recevoir quelques-unes pendant le séjour que j'y ferai, vu la proximité de la France. Je tournerai le visage vers Cirey; je ferai comme les Juifs captifs à Babylone, qui se tournaient vers le côté du temple pour faire leurs prières, et pour implorer l'assistance divine.

Voici quelques pièces de ma façon que j'expose au creuset. Je crains fort qu'elles ne soutiennent pas l'épreuve. C'est, comme vous voyez, toujours le démon des vers qui me domine. Bientôt celui des combats pourra influer sur moi. Si le sort ou le démon de la guerre me rend ennemi des Français, soyez bien persuadé que la haine n'aura jamais d'empire sur mon esprit, et que mon cœur démentira toujours mon bras. Vous seul, monsieur, me faites aimer votre nation. Je chérirai tendrement les habitants de Cirey, tandis que je ferai la guerre aux Français ; et je dirai :

. . . . Mon épée
Qui du sang espagnol eût été mieux trempée....
Henriade, ch. III, v. 199.

Je vous prie de me donner de vos nouvelles le plus souvent qu'il vous sera possible; je suis d'une inquiétude extrême sur tout ce qui regarde votre santé. Nous venons de perdre ici un des plus grands hommes d'Allemagne ; c'est le fameux M. de Beausobre, homme d'honneur et de probité, grand génie, d'un esprit fin et délié, grand orateur, savant dans l'histoire de l'Église et dans la littérature, ennemi implacable des jésuites, la meilleure plume de Berlin, un homme plein de feu et de vivacité, que quatre-vingts années de vie n'avaient pu glacer, d'ailleurs sentant quelque faible pour la superstition, défaut assez commun chez les gens de son métier, et connaissant assez la valeur de ses talents pour être sensible aux applaudissements et à la louange. Cette perte m'est d'autant plus sensible qu'elle est irréparable. Nous n'avons personne qui puisse remplacer M. de Beausobre. Les hommes de son mérite sont rares, et quand la nature les sème, ils ne parviennent pas tous à la maturité.

Il m'est parvenu une lettre qu'une dame de ce pays-ci vous a écrite. Vous aurez bien vu, par son style, qu'elle est brouillée avec le sens commun. Ne jugez pas de toutes nos dames par cet échantillon, et croyez qu'il en est dont la figure et l'esprit ne vous paraîtraient pas réprouvables. Je leur dois bien quelques mots en leur faveur, car elles répandent des charmes inexprimables dans le commerce de la vie; en faisant même abstraction de la galanterie, elles sont d'une nécessité indispensable dans la société : sans elles toute conversation est languissante.

J'attends la *Mérope*, j'attends quelque merveille fraîchement éclose; j'attends des nouvelles de mon ami, une réponse sur quelques bagatelles que j'ai fait partir pour le petit paradis de Cirey, et toute cette attente me fait bien languir. J'ai oublié de vous dire que j'ai reçu votre *Newton*; j'attends l'édition de Hollande. Je vous ai promis de vous communiquer toutes mes réflexions; mais le moyen? Je n'ai pas eu depuis quatre semaines le moment de me reconnaître, et à peine puis-je vous écrire ces deux mots.

Mille amitiés à la marquise et à tous ceux qui sont assemblés à Cirey au nom de Voltaire. Je vous prie, ne m'oubliez point; et soyez fermement persuadé de l'estime et de l'amitié avec laquelle je suis, monsieur, votre très-fidèle ami,

FÉDÉRIC.

DCLIX. — A M. L'ABBÉ MOUSSINOT.

Cirey, juin.

Attendez-vous, mon cher ami, à recevoir la visite d'un jeune homme, nommé M. Cousin, qui travaille actuellement chez M. Nollet, et qui viendra bientôt à Cirey, où j'espère lui faire un sort agréable. En attendant, je vous prie de lui donner vingt pistoles et de le bien encourager. Il a une belle main; il dessine; il est machiniste; il s'applique aux expériences; il va apprendre à opérer à l'Observatoire. Si d'Arnaud avait de pareils talents, je l'aurais rendu heureux. Si même il avait eu le courage de se former à écrire! Je croyais, avec raison, qu'il savait l'italien, puisqu'il avait fait imprimer une apologie du Tasse, et je lui proposais de traduire un ouvrage qui lui eût procuré cent pistoles et un voyage agréable de trois ou quatre mois. Prault devait l'imprimer, payer d'avance et ouvrage et voyage; il en avait déjà reçu les ordres.

Le pauvre garçon sera bien malheureux s'il ne sait que faire des vers, et s'il ne se met pas à travailler utilement.

Je n'ai point encore fait usage de la pendule à secondes. Mme du Châtelet m'a pris tous mes ouvriers, et ma galerie n'est point encore achevée. La petite boîte d'or émaillée est un des plus jolis bijoux que j'aie jamais vus. Il a réussi comme votre cachet. La montre est telle qu'il la fallait. On l'a reçue avec transport, et je vous remercie, mon cher abbé, de tant de soins.

DCLX. — A M. LE COMTE D'ARGENTAL.

12 juin.

Mme de Richelieu a dû vous remettre, mon cher ange gardien, une *Mérope* dont les quatre derniers actes sont assez différents de ce que vous avez vu. Si vous avez le temps d'en être amusé, jetez les yeux sur ce rogaton comme sur le dernier des hommages de cette espèce que nous vous rendons; et, si vous aviez même le temps de nous dire ce que vous pensez de cette pièce à la grecque, mandez-le-nous.

On nous flatte que vous ne partez pas sitôt; c'est ce qui nous enhardit à vous parler d'autre chose que de ce cruel départ. Le temps de notre condamnation nous laisse, en s'éloignant, la liberté de respirer; mais, s'il arrive enfin que vous partiez, nous serons au désespoir, et nous n'en relèverons pas.

Sauriez-vous si Mme de Ruffec est apaisée, si cette tracasserie est finie? Mme du Châtelet vous fait les plus tendres amitiés.

DCLXI. — A M. THIERIOT.

A Cirey, juin.

Père Mersenne, je reçois votre lettre du 9. Il faut d'abord parler de notre grande affaire, car son bonheur doit marcher avant toutes les discussions littéraires, et l'homme doit aller avant le philosophe et le poète. Ce sera donc du meilleur de mon cœur que je contribuerai à son établissement, et je vais lui assurer les vingt-cinq mille livres que vous demandez, bien fâché que vous ne vous appeliez pas M. de Fontaine, car, en ce cas, je lui assurerais bien davantage.

Sans doute je vais travailler à une édition correcte des *Éléments de Newton*, qui ne seront ni pour les *dames* ni pour *tout le monde*, mais où l'on trouvera de la vérité et de la méthode. Ce n'est point là un livre à parcourir comme un recueil de vers nouveaux; c'est un livre à méditer, et dont un Rousseau ou un Desfontaines ne sont pas plus juges que d'une action d'homme de bien. Voici la vraie table, telle que je l'ai pu faire pour ajouter les idées de Newton aux règles de la musique. Montrez-cela à Orphée-Euclide. Si, à quelques *comma* près, cela n'est pas juste, c'est Newton qui a tort. Et pourquoi non? Il était homme; il s'est trompé quelquefois.

Vous êtes un P. Mersenne qu'on ne saurait trop aimer. Je vous ai bien des obligations, mais vous n'êtes pas au bout.

On vient de déballer l'Algarotti. Il est gravé au-devant de son livre avec Mme du Châtelet. Elle est la véritable marquise. Il n'y en a point en Italie qui eût donné à l'auteur d'aussi bons conseils qu'elle. Le peu que je lis de son livre, en courant, me confirme dans mon opinion. C'est presque en italien ce que *les Mondes* sont en français. L'air de copie domine trop, et le grand mal, c'est qu'il y a beaucoup d'esprit inutile. L'ouvrage n'est pas plus profond que celui *des Mondes*. *Nota bene quæ*

.... *quæ legat ipsa Lychoris*,

est très-joli; mais ce n'est pas *pauca meo Gallo*, c'est *plurima Bernardo*. Je crois qu'il y a plus de vérité dans dix pages de mon ouvrage que dans tout son livre; et voilà peut-être ce qui me coulera à fond, et ce qui fera sa fortune. Il a pris les fleurs pour lui et m'a laissé les épines. Voici encore un autre livre que je vais dévorer; c'est la réponse à feu Melon. Comment nommez-vous l'auteur? Je veux savoir son nom, car vous l'estimez.

Montrez donc ma table et mon *Mémoire* à Pollion[1], puisqu'il lit mon livre, afin qu'il rectifie une partie des erreurs qu'il trouvera en son chemin. Je vois que mon *Mémoire* fera tomber le prix du livre; les libraires le méritent bien; mais je ne veux pas me déshonorer pour les enrichir.

Adieu, mon cher ami; soyez donc de la noce de ma nièce, au moins.

J'oubliais de vous dire combien je suis sensible à la justice que me rendent ceux qui ne m'imputent point ces trois sermons rimés, auxquels je n'ai jamais pensé. Encore un mot. Je suis charmé que vous soyez en avance avec le prince; il est bon qu'il vous ait obligation. Ce n'est point un illustre ingrat; il n'est à présent qu'un illustre indigent.

Je vous embrasse tendrement. Embrassez Serizi.

DCLXII. — A M. DE MAUPERTUIS.

Cirey, le 15 juin.

En vérité, monsieur le chevalier Isaac, quand on veut bien rassembler toutes les preuves contre les tourbillons, on doit être bien honteux d'être cartésien.

Comment ose-t-on l'être encore? Je vous avoue que j'avais cru que vous rompriez le charme; mais j'ai peur que nos Français n'en sachent pas assez pour être détrompés.

Vous avez bien raison de me dire que ce zodiaque nouveau, et cette hypothèse de Fatio et de Cassini, ne s'accordent pas avec mes principes; aussi ce morceau n'est point du tout de moi.

Voici le fait : j'étais malade; je voulais changer beaucoup mon ouvrage et gagner du temps; les libraires, impatients, ont fait achever les deux derniers chapitres par un mathématicien à gages qui leur a

1. La Popelinière. (ÉD.)

donné tout crus de vieux mémoires académiques. Cela a produit nouvel embarras, nouvelles tracasseries, et la douceur de notre retraite en est troublée.

Autre anecdote. Il y a un an, qu'ayant des doutes que j'ai encore sur l'exactitude des rapports des couleurs et des tons de la musique, ayant ouï dire que le P. Castel travaillait sur cette matière, et imaginant que ce jésuite était newtonien, je lui écrivis. Je lui demandai des éclaircissements que je n'eus point. Nous fûmes quelque temps en commerce; il me parla de son *Clavecin des couleurs*; j'en dis un mot dans mes Éléments d'optique; je lui envoyai même le morceau. Vous serez peut-être surpris que, dans la quinzaine, ce bonhomme imprima contre moi, dans le *Mercure de Trévoux*, les choses les plus insultantes et les plus cruelles.

Cependant les libraires de Hollande, sans que je le sache, ont imprimé mon ouvrage et ses louanges; et ce misérable fou se trouve loué par moi après m'avoir insulté. Quand on est loin, qu'on imprime en Hollande, et qu'on a affaire à Paris, il n'en peut résulter que des contre-temps. J'ai su depuis que ce fou de la géométrie est votre ennemi déclaré.

Autre anecdote littéraire. Un abbé étant venu demander à un des juges des nouvelles du *Mémoire sur le feu*, n° VII, ce juge fit entendre qu'il approuvait fort ce mémoire, et que, si on l'avait cru, il eût été couronné; cependant je sais très-bien que c'était vous qui eûtes quelque bonté pour cet ouvrage. Je dois quelque chose aux discours polis de ce juge; mais je dois tout à votre bonne volonté. Je vous avoue que je suis plus aise d'avoir eu votre suffrage que si j'avais eu toutes les voix, hors la vôtre.

Mme du Châtelet veut bien consentir à se découvrir à l'Académie, pourvu que l'Académie, en imprimant son *Essai*, et en l'approuvant, n'en nomme pas l'auteur. Pour moi, je renonce à cette gloire; je ne connais que celle de votre amitié. Vous m'avouerez que l'événement est singulier. Il est bien cruel que de maudits tourbillons l'aient emporté sur votre élève.

Nous nous flattons que vous informerez Cirey de votre santé et de vos occupations. On ne peut se porter plus mal que je ne fais; je serai bientôt obligé de renoncer à toute étude, mais je ne renoncerai qu'avec la vie à mon amitié, à ma reconnaissance, à mon admiration pour vous.

DCLXIII. — DE FRÉDÉRIC, PRINCE ROYAL DE PRUSSE.

A Amatte, le 17 juin.

Mon cher ami, c'est la marque d'un génie bien supérieur que de recevoir, comme vous faites, les doutes que je vous propose sur vos ouvrages. Voilà donc Machiavel rayé de la liste des grands hommes, et votre plume regrette de s'être souillée de son nom. L'abbé Dubos, dans son parallèle de la poésie et de la peinture, cite cet Italien politique au nombre des grands hommes que l'Italie a produits. Il s'est trompé assurément, et je voudrais que dans tous les livres on pût voyez le nom de ce fourbe politique du nombre de ceux où le vôtre doit tenir le premier rang.

Je vous prie instamment de continuer le *Siècle de Louis XIV*. Jamais l'Europe n'aura vu de pareilles histoires; et j'ose vous assurer qu'on n'a pas même l'idée d'un ouvrage aussi parfait que celui que vous avez commencé. J'ai même des raisons qui me paraissent plus pressantes encore pour vous prier de finir cet ouvrage.

Cette physique expérimentale me fait trembler. Je crains le vif-argent, et tout ce que ces expériences entraînent après elles de nuisible à la santé. Je ne saurais me persuader que vous ayez la moindre amitié pour moi, si vous ne voulez vous ménager. En vérité, madame la marquise devrait y avoir l'œil. Si j'étais à sa place, je vous donnerais des occupations si agréables, qu'elles vous feraient oublier toutes vos expériences.

Vous supportez vos douleurs en véritable philosophe. Pourvu qu'on voulût ne point omettre le bien dans le compte des maux que nous avons à souffrir, nous trouverions que nous ne sommes point si malheureux. Une grande partie de nos maux ne consiste que dans la trop grande fertilité de notre imagination mêlée avec un peu de rate.

Je suis si bien au bout de ma métaphysique, qu'il me serait impossible d'en dire davantage. Chacun fait des efforts pour deviner les ressorts cachés de la nature; ne se pourrait-il pas que les philosophes se trompassent tous? Je connais autant de systèmes qu'il y a de philosophes. Tous ces systèmes ont un degré de probabilité; cependant ils se contredisent tous. Les Malabares ont calculé les révolutions des globes célestes sur le principe que le soleil tournait autour d'une haute montagne de leur pays, et ils ont calculé juste.

Après cela, qu'on nous vante les prodigieux efforts de la raison humaine, et la profondeur de nos vastes connaissances! Nous ne savons réellement que peu de choses, mais notre esprit a l'orgueil de vouloir tout embrasser.

La métaphysique me parut autrefois comme un pays propre à faire de grandes découvertes; à présent elle ne me présente qu'une mer immense et fameuse en naufrages.

Jeune, j'aimais Ovide; à présent c'est Horace.

La métaphysique ressemble à un charlatan : elle promet beaucoup, et l'expérience seule nous fait connaître qu'elle ne tient rien. Après avoir bien étudié les sciences et observé l'esprit des hommes, on devient naturellement enclin au scepticisme.

Vouloir beaucoup connaître est apprendre à douter.

La *Philosophie de Newton*, à ce que je vois, m'est parvenue plus tôt qu'à son auteur. On vous a donc refusé la permission de l'imprimer à Paris? Il paraît que je tiens de livre de la libéralité du libraire de Hollande. Un habile algébriste de Berlin m'a parlé de quelques légères fautes de calculs; mais d'ailleurs les vrais connaisseurs en sont charmés. Pour moi, qui juge sans beaucoup de connaissance, j'aurai un jour quelques éclaircissements. À vous demander sur ce vide qui me paraît fort merveilleux, et sur le flux et le reflux de la mer causés par l'attraction, sur la raison des couleurs, etc., etc. Je vous demanderai ce que Pierrot et Lucas vous demanderaient si vous vouliez les instruire sur de pareils sujets, et il vous faudra quelque peine encore pour me convaincre.

Je ne disconviens point d'avoir aperçu quelques vérités frappantes dans Newton; mais n'y aurait-il point des principes trop étendus? du filigrane mêlé dans des colonnes d'ordre toscan? Dès que je serai de retour de mon voyage, je vous exposerai tous mes doutes. Souvenez-vous que

.... Vers la vérité le doute les conduit.
Henriade, ch. VII, v. 376.

A propos de doute, je viens de lire les trois derniers actes de la *Mérope*. La haine associée avec la plus noire envie ne pourront à présent trouver rien à redire contre cette admirable pièce. Ce n'est point parce que vous avez eu égard à ma critique, ce n'est point que l'amitié m'aveugle; mais c'est la vérité, c'est parce que la *Mérope* est sans reproches. Toutes les règles de la vraisemblance y sont observées; tous les événements y sont bien amenés; le caractère d'une tendre mère, que son amour trahit, vaut tous les originaux de Van Dyck. Polyphonte conserve à présent l'unité de son caractère; tout ce qu'il dit sort de l'âme d'un tyran soupçonneux. Narbas a, dans ses conseils, la timidité ordinaire des vieillards; il reste naturellement sur le théâtre. Égisthe parle comme parlerait Voltaire, s'il était à sa place. Il a le cœur trop noble pour commettre une bassesse; il a du courage, il venge les mânes de son père; il est modeste après le succès, et reconnaissant envers ses bienfaiteurs.

Serait-il permis à un Allemand, à un ultramontain, de faire une petite remarque grammaticale sur les deux derniers vers de la pièce? *O tempora, o mores!* Un Béotien veut accuser Démosthène d'un solécisme! Il s'agit de ces deux vers:

Allons monter au trône, en y plaçant ma mère,
Et vous, mon cher Narbas, soyez toujours mon père.

Cet *et vous*, mon cher Narbas, est-ce à dire qu'on placera Narbas sur le trône en y plaçant ma mère *et vous?* ou est-ce à dire, Narbas, vous me servirez toujours de père? Ne pourriez-vous pas mettre:

Allons monter au trône, et plaçons-y ma mère;
Pour vous, mon cher Narbas, soyez toujours mon père?

Voilà qui est bien impertinent, je mériterais d'être chassé à coups de fouet du Parnasse français. Il n'y a que l'intérêt de mon ami qui me fasse commettre des incongruités pareilles. Je vous prie, reprenez-moi, et mettez-moi dans mon tort. Vous aurez trouvé que ce *plaçons-y* n'est pas assez harmonieux; je l'avoue, mais il est plus intelligible.

Voilà ma pièce politique telle que j'ai eu le dessein de la faire imprimer. J'espère qu'elle ne sortira point de vos mains; vous en comprendrez aisément les conséquences. Je vous prie de m'en dire votre sentiment en gros, sans entrer dans aucun détail des faits. Il y manque un mémoire que j'aurai dans peu, et que vous pourrez toujours y faire ajouter.

Les *Mémoires de l'Académie*, que je fais venir, seront ma tâche pour cet été et pour l'automne. Je vous suis, quoique de loin, dans mes occupations, et comme une tortue se traîne sur les traces d'un cerf.

Le paquet dont on vous a donné avis, et que le substitut de M. Tronchin ne vous a point envoyé, contient quelques bagatelles pour la marquise; c'est un meuble pour son boudoir. Je vous prie de l'assurer de l'estime que m'inspirent tous ceux qui savent vous aimer. Césarion me paraît un peu touché de la marquise; il me dit: *Quand elle parloit, j'étais amoureux de son esprit, et, quand elle ne parloit pas, je l'étais de son corps.*

Heureux sont les yeux qui l'ont vue, et les oreilles qui l'ont entendue! mais plus heureux ceux qui connaissent Voltaire, et qui le possèdent tous les jours!

Vous ne sauriez croire à quel point je suis impatient de vous voir. Je me lasse horriblement de ne vous connaître que par les yeux de la foi; je voudrais bien que ceux de la chair eussent aussi leur tour. Si jamais on vous enlève, soyez sûr que ce sera moi qui ferai le rôle de Pâris. Je suis à jamais, monsieur, votre très-fidèle ami, FRÉDÉRIC.

DCLXIV. — A FRÉDÉRIC, PRINCE ROYAL DE PRUSSE.

Juin.

Monseigneur, j'ai reçu une partie des nouvelles faveurs dont Votre Altesse royale me comble. M. Thieriot m'a fait tenir le paquet où je trouve *le Philosophe guerrier* et les Épîtres à MM. Kaiserling et Jordan. Vous allez à pas de géant, et moi je me traîne avec faiblesse. Je n'ai l'honneur d'envoyer qu'une pauvre épître: *oportet illum crescere, me autem minui*².

Avec quelle ardeur vous courez
Dans tous les sentiers de la gloire!
Seigneur, lorsque vous vous battrez,
Il est clair que vous cueillerez
Ces beaux lauriers de la victoire;
Et même vous les chanterez;
Vous serez l'Achille et l'Homère.
Votre esprit, votre ardeur guerrière
Des Français se feront chérir;
Vous aurez le double plaisir
Et de nous vaincre et de nous plaire.

1. *Considérations sur l'état de l'Europe.* (ÉD.)
2. Jean, III, 30. (ÉD.)

« Je demande en grâce à Votre Altesse royale, qu'une des premières expéditions de ses campagnes soit de venir reprendre Cirey, qui a été très-injustement détaché de Reinsberg, auquel il appartient de droit. Mais, à la paix, ne rendez jamais Cirey, je vous en conjure, monseigneur; rendez, si vous le voulez, Strasbourg et Metz, mais gardez votre Cirey, et surtout que le canon n'endommage point les lambris dorés et vernis, et les niches et des entre-sols d'émilie. Je me doute qu'il y a en chemin une écritoire pour elle. Celle dont vous avez honoré M. Jordan va faire éclore d'excellents ouvrages. Si c'était un autre que Jordan, je dirais sur cette écritoire venue de votre main, ce que je ne sais quel Turc disait à Scander-Beg : « Vous m'avez envoyé votre sabre; mais vous ne m'avez pas envoyé votre bras. »

Votre Épître à Jordan est de la très-bonne plaisanterie; celle à Césarion est digne de votre cœur et de votre esprit. Le Philosophe guerrier répond très-bien à son titre; cela est plein d'imagination et de raison. Remarquez, je vous en supplie, monseigneur, que vous ne faites que de légères fautes contre la langue et contre notre versification. Par exemple, dans ce beau commencement :

Loin de ce séjour solitaire
Où, sous les auspices charmants
De l'amitié tendre et sincère, etc.

vous mettez la science non d'orgueil enflée.

Vous ne pouvez deviner que science est là de trois syllabes, et que ce non est un peu dur après science. Voilà ce qu'un grammairien de l'Académie française vous dirait; mais vous avez ce que n'a nul académicien de nos jours, je veux dire du génie.

Je vous demande pardon, monseigneur, mais savez-vous combien ces vers sont beaux :

Et le trépas qui nous poursuit
Sous nos pas creuse notre tombe;
L'homme est une ombre qui s'enfuit,
Une fleur qui se fane et tombe.
Mille chemins nous sont ouverts
Pour quitter ce triste univers;
Mais la nature si féconde
N'en fit qu'un pour entrer au monde.

Elle n'a fait qu'un Frédéric; puisse-t-il rester en ce monde aussi longtemps que son nom!

Je jure à Votre Altesse royale que, dès que vous aurez repris possession du château de Cirey, il ne sera plus question de la capucinade que vous me reprochez si héroïquement. Mais, monseigneur, Socrate sacrifiait quelquefois avec les Grecs ; il est vrai que cela ne le sauva pas; mais cela peut sauver les petits socrates d'aujourd'hui :

Felix quem faciunt aliena pericula cautum!

Il y avait une fois un beau jeune lion qui passait hardiment auprès d'un ânon que son maître chargeait et battait : « N'as-tu pas de honte, dirai-je ou à l'ânon, de te laisser mettre ainsi deux paniers sur le dos? — Monseigneur, lui répondit l'ânon, quand j'aurai l'honneur d'être lion, ce sera mon maître qui portera mes paniers. »

Tout ânon que je suis, voici une *Épître* assez ferme que j'ai l'honneur de joindre à ce paquet. Je serais curieux de savoir ce qu'un Wolff en penserait, si *sapientissimus Wolffius* pouvait lire des vers français. Je voudrais bien avoir l'avis d'un Jordan, qui sera, je crois, digne successeur de M. de Beausobre; surtout d'un Césarion, mais surtout, surtout de Votre Altesse royale, de vous, grand prince et grand homme, qui réunissez tous les talents de ceux dont je parle.

Votre Altesse royale a lu, sans doute, l'excellent livre de M. de Maupertuis. Un homme tel que lui fonderait à Berlin (dans l'occasion) une Académie des sciences qui serait au-dessus de celle de Paris.

J'ai reçu une lettre de M. de Kairseling, de l'Éphestion de Remusberg; vous avez, grand prince, ce qui manque à ceux qui sont ce que vous serez un jour, vous avez de vrais amis.

Je suis étonné de voir par la lettre de Votre Altesse royale non datée, qu'elle n'a point reçu les quatre actes de la *Mérope*, accompagnés d'une assez longue lettre. Cependant il y a six semaines que M. Thieriot m'accusa la réception du paquet, et dut le mettre à la poste. Il y a eu quelquefois de petits dérangements arrivés au commerce dont vous m'honorez. Je compte envoyer bientôt à Votre Altesse royale un exemplaire d'une édition plus correcte des *Éléments de Newton*. Il n'y a que vous au monde, monseigneur, qui puissiez allier tout cela avec la foule de vos occupations et de vos devoirs.

Mme du Châtelet ne cesse d'être pénétrée pour votre personne d'admiration.... et de regrets. Vous m'avez donné un grand titre; je ne pourrai jamais le mériter, quoique mon cœur fasse tout ce qu'il faut pour cela. Un homme, que le fameux chevalier Sidney avait aimé, ordonna qu'après sa mort on mît sur sa tombe, au lieu de son nom : *Ci-gît l'ami de Sidney*. Ma tombe ne pourra jamais avoir un tel honneur : il n'y a pas moyen de se dire l'ami de....

Je suis, avec la plus profonde vénération et le dévouement tendre que vous daignez permettre, etc.

DCLXV. — A M. L'ABBÉ MOUSSINOT.

Juin.

De l'argent, mon cher trésorier, de l'argent. A qui ? à un homme d'un grand savoir, à M. Nollet. Cet argent est un à-compte pour des instruments de physique qu'il fournira à votre ordre. Portez-lui donc douze cents francs; s'il exige cent louis, n'hésitez pas, donnez-les sur-le-champ, et davantage, s'il est nécessaire.

M. Cousin, qui est à moi, et qui doit venir à Cirey, escortera la cargaison de ces instruments; mais je ne les veux que dans un mois. Ma galerie n'est point encore prête. L'astronomie est très-peu de chose pour M. Cousin, qui est déjà géomètre; il l'apprendra bien vite.

« Présentez, je vous prie, au jeune d'Arnaud ce petit avertissement transcrit de votre main. Vous aurez la bonté de me renvoyer l'original. La petite besogne qu'on lui propose est l'affaire de trois minutes. Il sera bon qu'il signe ce petit écrit, afin qu'on ne puisse me reprocher d'avoir fait moi-même cet avertissement nécessaire. Quand il sera transcrit, et qu'il est possible, d'une manière lisible, vous donnerez cinquante francs à d'Arnaud, c'est, je crois, un bon garçon. Je l'aurais pris auprès de moi, s'il avait su écrire.

« J'ai de si prodigieuses dépenses à faire, et j'ai si prodigieusement dépensé, que je ne puis acheter un tableau. Je vous réserve, mon cher abbé, ce plaisir pour une autre circonstance. »

DCLXVI. — A M. R***.

A Cirey, ce 20 juin 1738.

« Quelques affaires indispensables m'empêchèrent de vous répondre, monsieur, le dernier ordinaire, au sujet de la démarche que le sieur Rousseau a faite à mon égard, et de l'ode qu'il m'envoie. Quant à son ode, je ne peux que vous répéter ce que je vous en ai déjà dit; et les avances de réconciliation qu'il me fait, ne me feront point trouver cette ode comparable à ses premières. *Omnia tempus habent.* L'état où il est, n'est plus pour lui le temps des odes,

Solve senescentem maturè sanus equum, ne
Peccet ad extremum.

« Ceux qui ont dit que les vers étaient, comme l'amour, le partage de la jeunesse, ont eu raison. On peut étendre loin cette jeunesse. Je ne dirai pas avec M. Gresset, que, passé trente ans, on ne doit plus faire de vers; au contraire, ce n'est guère qu'à cet âge qu'on en fait ordinairement de bons. Voyez tous les exemples qu'en apporte M. l'abbé Dubos, dans son livre très-instructif de la poésie et de la peinture. Racine avait environ trente ans quand il fit son *Andromaque*. Corneille fit *le Cid* à trente-cinq. Virgile entreprit *l'Énéide* à quarante ans. Je pense donc à peu près comme l'Arioste, qui parle ainsi aux dames pour lesquelles il composa ses admirables rêveries d'*Orlando furioso* :

Sol la prima lanuggine vi `assorto`,
Tutta a fuggir, volubile e incostante;
E corre i frutti non acerbi e duri,
Ma che non sien però troppo maturi.

« Il en est à peu près ainsi des poëtes, il faut qu'ils ne soient *ne troppo duri, ne troppo maturi*. J'ai commencé *la Henriade* à vingt ans. Elle vaudrait mieux si je ne l'avais commencée qu'à trente-cinq. Mais si je fais un poëme épique à soixante ans, je vous réponds qu'il sera pitoyable. On peut être pape et empereur dans la plus extrême vieillesse, mais non pas poëte.

« Aussi, étant parvenu à l'âge de quarante-trois ans, je renonce déjà à la poésie. La vie est trop courte, et l'esprit de l'homme trop destiné à s'instruire sérieusement, pour consumer tout son temps à chercher des sons et des rimes. Virgile exprime ses regrets d'ignorer la physique.

Me vero primum dulces ante omnia musæ
....
Accipiant, cœlique vias et sidera monstrent,
Defectus solis varios lunæque labores;
Unde tremor terris, qua vi maria alta dehiscant,
Quid tantum Oceano properent se tingere soles
Hiberni, vel quæ tardis mora noctibus obstet.
Etc.

Notre La Fontaine a imité cet endroit de Virgile :

Quand pourront les neuf sœurs, loin des cours et des villes,
M'occuper tout entier, et m'apprendre des cieux
Les divers mouvements inconnus à nos yeux,
Les noms et les vertus de ces clartés errantes?
Etc.

Ce que Virgile et La Fontaine regrettaient, je l'étudie. La connaissance de la nature, l'étude de l'histoire, partagent mon temps. C'est assez d'avoir cultivé vingt-trois ans la poésie, et je conseillerais à tous ceux qui auront consacré leur printemps à cet art difficile et agréable, de donner leur automne et leur hiver à des choses plus faciles, non moins séduisantes, et qu'il est honteux d'ignorer. Il y a longtemps que j'ai été frappé de cette complication de fautes où tomba Boileau, lorsque, dans un trait de satire très-injuste et très-mal placé, il dit :

Que, l'astrolabe en main, un autre aille chercher
Si le soleil est fixe, ou tourne sur son axe.

Le commentateur qui a voulu excuser cette faute, devait se faire informer qu'en aucun sens l'astrolabe ne peut servir à faire voir si le soleil est fixe ou non. Et je répéterai ici que Despréaux eût mieux fait d'apprendre au moins la sphère, que de vouloir se moquer d'une dame respectable, qui savait ce qu'il ignorait. En voilà beaucoup à propos de poésie, mais je suis comme un amant qui se plaît encore à parler de la maîtresse qu'il a quittée.

Venons à un point plus important : car il s'agit de morale. La démarche du sieur Rousseau envers moi, et sa modération tardive, ne peuvent me satisfaire; il ne peut encore être content de lui-même, s'il se repent en effet de sa conduite passée. On ne doit rien faire à demi. Il parle d'*humilité chrétienne et de devoirs*, à la vue du tombeau, dont sa dernière maladie l'a approché; nous sommes tous sur le bord du tombeau; un jour plus tôt, un jour plus tard, ce n'est pas grande différence.

1. *Georg.*, II, 475 et suiv. (Éd.)

Ce n'est point d'ailleurs la crainte de la mort qui doit nous rendre justes, c'est l'amour de la justice même. S'il est vrai qu'en effet il veuille être vertueux, que sa première démarche soit de désavouer les choses calomnieuses qu'il a débitées contre moi dans le journal de la *Bibliothèque française*. Il sait en conscience qu'il est faux que j'aie jamais parlé de lui à M. le duc d'Aremberg, et la lettre et l'indignation de M. d'Aremberg en ont été des démonstrations assez convaincantes. Il sait que la petite histoire d'un prétendu ami à qui j'ai récité, dit-il, une épître impie chez un ambassadeur, il y a vingt ans, est un conte entièrement imaginé. Il sait que jamais je ne lui ai récité cette prétendue épître dont il parle. Il sait que jamais il ne m'a dit les choses qu'il prétend m'avoir dites au sujet de *la Henriade*.

S'il veut donc se réconcilier de bonne foi, il faut qu'il avoue que la chaleur de sa colère lui a grossi les objets, et a trompé sa mémoire; qu'il a cru les brouillons qui ont réussi à nous rendre ennemis, et à nous faire le jouet des lecteurs. Il doit savoir, par soixante ans d'expérience, que *le mal qu'on dit d'autrui ne produit que du mal*. En un mot, étant l'agresseur envers moi, comme il l'a été envers tant de personnes qui ont plus de mérite que moi, m'ayant publiquement attaqué, il doit publiquement me rendre justice. C'est moi qui lui ai donné l'exemple, il doit le suivre. J'ai recommandé, il y a un an, aux sieurs Ledet et Desbordes, de retrancher de la belle édition qu'ils font de mes ouvrages, les notes diffamatoires qui se trouvaient contre mon ennemi; il ne reste qu'une *Épître sur la Calomnie*, où il est cruellement traité. Je suis prêt de changer ce qui le regarde dans cet ouvrage, s'il veut, par une réparation publique, réparer tout le passé.

Il dit dans la lettre que vous m'envoyez, que *je lui ai fait faire depuis peu des compliments injurieux*. Je puis l'assurer qu'il n'en est rien. Je ne suis pas accoutumé à me déguiser avec lui. Il doit songer que plusieurs de ceux dont il s'est attiré justement la haine vivent encore; que d'autres ont laissé des enfants qui ne lui pardonneront jamais; que tant qu'il respirera, il aura des ennemis qu'il a rendus implacables; il doit savoir que ces ennemis ont renversé toutes les batteries qu'on avait dressées pour le faire revenir en France. Il m'impute souvent des choses qu'il ne doit attribuer qu'à leur animosité éternelle. Pour moi, je sais me venger, et je sais pardonner quand il le faut. Voilà mes sentiments, monsieur; vous pouvez en instruire la personne qui vous a remis son ode et sa lettre. Vous pouvez faire de ma lettre l'usage que vous croirez convenable au bien de la paix, etc., etc.

DCLXVII. — A M. THIERIOT.

Le 23 juin.

Mon cher ami, je suis depuis quinze jours si occupé d'un cabinet de physique que je prépare, si plongé dans le carré des distances et dans l'optique, que le Parnasse est un peu oublié. Je crois bien que les gens aimables ne parlent plus des *Éléments de Newton*. On ne s'entretient point à souper deux fois de suite de la même chose, et on a raison, quand le sujet de la conversation est un peu abstrait. Cela n'empêche pas qu'à la sourdine les gens qui veulent s'instruire ne lisent des ouvrages qu'il faut méditer; et il faut bien qu'il y ait un peu de ces gens-là, puisqu'on réimprime les *Éléments de Newton* en deux endroits. M. de Maupertuis, qui est sans contredit l'homme de France qui entend le mieux ces matières, en est content; et vous m'avouerez que son suffrage est quelque chose. Je sais bien que, malgré la foule des démonstrations que j'ai rassemblées contre les chimères des tourbillons, ce roman philosophique subsistera encore quelque temps dans les vieilles têtes :

Quæ juvenes *didicere* nolunt *perdenda fateri*.
Hor., lib. II, ep. 1, v. 85.

Je suis, après tout, le premier en France qui ait débrouillé ces matières, et j'ose dire le premier en Europe, car s'Gravesande n'a parlé qu'aux mathématiciens, et Pemberton a obscurci souvent Newton. Je ne suis point étonné qu'on s'entretienne à Paris plus volontiers de médisance, de calomnie, de vers satiriques, que d'un ouvrage utile; cela doit être ainsi : ce sont les bouteilles de savon du peuple d'enfants malins qui habitent votre grande ville.

Bernard aurait grand tort de prendre votre louis d'or, et de ne pas vous en donner un. Aucune des épîtres en question n'est de moi; et si quelque libraire les a mises sous mon nom pour les accréditer, ce libraire est un scélérat. Il est impossible que M. d'Argenson, plein de probité et de bonté, et qui m'a toujours honoré d'une bienveillance pleine de tendresse, ait cru une telle calomnie; il est impossible qu'il ait fait usage contre moi d'une lettre supposée, puisque assurément il n'en eût pas fait d'usage si elle eût été vraie. Je compte trop sur ses bontés, je lui suis trop tendrement attaché depuis mon enfance. Je vous demande en grâce de lui montrer cette lettre, et de réchauffer dans son cœur des bontés qui me sont si chères.

Vous devez connaître les fureurs jalouses et les artifices infâmes des gens de lettres. Je sais surtout de quoi ils sont capables, depuis que l'auteur clandestin de l'épître diffuse et richement rimée contre Rousseau eut la bassesse de répandre qu'elle venait de l'hôtel Richelieu. J'en connais très-certainement l'auteur. Cet auteur est un homme laborieux, exact, et sans génie; je n'en dis pas davantage. Si un scélérat comme l'abbé Desfontaines a engagé M. Racine dans sa querelle; si de Launay, qui vous hait parce que vous lui avez reproché une mauvaise action; si un nommé Guyot de Merville, qui ne cesse de m'outrager parce qu'il a eu la même maîtresse que moi il y a vingt ans; si Roi, Lélio, enfin des fripons séduisent d'honnêtes gens; s'il en résulte des sottises rimées et de petites scélératesses d'auteur, j'oublie tout cela dans le sein de l'amitié. Mais, comme la rage des zoïles porte souvent la calomnie aux oreilles de ceux qui peuvent nuire, je vous prie de m'avertir de tout. Je vous embrasse, mon cher ami.

DCLXVIII. — A M. DE PONT DE VEYLE.

A Cirey, le 23 juin.

Enfin nous avons lu le *Fat puni* ; nous sommes provinciaux, mais nous ne pouvons pas dire que nous prenons les modes quand Paris les quitte ; la mode d'aimer cet ouvrage charmant ne passera jamais.

Du *fat* que si bien l'on punit
Le portrait n'est pas ordinaire,
Et le Rigaut qui le peignit
Me paraît en tout son contraire.
C'est le modèle des auteurs,
Qui connaît le monde et l'enchante,
Et qui sait jouir des faveurs
Dont monsieur le marquis se vante.

Je pourrais bien être un fat aussi de vous envoyer des vers si misérables, mais que je ne sois pas *le Fat puni*. Pardonnez à un mauvais physicien d'être mauvais poëte. Mme du Châtelet est enchantée de cette petite pièce. Est-ce que nous n'en connaîtrons jamais l'auteur? Notre affliction du départ de monsieur votre frère augmente à mesure que le départ approche. Si Pollux va en Amérique, Castor au moins nous restera en France.

DCLXIX. — A M. COUSIN.

Cirey, juin.

Je serais très-fâché, mon cher monsieur, qu'aucun envoi partît avant vous ; le tout arrivera sous vos auspices. Si vous trouviez quelque ouvrier intelligent qui voulût vous suivre, nous le ferions travailler à Cirey, et nous n'achèterions ensuite que ce que nous ne pourrions pas fabriquer. On a donné douze cents francs à M. Nollet, et, s'il veut cent louis, il les aura sur-le-champ. On sait mes volontés là-dessus.

L'Académie des sciences fait très-bien, je crois, d'imprimer le mémoire de Mme la marquise du Châtelet, mais le mien doit être supprimé. Nous avions tous deux concouru pour le prix, et ce sont des serviteurs des tourbillons qui ont été couronnés. *O tempora!* Je suis très-fâché que M. de Réaumur n'en ait pas été cru. Je serais bien aise de savoir quel est mon rival heureux que je respecte sans envie.

On fait ici une chambre obscure : ainsi, monsieur, il est inutile d'en acheter une portative. Si, dans vos moments perdus, vous trouvez quelques curiosités de physique, je vous supplie de m'en donner avis.

Je donne moi-même avis à M. l'abbé Moussinot, que vous voudrez bien, conjointement avec lui et M. Thieriot, vous charger de faire tenir les *Éléments de Newton* aux personnes auxquelles j'en fais présent. Voilà bien de la peine que je vous donne ; mais aussi cela ne m'arrivera pas deux fois, et je vous en demande pardon.

DCLXX. — A M. L'ABBÉ MOUSSINOT.

28 juin.

Vous m'aurez fait, mon cher ami, un très-sensible plaisir, si vous avez donné les cinquante louis d'or à M. Nollet avec ces grâces qui accompagnent les plaisirs que vous faites. Offrez-lui, je vous prie, cent louis, s'il en a besoin. Ce n'est point un homme ordinaire avec qui il faille compter; c'est un philosophe, un homme d'un vrai mérite, qui seul peut fournir mon cabinet de physique, et il est beaucoup plus aisé de trouver de l'argent qu'un homme comme lui. Suppliez-le, de ma part, de tenir prêt, s'il se peut, sur la fin de juillet, un envoi de plus de quatre mille livres; mais je ne veux le recevoir qu'avec M. Cousin, et j'espère recevoir beaucoup.

Je vous recommande encore ce M. Cousin, de lui donner tout l'argent dont il aura besoin, de lui faire mille amitiés, de le bien encourager dans le dessein qu'il a de venir étudier la physique à Cirey. On trouve peu de jeunes gens qui veuillent ainsi se consacrer aux sciences, et encore moins qui joignent les talents de la main aux connaissances des mathématiques. Ménagez-le-moi, je vous en supplie, mon bon ami. Il vous aidera dans la distribution des *Éléments de Newton*; il est très-serviable et très-entendu.

Un nommé Dupuis, libraire, m'écrit qu'il me doit quatre-vingt-seize livres; je l'avais oublié. Je lui réponds qu'il me fournira, quand il le pourra, pour quatre-vingts francs de livres. Envers les gens de bien, les procédés honnêtes ne me coûtent rien. Faisons plus, servons-nous de cet honnête libraire pour avoir des livres, qui, si vous le trouvez bon, lui seront payés comptant par vos mains.

Le grand d'Arnaud écrit toujours comme un chat.

DCLXXI. — A FRÉDÉRIC, PRINCE ROYAL DE PRUSSE.

Juin.

Monseigneur, quand j'ai reçu le nouveau bienfait dont Votre Altesse royale m'a honoré, j'ai songé aussitôt à lui payer quelques nouveaux tributs. Car, quand le prince enrichit ses sujets, il faut bien que leurs taxes augmentent. Mais, monseigneur, je ne pourrai jamais vous rendre ce que je dois à vos bontés. Le dernier fruit de votre loisir est l'ouvrage d'un vrai sage, qui est fort au-dessus des philosophes; votre esprit sait d'autant mieux douter qu'il sait mieux approfondir. Rien n'est plus vrai, monseigneur, que nous sommes dans ce monde sous la direction d'une puissance aussi invisible que forte, à peu près comme des poulets qu'on a mis en mue pour un certain temps, pour les mettre à la broche ensuite, et qui ne comprendront jamais par quel caprice le cuisinier les fait ainsi engraisser. Je parie que si ces poulets raisonnent, et font un système sur leur cage, aucun ne devinera que c'est pour être mangés qu'on les a mis là. Votre Altesse royale se moque avec raison des animaux à deux pieds qui pensent savoir tout. Il n'y a qu'un bonnet d'âne à mettre sur la tête d'un savant qui croit savoir bien ce que c'est que la dureté, la cohérence, le ressort, l'électricité; ce qui produit les germes, les sentiments, la faim; ce qui fait digérer; enfin qui croit connaître la matière, et, qui pis est, l'esprit. Il y a certainement des connaissances accordées à l'homme : nous savons mesurer, calculer, peser, jusqu'à un certain point. Les vérités géométriques sont indubitables, et c'est déjà beaucoup; nous savons, à n'en pouvoir douter, que la lune est beaucoup plus petite que la terre, que les planètes font leur cours suivant une proportion réglée, qu'il ne saurait y avoir moins de trente millions de lieues de trois mille pas d'ici au soleil; nous prédisons les éclipses, etc. Aller plus loin est un peu hardi, et le dessous des cartes n'est pas fait pour être aperçu. J'imagine les philosophes à systèmes comme des voyageurs curieux, qui auraient pris les dimensions du sérail du Grand-Turc, qui seraient même entrés dans quelques appartements, et qui prétendraient sur cela deviner combien de fois Sa Hautesse a embrassé sa sultane favorite, ou son iooglam, la nuit précédente.

Mais, monseigneur, pour un prince allemand, qui doit protéger le système de Copernic, Votre Altesse royale me paraît bien sceptique; c'est céder un de vos États pour l'amour de la paix; ce sont des choses, s'il vous plaît, que l'on ne fait qu'à la dernière extrémité. Je mets le système planétaire de Copernic, moi petit Français, au rang des vérités géométriques; et je ne crois point que la *montagne de Malabar* puisse jamais le détruire.

J'honore fort messieurs du Malabar, mais je les crois de pauvres physiciens. Les Chinois, auprès de qui les Malabares sont à peine des hommes, sont de mauvais astronomes; le plus médiocre jésuite est un aigle chez eux. Le tribunal des mathématiques de la Chine, avec toutes ses révérences et sa barbe en pointe, est un misérable collége d'ignorants, qui prédisent la pluie et le beau temps, et qui ne savent pas seulement calculer juste une éclipse. Mais je veux que les barbares du Malabar aient une montagne en pain de sucre, qui leur tient lieu de gnomon; il est certain que leur montagne leur servira très-bien à leur faire connaître les équinoxes, les solstices, le lever et le coucher du soleil et des étoiles, les différences des heures, les aspects des planètes, les phases de la lune; une boule au bout d'un bâton nous fera les mêmes effets en rase campagne, et le système de Copernic n'en souffrira pas.

Je prends la liberté d'envoyer à Votre Altesse royale mon système du *Plaisir*; je ne suis point sceptique sur cette matière, car depuis que je suis à Cirey, et que Votre Altesse royale m'honore de ses bontés, je crois le plaisir démontré.

Je m'étonne que, parmi tant de démonstrations alambiquées de l'existence de Dieu, on ne se soit pas avisé d'apporter le plaisir en preuve. Car, physiquement parlant, le plaisir est divin, et je tiens que tout homme qui boit de bon vin de Tokai, qui embrasse une jolie femme, qui, en un mot, a des sensations agréables, doit reconnaître un Être suprême et bienfaisant; voilà pourquoi les anciens ont fait des dieux de toutes les passions; mais comme toutes les passions nous sont données pour notre bien-être, je tiens qu'elles prouvent l'unité d'un dieu, car elles prouvent l'unité de dessein. Votre Altesse royale permet-elle que je consacre cette *Épître* à celui que Dieu a fait pour rendre heureux les hommes, à celui dont les bontés font mon bonheur et ma gloire? Mme du Châtelet partage mes sentiments. Je suis avec un profond respect et un dévouement sans bornes, monseigneur, etc.

DCLXXII. — A M. Pitot, de l'Académie des sciences.

Juillet.

En vous remerciant, mon très-cher et très-éclairé philosophe, de toutes les nouvelles que vous me mandez de l'Académie et de Quito. En vérité, voilà un Nouveau-Monde découvert par les nouveaux Colombs de votre Académie; mais je ne pense pas que ces arcs-en-ciel, dont vous me parlez, soient de vrais arcs-en-ciel : ce sont, je crois, plutôt des phénomènes semblables à ceux des anneaux concentriques découverts par Newton, et formés entre deux verres. C'est de cette nature que sont les *halo* et les couronnes; et il y en a depuis dix degrés jusqu'à quatre-vingt-dix. Nous ne voyons ces couronnes que dans un air calme et épais; ce qui ressemble assez aux brouillards des montagnes de Quito, car je gagerais qu'il ne faisait point de vent quand ces messieurs[1] voyaient dans les nues leur image entourée d'une auréole de saint.

Les Espagnols qui auront vu cela prendront vos académiciens pour des gens à miracles.

A l'égard de notre Europe, je vous supplie de bien remercier l'illustre M. de Réaumur de ses politesses. S'il avait su de quoi il était question, n'aurait-il pas poussé sa politesse jusqu'à donner le prix à Mme du Châtelet? En vérité, la philosophie n'eût eu rien à reprocher à la galanterie. Le *Mémoire* de cette dame singulière ne vaut-il pas bien des tourbillons? Elle lui a écrit, et lui a fait sa confession.

Quant à mon *Mémoire*, ayez la bonté d'être persuadé que, si j'ai eu le malheur de m'exprimer assez obscurément pour faire croire que j'accordais au feu un mouvement essentiel non imprimé, je suis bien loin de penser ainsi. Personne n'est plus convaincu que moi que le mouvement est donné à la matière par celui qui l'a créée.

Si messieurs de l'Académie jugent qu'il faille imprimer mon *Mémoire*, pour constater que Mme du Châtelet a fait le sien sans aucun secours, cette seule raison peut me déterminer à le faire imprimer. On y verra (par la différence des sentiments) que Mme du Châtelet n'a pu rien prendre de moi. Je remets tout cela entre les mains de M. de Réaumur.

J'ai fait tenir à bon compte vingt pistoles à M. Cousin. Je lui ai recommandé d'aller un peu à l'Observatoire apprendre à opérer. Il ne sait point, dit-on, d'astronomie; qu'il ne s'en effarouche pas. L'astro-

---

1. La Condamine, Bouguer et Godin. (Éd.)

nomie est un jeu pour un mathématicien, et on peut tracer une méridienne sans être un Cassini. Le grand point est de se familiariser avec les instruments; il faut instruire ses mains, les livres instruiront son esprit.

A propos, j'oubliais la terrible expérience du mercure baissant si prodigieusement à la montagne de Quito. De combien baisse-t-il au pic de Ténériffe? J'ai bien peur que nous n'ayons pas, à beaucoup près, les quinze lieues d'atmosphère qu'on donnait libéralement à notre chétif globe.

Comptez, monsieur, que vous êtes sur ce globe un des hommes que j'estime et que j'aime le plus. Mille amitiés à la compagne aimable du philosophe.

P. S. Vous avez reçu une lettre d'une dame qui entend assez la philosophie newtonienne pour souhaiter que la gravitation pût rendre raison du mouvement journalier des planètes; mais les dames sont comme les rois, elles veulent quelquefois l'impossible.

DCLXXIII. — A M. LEDET ET COMPAGNIE, LIBRAIRES A AMSTERDAM.

7 juillet 1738.

Vous avez, sans m'en avertir, donné au public l'édition des *Éléments de Newton* assez informe, et dont plusieurs choses ne sont point de moi; vous auriez dû me laisser le temps de corriger cet ouvrage, et de me conformer aux sages remarques qu'a daigné faire M. le chancelier, qui seul a eu mon manuscrit entre les mains. L'unique moyen de réparer votre faute est de corriger promptement toutes les bévues de votre édition. Je vous les ai marquées, et vous devez y être très-attentifs, si vous entendez vos intérêts. C'est à vous à consulter sur cela le savant mathématicien qui vous a procuré le chapitre sur la lumière zodiacale.

Au reste, si vous faites, comme vous le dites, une nouvelle édition de mes ouvrages, je vous déclare que vous trahirez également votre intérêt et la probité, si vous y insérez, selon la coutume des libraires de Hollande, aucune pièce impie et licencieuse. Je n'en ai jamais fait, et je ne crois pas que *la Henriade*, qui a déjà été imprimée plus de vingt fois, ait besoin de ces infâmes accompagnements pour se faire vendre.

Vous aurez peut-être imprimé de petites pièces telles que *le Mondain* d'après les journaux hollandais; mais je vous déclare que les vers sur Adam,

> Mon cher Adam, mon vieux et triste père,
> Je crois te voir, en un recoin d'Éden,
> Grossièrement forger le genre humain,

ne sont point de moi. Ces sottises sont de quelques jeunes gens qui ont voulu égayer l'ouvrage; et si vous imprimez ces vers sous mon nom, je vous regarderai comme des faussaires. Je ne suis point non plus l'auteur des *Lettres philosophiques*, telles qu'elles ont été débitées;

elles sont pleines d'impertinences dont le moindre grimaud serait incapable.

On y dit que le P. Malebranche a soutenu les idées innées de Descartes, quoique le P. Malebranche les ait très-fortement combattues. On y parle d'un catalogue de sept mille étoiles; jamais pareil catalogue n'a été fait, et celui de Flamsteed, qui est le plus ample, ne va pas à plus de 2870 dont on connaît la position.

Enfin il y a des traits qui sont très-peu convenables à un homme qui a du respect pour la religion et pour les lois. Le libraire punissable, qui le premier imprima ces lettres, crut y donner cours par ces hardiesses; mais moi, je vous déclare que je n'y ai aucune part, et que si vous imprimez sous mon nom quelque chose que ce puisse être avec le titre de *Lettres philosophiques*, je serai en droit de me plaindre même à vos magistrats, car il n'est permis nulle part d'imputer à un homme ce qu'il désavoue; et afin que vous ne doutiez pas de mes sentiments, je vous envoie deux *duplicata* de cette lettre, dont j'enverrai une copie signée de moi à la chancellerie et à plusieurs personnes en place.

VOLTAIRE.

DCLXXIV. — A M. L'ABBÉ MOUSSINOT.

Juillet.

Voici, mon cher abbé, trois négociations littéraires dont je vous prie de vous charger. La première est de faire copier cette ode de M. de Cideville, conseiller au parlement de Rouen; il exige qu'elle paraisse dans le *Mercure*; et, malgré les louanges qu'il me donne, il faut lui obéir. Si vous prenez la peine de la porter vous-même à M. de La Roque, votre confrère en curiosités, vous verrez son beau et charmant cabinet.

La seconde négociation est de faire porter ce manuscrit à M. l'abbé Prévost, pour être imprimé dans le *Pour et Contre*. Je serais fort aise que cet abbé, à qui j'ai déjà envoyé un de mes livres, fût de mes amis; le meilleur moyen pour cela serait de lui parler vous-même, de l'assurer de mon estime et de mon envie de l'obliger.

Troisième négociation : c'est d'envoyer à d'Arnaud cet avertissement qu'il recopiera d'une écriture lisible, avec ce mot d'avis à MM. Westein et Smith, libraires à Amsterdam :

« Ayant appris, messieurs, qu'on fait en Hollande une très-belle édition des *Œuvres de M. de Voltaire*, je vous envoie cet avertissement pour être mis à la tête; je l'ai communiqué à M. de Voltaire, qui en est content. Je ne doute pas que d'aussi fameux libraires que vous n'aient part à cette édition, qu'on attend avec la dernière impatience. »

D'Arnaud vous remettra le tout pour être envoyé en Hollande, et vous lui donnerez une *Henriade* reliée. Donnez encore cent francs à M. Thieriot; mais, pour plus grosse somme, un mot d'avis. Point d'argent à Prault, à moins d'un nouvel ordre. Ce libraire n'aura jamais d'exactitude. C'est vous, mon cher ami, qui êtes un correspondant aussi exact que généreux. Vous avez toutes les vertus d'un janséniste éclairé, et toutes les bonnes qualités d'un homme de société.

DCLXXV. — A M. L'ABBÉ PRÉVOST, SUR LES ÉLÉMENTS DE NEWTON

Juillet.

Je viens, monsieur, de recevoir par la poste une de vos feuilles périodiques, dans laquelle vous rendez compte d'une nouvelle édition des *Éléments de Newton*. J'ai reçu aussi quelques imprimés sur le même sujet.

Comme je crois avoir, à propos de cet ouvrage, quelque chose à dire qui ne sera pas inutile aux belles-lettres, souffrez que je vous prie de vouloir bien insérer dans votre feuille les réflexions suivantes.

Il est vrai, comme vous le dites, monsieur, que j'ai envoyé à plusieurs journaux des *Éclaircissements* en forme de préface, pour servir de supplément à l'édition de Hollande, et j'apprends même que les auteurs du *Journal de Trévoux* ont eu la bonté d'insérer, il y a un mois, ces *Éclaircissements* dans leur journal. Si les nouveaux éditeurs des *Éléments de Newton* ont mis cette préface à la tête de leur édition, ils ont en cela rempli mes vues.

Je vois, par votre feuille que les éditeurs ont imprimé, dans cette préface, cette phrase singulière, *qu'une maladie a éclairé la fin de mon ouvrage*; et vous dites que vous ne concevez pas comment la fin de mon ouvrage peut être éclairée par une maladie; c'est ce que je ne conçois pas plus que vous; mais n'y aurait-il pas dans le manuscrit, *retardé*, au lieu d'*éclairé*? Ce qui peut-être est plus difficile à concevoir, c'est comment les imprimeurs font de pareilles fautes, et comment ils ne les corrigent pas. Ceux qui ont eu soin de cette seconde édition doivent être d'autant plus exacts, qu'ils reprochent beaucoup d'erreurs aux éditeurs d'Amsterdam, qui ont occasionné des méprises plus singulières.

Comme je n'ai nul intérêt, quel qu'il puisse être, ni à aucune de ces éditions, ni à celle qui va, dit-on, paraître en Hollande de ce qu'on a pu recueillir de mes ouvrages, je suis uniquement dans le cas des autres lecteurs; j'achète mon livre comme les autres, et je ne donne la préférence qu'à l'édition qui me paraît la meilleure.

Je vois avec chagrin l'extrême négligence avec laquelle beaucoup de livres nouveaux sont imprimés. Il y a, par exemple, peu de pièces de théâtre où il n'y ait des vers entiers oubliés. J'en remarquais dernièrement quatre qui manquaient dans la comédie du *Glorieux*, ce qui est d'autant plus désagréable que peu de comédies méritent autant d'être bien imprimées. Je crois, monsieur, que vous rendrez un nouveau service à la littérature, en recommandant une exactitude si nécessaire et si négligée.

Je conseillerais en général à tous les éditeurs d'ouvrages instructifs de faire des cartons au lieu d'*errata*; car j'ai remarqué que peu de lecteurs vont consulter l'*errata*; et alors, ou ils reçoivent des erreurs pour des vérités, ou bien ils font des critiques précipitées ou injustes

En voici un exemple récent, et qui doit être public, afin que dorénavant les lecteurs qui veulent s'instruire, et les critiques qui veulent nuire, soient d'autant plus sur leurs gardes.

Il vient de paraître une petite brochure sans nom d'auteur ni d'imprimeur, dans laquelle il paraît qu'on en veut beaucoup plus encore à ma personne qu'à la *Philosophie de Newton*. Elle est intitulée *Lettre d'un physicien sur la Philosophie de Newton, mise à la portée de tout le monde*.

L'auteur, qui probablement est mon ennemi sans me connaître, ce qui n'est que trop commun dans la république des lettres, s'explique ainsi sur mon compte, page 13 : « Il serait inutile de faire des réflexions sur une méprise aussi considérable; tout le monde les aperçoit, et elles seraient trop humiliantes pour M. de Voltaire. »

Il sera curieux de voir ce que c'est que cette méprise considérable qui entraîne des réflexions si humiliantes. Voici ce que j'ai dit dans mon livre : « Il se forme dans l'œil un angle une fois plus grand, quand je vois un homme à deux pieds de moi, que quand je le vois à quatre pieds; cependant je vois toujours cet homme de la même grandeur. Comment mon sentiment contredit-il ainsi le mécanisme de mes organes? »

Soit inattention de copiste, soit erreur de chiffres, soit inadvertance d'imprimeur, il se trouve que l'éditeur d'Amsterdam a mis deux où il fallait quatre, et quatre où il fallait deux. Le réviseur hollandais, qui a vu la faute, n'a pas manqué de la corriger dans l'*errata* à la fin du livre. Le censeur ne se donne pas la peine de consulter cet *errata*. Il ne me rend pas la justice de croire que je puis au moins savoir les premiers principes de l'optique; il aime mieux abuser d'une petite faute d'impression aisée à corriger, et se donner le triste plaisir de dire des injures. La fureur de vouloir outrager un homme à qui l'on n'a rien à reprocher que la peine extrême qu'il a prise pour être utile est donc une maladie bien incurable?

Je voudrais bien savoir, par exemple, à quel propos un homme qui s'annonce physicien, qui écrit, dit-il, sur la *Philosophie de Newton*[1], commence par dire que j'ai fait l'apologie du meurtre de Charles I*er*. Quel rapport, s'il vous plaît, de la fin tragique autant qu'injuste de ce roi avec la réfrangibilité et le carré des distances? Mais où aurais-je donc fait l'apologie de cette injustice exécrable? est-ce dans un livre que ce critique me reproche, livre où j'ai démontré qu'on a inséré vingt pages entières qui n'étaient pas de moi, et où tout le reste est altéré et tronqué? Mais en quel endroit fait-on donc l'apologie prétendue de ce meurtre? Je viens de consulter le livre où l'on parle de cet assassinat, d'autant plus affreux qu'on emprunta le glaive de la législature pour le commettre. Je trouve qu'on y compare cet attentat avec celui de Ravaillac, avec celui du jacobin Clément, avec le crime, plus énorme encore, du prêtre qui se servit du corps de Jésus-Christ même, dans la communion, pour empoisonner l'empereur Henri VII. Est-ce là justifier

1. Par le P. Regnault, jésuite. (ÉD.)

le meurtre de Charles Ier? N'est-ce pas au contraire le trop comparer à de plus grands crimes?

C'est avec la même justice que ce critique, m'attaquant toujours au lieu de mon ouvrage, prétend que j'ai dit autrefois: « Malebranche non-seulement admit les idées innées, mais il prétendit que nous voyons tout en Dieu. »

Je ne me souviens pas d'avoir jamais écrit cela; mais j'ai l'équité de croire que celui à qui on le fait dire a eu sans doute une intention toute contraire, et qu'il avait dit: « Malebranche non-seulement n'admit point les idées innées, mais il prétendit que nous voyons tout en Dieu. » En effet, qui peut avoir lu la Recherche de la Vérité, sans avoir principalement remarqué le chap. IV du livre III, de l'Esprit pur, seconde partie? J'en ai sous les yeux un exemplaire marginé de ma main il y a près de quinze ans. Ce n'est pas ici le lieu d'examiner cette question; mon unique but est de faire voir l'injustice des critiques précipitées, de faire rentrer en lui-même un homme qui sans doute se repentira de ses torts, quand il les connaîtra, et enfin de faire ressouvenir tous les critiques d'une ancienne vérité qu'ils oublient toujours, c'est qu'une injure n'est pas une raison.

Je n'ai jamais répondu à ceux qui ont voulu, ce qui est très-aisé, rabaisser les ouvrages de poésie que j'ai faits dans ma jeunesse. Qu'un lecteur critique Zaïre, ou Alzire, ou la Henriade, je ne prendrai pas la plume pour lui prouver qu'il a tort de n'avoir pas eu de plaisir. On ne doit pas garder le même silence sur un ouvrage de philosophie; tantôt on a des objections spécieuses à détruire, tantôt des vérités à éclaircir, souvent des erreurs à rétracter. Je puis me trouver ici à la fois dans ces trois circonstances; cependant je ne crois pas devoir répondre en détail à la brochure dont il est question.

Si on me fait des objections plus raisonnables, j'y répondrai, soit en me corrigeant, soit en demandant de nouveaux éclaircissements; car je n'ai et ne puis avoir d'autre but que la vérité. Je ne crois pas qu'excepté quatre ou cinq arguments, il y ait rien de mon propre fonds dans les Éléments de la Philosophie nouvelle. Elle m'a paru vraie, et j'ai voulu la mettre sous les yeux d'une nation ingénieuse, qui, ce me semble, ne la connaissait pas assez. Les noms de Galilée, de Képler, de Descartes, de Newton, de Huygens, me sont indifférents. J'ai examiné paisiblement les idées de ces grands hommes que j'ai pu entrevoir. Je les ai exposées selon ma manière de concevoir les choses, prêt à me rétracter quand on me fera apercevoir d'une erreur.

Il faut seulement qu'on sache que la plupart des opinions qu'on me reproche se trouvent ou dans Newton, ou dans les livres de MM. Keill, Gregory, Pemberton, s'Gravesande, Musschenbroek, etc., et que ce n'est pas dans une simple brochure, faite avec précipitation, qu'il faut combattre ce qu'ils ont cru prouver dans des livres qui sont le fruit de tant de réflexions et de tant d'années.

Je vois que ce qui fait toujours le plus de peine à mes compatriotes, c'est ce mot de gravitation, d'attraction. Je répète encore qu'on n'a qu'à lire attentivement la dissertation de M. Maupertuis sur ce sujet, dans son livre *De la figure des astres*, et on verra si on a plus d'idée de l'impulsion qu'on croit connaître que de l'attraction qu'on veut combattre. Après avoir lu ce livre, il faut examiner le quinzième, le seizième, et le dix-septième chapitre des *Éléments de Newton*, et voir si les preuves qu'on y a rassemblées contre le plein et contre les tourbillons paraissent assez fortes. Il faut que chacun en cherche encore de nouvelles. Les physiciens-géomètres sont invités, par exemple, à considérer si, quinze pieds étant le sinus verse de l'arc que parcourt la terre en une seconde, il est possible qu'un fluide quelconque pût causer la chute de quinze pieds dans une seconde.

Je les prie d'examiner si les longueurs de pendules étant entre elles comme les carrés de leurs oscillations, un pendule de la longueur du rayon de la terre étant comparé avec notre pendule à secondes, la pesanteur qui fait seule les vibrations des pendules peut être l'effet d'un tourbillon circulant autour de la terre, etc. Quand on aura bien balancé, d'un côté, toutes ces incompatibilités mathématiques, qui semblent anéantir sans retour les tourbillons, et, de l'autre, la seule hypothèse douteuse qui les admet, on verra mieux alors ce que l'on doit penser.

De très grands philosophes, qui m'ont fait l'honneur de m'écrire sur ce sujet des lettres un peu plus polies que celle de l'anonyme, veulent s'en tenir au mécanisme que Descartes a introduit dans la physique. J'ai du respect pour la mémoire de Descartes ainsi que pour eux. Il faut sans doute rejeter les qualités occultes; il faut examiner l'univers comme une horloge. Quand le mécanisme connu manque, quand toute la nature conspire à nous découvrir une nouvelle propriété de la matière, devons-nous la rejeter parce qu'elle ne s'explique pas par le mécanisme ordinaire? Où est donc la grande difficulté que Dieu ait donné la gravitation à la matière, comme il lui a donné l'inertie, la mobilité, l'impénétrabilité? Je crois que plus on y fera réflexion, plus on sera porté à croire que la pesanteur est, comme le mouvement, un attribut donné de Dieu seul à la matière. Il ne pouvait pas la créer sans étendue, mais il pouvait la créer sans pesanteur. Pour moi, je ne reconnais, dans cette propriété des corps, d'autre cause que la main toute-puissante de l'Être suprême. J'ai osé dire, et je le dis encore, que, s'il se pouvait que les tourbillons existassent, il faudrait encore que la gravitation entrât pour beaucoup dans les forces qui les feraient circuler; il faudrait même, en supposant ces tourbillons, reconnaître cette gravitation comme une force primordiale résidante à leur centre.

On me reproche de regarder, après tant de grands hommes, la gravitation comme une qualité de la matière; et moi je me reproche, non pas de l'avoir regardée sous cet aspect, mais d'avoir été, en cela, plus loin que Newton, et d'avoir affirmé, ce qu'il n'a jamais fait, que la lumière, par exemple, ait cette qualité. *Elle est matière*, ai-je dit; *donc elle pèse*. J'aurais dû dire seulement: *donc il est très-vraisemblable qu'elle pèse*. M. Newton, dans ses *Principes*, semble croire que la lumière n'a point cette propriété que Dieu a donnée aux autres corps de tendre vers un centre. J'ai poussé la hardiesse au point d'exposer un sentiment contraire. On voit au moins par là que je ne suis point esclave de Newton, quoiqu'il fût bien pardonnable de l'être. Je finis, parce que j'ai trop de choses à dire; c'est à ceux qui en savent plus que moi, à rendre sensibles des vérités admirables dont je n'ai été que le faible interprète. J'ai l'honneur d'être, etc.

P. S. On vient de m'avertir qu'on parle, dans le *Journal de Trévoux*, d'un problème sur la *Trisection de l'angle*, qu'on m'attribue. Je ne sais encore ce que c'est; je n'ai jamais rien écrit sur ce sujet.

DCLXXVI. — A M. L'ABBÉ MOUSSINOT.

Cirey, le 9 juillet.

Venons à Jore, mon cher abbé; c'est un libraire qui s'est ruiné en faisant son commerce très-maladroitement. Il a publié contre moi, sous le titre de *Factum*, un Mémoire infâme, ou plutôt un libelle diffamatoire. Il faut que le sieur Bégon, procureur, demande et obtienne la suppression de ce mémoire mensonger et calomnieux; cela sera d'autant plus aisé, que je ne crois pas que le misérable Jore s'y oppose. Je soupçonne furieusement que ce Jore est mis en jeu par quelqu'un de ces malheureux qui ne cherchent qu'à me tourmenter, malgré la profonde obscurité où je suis enseveli. Ce mémoire n'est point l'ouvrage d'un avocat, on le sent au style; il est certainement de quelque impudent insigne, exercé dès longtemps à barbouiller du papier. C'est à M. Hérault que le procureur doit s'adresser pour la suppression de ce libelle. Envoyez, je vous prie, à ce magistrat, avec la lettre ci-jointe, un *Newton* proprement habillé.

Prault doit faire porter chez vous cent cinquante exemplaires des *Éléments de Newton*; je les ai achetés; ils doivent être bien reliés. M. Cousin se donnera la peine de voir s'ils sont en bon état, s'ils sont tous conformes à mes intentions, c'est-à-dire avec les quatre mots de corrections que j'ai envoyés. Ces mots sont indispensables dans un ouvrage qui veut de l'exactitude. Voyez vous-même, mon cher abbé, si Prault a fait son devoir. Vous prendrez le nombre des exemplaires que vous jugerez à propos; et si vous avez des amis qui entendent ces matières philosophiques, je vous prie de leur en faire part, et de me croire pour la vie votre bon et sincère ami.

DCLXXVII. — A M. BERGER.

Cirey, juillet.

Je serais fort aise que vous fussiez auprès de M. Pallu, et je crois que cette place vaudrait mieux que la demi-place que vous avez. Un intendant est plus utile qu'un prince. Je perdrais un aimable correspondant à Paris, mais j'aime mieux votre fortune que des nouvelles.

Mme du Châtelet ne peut s'avilir en souffrant qu'on imprime un écrit qu'elle a daigné composer, qui honore son sexe et l'Académie, et qui fait peut-être honte aux juges qui ne lui ont pas donné le prix.

1. Berger était secrétaire du prince de Carignan. (Éd.)

Je me donnerai bien de garde de demander à aucun ministre la communication des recueils dont vous me parlez. Je ne leur demande jamais rien; mais j'aurais été fort aise que mon ami, en lisant, eût remarqué quelques faits singuliers et intéressants, s'il y en a, et m'en eût fait part. C'est là ce qui est très-aisé, et ce dont je vous prie encore. Vous n'envoyez jamais les nouveautés. Nous n'en avons pas un extrême besoin, mais elles amuseraient un moment; et c'est beaucoup, me semble, de plaire un moment à la divinité de Cirey.

Rousseau m'a envoyé l'ode apoplectique dont vous me faites mention. Il m'a fait dire que c'était par humilité chrétienne; qu'il m'avait toujours estimé, et que j'aurais été son ami si j'avais voulu, etc. Je lui ai fait dire qu'il y avait en effet de l'humilité à avoir composé cette ode, et beaucoup à me l'envoyer; que, si c'était de l'humilité *chrétienne*, je n'en savais rien, que je ne m'y connaissais pas, mais que je me connaissais fort en probité; qu'il fallait être juste avant d'être humble; que, puisqu'il m'estimait, il n'avait pas dû me calomnier, et que, puisqu'il m'avait calomnié, il devait se rétracter, et que je ne pouvais pardonner qu'à ce prix. Voilà mes sentiments qui valent bien son ode.

Je n'ai jamais eu la vanité d'être gravé; mais, puisque Odieuvre et les autres ont défiguré l'ouvrage de Latour, il faut y remédier. La planche doit être in-8°, parce que telle est la forme des livres où l'on imprime mes rêveries. L'abbé Moussinot s'était chargé d'un nouveau graveur; je lui écrirai; je connais le mérite de celui que l'on propose. Un grand cabinet de physique et quelques achats de chevaux m'ont un peu épuisé, et m'ont rendu indigne de la pierre qui représente Newton. Je me contente de ses ouvrages pour une pistole. J'aimerais mieux, il est vrai, acheter cette tête que de faire graver la mienne, et je suis honteux de la préférence que je me donne; mais on m'y force. Mes amis, qui admirent Newton, mais qui m'aiment, veulent m'avoir; ayez donc la bonté d'aller trouver M. Barier avec M. de Latour. Je m'en rapporte à lui et à vous. Vous cachetterez, s'il vous plaît, vos lettres avec mon visage. Il faut que la pierre soit un peu plus grande qu'à l'ordinaire, mais moindre que ce Newton, qui est une espèce de médaillon. On ne veut point envoyer mon portrait en pastel; mais M. de Latour en a un double, il n'y a qu'à y faire mettre une bordure et une glace. Je demande à M. l'abbé Moussinot qu'il en fasse les frais. Adieu, mon cher ami; je vous embrasse.

DCLXXVIII. — AU MÊME.

Cirey.

J'ai reçu votre lettre, mon cher monsieur. Non-seulement j'ai souhaité que M. de Latour fût le maître de faire graver mon portrait, mais j'écris à l'abbé Moussinot en conséquence; ce n'est pas pour l'honneur de mon visage, mais pour l'honneur du pinceau de ce peintre aimable. A lui permis de m'exposer, son pinceau excuse tout. Il y a des personnes assez curieuses pour vouloir avoir ce petit visage-là gravé en pierre à cachet. Si M. de Latour veut encore se charger de cette besogne, il sera le maître du prix. Priez-le de m'instruire comment il faut s'y prendre, et dans quel temps on pourrait espérer une douzaine de pierres.

Si vous pouviez me faire transcrire une douzaine ou deux des lettres les plus intéressantes écrites à M. de Louvois et de ses réponses, les plus propres à caractériser ces temps-là, vous rendriez un grand service à l'auteur du *Siècle de Louis XIV*. Je vous supplie de ne rien épargner pour cela.

J'ai de meilleurs mémoires sur le czar Pierre que n'en a l'auteur de sa *Vie*. On ne peut être plus au fait que je le suis de ce pays-là; et quelque jour je pourrai faire usage de ces matériaux; mais on n'aime ici que la philosophie, et l'histoire n'y est regardée que comme des caquets. Pour moi je ne méprise rien. Tout ce qui est du ressort de l'esprit a mes hommages.

M. d'Argental nous a mandé son départ pour ses terres. Nous espérons qu'il passera par Cirey. Il y trouvera une espèce de Nouveau-Monde fort différent de celui de Paris. Vos lettres font toujours grand plaisir aux habitants de ce monde-là.

DCLXXIX. — A M. LE COMTE D'ARGENTAL.

14 juillet.

La route de Paris à Pont-de-Veyle est par Dijon; la route de Dijon est par Bar-sur-Aube, Chaumont, Langres, etc. De Bar-sur-Aube à Cirey il n'y a que quatre lieues; et, si vous ne voulez pas faire quatre lieues pour voir vos amis, vous n'êtes plus d'Argental, vous n'êtes plus ange gardien, vous êtes digne d'aller en Amérique.

Ah! charmant et respectable ami, vous ne vous démentirez pas à ce point, et vous ne nous donnerez pas pour excuse qu'il ne faut pas aller à Cirey, en passant; il faut y aller, ne fût-ce que pour un jour ou pour une heure. Quoi! vous faisiez dix-huit cents lieues pour quitter vos amis, et vous n'en feriez pas quatre pour les voir! Je vous avertis que, si vous prenez une autre route que celle de Bar-sur-Aube, Chaumont, Langres, si vous passez par Auxerre, nous vous ferons rougir, et nous aurons le bonheur de vous voir.

Vos réflexions sur les *Épîtres* et sur *Mérope* me paraissent fort justes; et, puisque j'ai pris tant de liberté avec le marquis Maffei dans les quatre premiers actes, je pourrai bien encore changer son cinquième. En ce cas, la *Mérope* m'appartiendra tout entière.

Si on ne permet pas de se moquer des convulsions, il ne sera donc plus permis de rire.

Si le public, devenu plus dégoûté que délicat à force d'avoir du bon en tout genre, ne souffre pas qu'on égaye des sujets sérieux; si le goût d'Horace et de Despréaux est proscrit, il ne faut donc plus écrire.

Mais, si vous ne venez pas à Cirey, il ne faut plus rien aimer.

Mme du Châtelet vous persuadera; et moi je ne veux point perdre l'espérance de voir M. et Mme d'Argental, et de les assurer qu'ils n'auront jamais un serviteur plus tendre, plus dévoué que Voltaire, et plus affligé de la barbare idée que vous avez de vous détourner de votre chemin pour ne nous point voir.

DCLXXX. — A M. DE CIDEVILLE.

À Cirey, le 14 juillet.

Malgré mon silence coupable,
Et mes égarements divers,
Cideville, toujours aimable,
Toujours à lui-même semblable,
Daigne encor m'envoyer des vers.

Il est ma première maîtresse,
Qui, prenant ses plus beaux atours,
Vient rendre à ses premiers amours
Un cœur formé pour la tendresse,
Que je crus usé pour toujours.

Croyez, mon cher Cideville, que je pourrai renoncer aux vers, mais jamais à votre tendre amitié. Cette philosophie de Newton a un peu pris sur notre commerce, mais rien sur mes sentiments. Périsse le carré des distances, périssent les lois de Kepler, plutôt qu'il me soit reproché que j'ai abandonné mon ami! Quelle science vaut l'amitié? Non, mon cher Cideville, non-seulement je ne vous oublie point, mais je ne perds point l'espérance de vous revoir. Il est bien vrai que les *Éléments de Newton* me font des ennemis. Il y a deux bonnes raisons pour cela : cette philosophie est vraie, et elle combat celle de Descartes, que les Français ont adoptée avec aussi peu de raison qu'ils l'avaient proscrite.

Je ne suis point étonné que vous ayez entendu une philosophie raisonnable et dégagée de toutes ces hypothèses qui ne présentent à l'esprit que des romans confus. Je ne suis point surpris non plus que vous l'ayez fait entendre à la personne aimable à qui sans doute vous avez fait entendre des vérités d'un usage plus réel, et qui par là en est plus respectable pour moi. Il faut, quand on a un maître tel que vous, que le cœur et l'esprit aillent de compagnie. Permettez que je lui réponde en vers. Elle ne m'a point écrit dans sa langue; sa langue est sans doute celle des dieux.

Vous avez dû avoir quelque peine avec cette édition d'Amsterdam: elle est très-fautive. Il faut souvent suppléer le sens. Les libraires se sont hâtés de la débiter sans me consulter. Vous recevrez incessamment quelques exemplaires d'une édition qu'on dit plus correcte. Vous aurez *Mérope* en même temps. Je vous payerai mes tributs en vers et en prose pour réparer le temps perdu.

Nous n'avons point entendu parler de Formont depuis qu'il est à la suite de Plutus.

Il est mort, le pauvre Formont:
Il a quitté le double mont.

Musique, vers, philosophie,
Plutus lui fait tout renier.
Pleurez, Érato, Polymnie,
Chapelle s'est fait sous-fermier.

Nous recevons dans le moment une lettre de lui ; ainsi nous nous rétractons. Elle est datée de la campagne.

Quand cette lettre fut écrite
D'un style si vif et si doux,
Sans doute il était près de vous ;
Il a repris tout son mérite.

Il faut que je vous dise une singulière nouvelle. Rousseau vient de me faire envoyer une ode de sa façon, accompagnée d'un billet dans lequel il dit que c'est par humilité chrétienne qu'il m'adresse son ode ; qu'il m'a toujours estimé, et que j'aurais été son ami si j'avais voulu. J'ai fait réponse que son ode n'est pas assez bonne pour me raccommoder avec lui ; que, puisqu'il m'estimait, il ne fallait pas me calomnier ; et que, puisqu'il m'a calomnié, il fallait se rétracter ; que j'entendais peu de chose à l'humilité chrétienne, mais que je me connaissais très-bien en probité, et pas mal en odes ; qu'il fallait enfin corriger ses odes et ses procédés pour bien réparer tout. Je vous envoie son ode, vous jugerez si elle méritait que je me réconciliasse. Il est dur d'avoir un ennemi ; mais quand les sujets d'inimitié sont si publics et si injustes, il est lâche de se raccommoder, et un honnête homme doit haïr le malhonnête homme jusqu'au dernier moment. Celui qui m'a offensé par faiblesse retrouvera toujours une voie pour rentrer dans mon cœur ; un coquin n'en trouvera jamais. Je me croirais indigne de votre amitié, si je pensais autrement. Adieu, mon cher ami, que j'ai tant de raisons d'aimer. Mme du Châtelet ne vous connaît que comme les bons auteurs, par vos ouvrages ; vos lettres sont des ouvrages charmants.

DCLXXXI. — A M. BERGER.

Cirey.

Apparemment, mon cher Berger, que vous n'avez reçu ma lettre quand vous étiez à Chantilly. J'ai écrit plusieurs fois à l'abbé Moussinot, pour avoir une autre planche plus digne du pastel de notre ami Latour. Je veux en faire les frais, et qu'on travaille sous ses yeux. Le graveur doit obéir au peintre, comme l'imprimeur à l'auteur. Si les animaux hollandais qui ont imprimé mes *Éléments de Newton* avaient été plus dociles, cet ouvrage ne serait pas plein de fautes d'impression. Je me tiens l'apôtre de Newton, mais j'ai peur de semer en terre ingrate. Mandez-moi si l'excellent livre de M. de Maupertuis fait le fracas qu'il doit faire. Votre peuple frivole en est très-indigne.

Écrivez-moi toutes ces nouvelles, et aimez qui vous aime.

ANNÉE 1738.

DCLXXXII. — A M. DE MAUPERTUIS
Juillet.

Voyez, notre maître à tous, si vous voulez permettre que je vous adresse cette drogue. Vous m'avouerez que j'ai quelque raison d'être piqué contre le pédant de continuateur qui m'insulte encore après avoir gâté mon ouvrage.

Que Newton vous tienne en sa sainte et digne garde! Si vous trouvez quelque sottise dans mon bavardage, ayez la bonté de la corriger. Émilie vous en prie. Je suis toujours à vos genoux avec mon encens à la main, et mon ignorance dans la tête.

DCLXXXIII. — DE FRÉDÉRIC, PRINCE ROYAL DE PRUSSE.

A Vesel, le 24 juillet.

Mon cher ami, me voilà rapproché de plus de soixante lieues de Cirey. Il me semble que je n'ai plus qu'un pas à faire pour y arriver, et je ne sais quel pouvoir invincible m'empêche de satisfaire mon empressement pour vous voir. Vous ne sauriez concevoir ce que me fait souffrir votre voisinage; ce sont des impatiences, ce sont des inquiétudes; ce sont enfin toutes les tyrannies de l'absence.

Rapprochez, s'il se peut, votre méridien du nôtre; faisons faire un pas à Remusberg et à Cirey pour se joindre.

Que par un système nouveau
Quelque savant change la terre,
Et qu'il retranche, pour nous plaire,
Les monts, les plaines et les eaux
Qui séparent nos deux hameaux!

Je souhaiterais beaucoup que M. de Maupertuis pût me rendre ce service. Je lui en saurais meilleur gré que de ses découvertes sur *la figure de la terre*, et de tout ce que lui ont appris les Lapons.

A propos de voyage, je viens de passer dans un pays où assurément la nature n'a rien épargné pour rendre les terres les plus fertiles et les contrées les plus riantes du monde; mais il semble qu'elle se soit épuisée en faisant les arbres, les haies, les ruisseaux, qui embellissent ces campagnes, car assurément elle a manqué de force pour y perfectionner notre espèce.

Je m'entretiens de votre réputation avec tous ceux qui viennent ici de Hollande, et je trouve des gens qui pensent comme moi, ou je fais des prosélytes. J'ai combattu pour vous à Brunswick contre un certain Botmer, bel esprit manqué, vif, étourdi, et qui décide de tout en dernier ressort. Ma cause a été triomphante, comme vous pouvez le croire; et l'autre, confondu par la puissance de votre mérite, s'est avoué vaincu.

Ce sont en partie les libelles infâmes, dont vos compatriotes se piquent de vous affubler, qui préviennent le public, juge pour l'ordinaire injuste et mal instruit. Il suffit qu'un homme soit blâmé par quelqu'un qui écrit contre lui, pour que les trois quarts du monde renouvellent sans cesse les accusations d'un rival. Le vulgaire n'examine jamais, et il aime à répéter tout ce que les autres ont dit contre un homme de grand nom.

Votre nation est bien ingrate et bien légère de souffrir que des médisants, des plumes inconnues, osent entreprendre de flétrir vos lauriers. Est-ce que le nombre des grands hommes est si commun? Serait-ce parce que vous ne donnez point de l'encensoir à travers le visage des dieux de la terre? Quelques raisons qu'ils puissent alléguer, il n'y en aura que de mauvaises. Si Auguste eût souffert qu'on eût couvert Virgile d'opprobre, si Louis XIV eût laissé enlever à Despréaux sa mérite, ils auraient été moins grands princes, et le monarque romain et le monarque français auraient peut-être été obligés de renoncer à une partie de leur réputation.

C'est une espèce de barbarie que d'obscurcir ou de laisser étouffer le génie et les grands talents. Les Français, en ne vous estimant pas assez, semblent se trouver indignes d'être les compatriotes de l'auteur de la *Henriade* et de tant d'autres chefs-d'œuvre. On sent trop, pour peu qu'on y fasse attention, que la plume de vos ennemis est trempée dans le fiel de l'envie. Ce ne sont point des raisons qu'ils allèguent contre vous, ce sont des traits de malignité et de méchanceté; tant il est vrai que la jalousie et l'envie sont un brouillard qui obscurcit aux yeux du jaloux le mérite de son adversaire.

M. Thieriot m'a envoyé les deux *Lettres* que vous avez écrites, l'une sur les ouvrages de M. Dutot, et l'autre sur *Mérope*. Ce sont des chefs-d'œuvre chacune dans leur genre. Vous jugez de la poésie en Horace, et de l'art de rendre les hommes heureux en Agrippa et en Amboise.

N'oubliez pas d'assurer la marquise de tous les sentiments d'admiration que son mérite m'inspire; je ne parle point de sa beauté, car il paraît qu'elle est ineffable.

Je mène depuis quelque temps une vie active, et très-active. Dans quelques semaines, la contemplative aura son tour. On peut être heureux et dans l'une et dans l'autre; et comment peut-on être malheureux, lorsqu'on peut se flatter d'avoir de vrais amis? Soyez toujours le mien, monsieur, et ne doutez jamais de l'estime parfaite avec laquelle je suis, monsieur, votre très-fidèle ami, FÉDÉRIC.

DCLXXXIV. — A M. DE MARVILLE.

Le 24 juillet

Monsieur, je me donnerai bien de garde de vous prier de vous ennuyer à la lecture du livre que j'ai l'honneur de vous présenter; mais je ne peux m'empêcher de saisir cette occasion de vous marquer combien je vous suis attaché, et de vous faire souvenir d'un ancien serviteur qui compte toujours sur vos bontés. Je suis avec respect, etc.

VOLTAIRE.

DCLXXXV. — A M. DE MAUPERTUIS.

Cirey, le 26 juillet.

Depuis feu saint Thomas, il n'y a personne de si incrédule que vous. Ne croyez point aux tourbillons, à la terre élevée aux pôles; confondez les erreurs des philosophes, mon grand philosophe; mais, pour Dieu! croyez les faits, quand votre ami et votre admirateur vous les articule. L'article de Saturne ne m'appartient pas plus qu'à vous dans ces *Éléments de Newton*, et je trouve cette graine de satellites formant un anneau, tout aussi ridicule que cette pépinière de petites planètes dont on s'avise de composer la lumière zodiacale, en la comparant encore plus ridiculement, à mon gré, avec la voie lactée. J'ignore encore quel est le mathématicien qui s'est chargé de cette besogne; tout ce que je sais, c'est que les libraires ont fait coudre, pour de l'argent, cette étoffe étrangère à l'étoffe dont je leur avais fait présent. Les libraires sont des faquins, et je ne sais que dire du savant mercenaire qui a copié, pour de l'argent, tant d'*acta eruditorum* et d'anciens mémoires de l'Académie. Je suis obligé de ne point me brouiller avec lui, 1° parce qu'il ne faut point se battre contre un masque, quand on est à visage découvert; 2° parce que cela ferait une querelle indécente et ruineuse pour le parti de la vérité; mais j'espère un jour réparer ses torts.

Mme du Châtelet ne voulait pas m'en croire, quand je lui disais que c'était une très-grande erreur de ma part d'avoir voulu faire cadrer les proportions de la chute des corps, découvertes par Galilée, avec la raison inverse du carré des distances, de Newton. J'avais beau lui dire que ces deux vérités ne découlaient point l'une de l'autre, que je m'étais trompé; il a fallu enfin que l'oracle parlât, pour qu'elle se soumît.

J'entends toujours dire qu'un grand parti subsiste contre vous; mais j'espère qu'il ne subsistera pas longtemps. Vous avez reçu une lettre du prince royal; c'est le seul prince, je crois, digne de vous lire. On dit que l'empereur de la Chine en est fort digne aussi; mais, je vous prie, n'allez point à la Chine.

Vous devriez bien d'un coup de votre massue d'Hercule écraser ces fantômes de tourbillons, que je n'attaque qu'avec mes faibles roseaux. Voici, je crois, si vous voulez m'aider, un coup de fouet contre les tourbillons :

Les longueurs des pendules sont entre elles comme les carrés des temps de leurs vibrations. Si, sur la surface de la terre, trois pieds huit lignes donnent une seconde, le diamètre de la terre donne une heure vingt-quatre minutes et plus, et la terre tourne à peu près en dix-sept heures et dix-sept fois vingt-quatre minutes, et ce plus; donc la pesanteur qui fait l'oscillation des pendules ne peut venir sur la surface de la terre d'un fluide circulant qui devrait faire aller nos pendules à secondes dix-sept fois plus vite qu'elles ne vont; donc, etc. Mettez-moi cela au clair, je vous prie; dites-moi si j'ai raison, et ce qu'on peut répondre à ces arguments.

Expliquez-moi comment des journaux peuvent louer des leçons de physique où l'on imagine de petits tourbillons avec un petit globule dur au milieu[1]. Dites-moi si cela ne couvre pas de honte notre nation aux yeux des étrangers.

Dites-moi si je ne suis pas bien importun; mais, si mes questions le sont, je vous prie, que mon amitié ne le soit pas.

Vous voilà dans votre pays où vous êtes prophète; mais, si vous étiez à Cirey, vous seriez, comme dit l'autre, *plus quam propheta*[2].

J'ai eu l'honneur de faire porter chez vous, rue Sainte-Anne, deux exemplaires de la nouvelle édition des *Éléments de Newton*. Mme du Châtelet reçoit dans le moment votre lettre. Il est bien triste que vous alliez ailleurs, quand votre personne est si nécessaire à Paris. Que deviendra la vérité? Les hommes n'en sont pas dignes; mais vous êtes digne de la faire connaître. Si votre esprit sublime vous permet d'aimer, aimez-nous.

DCLXXXVI. — A M. L'ABBÉ MOUSSINOT.

Juillet.

Pas un sou à Prault, mon cher abbé, que je n'aie arrêté son compte, et que je sache ce que je dois payer de chaque volume. Nous étions convenus à trente sous, il me demande aujourd'hui un écu : ce n'est pas là notre marché. Je suis très mécontent de lui et de la tournure qu'il prend pour me faire payer ma marchandise plus cher que je ne l'ai achetée. Vous pouvez toujours lui donner cinq cents francs pour les autres livres qu'il m'a fournis, mais, encore une fois, pas un sou au delà.

Voudriez-vous, mon cher abbé, écrire au grand d'Arnaud de rendre son avertissement quatre fois plus court et plus simple, d'en retrancher les louanges que je ne mérite pas, et de laisser dans le seul carré de papier qui contiendra cet avertissement une marge pour les corrections que je ferai? Mon cher ami, ma santé va bien mal.

DCLXXXVII. — AU MÊME.

Cirey, juillet.

Il y a beaucoup d'insolence à Demoulin de me menacer de faire un mémoire, et cela seul mérite qu'on le punisse. M. d'Argental n'aurait pas dû s'en mêler. Je suis très fâché que son amitié se soit fourrée entre moi et ce Demoulin; et je me vois forcé de faire pour M. d'Argental ce que certainement je n'aurais pas fait pour ce coquin qui m'a volé vingt mille francs. Sursoyez donc la procédure jusqu'à la fin du mois d'août. Je veux absolument qu'à cette époque il me paye au moins dix mille francs, et qu'il me donne des sûretés pour les vingt mille restants; et tout cela à condition qu'il me demandera pardon de l'insolence qu'il a eue de me menacer d'un mémoire. Sans ce préalable, point de paix, et qu'on le poursuive à la rigueur.

1. M. de Voltaire parle des leçons de Réaumur. (*Éd. de Kehl.*)
2. Matthieu, XI, 9 ; et Luc, VII, 26. (ÉD.)

Le procédé de Demoulin est d'un coquin, et celui du petit La Mare d'un grand étourdi. S'il a encore l'impudence de venir menacer de la part de Demoulin, ou même, s'il se présente chez vous, faites-lui passer la porte, au cas que vous ne vouliez pas vous servir de la lettre.

Grand merci du télescope et des pantoufles. Le télescope est très bien raccommodé, et les pantoufles sont fort bien faites. Mes pieds et mes yeux vous sont fort obligés, mon cher ami.

DCLXXXVIII. — A M. THIERIOT.

À Cirey, le 2 août.

Je vous remercie bien tendrement, mon cher ami, de tant de bons passe-ports que vous avez donnés à cette *Philosophie de Newton*. Vous êtes accoutumé à faire valoir plus d'une vérité venue d'Angleterre. M. Cousin vous donnera tant d'exemplaires que vous voudrez. Voulez-vous vous charger d'un pour M. Pallu, d'un pour M. de Chauvelin, intendant d'Amiens, ou voulez-vous que je m'en charge ?

Je suis bien étonné que cette *Lettre* imprimée contre mes *Éléments* soit du P. Regnault; elle n'est pas digne d'un écolier. Je crois que j'y réponds de façon à forcer l'auteur à être fâché contre lui-même, et non contre moi.

Nous avons ici un fermier général qui me paraît avoir la passion des belles-lettres : c'est le jeune Helvétius, qui sera digne du temple de Cirey, s'il continue. Voilà Minerve réconciliée avec Plutus. M. de La Popelinière avait déjà commencé cette grande négociation. Je doute qu'on y réussisse mieux que lui.

Ce qui me fait le plus de plaisir, dans la copie de la lettre trop flatteuse pour moi que vous a écrite notre prince, c'est qu'il vous parle avec confiance. Plus il vous connaîtra, et plus son cœur s'ouvrira pour vous. Apparemment que cette lettre, où il prend mon parti avec tant de bonté, est en réponse à la satire injurieuse et absurde du P. Regnault, et à d'autres ouvrages contre moi que vous lui avez envoyés. Si je ne craignais d'opposer trop d'amour-propre à ces injures, je vous dirais de lui envoyer les témoignages honorables, aussi bien que ceux qui peuvent me décrier; je pourrais faire voir que je ne suis ni si haï ni si méprisé qu'on le fait accroire à ce prince, dont le goût et les bontés s'affermissent par ces infâmes injures.

Mon cher ami, voici bientôt le temps où on vous possédera à Cirey. J'ai beaucoup de choses à vous dire qui sont pour vous d'une extrême importance. Je vous embrasse tendrement.

DCLXXXIX. — A FRÉDÉRIC, PRINCE ROYAL DE PRUSSE.

À Cirey, le 5 août.

Monseigneur, j'ai reçu la plus belle et la plus solide des faveurs de Votre Altesse royale. L'ouvrage politique m'est enfin parvenu. Je me doutais bien que celui qui réussit si bien dans nos arts excellerait dans le sien. J'étais étonné de voir en votre personne un métaphysicien si sublime et si sage, un poëte si aimable. Je ne suis point étonné que vous écriviez en grand prince, en vrai politique; n'est-il pas juste que Votre Altesse royale fasse bien son métier? Malheur à ceux qui entendent mieux les autres professions que la leur! Je m'en vais dire une impertinence: je crois que, si ces *Considérations sur l'état présent de l'Europe* avaient été imprimées sous le nom d'un membre du parlement d'Angleterre, j'aurais reconnu Votre Altesse royale, j'aurais dit: « Voilà le grand prince caché sous le grand citoyen. »

Il règne dans cet ouvrage, digne de son auteur, un style qui vous décèle, et j'y vois je ne sais quel air de membre de l'Empire qu'un citoyen anglais n'a guère. Un homme de la chambre des Seigneurs, ou des Communes, prend moins de part aux libertés germaniques. Il y a encore un petit trait de bonne philosophie leibnitzienne qui est bien votre cachet; comme il n'y a rien, dites-vous, qui n'ait une cause suffisante de son existence, je crois que j'aurais dit à ce seul mot: « Voilà mon prince philosophe, c'est lui, il n'y en a point d'autre; » mais où je vous aurais encore plus reconnu, c'est dans cette grandeur d'âme pleine d'humanité, qui est la couleur dominante de tous vos tableaux.

Mme la marquise du Châtelet et moi nous avons relu plusieurs fois l'excellent et instructif ouvrage dont Votre Altesse royale a daigné honorer Cirey, et que d'autres yeux n'auront point le bonheur de lire. Mme du Châtelet dit sans hésiter que c'est ce qui est sorti de vos mains de plus digne de vous. J'ose le croire aussi; mais la plus récente de vos faveurs est toujours la plus chère, et je crains de me tromper sur le choix.

Serait-il permis à moi, chétif atome rampant dans un coin de ce monde, dont vos semblables, rois ou autres, font mouvoir les ressorts; serait-il permis, dis-je, de demander à Votre Altesse royale quelques instructions? Je suis de ces gens qui interrogent la Providence; votre Providence m'a trop enhardi.

Est-ce plaisanterie ou tout de bon que Votre Altesse royale dit qu'on a suivi le projet de M. le maréchal de Villars, d'unir l'empereur avec la France? Il me semble qu'il y a là un air de vérité qu'on démêle au milieu de la fine ironie dont cet endroit est assaisonné.

En effet, qui résisterait si l'empereur était uni avec la France et l'Espagne? Alors les Anglais et les Hollandais ne se serviraient plus de leur balance, avec laquelle ils ont voulu tenir l'équilibre de l'Europe, que pour peser les ballots qui leur viennent des Indes.

Voici des expressions du respectable auteur de cet ouvrage, qui m'ont bien frappé: *La fortune qui préside au bonheur de la France;* cela me persuade plus que jamais que la France a joué bien heureusement à un jeu où je crois qu'elle ignorait qu'elle dût s'intéresser, un moment avant de prendre les cartes.

J'ai ouï dire à feu M. le maréchal de Villars qu'il avait fallu forcer la France à prendre les armes, que l'on avait même manqué deux fois de parole au ministre d'Espagne, et qu'enfin on avait été entraîné par les circonstances, piqué par le mépris que tout le conseil de l'empereur, excepté le grand prince Eugène, faisait ouvertement du ministère français, et encouragé en partie par l'espérance de voir le roi Stanislas, qui vous aime de tout son cœur, sur le trône de la Pologne, où il serait, si les vœux de la nation polonaise et les lois eussent prévalu.

Votre Altesse royale sait que la France destinait d'abord au roi Stanislas un secours un peu plus honnête que celui de quinze cents fantassins¹ contre cinquante mille Russes; mais les menaces des Anglais, et leur flotte, toute prête à nous fermer le passage, retinrent dans le port le fameux du Guay-Trouin, qui comptait bien se mesurer avec les maîtres des mers. On donna donc au roi Stanislas le secours d'un pion contre une dame et une tour; et le roi, qu'on n'osait ni secourir ni abandonner, fut échec et mat. Depuis ce temps, la force des événements, dont la prudence du ministère français a profité, a donné la Lorraine à la France, selon l'ancienne vue qui avait été proposée du temps de Louis XIV. Il paraît que ce qu'on appelle la fortune a fait beaucoup à ce jeu-là. Les joueurs n'ont pas mal écarté, et la rentrée a fait gagner la partie.

Le ministère français avait d'abord, ce semble, si peu d'envie de faire la guerre, qu'un an avant la déclaration on avait cessé de payer les subsides à la Suède et au Danemark.

J'oserais comparer la France à un homme fort riche, entouré de gens qui se ruinent petit à petit; il achète leurs biens à vil prix. Voilà à peu près comme ce grand corps, réuni sous un chef despotique, a englouti le Roussillon, l'Alsace, la Franche-Comté, la moitié de la Flandre, la Lorraine, etc. Votre Altesse royale se souvient du serpent à plusieurs têtes et du serpent à plusieurs queues : celui-ci passa où l'autre ne put passer.

Oserai-je prendre la liberté de supplier Votre Altesse royale de daigner me dire si c'est un sentiment reçu unanimement dans l'Empire, que la Lorraine en soit une province ? car il me semble que les ducs de Lorraine ne le croyaient pas, et que même ce n'était pas en qualité de ducs de Lorraine qu'ils avaient séance aux diètes. Votre Altesse royale sait que la jurisprudence germanique est partagée sur bien des articles, mais votre sentiment sera mon code. Plût à Dieu qu'il n'y eût que des âmes comme la vôtre qui fissent des lois ! on n'aurait pas besoin d'interprète. En réfléchissant sur tous les événements qui se sont passés de nos jours, je commence à croire que tout s'est fait entre les couronnes, à peu près comme je vois se traiter toutes les affaires entre les particuliers. Chacun a reçu de la nature l'envie de s'agrandir; une occasion paraît s'offrir, un intrigant la fait valoir; une femme gagnée par de l'argent, ou par quelque chose qui doit être plus fort, s'oppose à la négociation; une autre la renoue; les circonstances, l'humeur, un caprice, une méprise, un rien décide. Si la duchesse de Marlborough n'avait pas jeté une jatte d'eau au nez de milady Masham,

1. Commandés, en 1734, par le comte de Plélo. (Ép.)

et quelques gouttes sur la reine Anne, la reine Anne ne se fût point jetée entre les bras des torys, et n'eût point donné à la France une paix sans laquelle la France ne pouvait plus se soutenir.

M. de Torci m'a juré qu'il ne savait rien du testament du roi d'Espagne Charles II; que, quand la chose fut faite, on assembla un conseil extraordinaire à Versailles, pour savoir si on accepterait le testament qui allait changer la face de l'Europe, et agrandir la maison de Bourbon, sans agrandir la France; ou si l'on s'en tiendrait à un traité de partage qui démembrerait la monarchie espagnole, et qui donnerait à la France toute la Flandre et la Lorraine. Le chancelier de Pontchartrain fut de ce dernier avis, et le soutint avec force. Louis XIV, et son fils le grand dauphin, pensèrent en pères plus qu'en rois; le testament fut accepté, et de là suivit cette funeste guerre qui ébranla la monarchie espagnole, et la monarchie française.

Il semble qu'il y ait un génie malin qui se plaise à confondre toutes les espérances des hommes, et à jouer avec la fortune des empires. Qui aurait dit, il y a quatre ans, aux Florentins : « Ce sera un homme de l'Austrasie qui sera votre prince[1], » les eût bien étonnés.

On croit dans l'Europe que le système de Law en France avait fait couler dans les coffres du Régent tout l'argent du royaume; et je vois que cette opinion a passé jusqu'à Votre Altesse royale. Assurément elle est bien vraisemblable; mais le fait est que Law, qui était venu en France avec cinquante mille livres de bien, est mort ruiné, et que feu M. le duc d'Orléans est mort avec sept millions de dettes exigibles, que son fils a eu bien de la peine à payer.

Le vrai peut quelquefois n'être pas vraisemblable.
Art poét. ch. III, v. 48.

Ce n'est pas que je croie que le génie plaisant qui bouleverse tout dans ce monde, et qui se moque de nous, fasse toute la besogne. Les puissances qui, par la suite des temps, par la guerre, par les mariages, etc., sont devenues plus fortes que leurs voisins, feront tout ce qu'il faudra pour les engloutir, comme le riche seigneur accable son pauvre voisin : et c'est là ce qu'on appelle grande politique; c'est là ce que votre âme adorable appelle grande injustice, grande horreur. Votre politique consiste à empêcher l'oppression. Tous les princes devraient avoir gravés sur la table de leur conseil et sur la lame de leurs épées, ces mots par lesquels Votre Altesse royale finit: *C'est un opprobre de perdre ses États, c'est une rapacité punissable d'envahir ceux sur lesquels on n'a point de droit.* Ce sont là les paroles d'un grand homme, et le gage de la félicité de tout un peuple.

Il faut que Votre Altesse royale pardonne une idée qui m'a passé par la tête plus d'une fois. Quand j'ai vu la maison d'Autriche prête à s'éteindre, j'ai dit en moi-même : « Pourquoi les princes de la communion opposée à Rome n'auraient-ils pas leur tour? Ne pourrait-il se

1. François-Étienne de Lorraine, devenu grand-duc de Toscane en juillet 1737. (Éd.)

ANNÉE 1738.

trouver parmi eux un prince assez puissant pour se faire élire? La Suède et le Danemark ne pourraient-ils pas l'aider? Et si ce prince avait de la vertu et de l'argent, n'y aurait-il pas à parier pour lui? Ne pourrait-on pas rendre l'Empire alternatif, comme certains évêchés qui appartiennent tantôt à un luthérien, tantôt à un romain?» Je prie Votre Altesse royale de me pardonner ce tome de *Mille et une Nuits*.

Quem canerem reges et prœlia, Cynthius aurem
Vellit, et admonuit.
Virg., ecl. VI, v. 3.

Votre Altesse royale est peut-être à présent à Clèves ou à Vesel. Pourquoi faut-il que je ne sois pas sur la frontière? Mme du Châtelet en avait une grande envie; elle avait même imaginé d'aller vers Trèves, pour tâcher de voir le Salomon du Nord. Un homme de la maison du Châtelet a une petite principauté entre Trèves et Juliers, que l'on pourrait vendre, et qui peut-être conviendrait à Sa Majesté. Mme du Châtelet serait assez la maîtresse de cette vente; ce serait une belle occasion pour rendre ses respects au plus respectable prince de l'Europe. La reine de Saba viendrait avec un grand plaisir consulter le jeune Salomon; mais j'ai bien peur que cette idée si flatteuse ne soit encore pour les *Mille et une Nuits*.

Le sieur Thieriot nous a fait la galanterie de faire parvenir à Cirey un petit mot de Votre Altesse royale, par lequel elle lui marquait que ses bontés pour moi ne sont point ébranlées par je ne sais quelles méprisables brochures qui paraissent quelquefois dans Paris, contre moi, aussi bien que contre des gens qui valent beaucoup mieux que moi. Ces brochures, que le sieur Thieriot envoie à Votre Altesse royale, lui donneraient mauvaise opinion de l'esprit des Français, si elle ne savait d'ailleurs que ces misérables ouvrages sont le partage de la lie du Parnasse, qui compose ces misères encore plus pour gagner de l'argent que par envie. C'est l'intérêt qui les écrit, mais c'est quelquefois une secrète jalousie qui les distribue et qui les fait valoir.

Il est très-vrai que Mme la marquise du Châtelet avait composé un *Essai sur la nature du feu*, pour le prix de l'Académie des sciences; il est très-vrai qu'elle méritait d'avoir part au prix, et qu'elle en aurait eu à tout autre tribunal qu'à celui qui reçoit encore les lois de Descartes, et qui a de la foi pour les tourbillons.

Elle ne manquera pas d'avoir l'honneur d'envoyer à Votre Altesse royale ce Mémoire que vous daignez demander; elle est digne d'un tel juge; elle joint ses respects et ses sentiments aux miens.

Je suis avec la vénération, la reconnaissance et l'attachement que je vous dois, monseigneur, de Votre Altesse royale, etc.

DCXC. — DE FRÉDÉRIC, PRINCE ROYAL DE PRUSSE.

A Loo, en Hollande, le 6 août.

Mon cher ami, je vous reconnais, je reconnais mon sang dans la belle *Épître sur l'Homme* que je viens de recevoir, et dont je vous remercie mille fois. C'est ainsi que doit penser un grand homme; et ces pensées sont aussi dignes de vous que la conquête de l'univers l'était d'Alexandre. Vous recherchez modestement la vérité, et vous la publiez avec hardiesse lorsqu'elle vous est connue. Non, il ne peut y avoir qu'un Dieu et qu'un Voltaire dans la nature. Il est impossible que cette nature, si féconde d'ailleurs, recopie son ouvrage pour reproduire votre semblable.

Il n'y a que de grandes vérités dans votre *Épître sur l'Homme*. Vous n'êtes jamais plus grand ni plus sublime que lorsque vous restez bien ce que vous êtes. Convenez, mon cher ami, que l'on ne saurait bien être que ce que l'on est; et vous avez tant de raisons d'être satisfait de votre façon de penser, que vous ne devriez jamais vous rabaisser en empruntant celle des autres.

Que les moines, obscurément encloîtrés, ensevelissent dans leur crasseuse bassesse leur misérable théologie; que nos descendants ignorent à jamais les puériles sottises de la foi, du culte et des cérémonies des prêtres et des religieux. Les brillantes fleurs de la poésie sont prostituées lorsqu'on les fait servir de parure et d'ornement à l'erreur; et le pinceau qui vient de peindre les hommes doit effacer la Loyolade.

Je vous suis très-obligé et redevable à l'infini de la peine que vous vous donnez de corriger mes fautes. J'ai une attention extrême sur toutes celles que vous me faites apercevoir, et j'espère de me rendre de plus en plus digne de mon ami et de mon maître dans l'art de penser et d'écrire.

Point de comparaison, je vous prie, de vos ouvrages aux miens. Vous marchez d'un pas ferme par des routes difficiles, et moi je rampe par des sentiers battus. Dès que je serai de retour chez moi, ce qui pourra être à la fin de ce mois, Césarion et Jordan voleront sur votre *Épître sur l'Homme*, et je vous garantis d'avance de leurs suffrages. Quant à *sapientissimus Wolffius*, je ne le connais en aucune manière, ne lui ayant jamais parlé ni écrit; et je crois, comme vous, que la langue française n'est pas son fort.

Votre imagination, mon cher ami, nous rend conquérants à bon marché; aussi soyez persuadé que nous en aurons toute l'obligation à votre générosité. Je sais bien que si de ma vie j'allais à Cirey, ce ne serait pas pour l'assiéger. Votre éloquence, plus forte que les instruments destructeurs de Jéricho, ferait tomber les armes de mes mains. Je n'ai d'autres droits sur Cirey que ceux que doit payer la reconnaissance à une amitié désintéressée. Nouveau Jason, j'enlèverais la toison d'or, mais j'enlèverais en même temps le dragon qui garde ce trésor; gare Mme la marquise!

Au moins, madame, vous ne tomberiez pas entre les mains des corsaires. En généreux vainqueur, je partagerais avec vous, ne vous déplaise, ce M. de Voltaire que vous voulez posséder toute seule.

Je reviens à vous, mon cher ami. De retour de mes conquêtes, il est juste que je jouisse du quartier d'hiver: ce sera M. de Maupertuis

ANNÉE 1738.

qui me la préparera. Vos idées sont excellentes sur son sujet ; j'aurais souhaité que vous eussiez ajouté à ce que vous m'écrivez :

Et nous partagerons ce soin entre nous deux.

M. Thieriot m'annonce une nouvelle édition de votre *Philosophie de Newton*. Je me réserve de vous en remercier lorsque je l'aurai reçue. Je ne sais ce que font mes lettres; elles doivent s'ennuyer cruellement en chemin. Il y a assurément quelque anicroche, car il y a plus de deux mois que l'encrier pour Émilie est parti. Le gros paquet devait vous être remis par la voie de Lunéville; je me flatte que vous l'avez à présent.

Je vous écris d'un endroit où résidait jadis un grand homme, et qu'habite maintenant le prince d'Orange. Le démon de l'ambition verse sur ses jours ses malheureux poisons. Ce prince, qui pourrait être le plus fortuné des hommes, est dévoré de chagrins dans son beau palais, au milieu de ses jardins et d'une cour brillante. C'est dommage, en vérité, car ce prince a d'ailleurs infiniment d'esprit, et des qualités respectables. J'ai beaucoup parlé de Newton avec la princesse; de Newton nous avons passé à Leibnitz, et de Leibnitz à la feue reine d'Angleterre, qui, suivant ce que m'a dit le prince, était du sentiment de Clarke.

J'ai appris à cette cour que s'Gravesande n'avait point parlé de votre traduction de Newton de la manière dont je l'aurais souhaité. Mon Dieu! les sentiments du cœur ne seront-ils jamais unis avec la grandeur, la richesse, l'esprit, et les sciences?

Je n'ai point eu de lettres pendant tout mon voyage, quelques soins que je me sois donnés; et je ne sais ce que fait notre pauvre Parnasse délabré de Berlin.

Jordan grandira de deux doigts, quand il apprendra la place dont vous la jugez digne ; votre lettre sera du bonbon que je lui donnerai à mon retour. Si ma plume pouvait vous dire tout ce que mon cœur pense, ma lettre n'aurait point de fin.

Le secret d'ennuyer est celui de tout dire.

Je ne vous dirai que très-peu, mon cher ami; pensez quelquefois à moi, lorsque vous n'aurez rien de mieux à faire; il ne faut point que je déplace quelque bonne pensée de votre esprit. Mes compliments à la marquise. Mon Dieu! on est si distrait ici, qu'on n'est point à soi-même. Aimez-moi un peu, car j'y suis très-sensible; et ne doutez point des sentiments d'estime avec lesquels je suis, monsieur, votre très-fidèle ami, FÉDÉRIC.

DCXCI. — A M. THIERIOT.

Le 7 août.

Je reçois, mon cher ami, votre lettre du 1er, celle du 3, la lettre de Son Altesse royale, l'extrait du P. Castel, les vers attribués à Bernard. Grand merci de tout cela, et surtout de vos lettres.

Je vous ai mandé avant-hier que j'écrivais au prince par la même voie par laquelle j'avais reçu son paquet.

Le P. Castel a peu de méthode dans l'esprit; c'est le rebours de l'esprit de ce siècle. On ne peut guère faire un extrait plus confus et moins instructif.

« Les vers de Bernard, où de qui il vous plaira, sont plus remplis de mollesse et de grâces que piquants de nouveauté. Je pourrais répondre à ceux qui pensent comme lui :

Le bonheur de jouir, moins rare que charmant,
Est-il donc l'ennemi du bonheur de connaître ?
Ne peut-on rapprocher le sage de l'amant ?
N'est-ce que chez les sots que l'amour pourra naître ?
Vos vers et votre esprit nous font assez connaître
Qu'on peut penser beaucoup, et sentir tendrement;
L'amour est des humains le plus cher avantage,
C'est le premier des biens, c'est donc celui du sage.
Que Vénus sache aimer, je n'en suis pas surpris,
Trop de dieux ont goûté les faveurs de Cypris.
Mais au cœur de Pallas inspirer la tendresse,
Couronner la Raison des mains de la Mollesse,
Enchaîner la Vertu de guirlandes de fleurs,
C'est la première des douceurs,
Et le comble de la sagesse.

« Voilà des vers qui échappent à ma philosophie. On pourrait les réciter s'ils étaient limés, mais non les donner. *Oh quanti e quanti ne vedrete, when you are at Cirey!*

Ceux qui reprochent à M. Algarotti le ton affirmatif ne l'ont pas lu. On n'aurait à lui reprocher que de n'avoir pas assez affirmé; je veux dire de n'avoir pas assez dit de choses, et d'avoir trop parlé. D'ailleurs, si le livre est traduit comme il le mérite, il doit réussir; à l'égard du mien, il est jusqu'à présent le premier en Europe qui ait appelé *parvulos ad regnum cœlorum*, car *regnum cœlorum*, c'est Newton. Les Français, en général, sont assez *parvuli*. Il n'y a point, comme vous dites, *d'opinions nouvelles* dans Newton : il y a des expériences et des calculs, et, avec le temps, il faudra que tout le monde se soumette. Les Regnault et les Castel n'empêcheront pas, à la longue, le triomphe de la raison. Adieu, père Mersenne; vous vous apercevrez bientôt des sentiments du prince royal pour vous.

DCXCII. — A M. HELVÉTIUS.

Le 10 août.

Je reçois dans ce moment, mon aimable petit-fils d'Apollon, une lettre de monsieur votre père, et une de vous; le père ne veut que me guérir, mais le fils veut faire mes plaisirs. Je suis pour le fils; que je languisse, que je souffre, j'y consens, pourvu que vos vers soient beaux. Cultivez votre génie, mon cher enfant. Je vous y exhorte hardiment, parce que je sais que jamais vos goûts ne vous feront oublier vos devoirs, et que chez vous l'homme, le poëte et le philosophe, seront également estimables. Je vous aime trop pour vous tromper.

Macte, animo, generose *puer; sic itur ad astra.*
Æneid., IX, 641.

En allant *ad astra*, n'oubliez pas Cirey. Grâce au génie de Mme du Châtelet, Cirey est sur la route; elle fait grand cas de vous, et en conçoit beaucoup d'espérances. Elle vous fait ses compliments; et moi je vous assure, sans compliments et sans formule, de l'amitié la plus tendre et de la plus sincère estime. Ces sentiments si vrais ne souffrent point du très-humble et très, etc

DCXCIII. — De Demoulin.

A Paris, le 12 août 1738.

Monsieur, nous vous remercions très-humblement de toutes vos bontés, et des facilités que vous voulez bien nous accorder pour vous payer. Nous en conserverons un précieux souvenir, et nous vous en marquerons notre vive reconnaissance dans toutes les occasions. Votre créance est bien assurée, et nous vous prions d'être persuadé que nous l'acquitterons le plus tôt qu'il nous sera possible. Je suis en avance dans plusieurs bonnes affaires, et notre zèle à obliger est cause que nous ne sommes pas à notre aise.

Vous me rendez justice, monsieur, en ne me croyant point coupable d'aucune mauvaise intention. J'ose même vous protester que jamais je n'en ai eu, et que jamais amant n'a aimé plus tendrement une maîtresse que je vous ai toujours aimé, malgré tout ce qui est arrivé. J'ai des vivacités, il est vrai; vous me les avez souvent reprochées avec raison; mais je ne le cède à personne pour la droiture du cœur, la pureté des intentions, et la fidèle exécution quand il s'agit de rendre service.

Je sais qu'on m'a fort calomnié, et je sais encore que les personnes qui déclamaient le plus contre moi, en vous quittant, venaient au logis pour m'animer contre vous. Depuis ce temps-là j'ai rendu à une de ces personnes des services assez considérables; et si les occasions se présentaient d'obliger les autres, je le ferais volontiers. C'est la seule vengeance que je prétends en tirer.

Si vous me croyez utile à quelque chose, et même dans ce qui peut exiger de la discrétion, honorez-moi de vos commissions, et soyez, je vous supplie, assuré d'une prompte et secrète expédition.

Ma femme vous assure de ses très-humbles respects.

J'ai l'honneur d'être avec un profond respect, monsieur, votre très humble, etc. Demoulin.

DCXCIV. — A Frédéric, prince royal de Prusse

A Cirey, août.

Monseigneur, Votre Altesse royale me reproche, à ce que dit M. Thieriot, que mes occupations sont plutôt la cause de mon silence que mes maladies. Mais, monseigneur, j'ai eu l'honneur d'écrire par M. Ploetz et par M. Thieriot. Voici une troisième lettre, et Votre Altesse royale pourra bien ne se plaindre que de mes importunités.

Ceci, monseigneur, n'est ni belles-lettres, ni vers, ni philosophie, ni histoire. C'est une nouvelle liberté que j'ose prendre avec Votre Altesse royale; je pousse à bout votre indulgence et vos bontés.

J'ai déjà eu l'honneur de dire un mot à Votre Altesse royale d'une petite principauté située vers Liége et Juliers; elle s'appelle Beringhen. Elle est composée de Ham et Beringhen; elle appartient au marquis de Trichâteau, par sa mère, qui était de la maison de Honsbruck.

Il y a des dettes. Mme du Châtelet, qui a plein pouvoir d'en disposer, voudrait bien que ce petit coin de terre, qui ne relève de personne, pût convenir à Sa Majesté le roi votre père. Cinq ou six cent mille florins que la terre peut valoir ne sont que l'accessoire de cette affaire. Le principal serait que la reine de Saba viendrait sur les lieux, s'il en était temps encore, pour y voir le Salomon de l'Europe. Votre Altesse royale sait si je serais du voyage. C'est bien alors que le pays de Juliers serait la terre promise, où je verrais *salutare meum*. Je ne sais peut-être ce que je dis, mais enfin j'ai imaginé que la proposition de cette vente étant convenable aux intérêts de Sa Majesté, je ne faisais point en cela un crime de lèse-politique, et que les ministres de Sa Majesté ne s'y opposeraient pas, si Votre Altesse royale le faisait proposer ou le proposait. Votre Altesse royale est suppliée de se faire d'abord informer de la terre, de ses droits, et du lieu précis où elle est située, car je n'en sais rien.

Je n'entends rien en politique. Je ne m'entends bien que dans les sentiments de zèle, de respect, d'admiration, et j'ai presque dit de tendresse, avec lesquels je suis, etc.

M. et Mme du Châtelet jouissent à présent de cette petite principauté, qui leur a été adjugée ensuite d'une donation qui leur a été faite par le marquis de Trichâteau. Mais ils ne touchent rien du revenu, qu'ils laissent jusqu'à fin de payement des dettes.

DCXCV. — AU MÊME.

Août.

Je suis presque ressuscité,
Lorsque j'ai vu cette écritoire,
L'instrument de la vérité,
De mes plaisirs, de votre gloire.
Mais qu'il m'en doit coûter de soins!
Que l'usage en est difficile!
Quand on a la lance d'Achille,
Il faut être un Patrocle au moins.
Qui du beau chantre de la Thrace
Tiendrait la lyre entre ses doigts,
S'il n'avait sa force et sa grâce,

ANNÉE 1738.

Pourrait-il animer les bois,
Adoucir l'enfer et Cerbère?
C'est un grand ouvrage, et je crois
Qu'il ferait bien mieux de se taire.
Mais le cas est tout différent;
L'écritoire est pour Émilie;
Grand prince, elle eut votre génie
Avant d'avoir votre présent.
Le ciel tous les deux vous réserve
Pour l'exemple de nos neveux;
Et c'est Mars qui, du haut des cieux,
Envoie une égide à Minerve.

Il fallait Votre Altesse royale, monseigneur, et Émilie pour me donner la force de penser et d'écrire. J'ai été assez près d'aller voir ce royaume qu'Orphée charma, et dont je n'aurais voulu revenir que pour Émilie et pour votre personne.

Vous ne croiriez peut-être pas, monseigneur, que j'ai encore beaucoup réformé *Mérope*. J'avais dans le commencement voulu imiter le marquis Maffei, car j'aime passionnément à faire valoir dans ma patrie les chefs-d'œuvre des étrangers. Mais petit à petit, à force de travailler, la *Mérope* est devenue toute française. Grâce à vos sages critiques, elle est autant à vous qu'à moi; aussi, quand je la ferai imprimer, je vous demanderai la permission de vous la dédier, et de mettre à vos pieds et la pièce et mes idées sur la tragédie.

Je ne sais si Votre Altesse royale a reçu la nouvelle édition des *Éléments de Newton*. Puisqu'elle daigne s'intéresser assez à moi pour me mander que M. s'Gravesande n'en a pas dit de bien, je lui dirai que je n'en suis pas surpris.

Les libraires ou corsaires hollandais, impatients de débiter cet ouvrage, se sont avisés de faire brocher les deux derniers chapitres par un métaphysicien hollandais, qui s'est avisé de contredire les sentiments de M. s'Gravesande dans les deux chapitres postiches. Il nie les deux plus beaux avantages du système newtonien, l'explication des marées, et la cause de la précession des équinoxes, qui vient sans difficulté de la protubérance de la terre à l'équateur. M. s'Gravesande est, avec raison, attaché à ces deux grands points. D'ailleurs le livre est imprimé avec cent fautes ridicules. L'édition de France, sous le nom de Londres, est un peu plus correcte. Les cartésiens crient comme des fous à qui on veut ôter les trésors imaginaires dont ils se repaissaient; ils se croient appauvris si la nature a des vides. Il semble qu'on les vole; il y en a qui se fâchent sérieusement. Pour moi je me garderai bien de me fâcher de rien, tant que *divus Federicus et diva Emilia* m'honoreront de leurs bontés.

Nous venons d'être un peu plus instruits de ce Beringhen; c'est une ville entre le pays de Liége et Juliers. Si cela était à la bienséance de Sa Majesté, et qu'elle daignât l'honorer du titre de sa sujette, on recevrait, comme de raison, toutes les lois que Sa Majesté daignerait prescrire. Mme du Châtelet n'a pas osé en parler à Votre Altesse royale; elle me charge d'oser demander votre protection. Nous nous conduirons dans cette affaire par vos seuls ordres. Mme du Châtelet vient d'envoyer un homme sur les lieux; c'est un avocat de Lorraine.

Si l'affaire pouvait tourner comme je le souhaite, il ne serait pas difficile de déterminer M. le marquis du Châtelet à faire un petit voyage. Enfin j'ose entrevoir que je pourrais, avec toutes les bienséances possibles, dussent les gazettes en parler, venir me jeter aux pieds de Votre Altesse royale, et voir enfin ce que j'admire.

J'espère que votre autre sujet, M. Thieriot, va venir pour quelques jours dans votre château de Cirey. C'est alors que votre culte y sera parfaitement établi, et que nous chanterons des hymnes que le cœur aura dictés.

Je suis, avec le plus profond respect et cette tendre reconnaissance qui augmente tous les jours, etc.

DCXCVI. — Au Rédacteur de la Bibliothèque Française.

À Cirey en Champagne, le 30 août.

J'ai reçu, monsieur, le petit écrit que l'éditeur des *Éléments de Newton* a fait imprimer contre moi. Je suis beaucoup plus reconnaissant des deux beaux chapitres qu'il a bien voulu ajouter à la fin de mon ouvrage, que je ne suis fâché des choses désobligeantes qu'il peut me dire. Il est vrai que je ne suis pas de son avis sur quelques points de physique qu'il avance dans ces deux chapitres; je prends la liberté d'embrasser contre lui l'opinion des Newton, des Gregory, des Pemberton et des s'Gravesande, sur les marées et sur la précession des équinoxes, qui me paraissent une suite évidente de la gravitation. Je suis encore très-loin de croire avec lui que la lumière zodiacale soit composée de petites planètes, et que l'anneau de Saturne soit un assemblage de plusieurs lunes. Je ne connais surtout d'autre explication physique de l'anneau de Saturne que celle que M. de Maupertuis en a donnée dans son livre *De la figure des astres*. Cette belle idée de M. de Maupertuis est toute fondée sur la physique newtonienne, et j'en aurais sûrement enrichi mes *Éléments*, si les libraires m'en avaient donné le temps, et s'ils n'avaient pas fait finir mon livre par une autre main, pendant la longue maladie qui m'a empêché d'y travailler. Mais, quoique je diffère sur tant de points avec le continuateur, je ne lui en ai pas témoigné moins d'estime dans mes nouveaux *éclaircissements* sur ce livre, persuadé que, pour être philosophe, on ne doit point être impoli, et qu'il n'est permis de parler durement qu'à un malhonnête homme. Je le remercie donc de la peine qu'il a bien voulu prendre de corriger des fautes de copistes, d'imprimeur et de graveurs, et surtout les miennes, qui, comme on le dit très-bien, sont des excès d'inadvertance ou d'ignorance.

Je ne sais comment il est arrivé qu'aucune de ces fautes ne se trouve dans le manuscrit de ma main, que j'ai eu l'honneur de faire remettre à monseigneur le chancelier de France, qu'il a examiné lui-même avec attention, et dont toutes les pages ont été lues, signées, et approuvées, avec des éloges trop flatteurs, par M. Pitot, de l'Académie des sciences, et par M. de Moncarville, examinateurs des livres; mais, comme j'ai beaucoup plus d'envie de voir le public bien servi que de soutenir ici une querelle personnelle, à mon gré fort inutile, je supplie le continuateur de vouloir bien ajouter à tous les soins qu'il a pris celui de faire corriger encore quelques fautes qui restent dans l'édition des sieurs Ledet.

Dès que l'édition des sieurs Ledet parut à Paris, les libraires de Paris en firent une autre qui lui était entièrement conforme; elle est intitulée de Londres, parce qu'ils n'ont eu qu'une permission tacite. J'ai obtenu qu'ils corrigeassent toutes les fautes de leur édition, et qu'ils imprimassent des feuilles nouvelles. J'ai envoyé les mêmes additions et les mêmes changements aux libraires de Hollande, à qui j'avais fait présent de cet ouvrage; ils doivent avoir la même attention que ceux de Paris; ils doivent corriger les fautes d'impression qui sont dans leurs livres et celles des éditeurs de Paris, et rendre par là leur édition complète. Elle sera alors infiniment au-dessus des autres éditions, tant par cette correction nécessaire qui s'y trouvera, que par la beauté du papier et pour les ornements. Je n'exige point ce nouveau travail de la part des sieurs Ledet comme le prix du présent que je leur ai fait de tous mes ouvrages; je ne l'exige que pour leur propre bien; et je payerai même très-volontiers les frais des cartons qu'il faudra faire.

Qu'il me soit permis de proposer ici à tous les éditeurs de livres une idée qui me paraît assez utile au bien de la littérature : c'est que, dans les livres d'instruction, quand il se trouve des fautes soit de copiste, soit d'imprimeur, qui peuvent aisément induire en erreur des lecteurs peu au fait, on ne doit point se contenter d'indiquer les fautes dans un *errata*; mais alors il faut absolument un carton. La raison en est bien simple : c'est que le lecteur n'ira point certainement consulter un errata pour une faute qu'il n'aura point aperçue. Toutes les fois encore qu'une faute n'ôte rien au sens et à la construction d'une phrase, mais forme un sens contraire à l'intention de l'auteur, ce qui arrive très-souvent, un carton est indispensable.

Il est rapporté qu'un célèbre avocat fut mis en prison pour avoir imprimé dans un factum cette phrase : *le roi n'avait pas été* sensible *à la justice....* L'imprimeur avait mis *sensible* pour *insensible*; et cette syllabe de moins fut la cause des malheurs d'un honnête homme. Un *errata*, dans ce cas, eût été une faute presque aussi grande.

Je crois même que les livres en vaudraient beaucoup mieux, si les libraires qui se chargent de les imprimer en pays étrangers envoyaient le premier exemplaire de leur édition aux auteurs avant de mettre le livre en vente, et s'ils leur donnaient par là le temps de les corriger. Car il est certain que, quand on voit son ouvrage imprimé et dans la forme dans laquelle le public doit le juger, on le voit avec des yeux plus éclairés; on y aperçoit des fautes qu'on n'avait pas vues dans le manuscrit; et la crainte d'être indigne des juges devant lesquels on va paraître produit de nouveaux efforts et de nouvelles beautés. Pour moi, je ne répondrais que de mes nouveaux efforts; et, comme il n'est pas juste que les libraires en portent la dépense, je payerai très-volontiers à mes libraires, à qui j'ai déjà fait présent de mes ouvrages, tous les changements que je voudrais y faire. Je suis si peu content de tout ce que j'ai écrit, que j'aurai très-grande obligation à ceux qui m'impriment actuellement s'ils veulent entrer dans mes vues, et je ne croirai point d'argent mieux employé. Il y a beaucoup d'endroits de la *Henriade*, et surtout de mes tragédies, dont je ne suis point du tout content. À l'égard de l'*Histoire de Charles XII*, je suis actuellement occupé à la réformer. J'en ai déjà envoyé plus d'un tiers aux libraires; mais je leur conseillerais d'attendre, pour la réimprimer, que M. Norberg, chapelain de Charles XII, ait donné la sienne; elle doit être en quatre volumes in-4°. Il sera sans doute entré dans de très-grands détails utiles et agréables pour des Suédois, mais peut-être moins intéressants pour les autres peuples. Il différera sans doute de moi dans plusieurs faits; car, quoique j'aie écrit sur les mémoires de MM. de Villelongue, Fabrice, Fierville, tous témoins oculaires, M. Norberg aura pu très-bien voir les mêmes choses avec un œil tout différent; et mon devoir sera de profiter de ses lumières en rapportant naïvement son sentiment, comme j'ai rapporté celui des personnes qui m'ont confié leurs mémoires. Je n'ai et ne puis avoir d'autre but que l'amour de la vérité; mais il y a plus d'une vérité que le temps seul peut découvrir. Si donc les libraires veulent attendre un peu, l'ouvrage n'en sera que meilleur; s'ils n'attendent pas, il faudra bien le corriger un jour. Un homme qui a eu la faiblesse d'être auteur, doit, à mon sens, réparer cette faiblesse en réformant ses ouvrages jusqu'au dernier jour de sa vie.

Je suis, etc.

DCXCVII. — A M. L'ABBÉ MOUSSINOT.
Septembre.

J'ai été si malade, mon cher ami, et je suis encore si faible, que je ne peux écrire à personne; mais le peu de force que j'ai, je l'emploie à vous écrire, à vous uniquement. De grâce, faites savoir aux Richelieu, aux Villars, aux d'Estaing, aux d'Auneuil, à mon frère même, que je n'ai été que malade, que je ne suis point tout à fait mort. Une lettre d'avis et de politesse leur rappellera que je leur ai prêté mon argent, et qu'ils doivent chaque année et jusqu'à la fin du bail, c'est-à-dire jusqu'à ce que mort s'ensuive, me donner en détail un peu de ce que je leur ai donné en gros. Il est dur de valeter pour son payement.

Je veux encore pardonner à Demoulin; je dois ce sacrifice à l'amitié de M. d'Argental; je le dois encore à l'intérêt que vous montrez à son égard. Vous faites tant de choses pour moi que je ne dois écouter aucun ressentiment lorsque vous me parlez; mais ce Demoulin devrait déjà avoir donné de l'argent comptant et des lettres de change sur personnes solvables.

Ne renouvelons point de marché avec M. Michal, et mettez les vingt mille francs dans votre coffre-fort. Il me faut cet argent prêt, à un coup de sifflet. Sur ce, je vous embrasse de tout mon cœur.

DCXCVIII. — A M. DE MAUPERTUIS.

Jeudi 10 septembre.

Si je n'étais pas presque toujours malade, je vous chercherais partout pour apprendre de vous à penser, et pour jouir des charmes de votre commerce. Vous êtes le seul géomètre qui, depuis que M. Saurin n'est plus, ayez de l'imagination. Vous joignez la saine métaphysique aux mathématiques, et, par-dessus tout cela, vous avez de la santé. O homme extraordinaire et heureux! *miror et invideo*. Je vais lire avec avidité ce que vous me faites l'honneur de m'envoyer. Si l'ouvrage est de vous, je vais y prendre des leçons; s'il est d'un autre je m'en rapporte à votre jugement. Adieu; aimez un peu Voltaire.

DCXCIX. — DE FRÉDÉRIC, PRINCE ROYAL DE PRUSSE.

A Remusberg, le 11 septembre.

Mon cher ami, un voyage assez long, assez fatigant, rempli de mille incidents, de beaucoup d'occupations, et encore plus de dissipations, m'a empêché de répondre à votre lettre du 5 d'auguste, que je n'ai reçue qu'à Berlin le 3 de ce mois. Il ne faut pas être moins éloquent que vous pour vous défendre et pour pallier, aussi bien que vous le faites, la conduite de votre ministère dans l'affaire de la Pologne. Vous rendriez un service signalé à votre patrie, si vous pouviez venir à bout de convaincre l'Europe que les intentions de la France ont toujours été conformes au manifeste de l'année 1733; mais vous ne sauriez croire à quel point on est prévenu contre la politique gauloise; et vous savez trop ce que c'est que la prévention.

Je me sens extrêmement flatté de l'approbation que la marquise et vous donnez à mon ouvrage; cela m'encouragera à faire mieux. Je vais vous répondre à présent sur toutes vos interrogations, charmé de ce que vous voulez m'en faire, et prêt à vous alléguer mes autorités.

Ce n'est point un badinage; il y a du sérieux dans ce que j'ai dit du projet du maréchal de Villars, que le ministère de France vient d'adopter. Cela est si vrai, qu'on en est instruit par plus d'une voix, et que ce projet redoutable intrigue plus d'une puissance. On ne verra que par la suite des temps tout ce qu'il entraînera de funeste. Ou je suis bien trompé, ou il nous préparera de ces événements qui bouleversent les empires, et qui font changer de face à l'Europe.

La comparaison que vous faites de la France à un homme riche et prudent, entouré de voisins prodigues et malheureux, est aussi heureuse qu'on en puisse trouver; elle met très-bien en évidence la force des Français et la faiblesse des puissances qui l'environnent; elle en découvre la raison, et elle permet à l'imagination de percer par les siècles qui s'écouleront après nous, pour y voir le continuel accroissement de la monarchie française, émané d'un principe toujours constant, toujours uniforme, de cette puissance réunie sous un chef despotique, qui, selon toutes les apparences, engloutira un jour tous ses voisins.

C'est de cette manière qu'elle tient la Lorraine, de la désunion de l'Empire et de la faiblesse de l'empereur. Cette province a passé de tout temps pour un fief de l'Empire; autrefois elle a fait une partie du cercle de Bourgogne, démembré de l'Empire par cette même France; et de tout temps les ducs de Lorraine ont eu séance aux diètes. Ils ont payé les mois romains; ils ont fourni dans les guerres leurs contingents, et ils ont rempli tous les devoirs de princes de l'Empire. Il est vrai que le duc Charles a embrassé souvent le parti de la France ou bien des Espagnols; mais il n'était pas moins membre de l'Empire que l'électeur de Bavière, qui commandait les armées de Louis XIV contre celles de l'empereur et des alliés.

Vous remarquez très-judicieusement que les hommes qui devraient être les plus conséquents, ces gens qui gouvernent les royaumes, et qui, d'un mot, décident de la félicité des peuples, sont quelquefois ceux qui donnent le plus au hasard. C'est que ces rois, ces princes, ces ministres, ne sont que des hommes comme les particuliers, et que toute la différence que la fortune a mise entre eux et des personnes d'un rang inférieur ne consiste que dans l'importance de leurs actions. Un jet d'eau qui saute à trois pieds de terre et celui qui s'élance cent pieds en l'air sont des jets d'eau également; il n'y a de différence que dans l'efficacité de leurs opérations. Une reine d'Angleterre, entourée d'une cour féminine, mettra toujours dans le gouvernement quelque chose qui se ressentira de son sexe : j'entends des fantaisies et des caprices.

Je crois que les serments des ministres et des amants sont à peu près d'égale valeur. M. de Torci vous aura dit tout ce qu'il lui aura plu, mais je douterai toujours des paroles d'un homme qui est accoutumé à leur donner des interprétations différentes. Ils sont autant de prophètes qui trouvent un rapport merveilleux entre ce qu'ils ont dit et ce qu'ils ont voulu dire. Il n'en a rien coûté à M. de Torci de faire parler un Pontchartrain, un Louis XIV, un dauphin. Il aura fait comme les bons auteurs dramatiques, qui font tenir à chacun de leurs personnages les propos qui doivent leur convenir.

J'avoue que j'ai été dans le préjugé presque universel sur le sujet du Régent; on a dit hautement qu'il s'était enrichi d'une manière très-considérable par les *actions*. Un commis de Law, qui, dans ce temps-là, s'était retiré à Berlin, a même assuré le roi qu'il avait eu commission du Régent de transporter des sommes assez considérables, pour être placées sur la banque d'Amsterdam. Je suis bien aise que ce soit une calomnie. Je m'intéresse à la mémoire du Régent de France, comme à celle d'un homme doué d'un beau génie, et qui, après avoir reconnu le tort qu'il vous avait fait, vous a comblé de bontés.

Je suis sûr de penser juste, lorsque je me rencontre avec vous; c'est une pierre de touche à laquelle je peux toujours reconnaître la valeur de mes pensées. L'humanité, cette vertu si recommandable, et qui renferme toutes les autres en elle, devrait, selon moi, être le partage de tout homme raisonnable; et, s'il arrivait que cette vertu s'éteignît dans tout l'univers, il faudrait encore qu'elle fût immortelle chez les princes.

Vos idées me sont trop avantageuses. Voltaire le politique me souhaite la couronne impériale; Voltaire le philosophe demanderait au ciel qu'il daignât me pourvoir de sagesse; et Voltaire, mon ami, ne me souhaiterait que sa compagnie pour me rendre heureux. Non, mon cher ami, je ne désire point les grandeurs; et, si elles ne me viennent chercher, je ne les chercherai jamais.

Ce voyage projeté un peu trop tard pour ma satisfaction, et qui peut-être ne se fera jamais, pour mon malheur, m'aurait mis au comble de la félicité. Si j'avais vu la marquise et vous, j'aurais cru avoir plus profité de ce voyage que Clairaut et Maupertuis, que La Condamine, et tous vos académiciens qui ont parcouru l'univers afin de trouver une ligne. Les gens d'esprit sont, selon moi, la quintessence du genre humain, et j'en aurais vu la fleur d'un coup d'œil. Je dois accuser votre esprit et celui de la divine Émilie de paresse, de n'avoir point enfanté ce projet plus tôt. Il est trop tard à présent. Je ne vois plus qu'un remède, et ce remède ne tardera guère: c'est la mort de l'électeur palatin. Je vous avertirai à temps. Veuille le ciel que la marquise et vous puissiez vous trouver à cette terre, où je pourrais alors sûrement jouir d'un bonheur plus délicieux que celui du paradis!

Je suis indigné contre votre nation et contre ceux qui en sont les chefs, de ce qu'ils ne répriment point l'acharnement cruel de vos envieux. La France se flétrit en vous flétrissant; et il y a de la lâcheté en elle de souffrir cette impunité. C'est contre quoi je crie, et ce que n'excuseront point vos généreuses paroles: *Seigneur, pardonnez-leur, car ils ne savent ce qu'ils font.*

J'aurai beaucoup d'obligation à la marquise de sa *Dissertation sur le feu*, qu'elle veut bien m'envoyer. Je la lirai pour m'instruire; et, si je doute de quelques bagatelles, ce sera pour mieux connaître le chemin de la vérité. Faites-lui, s'il vous plaît, mille assurances d'estime.

Voici une pièce nouvellement achevée; c'est le premier fruit de ma retraite. Je vous l'envoie, comme les païens offraient leurs prémices aux dieux. Je vous demande, en revanche, de la sincérité, de la vérité, et de la hardiesse.

Je me compte heureux d'avoir un ami de votre mérite; soyez-le toujours, je vous en prie, et ne soyez qu'ami. Ce caractère vous rendra encore plus aimable, s'il est possible, à mes yeux; étant avec toute l'estime imaginable, mon cher ami, votre très-fidèle, Frédéric.

DCC. — A M. DE MAIRAN.

A Cirey, le 11 septembre.

Monsieur, le livre que j'ai eu l'honneur de vous présenter m'a attiré de vous une lettre qui vaut bien mieux que tous mes livres. Elle est remplie de ces instructions et de ces agréments que j'aimais tant dans votre aimable conversation ; aussi nous ne parlons ici de vous que sous le nom du philosophe aimable.

Vous me reprochez, avec votre politesse charmante, des choses que je me reproche plus durement. Je conviens que j'ai trop peu ménagé Descartes et Malebranche, et que j'ai parlé trop affirmativement là où il ne fallait que mettre modestement le lecteur sur la voie. Peut-être se jetterait-il plus volontiers dans le pays de l'attraction, si je ne voulais pas le contraindre d'entrer. Je ne m'excuserai point à l'égard de Descartes et de Malebranche sur ce que je n'ai guère étudié la philosophie que dans des pays où l'on traite très-mal ces philosophes, et où les dix tomes de Descartes sont vendus trois florins. Je ne vous dirai point que les lettres de l'alphabet qui composent les noms de Descartes et de Malebranche ne méritent aucun respect, que la réputation des hommes ne leur appartient point après leur mort, qu'il faut peser les esprits et non les hommes, etc. Quoique tout cela soit vrai, il est tout aussi vrai qu'il faut respecter les idées de sa nation.

Si j'avais été le maître de l'édition précipitée que les libraires ou corsaires hollandais ont faite, on n'aurait certainement pas ces reproches à me faire, et mon livre en vaudrait mieux de toutes façons ; mais il vaut assez, puisqu'il m'a attiré vos sages instructions. Quant à l'attraction, voici très-naïvement ce qui m'a déterminé à en parler avec tant d'outrecuidance.

Il y a trente ans que tous les philosophes, forcés d'admettre les faits de la gravitation, se tuent à en chercher la cause sans pouvoir rien trouver ; Newton était bien persuadé que cette cause était dans le sein de Dieu ; et, quand le docteur Clarke dit à Leibnitz : « Nous aurons grande obligation à celui qui pourra expliquer tout cela par l'impulsion, » Clarke parlait ironiquement, et se croyait sûr de n'avoir jamais de pareils remercîments à faire. C'est ce que je lui ai entendu dire ; et le docteur Desaguliers, Pemberton, Saunderson, Stone, Bradley, rient quand on parle de tourbillons ; autant en font MM. s'Gravesande et Musschenbroek ; et ce Musschenbroek, qui est la naïveté même, et qui aime la vérité avec une candeur d'enfant, dit rondement qu'il croit démontré que l'impulsion ne peut causer la pesanteur.

Je demande maintenant si, depuis le temps que tous ceux dont je parle ont écrit, on a rien imaginé qui pût réhabiliter ces pauvres tourbillons. Quelqu'un a-t-il répondu seulement à ce simple argument-ci : « La même force d'impulsion n'agit point également sur les corps en mouvement et sur les corps en repos ; mais la gravitation agit également sur les corps en mouvement et sur les corps en repos ? » A-t-on répondu à une des objections pressantes que j'ai rassemblées dans mon seizième et dans mon dix-septième chapitre ? Une seule de ces objections, si elle demeure victorieuse, n'anéantit-elle pas les tourbillons, et toutes ensemble ne se prêtent-elles pas une force invincible ?

Vous avez très-grande raison de me dire qu'autrefois on se trompait fort de croire *l'horreur du vide*, et qu'il fallait au moins attendre, pour imaginer l'horreur du vide, qu'on sût bien positivement que l'air ne faisait point monter l'eau dans les pompes, etc.

J'aurai l'honneur de vous répondre que, si on avait eu des preuves que l'air ne pèse point, et qu'aucun fluide ne pouvait faire monter l'eau, on aurait eu très-grande raison alors de dire que l'eau montait par une loi primitive de la nature.

Or voilà le cas où nous sommes. Nous voyons que l'impulsion, telle que nous la connaissons, ne peut agir sur la nature interne des corps; qu'elle n'agit point en raison des masses, mais des superficies; qu'un fluide quelconque, qui emporterait des planètes, ne pourrait faire marcher une comète plus rapidement que les planètes qui se trouveraient dans la même couche du fluide, etc. Tout nous prouve, il le faut avouer, que les planètes qui pèsent sur le soleil n'y pèsent point par l'impulsion d'un tourbillon.

Où est donc le mal de recourir, comme en bien d'autres choses, à la volonté libre, à la puissance infinie du Maître qui a daigné donner à la matière une qualité sans laquelle ce bel ordre de l'univers ne pourrait subsister?

Si Newton avait dit seulement : « Les pierres tombent sur la terre parce qu'elles ont une tendance au centre, et la terre tourne autour du soleil parce qu'elle a une tendance vers le soleil; » si, dis-je, il n'avait donné que de telles explications sans preuves, on aurait raison de crier aux qualités occultes.

Mais, après avoir démontré que la lune est retenue dans son orbite par la même loi que tous les corps pèsent ici-bas, et que la terre et Saturne tendent vers le soleil par cette loi même; après avoir, sans observation, calculé par ces seuls principes le chemin d'une comète, et l'avoir trouvée au même point où les observations la trouvaient; après avoir enfin prouvé en tant de façons que les corps célestes se meuvent dans un espace non résistant; après que la progression de la lumière, démontrée par Bradley, est venue confirmer tout cela; et dire aux hommes qu'elle n'était retardée en son cours par aucune matière, comment peut-on ne pas se rendre? comment peut-on, contre tant d'observations, contre tant de faits, contre tant de raisons, soutenir une hypothèse des *Mille et une Nuits*, que Descartes a imaginée, dont on n'a et dont on ne peut avoir la plus légère preuve?

L'impulsion, en général, est une idée claire, je l'avoue; mais l'impulsion, dans le cas de la gravitation, est l'idée la plus obscure, la plus incompatible que je connaisse. Quel est donc le blasphème philosophique d'attribuer à la matière une propriété de plus? Quand cette propriété n'existerait que comme l'effet d'une cause inconnue, ne faudrait-il pas toujours l'admettre comme un principe dont on doit partir, en attendant qu'il plaise à Dieu de nous découvrir le premier principe? Ne faut-il pas bien, dans une montre, reconnaître le ressort pour la cause de tout le mécanisme, sans que nous sachions ce qui produit le ressort?

L'univers est cette montre, l'attraction est ce ressort. C'est le grand agent de la nature, agent absolument inconnu avant Newton, agent dont il a découvert l'existence, dont il a calculé les phénomènes, agent qui a bien l'air d'être tout autre chose que l'élasticité, l'électricité, etc.; car l'électricité, la force du ressort d'une montre, etc., sont sans doute des effets des lois ordinaires du mouvement; mais cette gravitation ressemble fort à une qualité primordiale de la matière.

Je viens de lire les beaux Mémoires de 1722 et 1723, dont vous me parlez, sur la réflexion et la réfraction des corps; certainement vous êtes digne de croire, et vous n'êtes pas si loin du royaume de l'attraction.

Une petite réflexion, s'il vous plaît, sur votre excellent mémoire: ni Descartes, ni Fermat, ni le marquis de l'Hôpital, ni Leibnitz, n'ont touché au but.

Vous réfutez, comme de raison, ce tournoiement chimérique, cette tendance au tournoiement de Descartes, qui, par parenthèse, n'a guère fait en physique que des romans; vous réfutez cet autre grand philosophe Leibnitz, mais aussi grand faiseur d'hypothèses physiques et mathématiques; et vous faites très-bien voir l'inconséquence qu'il y aurait à supposer que les corps réfractés s'approcheraient du côté où ils trouveraient le plus de résistance.

Il est indubitable, et, en cela, Descartes mérite un coup d'encensoir, que le sinus d'incidence et celui de réfraction sont en raison réciproque de leurs vitesses dans les milieux qu'ils parcourent. Mais je demande maintenant à tout homme qui cherche la vérité de bonne foi par quel mécanisme, par quelle loi connue du choc des corps, ce rayon de lumière A B doit s'approcher, dans ce cristal, de la perpendiculaire; par quelle loi il doit arriver de B en F plus tôt qu'il n'est venu de A en B.

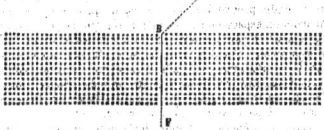

1° Ce rayon peut-il être considéré dans ce verre comme un solide plongé dans un fluide qui lui sert de véhicule à travers le cristal?

Si cela était, ne faudrait-il pas que le fluide lui résistât proportionnellement au carré de la vitesse? cette vitesse ne serait-elle pas considérablement retardée? Et cependant les découvertes de M. Bradley prouvent que la lumière ne souffre point de retardement, et se propage d'un mouvement uniforme des étoiles à nous.

2° Si nous considérons ce rayon passant de l'air dans l'eau, le voilà plongé d'un fluide dans un autre. Il est certain qu'il entre moins de traits de ce rayon dans l'eau qu'il n'y en avait dans l'air; il est certain que l'eau est moins perméable, moins transparente que l'air; or, le milieu moins perméable peut-il donner un passage plus facile à la lumière? La maison dont la porte est la moins ouverte est-elle la plus accessible à la foule qui se presse pour entrer?

3° La vitesse de ce rayon est augmentée dans l'eau. Mais si le rayon, semblable aux autres solides, pénètre l'eau en choquant, en dérangeant les parties de l'eau dans lesquelles il se plonge, cette eau, cédant comme à un corps solide, doit lui résister huit cents ou neuf cents fois plus que l'air, bien loin d'accroître sa vitesse. L'eau, en ce cas, loin de favoriser la direction verticale, s'y opposera neuf cents fois plus que l'air. Quelle différence prodigieuse entre cet effet et celui d'approcher ce rayon du perpendicule! Quelle distance énorme entre ce qui est et ce qui, suivant cette hypothèse, semblerait devoir être!

Reste donc que le rayon passe dans un pore, dans une espèce de tuyau non résistant; or, en ce cas, pourquoi s'approchera-t-il du perpendicule? Je le considère alors comme un cylindre solide que je vois avancer plus rapidement dans un milieu que dans un autre. Mais quelle puissance brise ce cylindre? est-ce le plan solide réfringent? Mais les parties solides de ce plan ne touchent pas à ce cylindre; dès qu'elles y touchent, il n'y a plus de transparence.

N'est-on pas forcé de conclure qu'il y a un pouvoir, jusqu'ici inconnu, qui agit entre les corps et la lumière? Et que direz-vous à cette expérience par laquelle on voit rejaillir la lumière de la surface ultérieure d'un prisme, au lieu d'échapper dans l'air? Et, si vous mettez de l'eau à cette surface ultérieure, la lumière entre dans cette eau, et ne rejaillit plus. Que dites-vous à l'inflexion de la lumière auprès des corps?

Vous avez déjà été assez touché de Dieu pour accorder que la lumière ne rejaillit pas des surfaces solides; c'est un grand point.

Oserez-vous faire encore quelques actes de foi à la face des incrédules? Vous voyez le ciel et la terre pleins de tendances, de gravitations réciproques; je n'ai plus qu'un mot à vous dire sur cela. Ou vous admettez le plein, et, en ce cas, je fais dire des messes; ou vous admettez le vide, sans lequel il n'y a point de mouvement, et, en ce cas, il faut bien que Jupiter et Saturne agissent l'un sur l'autre, et à *distance*, tout au travers du vide.

Pardon, deux paroles encore. Le magnétisme, l'électricité, peuvent-ils nuire à l'attraction? Ne sont-ce pas des choses très-différentes? Toutes les apparences sont que l'électricité et le magnétisme agissent par des écoulements de matière. Voilà ce qui est dans le royaume de l'impulsion; mais l'empire de l'attraction *non est hinc*[1]. Une vague qui frappe contre un rivage peut ramener à soi mille corps qu'elle touche, et le soleil peut graviter vers nous sans nous toucher. L'attraction ne ressemble à rien, de même qu'un de nos cinq sens ne ressemble point aux quatre autres. L'attraction est un nouveau sens que Newton a découvert dans la nature.

Mais, monsieur, je m'aperçois que je joue le rôle d'un nouveau con-

[1] Jean, XVIII, 36. (ÉD.)

verti très-mal instruit, qui s'aviserait de prêcher Claude ou Dumoulin, ou plutôt d'un disciple qui se révolte contre un maître. Je vous demande très-humblement pardon de ma sottise. La bonté extrême de votre caractère m'a fait oublier un moment mon respect pour vous. Je rentre maintenant dans ma coquille, et je me borne à attendre avec impatience le mémoire que vous nous promettez à la suite de celui de 1723. Je ne connais personne qui approfondisse plus et qui expose mieux.

Permettez-moi de vous dire que j'aime l'homme en vous autant que j'estime le philosophe. Vous êtes si persuasif que vous me faites trembler pour le newtonisme, si vous le combattez. Heureux le parti que vous embrasserez; plus heureuses les personnes qui vous voient et qui vous entendent! Il n'y en a point qui s'intéresse plus que moi à tout ce qui vous touche, aux hommages que l'on rend à votre mérite, aux récompenses que le gouvernement doit à vos talents et à vos travaux. J'ai respecté vos occupations; je ne les ai point interrompues par mes lettres; mais je n'en ai pas moins entretenu dans mon cœur tous les sentiments que je vous ai voués. Il n'y a guère de maison au monde où l'on parle de vous plus que dans la solitude de Cirey. Mme du Châtelet pense sur vous comme moi; elle me charge de vous assurer de son estime parfaite et de son amitié.

J'aurais répondu plus tôt à l'honneur de votre lettre, mais j'ai été tout près d'aller savoir qui a raison de Newton ou de ses adversaires, si pourtant on en peut apprendre quelque chose là-bas ou là-haut. Ma santé est bien misérable, et c'est un terrible obstacle à la passion que j'ai pour l'étude, etc. Je suis, monsieur, avec les sentiments, etc.

P. S. M. d'Argental m'ayant fait l'honneur de me mander, monsieur, que vous vouliez savoir en quel endroit Newton parle de la réflexion dans le vide, je lui ai mandé que c'est à la page 3, proposition 8º, partie III, livre II; j'étais trop malade pour en dire davantage.

Voici comme on fait l'expérience dans une chambre obscure : on prend un récipient fait exprès, percé en haut, et laissant une ouverture d'environ trois pouces de diamètre; on garnit cette ouverture d'une gorge en rainure de métal; on garnit encore cette rainure d'un cuir doux et onctueux; on fait passer un prisme dans cette rainure, on l'assujettit bien; ensuite on pompe l'air, et on expose le prisme à la lumière qui tombe de l'ouverture de la quatrième partie d'un pouce; on lui ménage un angle de quarante-deux degrés; alors on a le plaisir de voir le récipient noir comme un four, et toute la lumière rejaillir au plancher.

DCCI. — A M. HELVÉTIUS.

11 septembre.

Mon aimable ami, qui ferez honneur à tous les arts, et que j'aime tendrement, courage, *macte animo*. La sublime métaphysique peut fort bien parler le langage des vers; elle est quelquefois poétique dans la prose du P. Malebranche. Pourquoi n'achèveriez-vous pas ce que Malebranche a ébauché? C'était un poëte manqué, et vous êtes né poëte. J'avoue que vous entreprenez une carrière difficile, mais vous me paraissez peu étonné du travail. Les obstacles vous feront faire de nouveaux efforts; c'est à cette ardeur pour le travail qu'on reconnaît le vrai génie. Les paresseux ne sont jamais que des gens médiocres, en quelque genre que ce puisse être. J'aime d'autant plus ce genre métaphysique, que c'est un champ tout nouveau que vous défricherez.

Omnia jam vulgata.....................
      Georg., III, v. 4.

Vous dites avec Virgile :

...*Tentanda via est, qua me quoque possim*
Tollere humo, victorque virum volitare per ora.
      Georg., III, v. 8.

Oui, *volitabis per ora;* mais vous serez toujours dans le cœur des habitants de Cirey.

Vous avez raison assurément de trouver de grandes difficultés dans le chapitre de Locke *De la puissance* ou *De la liberté*. Il avouait lui-même qu'il était là comme le diable de Milton pataugeant dans le chaos. Au reste, je ne vois pas que son sage système qu'il n'y a point d'idées innées soit plus contraire qu'un autre à cette liberté si désirable, si contestée, et peut-être si incompréhensible. Il me semble que, dans tous les systèmes, Dieu peut avoir accordé à l'homme la faculté de choisir quelquefois entre des idées, de quelque nature que soient ces idées. Je vous avouerai enfin qu'après avoir erré bien longtemps dans ce labyrinthe, après avoir cassé mille fois mon fil, j'en suis revenu à dire que le bien de la société exige que l'homme se croie libre. Nous nous conduisons tous suivant ce principe, et il me paraît un peu étrange d'admettre dans la pratique ce que nous rejetterions dans la spéculation. Je commence, mon cher ami, à faire plus de cas du bonheur de la vie que d'une vérité ; et, si malheureusement le fatalisme était vrai, je ne voudrais pas d'une vérité si cruelle. Pourquoi l'Être souverain, qui m'a donné un entendement qui ne peut se comprendre, ne m'aura-t-il pas donné aussi un peu de liberté? Nous nous sentons libres. Dieu nous aurait-il trompés tous? Voilà des arguments de bonne femme. Je suis revenu au sentiment, après m'être égaré dans le raisonnement.

Quant à ce que vous me dites, mon cher ami, de ces rapports infinis du monde, dont Locke tire une preuve de l'existence de Dieu, je ne trouve point l'endroit où il le dit.

Mais à tout hasard je crois concevoir votre difficulté; et sur cela, sans plus de détail, voici mon idée, que je vous soumets.

Je crois que la matière aurait, indépendamment de Dieu, des rapports nécessaires à l'infini; j'appelle ces rapports aveugles, comme rapports de lieu, de distance, de figure, etc. ; mais pour des rapports de dessein, je vous demande pardon. Il me semble qu'un mâle et une femelle, un brin d'herbe et sa semence, sont des démonstrations d'un Être intelligent qui a présidé à l'ouvrage. Or de ces rapports de dessein il y en a à l'infini.

Pour moi, je sens mille rapports qui me font aimer votre cœur et votre esprit, et ce ne sont point des rapports aveugles. Je vous embrasse du meilleur de mon cœur. Je suis trop de vos amis pour vous faire des compliments.

Mme du Châtelet a la même opinion de vous que moi ; mais vous n'en devez aucun remerciement ni à l'un ni à l'autre.

DCCII. — DE FRÉDÉRIC, PRINCE ROYAL DE PRUSSE.

À Remusberg, le 14 septembre.

Mon cher ami, je viens de recevoir dans ce moment votre lettre du ... auguste, qui, par malheur, arrive après coup. Il y a plus de quinze jours que nous sommes de retour du pays de Clèves, ce qui rompt entièrement votre projet.

Je reconnais tout le prix de votre amitié et des attentions obligeantes de la marquise. Il ne se peut assurément rien de plus flatteur que l'idée de la divine Émilie. Je crois cependant que, malgré l'avantage d'une acquisition, et l'achat d'une seigneurie, je n'aurais pas joui du bonheur ineffable de vous voir tous les deux.

On aurait envoyé à Ham quelque conseiller bien pesant, qui aurait dressé très-méthodiquement et très-scrupuleusement l'accord de la vente, qui vous aurait ennuyé magnifiquement, et qui, après avoir usé des formalités requises, aurait passé et paraphé le contrat ; et pour moi, j'aurais eu l'avantage de questionner à son retour monsieur le conseiller sur ce qu'il aurait vu et entendu ; qui, au lieu de me parler de Voltaire et d'Émilie, m'aurait entretenu d'arpents de terre, de droits seigneuriaux, de priviléges, et de tout le jargon des sectateurs de Plutus.

Je crois que, si la marquise voulait attendre jusqu'à la mort de l'électeur palatin, dont la santé et l'âge menacent ruine, elle trouverait plus de facilité alors à se défaire de cette terre qu'à présent.

J'ai dans l'esprit, sans pouvoir trop dire pourquoi, que le cas de la succession viendra à exister le printemps prochain. Notre marche au pays de Berg et de Juliers en sera une suite immanquable ; la marquise ne pourrait-elle point, si cela arrivait, se rendre sur cette seigneurie voisine de ces duchés ? et le digne Voltaire ne pourrait-il point faire une petite incursion jusqu'au camp prussien ? J'aurais soin de toutes vos commodités ; on vous préparerait une bonne maison dans un village prochain du camp, où je serais à portée de vous aller voir, et d'où vous pourriez vous rendre à ma tente en peu de temps, et selon que votre santé le permettrait. Je vous prie d'y aviser, et de me dire naturellement ce que vous pourrez faire en ma faveur. Ne hasardez rien toutefois qui puisse vous causer le moindre chagrin de la part de votre cour. Je ne veux pas payer au prix de vos désagréments les moments de ma félicité.

La marquise, dont je viens de recevoir une lettre, me marque qu'elle se flattait de ma discrétion à l'égard de toutes les pièces manuscrites que je tiens de votre amitié. Je ne pense pas que vous ayez la moindre inquiétude sur ce sujet; vous savez ce que je vous ai promis, et, d'ailleurs, l'indiscrétion n'est point du tout mon défaut.

Lorsque je reçois de vos nouveaux ouvrages, je les lis en présence de Kaiserling et de Jordan, après quoi je les confie à ma mémoire, et je les retiens comme les paroles de Moïse, que les rois d'Israël étaient obligés de se rendre familières. Ces pièces sont ensuite serrées dans l'arrière-cabinet de mes archives, d'où je ne les retire que pour les lire moi seul. Vos lettres ont un même sort, et, quoiqu'on se doute de notre commerce, personne ne sait rien de positif là-dessus. Je ne borne point à cela mes précautions. J'ai pourvu plus loin, et mes domestiques ont ordre de brûler un certain paquet, en cas que je fusse en danger, et que je me trouvasse à l'extrémité.

Ma vie n'a été qu'un tissu de chagrins, et l'école de l'adversité rend circonspect, discret, et compatissant. On est attentif aux moindres démarches lorsqu'on réfléchit sur les conséquences qu'elles peuvent avoir, et l'on épargne volontiers aux autres les chagrins qu'on a eus.

Si votre travail et votre assiduité vous empêchent de m'écrire, je vous en dois de l'obligation, bien loin de vous blâmer; vous travaillez pour ma satisfaction, pour mon bonheur; et quand la maladie interrompt notre correspondance, j'en accuse le destin, et je souffre avec vous.

L'ode philosophique que je viens de recevoir est parfaite; les pensées sont foncièrement vraies, ce qui est le principal; elles ont cet air de nouveauté qui frappe, et la poésie du style, qui flatte si agréablement l'oreille et l'esprit, y brille; je dois mes suffrages à cette ode excellente. Il ne faut point être flatteur, il ne faut être que sincère pour y applaudir.

Cette strophe, qui commence:

Tandis que des humains, etc.,

contient en elle un sens infini. A Paris, ce serait le sujet d'une comédie; à Londres, Pope en ferait un poème épique; et en Allemagne, mes bons compatriotes trouveraient de la matière suffisante pour en forger un *in-folio* bien conditionné et bien épais.

Je vous estimerai toujours également, mon cher Protée, soit que vous paraissiez en philosophe, en politique, en historien, en poète, ou sous quelle forme il vous plaira de vous produire. Votre esprit paraît, dans des sujets si différents, d'une égale force; c'est un brillant qui réfléchit des rayons de toutes les couleurs, qui éblouissent également.

Je vous recommande plus que jamais le soin de votre santé, beaucoup de diète, et peu d'expériences physiques. Faites-moi du moins donner de vos nouvelles, lorsque vous n'êtes pas en état de m'écrire. Vous ne m'êtes point du tout indifférent, je vous le jure. Il me semble que j'ai une espèce d'hypothèque sur vous, relativement à l'estime que je vous porte. Il faut que j'aie des nouvelles de mon bien, sans quoi mon imagination est fertile à m'offrir des monstres et des fantômes pour les combattre.

N'oubliez pas de faire ressouvenir la marquise de ses adorateurs judaïques. Soyez persuadé des sentiments avec lesquels je suis, mon cher ami, votre très-affectionné, FRÉDÉRIC.

DCCIII. — À M. L'ABBÉ MOUSSINOT.

Septembre.

En conscience, mon cher ami, vous êtes obligé de me faire graver autrement. Je suis gravé à faire peur. Il faut que Odieuvre s'en mêle; je lui donnerai cent francs; j'aurai quelques estampes pour moi, et il gardera la planche. Un nommé Fessard vient de m'écrire pour me demander la préférence. J'aime autant que ce soit lui qu'un autre; il a une bonne volonté, et il peut bien travailler. Envoyez-le chez Prault; mettez-les aux mains. Mon ami Latour conduira le graveur, soit Fessard, soit Odieuvre.

Nous ne comptons plus avec le chevalier de Mouhi; que veut-il donc par an pour les nouvelles qu'il fournit? C'est une chose qu'il faut absolument savoir; je dirai ensuite ce qu'il faut donner à compte. Dorénavant je veux faire des marchés pour tout, fût-ce pour des allumettes, car les hommes abusent toujours du peu de précautions qu'on a prises avec eux. De Mouhi pourrait aussi se charger de nous faire parvenir les pièces nouvelles.

A propos de pièces nouvelles, je vous prie, mon cher ami, de m'envoyer une réscription de quatre mille francs.

DCCIV. — DE FRÉDÉRIC, PRINCE ROYAL DE PRUSSE

A Remusberg, le 30 septembre.

Quoi! des bords du sombre Élisée,
Ta débile et mourante voix,
Par les souffrances épuisée,
S'élève encor, chantant pour moi!
Jusque sur la fatale rade
J'entends tes sons harmonieux;
Voltaire, ta muse malade
Vaut cent poëtes vigoureux.
De notre moderne Permesse
Et le Virgile et le Lucrèce,
Et l'Euclide et le Varignon,
Reviens briller sur l'horizon;
Et, par ta science profonde,
Éclairer les yeux éblouis
Des ignorants peuples du monde,
Lâchement aux erreurs soumis.
C'est l'humanité qui t'inspire;
Elle préside à tes écrits;
Puisse-t-elle sous son empire
Ranger enfin tous les esprits!

Au moins ne vous imaginez point que j'écris ces vers pour entrer en lice avec vous. Je vous réponds en bégayant dans une langue qu'il n'appartient qu'aux dieux et aux Voltaires de parler. Vous augmentez tous les jours mes appréhensions par l'état chancelant de votre santé. Si le destin qui gouverne le monde n'a pas pu unir tous les talents de l'esprit que vous possédez à un corps robuste et sain, comment ne nous arriverait-il point, à nous autres mortels, de commettre des fautes?

J'ai reçu de Paris l'*Épître sur la Modération*, changée et augmentée. Ce qui m'a beaucoup plu, entre autres, c'est la description allégorique de Cirey. La pièce a beaucoup gagné à la correction, et je vous avouerai que ce médecin qui vient, s'assied, et s'endort, ne me plaisait point. Ce *chien qui meurt en léchant* la main de son maître, n'est-il pas un peu trop bas? n'y a-t-il pas là quelque chose qui est au-dessous des beautés dont cette épître fourmille d'ailleurs? Je vous expose mes sentiments, moins pour être critique que pour me former le goût; ayez la bonté d'y répondre, et de me dire les vôtres.

Mérope, à en juger par les corrections que vous y avez faites, doit être une pièce achevée. Je n'y ai d'autre part que celle qu'avait le peuple d'Athènes aux ouvrages de Phidias, et la servante de Molière à ses comédies. J'ai deviné les endroits que vous corrigeriez. Vous les avez non-seulement retouchés, mais vous en avez encore réformé que je n'ai pu apercevoir. Je vous suis infiniment obligé de ce que vous voulez mettre mon nom à la tête de ce bel ouvrage; j'aurai le sort d'Atticus, qui fut immortalisé par les lettres que Cicéron lui adressait.

Thieriot m'a envoyé la *Philosophie de Newton*, de l'édition de Londres; je l'ai parcourue, mais je la relirai encore à tête reposée. De la manière dont vous m'expliquez le négoce des libraires de Hollande, il n'est pas étonnant que s'Gravesande se soit gendarmé contre votre traduction.

Ne vous paraît-il pas qu'il y ait tout autant d'incertitudes en physique qu'en métaphysique? Je me vois environné de doutes de tous les côtés; et, croyant tenir des vérités, je les examine, et je reconnais le fondement frivole de mon jugement. Les vérités mathématiques n'en sont point exemptes, ne vous en déplaise; et, lorsqu'on examine bien le pour et le contre des propositions, on trouve même incertitude à se déterminer; en un mot, je crois qu'il n'y a que très-peu de vérités évidentes.

Ces considérations m'ont mené à exposer mes sentiments sur l'erreur; je l'ai fait en forme de dialogue. Mon but est de montrer que les sentiments différents des hommes, soit en philosophie ou en religion, ne doivent jamais aliéner en eux les liens de l'amitié et de l'humanité. Il m'a fallu prouver que l'erreur était innocente; c'est ce que j'ai fait. J'ai même poussé outre, et j'ai fait apercevoir qu'une erreur qui vient de ce qu'on cherche la vérité, et de ce qu'on ne peut pas l'apercevoir, doit être louable. Vous en jugerez mieux vous-même quand vous l'aurez lu; c'est pour cet effet que je l'expose à votre critique.

Je crois qu'il ne serait point séant d'entamer à présent l'affaire de

Beringhen. Nous sommes ici de jour à autre en attente de ce qui doit arriver. Vous comprenez bien que, lorsqu'on s'occupe de préparatifs d'une guerre très-sérieuse, on ne pense guère à autre chose. Je serais donc d'avis qu'il faut attendre que cette filasse soit débrouillée ; cela ne durera que peu de temps, vu la situation des affaires ; et, lorsque nous serons en possession de ces duchés, il sera bien plus naturel de chercher à s'arrondir et à faire des acquisitions, comme celle de la seigneurie de Beringhen. Alors mes projets pourraient avoir lieu, à cause que le roi, se trouvant dans son pays, pourrait aller lui-même pour voir si une acquisition pareille serait à sa bienséance. Je m'en rapporte d'ailleurs à ma dernière lettre où je vous ai détaillé plus au long jusqu'où allaient mes espérances, et de quelle manière je me flattais de vous voir.

Thieriot doit être à présent à Cirey ; il n'y aura donc que moi qui n'y serai jamais ! Ma curiosité est bien grande pour savoir ce que vous aurez répondu à Mme de Brand; tout ce que j'en sais, c'est qu'il y a des vers contenus dans votre réponse ; je vous prie de me les communiquer.

La marquise aura autant de plumes[1] qu'elle en cassera : je me fais fort de les lui fournir. J'ai déjà fait écrire en Prusse pour en avoir, et pour ajouter ce qui pourrait être omis à l'encrier. Assurez cette unique marquise de mes attentions et de mon estime.

Je suis à jamais, et plus que vous ne pouvez le croire, votre très-fidèle ami, FRÉDÉRIC.

DCCV. — A FRÉDÉRIC, PRINCE ROYAL DE PRUSSE.

Je vois toujours, monseigneur, avec une satisfaction qui approche de l'orgueil, que les petites contradictions que j'essuie dans ma patrie indignent le grand cœur de Votre Altesse royale. Elle ne doute pas que son suffrage ne me récompense bien amplement de toutes ces peines; elles sont communes à tous ceux qui ont cultivé les sciences, et, parmi les gens de lettres, ceux qui ont le plus aimé la vérité ont toujours été les plus persécutés.

La calomnie a voulu faire périr Descartes et Bayle ; Racine et Boileau seraient morts de chagrin s'ils n'avaient eu un protecteur dans Louis XIV. Il nous reste encore des vers qu'on a faits contre Virgile. Je suis bien loin de pouvoir être comparé à ces grands hommes ; mais je suis bien plus heureux qu'eux ; je jouis de la paix ; j'ai une fortune convenable à un particulier, et plus grande qu'il ne la faut à un philosophe; je vis dans une retraite délicieuse, auprès de la femme la plus respectable, dont la société me fournit toujours de nouvelles leçons. Enfin, monseigneur, vous daignez m'aimer ; le plus vertueux, le plus aimable prince de l'Europe daigne m'ouvrir son cœur, me confier ses ouvrages et ses pensées, et corriger les miennes. Que me faut-il

1. Il s'agit d'une plume d'ambre envoyée à Mme du Châtelet, et qu'elle avait cassée. (Éd. de Kehl.)

de plus? La santé seule me manque; mais il n'y a point de malade plus heureux que moi.

Votre Altesse royale veut-elle permettre que je lui envoie la moitié du cinquième acte de *Mérope*, que j'ai corrigé? et si la pièce, après une nouvelle lecture, lui paraît digne de l'impression, peut-être la hasarderai-je.

Mme la marquise du Châtelet vient de recevoir le plan de Remusberg, dessiné par cet homme aimable dont on se souviendra toujours à Cirey. Il est bien triste de ne voir tout cela qu'en peinture, etc.
(*Le reste manque.*)

DCCVI. — A M. Berger.

Cirey, octobre.

Aujourd'hui est parti, par le carrosse de Joinville, le petit visage de votre ami, dont l'aimable Latour fera tout ce qu'il voudra. On demande les pierres de M. Barrier avec plus d'empressement que je ne mérite. A l'égard de l'estampe, il faut, je crois, la donner à Odieuvre, puisqu'il a fait les premiers frais. Il se chargera du graveur qui travaillera sous les yeux du peintre. Je donnerai cent francs au graveur pour ma part; Odieuvre donnera le reste, et aura la planche; et moi j'aurai quelques estampes pour mes amis.

Je croyais que M. de Latour avait un double original. Qu'a-t-il donc fait du premier pastel? car je n'ai que le second. Enfin j'envoie ce que j'ai, et je l'envoie à l'adresse de l'abbé Moussinot. Faites bien mes compliments au peintre qui m'a embelli, et que les graveurs ont défiguré.

Si vous êtes curieux de voir ces *Lettres* à M. Maffei et à M. Thieriot, il devait vous les montrer; mais adressez-vous, si vous voulez, à Prault.

N'y a-t-il point de nouvelles, je vous en prie? Continuez, persévérez dans votre charmante régularité. Je vous embrasse.

DCCVII. — A M. le Baron de Kaiserling.

Cirey, octobre.

Très-aimable Césarion,
Par votre épître j'apprends comme
Quelques vers griffonnés *sur l'Homme*
Ont eu votre approbation.
J'ai peint cette absurde sagesse
Des fous sottement orgueilleux;
C'est à vous à vous moquer d'eux :
Vous n'êtes pas de leur espèce.

M. Michelet nous a envoyé, monsieur, les plans du paradis terrestre de l'Allemagne, car celui de France est à Cirey. Je ne sais ce que j'aime le mieux en vous, ou la plume de l'écrivain qui écrit de si jolies choses, ou le crayon qui dessine une si aimable retraite. Vous nous fournissez tous les plaisirs qu'on peut goûter quand on n'a pas le bonheur de vous voir. Mme la marquise du Châtelet va vous écrire; elle est seule digne de vos présents; mais j'en sens le prix aussi vivement qu'elle. Nous sommes unis tous en Frédéric, comme les dévots le sont dans leur patron. Je serai, monsieur, toute ma vie, avec l'attachement le plus tendre, votre, etc.

DCCVIII. — A M. L'ABBÉ MOUSSINOT.

Octobre.

Vous aimez volontiers, mon cher ami, à courir chez les gens quand il faut rendre service. Volez donc chez M. Pitot, puisque je trouve l'occasion de l'obliger. Je ne sais ce dont il peut avoir besoin; mais je ne peux guère lui prêter que huit cents francs, à cause des dépenses que je fais; car, outre les quatre mille livres que vous m'avez envoyées, il faut encore que vous donniez promptement cent pistoles à M. Cousin, qui doit être bientôt mon compagnon de retraite et d'étude. Prêtez donc ces huit cents francs à M. et à Mme Pitot. Ils me les rendront dans l'espace de cinq années; rien la première, deux cents francs la seconde, autant la troisième, ainsi du reste. Leur billet suffira sans contrat. Il ne faut point, me semble, des notaires avec un philosophe. Si dans la suite le philosophe ne pouvait remplir les conditions du prêt, je n'exigerais pas le payement; au contraire, ma bourse lui sera toujours ouverte. Donnez un *Newton* bien relié à M. Pitot, en lui remettant les huit cents francs; vous en donnerez aussi un exemplaire à M. de Brémond, et m'enverrez ses *Transactions philosophiques*, aussitôt qu'elles paraîtront.

DCCIX. — A M. L'ABBÉ MOUSSINOT.

Octobre.

Un paquet plat, contenant une pièce peut-être fort plate, partit hier par le carrosse de Joinville; je l'adresse à M. l'abbé Moussinot, mon ami; mais, comme les jansénistes n'aiment point les pièces de théâtre elle est destinée à un honnête jésuite, nommé le P. Brumoi. Il faut, s'il vous plaît, que ce manuscrit soit rendu en main propre au jésuite, avec serment, sans restriction *mentale*, qu'il n'en prendra point copie. Après le P. Brumoi, on en fera part au P. Porée, mon ancien régent, à qui je dois cette déférence; et le manuscrit, en sortant du collége de Louis-le-Grand, sera remis au greffe janséniste de Saint-Merri.

J'avertis mon chanoine qu'il peut à toute force lire la tragédie : premièrement, parce qu'elle est sans amour; la nature seule et sans aucun mélange de galanterie peut remuer un cœur dévot;

Car, pour être dévot, on n'en est pas moins homme.
Le Tartufe, act. III, sc. III.

Secondement, cette *Mérope* étant probablement ennuyeuse, pourra passer pour le huitième des psaumes pénitentiaux. Lisez-le donc ce huitième psaume; il vous ennuiera peut-être, mais il vous édifiera; c'est la nature de beaucoup de bonnes choses

Troisièmement, mon cher janséniste, si *Mérope* vous plaît, j'en serai plus flatté que du suffrage des jésuites. Le jugement de ces messieurs, trop accoutumés aux pièces de collège, m'est toujours un peu suspect.

DCCX. — A. M. DE MAUPERTUIS.

Après vous avoir remercié des leçons que j'ai reçues de vous sur la philosophie newtonienne, voulez-vous bien que je vous adresse les idées qui sont le fruit de vos instructions?

1° Je vois les esprits dans une assez grande fermentation en France, et les noms de Descartes et de Newton semblent être les mots de ralliement entre deux partis. Ces guerres civiles ne sont point faites pour des philosophes. Il ne s'agit point de combattre pour un Anglais contre un Français, ni pour les lettres de l'alphabet qui composent le nom de Newton contre celles qui composent le nom de Descartes. Ces noms ne sont réellement qu'un son; il n'y a nulle relation entre un homme qui n'est plus et ce qu'on appelle sa gloire. Il n'appartient pas à ce siècle éclairé de suivre tel ou tel philosophe; il n'y a plus de fondateur de secte, l'unique fondateur est une démonstration.

2° Les noms doivent entrer pour si peu de chose dans cette querelle, qu'en effet ceux qui combattent les vérités nouvellement découvertes, ou qui en tirent des conclusions en faveur des tourbillons, ne suivent Descartes en aucune manière. Il y a longtemps qu'on a été forcé de renoncer à son système de la lumière, à ses lois du mouvement, démontrées fausses dès qu'elles ont paru; à ses tourbillons qui, tels qu'il les a conçus, renversent les règles de la mécanique sur lesquelles il disait que sa philosophie était fondée; à son explication de l'aimant, à sa matière cannelée, à la formation imaginaire de son univers, à la description anatomique de l'homme, etc. On proscrit tous ses dogmes en détail, et cependant on se dit encore cartésien! C'est comme si on avait dépouillé un roi de toutes ses provinces l'une après l'autre, et qu'on se dît encore son sujet. Il ne s'agit pas, encore une fois, de savoir si un homme qu'on appelait René Descartes a été plus grand par rapport à son siècle qu'un certain homme nommé Isaac Newton n'a été grand par rapport au sien; et s'il fallait entrer dans cette autre question non moins frivole, que cependant on agite, savoir lequel a été le plus grand physicien, Descartes ou Newton, il suffirait de considérer que Descartes n'a presque point fait d'expériences; que, s'il en avait fait, il n'aurait point établi de si fausses lois du mouvement; que, s'il avait même daigné lire ses contemporains, il n'aurait pas fait passer le sang des veines lactées par le foie, quinze ans après qu'Azellius avait découvert la vraie route; que Descartes n'a ni observé les lois de la chute des corps et vu un nouveau ciel comme Galilée, ni deviné les règles du mouvement des astres comme Kepler, ni trouvé la pesanteur de l'air comme Torricelli, ni calculé les forces centrifuges et les lois du pendule comme Huygens, etc. D'un autre côté on verrait Newton, à l'aide de la géométrie et de l'expérience, découvrir les lois de la gravitation entre tous les corps, l'origine des couleurs, les propriétés de la lumière, les lois de la résistance des fluides, etc.

Enfin, si l'on voulait discuter la physique de Descartes, que pourrait-on y apercevoir que des hypothèses? Ne verrait-on pas avec douleur le plus grand géomètre de son temps abandonner la géométrie, son guide, pour se perdre dans la carrière de l'imagination? ne le verrait-on pas créer un univers, au lieu d'examiner celui que Dieu a créé?

Veut-on se faire une idée très-juste de sa physique? qu'on lise ce qu'en dit le célèbre Boerhaave, qui vient de mourir. Voici comment il s'explique dans une de ses harangues : « Si de la géométrie de Descartes vous passez à la physique, à peine croirez-vous que ces ouvrages soient du même homme; vous serez épouvanté qu'un si grand mathématicien soit tombé dans un si grand nombre d'erreurs. Vous chercherez Descartes dans Descartes; vous lui reprocherez tout ce qu'il reprochait aux péripatéticiens, c'est-à-dire que rien ne peut s'expliquer par ses principes. »

C'est ainsi qu'on pense avec raison de Descartes dans presque toute l'Europe. Il est donc très-injuste qu'on me fasse en France un crime de l'avoir combattu, comme si c'était l'action d'un mauvais Français; il faut qu'on songe que Gassendi, dont plusieurs opinions contraires à Descartes revivent dans mon ouvrage, était aussi d'une province de France; il faut qu'on songe que vous êtes Français. Eh! qu'importe que la vérité nous vienne de Bretagne, ou de Provence, ou de Cambridge? C'est être en effet bon citoyen que de la chercher partout où elle est.

3° Le point de la question est uniquement de savoir si, après que Newton a découvert une tendance, une gravitation, une attraction réelle, indisputable, entre tous les globes célestes et entre tous les corps; si, après qu'il a mathématiquement déterminé les forces de cette gravitation entre les corps célestes, il la faut regarder comme un principe, comme une qualité primordiale, nécessaire à la formation de cet univers, donnée originairement à la matière par l'Être infini qui donne tout, ou bien si cette propriété de la matière est l'effet mécanique de quelque autre principe. Dans l'un et dans l'autre cas, il faut recourir à la main du Créateur, à sa volonté infiniment libre et infiniment puissante; soit qu'il ait créé la matière dans l'espace, soit qu'il ait rempli tout l'espace de matière, soit qu'il ait donné la gravitation aux corps, soit qu'il ait formé des tourbillons dont la gravitation dépende s'il est possible.

Ainsi, de quelque côté qu'on se tourne, newtonien et antinewtonien, tous recourent également à l'Être des êtres. La seule différence qui est ici entre nous et nos adversaires, c'est que ceux qui paraissent d'abord admettre des idées plus simples, en voulant tout expliquer par l'impulsion, sont en effet obligés d'avoir recours à beaucoup de mouvements composés, à une infinité de directions en tout sens. Ils n'ont pas même l'avantage de la simplicité dont ils se flattaient. Cet avantage est tout entier du côté des newtoniens. Il faut avouer que cet avan-

lui, s'il était seul, serait bien peu de chose. Une vraisemblance de plus ne fournit point une preuve. Ce ne sont pas là les armes dont vous vous servez. Qu'est-ce qu'un pas de plus dans cette carrière immense ? Allons donc plus loin, et voyons si la gravitation n'est que vraisemblable, tandis que les tourbillons sont impossibles.

4° Il faut bien d'abord que tous les hommes conviennent de cette nouvelle et admirable vérité, qu'une pierre ne retombe sur la terre que par la même loi qui entraîne la lune autour de la terre. Il faut convenir que tous les astres qui tournent dans des courbes autour du soleil, gravitent, pèsent réciproquement sur le soleil. Par cette loi même les comètes, qui ne sont autre chose que des planètes très-excentriques, et qui, dans leur aphélie, peuvent être deux cents fois plus éloignées du soleil que Saturne, pèsent encore sur le soleil par cette simple loi ; et, tous ces corps s'attirant précisément en raison de la masse qu'ils contiennent, et en raison du carré de leurs approchements, forment l'ordre admirable de la nature. On est obligé aussi de convenir qu'il y a une attraction marquée entre les corps et la lumière, cet autre être qui fait comme une classe à part. Arrêtons-nous ici. Cette gravitation, cette attraction, telle qu'elle soit, peut-elle être un principe ? peut-elle appartenir originairement aux corps ?

5° Je demande d'abord s'il y a quelqu'un qui ose nier que Dieu ait pu donner aux corps ce principe de la gravitation. Je demande s'il est plus difficile à l'Être suprême de faire tendre les corps les uns vers les autres que d'ordonner qu'un corps en pourra déranger un autre de sa place ; que celui-ci végète ; que cet autre ait la vie ; que celui-ci sente sans penser ; que celui-là pense ; que tous aient la mobilité, etc. Si quelqu'un ose nier cette possibilité, je le renverrai à ce livre, aussi précieux que peu étendu, où vous discutez si bien l'attraction. Vous avez fait comme M. Newton, car il vous appartient de faire comme lui ; vous vous êtes expliqué avec quelque réserve, parce qu'il ne fallait pas révolter des esprits prévenus de l'idée que rien ne peut s'opérer que par un mécanisme connu. Mais enfin personne n'ayant pu expliquer cette nouvelle propriété de la matière par aucun mécanisme, il faut bien qu'on s'accoutume insensiblement à regarder la gravitation comme un mécanisme d'un nouveau genre, comme une qualité de la matière inconnue jusqu'à nous.

Un des plus estimables philosophes de nos jours, qui est de vos amis[1], et qui m'honore aussi de quelque amitié, me faisait l'honneur de m'écrire, il y a quelques jours, qu'en regardant l'attraction comme principe, on devait craindre de ressembler à ceux qui admettaient l'horreur du vide dans une pompe avant qu'on connût la pesanteur de l'air. Il a très-grande raison, si en effet quelqu'un peut connaître la cause de la gravitation, comme on connaît le principe qui fait monter l'eau dans une pompe ; car il est sûr qu'en ce cas la gravitation n'est qu'un effet, et non point une cause. Il y aurait seulement cette différence entre les péripatéticiens et nous, qu'ils voyaient facilement et

1. Mairan. (Éd.)

sans surprise l'eau monter, et que c'est à l'aide de la plus sublime géométrie que Newton a vu la terre et les cieux graviter.

Mais je vais plus loin, et j'ai pris la liberté de dire à ce philosophe qu'en cas que l'on eût pu prouver autrefois que l'air ni aucun fluide ne peut, par le mécanisme ordinaire, faire monter l'eau dans les pompes, on eût été forcé alors d'admettre une loi primordiale de la nature par laquelle l'eau eût monté dans les pompes; car là où un phénomène ne peut avoir de cause, il faut bien qu'il soit une cause de lui-même.

Voilà le cas où il est très-vraisemblable que se trouve l'attraction, la gravitation : ce phénomène existe, et nul mortel n'en peut trouver la cause.

6° Quand Newton examine, dans le cours de ses *Principes mathématiques*, les différents rapports de la gravitation, il ne la considère qu'en géomètre, sans la regarder ni comme une cause ni comme un effet particulier; de même que lorsqu'il parle (proposition 96) des inflexions de la lumière, il dit qu'il n'examine pas si la lumière est un corps ou non; il s'explique avec cette précaution dans ses théorèmes, et va même jusqu'à dire qu'on pourrait appeler ces effets impulsion, afin de ne point mêler le physique avec le géométrique. Mais enfin, à la dernière page de son ouvrage, voici comme il s'explique en physicien aussi sublime qu'il est géomètre profond.

« J'ai jusqu'ici montré la force de la gravitation par les phénomènes célestes et par ceux de la mer, mais je n'en ai nulle part assigné la cause. Cette force vient d'un pouvoir qui pénètre au centre du soleil et des planètes, sans rien perdre de son activité, et qui agit non pas selon la quantité des superficies des particules de matière sur lesquelles elle agit, comme font les causes mécaniques, mais selon la quantité de matière solide; et son action s'étend à des distances immenses, diminuant toujours exactement selon le carré des distances, etc. »

C'est dire bien nettement, bien expressément, que l'attraction est un principe qui n'est point mécanique.

Et, quelques lignes après, il dit :

« Je ne fais point d'hypothèses, *hypotheses non fingo*; car ce qui ne se déduit pas des phénomènes est une hypothèse; et les hypothèses, soit métaphysiques, soit physiques, soit des suppositions de qualités occultes, soit des suppositions de mécanique, n'ont point lieu dans la philosophie expérimentale. »

Remarquons, en passant, ce grand mot des *hypothèses de mécanique*; elles ne valent pas mieux que les qualités occultes.

On voit évidemment, par ces paroles fidèlement traduites, le tort extrême que l'on a de reprocher aux newtoniens d'aller plus loin que Newton même. Premièrement, quand ils iraient plus loin, ce ne serait pas un reproche à leur faire; il s'agirait que de savoir s'ils s'égarent ou non. En second lieu, il est constant que Newton ne pensait ni ne pouvait penser que le mécanisme ordinaire que nous connaissons pût jamais rendre raison de la gravitation de la matière.

Ce qui a trompé en ce point ceux qui se disent cartésiens, c'est qu'ils n'ont pas voulu distinguer ce que Newton dit dans le cours de ses théorèmes de ses deux premiers livres comme mathématicien, et ce qu'il dit au troisième comme physicien. Le géomètre examine, indépendamment de toute matière, les forces centripètes tendant à un centre, à un point mathématique; le physicien ensuite les considère comme une force répandue également dans chaque partie de la matière. C'est ainsi qu'on observe dans une balance le centre mathématique de gravité, et qu'on observe physiquement que les masses des deux branches de la balance sont égales.

Mais, encore une fois, après que, dans le cours de ses recherches, Newton a examiné la nature plus en physicien, il est forcé de déclarer que nul tourbillon, nulle impulsion connue, nulle loi mécanique ne peut rendre raison des forces centripètes; car, à la fin du second livre, quand il considère que la terre se meut beaucoup plus vite au commencement du signe de la Vierge que dans celui des Poissons, et que cela seul anéantit démonstrativement tout prétendu fluide qui ferait circuler la terre, alors il est obligé de dire ces paroles décisives : « L'hypothèse des tourbillons contredit absolument les phénomènes astronomiques, et cette hypothèse sert bien plus à troubler les mouvements célestes qu'à les expliquer. » Il renvoie donc le lecteur aux forces centripètes.

Voilà la seule fois qu'il parle de Descartes, sans même le nommer. Et en effet, que pourrait-il avoir à démêler avec Descartes, qui n'a jamais rien expliqué mathématiquement, si vous en exceptez sa *Dioptrique*, de laquelle il n'a pu même connaître tous les vrais principes? Ce n'est pas tout : il faut voir cette belle démonstration du théorème 20° du livre III°, où Newton prouve que la vélocité d'une comète dans son espèce de parabole est toujours à la vitesse de toute planète circulant à peu près dans un cercle, en raison sous-doublée du double de la distance simple de la comète.

Selon ce calcul, si la terre, par son mouvement horaire, décrit 71 675 parties de l'espace, une comète, à la même distance du soleil dont la vitesse sera à celle de la terre comme la racine 2 est à 1, parcourra dans le même temps plus de 100 000 parties de l'espace. Ensuite, considérant que les comètes qui se trouvent dans la région d'une planète quelconque vont toujours beaucoup plus vite que cette planète, il suit de là très-évidemment qu'il est de toute impossibilité que le même tourbillon, la même couche de fluide, puisse entraîner à la fois deux corps qui circulent avec des vitesses si différentes.

Remarquons ici que Newton, à l'aide de la seule théorie de la gravitation, détermina le lieu du ciel où la comète de 1681 devait arriver à une heure marquée, et les observations confirmèrent ce que sa théorie avait ordonné.

Il détermina de même quel dérangement Jupiter et Saturne devaient éprouver dans leur conjonction, et ces deux planètes subirent le sort que Newton avait calculé. Certainement il était bien impossible qu'il se fût trouvé là un tourbillon qui eût approché Saturne et Jupiter l'un de l'autre. Un torrent fluide circulant entre ces deux planètes immobiles eût produit un événement tout contraire. Ce serait donc en effet violer toutes les lois du mécanisme qu'on réclame, ce serait admettre en effet des qualités occultes que d'admettre des tourbillons occultes qui ne peuvent s'accorder avec aucune loi de la nature.

Si on voulait bien joindre à ces deux démonstrations tous les autres arguments dont j'ai rapporté une partie dans mon seizième chapitre; si on voulait bien voir qu'il est réellement impossible qu'un corps se meuve trois minutes dans un fluide qui soit de sa densité, et que par conséquent, dans toutes les hypothèses des tourbillons, tout mouvement serait impossible, on serait enfin forcé de se rendre de bonne foi; on n'opposerait point à cette démonstration des subtilités qui ne l'éluderont jamais; on n'irait point imaginer je ne sais quels corps à qui on attribue le don d'être denses sans être pesants, puisqu'il est démontré que toute matière connue est pesante, et que la gravitation agit en raison directe de la quantité de la matière; enfin on ne perdrait point à combattre la vérité un temps précieux qu'on peut employer à découvrir des vérités nouvelles.

7° J'avouerai qu'il est bon que, dans l'établissement d'une découverte, les contradictions servent à l'affermir; il est très-raisonnable, d'ailleurs, que des géomètres et des physiciens aient cherché à concilier les tourbillons avec les découvertes de Newton, avec les règles de Kepler, avec toutes les lois de la nature; ils font connaître par ces efforts les ressources de leur génie.

A la bonne heure que le célèbre Huygens ait tenté de substituer aux tourbillons inadmissibles de Descartes d'autres tourbillons qui ne présentent plus perpendiculairement à l'axe, qui aient des directions en tout sens (chose pourtant assez inconcevable); que Perrault ait imaginé un tourbillon du septentrion au midi qui viendrait croiser un tourbillon circulaire d'orient en occident; que M. Bulfinger hasarde et dise de bonne foi qu'il hasarde quatre tourbillons opposés deux à deux; que Leibnitz ait été réduit à inventer une circulation harmonique; que Malebranche ait imaginé de petits tourbillons mous qui composent l'univers qu'il lui a plu de créer; que le P. Castel soit créateur d'un autre monde rempli de petits tourbillons à roues endentées les unes dans les autres; que M. l'abbé de Molières fasse encore un nouvel univers tout plein de grands tourbillons formés d'une infinité de petits tourbillons souples et à ressorts; qu'il applique à son hypothèse de très-belles proportions géométriques avec toute la sagacité possible : ces travaux servent au moins à étendre l'esprit et à donner des vues nouvelles. Il arrive à presque tous ces illustres géomètres ce qui arrive à d'industrieux chimistes, qui, en cherchant la pierre philosophale, font de très-utiles opérations. Newton a ouvert une minière nouvelle; il a trouvé un or que personne ne connaissait : les philosophes recherchent la semence de cet or, il n'y a pas apparence qu'ils la trouvent jamais.

Non-seulement le soleil gravite vers Saturne, mais Sirius gravite vers le soleil; mais chaque partie de l'univers gravite; et c'est bien en vain que les plus savants hommes veulent expliquer cette gravitation universelle par de petits tourbillons qu'ils supposent n'être pas pesants; toute matière a cette propriété. Voilà ce que Newton a enseigné aux hommes. Mais, encore une fois, savoir la cause de cette propriété n'est pas, je crois, le partage de l'humanité.

Les animaux ont ce que l'on appelle un instinct, les hommes ont ce qu'on appelle la pensée : comment ont-ils cette faculté? Dieu, qui seul l'a donnée, sait seul comment il l'a donnée. Le grand principe de Leibnitz que rien n'existe sans une cause suffisante est très-vrai; mais il est tout aussi vrai que les premiers ressorts de la nature n'ont pour cause suffisante que la volonté infiniment libre de l'Être infiniment puissant. La gravitation inhérente dans toutes les parties de la matière est dans ce cas; et toute la nature nous crie, comme l'avouent MM. s'Gravesande et Musschenbroeck, que cette gravitation ne dépend point des causes mécaniques; tâchons d'en calculer les effets, d'en examiner les propriétés.

Nec propius fas est mortali attingere divos.
Halley.

Pour moi, pénétré de ces vérités, je me suis bien donné de garde d'oser mêler le moindre alliage de système à l'or de Newton : je me suis contenté de rendre sensibles aux esprits peu instruits, mais attentifs, les effets de la gravitation démontrée, quelle qu'en puisse être la cause, effets qui seront éternellement vrais, soit qu'on reconnaisse la gravitation pour une qualité primordiale de la matière, soit qu'elle appartienne à quelque autre cause inconnue, et à jamais inconnue.

Quelques personnes d'esprit, qui n'ont pas eu le courage de s'appliquer à la philosophie, donnent pour excuse de leur paresse que ce n'est pas la peine de s'attacher à un système qui passera comme nos modes. Ils ont ouï dire que l'école ionique a combattu l'école de Pythagore; que Platon a été opposé à Epicure; qu'Aristote a abandonné Platon; que Bacon, Galilée, Descartes, Boyle, ont fait tomber Aristote; que Descartes a disparu à son tour; et ils concluent qu'il viendra un temps où Newton subira la même destinée.

Ceux qui tiennent ce discours vague supposent, ce qui est très-faux, que Newton a fait un système; il n'en a point fait, il n'a annoncé que des vérités de géométrie et des vérités d'expérience. C'est comme si on disait que les démonstrations d'Archimède passeront de mode un jour. Il se peut faire que quelqu'un découvre un jour (s'il a des révélations) la cause de la pesanteur; mais les propositions des équipondérances d'Archimède n'en sont pas moins démontrées, et le calcul de Newton sur la gravitation n'en sera ni moins vrai ni moins admirable.

8° Les effets de cette gravitation sont si indispensables, que par eux on découvre combien de matière doit contenir la lune qui tourne autour de nous, comment elle doit altérer sa course, pourquoi ses nœuds et ses apsides varient, de quelle quantité ils doivent varier, pourquoi les mois d'hiver de la lune sont plus longs que les mois d'été; et c'est ce que M. Halley, physicien, astronome, et poëte excellent, a si bien dit :

Cur remeant nodi, curque anæ progrediuntur, etc.

Les lois de la gravitation sont encore l'unique cause de cette précession continuelle de nos équinoxes, de cette période constante de 25 900 années ou environ; période si longtemps méconnue, et si longtemps attribuée à je ne sais quel premier mobile qui n'existe pas, et qui ne peut exister.

N'est-ce pas une chose bien digne de l'attention et de la curiosité de l'esprit humain que ce mouvement singulier de notre globe produit précisément par la même cause qui fait tous les changements de la lune? car, comme la gravitation réciproque de notre terre et de la lune, son satellite, augmente et diminue à mesure que la terre est plus près ou plus loin du soleil, et à mesure que la lune est entre le soleil et nous, ou nous laisse entre le soleil et elle; comme, dis-je, le cours de la lune et ses pôles en sont dérangés, aussi notre cours et nos pôles sont-ils continuellement variés par les mêmes principes.

Ce qu'il y a de plus admirable, c'est que cette précession des équinoxes, ce mouvement de près de 26 000 années, ne peut s'accomplir si la terre n'est considérablement élevée à l'équateur; car alors on regarde cette protubérance de la région de l'équateur comme un anneau de lunes qui circulerait autour de la terre; et tout ce qu'on a démontré touchant la régression des nœuds de la lune s'applique alors sans difficulté à la régression des nœuds de la terre, à cette précession des équinoxes, à cette période qui en est la suite.

Or cette élévation à l'équateur, Huygens et Newton l'avaient établie : l'un, par les lois des forces centrifuges dont il était le véritable inventeur, puisqu'il les avait calculées le premier; l'autre, par les lois de la gravitation, qu'il avait découvertes et calculées.

Cette élévation de l'équateur, dont résulte l'aplatissement des pôles, et sans quoi les régions entre les tropiques seraient inondées, est encore une vérité que vous avez prouvée, monsieur, avec les célèbres compagnons de votre voyage, et que vous avez prouvée par une espèce de surabondance de droit; car aux yeux de la plupart des hommes il fallait des mesures actuelles; et même, malgré cet accord singulier de vos mesures et des principes de Newton, qui ne diffèrent qu'en ce que la terre est encore plus aplatie aux pôles que Newton ne l'avait déterminé, bien des gens refuseront encore de vous croire. Les vérités sont des fruits qui ne mûrissent que bien lentement dans la tête des hommes; il semble qu'elles soient là dans un terrain étranger pour elles.

7° Si je n'ai pas parlé, dans mes *Éléments de Newton*, de cette précession des équinoxes, et de quelques autres phénomènes qui sont les suites de l'attraction, une maladie qui m'a accablé pendant que j'envoyais les feuilles aux libraires de Hollande en est la cause; ces libraires impatients ont fait finir le xxiv° et xxv° chapitre par une autre main, et ont imprimé le tout sans m'en avertir. Mais je suis bien aise que le lecteur sache que je n'ai aucune part à ces chapitres.

Je n'aurais jamais composé la lumière zodiacale de petites planètes, ni l'anneau de Saturne de petites lunes. Je ne connais d'autre explication de l'anneau de Saturne que celle que vous en avez donnée dans votre petit livre *De la figure des astres*, digne précurseur de votre livre *De la figure de la terre*. C'est la seule qui soit fondée sur la théorie des forces centrales, la seule par conséquent que l'on doive admettre.

Il est encore bien étrange qu'après que j'ai promis formellement d'expliquer la précession des équinoxes, et le phénomène des marées par les lois newtoniennes, le continuateur s'avise de dire que les lois de Newton ne peuvent rendre raison de ces effets.

Cette disparate est d'autant plus insoutenable que ce continuateur vit dans un pays où ce qu'il ose combattre a été très-bien prouvé par M. s'Gravesande et par d'autres. Il devrait avoir fait réflexion combien il est ridicule de combattre Newton, vaguement et sans preuves, dans un ouvrage fait pour expliquer Newton.

10° Le continuateur et réviseur s'étant trompé dans plusieurs points essentiels, et ayant de plus fait un petit libelle pour faire valoir ses corrections très-erronées, il faut que je commence par réformer ici ses fautes; après quoi, si les libraires veulent tirer quelque avantage de mon livre, et faire une édition dont je sois content, il faut qu'ils le corrigent entièrement selon mes ordres.

Par exemple, dans mon XXIII° chapitre[1], il s'agit de savoir, par les lois incontestables de la gravitation, combien les planètes pèsent sur le soleil, combien pèsent les corps à la surface du soleil et à celle de ces planètes, etc. Pour avoir ces proportions, qui résultent en partie de la grosseur de ces astres, il faut d'abord établir cette grosseur ; car ces proportions changent à mesure qu'on fait le diamètre du soleil plus grand ou plus petit. Huygens l'a cru de 111 diamètres de la terre; Keill, après plusieurs Anglais, l'établit de 83 diamètres; Newton, de 96 et une fraction, dans sa seconde édition, dont je me suis servi; M. s'Gravesande, de 109 ; M. Pemberton, de 112 : on ne pourra savoir qui d'eux a raison que dans l'année 1761, quand Vénus passera sous le disque du soleil. En attendant, j'ai pris un milieu entre toutes ces mesures, et je m'en tiens au calcul qui fait le diamètre du soleil comme 100 diamètres de notre globe, et par conséquent sa grosseur comme un million est à l'unité.

J'en ai averti en plusieurs endroits; et comme j'écrivais principalement pour des Français, je me suis conformé à cette mesure, qui me paraît reçue en France, afin d'être plus intelligible. J'ai retenu toute la théorie de Newton, et j'ai changé seulement le calcul; ce qui, pour le fond, revient absolument au même.

La preuve en est bien claire ; car le soleil est à la terre en solidité, en grosseur, comme 1 000 000 est à 1 ; Saturne, comme 980 est à 1 ; Jupiter, comme 1170 est à 1 ; Mars, comme 1/5 est à 1 ; Vénus, comme 1 est à 1 ; Mercure, comme 1/27 est à 1 ; la lune, comme 1/50 est à 1.

---

1. Le chapitre XXIII de 1738 était composé de ce qui forme aujourd'hui le chapitre VIII de la troisième partie. (ÉD.)

Or la somme de toutes ces planètes est 2152, ou approchant. Le soleil est un million.

Un million est à 2152, à peu près comme 464 est à l'unité ; donc j'avais eu très-grande raison de dire, dans mon manuscrit, que le soleil est à peu près 464 fois gros comme toutes ces planètes réunies.

Le réviseur et continuateur a changé cette proportion, et pour se conformer, dit-il, à la mesure que Newton donne au diamètre du soleil, il l'a faite de 760 ; mais en aucun cas, selon cette mesure de Newton, le soleil ne peut être 760 fois plus gros que les planètes dont nous parlons.

Car, selon la seconde édition de Newton, le diamètre du soleil est à celui de la terre comme 10 000 à 104, ce qui est à peu près comme 96 à l'unité.

Or, les sphères étant entre elles comme les cubes de leur diamètre, et le cube de 96 étant 884 736 ; il est clair qu'en ce cas le soleil est 411 fois gros comme toutes les planètes dont je parle, et dont j'assigne les dimensions suivant l'observatoire. Et, si le continuateur s'en tient à la troisième édition de Newton, qui fait le diamètre du soleil comme 10 000, et celui de la terre comme 109, il se trouvera qu'alors, en comparant ce diamètre avec les diamètres que Newton donne aux autres planètes, le soleil sera environ 679 fois gros comme les planètes susdites, et jamais 760 fois, comme le dit ce continuateur.

Il ajoute dans le petit libelle qu'il s'est donné la peine de faire contre moi à ce sujet : « On serait bien curieux de savoir où M. de Voltaire a pris les masses de Vénus et de Mercure. » Mais le censeur n'a pas fait réflexion qu'il ne s'agit point du tout ici de masses, mais de dimension des sphères ; il y a une prodigieuse différence entre la masse et la grosseur. Selon le calcul de Newton (seconde édition), il prend le diamètre du soleil pour 96 ; sa grosseur, 884 736 fois plus considérable que celle de notre globe. Mais, en ce cas, la masse, la quantité de matière du soleil, n'excède la nôtre que 227 000 fois environ.

Pour moi, qui fais le soleil gros comme un million de fois notre terre, je dois lui donner par conséquent 250 000 fois plus de masse, quand je fais sa densité quatre fois moindre que celle de la terre. Mais loin de parler de la masse, c'est-à-dire de la quantité de matière de Mars, de Vénus, et de Mercure, comme le suppose le censeur sans nul fondement, je dis expressément qu'on ne les peut connaître, parce que ces planètes n'ont point de satellites, et que c'est à l'aide de la révolution de ces satellites qu'on peut connaître la densité, la masse d'une planète.

Il faut donc corriger cette faute du continuateur, et mettre que le soleil est 464 fois plus gros que les planètes, comme je l'avais dit. Le continuateur s'est encore trompé quand il a voulu corriger la gravitation que je donne à la terre, par rapport à la gravitation de Jupiter.

J'avais dit que la terre gravite sur le soleil environ 30 fois plus que Jupiter, si on compte l'année de Jupiter rondement de 12 ans ; et environ 25 fois plus que Jupiter, si on compte la révolution de Jupiter telle qu'elle est. Cela est très-vrai, et en voici la preuve.

Newton démontre (proposition iv, théorème iv, livre Ier) que les forces centripètes sont en raison composée de la raison directe des rayons des orbites et de la raison doublée inverse des temps périodiques. L'application de cette règle est aisée. Le carré de l'année de Jupiter est au carré de l'année de la terre environ comme 134 3/4 est à l'unité. Le rayon de l'orbite de Jupiter est à celui de l'orbite de la terre environ comme 5 1/2 à l'unité; donc la gravitation de la terre est à celle de Jupiter sur le soleil comme 134 3/4 est à 5 1/2; ce qui donne la proportion de 24 1/2 à 1; donc j'ai eu encore raison de dire que la terre gravite sur le soleil 25 fois autant ou environ que Jupiter.

Ce qui a pu tromper le censeur et continuateur, c'est qu'il aura voulu faire entrer en ligne de compte la masse de Jupiter et de la terre; mais c'est de quoi il ne s'agit pas du tout en cet endroit.

Il ne s'agit que de voir en quelle raison gravitent deux corps quelconques, fussent-ils des atomes placés, l'un à la distance de la terre au soleil, l'autre à la distance de Jupiter au soleil, et circulant l'un en 365 jours, l'autre en près de 12 ans.

Le continuateur s'est encore trompé lorsqu'il a voulu corriger la proportion dans laquelle j'ai dit que les corps tombent (toutes choses d'ailleurs égales) sur la terre et sur le soleil; j'avais dit que le même corps qui tombe ici de 15 pieds dans une seconde, parcourrait 413 pieds dans la première seconde, s'il tombait à la surface du soleil. Ce calcul est encore très-juste selon la mesure qui fait le soleil un million de fois gros comme la terre, et qui fait la terre à peu près quatre fois dense comme le soleil : ceci est évident.

Car le diamètre du soleil étant 100 fois le diamètre de la terre, la densité de matière de la terre étant quatre fois celle du soleil, tout le monde convient qu'en ce cas ce qui pèse une livre à la surface de la terre, pèserait 25 livres sur la surface du soleil. Mais supposé que la matière de la terre ne soit pas en effet quatre fois dense comme celle du soleil, et que la proportion de 100 à l'unité subsiste toujours entre leurs diamètres, il est clair que les corps, en ce cas, doivent être attirés vers le soleil en une raison plus grande que celle de 25 à l'unité; et cette raison ne peut être moindre qu'en cas que le soleil soit moins massif que je ne le dis. Donc, en partant de ce théorème, que le diamètre du soleil est 100 fois celui de la terre, et que la matière de la terre n'est pas quatre fois dense comme celle du soleil, il s'ensuit que l'attraction du soleil, à sa surface, est à l'attraction de la terre, à sa surface, en plus grande raison que 25 à 1. J'ai donc eu raison, dans cette hypothèse, de dire que ce qui pèse sur la terre une livre, pèse sur le soleil environ 27 livres et demie, toutes choses d'ailleurs égales.

Or, si la gravitation est en ce rapport de 27 1/2 à 1, et si les mobiles parcourent ici 15 pieds dans la première seconde, ils doivent parcourir environ 413 pieds dans la première seconde, à la surface du soleil; car 1 : 27 1/2 :: 15 : 412 1/2; ce qui, comme vous voyez, ne s'éloigne pas de 413 : le correcteur doit donc se corriger, et ne pas mettre 350, comme il a fait, à la place de 413, et comme il s'en vante.

Il s'est encore trompé d'une autre manière dans ce compte de 350 ; car il dit, dans son petit libelle, qu'il a voulu tenir compte de l'action de l'atmosphère du soleil. Il y a en cela deux erreurs : la première, c'est qu'on ne connaît pas la densité de l'atmosphère du soleil, et qu'ainsi ou n'en peut rien conclure ; la seconde, qu'il n'a pas songé que, comme on ne tient pas compte de la résistance de l'atmosphère de la terre, on ne doit pas non plus parler de celle du soleil.

Le continuateur et réviseur a donc tort dans tous ces points. Il a encore bien plus grand tort de s'être vanté d'avoir corrigé des fautes de copistes, comme d'avoir mis un zéro où il en manquait, d'avoir mis parallaxe annuelle au lieu de parallaxe ; il a voulu insinuer par là que mon manuscrit était plein de fautes.

Mais M. Pitot, de l'Académie des sciences, et M. de Montcarville, qui ont eu mon livre écrit de ma main, qui sont commis pour l'examiner, ont rendu un témoignage public que ces fautes ne s'y trouvent pas.

Les libraires de Hollande, au lieu de vouloir soutenir inutilement leur mauvaise édition, doivent la corriger entièrement, selon mes ordres, comme ils l'ont promis. Les libraires de Paris, qui ont copié quelques fautes du continuateur des libraires de Hollande, doivent aussi les réformer. Le livre ne peut être utile aux commençants, et je ne puis l'avouer qu'à cette condition.

11° Voilà, monsieur, les réflexions que j'ai cru devoir soumettre à vos lumières sur la philosophie de Newton, non-seulement parce que vous avez daigné bien souvent me servir de maître, mais parce qu'il y a peu d'hommes en France dont vous ne le fussiez. Je ne réponds point ici à toutes les objections que l'on m'a faites ; je renvoie aux livres des Keill, des Pemberton, des s'Gravesande, et des Musschenbroeck ; je ne ferais que répéter ce que ces savants ont dit, et je ne donnerais pas un poids nouveau à leur autorité ; ce serait à vous, monsieur, à défendre cette philosophie ; mais vous pensez qu'elle n'a besoin que d'être exposée.

J'ajouterai ici seulement (ce que vous pensez comme moi) que la différence des opinions ne doit jamais, en aucun cas, altérer les sentiments de l'humanité ; qu'un newtonien peut très-bien aimer un cartésien et même un péripatéticien, s'il y en avait un. L'*odium theologicum* a malheureusement passé en proverbe ; mais il est à croire qu'on ne dira jamais *odium philosophicum*. Il y a longtemps que je dis que tous ceux qui aiment sincèrement les arts doivent être amis, et cette vérité vaut mieux qu'une démonstration de géométrie.

DCCXI. — A M. HELVÉTIUS.

Cirey, le 17 octobre.

Voici, mon cher élève des Muses, d'Archimède et de Plutus, ces *Éléments de Newton*, qui ne vous apprendront rien autre chose, sinon que j'aime à vous soumettre tout ce que je pense et ce que je fais. J'ai reçu une lettre de monsieur votre père ; il sait combien j'estime lui et ses ouvrages; mais son meilleur ouvrage c'est vous. Quand vous voudrez travailler à celui que vous avez entrepris, l'ermitage de Cirey vous attend pour être votre Parnasse; chacun travaillera dans sa cellule.

Il y a un nommé Bourdon de Joinville qui a une affaire qui dépend de vous; Mme du Châtelet vous le recommande, autant que l'équité le permet, s'entend, *votisque assuesce vocari*. Je vous embrasse tendrement, et je vous aime trop pour mettre ici les formules de très-humble.

DCCXVI. — A M. L'ABBÉ D'OLIVET.

A Cirey, ce 20 octobre.

Quoique je sois en commerce avec Newton-Maupertuis et avec Descartes-Mairan, cela n'empêche pas que Quintilien-d'Olivet ne soit toujours dans mon cœur, et que je ne le regarde comme mon maître et mon ami. *In domo patris mei*[1] *mansiones multæ sunt*, et je peux encore dire, *in domo mea*. Je passe ma vie, mon cher abbé, avec une dame qui fait travailler trois cents ouvriers, qui entend Newton, Virgile et le Tasse, et qui ne dédaigne pas de jouer au piquet: voilà l'exemple que je tâche de suivre, quoique de très-loin. Je vous avoue, mon cher maître, que je ne vois pas pourquoi l'étude de la physique écraserait les fleurs de la poésie. La vérité est-elle si malheureuse qu'elle ne puisse souffrir les ornements? L'art de bien penser, de parler avec éloquence, de sentir vivement, et de s'exprimer de même, serait-il donc l'ennemi de la philosophie? Non, sans doute, ce serait penser en barbare. Malebranche, dit-on, et Pascal, avaient l'esprit bouché pour les vers; tant pis pour eux : je les regarde comme des hommes bien formés d'ailleurs, mais qui auraient le malheur de manquer d'un des cinq sens.

Je sais qu'on s'est étonné, et qu'on m'a même fait l'honneur de me haïr, de ce qu'ayant commencé par la poésie, je m'étais ensuite attaché à l'histoire, et que je finissais par la philosophie. Mais, s'il vous plaît, que faisais-je au collège, quand vous aviez la bonté de former mon esprit? Que me faisiez-vous lire et apprendre par cœur à moi et aux autres? des poëtes, des historiens, des philosophes. Il est plaisant qu'on n'ose pas exiger de nous dans le monde ce qu'on a exigé dans le collège, et qu'on n'ose pas attendre d'un esprit fait les mêmes choses auxquelles on exerça son enfance.

Je sais fort bien, et je sens encore mieux, que l'esprit de l'homme est très-borné; mais c'est par cette raison-là même qu'il faut tâcher d'étendre les frontières de ce petit État, en combattant contre l'oisiveté et l'ignorance naturelle avec laquelle nous sommes nés. Je n'irai pas un jour faire le plan d'une tragédie et des expériences de physique; *sed omnia tempus habent*[2]; et, quand j'ai passé trois mois dans les épines des mathématiques, je suis fort aise de retrouver des fleurs.

Je trouve même fort mauvais que le P. Castel ait dit, dans un ex-

1. Saint Jean, XIV, 11. (ÉD.)
2. *Ecclésiaste*, III, 1. (ÉD.)

trait des *Éléments de Newton*, que je passais du frivole au solide. S'il savait ce que c'est que le travail d'une tragédie et d'un poëme épique, *si sciret donum Dei* [1], il n'aurait pas lâché cette parole. *La Henriade* m'a coûté dix ans; les *Éléments de Newton* m'ont coûté six mois, et ce qu'il y a de pis, c'est que *la Henriade* n'est pas encore faite; j'y travaille encore quand le dieu qui me l'a fait faire m'ordonne de la corriger; car, comme vous savez :

Est deus in nobis ; agitante calescimus illo.
Ovid., *Fast.*, lib. VI, v. 5.

Et, pour vous prouver que je sacrifie encore aux autels de ce dieu, c'est que M. Thieriot doit vous faire lire une *Mérope* de ma façon, une tragédie française, où, sans amour, sans le secours de la religion, une mère fournit cinq actes entiers. Je vous prie de m'en dire votre sentiment tout aussi naïvement que vous l'avez dit à Rousseau sur les *Aïeux chimériques*.

Je sais que non-seulement vous m'aimez, mais que vous aimez la gloire des lettres et celle de votre siècle. Vous êtes bien loin de ressembler à tant d'académiciens, soit de votre tripot, soit de celui des Inscriptions, qui, n'ayant jamais rien produit, sont les mortels ennemis de tout homme de génie et de talent, qui se donneront bien de garde d'avouer que, de leur vivant, la France a eu un poëte épique, qui loueront jusqu'à Camoëns pour me rabaisser, et qui, me lisant en secret, affecteront en public de garder le silence sur ce qu'ils estiment malgré eux. Peut-être

............*Exstinctus amabitur idem.*
Hor., lib. II, ep. I, v. 14.

Vous êtes trop au-dessus de ces lâches cabales formées par les esprits médiocres, vous encouragez trop les arts par vos excellents préceptes, pour ne pas chérir un homme qui a été formé par eux. Je ne sais pourquoi vous m'appelez *pauvre ermite*; si vous aviez vu mon ermitage, vous seriez bien loin de me plaindre. Gardez-vous de confondre le tonneau de Diogène avec le palais d'Aristippe. Notre première philosophie est ici de jouir de tous les agréments qu'on peut se procurer. Nous saurions très-bien nous en passer; mais nous savons aussi en faire usage; et peut-être, si vous veniez à Cirey, préféreriez-vous la douceur de ce séjour à toutes les infâmes cabales des gens de lettres, au brigandage des journaux, aux jalousies, aux querelles, aux calomnies, qui infestent la littérature. Il y a des têtes couronnées, mon cher abbé, qui ont envoyé dans cet ermitage de Mme du Châtelet leurs favoris pour venir l'admirer, et qui voudraient y venir eux-mêmes; et, si vous y veniez, nous en serions tout aussi flattés. La visite du sage vaut celle des princes.

Adieu; je ne vous écris point de ma main, je suis malade, je vous embrasse tendrement. Adieu, mon ami et mon maître.

1. Jean, IV, 10. (ÉD.)

DCCXIII. — A M. THIERIOT.

Le 24 octobre.

Je ne vous écris souvent que trois lignes, père Mersenne, parce que j'en griffonne trois ou quatre cents, et en rature cinq cents pour mériter un jour votre suffrage. La correction de *la Henriade* entrait dans mes travaux; lorsque vous m'apprenez le dessein des libraires, il faut m'y conformer; il faut rendre cet ouvrage digne de mes amis et de la postérité. Mais Prault se disposait à en faire une édition; il me faisait graver; il faudrait l'engager à entrer dans le projet des Gandouin. Dites-lui donc de ne plus m'envoyer, ou plutôt de ne me plus faire attendre inutilement les livres de physique, et que vous avez la bonté de vous en charger. Le s'Gravesande, deux volumes in-4°, est ce que je demande avec le plus d'instance. Je ne peux vivre sans ce s'Gravesande et sans Desaguliers; voilà l'essentiel.

Je vous enverrai ma réponse à M. Le Franc : vous êtes le lien des cœurs.

Je vous enverrai une lettre pour Pline-Dubos; dites-lui que ma reconnaissance est égale à mon estime.

Un petit mot touchant les *Épîtres*. L'objection qu'on se fait interroger comme si on était *Dieu* ou *ange* est, ce me semble, bien injuste. On interroge non un dieu, mais un philosophe, sur des sujets traités par Platon, Leibnitz, et Pope. Dire que l'épître ne conclut rien, c'est ne la vouloir pas entendre. Elle ne conclut que trop que *non sunt omnia facta pro hominibus;* et, s'il y a quelque mérite à cette épître, c'est d'avoir tourné cette conclusion d'une manière qui n'attire pas les conclusions du procureur général, et d'avoir traité très-sagement une matière très-délicate.

Autre petit mot. Où diable prend-on que ces *Épîtres* ne vont pas au fait ? Il n'y a pas un vers dans la première qui ne montre l'*égalité des conditions*, pas un dans la seconde qui ne prouve *la liberté*, pas un dans la troisième où il soit question d'autre chose que de *l'envie;* ainsi des autres.

Ces impertinentes objections qu'on vous fait méritent à peine que vous y répondiez, et encore moins que vous vous laissiez séduire.

Je reçois votre lettre du 12, avec une lettre du prince qui me comble de joie. Il peut arriver très-bien que je le voie en 1739, et que vous ayez un établissement aussi assuré qu'agréable. Gardez un profond secret.

Je vous embrasse, mon cher ami, et Mme la marquise vous fait les plus sincères compliments. Elle vous écrit; elle a pour vous autant d'amitié que moi.

P. S. Envoyez-moi le coup de fouet qu'a donné l'abbé Leblanc à cet âne incorrigible nommé Guyot Desfontaines.

DCCXIV. — AU MÊME.

A Cirey, le 27 octobre.

Je ne peux encore écrire cet ordinaire ni aux Dubos ni aux Le Franc. Apollon m'a tiré par l'oreille : *Deus, ecce Deus*[1] ; il a fallu obéir.

Je vous recommande, mon cher ami, l'affaire de M. de Montmartel. Ayez pitié de moi, envoyez-moi le s'Gravesande in-4°. L'abbé Mousinot n'a plus d'argent ; mais ne vous a-t-il pas donné vingt louis ? *Pian, pian* ; l'abbé Nollet me ruine.

Je reçois ce gros paquet du prince. En voici un petit ; vous verrez ce que c'est.

Père Mersenne, lien des cœurs, vous verrez sans doute l'abbé Trublet. Ne dites point : « Ce sont des misères. » Tout ce qui regarde la réputation est sérieux, et il ne faut pas que la postérité dise : « Thieriot avait un ami dont on pensait mal. » *Vale et me ama*. I am yours for ever.

DCCXV. — A M. LÉVESQUE DE BURIGNI.

A Cirey, le 29 octobre.

Je n'ai point reçu votre lettre, monsieur, comme un compliment ; je sais trop combien vous aimez la vérité. Si vous n'aviez pas trouvé quelques morceaux dignes de votre attention dans les *Éléments de Newton*, vous ne les auriez pas loués.

Cette philosophie a plus d'un droit sur vous : elle est la seule vraie, et M. votre frère de Pouilli est le premier en France qui l'ait connue. Je n'ai que le mérite d'avoir osé effleurer le premier, en public, ce qu'il eût approfondi, s'il eût voulu.

Je ne sais si ma santé me permettra dorénavant de suivre ces études avec l'ardeur qu'elles méritent ; mais il s'en faut bien qu'elles soient les seules qui doivent fixer un être pensant. Il y a des livres[2] sur les droits les plus sacrés des hommes, des livres écrits par des citoyens aussi hardis que vertueux, où l'on apprend à donner des limites aux abus, et où l'on distingue continuellement la justice et l'usurpation, la religion et le fanatisme. Je lis ces livres avec un plaisir inexprimable ; je les étudie, et j'en remercie l'auteur quel qu'il soit.

Il y a quelques années, monsieur, que j'ai commencé une espèce d'histoire philosophique du siècle de Louis XIV ; tout ce qui peut paraître important à la postérité doit y trouver sa place ; tout ce qui n'a été important qu'en passant y sera omis. Les progrès des arts et de l'esprit humain tiendront dans cet ouvrage la place la plus honorable. Tout ce qui regarde la religion y sera traité sans controverse, et ce que le droit public a de plus intéressant pour la société s'y trouvera. Une loi utile y sera préférée à des villes prises et rendues, à des batailles qui n'ont décidé de rien. On verra dans tout l'ouvrage le caractère d'un homme qui fait plus de cas d'un ministre qui fait croître deux épis de blé là où la terre n'en portait qu'un, que d'un roi qui achète ou saccage une province.

---

1. *Æn.* VI, 46. (ÉD.)
2. *Le Traité de l'autorité du pape*, publié en 1720, sous le voile de l'anonyme, par Lévesque de Burigny. (ÉD.)

Si vous aviez, monsieur, sur le règne de Louis XIV quelques anecdotes dignes des lecteurs philosophes, je vous supplierais de m'en faire part. Quand on travaille pour la vérité, on doit hardiment s'adresser à vous, et compter sur vos secours. Je suis, monsieur, avec les sentiments d'estime les plus respectueux, etc.

DCCXVI. — A M. LE FRANC.

A Cirey, le 30 octobre.

Tous les hommes ont de l'ambition, monsieur, et la mienne est de vous plaire, d'obtenir quelquefois vos suffrages, et toujours votre amitié. Je n'ai guère vu jusqu'ici que des gens de lettres occupés de flatter les idoles du monde, d'être protégés par les ignorants, d'éviter les connaisseurs, de chercher à perdre leurs rivaux, et non à les surpasser. Toutes les académies sont infectées de brigues et de haines personnelles. Quiconque montre du talent a sur-le-champ pour ennemis ceux-là même qui pourraient rendre justice à ses talents, et qui devraient être ses amis.

M. Thieriot, dont vous connaissez l'esprit de justice et de candeur, et qui a lu dans le fond de mon cœur pendant vingt-cinq années, sait à quel point je déteste ce poison répandu sur la littérature. Il sait surtout quelle estime j'ai conçue pour vous dès que j'ai pu voir quelques-uns de vos ouvrages; il peut vous dire que, même à Cirey, auprès d'une personne qui fait tout l'honneur des sciences et tout celui de ma vie, je regrettais infiniment de n'être pas lié avec vous.

Avec quel homme de lettres aurais-je donc voulu être uni, sinon avec vous, monsieur, qui joignez un goût si pur à un talent si marqué? Je sais que vous êtes non-seulement homme de lettres, mais un excellent citoyen, un ami tendre. Il manque à mon bonheur d'être aimé d'un homme comme vous.

J'ai lu, avec une satisfaction très-grande, votre dissertation sur le *Pervigilium Veneris*; c'est là, ce qui s'appelle traiter la littérature. Mme la marquise du Châtelet, qui entend Virgile comme Milton, a été vivement frappée de la finesse avec laquelle vous avez trouvé dans les *Géorgiques* l'original du *Pervigilium*. Vous êtes comme ces connaisseurs nouvellement venus d'Italie, tout remplis de leur Raphaël, de leur Carrache, de leur Paul Véronèse, et qui démêlent tout d'un coup les pastiches de Boulogne.

Vous avez donné un bel essai de traduction dans vos vers :

C'est l'aimable printemps dont l'heureuse influence, etc.

Votre dernier vers,

Et le jour qu'il naquit fut au moins un beau jour,

me paraît beaucoup plus beau que

Ferrea progenies duris caput extulit arvis.
Georg., lib. II, v. 341.

Le sens de votre vers était, comme vous le dites très-bien, renfermé dans celui de Virgile. Souffrez que je dise qu'il y était renfermé comme une perle dans des écailles.

Je voudrais seulement que ce beau vers pût s'accorder avec ceux-ci, qui le précèdent :

De l'univers naissant le printemps est l'image ;
Il ne cessa jamais durant le premier âge.

J'ai peur que ce ne soient là deux mérites incompatibles ; si le printemps ne cessa point dans l'âge d'or, il y eut plus d'un beau jour. Vous pourriez donc sacrifier cet *il ne cessa jamais*, etc., à ce beau vers :

Et le jour qu'il naquit fut au moins un beau jour.

Ce dernier vers mérite le sacrifice que j'ose vous demander.

Vous voyez, monsieur, que je compte déjà sur votre amitié, et vous pardonnez sans doute à ma franchise. J'entre avec vous dans ces détails, parce qu'on m'a dit que vous traduisez toutes les *Géorgiques*. L'entreprise est grande. Il est plus difficile de traduire cet ouvrage en vers français, qu'il ne l'a été de le faire en latin ; mais je vous exhorte à continuer cette traduction, par une raison qui me paraît sans réplique, c'est que vous êtes le seul capable d'y réussir.

J'ai été votre partisan dans ce que vous avez dit de l'*Énéide*. Il n'appartient qu'à ceux qui sentent comme vous les beautés d'oser parler des défauts ; mais je demanderais grâce pour la sagesse avec laquelle Virgile a évité de ressembler à Homère dans cette foule de grands caractères qui embellissent l'*Iliade*. Homère avait vingt rois à peindre, et Virgile n'avait qu'Énée et Turnus.

Si vous avez trouvé des défauts dans Virgile, j'ai osé relever bien des bévues dans Descartes. Il est vrai que je n'ai pas parlé en mon propre et privé nom ; je me suis mis sous le bouclier de Newton. Je suis tout au plus le Patrocle couvert des armes d'Achille.

Je ne doute pas qu'un esprit juste, éclairé comme le vôtre, ne compte la philosophie au rang de ses connaissances. La France est, jusqu'à présent, le seul pays où les théories de Newton en physique, et de Boërhaave en médecine, soient combattues. Nous n'avons pas encore de bons Éléments de Physique ; nous avons pour toute astronomie le livre de Bion, qui n'est qu'un ramas informe de quelques mémoires de l'Académie. On est obligé, quand on veut s'instruire de ces sciences, de recourir aux étrangers, à Keill, à Wolff, à s'Gravesande. On va imprimer enfin des *Institutions physiques*, dont M. Pitot est l'examinateur, et dont il dit beaucoup de bien. Je n'ai eu que le mérite d'être le premier qui ait osé bégayer la vérité ; mais, avant qu'il soit dix ans, vous verrez une révolution dans la physique, *et se mirabitur Gallia neutonianam*.

Et nous dirons avec vos *Géorgiques* :

Miraturque novas frondes et non sua poma.
                    Lib. II, v. 82.

Il est vrai que la physique d'aujourd'hui est un peu contraire aux fables des *Géorgiques*; à la renaissance des abeilles, aux influences de la lune, etc.; mais vous saurez, en maître de l'art, conserver les beautés de ces fictions, et sauver l'absurde de la physique.

Voilà à quoi vous servira l'esprit philosophique qui est aujourd'hui le maître de tous les arts.

Si vous avez quelque objection à faire sur Newton, quelque instruction à donner sur la littérature, ou quelque ouvrage à communiquer, songez, monsieur, je vous en prie, à un solitaire plein d'estime pour vous, et qui cherchera toute sa vie à être digne de votre commerce. C'est dans ces sentiments que je serai, etc.

DCCXVII. — A M. L'ABBÉ DUBOS.

A Cirey, le 30 octobre.

Il y a déjà longtemps, monsieur, que je vous suis attaché par la plus forte estime; je vais l'être par la reconnaissance. Je ne vous répéterai point ici que vos livres doivent être le bréviaire des gens de lettres, que vous êtes l'écrivain le plus utile et le plus judicieux que je connaisse; je suis si charmé de voir que vous êtes le plus obligeant, que je suis tout occupé de cette dernière idée.

Il y a longtemps que j'ai assemblé quelques matériaux pour faire l'histoire du siècle de Louis XIV. Ce n'est point simplement la vie de ce prince que j'écris, ce ne sont point les annales de son règne, c'est plutôt l'histoire de l'esprit humain, puisée dans le siècle le plus glorieux à l'esprit humain.

Cet ouvrage est divisé en chapitres; il y en a vingt environ destinés à l'histoire générale; ce sont vingt tableaux des grands événements du temps. Les principaux personnages sont sur le devant de la toile; la foule est dans l'enfoncement. Malheur aux détails! la postérité les néglige tous; c'est une vermine qui tue les grands ouvrages. Ce qui caractérise le siècle, ce qui a causé des révolutions, ce qui sera important dans cent années, c'est là ce que je veux écrire aujourd'hui.

Il y a un chapitre pour la vie privée de Louis XIV; deux pour les grands changements faits dans la police du royaume, dans le commerce, dans les finances; deux pour le gouvernement ecclésiastique, dans lequel la révocation de l'Édit de Nantes et l'affaire de la Régale sont comprises; cinq ou six pour l'histoire des arts, à commencer par Descartes et à finir par Rameau.

Je n'ai d'autres mémoires, pour l'histoire générale, qu'environ deux cents volumes de mémoires imprimés que tout le monde connaît; il ne s'agit que de former un corps bien proportionné de tous ces membres épars, et de peindre avec des couleurs vraies, mais d'un trait, ce que Larrey, Limiers, Lamberti, Roussel, etc., etc., falsifient et délayent dans des volumes.

J'ai pour la vie privée de Louis XIV les *Mémoires du marquis de Dangeau*, en quarante volumes, dont j'ai extrait quarante pages; j'ai ce que j'ai entendu dire à de vieux courtisans, valets grands seigneurs, et autres, et je rapporte les faits dans lesquels ils s'accordent. J'abandonne le reste aux faiseurs de conversations et d'anecdotes. J'ai un extrait de la fameuse lettre du roi au sujet de M. de Barbésieux, dont il marque tous les défauts auxquels il pardonne en faveur des services du père : ce qui caractérise Louis XIV bien mieux que les flatteries de Pélisson.

Je suis assez instruit de l'aventure de *l'homme au masque de fer*, mort à la Bastille. J'ai parlé à des gens qui l'ont servi.

Il y a une espèce de mémorial, écrit de la main de Louis XIV, qui doit être dans le cabinet de Louis XV. M. Hardion le connaît sans doute ; mais je n'ose en demander communication.

Sur les affaires de l'Église, j'ai tout le fatras des injures de parti, et je tâcherai d'extraire une once de miel de l'absinthe des Jurieu, des Quesnel, des Doucin, etc.

Pour le dedans du royaume, j'examine les mémoires des intendants, et les bons livres qu'on a sur cette matière. M. l'abbé de Saint-Pierre a fait un journal politique de Louis XIV que je voudrais bien qu'il me confiât. Je ne sais s'il fera cet acte de *bienfaisance*[1] pour gagner le paradis.

A l'égard des arts et des sciences, il n'est question, je crois, que de tracer la marche de l'esprit humain en philosophie, en éloquence, en poésie, en critique ; de marquer les progrès de la peinture, de la sculpture, de la musique, de l'orfévrerie, des manufactures de tapisserie, de glaces, d'étoffes d'or, de l'horlogerie. Je ne veux que peindre, chemin faisant, les génies qui ont excellé dans ces parties. Dieu me préserve d'employer trois cents pages à l'histoire de Gassendi ! La vie est trop courte, le temps trop précieux, pour dire des choses inutiles.

En un mot, monsieur, vous voyez mon plan mieux que je ne pourrais vous le dessiner. Je ne me presse point d'élever mon bâtiment :

........*Pendent opera interrupta, minæque*
Murorum ingentes.............

Si vous daignez me conduire, je pourrai dire alors :

........*Æquataque machina cœlo*.
Æneid. lib. IV, v. 88.

Voyez ce que vous pourvez faire pour moi, pour la vérité, pour un siècle qui vous compte parmi ses ornements.

A qui daignerez-vous communiquer vos lumières, si ce n'est à un homme qui aime sa patrie et la vérité, et qui ne cherche à écrire l'histoire ni en flatteur, ni en panégyriste, ni en gazetier, mais en philosophe ? Celui qui a si bien débrouillé le chaos de l'origine des Français m'aidera sans doute à répandre la lumière sur les plus beaux jours de

---

1. On fait communément honneur de ce mot à l'abbé de Saint-Pierre ; mais **Palissot**, dans ses *Mémoires*, dit que c'est Balzac qui est le créateur du mot *bienfaisance*. (Note de M. Beuchot.)

la France. Songez, monsieur, que vous rendrez service à votre disciple et à votre admirateur.

Je serai toute ma vie, avec autant de reconnaissance que d'estime, etc.

DCCXVIII. — A M. THIERIOT.

A Cirey, le 31 octobre.

Voici, mon cher père Mersenne, une lettre pour M. Dubos et pour M. Le Franc. Je vous envoie aussi la lettre de M. Le Franc.

Si vous pouvez obtenir quelque bon renseignement de Varron-Dubos, le plus beau siècle de la France vous en sera très-obligé.

Pourriez-vous engager Aristide[1] de Saint-Pierre à communiquer son mémoire politique sur Louis XIV en forme de journal? Nous n'en tirerons point de copie, nous le renverrons bien cacheté, il n'aura point sorti de nos mains, et je tâcherais de faire de l'extrait de son journal un usage dont aucun bon citoyen ne me saura mauvais gré. Je pense, comme M. l'abbé de Saint-Pierre, qu'il faut écrire l'histoire en philosophe; mais je me flatte qu'il pense, comme moi, qu'il ne faut pas l'écrire en précepteur, et qu'un historien doit instruire le genre humain sans faire le pédagogue.

Je crois que vous pouvez faire un bon usage de mes précédentes lettres.

Aurai-je de s'Gravesande *in-4°* avec figures? Mais cet ancien domestique de Mme Dupin est-il encore à louer? Vous avez vu Cirey et le cabinet de physique. Tâchez de le séduire ou de m'en envoyer un autre. Cousin a une maladie qui ne lui permettra de longtemps de travailler.

Mon cher ami, je suis un grand importun; mais je le sais bien.

Je vous enverrai, si vous le voulez, la *Vie de Molière* et le catalogue raisonné de ses ouvrages; mais il faudrait me faire tenir la dissertation de Luigi Riccoboni, *detto Lelio*.

DCCXIX. — A M. LE COMTE D'ARGENTAL.

A Cirey, le 3 novembre.

Aimable ange gardien, il faut que vous le soyez non-seulement de Cirey, mais de tout le canton.

Protégez, je vous en conjure, de la manière la plus efficace, M. l'abbé de Valdruche, qui vous rendra cette lettre. C'est le fils de mon médecin, d'un de mes meilleurs amis. Vous vous sentirez bien disposé en sa faveur, quand vous saurez qu'il a pour tout bien un petit canonicat de Joinville, que le chapitre lui a conféré légitimement, et que notre saint-père le pape veut lui ôter. N'est-il pas bien odieux qu'un évêque étranger puisse disposer d'un bien qui est en France? qu'on ait des maîtres à trois cents lieues de chez soi? et qu'on mette en question qui doit l'emporter des droits les plus sacrés des hommes, ou d'un

1. Allusion à l'exclusion de l'abbé de Saint-Pierre du sein de l'Académie française, en 1718. (ÉD.)

rescrit du pape? Tout est subreptice, tout est abusif dans les procédés de l'ecclésiastique qui dispute le bénéfice à l'abbé de Valdruche; mais il a pour lui le pape et les capucins de Chaumont. Figurez-vous que les juges de Chaumont ont osé donner la provision au *papimane*, et qu'à l'audience on a cité des jurisconsultes italiens qui disent : *Papa omnia potest*. Que votre zèle de bon citoyen s'allume. C'est un chaînon des fers ultramontains qu'il s'agit de briser. Vous êtes à portée de procurer au fils de mon ami une audience prompte; c'est tout ce qu'il lui faut. Je crois que sa cause est celle de nos libertés, et la cause même du parlement. Dites-lui, mon cher ami, comment il faut qu'il se conduise; adressez-le aux bons faiseurs; c'est mon procès que vous me faites gagner. Je crois que je vous en aimerais davantage, si la chose était possible. Adieu; vous n'aurez jamais mieux récompensé le tendre et respectueux attachement que j'aurai pour vous toute ma vie.

DCCXX. — DE FRÉDÉRIC, PRINCE ROYAL DE PRUSSE.

A Remusberg, le 9 novembre.

Mon cher ami, je viens de recevoir une lettre et des vers que personne n'est capable de faire que vous. Mais si j'ai l'avantage de recevoir des vers d'une beauté préférable à tout ce qui a jamais paru, j'ai aussi l'embarras de ne savoir souvent comment y répondre. Vous m'envoyez de l'or de votre Potose, et je ne vous renvoie que du plomb. Après avoir lu les vers assez vifs et aimables que vous m'adressez, j'ai balancé plus d'une fois avant que de vous envoyer l'*Épître sur l'Humanité*, que vous recevrez avec cette lettre; mais je me suis dit ensuite : « Il faut rendre nos hommages à Cirey, et il faut y chercher des instructions et de sages corrections. » Ces motifs, à ce que j'espère, vous feront recevoir avec quelque support les mauvais vers que je vous envoie.

Thieriot vient de m'envoyer l'ouvrage de la marquise, *sur le Feu*; je puis dire que j'ai été étonné en le lisant; on ne dirait point qu'une pareille pièce pût être produite par une femme. De plus, le style est mâle et tout à fait convenable au sujet. Vous êtes tous deux de ces gens admirables et uniques dans votre espèce, et qui augmentez chaque jour l'admiration de ceux qui vous connaissent. Je pense sur ce sujet des choses que votre seule modestie m'oblige de vous celer. Les païens ont fait des dieux qui assurément restaient bien au-dessous de vous deux. Vous auriez tenu la première place dans l'Olympe, si vous aviez vécu alors.

Rien ne marque plus la différence de nos mœurs de celles de ces temps reculés, que lorsqu'on compare la manière dont l'antiquité traitait les grands hommes, et celle dont les traite notre siècle.

La magnanimité, la grandeur d'âme, la fermeté, passent pour des vertus chimériques. On dit : « Oh! vous vous piquez de faire le Romain; cela est hors de saison; on est revenu de ces affectations dans le siècle d'à présent. » Tant pis. Les Romains, qui se piquaient de vertus, étaient des grands hommes; pourquoi ne point les imiter dans ce qu'ils ont eu de louable?

La Grèce était si charmée d'avoir produit Homère, que plus de dix villes se disputaient l'honneur d'être sa patrie; et l'Homère de la France, l'homme le plus respectable de toute la nation, est exposé aux traits de l'envie. Virgile, malgré les vers de quelques rimailleurs obscurs, jouissait paisiblement de la protection de Mécène et d'Auguste, comme Boileau, Racine, et Corneille, de celle de Louis le Grand. Vous n'avez point ces avantages; et je crois, à dire vrai, que votre réputation n'y perdra rien. Le suffrage d'un sage, d'une Émilie, doit être préférable à celui du trône, pour tout homme né avec un bon jugement.

Votre esprit n'est point esclave, et votre muse n'est point enchaînée à la gloire des grands. Vous en valez mieux, et c'est un témoignage irrévocable de votre sincérité; car on sait trop que cette vertu fut de tout temps incompatible avec la basse flatterie qui règne dans les cours.

L'*Histoire de Louis XIV*, que je viens de relire, se ressent bien de votre séjour à Cirey; c'est un ouvrage excellent, et dont l'univers n'a point encore d'exemple. Je vous demande instamment de m'en procurer la continuation; mais je vous conseille, en ami, de ne point le livrer à l'impression. La postérité de tous ceux dont vous dites la vérité se liguerait contre vous. Les uns trouveraient que vous en avez trop dit; les autres, que vous n'avez pas assez exagéré les vertus de leurs ancêtres; et les prêtres, cette race implacable, ne vous pardonneraient point les petits traits que vous leur lancez. J'ose même dire que cette histoire, écrite avec vérité et dans un esprit philosophique, ne doit point sortir de la sphère des philosophes. Non, elle n'est point faite pour des gens qui ne savent point penser.

Vos deux lettres ont produit un effet bien différent sur ceux à qui je les ai rendues. Césarion, qui avait la goutte, l'en a perdue de joie; et Jordan qui se portait bien a pensé tomber en apoplexie: tant une même cause peut produire des effets différents! C'est à eux à vous marquer tout ce que vous leur inspirez; ils s'en acquitteront aussi bien et mieux que je ne pourrais le faire.

Il ne nous manque à Remusberg qu'un Voltaire pour être parfaitement heureux; indépendamment de votre absence, votre personne est, pour ainsi dire, innée dans nos âmes. Vous êtes toujours avec nous. Votre portrait préside dans ma bibliothèque; il pend au-dessus de l'armoire qui conserve notre Toison d'or; il est immédiatement placé au-dessus de vos ouvrages, et vis-à-vis de l'endroit où je me tiens, de façon que je l'ai toujours présent à mes yeux. J'ai pensé dire que ce portrait était comme la statue de Memnon, qui donnait un son harmonieux lorsqu'elle était frappée des rayons du soleil; que votre portrait animait de même l'esprit de ceux qui le regardent. Pour moi, il me semble toujours qu'il paraît me dire:

O vous donc qui, brûlant d'une ardeur périlleuse, etc.
Art poét., ch. I, v. 7.

Souvenez-vous toujours, je vous prie, de la petite colonie de Remusberg, et souvenez-vous-en pour lui adresser de vos lettres pastorales. Ce sont des consolations qui deviennent nécessaires dans votre absence; vous les devez à vos amis. J'espère bien que vous me compterez à leur tête. On ne saurait du moins être plus ardemment que je suis et que je serai toujours, votre très-affectionné et fidèle ami,

FÉDÉRIC.

DCCXXI. — A M. DE CIDEVILLE.

A Cirey, ce 10 novembre.

Mon cher ami, je vous dois une *Mérope*, et je ne vous envoie qu'une épître. Je ne vous paye rien de ce que je vous dois:

Iam raro scribimus, ut toto non quater anno...
Hor., lib. II, sat. III, v, 1.

Vous m'avez envoyé une ode charmante. Je rougis de ma misère, quand je songe que je n'y ai répondu que par des applaudissements. Vos richesses, en me comblant de joie, me font sentir ma pauvreté. Ne croyez pas, mon cher ami, qu'en vous envoyant une épître, je prétende éluder la promesse de la *Mérope*. A qui donc donnerai-je les prémices de mes ouvrages, si ce n'est à mon cher Cideville, à celui qui joint le don de bien juger au talent d'écrire avec tant de facilité et de grâce? Quel cœur dois-je songer à émouvoir, si ce n'est le vôtre? Je compte que mes ouvrages seront au moins reçus comme les tributs de l'amitié. Ils vous parleront de moi; ils vous peindront mon âme.

Ma retraite heureuse ne m'offre point de nouvelles à vous apprendre. Elle laisse un peu languir le commerce; mais l'amitié ne languit point. Je ne m'occupe à aucune sorte de travail que je ne me dise à moi-même : « Mon ami sera-t-il content? cette pensée sera-t-elle de son goût? » Enfin, sans vous écrire, je passe mes jours dans l'envie de vous plaire et dans le plaisir d'écrire pour vous.

Mme du Châtelet, qui vous aime comme si elle vous avait vu, vous fait les plus sincères compliments. Nous avons entendu parler ici confusément d'une épître de Formont, contre les philosophes qui ont le malheur de n'être que philosophes. Dieu merci, l'épître n'est pas contre nous.

Rousseau, après avoir longtemps offensé Dieu, s'est mis à l'ennuyer. Il sera damné pour ses sermons et pour ses couplets.

Je vous embrasse tendrement, mon aimable Cideville. V.

DCCXXII. — A M. DE FORMONT.

A Cirey, le 11 novembre.

Est-il vrai, cher Formont, que ta muse charmante,
Du dieu qui nous inspire interprète éclatante,
Vient, par les sons hardis de tes nouveaux concerts,
De confondre à jamais ces ennemis des vers,
Qui, hérissés d'algèbre et bouffis de problèmes,
Au monde épouvanté parlent par théorèmes;

Observant, calculant, mais ne sentant jamais ?
Ces Atlas, qui des cieux semblent porter le faix,
Ne baissent point les yeux vers les fleurs de la terre,
Aux douceurs de la vie ils déclarent la guerre.
Jadis, en façonnant ce peuple raisonneur,
Prométhée oublia de leur donner un cœur.
On dit que de tes chants le pouvoir invincible
Donne aujourd'hui la vie à leur masse insensible;
Ils sentent le plaisir qui naît d'un vers heureux :
C'est un sens tout nouveau que tu produis en eux.
Quand verrai-je ces vers, enfants de ton génie,
Ces vers où la raison parle avec harmonie ?
Ils sont faits pour charmer les beaux lieux où je suis.
Du jardin d'Apollon nous cueillons tous les fruits;
Newton est notre maître, et Milton nous délasse;
Nous combattons Malbranche et relisons Horace.
Ajoute un nouveau charme à nos plaisirs divers.
Heureux le philosophe épris de l'art des vers;
Mais heureux le poëte épris de la science!
Les mots ne bornent point sa vive intelligence;
Des mouvements du ciel il dévoile le cours,
Il suit l'astre des nuits et le flambeau des jours;
Loin des sentiers étroits de la Grèce aveuglée,
Son esprit monte aux cieux qu'entr'ouvrit Galilée;
Il connaît, il admire un univers nouveau.
On ne le verra point sur les pas de Boileau,
Douter si le soleil tourne autour de *son axe*,
Et, *l'astrolabe en main*, chercher *un parallaxe*[1];
Il attaque, il détrône, il enchaîne en beaux vers
Les affreux préjugés, tyrans de l'univers.
Je connais le poëte à ces marques sublimes,
Non dans un alphabet de pédantesques rimes,
Non dans ces vers forcés, surchargés d'un vieux mot,
Où l'auteur nous ennuie en phrases de Marot.
De ce style emprunté tu proscris la bassesse.
Qui pense hautement s'exprime avec noblesse;
Et le sage Formont laisse aux esprits mal faits
L'art de moraliser du ton de Rabelais.

Nardi parvus onyx eliciet cadum.
Hor., lib. IV, od. XII, v. 17.

Envoyez-nous donc, mon cher philosophe-poëte, votre belle épître.
A qui la donnerez-vous, si vous la refusez à la divinité de Cirey? Vous
savez combien Mme du Châtelet aime votre esprit; vous savez si elle
est digne de voir vos ouvrages; pour moi, je demande, au nom de
l'amitié, ce qu'elle a droit d'exiger de l'estime que vous avez pour

---

1. Boileau, ép. v, v. 28. (ÉD.)

elle. Nous sommes bien loin d'abandonner ici la poésie pour les mathématiques; nous nous souvenons que c'est Virgile qui disait:

Nos vero dulces teneant ante omnia musæ;
Defectus solis varios.... et sidera monstrent.
Georg., lib. II, v. 475 à 478.

Ce n'est pas dans cette heureuse solitude qu'on est assez barbare pour mépriser aucun art; c'est un étrange rétrécissement d'esprit que d'aimer une science pour haïr toutes les autres; il faut laisser ce fanatisme à ceux qui croient qu'on ne peut plaire à Dieu que dans leur secte; on peut donner des préférences, mais pourquoi des exclusions? La nature nous a donné si peu de portes par où le plaisir et l'instruction peuvent entrer dans nos âmes; faudra-t-il n'en ouvrir qu'une? Vous êtes un bel exemple du contraire; car qui raisonne plus juste, et qui écrit avec plus de grâce que vous? Vous trouvez encore du temps de reste pour passer du temple de la poésie et de la métaphysique à celui de Plutus, et je vous en fais mon compliment. Vous avez dit comme Horace :

Det vitam, det opes; æquum mi animum ipse parabo.
Lib. I, ep. XVIII, v. 112.

Je vois que vos nouvelles occupations ne vous ont point enlevé à la littérature; qu'elles ne vous enlèvent donc point à vos amis; écrivez un petit mot, et envoyez l'épître. Vous voyez sans doute souvent Mme du Deffand; elle m'oublie, comme de raison, et moi je me souviens toujours d'elle; j'en ferai une ingrate, je lui serai toujours attaché. Quand vous souperez avec le philosophe baylien, M. des Alleurs l'aîné, et avec son frère le philosophe mondain, buvez à ma santé avec eux, je vous prie. Est-il vrai que votre épître est adressée à M. l'abbé Rothelin? Il le mérite; il a la critique très-juste et très-fine; je vous prierais de lui présenter mes très-humbles compliments, si je ne me regardais comme un peu trop profane. Adieu, mon cher ami, que j'aimerai toujours. Mme du Châtelet vous renouvelle les assurances de son estime et de son amitié, et joint ses prières aux miennes.

DCCXXIII. — A M. THIERIOT.

Le 13 novembre.

Vous me voyez, mon cher ami, dans un point de vue, et moi je me vois dans un autre. Vous vous imaginez, à table avec Mme de La Popelinière et M. des Alleurs, que les calomnies de Rousseau ne me font point de tort, parce qu'elles ne gâtent point votre vin de Champagne; mais moi qui sais qu'il a employé pendant dix ans la plume de Rousset et de Varenne, à Amsterdam, pour me noircir dans toute l'Europe; moi qui, par l'indignation du prince royal même contre tant de traits, reconnais très-bien que ces traits portent coup, j'en pense tout différemment. Je ne sais pourquoi vous me citez l'exemple des grands auteurs du siècle de Louis XIV qui n'ont eu des ennemis. En premier lieu, ils ont confondu ces ennemis autant qu'ils l'ont pu; en second lieu, ils ont eu des protections qui me manquent; et enfin ils avaient un mérite supérieur qui pouvait les consoler. Ce qui m'est arrivé à la fin de 1736 doit me faire tenir sur mes gardes. Je sais très-bien que les journaux peuvent faire de très-mauvaises impressions; je sais qu'un homme qu'on outrage impunément est avili; et je ne veux accoutumer personne à parler de moi d'une manière qui ne me convienne pas. Ma sensibilité doit vous plaire; un ami s'intéresse à la réputation de son ami comme à la sienne propre.

Je vois que vous vous y intéressez efficacement, puisque vous m'envoyez des critiques sur les *Épîtres*. Je vous en remercie de tout mon cœur; soyez sûr que j'en profiterai. Continuez; mais songez que *ce frappant et ce vif* que vous cherchez cesse d'être tel quand il revient trop souvent.

Non fumum ex fulgore, sed ex fumo dare lucem
Cogitat.............................
Hor., *de Arte poet.*, v. 243.

Je ne suis pas de votre avis en tout. La censure de la *boîte* de Pandore me paraît très-injuste. Je prétends prouver que, si tous les hommes étaient également heureux dans l'âge d'or, ils ont actuellement une égale portion de biens et de maux, et qu'ainsi l'égalité subsiste toujours. Au reste, qu'un hémistiche ou deux déplaisent, cela rend-il une pièce entière insupportable? Vous me reprochiez d'imiter Despréaux; à présent vous voulez que je lui ressemble. Trouvez-vous donc dans ses épîtres tant de vivacité et tant de traits? Il me semble que leur grand mérite est d'être naturelles, correctes et raisonnables; mais de la sublimité, des grâces, du sentiment, est-ce là qu'il les faut chercher?

Vous proscrivez la *barque* des rois; cependant il ne s'agit ici que de la barque légère, de la barque du bonheur, de la petite barque que chaque individu gouverne, roi ou garçon de café. Mais comme le vulgaire ne veut voir un roi que dans un vaisseau de cent pièces de canon, et qu'il faut s'accommoder aux idées reçues, je sacrifie la barque.

J'ôte le Bernard et le *bien* qu'il fait et le *bien* qu'il a. Ce mot de *bien*, pris en deux sens différents, est peut-être un jeu de mots : qu'en pensez-vous?

Fertilisent la terre en déchirant son sein,

est, ne vous déplaise, un très-beau vers.

J'aime Perrette. C'est dans son ennui précisément, et seulement dans son ennui qu'on souhaite le destin d'autrui; car, quand on se sent bien, ce n'est pas là le moment où l'on souhaite autre chose.

Je donne des coups de pinceau à mesure que je vois des taches; mais aidez-moi à les remarquer, car la multiplicité de mes occupations et le maudit amour-propre font voir bien trouble. *Vale, te amo*,

DCCXXIV. — A Frédéric, prince royal de Prusse.

Novembre.

Monseigneur, que Votre Altesse royale pardonne à ce pauvre malade enrichi de vos bienfaits, s'il tarde trop à vous payer ses tributs de reconnaissance.

Ce que vous avez composé *sur l'humanité* vous assure, sans doute, le suffrage et l'estime de Mme du Châtelet, et vous me forceriez à l'admiration, si vous ne m'y aviez pas déjà tout disposé. Non-seulement Cirey remercie Votre Altesse royale, mais il n'y a personne sur la terre qui ne doive vous être obligé. Ne connût-on de cet ouvrage que le titre, c'en est assez pour vous rendre maître des cœurs. Un prince qui pense aux hommes, qui fait son bonheur de leur félicité! On demandera dans quel roman cela se trouve, et si ce prince s'appelle Alcimédon ou Almanzor, s'il est fils d'une fée et de quelque génie. Non, messieurs, c'est un être réel; c'est lui que le ciel donne à la terre, sous le nom de Frédéric; il habite d'ordinaire la solitude de Remusberg; mais son nom, ses vertus, son esprit, ses talents, sont déjà connus dans tout le monde. Si vous saviez ce qu'il a écrit sur l'humanité, le genre humain députerait vers lui pour le remercier; mais ces détails heureux sont réservés à Cirey, et ces faveurs sont tenues secrètes. Les gens qui se mêlaient autrefois de consulter les demi-dieux, se vantaient d'en recevoir des oracles; nous en recevons, mais nous ne nous en vantons pas.

Il y a, monseigneur, une secrète sympathie qui assujettit mon âme à Votre Altesse royale; c'est quelque chose de plus fort que l'*harmonie préétablie*. Je roulais dans ma tête une épître sur l'humanité, quand je reçus celle de Votre Altesse royale. Voilà ma tâche faite. Il y a eu, à ce que conte l'antiquité, des gens qui avaient un génie qui les aidait dans leurs grandes entreprises. Mon génie est à Remusberg. Eh! à qui appartenait-il de parler de l'humanité, qu'à vous, grand prince, à votre âme généreuse et tendre; à vous, monseigneur, qui avez daigné consulter des médecins pour la maladie d'un de vos serviteurs qui demeure à près de trois cents lieues de vous? Ah! monseigneur, malgré ces trois cents lieues, je sens mon cœur lié à Votre Altesse royale de bien près.

Je me flatte même, avec assez d'apparence, que cet intervalle disparaîtra bientôt. Mgr l'électeur palatin mourra s'il veut, mais les confins de Clèves et de Juliers verront, au printemps prochain, Mme la marquise du Châtelet. Nous arrangerons tout pour nous trouver près de vos États. Je sais bien qu'en fait d'affaires il ne faut jamais répondre de rien; mais l'espérance de faire notre cour à Votre Altesse royale, de voir de près ce que nous admirons, ce que nous aimons de loin, aplanira bien des difficultés. N'est-il pas vrai, monseigneur, que Votre Altesse royale donnera des sauf-conduits à Mme du Châtelet? Mais qui voudrait l'arrêter, quand on saura qu'elle sera là pour voir Votre Altesse royale; et qui m'osera faire du mal à moi, quand j'aurai l'*Épître sur l'Humanité* à la main?

Que je suis enchanté que Votre Altesse royale ait été contente de cet *Essai sur le Feu* que Mme du Châtelet s'amusa de composer, et qui, en vérité, est plutôt un chef-d'œuvre qu'un essai ! Sans les maudits tourbillons de Descartes, qui tournent encore dans les vieilles têtes de l'Académie, il est bien sûr que Mme du Châtelet aurait eu le prix, et cette justice eût fait l'honneur de son sexe et de ses juges; mais les préjugés dominent partout. En vain Newton a montré aux yeux les secrets de la lumière; il y a de vieux romanciers physiciens qui sont pour les chimères de Malebranche. L'Académie rougira un jour de s'être rendue si tard à la vérité; et il demeurera constant qu'une jeune dame osait embrasser la bonne philosophie, quand la plupart de ses juges l'étudiaient faiblement pour la combattre opiniâtrément.

M. de Maupertuis, homme qui ose aimer et dire la vérité, quoique persécuté, a mandé hardiment, mais secrètement, que les discours français couronnés étaient pitoyables. Son suffrage, joint à celui de Remusberg, sont le plus beau prix qu'on puisse jamais recevoir.

Mme du Châtelet sera très-flattée que Votre Altesse royale fasse lire à M. Jordan ce qui a plu à Votre Altesse royale. Elle estime avec raison un homme que vous estimez. Je suis, etc.

DCCXXV. — DE FRÉDÉRIC, PRINCE ROYAL DE PRUSSE.

A Remusberg, le 22 novembre.

Mon cher ami, il faut avouer que vous êtes un débiteur admirable; vous ne restez point en arrière dans vos payements, et l'on gagne considérablement au change. Je vous ai une obligation infinie de l'*Épître sur le Plaisir* ; ce système de théologie me paraît très-digne de la divinité, et s'accorde parfaitement avec ma manière de penser. Que ne vous dois-je point pour cet ouvrage incomparable !

> Les dieux que nous chantait Homère
> Étaient forts, robustes, puissants;
> Celui que l'on nous prêche en chaire
> Est l'original des tyrans;
> Mais le plaisir, dieu de Voltaire,
> Est le vrai dieu, le tendre père
> De tous les esprits bienfaisants.

On ne peut mieux connaître la différence des génies, qu'en examinant la manière dont les personnes différentes expriment les mêmes pensées. La comtesse de Platen, dont vous devez avoir entendu parler en Angleterre, pour dire un *eunuque*, le périphrasait *un homme brillanté*. L'idée était prise d'une pierre fine qu'on taille et qu'on brillante. Cette manière de s'exprimer portait bien en soi le caractère de femme, je veux dire de cet esprit inviolablement attaché aux ajustements et aux bagatelles. L'homme de génie, le grand poëte se manifeste bien différemment par cette noble et belle périphrase :

> Que le fer a privé des sources de la vie.

Outre que la pensée d'un Dieu servi par des eunuques a quelque chose de frappant par elle-même, elle exprime encore, avec une force merveilleuse, l'idée du poëte. Cette manière de toucher avec modestie et avec clarté une matière aussi délicate que l'est celle de la mutilation, contribue beaucoup au plaisir du lecteur. Ce n'est point parce que cette pièce m'est adressée; ce n'est point parce qu'il vous a plu de dire du bien de moi, mais c'est par sa bonté intrinsèque que je lui dois mon approbation entière. Je me doutais bien que le dieu des écoles ne pourrait que gagner en passant par vos mains.

Ne croyez pas, je vous prie, que je pousse mon scepticisme à outrance. Il y a des vérités que je crois démontrées, et dont ma raison ne me permet pas de douter. Je crois, par exemple, qu'il n'y a qu'un Dieu et qu'un Voltaire dans le monde; je crois encore que ce Dieu avait besoin, dans ce siècle, d'un Voltaire pour le rendre aimable. Vous avez lavé, nettoyé et retouché un vieux tableau de Raphaël, que le vernis de quelque barbouilleur ignorant avait rendu méconnaissable.

Le but principal que je m'étais proposé dans ma *Dissertation sur l'Erreur*, était d'en prouver l'innocence. Je n'ai point osé m'expliquer sur le sujet de la religion; c'est pourquoi j'ai employé plutôt un sujet philosophique. Je respecte d'ailleurs Copernic, Descartes, Leibnitz, Newton; mais je ne suis point encore d'âge à prendre parti. Les sentiments de l'Académie conviennent mieux à un jeune homme de vingt et quelques années que le ton décisif et doctoral. Il faut commencer par connaître, pour apprendre à juger. C'est ce que je fais; je lis tout avec un esprit impartial et dans le dessein de m'instruire, en suivant votre excellente leçon :

Et vers la vérité le doute les conduit.

Henriade, ch. VII, v. 376.

J'ai lu avec admiration et avec étonnement l'ouvrage de la marquise, *sur le Feu*. Cet essai m'a donné une idée de son vaste génie, de ses connaissances et de votre bonheur. Vous le méritez trop bien pour que je vous l'envie. Jouissez-en dans votre paradis, et qu'il soit permis à nous autres humains de participer à votre bonheur.

Vous pouvez assurer à Émilie qu'elle a mis chez moi le feu en une particulière vénération ; savoir, non le feu qu'elle décompose avec tant de sagacité, mais celui de son puissant génie.

Serait-il permis à un sceptique de proposer quelques doutes qui lui sont venus? Peut-on, dans un ouvrage de physique, où l'on recherche la vérité scrupuleusement, peut-on y faire entrer des restes de visions de l'antiquité? J'appelle ainsi ce qui paraît être échappé à la marquise touchant l'embrasement excité dans les forêts par le mouvement des branches.

J'ignore le phénomène rapporté dans l'article des causes de la congélation de l'eau; on rapporte qu'en Suisse il se trouvait des étangs qui gelaient pendant l'été, au mois de juin et de juillet. Mon ignorance peut causer mes doutes. J'y profiterai à coup sûr, car vos éclaircissements m'instruiront.

Après avoir parlé de vos ouvrages et de ceux de la marquise, il ne m'est guère permis de parler des miens. Je dois cependant accompagner cette lettre d'une pièce qu'on a voulu que je fisse. Le plus grand plaisir que vous puissiez me faire, après celui de m'envoyer de vos productions, est de corriger les miennes. J'ai eu le bonheur de me rencontrer avec vous, comme vous pourrez le voir sur la fin de l'ouvrage. Lorsqu'on a peu de génie, qu'on n'est point secondé d'un censeur éclairé, et qu'on écrit en langue étrangère, on ne peut guère se promettre de faire des progrès. Rimer, malgré ces obstacles, c'est, ce me semble, être atteint en quelque manière de la maladie des Abdéritains.

Je vous fais confidence de toutes mes folies. C'est la marque la plus grande de ma confiance et de l'estime avec laquelle je suis inviolablement, mon cher ami, votre, etc. FÉNÉRIC.

P. S. J'ai quelque bagatelle d'ambre pour Cirey, et j'ai du vin de Hongrie que l'on me dit être un baume pour la santé de mon ami. Je voudrais envoyer cet emballage par Hambourg à Rouen, et de là à Paris, sous l'adresse de Thieriot; car je ne crois pas qu'on trouvât aisément quelque voiturier qui voulût s'en charger

DCCXXVI. — A Mlle QUINAULT.

24 novembre 1738.

[Voltaire la prie d'engager Guyot de Merville à ne plus écrire contre lui, et M. de Launay à ne plus envoyer de mémoires contre lui à J.-B. Rousseau.]

DCCXXVII. — A M. THIERIOT.

Le 24 novembre.

Ami, dont la vertu toujours égale et pure, etc.

Cela vous plaît-il mieux que le *cœur tout neuf* d'Harmotime? Au moins cette *Épître* aura un mérite, c'est d'être adressée à mon ami, et non à un écolier supposé. Je vous en envoie une que je destine à l'héritier d'un trône; mais la première sera pour vous. Je les corrige toutes, et avec opiniâtreté. Je veux qu'elles soient bonnes et dignes du lieu où elles ont été faites, et du dessein que j'ai eu en les faisant.

Mais comment raboter à la fois *la Henriade*, mes tragédies, et toutes mes pièces? *Col tempo e coll' arte tutto si farà.* Tâchez qu'on imprime l'*Épître sur la nature du plaisir*, afin que je puisse donner le recueil de mes six sermons bien réformé; ce sera mon carême, prêché par le P. Voltaire.

La lettre de M. des Alleurs est d'un homme très-supérieur. S'il y avait à Paris bien des gens de cette trempe, il faudrait acheter vite le palais Lambert. Aussi achèterons-nous, je crois, et nous pardonnerons à la multitude des sots, en faveur de quelques justes, c'est-à-dire de quelques gens d'esprit.

Dès que j'aurai un entr'acte (car je suis entouré de mes tragédies que je relime), j'écrirai à l'âme de Bayle, laquelle demeure à Paris, dans le corps de M. le comte des Alleurs, et qui est très-bien logée.

Vous ferez comme il vous plaira à l'égard de ce monstre d'abbé Desfontaines; mais vous pouvez assurer que je n'ai d'autre part au livre[1] très-fort qui vient de paraître contre lui que d'avoir écrit, il y a deux ans, à M. Maffei, la lettre qu'on vient d'imprimer. Assurez-le d'ailleurs que j'ai en main de quoi le confondre et le faire mourir de honte, et que je suis un ennemi plus redoutable qu'il ne pense.

Je vous embrasse. Envoyez-moi des plumes d'or, si vous avez de la monnaie. Je suis las de ne vous écrire qu'avec une plume d'oison.

DCCXXVIII. — A M. LE COMTE DES ALLEURS.

A Cirey, le 25 novembre.

Si vous n'aviez point signé, monsieur, la lettre ingénieuse et solide dont vous m'avez honoré, je vous aurais très-bien deviné. Je sais que vous êtes le seul homme de votre espèce capable de faire un pareil honneur à la philosophie. J'ai reconnu cette âme de Bayle à qui le ciel, pour sa récompense, a permis de loger dans votre corps. Il appartient à un génie cultivé comme le vôtre d'être sceptique. Beaucoup d'esprits légers et inappliqués décorent leur ignorance d'un air de pyrrhonisme; mais vous ne doutez beaucoup que parce que vous pensez beaucoup.

Je marcherai sous vos drapeaux une très-grande partie du chemin, et je vous prierai de me donner la main pour le reste de la journée.

Je crois qu'en métaphysique vous ne me trouverez guère hors des rangs que vous aurez marqués. Il y a deux points dans cette métaphysique : le premier est composé de trois ou quatre petites lueurs que tout le monde aperçoit également; le second est un abîme immense où personne ne voit goutte. Quand, par exemple, nous serons convenus qu'une pensée n'est ni ronde ni carrée, que les sensations ne sont que dans nous et non dans les objets, que nos idées nous viennent toutes par les sens (quoi qu'en disent Descartes et Malebranche), que l'âme, etc., si nous voulons aller un pas plus avant, nous voilà dans le vaste royaume des choses possibles.

Depuis l'éloquent Platon jusqu'au profond Leibnitz, tous les métaphysiciens ressemblent, à mon gré, à des voyageurs curieux qui seraient entrés dans les antichambres du sérail du Grand-Turc, et qui, ayant vu de loin passer un eunuque, prétendraient conjecturer de là combien de fois Sa Hautesse a caressé cette nuit son odalisque. Un voyageur dit trois, un autre dit quatre, etc.; le fait est que le grand sultan a dormi toute la nuit.

Vous avez assurément grande raison d'être révolté de ce ton décisif avec lequel Descartes donne ses mauvais contes de fées; mais, je vous prie, ne lui reprochez pas l'algèbre et le calcul géométrique; il ne l'a que trop abandonné dans tous ses ouvrages. Il a bâti son château en-

1. *Le Préservatif*, que Voltaire venait de faire imprimer furtivement à Paris. (ÉD.)

chanté sans daigner seulement prendre la moindre mesure. Il était un des plus grands géomètres de son temps; mais il abandonna sa géométrie, et même son esprit géométrique, pour l'esprit d'invention, de système, et de roman. C'est là ce qui devait le décrier, et c'est, à notre honte, ce qui a fait son succès. Il faut l'avouer, toute sa physique n'est qu'un tissu d'erreurs : lois du mouvement faussés, tourbillons imaginaires démontrés impossibles dans son système, et raccommodés en vain par Huygens; notions fausses de l'anatomie, théorie erronée de la lumière, matière magnétique cannelée impossible, trois éléments à mettre dans les *Mille et une Nuits*, nulle observation de la nature, nulle découverte : voilà pourtant ce que c'est que Descartes.

Il y avait de son temps un Galilée qui était un véritable inventeur, qui combattait Aristote par la géométrie et par des expériences, tandis que Descartes n'opposait que de nouvelles chimères à d'anciennes rêveries; mais ce Galilée ne s'était point avisé de créer un univers, comme Descartes : il se contentait de l'examiner. Il n'y avait pas là de quoi en imposer au vulgaire grand et petit. Descartes fut un heureux charlatan; mais Galilée était un grand philosophe.

Que je suis bien de votre avis, monsieur, sur Gassendi! Il relâche, comme vous dites énergiquement, la force de toutes ses raisons; mais un plus grand malheur encore, c'est que les raisons lui manquent. Il a deviné bien des choses qu'on a prouvées après lui.

Ce n'est pas assez, par exemple, de combattre le plein par des arguments plausibles; il fallait qu'un Newton, en examinant le cours des comètes, démontrât de quelle quantité elles vont nécessairement plus vite à la hauteur de nos planètes, et que, par conséquent, elles ne peuvent être portées par un prétendu tourbillon de matière, qui ne peut aller à la fois lentement avec une planète, et rapidement avec une comète, dans la même couche. Il a fallu que M. Bradley découvrît la progression de la lumière, et démontrât qu'elle n'est point retardée dans son chemin d'une étoile à nous, et que, par conséquent, il n'y a point là de matière. Voilà ce qui s'appelle être physicien. Gassendi est un homme qui vous dit en gros qu'il y a quelque part une mine d'or, et les autres vous apportent cet or qu'ils ont fouillé, épuré, et travaillé.

Ce ne sera donc point, monsieur, sur la physique que je serai entièrement pyrrhonien; car comment douter de ce que l'expérience découvre, et de ce que la géométrie confirme? Parce que Anaxagore, Leucippe, Aristote, et tous les Grecs babillards, ont dit longuement des absurdités, cela empêche-t-il que Galilée, Cassini, Huygens, n'aient découvert de nouveaux cieux? La théorie des forces mouvantes en sera-t-elle moins vraie? Nous avons la longitude et la latitude de deux mille étoiles dont les anciens ne supposaient pas seulement l'existence, et nous avons découvert plus de vérités physiques sur la terre que Flamsteed ne compte d'étoiles dans son catalogue.

Tout cela est peu de chose pour l'immensité de la nature, j'en conviens; mais c'est beaucoup pour la faiblesse de l'homme. Le peu que nous savons étend réellement les forces de l'âme; l'esprit y trouve autant de plaisirs que le corps en éprouve dans d'autres jouissances qui ne sont pas à mépriser.

Je m'en rapporte à vous sur tout cela. Si le don de penser rend heureux, je vous tiens, monsieur, pour le plus fortuné des hommes. Vous savez jouir, vous savez douter, vous savez affirmer quand il le faut.

Vous me donnez très-poliment un conseil très-sage, c'est de paraître douter des choses que je veux persuader, et de présenter comme probable ce qui est démontré.

*Cosi all' egro fanciul porgiamo aspersi
Di soave licor gli orli del vaso.*
Tasso, *Ger. lib.*, c. I, str. 3.

Je vous réponds bien que, si j'avais fait quelque découverte, quand je la croirais inébranlable, je la donnerais sous les livrées modestes du doute. Il sied bien d'être un peu honteux quand on fait boire aux gens le vin du cru; mais permettez-moi de m'excuser si j'ai un peu trop vanté Newton : j'étais plein de ma divinité. Je ne suis pas sujet à l'enthousiasme, au moins en prose. Vous savez qu'en écrivant l'*Histoire de Charles XII*, je n'ai trouvé qu'un homme où les autres voyaient un héros; mais Newton m'a paru d'une tout autre espèce. Tout ce qu'il a dit m'a semblé si vrai, que je n'ai pas eu le courage de faire la petite bouche. D'ailleurs vous connaissez les Français : parlez avec défiance de ce que vous leur donnez, ils vous prendront au mot.

Enfin les ménagements ne feront point passer la fausse monnaie pour la bonne, chez la postérité; et si Newton a trouvé la vérité, elle et lui méritent qu'on les présente avec assurance à son siècle.

Je passe, monsieur, à un article de votre lettre qui n'est pas le moins essentiel; c'est le goût épuré que vous y faites paraître. Vous voulez qu'on ne donne à la philosophie que les ornements qui lui sont propres, et qu'on n'affecte point de faire le plaisant ni l'homme de bonne compagnie, quand il ne s'agit que de méthode et de clarté.

Ornari res ipsa negat, contenta doceri.

A la bonne heure que M. de Fontenelle ait égayé ses *Mondes*; ce sujet riant pouvait admettre des fleurs et des pompons; mais des vérités plus approfondies sont de ces beautés mâles auxquelles il faut les draperies du Poussin. Vous me paraissez un des meilleurs faiseurs de draperie que j'aie jamais vus. Mme du Châtelet est entièrement de votre avis. Elle a un esprit qui, comme le dit La Fontaine de Mme de La Sablière,

A beauté d'homme avec grâces de femme.
Liv. XII, fab. xv.

Elle a lu et relu votre lettre avec une sorte de plaisir qu'elle goûte rarement. Elle avait été bien contente d'une lance que vous avez rompue sur le nez de Crousaz, en faveur de Bayle. Elle voudrait bien voir un bâillon de votre façon mis dans la bouche bavarde de ce professeur dogmatique.

Continuez, monsieur, à faire voir que les personnes d'un certain ordre en France ne passent point leur vie à ramper chez un ministre, ou à traîner leur ennui de maison en maison. Empêchez la prescription de la barbarie, et faites honneur à la France.

Permettez-moi de présenter mes très-humbles compliments à un autre philosophe mondain qu'on dit aujourd'hui beaucoup plus joufflu que vous. Il lit moins que vous Bayle et Cicéron ; mais il vit avec vous, et cela vaut bien de bonnes lectures. Mme du Châtelet sera aussi transportée que moi, si vous lui faites part de vos idées. Elle en est bien plus digne quoique je sente tout leur prix. Je suis, etc.

DCCXXIX. — A M. DE MAUPERTUIS.

Cirey, le 27 novembre.

J'ai trop tardé à vous remercier, mon grand philosophe; serez-vous homme à consacrer un quart d'heure à nous faire savoir comment l'enchanteur Dufai a coupé quatre membres à Newton? Ôter tout d'un coup quatre couleurs primitives aux gens! cela est-il vrai? On ne sait plus comment la miséricorde de Dieu est faite; expliquez-nous le mystère.

Il y a quelque temps que la physique languit à Cirey. Si vous connaissiez quelque jeune indigent qui sût coller, brosser, tracasser de la main, avoir soin d'une machine, la monter, la démonter, envoyez-le-nous. Mme du Châtelet a toujours les mêmes sentiments pour sir Isaac Maupertuis; et, quoique nous ayons perdu quatre couleurs, nous ne vous croyons pas obscurci. Vous savez avec quels sentiments je vous suis attaché pour la vie.

DCCXXX. — A M. THIERIOT.

Le 29 novembre.

Je viens de répondre un livre au beau volume de M. des Alleurs; voici encore une lettre que je devais à M. Clément.

Votre paquet arrive dans l'instant que je finis toutes ces besognes. Me voici avec vous comme un homme qui s'est épuisé avec ses maîtresses, mais qui revient à sa femme.

Je n'ai point encore reçu le paquet du prince; mais grand merci de l'épître de M. Formont. Je suis bien aise de lui avoir envoyé la réponse avant d'avoir lu sa pièce, et de m'être justifié d'avance de ne plus aimer les vers; mais dites-lui poliment que, si je ne les avais jamais aimés, je commencerais par les siens. Il est vrai qu'il m'enveloppe dans les plaintes générales contre les déserteurs d'Apollon. Je ne suis point déserteur, mais je dirai toujours : *In domo patris mei mansiones multæ sunt*[1] ; ou bien avec Arlequin : *Ognuno faccia secondo il suo cervello*.

1. Évangile de saint Jean, chap. XVI, v. 2. (ÉD.)

Je vous avoue que je suis enchanté de l'action de M. de La Popelinière. Il y a là un caractère si vrai, quelque chose de si naturel, de si bon, à prendre intérêt à l'ouvrage d'un autre, à l'examiner, à le corriger, qu'il mérite plus que jamais le nom de Pollion.

Vir bonus et prudens versus reprehendet inertes;
Culpabit duros, etc.
Hor., *de Arte poet.*, v. 445.

Il est l'homme d'Horace, et je crois qu'il a le mérite de l'être sans le savoir; car, entre nous, je pense qu'il ne lit guère, et qu'il doit son goût à la manière dont il a plu à Dieu de le former. Je serai à mon tour difficile. Vous allez croire que c'est sur mes vers; point, c'est sur ceux de Pollion; qu'il lise et qu'il juge.

La modération est le trésor du sage,

me paraît bien meilleur que l'*attribut*, 1° parce que le *trésor* est opposé à *modération*, et parce que *attribut* est un terme prosaïque..., etc., etc. En faisant ces critiques, qui me paraissent justes, je suis effrayé de la difficulté de faire des vers français; et je ne m'étonne plus que Despréaux employât deux ans à composer une épître.

Je m'en vais raboter plus que jamais, et être aussi inflexible pour moi que je le suis pour Pollion.

Votre grande critique que je ne parle pas toujours à Hermotime me paraît la plus mauvaise de toutes. Parler toujours à la même personne est d'un ennui de prône. On s'adresse d'abord à son homme, et ensuite à toute la nature; ainsi en use Horace, mille fois plus décousu que moi. Mais nous n'aurons plus de querelle sur cela; Hermotime est devenu Thieriot, et chaque épître est détachée.

Ah! en voici d'une bonne! vous trouvez mauvais ce vers:

Moins ce qu'on a pensé que ce qu'il faut savoir;

et vous osez dire que c'est du galimatias pour un bon dialecticien! Eh bien! mon cher dialecticien, je vous dirai qu'un homme qui étudie la nature, qui fait des expériences, qui calcule, un Newton, un Mariotte, un Huygens, un Bradley, un Maupertuis, savent *ce qu'il faut savoir*, et que M. Legendre, marquis de Saint-Aubin, dans son *Traité de l'Opinion*, sait *ce qu'on a pensé*. Je vous dirai que *savoir* ce qu'ont mal pensé les autres, c'est très-mal *savoir*, et qu'un homme qui étudie la géométrie sait, non des opinions, mais des choses, et des choses indépendantes des hommes; voilà le point. Je n'exclus pas l'histoire de l'esprit humain, mais je veux qu'on sache que l'eau pèse neuf cents fois plus que l'air, et non pas qu'on s'en tienne à savoir qu'Aristote a cru que l'eau ne pesait que dix fois davantage.

Ce vers, ne vous en déplaise, est vrai et précis; et il restera Continuez cependant, dites-moi *tout ce que l'on pensera* et *tout ce qu'il faudra savoir*. Je suis comme Laflèche, je fais mon profit de tout.

Adieu, mon cher Mersenne. *Dimitte nobis peccata nostra, sicut dimittimus criticis nostris.*

Je fais tant de cas de l'esprit et de l'amitié de Pollion, que je lui dis mon sentiment sans aucun ménagement. Son caractère est au-dessus des simagrées des compliments. Une vérité vaut mieux chez lui que cent fadeurs. Je vous embrasse, j'ai la tête cuite.

A propos, j'oubliais encore une correction *sans appel*, dont j'appelle au bon sens, au bon goût, et à vous.

D'où vient qu'avec cent pieds qui lui sont inutiles,

vous voudriez *qu'on croirait inutiles*. Eh! ventre-saint-gris, ils sont très-inutiles, car il

.... traîne ses pas débiles.

Il y a des espèces de reptiles qui ont une trentaine de pattes et qui n'en vont pas plus vite, comme les autruches qui ont des ailes pour ne point voler. Dieu est le maître.

DCCXXXI. — A M. L'ABBÉ MOUSSINOT.

Novembre.

Pourquoi, mon cher ami, ne pas recevoir M. de Brezé? Pourquoi mettre à portée ce seigneur de penser qu'on n'aime pas à être payé? Puissent tous mes débiteurs me fatiguer de payement tous les quartiers! j'accepterai cette corvée sans me plaindre. Quelques lettres d'avertissement aux Lézeau, d'Estaing, Richelieu, d'Auneuil, et autres, cela ne coûte rien; et, quand on a rempli ses devoirs, on peut sans scrupule avoir recours aux lois. *Vale.*

Le chevalier de Mouhi vous apportera un petit paquet pour moi. Je vous prie de l'assurer de ma tendre amitié, et de l'engager à faire du reste de mes lettres ce qu'il a déjà fait de quelques-unes en votre présence; cela est encore d'une importance extrême pour ses intérêts et pour les miens.

Vous devez aller à la campagne, et pourquoi ne pas venir à Cirey voir votre ami? *Vale iterum.*

Et le bijou, mon cher abbé! j'oubliais de vous en parler. Prenons-le pour vingt louis; mais, pour le payer, attendez qu'il ait été présenté et trouvé joli. S'il avait le malheur de déplaire, il en faudrait un autre.

Vous m'enverrez par le coche deux cent cinquante louis d'or bien empaquetés; cinquante viendront une autre fois. S'ils arrivent tous ensemble, ils seront reçus très-favorablement; et on les recevra encore très-poliment, s'ils arrivent par compagnies détachées.

Procope vous remettra un paquet de friandises, qui seront les bienvenues à Cirey où vous êtes et où vous serez toujours très-aimé et très-fêté, si vous y venez. *Vale iterum.*

J'écris à bâtons rompus, mon cher ami. J'ai la tête tellement embrouillée de physique, de chimie, et même de poésie, que je ne sais ce que je fais. Je ne veux pourtant pas envoyer cette lettre sans vous dire que le portrait colorié de Van Dyck est attendu, mais sans impatience.

Je voudrais une traduction des *Institutions* de Boërhaave. Puis-je l'avoir bientôt? Vous donnerez cent francs à Mme Le Brun. Vous devez en avoir donné trois cents à M. Thieriot, chez M. de La Popelinière; n'est-ce pas? C'est mon ami depuis plus de vingt ans. Encore douze livres à notre Bourguignon, s'il est toujours dans la pauvreté.

La Mare, Linant, *à longe*. *Et iterum vale*.

DCCXXXII. — A M. THIERIOT.

Le 1ᵉʳ décembre.

Nous venons de recevoir le paquet du prince, lequel prince doit un jour vous acheter cent mille écus, s'il en donne sept mille pour un être non pensant, haut de six pieds. J'étais bien pressé, avant-hier, en vous écrivant toutes mes contre-critiques; pardonnez.

Mais *je lèche, en criant, la main qui me censure*.

A propos, nous avons demandé aux valets de chiens, si les chiens peuvent crier quand ils lèchent; ils disent que cela est aussi impossible que de siffler la bouche pleine.

Comment va l'*Enfant prodigue*? Vos amis sont-ils revenus de la critique de *Florenfact*? Un nom doit-il choquer? et ignore-t-on que, dans Ménandre, Plaute, et Térence, tous les noms annoncent les caractères, et qu'Harpagon signifie *qui serre*? Mme Croupillac n'est-elle pas nécessaire à l'intrigue, puisque c'est elle qui apprend à l'Enfant prodigue toutes les nouvelles? et n'est-il pas plaisant et intéressant tout ensemble que cette Croupillac lui dise bonnement du mal de lui-même?

Messieurs les critiques, j'en appelle au parterre. Adieu; laissez-moi le droit de regimber, mais donnez-moi toujours cent coups d'aiguillon. *Vale, te amo*.

DCCXXXIII. — A M. L'ABBÉ MOUSSINOT.

Décembre.

Vous êtes bien bon, mon véritable ami, de soupçonner M. d'***** d'avoir écrit le billet que vous m'envoyez. Je sois bien que vous ne connaissez ni le style ni l'écriture du petit La Mare. Il me semble qu'il devrait avoir plus de respect pour vous, et plus de reconnaissance pour moi. Il devrait au moins n'écrire que pour me remercier de mes bienfaits. Je lui ai donné cent francs pour son voyage d'Italie, et je n'ai pas entendu parler de lui depuis son retour. Je ne le connais que pour l'avoir fait guérir d'une maladie infâme, et pour l'avoir accablé de dons qu'il ne méritait pas; mais je suis accoutumé à l'ingratitude des hommes.

Que La Mare ne m'ait payé que d'ingratitude, encore passe; mais Dumoulin y a joint la friponnerie, l'outrage, et les plus indignes procédés. Sa femme m'a écrit pour me demander grâce; mais si lui-même ne me demande pardon de ses infamies, il sera poursuivi à la rigueur; il faut au moins qu'il me paye le peu qu'il n'a pu me voler. Faites présenter ce billet à sa femme, et sur sa réponse je dirigerai mes démarches. Vous avez mon titre contre lui, où il est chez Ballot, notaire. Ce fripon insigne me vole vingt mille francs, et il ose me menacer! C'en est trop.

Tâchez, mon cher ami, d'avoir cette belle pendule à secondes dont vous me parlez. Ce sera un joli ornement pour la galerie que je fais bâtir; et cherchez-moi promptement un notaire qui puisse me placer vingt mille livres en rentes viagères.

DCCXXXIV. — A M. HELVÉTIUS

A Cirey, ce 4 décembre.

Mon très-cher enfant, pardonnez l'expression, la langue du cœur n'entend pas le cérémonial; jamais vous n'éprouverez tant d'amitié et tant de sévérité: je vous renvoie votre *Épître* apostillée, comme vous l'avez ordonné. Vous et votre ouvrage vous méritez d'être parfaits. Qui peut ne pas s'intéresser à l'un et à l'autre? Mme la marquise du Châtelet pense comme moi : elle aime la vérité et la candeur de votre caractère; elle fait un cas infini de votre esprit; elle vous trouve une imagination féconde; votre ouvrage lui paraît plein de diamants brillants; mais qu'il y a loin de tant de talents et de tant de grâces à un ouvrage correct! La nature a tout fait pour vous; ne lui demandez plus rien; demandez tout à l'art; il ne vous manque plus que de travailler avec difficulté. Vingt bons vers en quinze jours sont malaisés à faire; et, depuis nos grands maîtres, dites-moi, qui a fait vingt bons vers alexandrins de suite? Je ne connais personne dont on puisse en citer un pareil nombre. Et voilà pourquoi tout le monde s'est jeté dans ce misérable style marotique, dans ce style bigarré et grimaçant, où l'on allie monstrueusement le trivial et le sublime, le sérieux et le comique, le langage de Rabelais, celui de Villon, et celui de nos jours. A la bonne heure, qu'un laid visage se couvre de ce masque: Rien n'est si rare que le beau naturel; c'est un don que vous avez; tirez-en donc, mon cher ami, tout le parti que vous pouvez; il ne tient qu'à vous. Je vous jure que vous serez supérieur en tout ce que vous entreprendrez; mais ne négligez rien. Je vous donne un bon conseil, après vous avoir donné de bien mauvais exemples. Je me suis mis trop tard à corriger mes ouvrages; je passe actuellement les jours et les nuits à réformer la *Henriade*, *OEdipe*, *Brutus*, et tout ce que j'ai jamais fait. N'attendez pas comme moi:

Si nolis sanus, curres hydropicus.

Hor., lib. I, ep. II, v. 34.

Je songe à guérir mes maladies; mais vous, prévenez celles qui peuvent vous attaquer. Puisque vous chantez l'*étude* avec tant d'esprit et de courage, ayez aussi le courage de limer cette production vingt fois;

renvoyez-la-moi, et que je vous la renvoie encore. La gloire, en ce métier-ci, est comme le royaume des cieux, *et violenti rapiunt illud*[1] Que je sois donc votre directeur pour ce royaume des belles-lettres; vous êtes une belle âme à diriger. Continuez dans le bon chemin, travaillez; je veux que vous fassiez aux belles-lettres et à la France un honneur immortel. Plutus ne doit être que le valet de chambre d'Apollon; le tarif est bientôt connu, mais une épître en vers est un terrible ouvrage. Je défie vos quarante fermiers généraux de le faire. Adieu; je vous embrasse tendrement; je vous aime comme on aime son fils. Mme du Châtelet vous fait les compliments les plus vrais; elle vous écrira, elle vous remercie.

Allons, qu'un ouvrage qui lui est adressé soit digne de vous et d'elle. Vous m'avez fait trop d'honneur dans cet ouvrage, et cependant je vous rends la vie bien dure. Adieu; je vous souhaite la bonne année. Aimez toujours les arts et Cirey.

DCCXXXV. — A M. LE COMTE D'ARGENTAL.

Cirey, ce 5 décembre.

Aimable ange gardien, vous resterez donc dans votre ciel de Paris! soyez donc là votre ange à vous-même. *Angele, custodi te ipsum*[2]. Travaillez à y être aussi heureux que vous méritez de l'être, et mettez le comble au bonheur de Cirey par le vôtre. Vous n'avez à changer que votre fortune. J'en dis autant à l'aimable compagne de votre vie; je fais mille vœux pour vous deux. Je ne savais pas que vous demeurassiez avec M. d'Ussé. Voulez-vous bien présenter mes tendres respects aux philosophes, père et fils, et à Mme d'Ussé? Je devais avoir l'honneur de leur écrire; mais un cabinet de physique, des vers, et une mauvaise santé, me font manquer à tous mes devoirs.

Ne m'oubliez pas, je vous en supplie, auprès de votre frère.

J'avais peu d'argent quand La Mare est venu chez Mme du Châtelet, je n'ai pu lui donner que cent livres; mais pour lettres de change je lui donne la comédie de *l'Envieux*, qu'il vous apporte corrigée, en vers de six pieds, et bien cachetée. Il la donnera sous son nom, et il partagera le profit avec un jeune homme plus sage que lui et plus pauvre.

Recommandez-lui le plus profond secret; je crois qu'il le gardera, et que l'envie de vous plaire lui donnera toutes les vertus. Je ne lui donne pas cette comédie comme bonne pièce, mais comme bonne œuvre.

Adieu; quand j'aurai des termes pour vous dire combien la reconnaissance, la tendresse, et l'estime, m'attachent à vous, je m'en servirai[3].

J'ai scellé cette comédie de cinq sceaux, mon cher ami; voyez si La Mare ne les a pas rompus; et surtout, en cas qu'elle fût refusée, qu'il

---

1. Matth., XI, 12. (ÉD.)
2. *Deutéronome*, IV, 9. (ÉD.)
3. Ce qui suit est de la main de Mme du Châtelet. (ÉD.)

ne soit pas le maître de la faire imprimer; cela pourrait attirer des affaires. Ne la lui confiez point; déposez-la dans les très-fidèles mains de Mlle Quinault, et qu'il soit à ses ordres et aux vôtres. Il faudra que Mlle Quinault la fasse copier et renvoie la copie envoyée, parce qu'il y a de l'écriture de votre ami. Si vous n'approuvez pas qu'on la joue, renvoyez-la; on donnera autre chose à La Mare. Taillez, monsieur d'Argental, rognez, nous sommes entre vos mains.

M. de Voltaire vous envoie aussi deux épîtres: la deuxième, *sur la Liberté*, et la quatrième, *sur la Modération*. Il ne donnera la cinquième que quand vous serez content, et corrigera les trois premières jusqu'à ce que vous disiez: *C'est assez*; mais je crois qu'il est nécessaire d'en faire un corps d'ouvrage suivi, et de les imprimer ensemble, surtout à cause de celle de l'*Envie*. *Mérope* peut réussir, surtout avec Mlle Dumesnil; mais je ne sais si on doit la hasarder; c'est à vous à décider. Il a beaucoup retouché les derniers actes; je ne sais si vous en serez plus content; mais il y a bien des beautés et des choses prises dans la nature. Sa santé demande peu de travail, et je fais mon possible pour l'empêcher de s'appliquer. Je crois qu'il va se remettre à l'*Histoire de Louis XIV*; c'est l'ouvrage qui convient le plus à sa santé. Si vous venez jamais ici, je crois que vous la lirez avec grand plaisir. Je fais mon possible pour vous donner autant d'envie de venir, que j'en ai de vous dire moi-même combien je vous aime tendrement. Votre ami vous en dit autant.

DCCXXXVI. — A M. THIERIOT.

Le 6 décembre.

Mon très-cher ami, mitonnez-moi le manipulateur; vous aurez dans peu notre décision.

Comme on imprimait en Hollande les quatre *Épîtres*, je viens de les envoyer corrigées, très-corrigées, surtout la première, et mon cher Thieriot est à la place d'Hermotime.

Vous me faites tourner la tête de me dire qu'il ne faut point de tours familiers. Ah! mon ami, ce sont les ressorts de ce style. Quelque ton sublime qu'on prenne, si on ne mêle pas quelque repos à ces écarts, on est perdu. L'uniformité du sublime dégoûte. On ne doit pas couvrir son cul de diamants comme sa tête. Mon cher ami, sans variété, jamais de beauté. Être toujours admirable, c'est ennuyer. Qu'on me critique, mais qu'on me lise.

Passons du grave au doux, du plaisant au sévère.
Boileau, *Art poét.*, I, 76.

Gare que le P. Voltaire ne soit P. Savonarole!

Envoyez le *s'Gravesande* chez l'abbé; il ne faut jamais attendre d'occasion pour un bon livre; l'abbé le mettra au coche sur-le-champ.

Il me faut le *Boerhaave* français; je le crois traduit. Il y a une infinité de drogues dont je ne sais pas le nom en latin.

Ai-je souscrit pour le livre de M. Brémond? Aurai-je quelque chose sur les marées par quelque tête anglaise?

Je crois que je verrai demain Wallis et l'Algarotti français[2]. J'avais proposé à M. Algarotti que la traduction se fît sous mes yeux; je vous réponds qu'il eût été content de mon zèle.

Je ne sache pas qu'on ait imprimé rien de mes lettres à Maffei; mais ce que j'ai écrit, soit à lui, soit à d'autres, sur l'abbé Desfontaines, a beaucoup couru. Si on m'avait cru, on aurait plus étendu, plus poli, et plus aiguisé cette critique. Il était sans doute nécessaire de réprimer l'insolente absurdité avec laquelle ce gazetier attaque tout ce qu'il n'entend point; mais je ne peux être partout, et je ne peux tout faire.

Au reste, je ne crois pas que vous balanciez entre votre ami et un homme qui vous a traité avec le mépris le plus insultant dans le *Dictionnaire néologique*, dans un ouvrage souvent imprimé, ce qui redouble l'outrage. Il ne m'a jamais écrit ni parlé de vous que pour nous brouiller; jamais il n'a employé sur votre compte un terme honnête. Si vous aviez la faiblesse honteuse de vous mettre entre un tel scélérat et votre ami, vous trahiriez également et ma tendresse et votre honneur. Il y a des occasions où il faut de la fermeté; c'est s'avilir de ménager un coquin. Il a trouvé en moi un homme qui le fera repentir jusqu'au dernier moment de sa vie; j'ai de quoi le perdre; vous pouvez l'en assurer. Adieu; je suis fâché que la colère finisse une lettre dictée par l'amitié.

DCCXXXVII — A M. LE COMTE D'ARGENTAL.

Ce 6 décembre.

Le coche de Joinville part aujourd'hui chargé de quatre petites bouteilles de liqueurs qui, Dieu merci, seront bues en France[3]. Elles sont adressées à M. d'Argental, à la Grange-Batelière. Recevez, mon cher ange gardien, ces petites libations que vous fait le mortel dont vous prenez soin.

Voici une autre sorte d'hommage : c'est une cinquième *Épître*, en attendant que les autres soient dûment corrigées. Lisez-la, ne la donnez point; dites ce qu'il faut réformer. Je voudrais qu'elle fût catholique et raisonnable; c'est un carré rond, mais, en égrugeant les angles, on peut l'arrondir. Je corrige actuellement *la Henriade*, *Brutus*, *Œdipe*, l'*Histoire* du roi de Suède. Puisque j'ai tant fait que d'être auteur, et que vous avez tant fait que de m'aimer, il faut au moins que vous aimiez en moi un auteur passable.

Je crois que le mieux est que Mlle Quinault donne l'*Envieux* sans le mettre sous le nom de La Mare. La pièce est un peu sérieuse, mais on dit que les honnêtes gens réussissent à présent à la comédie mieux que les bouffons. C'est à vous à me le dire. J'ai peur que Thie-

1. La traduction des *Transactions philosophiques*. (ÉD.)
2. C'est-à-dire la traduction du *Newtonianisme*, que Duperron de Castera venait de publier. (ÉD.)
3. M. le comte d'Argental, à la sollicitation de ses amis, s'était enfin déterminé à ne point accepter l'intendance de Saint-Domingue. (*Éd. de Kehl.*)

riot n'ait vu l'*Enéide* autrefois; mais il est devenu discret; nous avons étoupé sa trompette.

J'ai écrit deux fois à M. Hérault, pour avoir le désaveu de Jore; il m'est essentiel : comment faire pour l'obtenir? Qu'il est aisé de nuire, que le mal se fait promptement! qu'on est lent à faire le bien! Chez vous, c'est tout le contraire. Non; je ne sais ce que je dis, car vous ne pouvez faire le mal, vous êtes le bon principe, vous êtes Orosmade.

Mme du Châtelet vous fait mille amitiés. Nous pourrions bien acheter l'hôtel Lambert à Paris, non comme palais, mais comme solitude, et solitude qui nous rapprocherait du plus aimable des hommes. Mes respects à votre adorable femme. Êtes-vous toujours sénateur de Paris?

DCCXXXVIII. — A M. THIERIOT.

Cirey, le 10 décembre.

Je me venge de vos critiques sur notre ami M. de La Bruère. Vous me donnez le fouet, et je le lui rends. Il est vrai que j'y vais plus doucement que vous; mais c'est que je suis du métier, et je ne sais que douter quand vous savez affirmer. Je suis peut-être aussi exact que vous, mais je ne suis pas si sévère. Voici donc, mon cher ami, son opéra, que je lui renvoie avec mes apostilles et une petite lettre, le tout adressé à P. Mersenne.

Je me rends sur quelques-unes de vos censures. L'*Épître sur l'Homme* est toute changée; enfin je corrige tout avec soin. L'objet de ces six *Discours* en vers est peut-être plus grand que celui des satires et des épîtres de Boileau. Je suis bien loin de croire les personnes qui prétendent que mes vers sont d'un ton supérieur au sien. Je me contenterai d'aller immédiatement après lui. Comment ne vous êtes-vous pas aperçu que l'*Épître sur la nature du plaisir* est précisément celle dont la fin est adressée au prince royal? comment n'avez-vous pas vu que le *plaisir* est le sujet de tout ce poême? comment enfin n'avez-vous pas reconnu les vers que je vous demandais? Grâce à Apollon, je les ai retrouvés et refaits pour vous épargner la peine de me les envoyer.

Je ne crois pas que Pollion soit fâché de mes contre-critiques; mais je crois que vous voyez tous deux combien l'art des vers et l'art de juger sont difficiles. Plus on connaît l'art, plus on en sent les épines.

Ne vous hâtez pas de juger M. Dufal; cela est trop français; attendez, du moins que vous ayez lu son factum. Je dois souhaiter qu'il ait tort, mais je suis bien loin de le condamner.

Je ne me rends point sur le Desfontaines; et je vous soutiens que le pied-plat dont vous me parlez, qui vous a si indignement accoutré dans son libelle *néologique*, c'est lui-même; mais je ne vous dis que ce que vous savez. Vous cherchez à ménager un monstre que vous détestez et que vous craignez. J'ai moins de prudence; je le hais, je le méprise, je ne le crains pas, et je ne perdrai aucune occasion de le punir. Je sais haïr, parce que je sais aimer. Sa lâche ingratitude, le plus grand de tous les vices, m'a rendu irréconciliable.

Je vous enverrai bientôt la tragédie de *Brutus* entièrement réformée, et défaite heureusement des églogues de Tullie.

Je vous enverrai *Œdipe* tout corrigé, et vous aurez encore bien autre chose. Que Dieu me donne vie, et vous serez content de moi. Je brûle de vous faire voir les corrections, sans fin de *la Henriade*. Si le royaume des cieux est pour les gens qui s'amendent, j'y aurai part; s'il est pour ceux qui aiment tendrement leurs amis, je serai un saint. Platon mettait dans le ciel les amis à la première place; j'y serais encore en cette qualité.

Adieu, mon cher ami; je vous embrasse tendrement. L'élu VOLTAIRE.

DCCXXXIX. — A M. PRAULT, LIBRAIRE.

A Cirey, ce 13 décembre.

J'ai reçu votre lettre, mon cher Prault; si vous étiez toujours aussi exact, je vous aimerais beaucoup. Vous avez donc donné cent vingt livres à M. de La Mare, et vous avez plus fait que je n'avais osé vous demander. Je me charge du payement, s'il ne vous paye pas.

Je vais vous rembourser et les cinquante livres que vous avez données à M. Linant, et quelque argent que je vous dois. Prenez, à bon compte, ces quatre cents livres que je vous envoie en un billet sur mon ami l'abbé Moussinot. Vous m'enverrez votre mémoire dans le courant de janvier.

Sitôt la présente reçue, faites un ballot d'un *Bayle* entier, bien complet, et envoyez-le à M. l'abbé de Breteuil, grand vicaire à Sens, avec une feuille de papier où vous mettrez : « A M. l'abbé de Breteuil, de la part de son très-humble et très-obéissant serviteur, Voltaire; » le tout bien beau et bien emballé; c'est un petit présent d'étrennes.

Voici les vôtres ci-incluses. Tâchez d'imprimer, avec permission, cette nouvelle *Épître morale*, en attendant que je vous envoie le recueil complet et corrigé. *La Henriade* est bientôt prête. Vous prendrez votre parti; je ne veux que vous faire plaisir.

DCCXL. — A M. L'ABBÉ MOUSSINOT.

Décembre.

On vous apportera, mon cher abbé, un journal de la part d'un fripon de jésuite apostat, qui est à présent libraire en Hollande, et qui se nomme du Sauzet. Vous donnerez cent francs pour ce coquin-là, attendu qu'il faut payer les services même des méchants.

Prault fils doit prendre quatre cents francs dans votre trésor. Il donné de l'argent à Linant et à La Mare; mais je ne le sais que par lui, et ces messieurs gardent, jusqu'ici, un silence qui n'est pas, je crois, le *silence respectueux*, encore moins le silence reconnaissant; à moins que les grandes passions ne soient muettes. Leurs besoins sont éloquents, mais leurs remercîments sont cachés. Si d'Arnaud est sage, il aura les petits secours dont je favorisais des ingrats. Quand il emprunte trois livres, il faut lui en donner douze; l'accoutumer insensihamment au travail, et, s'il se peut, à bien écrire. Recommandez-lui ce point; c'est le premier échelon, je ne dis pas de la fortune, mais d'un état où l'on puisse ne pas mourir de faim.

J'ai toujours l'affaire de Jore très à cœur; s'il ne se désiste, il sera poursuivi impitoyablement.

DCCXLI. — A M. LE COMTE D'ARGENTAL.

Cirey.

Mon aimable ange gardien, si j'avais eu quelque chose de bon à dire, j'aurais écrit à MM. d'Ussé; mais écrire pour dire : « J'ai reçu votre lettre, et j'ai l'honneur d'être, » et des compliments, et du verbiage ; ce n'est pas la peine.

Je ne saurais écrire en prose quand je ne suis pas animé par quelque dispute, quelque fait à éclaircir, quelque critique, etc.; j'aime mieux cent fois écrire en vers; cela est beaucoup plus aisé, comme vous le sentez bien.

Voici donc des vers que je leur griffonne; qu'ils les lisent, mais qu'ils les brûlent.

Venons à l'*Épître* sur la preuve de l'existence de Dieu par le plaisir. Ne pourrait-on pas y faire une sauce, pour faire avaler le tout aux dévots ?

Il est très-vrai que le plaisir a quelque chose de divin, philosophiquement parlant; mais théologiquement parlant, il sera divin d'y renoncer. Avec ce correctif, on pourrait faire passer l'épître ; car tout passe. J'ai corrigé encore beaucoup les autres. Un petit mot, s'il vous plaît, sur la dernière, sur l'aventure de la Chine. J'aime vos critiques ; elles sont fines, elles sont justes, elles m'encouragent; poursuivez.

Je ne crois avoir fait qu'une action de bon chrétien, et non un bon ouvrage dans ce que vous savez [1]; et, comme il faut que les bonnes œuvres soient secrètes, je vous prie de recommander à La Mare le plus profond secret. D'ailleurs, qu'il fasse tout ce que vous lui prescrirez; c'est ainsi que j'en userais, si j'étais à Paris.

Mme du Châtelet fait mille compliments à l'ange gardien, et à cet autre ange, Mme d'Argental.

Ce Blaise, c'est, ne vous en déplaise, Blaise Pascal [2]; mais il faudrait un autre nom. Je vous prie d'engager M. d'Argenson à donner des ordres positifs pour que mes ouvrages n'entrent point en France. Je crains toujours qu'on y ait glissé quelque chose qui troublerait, je ne dis pas mon repos, mais celui d'une personne que je préfère à moi, comme de raison.

DCCXLII. — A FRÉDÉRIC, PRINCE ROYAL DE PRUSSE.

Décembre.

Monseigneur, il nous arrive dans le moment une écritoire que Mme du Châtelet et moi indigne comptions avoir l'honneur de présenter à Vo-

---

1. *L'Envieux*. (ÉD.)
2. Pascal est nommé dans le vers 7 du *sixième Discours*. (ÉD.)

tre Altesse royale pour vos étrennes. Le ministre qui, selon votre très-bonne plaisanterie, est prêt à vous prendre souvent pour un bastion ou pour une contrescarpe, vous offrirait une coulevrine ou un mortier; mais nous, autres êtres pensants, nous présentons en toute humilité à notre chef l'instrument avec lequel on communique ses pensées. Je l'ai adressée à Anvers; elle part aujourd'hui, et d'Anvers elle doit aller à Vesel à l'adresse de M. le baron de Borck, ou, à son défaut, au commandant de la place, pour être remise à Votre Altesse royale. Ce qui m'encourage à prendre cette liberté, c'est que ce petit hommage de votre sujet, ayant été fait à Paris, imite et surpasse le laque de la Chine. C'est un art tout nouveau en Europe, et tous les arts vous doivent des tributs. Pardonnez-moi donc, monseigneur, cet excès de témérité.

Je suis avec la plus tendre reconnaissance, l'estime et l'attachement le plus inviolable, et le plus profond respect, monseigneur, de Votre Altesse royale, etc.

DCCXLIII. — A M. L'ABBÉ MOUSSINOT.

Décembre.

Je vous parlerai, mon cher ami, une autre fois d'affaires temporelles; il est question aujourd'hui d'affaire d'honneur. Mérigot et Chaubert vendent un libelle infernal contre moi. Desfontaines, le scélérat Desfontaines, passe pour en être l'auteur, et la voix publique ne se trompe pas. Ce libelle est sous le nom d'un *avocat*. On ne veut point que j'aille à Paris demander vengeance et justice; c'est à votre amitié à la demander pour moi. C'est un service essentiel que vous rendrez à moi et à tous les gens de bien. Mandez-moi que ma présence est absolument nécessaire à Paris; abouchez-vous avec le chevalier de Mouhi, et qu'il m'en écrive autant.

En attendant, faites publier un monitoire pour connaître l'imprimeur et l'auteur de la *Voltairomanie*. Chargez de cette besogne un huissier adroit, actif et intelligent. Faites acheter ce libelle atroce chez Chaubert, en présence de deux témoins. Vous en ferez faire secrètement chez un commissaire un petit procès-verbal recordé de ces deux témoins, et nous poursuivrons en temps et lieu. Voilà l'essentiel pour le moment. Surtout, mon cher ami, n'épargnez pas l'argent; s'il doit être prodigué, c'est quand il s'agit de son honneur.

DCCXLIV. — A MME DEMOULIN.

A Cirey, décembre.

Je vous rends à l'un et à l'autre mon amitié; je vois par vos démarches qu'en effet vous ne m'avez point trahi, et que, quand vous m'avez dissipé vingt-quatre mille livres d'argent[1], il y a eu seulement

---

1. « Je soussigné reconnais que M. de Voltaire ayant prêté à ma femme et à moi la somme de vingt-sept mille livres, et, vu le mauvais état de nos affaires, ayant bien voulu se restreindre à la somme de trois mille livres, par

du malheur, et non de mauvaise volonté. Je vous pardonne donc de tout mon cœur, et sans qu'il me reste la moindre amertume dans le cœur.

Tout mon regret est de me voir moins en état d'assister les gens de lettres comme je faisais. Je n'ai plus d'argent; et, quand il a fallu, en dernier lieu, faire de petits plaisirs à M. Linant et à M. La Mare, j'ai été obligé de faire avancer les deniers par le sieur Prault jeune, libraire fort au-dessus de sa profession.

Je me flatte que M. Linant aura enfin heureusement fini cette tragédie dont je lui ai donné le plan il y a si longtemps. Je lui souhaite un succès qui lui donne un peu de fortune et beaucoup de gloire. Ce serait avec bien du plaisir que je lui écrirais; mais vous savez que de malheureuses plaintes domestiques et une juste indignation de Mme la marquise du Châtelet contre sa sœur me lient les mains. J'ai donné ma parole d'honneur de ne point lui écrire, je la tiens; mais je ne l'ai point donnée de ne le point secourir, et je le secours. Passez donc chez M. Prault fils, et priez-le de donner encore cinquante livres à M. Linant. Surtout que M. Linant donne sa tragédie à imprimer à M. Prault; c'est une justice que ce libraire aimable mérite. Faites le marché vous-même; quand je dis vous, je dis votre mari; cela est égal.

Vous devriez engager M. Linant à écrire, sans griffonner, une lettre respectueuse, pleine d'onction et d'attachement, à M. le marquis du Châtelet, et autant à madame. Ce devoir bien rempli pourrait opérer une réconciliation peut-être nécessaire à la fortune de M. Linant.

Je voudrais qu'il pût dédier sa pièce à Mme la marquise du Châtelet. Je me ferais fort de l'en faire récompenser. L'aimable Prault a encore donné cent vingt livres pour moi au sieur La Mare. Je n'ai point de nouvelles de ce petit hanneton; il est allé sucer quelques fleurs à Versailles.

DCCXLV. — A M. THIERIOT.

A Cirey, le 20 décembre.

Mon cher Thieriot, vous avez dû recevoir une lettre pour le prince royal. En voici une assez singulière pour M. de Maupertuis. Je vous prie de la lui donner avec cent cinquante livres qu'il mettra dans le tronc des Lapones, et de lire les petits versiculets qui se trouvent dans cette lettre à sir *Isaac*; c'est une petite formule de quête pour les Lapones, suivant les rites de l'abbé de Saint-Pierre d'Utopie, qui appellera cela, s'il veut, *bienfaisance*; mais c'est une réparation que la France doit. Nous ne sommes point *public spirited* en France; nous n'en avons pas même le mot. Nation légère et dure! L'abbé Moussinot a cent écus tout prêts. Me voilà à sec pour quelque temps, mais mon cœur n'y est jamais.

contrat obligatoire passé entre nous, chez Ballot, notaire, le 12 de juin 1738, il nous a remis et accordé sept cent cinquante livres, restant des trois mille livres à payer, et m'en a donné une rétrocession pleine et entière.

« Ce 19 de janvier 1742. « DEMOULIN. »

Je n'ai nul empressement pour le palais Lambert, car il est à Paris. Si Mme du Châtelet veut l'acheter, il lui coûtera moins que vous ne dites. Je vivrai avec elle là comme à Cirey; et, dans un Louvre ou dans une cabane, tout est égal. Je ne crois pas que cette acquisition dérange trop sa fortune, et je crois que je pourrai toujours la voir jouir d'un état très-honorable, avec une sage économie qu'il faut recommander à sa générosité.

Dites au très-aimable M. Helvétius que je l'aime infiniment, et que je dis toujours, en parlant de lui :

Facte animo, generose puer; sic itur ad astra.
Æneid., lib. IX, 7. 641.

Apparemment que le petit La Mare espère beaucoup de vous et peu de moi; car, depuis que je lui ai donné cent livres d'une part, et cent vingt de l'autre, je n'entends pas parler de lui. Il ne m'en a pas seulement accusé la réception. Comme l'on en a usé de même avec Linant, et que vous m'avez mandé, il y a quelque temps, qu'il avait tenu des discours fort insolents de Cirey, je vous prie de me mander quels sont ces discours. Rien n'est si triste qu'un soupçon vague. Il faut savoir sur quoi compter. Demi-confidence est torture. Il faut tout ou rien, en cela comme en amitié.

Je vous souhaite la bonne année, et vous embrasse tendrement.

DCCXLVI. — A M. DE MAUPERTUIS.

À Cirey, le 20 décembre.

Sir Isaac, Mme la marquise du Châtelet, et moi, indigne, nous sommes si attachés à ce qui a du rapport à votre mesure de la terre et à votre voyage au pôle, nous sommes d'ailleurs si éloignés des mœurs de Paris, que nous regardons votre Lapone¹ trompée comme notre compatriote. Nous proposerions bien qu'on mît, en faveur de cette tendre Hyperboréenne, une taxe sur tous ceux qui ne croient pas la terre aplatie; mais nous n'osons exiger de contributions de nos ennemis. Demandons seulement des secours à nos frères. Faisons une petite quête. Ne trouverons-nous point quelques cœurs généreux que votre exemple et celui de Mme Clairaut auront touchés? Mme du Châtelet, qui n'est pas riche, donne cinquante livres; moi, qui suis bien moins bon philosophe qu'elle, et pas si riche, mais qui n'ai point de grande maison à gouverner, je prends la liberté de donner cent francs. Voilà donc cinquante écus qu'on vous apporte; que quelqu'un de vous tienne la bourse, et je parie que vous faites mille écus en peu de jours. Cette petite collecte est digne d'être à la suite de vos observations; et la morale des Français leur fera autant d'honneur, dans le Nord, que leur physique.

Le Nord est fécond en infortunes amoureuses, depuis l'aventure de

1. Mère du géomètre. (Éd.)

Calisto. Si Jupiter avait eu mille écus, je suis persuadé que Calisto n'eût point été changée en ourse.
Pour encourager les âmes dévotes à réparer les torts de l'amour, je serais d'avis qu'on ajoutât à peu près en cette façon :

La voyageuse Académie
Recommande à l'humanité,
Comme à la tendre charité,
Un gros tendron de Laponie.
L'amour, qui fait tout son malheur,
De ses feux embrasa son cœur
Parmi les glaces de Bothnie.
Certain Français la séduisit;
Cette erreur est trop ordinaire,
Et c'est la seule que l'on fit
En allant au cercle polaire.
Français, montrez-vous aujourd'hui
Aussi généreux qu'infidèles;
S'il est doux de tromper les belles,
Il est doux d'être leur appui.
Que les Lapons sur leur rivage
Puissent dire dans tous les temps :
« Tous les Français sont bienfaisants;
Nous n'en avons vu qu'un volage. »

Vous me direz que cela est trop long; il n'y a qu'à l'exprimer en algèbre.

Adieu; je n'ai point d'expression pour vous dire combien mon cœur et mon esprit sont les très-humbles serviteurs et admirateurs du vôtre.

Mme "n Châtelet, seule digne de vous écrire, ne vous écrit point, je crois, cet ordinaire.
VOLTAIRE.

N. B. Je vous supplie d'écrire toujours *français* par un *a*, car l'Académie *française* l'écrit par un *o*.

DCCXLVII. — A M. DE FORMONT.

A Cirey, ce 20 décembre.

J'ai lu, monsieur, la belle épitre que vous avez bien voulu m'envoyer, avec autant de plaisir que si elle ne m'humiliait pas. Mon amitié pour vous l'emporte sur mon amour-propre. Vous faites des vers alexandrins comme on en faisait il y a cinquante ans, et comme j'en voudrais faire. Il est vrai que vos derniers vers me font tristement sentir que je ne peux me flatter que *la Henriade* ait jamais une place à côté des bons ouvrages du siècle passé; mais il faut bien que chacun soit à sa place. Je tâche au moins de rendre la mienne moins méprisable, en corrigeant chaque jour tous mes ouvrages. Je n'épargne aucune peine pour mériter un suffrage tel que le vôtre, et je viens encore d'ajouter et de réformer plus de deux cents vers pour la nouvelle édition de *la Henriade* qu'on prépare.

Je me flatte du moins que le compas des mathématiques ne sera jamais la mesure de mes vers; et, si vous avez versé quelques larmes à *Zaïre* ou à *Alzire*, vous n'avez point trouvé parmi les défauts de ces pièces-là l'esprit d'analyse, qui n'est bon que dans un traité de philosophie, et la sécheresse, qui n'est bonne nulle part.

Il a couru quelques *Épîtres* très-informes sous mon nom. Quand je les trouverai plus dignes de vous être présentées, je vous les enverrai. En attendant, voici un de mes sermons que je vous envoie, avant qu'il soit prêché publiquement. Je vous prie, comme théologien du monde, et comme connaisseur, et comme poëte, de m'en dire votre avis. Vous y verrez un peu le système de Pope, mais vous verrez aussi que c'est aux Anglais plutôt qu'à nous qu'il faut reprocher le ton éternellement didactique, et les raisonnements abstraits soutenus de comparaisons forcées.

Je vous supplie, que l'ouvrage ne sorte point de vos mains. Je compte sur votre critique autant que sur votre discrétion; j'ai également besoin de l'une et de l'autre. Le fond du sujet est délicat, et pourrait être pris de travers; je voudrais ne déplaire ni aux honnêtes gens ni aux superstitieux; enseignez-moi ce secret-là.

Vous ne me dites rien de Mme du Deffand ni de M. l'abbé de Rothelin. Si pourtant vous voulez leur faire ma cour d'une lecture de mon ouvrage, vous me ferez un vrai plaisir. Avec vos critiques et les leurs, il faudra qu'il devienne très-bon, ou que je le brûle.

Je m'imagine que vous allez quelquefois chez Mme de Bérenger, et que c'est là que vous voyez le plus souvent M. l'abbé de Rothelin, qui m'a un peu renié devant les hommes; mais je le forcerai à m'aimer et à m'estimer. Mandez-moi tout naïvement comment aura réussi mon Chinois[1] chez Mme de Bérenger, à qui je vous prie de présenter mes respects, si elle s'en soucie.

Pour vous, mon cher Formont (et non Fourmont, Dieu merci), aimez-moi hardiment, parlez-moi de même. Mme du Châtelet, pleine d'estime pour vous et pour vos vers, vous fait les plus sincères compliments. Je suis à vous pour jamais.

DCCXLVIII. — A M. BERGER.

Cirey, le 22 décembre.

Je vous prie, mon cher Berger, de vouloir bien me faire le plaisir
1° De lire l'incluse;
2° De la porter secrètement au P. Castel, jésuite; de ne point lui dire que vous l'avez lue, mais de le prier de la lire avec vous, et, lecture faite, de lui demander la permission de la rendre publique. Votre prudence et votre amitié se tireront très-bien de cette négociation.
3° Je vous prie de dire à tous vos amis qu'il est très-vrai que non-

1. Personnage qui figure dans le sixième *Discours*. (ÉD.)

seulement je n'ai aucune part au *Préservatif*, mais que je suis très-piqué de l'indiscrétion de l'auteur.

Je vous prie encore de voir Thieriot de vous-même, de lui représenter combien j'ai dû être affligé de ne point recevoir de ses nouvelles fréquemment, dans ces circonstances. L'abbé Desfontaines a enfin obtenu ce qu'il voulait, c'est de m'ôter l'amitié de Thieriot.

S'il y avait quelque nouvelle, faites-nous-en part. Comptez sur vos amis de Cirey. Il y avait un grand service à vous rendre, mais....

DCCXLIX. — A. M. THIERIOT.

Cirey, le 24 décembre.

Ce scélérat d'abbé Desfontaines a donc enfin obtenu ce qu'il désirait! Il m'a ôté votre amitié. Voilà la seule chose que je lui reproche. Je ne m'attendais pas que depuis le 14 décembre que son libelle a paru, je ne recevrais qu'une lettre de vous. Si vous m'aviez écrit avec amitié, et tout uniment comme à l'ordinaire, je n'aurais point eu à me plaindre. Personne ne vous a jamais demandé de lettre ostensible ; mais moi, je demandais à votre cœur des marques de votre amitié, et j'ai eu la mortification de n'en recevoir aucune, pendant que les plus indifférents m'écrivaient les choses les plus fortes et les plus touchantes, et m'offraient les plus grands services. Mme et M. du Châtelet, Mme de Champbonin, tout ce qui est ici, effrayés de votre silence, ne savent à quoi l'attribuer. Pour moi, qui ne pense pas seulement à Desfontaines, et qui ne pensais qu'à l'amitié, je ne me crois outragé que par l'inquiétude où vous me laissez.

DCCL. — DE FRÉDÉRIC, PRINCE ROYAL DE PRUSSE.

A Berlin, le 25 décembre.

Mon cher ami, j'ai lu ces jours passés, avec beaucoup de plaisir, la lettre que vous adressez à vos infidèles libraires de Hollande. La part que je prends à votre réputation m'a fait participer vivement à l'approbation dont le public ne saurait manquer de couronner votre modération.

C'est cette modération qui doit être le caractère propre de tout homme qui cultive les sciences ; la philosophie, qui éclaire l'esprit, fait faire des progrès dans la connaissance du cœur humain ; et le fruit le plus solide qui en revient doit être un support plein d'humanité pour les faiblesses, les défauts et les vices des hommes. Il serait à souhaiter que les savants dans leurs disputes, les théologiens dans leurs querelles, et les princes dans leurs différends, voulussent imiter votre modération. Le savoir, la véritable religion, les caractères respectables parmi les hommes, devraient élever ceux qui en sont revêtus au-dessus de certaines passions qui ne devraient être que le partage des âmes basses. D'ailleurs le mérite reconnu est comme dans un fort à l'abri des traits de l'envie. Tous les coups portés contre un ennemi inférieur déshonorent celui qui les lance.

Tel, cachant dans les airs son front audacieux,
Le fier Athos paraît joindre la terre aux cieux ;

Il voit sans s'ébranler la foudre et le tonnerre,
Brisés contre ses pieds, leur faire en vain la guerre :
Tel, du sage éclairé, le repos précieux
N'est point troublé des cris d'infâmes envieux.
Il méprise les traits qui contre lui s'émoussent;
Son silence prudent, ses vertus, les repoussent;
Et contre ces titans le public outragé
Du soin de les punir doit être seul chargé.

L'art de rendre injure pour injure est le partage des crocheteurs. Quand même ces injures seraient des vérités, quand même elles seraient échauffées par le feu d'une belle poésie, elles restent toujours ce qu'elles sont. Ce sont des armes bien placées dans les mains de ceux qui se battent à coups de bâton, mais qui s'accordent mal avec ceux qui savent faire usage de l'épée.

Votre mérite vous a si fort élevé au-dessus de la satire et des envieux, qu'assurément vous n'avez pas besoin de repousser leurs coups. Leur malice n'a qu'un temps, après quoi elle tombe avec eux dans un oubli éternel.

L'histoire, qui a consacré la mémoire d'Aristide, n'a pas daigné conserver les noms de ses envieux. On les connaît aussi peu que les persécuteurs d'Ovide.

En un mot, la vengeance est la passion de tout homme offensé; mais la générosité n'est la passion que des belles âmes. C'est la vôtre : c'est elle assurément qui vous a dicté cette belle lettre, que je ne saurais assez admirer, que vous adressez à vos libraires.

Je suis charmé que le monde soit obligé de convenir que votre philosophie est aussi sublime dans la pratique qu'elle l'est dans la spéculation.

Mes tributs accompagneront cette lettre. Les dissipations de la ville, certains termes inconnus à Cirey et à Remusberg, de devoir, de respects, de cour, mais d'une efficacité très incommode dans la pratique, m'enlèvent tout mon temps. Vous vous en apercevrez sans doute, car je n'ai pas seulement pu abréger ma lettre. A propos, comment se porte Louis XIV? Vous allez dire : « Quel importun! cet Apicius n'est jamais rassasié de mes ouvrages. »

Assurez, je vous prie, cette déesse qui transforma Newton en Vénus, de mes adorations; et si vous voyez un certain poëte philosophe, l'auteur de *la Henriade* et de l'*Épître à Uranie*, assurez-le que je l'estime et le considère, on ne peut pas davantage. FRÉDÉRIC.

DCCLI. — A M. L'ABBÉ D'OLIVET.

Ce 29 décembre.

On m'apporte dans le moment le libelle de l'abbé Desfontaines contre vous, mon cher maître. Je crois que le public en pensera comme votre Académie. En vérité, ce misérable n'a voulu que gagner de l'argent; car quel est le but de son livre, s'il vous plaît de prouver qu'on pardonne en poésie des tons hardis, des phrases incorrectes, que la prose ne souffre pas ? Eh ! n'est-ce pas précisément ce que vous avez dit ? à cela près que vous l'avez dit le premier, et en homme qui possède sa langue et qui est un des plus grands maîtres. Ou il vous combat mal à propos, ou il retourne vos idées. Était-ce la peine de faire un livre ? Il l'a imprimé à Avignon ;

Mais je crois qu'il n'est pas sauvé,
Quoiqu'il soit en terre papale.

M. Thieriot vous a sans doute fait voir le *Mémoire* que je suis obligé de publier contre cet ennemi de la probité et de la vérité. Je viens d'y ajouter un article qui vous regarde; c'est dans l'énumération des gens de mérite qu'il a attaqués. Voici les paroles : « Il s'honorait de l'amitié et des instructions de M. l'abbé d'Olivet. Il fait imprimer furtivement un livre contre lui; il ose l'adresser à l'Académie française, et l'Académie flétrit à jamais dans ses registres le livre, la dédicace, et l'auteur. »

Je vous prie de vous souvenir de ce que je vous ai mandé au sujet de l'écrit que je vous communiquai, il y a quelques années, et duquel on a tiré les matériaux du *Préservatif*.

Pour vous faire voir que l'abbé Desfontaines ne me prend pas tout mon temps, je vous envoie un des nouveaux morceaux qui entreront dans la belle édition qu'on prépare à Paris de *la Henriade*. J'y joins le commencement de l'Histoire du *Siècle de Louis XIV*. Ne souffrez pas qu'on en prenne copie. Envoyez-moi, en échange, votre préface sur Cicéron, car j'aime à gagner à mes marchés. Communiquez tout cela, je vous en prie, à vos amis, et surtout à M. l'abbé Dubos, et tâchez de tirer de lui quelques bonnes instructions sur mon histoire, à laquelle je consacrerai les dernières années de ma vie.

Je vous prie de me faire avoir le *Coup d'État* de Silhon [1]; vous avez cela dans votre bibliothèque de l'Académie; M. Thieriot me l'enverra. Dites-moi en quelle année le *Testament* prétendu du cardinal de Richelieu commença à paraître. J'ai de bonnes preuves que ce testament n'est pas plus de lui que le *Testament* de Colbert, de Louvois, du duc de Lorraine Charles, et tant d'autres testaments, ne sont de ceux à qui on en fait honneur. Celui qu'on attribue à Richelieu est, comme tous les autres, plein de contradictions. Adieu; je vous embrasse.

DCCLII. — AU R. P. TOURNEMINE.

Décembre.

Mon très-cher et très-révérend père, est-il vrai que ma *Mérope* vous ait plu ? Y avez-vous reconnu quelques-uns de ces sentiments généreux que vous m'avez inspirés dans mon enfance ? *Si placet, suum est*, ce que je vous dis toujours en parlant de vous et du P. Porée. Je vous souhaite la bonne année et une vie aussi longue que vous le méritez. Aimez-moi toujours un peu, malgré mon goût pour Locke et pour

---

1. Sirmond. (ÉD.)

Newton. Ce goût n'est point un enthousiasme qui s'opiniâtre contre des vérités.

Nullius addictus jurare in verba magistri.

J'avoue que Locke m'avait bien séduit par cette idée que Dieu peut joindre quand il voudra le don le plus sublime de penser à la matière en apparence la plus informe. Il me semblait qu'on ne pouvait trop étendre la toute-puissance du Créateur. « Qui sommes-nous, disais-je, pour la borner? » Ce qui me confirmait dans ce sentiment, c'est qu'il semblait s'accorder à merveille avec l'immortalité de nos âmes. Car, la matière ne périssant pas, qui pourrait empêcher la toute-puissance divine de conserver le don éternel de la pensée à une portion de matière qu'il ferait subsister éternellement? Je n'apercevais pas l'incompatibilité, et c'est en cela probablement que je me trompais. Les lectures assidues que j'ai faites de Platon, de Descartes, de Malebranche, de Leibnitz, de Wolff et du modeste Locke, n'ont servi toutes qu'à me faire voir combien la nature de mon âme m'était incompréhensible, combien nous devons admirer la sagesse de cet Être suprême qui nous a fait tant de présents dont nous jouissons sans les connaître, et qui a daigné y ajouter encore la faculté d'oser parler de lui. Je me suis toujours tenu dans les bornes où Locke se renferme, n'assurant rien sur notre âme, mais croyant que Dieu peut tout. Si pourtant ce sentiment a des suites dangereuses, je l'abandonne à jamais de tout mon cœur.

Vous savez si le poëme de *la Henriade*, dont j'espère vous présenter bientôt une édition très-corrigée, respire autre chose que l'amour des lois et l'obéissance au souverain. Ce poëme enfin est la conversion d'un roi protestant à la religion catholique. Si dans quelques autres ouvrages qui sont échappés à ma jeunesse (ce temps de fautes), qui n'étaient pas faits pour être publiés, que l'on a tronqués, que l'on a falsifiés, que je n'ai jamais approuvés, il se trouve des propositions dont on puisse se plaindre, ma réponse sera bien courte : c'est que je suis prêt d'effacer sans miséricorde tout ce qui peut scandaliser, quelque innocent qu'il soit dans le fond. Il ne m'en coûte point de me corriger. Je réforme encore ma *Henriade;* je retouche toutes mes tragédies; je refonds l'*Histoire de Charles XII*. Pourquoi, en prenant tant de peines pour corriger des mots, n'en prendrais-je pas pour corriger des choses essentielles, quand il suffit d'un trait de plume?

Ce que je n'aurai jamais à corriger, ce sont les sentiments de mon cœur pour vous et pour ceux qui m'ont élevé; les mêmes amis que j'avais dans votre collége, je les ai conservés tous. Ma respectueuse tendresse pour mes maîtres est la même. Adieu, mon révérend père; je suis pour toute ma vie, etc.

DCCLIII. — A FRÉDÉRIC, PRINCE ROYAL DE PRUSSE.

A Cirey, le 1ᵉʳ janvier 1739.

Jeune héros, esprit sublime,
Quels vœux pour vous puis-je former?

Vous êtes bienfaisant, sage, humain, magnanime;
Vous avez tous les dons, car vous savez aimer.
Puissent les souverains qui gouvernent les rênes
De ces puissants États gémissant sous leurs lois,
Dans le sentier du vrai vous suivre quelquefois,
Et, pour vous imiter, prendre au moins quelques peines!
Ce sont là tous mes vœux; ce sont là les étrennes
Que je présente à tous les rois.

Comme j'allais continuer sur ce ton, monseigneur, la lettre de Votre Altesse royale et l'*Épître* au prince, qui a le bonheur d'être votre frère, sont venues me faire tomber la plume des mains. Ah! monseigneur, que vous avez un loisir singulièrement employé, et que le talent, extraordinaire dans tout homme né hors de France, de faire des vers français, et plus rare encore dans une personne de votre rang, s'accroît et se fortifie de jour en jour! Mais que ne faites-vous point! et de la science des rois jusqu'à la musique et à l'art de la peinture, quelle carrière ne remplissez-vous pas! Quel présent de la nature n'avez-vous pas embelli par vos soins!

Mais quoi! monseigneur, il est donc vrai que Votre Altesse royale a un frère digne d'elle? C'est un bonheur bien rare; mais s'il n'en est pas tout à fait digne, il faudra qu'il le devienne, après la belle épître de son frère aîné; voilà le premier prince qui ait reçu une éducation pareille.

Il me semble, monseigneur, qu'il y a eu un des électeurs, vos ancêtres, qu'on surnomma *le Cicéron* de l'Allemagne : n'était-ce pas Jean II? Votre Altesse royale est bien persuadée de mon respect pour ce prince; mais je suis persuadé que Jean II n'écrivait point en prose comme Frédéric; et, à l'égard des vers, je défie toute l'Allemagne, et presque toute la France, de faire rien de mieux que cette belle épître :

O vous en qui mon cœur, tendre et plein de retour,
Chérit encor le sang qui lui donna le jour!

Cet *encor* me paraît une des plus grandes finesses de l'art et de la langue; c'est dire bien énergiquement, en deux syllabes, qu'on aime ses parents une seconde fois dans son frère.

Mais, s'il plaît à Votre Altesse royale, n'écrivez plus *opinion* par un *g*, et daignez rendre à ce mot les quatre syllabes dont il est composé : voilà les occasions où il faut que les grands princes et les grands génies cèdent aux pédants.

Toute la grandeur de votre génie ne peut rien sur les syllabes, et vous n'êtes pas le maître de mettre un *g* où il n'y en a point. Puisque me voici sur les syllabes, je supplierai encore Votre Altesse royale d'écrire *vice* avec un *c*, et non avec deux *ss*. Avec ces petites attentions, vous serez de l'Académie française quand il vous plaira, et, principauté à part, vous lui ferez bien de l'honneur : peu de ses académiciens s'expriment avec autant de force que mon prince, et la grande raison est qu'il pense plus qu'eux. En vérité, il y a dans votre épître un portrait de la Calomnie qui est de Michel-Ange, et un de la Jeunesse qui est de l'Albane. Que Votre Altesse royale redouble bien vivement l'envie que nous avons de lui faire notre cour! Nous nous arrangeons pour partir au mois d'avril, et il faudra que je sois bien malheureux, si des frontières de Juliers je ne trouve pas un petit chemin qui me conduira aux pieds de Votre Altesse royale. Qu'elle me permette de l'instruire que probablement nous resterons une année dans ces quartiers-là, à moins que la guerre ne nous en chasse. Mme du Châtelet compte retirer tous les biens de sa maison qui sont engagés; cela sera long, et il faut même essuyer à Vienne et à Bruxelles un procès qu'elle poursuivra elle-même, et pour lequel elle a déjà fait des écritures avec la même netteté et la même force qu'elle a travaillé à cet ouvrage du *Feu*. Quand même ces affaires-là dureraient deux années, n'importe; il faudrait abandonner Cirey pour deux années; les devoirs et les affaires sérieuses marchent avant tout; et comment regretterait-on Cirey, quand on sera plus proche de Clèves et d'un pays qui sera probablement honoré de la présence de Votre Altesse royale? Ainsi peut-être, monseigneur, supplierons-nous Votre Altesse royale de suspendre l'envoi de ce bon vin dont votre générosité veut me faire boire. Il y a apparence que j'irai boire longtemps du vin du Rhin, entre Liége et Juliers. Votre Altesse royale est trop bonne; elle a consulté des médecins pour moi, et elle daigne m'envoyer une recette qui vaut mieux que toutes leurs ordonnances.

Ma santé serait rétablie,
Si je me trouvais quelque jour
Près d'un tonneau de vin d'Hongrie,
Et le buvant à votre cour,
Mais le buvant près d'Émilie.

Je suis avec le plus profond respect, avec admiration, avec la tendresse que vous me permettez, etc.

DCCLIV. — A M. THIERIOT.

Le 2 janvier.

Il y a vingt ans, mon cher ami, que je suis devenu homme public par mes ouvrages, et que, par une conséquence nécessaire, je dois repousser les calomnies publiques.

Il y a vingt ans que je suis votre ami, et que tous les liens qui peuvent resserrer l'amitié nous unissent l'un à l'autre. Votre réputation m'intéresse, comme je suis persuadé que la mienne vous touche; et mes lettres à Son Altesse royale font foi si j'ai bien rempli ce devoir sacré de l'amitié de donner de la considération à ses amis.

Aujourd'hui, un homme détesté universellement par ses méchancetés, un homme à qui on a justement reproché son ingratitude envers moi, ose me traiter de menteur impudent, quand on lui dit que, pour prix de mes services, il a fait un libelle contre moi. Il cite votre témoignage, il imprime que vous désavouez votre ami, et que vous êtes honteux de l'être encore.

Je ne sais que de vous seul qu'en effet l'abbé Desfontaines, dans le temps de Bicêtre, fit contre moi un libelle; je ne sais que de vous seul que ce libelle était une ironie sanglante, intitulée *Apologie du sieur de Voltaire*. Non-seulement vous nous en avez parlé dans votre voyage à Cirey, en présence de Mme la marquise du Châtelet qui l'atteste; mais, en rassemblant vos lettres, voici ce que je trouve dans celle du 16 août 1726 :

« Ce scélérat d'abbé Desfontaines veut toujours me brouiller avec vous; il dit que vous ne lui avez jamais parlé de moi qu'en termes outrageants, etc.

« Il n'a que quatre cents livres de rente de chez lui; et il gagne par an plus de mille écus par ses infidélités et par ses bassesses. Il avait fait contre vous un ouvrage satirique, dans le temps de Bicêtre, que je lui fis jeter dans le feu, et c'est lui qui a fait faire une édition du poëme de la *Ligue*, dans lequel il a inséré des vers satiriques de sa façon, etc. »

J'ai plusieurs lettres de vous, où vous me parlez de lui d'une manière aussi forte.

Comment donc se peut-il faire qu'il ait l'impudence de dire que vous désavouez ce que vous m'avez dit, ce que vous m'avez écrit tant de fois? Qu'il démente une perfidie qu'il m'a avouée lui-même, dont il m'a demandé pardon et dans laquelle il est retombé ensuite, cela est dans son caractère; mais qu'il atteste contre moi le témoignage authentique de mon ami, qu'il me fasse passer pour un calomniateur, qu'il me déshonore par votre bouche, le pouvez-vous souffrir?

Ceci est un procès où il s'agit de l'honneur; vous y intervenez comme témoin, comme partie, comme moitié de moi-même. Le public est juge, et il faut produire les pièces. Vous ne direz pas, sans doute : « Je n'ai que faire de cette querelle, je suis un particulier qui veut vivre paisiblement et dans des plaisirs tranquilles; je ne me commettrai pas pour un ami. » Ceux qui vous donneraient de tels conseils voudraient vous faire commettre une action dont votre âme est incapable. Non, il ne sera pas dit que vous me trahirez, que vous désavouerez votre parole, votre seing, et la notoriété publique; que vous abandonnerez l'honneur d'un ami de vingt ans, lié si étroitement avec le vôtre; et pour qui? pour un scélérat qui est chargé de l'horreur publique, pour votre ennemi même, pour celui qui vous a outragé cent fois, et dont les injures les plus avilissantes subsistent imprimées contre vous dans son *Dictionnaire néologique*. Quelles seraient la surprise et l'indignation du prince royal qui m'honore d'une bonté si excessive, et qui m'a lui-même daigné témoigner par écrit l'horreur que l'abbé Desfontaines lui inspire? quels seraient les sentiments de Mme la marquise du Châtelet, de tous mes amis, j'ose dire de tout le monde? Consultez M. d'Argental. Demandez enfin à votre siècle, et voyez, peut-être (si on le peut), dans la postérité, voyez, dis-je, s'il serait glorieux pour vous d'avoir abandonné votre ami intime et la vérité pour Desfontaines, et d'avoir plus craint de nouvelles injures de ce misérable, que la honte d'être publiquement infidèle à l'amitié, à la vérité, aux liens de la société les plus sacrés. Non, sans doute, vous n'aurez jamais ce reproche à vous faire. Vous montrerez la fermeté et la noblesse d'âme que je dois attendre de vous; l'honneur même de prendre publiquement le parti de l'amitié n'entrera pas dans vos motifs. L'amitié seule vous fera agir, j'en suis sûr, et mon cœur me le dit; il me répond du vôtre. L'amitié seule, sans d'autre considération, l'emportera. Il faut que l'amitié et la vérité triomphent de la haine et de la perfidie. C'est dans ces sentiments et dans ces justes espérances que je vous embrasse avec plus de tendresse que jamais.

DCCLV. — A M. L'ABBÉ MOUSSINOT.

A Cirey, le 2 janvier.

Une compote de marrons glacés, de cachou, de pastilles, et de louis d'or, est arrivée avec tant de mélange de bruit et de sassements continuels, que la boîte a crevé. Tout ce qui n'est pas or est en cannelle, et cinq louis se sont échappés dans les batailles; ils ont fui si loin qu'on ne sait où ils sont. Bon voyage à ces messieurs! Quand vous m'enverrez les cinquante suivants, mon cher ami, mettez-les à part bien cachetés, à l'abri des culbutes.

Je vous recommande toujours les Lézeau, les d'Auneuil, Villars, d'Estaing, Clément, Arouet, et autres; il est bon de les accoutumer à un payement exact, et de ne pas leur laisser contracter de mauvaises habitudes. — Je vous demande pardon, mon cher ami, mais ma délégation est un droit, et ce serait l'infirmer que de la soumettre au prince de Guise. Point de politesses dangereuses, même envers les Altesses.

Au chevalier de Mouhi, encore cent francs et mille excuses; encore deux cents et deux mille excuses à Prault fils. Un louis d'or à d'Arnaud sur-le-champ.

J'ai pardonné à Demoulin, je pardonne encore à Jore; le premier est repentant, le second a donné son désistement à M. Hérault; il a avoué ce que j'avais deviné. Il est pauvre, je ferai quelque chose pour lui. Je suis un peu malade, mais je vous aime comme si je me portais bien.

DCCLVI. — A M. LE MARQUIS D'ARGENS.

Le 2 janvier.

Je reçois votre paquet, mon cher ami, et je vous félicite de deux choses qui me paraissent importantes au bonheur de votre vie; de votre raccommodement avec votre famille, et de votre ardeur pour l'étude. Mais songez à votre santé, modérez-vous, et n'étudiez dorénavant que pour votre plaisir. Tout ce qui sort de votre plume me fait grand plaisir; mais je fais plus de cas encore d'une bonne santé que d'une grande réputation.

Je ne désespère pas que vous ne reveniez un jour en France. Vous verrez qu'à la fin on aime à revoir sa patrie, ses proches, ses amis. Votre séjour dans les pays étrangers aura servi à vous orner l'esprit.

Vous auriez peut-être été, en France, un officier débauché; vous serez un savant, et il ne tiendra qu'à vous d'être un savant respecté. Le temps fait oublier les fautes de jeunesse, et le mérite demeure.

Écrivez-moi, je vous en prie, ce que vous savez des Ledet. Son Excellence M. Van Hoey, ambassadeur des États, leur a écrit vivement. Si vous avez quelques lumières à me donner, je n'en abuserai pas. L'abbé Desfontaines, votre ennemi, le mien, et celui de tout le monde, vient de faire contre moi un libelle diffamatoire si horrible, qu'il a excité l'indignation publique contre l'auteur, et la bienveillance pour l'offensé, peine ordinaire de la calomnie.

Rousseau est à Paris, sous le nom de Richer, caché chez le comte du Luc. Le dévot Rousseau a débuté à Paris par des épigrammes qui sentent le vieillard apoplectique, mais non le dévot. Il a fait une *Ode à la Postérité*, mais la postérité n'en saura rien; le siècle présent l'a déjà oubliée. Il n'en sera pas de même de vos *Lettres*.

Je vous embrasse; je suis à vous pour jamais.

DCCLVII. — A M. LE COMTE D'ARGENTAL.

Cirey, le 7 janvier.

Mon cher ange gardien, faites tout ce qu'il vous plaira pour *l'Envieux*; mais tâchez que Prault présente à l'examen avec adresse l'*Épître sur l'Homme*[1]. Pourquoi ne sera-t-il pas permis à un Français de dire d'une manière gaie, et sous l'enveloppe d'une fable, ce qu'un Anglais a dit tristement et sèchement dans des vers métaphysiques traduits lâchement?

Je ne suis point fâché que feu Rousseau soit à Paris, mais il est un peu étrange qu'il ose y être après ce qu'il a fait contre le parlement. Il n'y a qu'heur et malheur en ce monde.

Enfin vous l'avez emporté; je fais une tragédie[2], et il n'y a que vous qui le sachiez. C'est un père trahi par une fille dont il est l'idole et qui en est idolâtrée. C'est une fille malheureuse, sacrifiant tout à un amour effréné, sauvant la vie à son amant, quittant tout pour lui, et abandonnée par lui : c'est un combat perpétuel de passions; c'est un père massacré par l'amant, qui abandonne cette fille infortunée; ce sont des crimes presque involontaires, et des passions insurmontables. Figurez-vous un peu de Chimène, de Roxane, et d'Ariane; ces trois situations s'y trouvent; la même personne les éprouve. Il y a de l'action théâtrale, et nul embarras. Je ne réponds pas du reste, mais j'ai une envie démesurée de vous faire pleurer. Je fais les vers. Adieu pour trois mois, Euclide; adieu, physique. Revenez, sentiments tendres, vers harmonieux; revenez faire ma cour à M. et Mme d'Argental, à qui je suis dévoué pour toute ma vie avec la tendresse la plus respectueuse.

Mme du Châtelet reçoit dans le moment une nouvelle lettre de vous. Je suis touché aux larmes de vos bontés. Vous êtes le plus respectable, le plus charmant ami que j'aie jamais connu.

1. Pope. (ÉD.) — 2. *Zulime*. (ÉD.)

Soit, plus d'*Envieux*. Pour la tragédie, je veux la travailler si bien que vous ne l'aurez de longtemps; mais je vous en tracerai, si vous l'ordonnez, un petit plan. On dit qu'on va donner *Médus*[1]; je souhaite qu'il ait du succès, et que ma pièce en ait aussi.

Il est certain que c'est une chose bien cruelle qu'après vingt-cinq ans d'amitié, Thieriot désavoue ce qu'il m'a dit cent fois en présence de témoins, et, en dernier lieu, en présence de Mme du Châtelet. Je vous jure que je n'ai jamais su que de lui que l'abbé Desfontaines, pour prix de mes services, avait fait un libelle ironique et sanglant, intitulé *Apologie de Voltaire*. Tout ce que je crains, c'est que Thieriot n'ait envoyé le nouveau libelle au prince royal pour se donner de la considération. Si cela est vrai (comme on me le mande), il hasarde plus qu'il ne pense. Mme du Châtelet peut vous dire que l'amitié dont ce prince honore Cirey est quelque chose de si vif et de si singulier, que Thieriot serait à jamais perdu dans son esprit. Au reste, je crois encore que l'amitié et l'humanité l'ont empêché de faire à Son Altesse royale un présent si infâme.

En souhaitant la bonne année à M. de Maurepas, je lui demande, en passant, justice contre l'abbé Desfontaines, qui, après avoir avoué pendant trois ans la traduction de mon *Essai*[2] anglais, que j'ai eu la bonté de lui corriger, ose la mettre aujourd'hui sur le compte de feu M. de Plelo.

Il sera nécessaire de faire une espèce de réponse au libelle diffamatoire; il le faut pour les pays étrangers, et même pour beaucoup de Français. Je vous réponds que la réponse sera sage, attendrissante, appuyée sur des faits, sans autre injure que celle qui résulte de la conviction de la calomnie; je vous la soumettrai. Je suis trop heureux qu'enfin tout ayant été vomi, il puisse s'ensuivre une guérison parfaite.

DCCLVIII. — A M. THIERIOT.

7 janvier.

Pourquoi avez-vous écrit une lettre sèche et peu convenable à Mme du Châtelet, dans les circonstances présentes? Au nom de notre amitié, écrivez-lui quelque chose de plus fait pour son cœur. Vous connaissez la fermeté et la hauteur de son caractère; elle regarde l'amitié comme un nœud si sacré, que la moindre ombre de politique en amitié lui paraît un crime.

Comment lui dites-vous que vous haïssez les libelles autant que vous aimez la critique, après lui avoir envoyé la lettre manuscrite contre Moncrif, les vers contre Bernard, contre Mlle Sallé? Que voulez-vous qu'elle pense?

Encore une fois, mandez-lui que vous ne balancez pas un moment entre Desfontaines et votre ami; rendez gloire à la vérité. Non, vous n'avez point oublié le titre du libelle de Desfontaines; il était intitulé

---

1. Tragédie de F. M. Chr. Deschamps, jouée le 12 janvier 1739. (ÉD.)
2. *Essai sur la poésie épique*. (ÉD.)

Apologie du sieur de Voltaire. Elle en a ici la preuve dans deux de vos lettres; nous en avons parlé dans votre dernier voyage. Paraître reculer, paraître se rétracter avec elle, c'est un outrage. Hélas! c'en serait un de ne pas engager le combat pour son ami. Que sera-ce de fuir dans la bataille!

Des amis de deux jours brûlent de prendre ma défense, et vous m'abandonnerez, tendre ami de vingt-cinq ans! vous donnerez à M. de Richelieu le sujet de dire encore que je suis décrié par vous-même! Que dira le prince royal? que diront ceux qui savent aimer?

Peut-être qu'à souper, chez Laïs ou Catulle,
Cet examen profond passe pour ridicule.

Mais, mon ami, n'est-on fait que pour souper? ne vit-on que pour soi? n'est-il pas beau de justifier son goût et son cœur, en justifiant son ami?

Dites-moi tout naturellement si vous avez envoyé le libelle au prince royal. Cela est d'une importance extrême. Parlez à M. d'Argenson, dites-lui les choses les plus tendres pour moi. Voyez M. d'Argental. Écrivez au prince que je suis malade, et comptez sur votre ami pour jamais.

DCCLIX. — DE FRÉDÉRIC, PRINCE ROYAL DE PRUSSE.

A Berlin le 8 janvier.

Mon cher ami, je m'étais bien flatté que l'*Épître sur l'Humanité* pourrait mériter votre approbation par les sentiments qu'elle renferme; mais j'espérais en même temps que vous voudriez bien faire la critique de la poésie et du style.

Je prie donc l'habile philosophe, le grand poëte, de vouloir bien s'abaisser encore, et de faire le grammairien rigide, par amitié pour moi. Je ne me rebuterai point de retoucher une pièce dont le fond a pu plaire à la marquise; et, par ma docilité à suivre vos corrections, vous jugerez du plaisir que je trouve à m'amender.

Que mon *Épître sur l'Humanité* soit le précurseur de l'ouvrage que vous avez médité, je me trouverai assez récompensé de ce que le mien a été comme l'aurore du vôtre. Courez la même carrière, et ne craignez point qu'un amour-propre mal entendu m'aveugle sur mes productions. L'humanité est un sujet inépuisable. J'ai bégayé mes pensées, c'est à vous à les développer.

Il paraît qu'on se fortifie dans un sentiment, lorsqu'on repasse en son esprit toutes les raisons qui l'appuient. C'est ce qui m'a déterminé de traiter le sujet de l'humanité. C'est, selon mon avis, l'unique vertu, et elle doit être principalement le propre de ceux que leur condition distingue dans le monde. Un souverain, grand ou petit, doit être regardé comme un homme dont l'emploi est de remédier, autant qu'il est en son pouvoir, aux misères humaines; il est comme le médecin qui guérit, non pas les maladies du corps, mais les malheurs de ses sujets. La voix des malheureux, les gémissements des misérables, les cris des opprimés, doivent parvenir jusqu'à lui. Soit par pitié pour les autres, soit par un certain retour sur soi-même, il doit être touché de la triste situation de ceux dont il voit les misères; et, pour peu que son cœur soit tendre, les malheureux trouveront chez lui toutes sortes de miséricordes.

Un prince est, par rapport à son peuple, ce que le cœur est à l'égard de la structure mécanique du corps. Il reçoit le sang de tous les membres, et il le repousse jusqu'aux extrémités. Il reçoit la fidélité et l'obéissance de ses sujets, et il leur rend l'abondance, la prospérité, la tranquillité, et tout ce qui peut contribuer au bien et à l'accroissement de la société.

Ce sont là des maximes qui me semblent devoir naître d'elles-mêmes dans le cœur de tous les hommes; cela se sent, pour peu qu'on raisonne, et l'on n'a pas besoin de faire un grand cours de morale pour les apprendre. Je crois que la compassion et le désir de soulager une personne qui a besoin de secours sont des vertus innées dans la plupart des hommes. Nous nous représentons nos infirmités et nos misères en voyant celles des autres, et nous sommes aussi actifs à les secourir que nous désirerions qu'on le fût envers nous, si nous étions dans le même cas.

Les tyrans pèchent ordinairement en envisageant les choses sous un autre point de vue; ils ne considèrent le monde que par rapport à eux-mêmes; et, pour être trop au-dessus de certains malheurs vulgaires, leurs cœurs y sont insensibles. S'ils oppriment leurs sujets, s'ils sont durs, s'ils sont violents et cruels, c'est qu'ils ne connaissent pas la nature du mal qu'ils font; et que, pour ne point avoir souffert ce mal, ils le croient trop léger. Ces sortes d'hommes ne sont point dans le cas de Mutius Scévola qui, se brûlant la main devant Porsenna, ressentait toute l'action du feu sur cette partie de son corps.

En un mot, toute l'économie du genre humain est faite pour inspirer l'humanité; cette ressemblance de presque tous les hommes, cette égalité des conditions, ce besoin indispensable qu'ils ont les uns des autres, leurs misères qui serrent les liens formés par leurs besoins, ce penchant naturel qu'on a pour ses semblables, notre conservation qui nous prêche l'humanité, toute la nature semble se réunir pour nous inculquer un devoir qui, faisant notre bonheur, répand chaque jour des douceurs nouvelles sur notre vie.

En voilà bien suffisamment, à ce qu'il me paraît, pour la morale. Il me semble que je vous vois bâiller deux fois, en lisant ce terrible verbiage, et la marquise s'en impatienter. Elle a raison, en vérité; car vous savez mieux que moi tout ce que je pourrais vous dire sur ce sujet, et, qui plus est, vous le pratiquez.

Nous ressentons ici les effets de la congélation de l'eau. Il fait un froid excessif. Il ne m'arrive jamais d'aller à l'air, que je ne tremble que quelque partie nitreuse n'éteigne en moi le principe de la chaleur.

Je vous prie de dire à la marquise que je la prie fort de m'envoyer un peu de ce beau fui qui anime son génie. Elle en doit avoir de reste, et j'en ai grand besoin. Si elle a besoin de glaçons, je lui promets de lui en fournir autant qu'il lui en faudra pour avoir des eaux glacées pendant toutes les ardeurs de l'été.

Doctissimus Jordanus n'a pas vu encore l'*Essai* de la marquise; je ne suis pas prodigue de vos faveurs. Il y a même des gens qui m'accusent de pousser l'avarice jusqu'à l'excès. Jordan verra l'*Essai sur le Feu*, puisque la marquise y consent, et il vous dira lui-même, s'il lui plaît, ce que cet ouvrage lui aura fait sentir. Tout ce que je puis vous assurer d'avance, c'est que, tous tant que nous sommes, nous ne connaissons point les préjugés. Les Descartes, les Leibnitz, les Newton, les Émilie, nous paraissent autant de grands hommes qui nous instruisent à proportion des siècles où ils ont vécu.

La marquise aura cet avantage que sa beauté et son sexe donnent sur le nôtre, lorsqu'il s'agit de persuader.

Son esprit persuadera
Que le profond Newton en tout est véritable;
Mais son regard nous convaincra
D'une autre vérité plus claire et plus palpable:
En la voyant, on sentira
Tout ce que fait sentir un objet adorable.

Si les Grâces présidaient à l'Académie, elles n'auraient pas manqué de couronner l'ouvrage de leurs mains. Il paraît bien que messieurs de l'Académie, trop attachés à l'usage et à la coutume, n'aiment point les nouveautés, par la crainte qu'ils ont d'étudier ce qu'ils ne savent qu'imparfaitement. Je me représente un vieil académicien qui, après avoir vieilli sous le harnois de Descartes, voit, dans la décrépitude de sa course, s'élever une opinion. Cet homme connaît par habitude les articles de sa foi philosophique; il est accoutumé à sa façon de penser, il s'en contente, et il voudrait que tout le monde en fît autant. Quoi! voudrait-on redevenir disciple à l'âge de cinquante, de soixante ans, et être exposé à la honte d'étudier soi-même, après avoir si longtemps enseigné aux autres, et d'un grand flambeau qu'on croit être, ne devenir qu'une faible lumière, ou plutôt s'obscurcir tout à fait? Ce n'est pas ainsi qu'on l'entend. Il est plus court de décrier un nouveau système que de l'approfondir. Il y a même de la fermeté héroïque de s'opposer aux nouveautés en tous genres, et à soutenir les anciennes opinions. Un autre ordre d'esprits raisonne d'une autre manière. Ils disent dans leur simplicité: « Telle opinion fut celle de nos pères, pourquoi ne serait-elle pas la nôtre? Valons-nous mieux qu'ils ne valaient? N'ont-ils pas été heureux en suivant les sentiments d'Aristote ou de Descartes? Pourquoi nous romprions-nous la tête à étudier les sentiments des novateurs? » Ces sortes d'esprits s'opposeront toujours aux progrès des connaissances; aussi n'est-il pas étonnant qu'elles en fassent si peu.

Dès que je serai de retour à Remusberg, j'irai me jeter tête baissée dans la physique; c'est la marquise à qui j'en ai l'obligation; je me prépare aussi à une entreprise bien hasardeuse et bien difficile; mais vous n'en serez instruit qu'après l'essai que j'aurai fait de mes forces.

« Pour mon malheur le roi va ce printemps en Prusse, où je l'accompagnerai ; le destin veut que nous jouions aux barres ; et, malgré tout ce que je puis m'imaginer, je ne prévois pas encore comme nous pourrons nous voir ; ce sera toujours trop tard pour mes souhaits ; vous en êtes bien convaincu, à ce que j'espère, comme de tous les sentiments avec lesquels je suis, mon cher ami, votre inviolablement affectionné ami, FRÉDÉRIC.

DCCLX. — A M. BERGER.

À Cirey, le 9 janvier.

Mon cher ami, une nièce, que j'ai mariée, a passé sept mois sans m'écrire, et au bout de ce temps, elle me demande pardon. Je lui réponds en termes honnêtes, en l'envoyant faire.... avec ses pardons ; car je ne suis point tyran, et, si je suis aimé, je crois tous les devoirs remplis. Venons à l'application : il est vrai que vous ne m'avez point marié ; mais il y a longtemps que je ne vous ai écrit. Envoyez-moi faire..., et aimez-moi.

Grand merci de vos anecdotes. Rassemblez tout ce que vous pourrez, et, si vous voulez un jour conduire l'impression du beau *Siècle de Louis XIV*, ce sera pour vous fortune et gloire.

Je remercie l'abbé Desfontaines de s'être si bien démasqué, et d'avoir aussi démasqué Rousseau. Quand je l'aurais payé pour me servir, il n'aurait pu mieux faire.

« Mais il y a un trait qui demande une très-grande attention, et qui me ferait un tort irréparable, si je laissais sur cela le moindre doute ; car le doute, en ce cas, est une honte certaine. Il ose avancer que mon ami Thieriot me désavoue sur l'article du libelle fait contre moi dans le temps de Bicêtre. M. Thieriot est, je ne dis pas trop mon ami, je dis trop homme de bien, pour désavouer ses paroles et sa signature, pour démentir ce qu'il m'a écrit vingt fois, ce que j'ai entre les mains, et que je suis forcé de produire. La crainte que lui peut inspirer l'abbé Desfontaines ne sera pas assez forte pour qu'il abandonne la vérité et l'amitié, pour qu'il se déshonore, et pour qui ? pour un scélérat qui a fait à M. Thieriot même les plus sanglants outrages dans son *Dictionnaire néologique*.

« Je vous prie d'aller voir les jésuites, le P. Brumoi surtout. Il vous recevra bien, et comme vous le méritez ; qu'il vous montre *Mérope*. Assurez-le de mon estime, de mon amitié, et de ma reconnaissance ; dites-lui que je lui écrirai incessamment. Il aime Rousseau, mais il aime encore plus la vérité et la paix. Il me paraît un homme d'un grand mérite. Mettez au net, en sa présence, les procédés de Rousseau et les miens ; faites-lui sentir que, depuis cinquante ans, Rousseau a déchiré maîtres, bienfaiteurs, amis, tous les gens de lettres, et que je suis le dernier à qui il a fait la guerre. Je sais me venger, mais je sais pardonner. J'ai eu des occasions d'exercer ma juste vengeance, qu'on m'en donne de montrer que je peux oublier l'injure. Assurez surtout les jésuites d'une vérité qu'ils doivent savoir : c'est qu'il n'est pas dans ma manière d'être d'oublier mes maîtres et ceux qui m'ont élevé.

Dites, je vous prie, à M. Ortolani¹ qu'il passe par Bar-sur-Aube, en allant à Turin; nous l'enverrons chercher. Il faut qu'il ait vu Mme la marquise du Châtelet ; il faut qu'il puisse dire qu'il a vu à Cirey l'honneur de son sexe et l'admiration du nôtre. Écrivez-moi tout ce que vous savez, tout ce que je dois savoir, et comptez sur une discrétion égale à mon amitié et à ma paresse. Adieu.

DCCLXI. — A M. LE COMTE D'ARGENTAL.

9 janvier.

Mon cher et respectable ami, je demanderais pardon à un autre cœur que le vôtre de mes importunités.

Mme du Châtelet reçoit votre lettre du 28; vous n'aviez point reçu la pièce, cependant elle était partie le 23 à minuit. Apparemment que messieurs des postes ont voulu se donner le plaisir de la lecture.

L'effort singulier et peut-être malheureux que j'ai fait de la composer en huit jours n'est dû qu'aux conseils que vous me donniez de confondre tant de calomnies par quelque ouvrage intéressant. Je suis très-aise d'avoir du temps jusqu'à Pâques. Dites-moi vos avis, et je corrigerai en huit semaines les fautes de huit jours.

Il y a une ressemblance avec *Bajazet*, je le sais bien; mais sans cela point de pièce. Je n'ai rien pris. J'ai trouvé ma situation dans mon sujet, j'ai été inspiré, je ne suis point plagiaire.

Je conçois bien que le libelle n'excite que le mépris et l'indignation des honnêtes gens, et surtout de ceux qui sont au fait de ces calomnies; mais il y a mille gens de lettres, il y a des étrangers sur qui ce libelle fait impression. Il est plein de faits, et ces faits seront crus s'ils ne sont pas réfutés. Je suppose que je voulusse être d'une académie, fût-ce de celle de Pétersbourg, il est sûr que ce libelle, laissé sans réponse, m'en fermerait l'entrée. Il est clair que le sieur Guyot de Merville et les autres partisans de Rousseau font et feront valoir ces impostures. On imprime actuellement en Hollande le libelle de ce misérable; il s'en est vendu deux mille exemplaires en quinze jours. Encore un coup, il ne me déshonorera pas dans votre esprit; mais, joint à vingt autres libelles de cette espèce, il me flétrira dans la postérité, et fera une tache dans ma famille.

J'ai appris, par un ami que j'ai en Hollande, que Desfontaines et Jore sont ceux qui suscitent mes libraires contre moi. Il arrivera que mes libraires mêmes imprimeront ce libelle à la tête de mes œuvres, pour se venger de ce que je leur ai retiré mes bienfaits; ainsi, tandis que je resterai tranquille, mes ennemis me diffameront dans l'Europe. N'est-ce donc pas pour moi le devoir le plus sacré de repousser et de confondre, quand je le peux, des calomnies si flétrissantes, et qui seraient accréditées par mon silence ?

Non-seulement j'ai besoin d'un mémoire sage, démonstratif et tou-

1. Traducteur de quelques chants de *la Henriade*, en italien. (ÉD.)

chant, auprès des trois quarts des gens de lettres, mais il me faut, outre cela, un nombre considérable d'attestations par écrit qui démentent toutes ces impostures. Je les tiendrai prêtes comme une défense sûre, en cas d'attaque, et même comme des pièces qui peuvent servir au procès.

Le procès criminel[1], indépendant de ce mémoire et de ces attestations, qui peuvent y servir et ne peuvent y nuire, m'est d'une nécessité absolue, et je veux et je dois m'y prendre par tous les sens pour atterrer cette hydre une bonne fois pour toutes. En un mot, il est toujours bon de commencer par mettre en cause ceux qui ont vendu le libelle, et c'est ce qu'on va faire.

J'apprends que MM. Andri, Procope, Pitaval, etc., présentent requête au chancelier. Il ne faut pas que ma famille se taise quand les indifférents éclatant. Il faut, je crois, que mon neveu envoie ou donne son placet, qui ne peut que disposer favorablement, et qui n'empêche point les procédures juridiques que je vous supplie de lui conseiller fortement, car c'est un crime qui intéresse la société. « Pone *inimicos meos, scabellum pedum tuorum*[2], *donec faciam tragœdiam*. »

Mme du Châtelet se moque de moi avec ses générosités d'âme et ses bienfaits cachés. Elle m'a enfin avoué et lu ce qu'elle vous avait envoyé. Plût à Dieu que cela fût aussi montrable qu'admirable !

Quand je vous envoyai copie d'une de mes lettres à Thieriot, l'original était parti. Lavez la tête à Thieriot; faites-lui présent, pour ses étrennes, du livre *De Officiis* et *De Amicitia*. Respects à l'autre ange.

Adieu; je baise vos ailes, et me mets dessous.

DCCLXII. — A M. THIERIOT.

A Cirey, le 2 janvier.

Mon cher ami, depuis ma dernière lettre écrite, vingt paquets arrivant à Cirey augmentent ma douleur et celle de Mme du Châtelet. Encore une fois, n'écoutez point quiconque vous donnera pour conseil de boire votre vin de Champagne gaiement et d'oublier tout le reste. Buvez, mais remplissez les devoirs sacrés et intéressants de l'amitié. Il n'y a pas de milieu, je suis déshonoré si l'écrit de Desfontaines subsiste sans réponse, si l'infâme calomnie n'est pas confondue. Ouvrez les quarante tomes de Nicéron, la vie des gens de lettres est écrite sur de pareils mémoires. Je serais indigne de la vie présente, si je ne songeais à la vie à venir, c'est-à-dire au jugement que la postérité fera de moi. Faudra-t-il que la crainte que vous inspire un scélérat vous force à un silence aussi cruel que son libelle? et n'aurez-vous pas le courage d'avouer publiquement ce que vous m'avez tant de fois écrit, tant de fois dit devant tant de témoins? Songez-vous que j'ai quatre lettres de vous dans lesquelles vous m'avouez que ce misérable

---

1. Le procès criminel n'eut pas lieu. L'affaire fut étouffée au moyen du désaveu de Desfontaines. (ÉD.)

2. Ps. CIX, v. 1. (ÉD.)

Desfontaines avait fait un libelle sanglant, intitulé *Apologie du sieur de Voltaire*, l'avait imprimé à Rouen, vous l'avait montré à la Rivière-Bourdet. Mon honneur, l'intérêt public, votre honneur enfin, vous pressent d'éclater. Que ne ferais-je point en votre place! quel zèle ne m'inspirerait pas l'amitié! quelle gloire j'acquerrais à défendre mon ami calomnié! que je serais loin d'écouter quiconque me donnerait l'abominable conseil de me taire! Ah! mon ami, mon cher ami de vingt-cinq années, qu'avez-vous fait, quelle malheureuse lettre dictée par la politique avez-vous écrite à Mme du Châtelet, à cette âme magnanime qui n'a pour politique que la vérité, l'amitié et le courage! Réparez tout, il en est temps encore; écrivez-lui ce que votre cœur et non d'indignes conseils vous auront dicté. Ne sacrifiez pas votre ami à un scélérat que vous abhorrez, et qui vous a outragé. Je n'écris point au prince royal. Je veux savoir auparavant si vous lui avez envoyé ce malheureux libelle; c'est un point essentiel. Dites-nous franchement la vérité, et mettez le repos dans un cœur qui s'est donné à vous. Les larmes me coulent des yeux en vous écrivant. Au nom de Dieu, courez chez le P. Brumoi; voyez quelques-uns de ces pères, mes anciens maîtres, qui ne doivent jamais être mes ennemis. Parlez avec tendresse, avec force. P. Brumoi a lu *Mérope*, il en est content; P. Tournemine en est enthousiasmé. Plût à Dieu que je méritasse leurs éloges! Assurez-les de mon attachement inviolable pour eux; je le leur dois; ils m'ont élevé; c'est être un monstre que de ne pas aimer ceux qui ont cultivé notre âme.

Parlez de Rousseau et de nos procédés avec la sagesse que vous mettez dans vos discours, et qui fera d'autant plus d'impression qu'elle sera appuyée par des faits incontestables. Écrivez-moi, et comptez que notre cœur est encore plus rempli d'amitié pour vous que de douleur.

Voici une lettre pour le protecteur véritable de plusieurs beaux-arts, pour M. de Caylus; donnez-la-lui; accompagnez-la de ce zèle tendre qui donne l'âme à tout, et qui répand dans les cœurs le plus divin des sentiments, l'envie de rendre service. Je vous embrasse.

DCCLXIII. — A M. LE COMTE DE CAYLUS.

Vous me comblez de joie et de reconnaissance, monsieur; je m'intéresse presque autant que vous aux progrès des arts, et particulièrement à la sculpture et à la peinture, dont je suis simple amateur. M. Bouchardon est notre Phidias. Il y a bien du génie dans son idée de l'Amour qui fait un arc de la massue d'Hercule; mais alors cet Amour sera bien grand; il sera nécessairement dans l'attitude d'un garçon charpentier; il faudra que la massue et lui soient à peu près de même hauteur. Car Hercule avait, dit-on, neuf pieds de haut, et sa massue environ six. Si le sculpteur observe ces dimensions, comment reconnaîtrons-nous l'Amour enfant, tel qu'on doit toujours le figurer? Pensez-vous que l'Amour faisant tomber des copeaux à ses pieds à coups de ciseau soit un objet bien agréable? De plus, en voyant une partie de cet arc qui sort de la massue, devinera-t-on que c'est l'arc de l'Amour ? L'épée aux pieds dira-t-elle que c'est l'épée de Mars? et pourquoi de Mars plutôt que d'Hercule? Il y a longtemps qu'on a peint l'Amour jouant avec les armes de Mars, et cela est en effet pittoresque; mais j'ai peur que la pensée de Bouchardon ne soit qu'ingénieuse. Il en est, ce me semble, de la sculpture et de la peinture comme de la musique; elles n'expriment point l'esprit. Un madrigal ingénieux ne peut être rendu par un musicien; et une allégorie fine, et qui n'est que pour l'esprit, ne peut être exprimée ni par le sculpteur ni par le peintre. Il faut, je crois, pour rendre une pensée fine, que cette pensée soit animée de quelque passion; qu'elle soit caractérisée d'une manière non équivoque, et, surtout, que l'expression de cette pensée soit aussi gracieuse à l'œil que l'idée est riante pour l'esprit. Sans cela on dira : « Un sculpteur a voulu caractériser l'Amour, t il a fait l'Amour sculpteur. » Si un pâtissier devenait peintre, il peindrait l'Amour tirant de son four des petits pâtés. Ce serait à mes yeux un mérite, si cela était gracieux, mais la seule idée des calus que l'exercice de la sculpture donne souvent aux mains peut défigurer l'amant de Psyché. Enfin ma grande objection est que, si M. Bouchardon peut faire de son marbre deux figures, il est fort triste qu'une grande vilaine massue ou une petite massue sans proportion gâte son ouvrage. J'ai peut-être tort, je l'ai sûrement, si vous me condamnez, mais je vous demande, monsieur, ce qui fera la beauté de son ouvrage ? C'est l'attitude de l'Amour, c'est la noblesse et le charme de sa figure, le reste n'est pas fait pour les yeux. N'est-il pas vrai qu'une main bien faite, un œil animé vaut mieux que toutes les allégories ? Je voudrais que notre grand sculpteur fît quelque chose de passionné. Puget a si bien exprimé la douleur! Un Apollon qui vient de tuer Hyacinthe ; un Amour qui voit Psyché évanouie ; une Vénus auprès d'Adonis expirant; ce sont là, à mon gré, de ces sujets qui peuvent faire briller toutes les parties de la sculpture. Je suis bien hardi de parler ainsi devant vous; je vous supplie, monsieur, d'excuser tant de témérité.

Je n'ai rien à dire sur la belle fontaine [1] qui va embellir notre capitale, sinon qu'il faudrait que M. Turgot fût notre édile et notre préteur perpétuel. Les Parisiens devraient contribuer davantage à embellir leur ville, à détruire les monuments de la barbarie gothique, et particulièrement ces ridicules fontaines de village qui défigurent notre ville. Je ne doute pas que Bouchardon ne fasse de cette fontaine un beau morceau d'architecture; mais qu'est-ce qu'une fontaine adossée à un mur, dans une rue, et cachée à moitié par une maison ? Qu'est-ce qu'une fontaine qui n'aura que deux robinets, où les porteurs d'eau viendront remplir leurs seaux ? Ce n'est pas ainsi qu'on a construit les fontaines dont Rome est embellie. Nous avons bien de la peine à nous tirer du goût mesquin et grossier. Il faut que les fontaines soient élevées dans les places publiques, et que les beaux monuments soient vus de toutes les portes. Il n'y a pas une seule place publique dans le

---

[1]. La fontaine de la rue Grenelle-Saint-Germain. (ÉD.)

vaste faubourg Saint-Germain; cela fait saigner le cœur. Paris est comme la statue de Nabuchodonosor, en partie or et en partie fange.

DCCLXIV. — A M. L'ABBÉ MOUSSINOT.

Janvier.

Mettons à quartier, mon cher ami, toute affaire d'intérêt; ne songeons qu'au libelle diffamatoire. L'honneur va avant tout; sans lui, l'homme en société est dans un état de mort. Agissez donc, sans perdre un moment, pour venger votre ami à qui un scélérat a voulu ravir l'honneur. M. Helvétius, fils du fermier général, vous enverra un *Mémoire* au sujet de ce libelle. Remerciez bien ce généreux défenseur de mon innocence et de la vérité; mais ne faites aucun usage de ce *Mémoire*; j'en fais un meilleur.

Lisez l'ouvrage que j'envoie au chevalier de Mouhi; qu'il l'imprime, et qu'il n'y ait aucun retardement dans l'impression. L'écrit est sage, intéressant, et lui vaudra quelque argent. On en peut tirer au moins cinq cents exemplaires. Qu'on n'épargne rien, que l'impression soit belle, que le papier soit beau. Donnez-lui d'avance cinquante francs. Qu'il m'écrive régulièrement, amplement, et qu'il m'envoie les feuilles à corriger.

DCCLXV. — A M. THIERIOT.

A Cirey, le 10 janvier.

Je suis bien étonné, mon cher ami, de ne point recevoir de vos nouvelles. Je voulais aller à Paris; M. et Mme du Châtelet m'en empêchent. Écrivez donc; mandez-moi tout naturellement si vous avez envoyé au prince cet infâme libelle. Je ne peux le croire; mais enfin si cela était, il faut le dire, afin que nous lui écrivions en conséquence, et sans commettre personne.

Le libelle de ce monstre est une affaire du ressort du lieutenant-criminel, plutôt que des gens de lettres, et on prend toutes les mesures nécessaires pour avoir justice. Vingt personnes me mandent que ce scélérat et son libelle sont en exécration; je n'en suis point surpris, je ne le suis que de votre silence; mais je me doute pas que vous ne remplissiez tous les devoirs de l'amitié. Mon cœur ne peut jamais être mécontent du vôtre. Je ne me persuaderai jamais que vous craigniez plus de déplaire à un coquin qui vous a tant outragé, qu'à votre ami, qui vous a toujours été si tendrement et si essentiellement uni. Aucune suite de cette affaire ne m'embarrasse. La vérité, l'innocence, la générosité, sont de mon côté; la calomnie, le crime et l'ingratitude, sont de l'autre. Si je ne songe qu'à mes amis, je suis le plus heureux des hommes; si je jette les yeux sur le public et sur la postérité, l'honneur, qui est dans mon cœur, et qui préside à mes écrits, m'assure que le public de tous les temps sera pour moi, si pourtant mes ouvrages, que je travaille nuit et jour, peuvent jamais me survivre.

M. le marquis du Châtelet, justement indigné, et qui prend en main ma cause avec les sentiments dignes de sa naissance et de son cœur, vous écrit, et à M. de La Popelinière. Il ne faut pas qu'il soit dit que vous m'ayez démenti, pour un scélérat, et que les souscriptions de *la Henriade*, dont vous savez que je n'ai jamais reçu l'argent, n'aient pas été remboursées de mon argent. S'il restait une seule souscription dans Paris, s'il y avait un homme qui, ayant eu la négligence de ne pas envoyer sa souscription en Angleterre, ait encore eu celle de ne pas envoyer chez moi ou chez les libraires préposés, je vous prie instamment de le rembourser de mon argent, quoique, par toutes les règles, souscription non réclamée à temps ne soit jamais payable. Ces règles ne sont point faites pour moi, et voilà le seul cas où je suis au-dessus des règles.

Mme du Châtelet, par parenthèse, a eu très-grand tort de m'avoir caché tout cela pendant huit jours. C'est retarder de huit jours mon triomphe, quoique ce soit un triomphe bien triste qu'une victoire remportée sur le plus méprisable ennemi. La justification la plus ample est d'une nécessité indispensable, et je peux vous répondre que vous approuverez la modération extrême et la vérité de mon *Mémoire*. Il doit toucher et convaincre. Encore une fois, et encore mille fois, vous vous imaginez que je dois penser comme M. de La Popelinière, qui, étant à la tête d'une famille, d'une grande maison, ayant un emploi sérieux, et pouvant prétendre à des places, ne doit répondre que par le silence à un libelle intitulé *le Mentor cavalier*, ou aux vers impertinents de ce malheureux Rousseau, qui outrage tous les hommes en demandant pardon à Dieu, et qui s'avise d'offenser en lui un homme estimable qu'il n'a jamais connu. Ce silence convient très-bien à Pollion, mais il me déshonorerait. Je suis un homme de lettres, et l'envie a les yeux continuellement ouverts sur moi : je dois compte de tout au public éclairé; et me taire, c'est trahir ma cause. J'ai tout lieu d'espérer que ce sera pour la dernière fois, et que le reste de mes jours ne sera consacré qu'aux douceurs de l'amitié.

J'aurais souhaité que vous n'eussiez point envoyé tous ces libelles au prince royal, et, surtout, que vous eussiez écrit une autre lettre à Mme du Châtelet. C'est une âme si intrépide et si grande, qu'elle prend pour le plus cruel de tous les affronts ce que mon cœur pardonne aisément. Comptez que mon intérêt a moins de part à tout ce que j'écris que mon amitié pour vous.

DCCLXVI. — A M. LE DUC DE RICHELIEU.

A Cirey, le 12 janvier.

Il a mille vertus, et n'a point eu de *vices*;
Il était sous Louis de toutes ses *délices*,
Et la Septimanie a vu ce même Othon
Gouverner en César et juger en Caton,
Courtisan dans Versailles, et monarque en province;
De parfait courtisan il s'est montré grand prince;
Et goûtant le présent, prévoyant l'*avenir*,
Sut faire également sa cour, et la tenir[1].

1. Parodie d'un passage de la tragédie d'*Othon*, de Corneille. (ÉD.)

Il y a peu de choses, monsieur le duc, à changer dans les vers de Corneille pour faire votre caractère; et c'était à son pinceau qu'il appartenait de vous peindre; j'entends pour l'élévation de votre âme; car, pour tout le reste, prenez, s'il vous plaît, *La Fontaine*, et quelquefois même l'*Arétin*. Pour moi chétif, je prends la liberté de vous envoyer pour vos étrennes un petit catéchisme qui convient fort à votre façon de penser. *La Dévotion aisée* du P. Lemoine m'a donné le sujet, et toute votre vie en fait l'application. L'ouvrage a été fait pour un grand prince qui pense comme vous sur tout, et qui régnera un jour, comme vous régneriez si la fortune avait été pour vous aussi loin que la nature. La seule différence présente entre ce prince et vous, c'est qu'il m'écrit souvent, et cette différence est accablante; mais point de reproches; ne pensez pas, monsieur le duc, que je me plaigne, ni même que je veuille que, dans la rapidité des affaires, des devoirs et des plaisirs, vous perdiez du temps à m'écrire. Dites-moi une fois par an : *Je vous aime et je vous aimerai*; cela suffira. Un mot de vous me reste dans le cœur une année pour le moins.

Non, encore une fois, ne m'écrivez point, mais continuez à être Othon. Votre gloire m'enchante, et mon cœur se joint à tous ceux que vous charmez.

Je vous en dis autant, princesse[1] adorable, née pour plaire aux grands comme aux petits, vous dont la passion dominante, après l'amour de votre mari, est celle de faire du bien.

Il y a dans le paradis terrestre de Cirey une personne qui est un grand exemple des malheurs de ce monde et de la générosité de votre âme : c'est Mme de Graffigni. Son sort me ferait verser des larmes si elle n'était pas aimée de vous. Mais, avec cela, qu'a-t-elle désormais à craindre? Elle ira, dit-on, à Paris; elle sera à portée de vous faire sa cour; et, après Cirey, il n'y a que ce bonheur-là. Régnez en Languedoc, régnez partout, madame, et daignez dire, en lisant cette lettre : « J'ai, outre mes sujets, un esclave idolâtre qui s'appelle Voltaire. »

DCCLXVII. — A M. L'ABBÉ MOUSSINOT.

Janvier.

Je vous le redis encore, mon cher ami, n'épargnez point l'argent; prenez force fiacres; allez chez Mme la présidente de Bernières, dont vous serez bien reçu; parlez-lui fortement, non, mon cher, parlez-lui simplement, cela suffit. Elle m'aime, elle aime la vérité; elle fera, sans même en être priée, ce que je demande. Engagez Demoulin à me servir selon les lettres qu'il a reçues, et d'agir selon vos ordres; de voir Pitaval l'avocat, Andri le médecin, Procope le médecin; ils sont tous outragés dans la *Voltairomanie*. C'est au chevalier de Mouhi à les ameuter. Chargez quelqu'un de vos amis les mieux entendus de faire toutes les commissions; vous lui donnerez vos ordres et le payerez bien. Faites plus, mandez d'Arnaud qui est à Vincennes; vous pouvez le lo-

---

1. Mme de Richelieu, princesse de Guise. (ÉD.)

ger quelque temps, et le faire servir, non-seulement à courir partout, mais à écrire; cela doit partir de vous-même. Assurez-le de mon amitié, et dites-lui que je dois écrire pour lui à M. Helvétius.

Au collége de Montaigu il y a un jeune abbé nommé Dupré; il m'a écrit; envoyez-lui six livres, une *Henriade*, et remerciez-le pour moi. J'ai un besoin extrême des *Observations sur les Écrits modernes*, et de la *Déification d'Aristarchus Masso*; c'est à votre frère que je m'adresse pour avoir ces sottises; qu'on ne sache pas que c'est pour moi.

Tout est perdu, mon cher abbé, santé et repos, si la calomnie reste impunie; et elle restera impunie si vous n'agissez pas avec zèle pour votre ami.

DCCLXVIII. — A Mlle Quinault.

14 janvier.

[Voltaire lui recommande Linant, qui ne pourra rien faire de mieux, pour sa tragédie, que de suivre les conseils qu'elle voudra bien lui donner.]

DCCLXIX. — A M. de Cideville.

A Cirey, ce 14 janvier.

La *Mérope* est partie par le coche, mon charmant ami, je n'ai que le temps de vous le dire. Qui croirait qu'à la campagne on n'a pas un quart d'heure à soi? mais cette campagne est Cirey. Lisez, amusez-vous avec le tendre philosophe Formont. S'il est à Rouen, qu'il vous montre mon *Épître sur l'Homme*; montrez-lui la vôtre. Puissent mes écrits servir au moins à vos amusements! Tout cela n'est point fait pour être public; eh! qu'importe ce malheureux public? les amis sont tout, il faudrait n'écrire que pour eux. Vous avez perdu un ami bien aimable; que ne puis-je vivre avec vous, et adoucir par mes soins les regrets de sa perte! Faut-il que nous soyons destinés à vivre loin l'un de l'autre! il me semble que j'en vaudrais mille fois mieux si je vivais avec vous. J'ai peur d'avoir embrassé trop d'étude; ma santé succombe, mes pas bronchent dans la carrière; soutenez-moi par vos avis, et par les marques d'une amitié qui fera toujours ma consolation la plus chère. Mme du Châtelet vous fait bien des compliments. Je vous embrasse, mon cher ami.

DCCLXX. — Au P. Porée, jésuite.

A Cirey, ce 15 janvier.

Mon très-cher et très-révérend père, je n'avais pas besoin de tant de bontés, et j'avais prévenu par mes lettres l'ample justification que vous faites; je ne dis pas de vous, mais de moi; car si vous aviez pu dire un mot qui n'eût pas été en ma faveur, je l'aurais mérité. J'ai toujours tâché de me rendre digne de votre amitié, et je n'ai jamais douté de vos bontés.

Le morceau que vous voulez bien m'envoyer me donne bien de l'envie de voir le reste. Le *non plane cæcus* est, à la vérité, un bien mince salaire pour un homme qui a créé une nouvelle optique, toute fondée sur l'expérience et sur le calcul, et qui seule suffirait pour mettre Newton à la tête des physiciens.

Je vous supplie de vouloir bien présenter mes hommages sincères à votre courageux confrère, qui a fait soutenir les rayons colorés. Il est bien étrange qu'il y ait quelqu'un qui soutienne autre chose.

Je vous devais *Mérope*, mon très-cher père, comme un hommage à votre amour pour l'antiquité et pour la pureté du théâtre. Il s'en faut bien que l'ouvrage soit d'ailleurs digne de vous être présenté; je ne vous l'ai fait lire que pour le corriger.

Messène n'est point une faute de copiste. Vous savez bien que le Péloponèse, aujourd'hui la Morée, se divisait en plusieurs provinces, l'Achaïe ou Argolide, où était Mycènes[1]; la Messénie, dont la capitale était Messène; la Laconie, etc.

Il faudra sans difficulté retrancher tout ce qui vous choque dans le suicide; mais songez au quatrième livre de Virgile, et à tous les poètes de l'antiquité.

Je ne peux m'empêcher de vous dire ici ce que je pense sur ces scènes d'attendrissement réciproque que vous demandez entre Mérope et son fils. C'est précisément ces sortes de scènes qu'il faut éviter avec un soin extrême; car, comme vous savez mieux que moi, jamais une passion réciproque n'émeut le spectateur; il n'y a que les passions contredites qui plaisent. Ce qu'on s'imagine dans son cabinet devoir toucher entre une mère et un fils devient de la plus grande insipidité aux spectacles. Toute scène doit être un combat; une scène où deux personnages craignent, désirent, aiment la même chose, serait le dernier période de l'affadissement; le grand art doit être d'éviter ces lieux communs, et il n'y a que l'usage du monde et du théâtre qui puisse rendre sensible cette vérité.

Le marquis Maffei en est si pénétré, qu'il a poussé l'art jusqu'à ne jamais produire sur la scène la mère avec le fils que quand elle le veut tuer, ou pour le reconnaître à la dernière scène du cinquième acte; et je l'aurais imité, si je n'avais trouvé la ressource de faire reconnaître le fils par la mère en présence du tyran même, ressource qui ne serait qu'un défaut si elle ne produisait un nouveau danger.

En un mot, le plus grand écueil des arts dans le monde, c'est ce qu'on appelle les lieux communs. Je n'entre pas dans un plus long détail. Songez seulement, mon cher père, que ce n'est pas un lieu commun que la tendre vénération que j'aurai pour vous toute ma vie. Je vous supplie de conserver votre santé, d'être longtemps utile au monde, de former longtemps des esprits justes et des cœurs vertueux.

Je vous conjure de dire à vos amis combien je suis attaché à votre société. Personne ne me la rend plus chère que vous. Je suis, avec la plus tendre estime et avec une éternelle reconnaissance, mon très-cher et révérend père, votre, etc.

[1] L'Achaïe n'est pas la même chose que l'Argolide. (ÉD.)

DCCLXXI. — A FRÉDÉRIC, PRINCE ROYAL DE PRUSSE.

A Cirey, le 18 janvier.

Monseigneur, Votre Altesse royale est plus Frédéric et plus Marc-Aurèle que jamais. Les choses agréables partent de votre plume avec une facilité qui m'étonne toujours. Votre instruction pastorale est du plus digne évêque. Vous montrez bien que ceux qui sont destinés à être rois sont en effet les *oints* du Seigneur. Votre catéchisme est toujours celui de la raison et du bonheur. Heureuses vos ouailles, monseigneur! le troupeau de Cirey reçoit vos paroles avec la plus grande édification.

Votre Altesse royale me conseille, c'est-à-dire m'ordonne de finir l'histoire du *Siècle de Louis XIV*. J'obéirai, et je tâcherai même de l'éclaircir avec un ménagement qui n'ôtera rien à la vérité, mais qui ne la rendra pas odieuse. Mon grand but, après tout, n'est pas l'histoire politique et militaire : c'est celle des arts, du commerce, de la police, en un mot, de l'esprit humain. Dans tout cela il n'y a point de vérité dangereuse. Je ne crois donc pas devoir m'interdire une carrière si grande et si sûre, parce qu'il y a un petit chemin où je peux broncher; ce qui est entre les mains de Votre Altesse royale ne sera jamais que pour elle. Le vulgaire n'est pas fait pour être servi comme mon prince.

J'ai réformé l'*Histoire de Charles XII* sur plusieurs mémoires qui m'ont été communiqués par un serviteur du roi Stanislas, mais surtout sur ce que Votre Altesse royale a daigné me faire remettre. Je n'ai pris de ces détails curieux dont vous m'avez honoré que ce qui doit être su de tout le monde, sans blesser personne; le dénombrement des peuples, les lois nouvelles, les établissements, les villes fondées, le commerce, la police, les mœurs publiques; mais pour les actions particulières du czar, de la czarine, du czarovitz, je garde sur elles un silence profond. Je ne nomme personne, je ne cite personne, non-seulement parce que cela n'est pas de mon sujet, mais parce que je ne ferais pas usage d'un passage de l'Évangile que Votre Altesse royale m'aurait cité, si vous ne l'ordonniez expressément.

Je réforme la *Henriade*, et je compte par le premier ordinaire soumettre au jugement de Votre Altesse royale quelques changements que je viens d'y faire. Je corrige aussi toutes mes tragédies; j'ai fait un nouvel acte à *Brutus*, car enfin il faut se corriger et être digne de son prince et d'Émilie.

Je ne fais point imprimer *Mérope*, parce que je n'en suis pas encore content; mais on veut que je fasse une tragédie nouvelle, une tragédie pleine d'amour et non de galanterie, qui fasse pleurer des femmes, et qu'on parodie à la Comédie-Italienne. Je la fais[1], j'y travaille il y a huit jours; on se moquera de moi; mais, en attendant, je retouche beaucoup les *Éléments de Newton*; je ne dois rien oublier, et je veux que cet ouvrage soit plus plein et plus intelligible.

Je vous ai rendu, monseigneur, un compte exact de tous les travaux a votre sujet de Cirey; vraiment je ne dois pas omettre la nouvelle

1. *Zulime*. (Éd.)

persécution que Rousseau et l'abbé Desfontaines me font. Tandis que je passe dans la retraite les jours et les nuits dans un travail assidu, on me persécute à Paris, on me calomnie, on m'outrage de la manière la plus cruelle. Mme la marquise du Châtelet a cru que Thieriot, qui envoie souvent ce qu'on fait contre moi à tout le monde, avait envoyé aussi à Votre Altesse royale un libelle affreux de l'abbé Desfontaines; elle avait d'autant plus sujet de le croire, qu'elle en avait écrit à Thieriot, qu'elle lui avait demandé la vérité, et que Thieriot n'avait point répondu. Aussitôt voilà le cœur généreux de Mme du Châtelet, cœur digne du vôtre, qui s'enflamme; elle écrit à Votre Altesse royale; elle vous fait entendre des plaintes bienséantes dans sa bouche, mais interdites à la mienne. Voici le fait :

Un homme, le chevalier de Mouhi, qui a déjà écrit contre l'abbé Desfontaines, fait une petite brochure littéraire contre lui; et, dans cette brochure, il imprime une lettre que j'ai écrite il y a deux ans. Dans cette lettre j'avais cité un fait connu : que l'abbé Desfontaines, sauvé du feu par moi, avait, pour récompense, fait sur-le-champ un libelle contre son bienfaiteur, et que Thieriot en était témoin. Tout cela est la plus exacte vérité, vérité bien honteuse aux lettres. Si Thieriot, dans cette occasion, craint de nouvelles morsures de l'abbé Desfontaines, s'il s'effraye plus de ce chien enragé qu'il n'aime son ami, c'est ce que j'ignore; il y a longtemps que je n'ai reçu de ses nouvelles. Je lui pardonne de ne se point commettre pour moi. Je fais un petit *Mémoire* apologétique pour répondre à l'abbé Desfontaines. Mme du Châtelet l'a envoyé à Votre Altesse royale; je l'ai fort corrigé depuis. Je ne dis point d'injures; l'ouvrage n'est point contre l'abbé Desfontaines, il est pour moi; je tâche d'y mêler un peu de littérature, afin de ne point fatiguer le public de choses personnelles.

Mais je sens que je fatigue fort Votre Altesse royale par tout ce bavardage. Quel entretien pour un grand prince ! Mais les dieux s'occupent quelquefois des sottises des hommes, et les héros regardent des combats de cailles.

Je suis avec le plus profond respect, le plus tendre, le plus inviolable attachement, monseigneur, etc.

DCCLXXII. — A M. LE COMTE D'ARGENTAL.

Cirey, ce 18 janvier.

Mon cher ange gardien, pourquoi faut-il que le chevalier de Mouhi, qui ne me connaît pas, agisse comme mon frère, et que Thieriot, qui me doit tout, se tienne les bras croisés dans sa lâche ingratitude ? Quoi! Mouhi court déposer chez M. Hérault, et Thieriot se tait! lui qui a été traité avec tant de mépris par Desfontaines, lui qui m'a écrit cette lettre de 1726, et tant d'autres, où il avoue que Desfontaines fi un libelle contre moi au sortir de Bicêtre. Il a aujourd'hui l'insolence et la bassesse d'écrire, de publier une lettre à Mme du Châtelet, dans laquelle il désavoue ses anciennes lettres; il l'envoie au prince royal; et, pour se justifier, il dit tranquillement que les *Lettres philosophi-*

ques ne lui ont valu que cinquante guinées; et qu'il ne m'a mangé que quatre-vingts souscriptions¹. Y a-t-il une âme de boue aussi lâche, aussi méprisable? Ce malheureux dit froidement qu'il ne fera rien que vous ne lui ordonniez. Eh bien! ordonnez-lui donc sur-le-champ de courir chez M. Hérault, et de confirmer sa lettre du 16 août 1726, et les autres, dont voici copie. Cela m'est de la dernière importance, mon cher ami; il y va du repos de ma vie.

DCCLXXIII. — A M. BERGER.

À Cirey, le 18 janvier.

Mon cher ami, voulez-vous me rendre un signalé service? Il faut voir Saint-Hyacinthe. « Je ne le connais pas, » direz-vous. Il faut le connaître; on connaît tout le monde, quand il s'agit d'un ami. « Mais Saint-Hyacinthe est un homme décrié; » eh! qu'importe? Voici de quoi il s'agit. Il est cité dans le livre infâme de Desfontaines, pour avoir écrit contre moi un libelle intitulé *Déification d'Aristarchus Masso*. Or je ne l'ai jamais offensé, ce Saint-Hyacinthe. Pourquoi donc imprimer contre moi des impostures si affreuses? Veut-il les soutenir? Je ne le crois pas. Que lui coûtera-t-il de signer qu'il n'en est pas l'auteur, ou qu'il les déteste, ou qu'il ne m'a point eu en vue? Exigez de lui un mot qui lave cet outrage, et qui prévienne les suites d'une querelle cruelle. Faites-lui écrire un petit mot dont il résulte la paix et l'honneur, je vous en conjure. Courez, rendez-moi ce service. Je ne demande que le repos; procurez-le à votre ami.

DCCLXXIV. — A M. THIERIOT.

Le 18 janvier.

Mon cher Thieriot, je reçois votre lettre du 14. Votre négligence à répondre, trois ou quatre ordinaires, a fait penser à Mme du Châtelet et à Mme de Champbonin que vous aviez envoyé à Son Altesse royale le libelle affreux d'un scélérat; et Mme de Champbonin en était d'autant plus persuadée, que vous lui aviez avoué à Paris que vous régaliez ce prince de tout ce qui se fait contre moi, qu'elle vous l'avait reproché, et qu'elle en était encore émue.

Votre silence, pendant que tout le monde m'écrivait, ne m'a point surpris, moi, qui suis accoutumé à des négligences souvent causées par votre peu de santé; mais il a indigné au dernier point tout ce petit coin de la Champagne, et vous devez à Mme du Châtelet la réparation la plus tendre des idées cruelles que vous lui aviez données. Il est très-sûr qu'un mot de vous dans le *Pour et Contre*, si vous n'êtes point brouillé avec Prévost, vous eût fait et vous ferait un honneur infini; car rien n'en fait plus qu'une amitié courageuse.

Je ne sais pourquoi vous m'appelez *malheureux* et *homme à plaindre*. Je ne le suis assurément point, si vous êtes un ami aussi fidèle et aussi tendre que je le crois. Je suis au contraire très-heureux qu'un

1. A *la Henriade*. (ÉD.)

scélérat que j'ai sauvé me mette en état de prouver, papiers originaux en main, mes bienfaits et ses crimes; et je le remercie de m'avoir donné l'occasion de me faire connaître, sans qu'on puisse m'imputer de la vanité. L'exemple de l'abbé Prévost n'est fait pour moi d'aucune sorte. Je souhaite que ceux qui répondront jamais à des libelles suivent mon exemple, et soient en état de me ressembler.

Mme du Châtelet et tous ceux, sans exception, qui ont vu ici votre lettre, en sont si mécontents qu'elle vous la renvoie. C'est à elle seule, à qui elle s'adresse, à savoir si elle doit être contente, et non à ceux qui l'ont, dites-vous, approuvée sans qu'ils sussent ce que Mme du Châtelet, qui est au fait de toutes les branches d'une affaire qu'ils ignorent, avait droit d'exiger de vous. Il n'y a que deux personnes à consulter en telles affaires, soi-même et la personne à qui l'on écrit.

Quant à l'article des souscriptions que j'ai payées de mon argent, quoique la valeur ne soit jamais venue entre mes mains (comme vous savez), c'est une chose dont vous pouvez et devez très-bien vous charger; car je ne crois pas qu'il y ait deux souscripteurs qui n'aient eu ou le livre ou l'argent, et vous pouvez les payer de celui que vous avez à moi; cela est tout simple; tout le reste est inutile.

Vos anciennes lettres où vous dites « que Desfontaines est un monstre, qu'il a fait contre moi un libelle intitulé *Apologie du sieur de Voltaire*; qu'il a fait imprimer *la Henriade* à Évreux avec des vers contre La Motte; celles où vous dites que c'est un enragé qui, etc.; » tout cela a été vu, lu, relu ici, signé par vingt personnes, déposé chez un notaire; ainsi nul besoin d'éclaircissement, mais j'avais besoin, moi, d'un témoignage de votre amitié, de votre diligence, d'un zèle honorable pour tous deux, égal à celui que Mme de Bernières a fait paraître. Je l'attendais non-seulement de votre tendresse, mais de votre honneur outragé par un malheureux qui vous a toujours traité avec le dernier mépris, et dont les outrages sont imprimés. Je n'ai jamais soupçonné que vous balançassiez entre l'ami tendre et solide de vingt-cinq années, et le scélérat dont vous ne m'avez jamais parlé qu'avec horreur.

Encore une fois, il ne s'agit que de vous et non de moi. Écrivez à Mme du Châtelet et au prince en termes qui leur persuadent votre amitié, autant que j'en suis persuadé; c'est tout ce que je veux. J'ai fait assez de bien à des ingrats; j'ai fait d'assez bons ouvrages, et je les retouche avec assez d'assiduité pour ne rien craindre de la postérité, ni pour mon cœur, ni pour mon esprit, qu'on n'appellera ni l'un ni l'autre paresseux. J'ai assez d'amis et de fortune pour vivre heureux dans le temps présent. J'ai assez d'orgueil pour mépriser d'un mépris souverain les discours de ceux qui ne me connaissent pas. En un mot, loin d'avoir eu un instant de chagrin de l'absurde et sot libelle de Desfontaines, j'en ai été peut-être trop aise. Votre seul article m'a désespéré. Entendre dire par tout Paris que vous démentez votre ami, qui a preuve en main, en faveur de votre ennemi; entendre dire que vous ménagez Desfontaines, c'était un coup de poignard pour un cœur aussi sensible que le mien. Je n'ai donc plus qu'à remercier mon bon ange de deux choses : de la fermeté intrépide de votre amitié, qui ne doit pas être négligente, et de l'occasion admirable qu'on me donne de confondre mes ennemis.

Écrivez, vous dis-je, à Mme du Châtelet. Point de politique, point de ces lâches misères; allez vous faire.... avec *vos gens de cour qui voient votre lettre*. Il est question de votre cœur; il est question de vous attacher, pour le reste de votre vie, à l'âme la plus noble qui existe au monde, et que vous adoreriez si vous saviez de quoi elle est capable.

Mme de Champbonin vous a écrit une lettre trempée dans l'amertume de ses larmes. Elle m'aime si vivement qu'il faut que vous lui pardonniez. Mais, croyez-moi, parlez à Mme du Châtelet du ton qui convient à sa sensibilité. Je vous embrasse; j'oublie tout, hors votre amitié.

Songez qu'en de telles circonstances, ne pas écrire à son ami sur-le-champ, c'est le trahir. Négligence est crime.

DCCLXXV. — AU MÊME.

Le 19 janvier.

Je suis malade, je ne peux vous écrire moi-même. Je n'avais pas le temps hier de vous dire tout; mais je ne dois vous laisser rien ignorer, et un ami a bien des droits. Croyez-moi, mon cher Thieriot, croyez-moi, je vous aime et je ne vous trompe point. Mme du Châtelet ne peut qu'être irritée tant que vous ne réparerez point, par des choses qui partent du cœur, la politique, l'inutile, l'outrageante lettre que je vous ai renvoyée par son ordre. Tout ce que vous m'avez écrit du 14 pour mal justifier cette lettre *ostensible*, et ce long et injurieux silence qui l'avait suivie, l'a indignée bien davantage; on n'écrit qu'à ses ennemis de ces lettres *ostensibles* où l'on craint de s'expliquer, où l'on parle à demi, où l'on élude, où l'on est froid.

Examinez vous-même la chose, je vous en conjure, et voyez combien il est indécent que vous paraissiez faire le politique avec Mme du Châtelet, quand elle vous écrit simplement et avec amitié. Vous me mettez en presse; vous me réduisez à la nécessité de combattre ici pour vous contre ses ressentiments. Elle croit que vous me trahissez; il faut que je lui jure le contraire. Elle se fâche, ses amis prennent son parti; tout cela me rend malade, et un mot de vous eût prévenu tous ces combats.

Est-il possible, encore une fois, que quand nous avons ici dix lettres anciennes de vous, qui expliquent, qui détaillent tout le fait, toute l'horreur connue de l'abbé Desfontaines, vous affectiez aujourd'hui du mystère? Où diable avez-vous pris d'écrire une lettre *ostensible* à Mme du Châtelet? Une lettre publique? la compromettre à ce point! montrer, dites-vous, votre lettre à deux cents personnes! à des gens de cour! vous faire dire qu'il y a de la dignité dans cette lettre! Vous, de la dignité! à Mme du Châtelet! sentez-vous bien la force de ce terme? Je vous parle vrai, parce que je suis votre ami. Votre lettre os-

sensible, dont on ne voulait point, votre long silence, vos excuses sont autant d'outrages à la bienséance, à l'amitié et à Mme du Châtelet. Est-il possible que, dans cette occasion, vous ayez pu consulter autre chose que votre cœur? Voyez que de malentendus votre silence a causés! Enfin tout ceci était bien simple. Vous avez été cité avec raison, et, comme j'en ai droit, dans une lettre publique; vous vous trouvez entre votre ami et un monstre qui vous a mordu. Voudrez-vous fuir à la fois votre ami et ce monstre, de peur d'être mordu encore? Je suis un homme de lettres, et vous un amateur; j'ai de la réputation par mes travaux, et vous par votre goût; l'abbé Desfontaines nous a souvent attaqués l'un et l'autre; il est clair qu'il y aurait la plus extrême lâcheté à l'un de nous deux d'abandonner l'autre, de tergiverser, de craindre un scélérat qui offense un ami; il est clair qu'un silence de seize jours, en pareille occasion, est un outrage plus grand de la part d'un ami, qu'un libelle n'est offensant de la part d'un coquin méprisé.

Voilà le point essentiel, voilà toute l'affaire, voilà ce qui a pensé faire prendre des résolutions extrêmes; et enfin, quand au bout de seize jours vous m'écrivez, que voulez-vous qu'on pense, sinon que vous avez attendu que l'exécration publique contre Desfontaines vous forçât enfin de revenir à l'amitié? C'est ce que je ne peux ôter de la tête de tout ce qui est ici, et il y a beaucoup de monde; mais c'est ce que je ne pense point. Je vous l'ai dit, je vous l'ai redit, je vous aime, et je compte sur vous; et c'est parce que je vous aime tendrement que je vous gronde très-sévèrement, et que je vous prie d'écrire comme par le passé, de rendre compte des petites commissions, de parler avec naïveté à Mme du Châtelet, qui peut vous servir infiniment auprès du prince. L'affaire des souscriptions, si elle dure encore, est essentielle; et votre honneur, votre devoir, je dis le devoir le plus sacré, est de les payer de mon argent, s'il s'en trouve. Cela a paru si essentiel à M. et Mme du Châtelet, que vous les outrageriez en faisant sur cela la moindre représentation. Il ne faut rougir ni de faire son devoir, ni de promettre de le faire, surtout quand ce devoir est si aisé.

A l'égard de la lettre que M. du Châtelet exige de vous, il sera très-piqué si vous ne l'écrivez pas; il la faut écrire; pour moi, je la trouve inutile. Je vous la renverrai, et n'en ferai point usage; mais il faut contenter M. et Mme du Châtelet.

Tout le monde est indigné ici de l'exemple de dom Prévost, que vous citez toujours. Quand quelque dom Prévost aura refusé dix mille livres de pension d'un prince souverain, quand il aura donné quelquefois et partagé souvent le profit de ses ouvrages, quand il aura donné des pensions à plusieurs gens de lettres, quand il aura fait des ingrats et *la Henriade*, alors vous pourrez me citer dom Prévost. N'en parlons plus. Une lettre d'attachement à Mme du Châtelet, de la vigueur, et des lettres fréquentes à votre intime ami Voltaire, et tout est effacé, tout est oublié. Mais plus de politique; elle n'est faite ni pour vous ni pour moi, et je ne connais et n'aime que la franchise. Voilà tout ce que je veux, et comptez que mon cœur est à vous pour jamais. Il est vrai, il est tendre, vous le connaissez; adieu.

J'ai dicté tout cela bien à la hâte; j'ajoute qu'on nous écrit, dans le moment, que votre malheureuse lettre à Mme du Châtelet va être publique dans le *Pour et Contre*. Ah! mon ami, serait-il vrai? Ce serait le plus cruel outrage à Mme du Châtelet et à toute sa famille. De quoi vous êtes-vous avisé? quelle malheureuse lettre! qui vous la demandait? pourquoi l'écrire? pourquoi la montrer?

S'il en est temps, volez chez le *Pour et Contre*, brûlez la feuille, payez les frais; mais je ne crois pas que cela soit vrai. Voilà ce que c'est que de garder le silence dans de telles occasions. Il fallait écrire toutes les postes. Je vous embrasse.

DCCLXXVI. — A M. L'ABBÉ D'OLIVET.

À Cirey, ce 19 janvier.

Vous me faites goûter un plaisir bien rare, mon ancien maître, mon cher ami, toujours mon maître; vous devriez bien écrire plus souvent. Vous devriez plutôt venir prendre une cellule dans le couvent, ou plutôt dans le palais de Cirey. Celle que vient de quitter Archimède-Maupertuis serait très-bien occupée par Quintilien-d'Olivet. Vous verriez si la masse multipliée par le carré de la vitesse, ou si les cubes des distances des planètes font oublier les *Tusculanes*, et si Locke fait négliger Virgile; vous verriez si l'histoire est méprisée. Vous passez volontiers vos hivers hors de Paris. Si vous alliez en Franche-Comté, souvenez-vous que Cirey est précisément sur la plus belle route.

Ne vous imaginez pas que la vie occupée et délicieuse de Cirey, au milieu de la plus grande magnificence et de la meilleure chère, et des meilleurs livres, et, ce qui vaut mieux, au milieu de l'amitié, soit troublée un seul instant par le croassement d'un scélérat qui fait, avec la voix enrouée du vieux Rousseau, un concert d'injures méprisées de tous les esprits, et détestées de tous les cœurs.

Pour punir l'abbé Desfontaines, je ne voudrais qu'une chose, lui démontrer que je n'ai pas plus de part que vous au *Préservatif*. L'auteur de cet écrit a fait usage de deux lettres que vous connaissez il y a longtemps; l'une sur l'évêque de Cloyne, Berkeley, auteur de l'*Alciphron*, l'autre sur l'affaire de Bicêtre. Une ou deux personnes ont aidé l'auteur à brocher ce *Préservatif*, qui n'est qu'une table des matières, et non point un ouvrage. J'en ai en main la preuve démonstrative, que je vous ferais voir si l'abbé Desfontaines, qui me doit la vie, qui, pour toute reconnaissance, m'a tant outragé, était capable de sentir son tort et de se corriger; il ne faudrait pas d'autre réponse.

Mais, si j'en fais une, elle sera aussi modérée que son libelle est emporté, aussi fondée sur des faits que son écrit est bâti sur des calomnies, aussi touchante peut-être que ses ouvrages sont révoltants. Tout le mal de cette affaire, c'est que ce sont deux ou trois jours arrachés à l'étude; *amice, tres dies perdidi*. Je suis prêt à pleurer quand il faut consumer ainsi le temps destiné à l'amitié, à l'étude de la physique, aux corrections continuelles que je fais dans le poëme de la *Henriade*, dans l'*Histoire de Charles XII*, dans mes tragédies, dans tout ce que j'ai jamais écrit.

Que vous me seriez d'un grand secours, mon cher ami, si vous vouliez éclairer de votre sage critique ce que fait votre ancien disciple! Je voudrais que ma plume et ma conduite eussent en vous un ami attentif, un juge continuel. Vous savez, par exemple, combien Rousseau m'a outragé depuis quinze ans; avec quel acharnement il a poursuivi contre moi ses querelles commencées, il y a quarante ans, avec tant de gens de lettres. Il est à Paris, il demande grâce au parlement, aux Saurin, au public. Il ose s'adresser à Dieu même. J'ai de quoi le démasquer, j'ai de quoi le couvrir d'opprobre, de quoi remplir la mesure de ses crimes. Tenez, lisez ; la pièce est authentique, je vous l'envoie, je pourrais la faire imprimer dans ma réponse ; cependant je ne le fais pas. Je vous conjure de voir le P. Brumoi et vos autres amis. Si l'auteur de *la Henriade* leur déplaît, s'ils préfèrent des odes à un poëme épique, et des épigrammes à tous mes travaux, qu'ils préfèrent du moins ma modération à la rage éternelle de Rousseau, et ma franchise à son hypocrisie.

Vous, mon cher ami, aimez toujours un homme qui vous sera éternellement attaché. Je ne sais pourquoi M. Thieriot ne vous a pas montré la *Mérope*. Adieu ; je vous embrasse tendrement ; écrivez-moi, si vous voulez que je vous envoie mes drogues. Je ne vous écris point de ma main, étant assez malade.

DCCLXXVII. — A M. THIERIOT.

A Cirey, ce 20 janvier.

Enfin Mme de Champbonin est partie pour Paris. Elle vous rendra compte de toutes les inquiétudes que votre long silence et votre conduite avaient causées à Cirey ; mais tout est oublié, si vous savez aimer.

Voici un paquet pour l'abbé d'Olivet. C'est une espèce d'apologie que j'ai adressée à M. d'Argenson. Il y a du littéraire ; mais j'ai voulu faire un ouvrage pour la postérité, non un simple factum. Je ne sais abandonner ni mes amis ni mon honneur. Ainsi je reste à Cirey, je fais poursuivre l'abbé Desfontaines, et je ne quitterai jamais cette affaire de vue. Il y aurait trop de lâcheté à souffrir ce que l'on doit repousser. J'apprends que ce monstre se rend, sous main, dénonciateur contre les *Lettres philosophiques*. Cela m'est confié dans le plus grand secret ; mais je n'en suis point alarmé. Je me flatte que, ni dans cette occasion ni dans aucune autre, vous ne direz : « Eh mordieu ! qu'on me laisse souper, digérer, et ne rien faire. » Je demande à votre amitié de la mémoire et de la vivacité. Soyez la dixième partie aussi vif pour moi que vous l'avez été pour Mlle Sallé, qui vous aimait dix fois moins que moi. Soyez très-persuadé que des amis comme Mme du Châtelet et moi en valent peut-être d'autres ; que tout change dans la vie, mais que vous nous retrouverez toujours.

Je puis vous envoyer faire *faire* aussi, car je vous aime plus que vous ne m'aimez, et j'ai la fièvre aussi serré que vous. Prenez du quinquina pour vous, et de la fermeté pour moi, et tout ira bien.

DCCLXXVIII. — De Frédéric, prince royal de Prusse.

A Berlin, le 20 janvier.

On offrait aux dieux, dans le paganisme, les prémices des moissons et des récoltes; on consacrait au dieu de Jacob les premiers-nés d'entre le peuple d'Israël; on voue aux saints patrons, dans l'Église romaine, non-seulement les prémices, non-seulement les cadets des maisons, mais des royaumes entiers : témoin l'abdication de saint Louis en faveur de la vierge Marie. Pour moi je n'ai point de prémices de moissons, point d'enfants, point de royaume à vouer; je vous consacre les prémices de ma poésie de l'année 1739. Si j'étais païen, je vous invoquerais sous le nom d'Apollon; si j'étais juif, je vous eusse peut-être confondu avec le roi prophète et son fils; si j'étais papiste, vous eussiez été mon saint et mon confesseur. N'étant rien de tout cela, je me contente de vous estimer très-philosophiquement, de vous admirer comme philosophe, de vous chérir comme poëte, et de vous respecter comme ami.

Je ne vous souhaite que de la santé, car c'est tout ce dont vous avez besoin. Partagé d'un génie supérieur, capable de vous suffire à vous-même et de pouvoir être heureux, et, pour surcroît, possédant Émilie, que mes vœux pourraient-ils ajouter à votre félicité?

Souvenez-vous que sous une zone un peu plus froide que la vôtre, dans un pays voisin de la barbarie, en un lieu solitaire et retiré du monde, habite un ami qui vous consacre ses veilles, et qui ne cesse de faire des vœux pour votre conservation. FRÉDÉRIC.

DCCLXXIX. — A M. le comte d'Argental.

20 janvier.

Mon cher ange, vous avez été bien étonné du dernier paquet de *Zulime*; mais qui emploie sa journée fait bien des choses. Je travaille, mais guidez-moi.

Je persiste dans l'idée de faire un procès criminel à l'abbé Desfontaines. Mon cher ange gardien, vous me connaissez. Les gens à poëme épique et à *Éléments de Newton* sont des gens opiniâtres. Je demanderai justice des calomnies de Desfontaines jusqu'au dernier soupir; et ce même caractère d'esprit vous assure, je crois, de ma tendre et éternelle reconnaissance.

J'ai envoyé mon dernier *Mémoire* à M. d'Argenson; mais je ne compte le faire imprimer qu'avec permission tacite, dans un recueil de quelques pièces. Il me semble qu'il sera alors très-convenable de laisser dans mon mémoire justificatif tout ce qui est littéraire; car, si l'avidité du public malin ne désire actuellement que du personnel, les amateurs un jour préféreront beaucoup le littéraire. J'ai fait cet ouvrage dans le goût de Pélisson, et peut-être de Cicéron. Je serais confondu si ce style était mauvais.

N'ayant rien à craindre d'aucune récrimination, cependant j'insiste qu'on commence le procès par une requête présentée au nom des gens de lettres, qu'ensuite mes parents en présentent une au nom de ma famille outragée, sauf à moi à m'y joindre, s'il est nécessaire.

J'espérais que, sans forme de procès, et indépendamment du châtiment que le magistrat de la police peut et doit infliger à l'abbé Desfontaines, je pourrais obtenir un désaveu des calomnies de ce scélérat, désaveu qui m'est nécessaire, désaveu qu'on ne peut refuser aux preuves que j'ai rapportées.

Enfin j'en reviens toujours là : point de preuves contre moi, sinon que j'ai écrit la lettre qui est dans le *Préservatif*. Or, cette lettre, que dit-elle? que Desfontaines a été tiré de Bicêtre par moi, et qu'il m'a payé d'ingratitude. Encore une fois, cette lettre doit être regardée comme ma première requête contre Desfontaines. D'ailleurs rien de prouvé contre moi, et tout démontré contre lui. Enfin j'insiste sur le désaveu de ses calomnies, et j'attends tout des bontés de mon cher ange gardien.

Je serais bien honteux de tant d'importunités, si vous n'étiez pas M. d'Argental. Adieu ; mon cœur ne peut suffire à mes sentiments pour vous, et à ma tendre reconnaissance.

DCCLXXX. — A M. HELVÉTIUS

A Cirey, ce 21 janvier.

Ce que j'apprends est-il possible? Belle âme, née pour faire plaisir, et qui agissez comme vous pensez, vous êtes allé, et vous avez encore retourné chez ce Saint-Hyacinthe! *Generose puer*, ne profanez pas votre vertu avec ce monstre. C'en est trop, mon cœur est pénétré de vos soins. Si vous saviez ce que c'est que Saint-Hyacinthe, vous auriez eu horreur de lui parler. Je ne l'ai connu qu'en Angleterre, où je lui ai fait l'aumône ; il la recevait de qui voulait ; il prenait jusqu'à un écu. Il s'était échappé de la Hollande, où il avait volé le libraire Catuffe, son beau-frère ; et il n'avait auprès de moi d'autres recommandations que de m'avoir déchiré dans plusieurs libelles. Il avait eu part au *Journal littéraire*, où il m'avait maltraité ; mais je l'ignorais, et il se donnait pour l'auteur du *Mathanasius;* ce qui faisait que je lui pardonnais ses anciens péchés. Se faire honneur du *Mathanasius*, qui était de MM. de Sallengre et s'Gravesande, etc., était la moindre de ses fourberies. Il se servit à Londres de l'argent de mes charités, et de celui que je lui avais procuré, pour imprimer un libelle contre *la Henriade*; enfin mon laquais le surprit me volant des livres, et le chassa de chez moi avec quelques bourrades. Je ne l'ai jamais revu, jamais je n'ai proféré son nom. Je sais seulement qu'il a volé, en dernier lieu, feu Mme de Lambert, et que ses héritiers en savent des nouvelles. Enfin voilà l'homme qui, dans un libelle impertinent et digne de la plus vile canaille, ose m'insulter avec tant d'horreur. C'est trop s'abaisser, mon cher ami, d'exiger une satisfaction d'un scélérat qui ne doit me satisfaire qu'une torche à la main, ou sous le bâton. Évitez ce malheureux, qui souillerait l'air que vous respirez.

Je vous avoue que mon cœur est saisi quand je vois les belles-lettres déshonorées à ce point; mais aussi que vous me consolez! Venez donc à Cirey avant que nous partions pour la Flandre. J'espère qu'un jour nous reverrons tous dans le beau palais digne d'Émilie. Il est voisin de votre bureau des fermes, mais nos cœurs seront bien plus près de vous. Dites donc quand vous viendrez, aimable enfant.

DCCLXXXI. — A M. THIERIOT.

Ce 23 janvier.

M. du Châtelet étant absent, et Mme la marquise ayant ordre d'ouvrir ses lettres, elle a heureusement lu la vôtre, et elle vous donne la marque d'amitié de vous la renvoyer. Elle n'est ni française, ni décente, ni intelligible, et M. du Châtelet, qui est très-vif, en eût été fort piqué. Je vous la renvoie donc, mon cher Thieriot; corrigez-la comme je corrige mes *Épîtres*. Il faut tout simplement lui dire que
« vous avez prévenu tous ses désirs; que, si vous avez été si longtemps sans écrire, c'est que vous avez été malade; qu'il y a longtemps que vous savez qu'en effet j'ai remboursé toutes les souscriptions que les souscripteurs négligents n'avaient pas envoyées en Angleterre, et que vous ne croyez pas qu'il en reste; mais que, s'il en restait, vous vous en chargeriez avec plaisir pour votre ami;

« Qu'à l'égard de l'abbé Desfontaines, vous pensez comme tout le public, qui le déteste et le méprise, et que vous n'avez pas cessé un moment d'être mon ami. »

Au reste songez bien qu'on ne vous demande point la lettre *ostensible*. Voilà comme on apaise tout sans se compromettre, et non pas en entrant dans un détail de lettre à écrire à M. de La Popelinière. Ne parlez point de M. de La Popelinière. C'est à lui à rendre ce qu'il doit à M. le marquis du Châtelet, et il n'y manquera pas; il connaît trop les devoirs du monde.

Pour la centième fois, si vous aviez écrit tout d'un coup, comme à l'ordinaire, et si vous n'aviez pas voulu mettre dans l'amitié une politique fort étrangère, il n'y aurait pas eu le moindre malentendu. Oublions donc toute cette mésintelligence.

Au reste je poursuivrai Desfontaines à toute rigueur. Qui ne sait point confondre ses ennemis ne sait point aimer ses amis.

(Le même jour, ou cette même nuit.)

Mme du Châtelet est excessivement fâchée que vous ayez fait courir votre lettre à elle adressée; cela est contre toutes les règles, et un nom aussi respectable doit être plus ménagé. Je suis encore à comprendre comment cela peut vous être venu dans la tête, et pourquoi vous lui avez écrit une prétendue lettre *ostensible* qu'elle ne demandait assurément pas, et pourquoi vous avez consulté tant de gens sur la manière de faire une chose qu'il ne fallait pas faire du tout. Si jamais il arrivait que cette lettre compromît Mme la marquise du Châtelet avec l'abbé Desfontaines, il n'y a peut-être point d'extrémités où sa famille et elle ne se portassent. Encore une fois, et encore cent fois, il fallait écrire tout simplement comme à l'ordinaire, ne point faire attendre, mander si vous aviez envoyé ou non cette horreur au prince, instruire tout Cirey par vous-même de ce qui se passait, de ce qu'il convenait de faire, prier votre ami de prendre votre défense, et contre trente personnes, qui disaient que vous le trahissiez, et contre l'abbé Desfontaines, qui vous traite comme un colporteur et comme un faquin; vous joindre à nous avec le zèle le plus intrépide pour délivrer la société d'un monstre, écrire lettre sur lettre au lieu de vous en laisser écrire; envoyer copie de votre lettre au prince, épargner tous les soupçons, et remplir tous les devoirs. Vos péchés sont grands; que la pénitence le soit, et que je dise : *Remittuntur ei peccata multa, quoniam dilexit multum*. (Luc, VII, 47.)

DCCLXXXII. — A M. LE COMTE D'ARGENTAL.

25 janvier.

Mon cher ami, je travaille le jour à *Zulime*, et le soir je revois mon procès avec l'honnête homme Desfontaines.

Vous savez de quoi il est question à présent, vous avez vu ma lettre à M. Hérault. Il n'y a plus qu'un mot qui serve. M. de Meinières peut-il vous dire tout net ce que j'ai à espérer de M. Hérault ? Un outrage pareil, toléré par la magistrature, est un affront éternel aux belles-lettres; une réparation convenable ferait honneur au ministère.

Suivant vos sages avis, je réforme tout le *Mémoire*, qui est d'une nécessité indispensable. Point de numéro, de peur de ressembler au *Préservatif*; plus de modération, encore plus d'ordre et de méthode; c'est ce qu'il faut tâcher de faire. Puissé-je dire au public :

Et mea facundia, si qua est,
Quæ nunc pro Domino, pro vobis
Sæpe locuta est!

J'y ajoute un extrait de la lettre d'un prince destiné à gouverner une grande monarchie. Si cela pouvait faire quelque effet, à la bonne heure : sinon brûlez-le. Mais, après tout, point d'entreprise sans faveur, point de succès sans protection, et je crois qu'il faut avoir raison de ce scélérat. Je demande que M. Hérault fasse une petite réponse, ou la fasse faire en marge de mes questions.

J'imagine qu'il serait bon que Mme de Bernières m'écrivît un mot qui attestât, en général, l'horreur des calomnies du libelle. Je vous supplie d'en exiger autant de Thieriot. Sa conduite est insupportable; il négocie avec Cirey; il s'avise de faire le politique. Il doit savoir qu'en pareil cas la politique est un crime. Il a passé près d'un mois sans m'écrire; enfin il a fait soupçonner qu'il me trahissait. S'il veut réparer tout cela par un écrit plein de tendresse et de force dans le *Pour et Contre*, à la bonne heure; mais qu'il ne s'avise pas de parler du *Préservatif*; on ne lui demande pas son avis; et s'il parle de moi, il faut qu'il en parle avec reconnaissance, attachement, estime, ou qu'il se taise, et surtout qu'il ne commette point Mme du Châtelet. Qu'il imprime ou non cette lettre dans le *Pour et Contre*, il est essentiel qu'il m'envoie un mot conçu à peu près en ces termes : « Le sieur T., ayant lu un libelle intitulé la *Voltairomanie*, dans lequel on avance qu'il désavoue M. de V., et dans lequel on trouve un tissu de calomnies atroces, est obligé de déclarer, sur son honneur, que tout ce qui y est avancé sur le compte de M. de V. et sur le sien est la plus punissable imposture; qu'il a été témoin oculaire de tout le contraire, pendant vingt-cinq ans, et qu'il rend ce témoignage à l'estime, à l'amitié, et à la reconnaissance qu'il doit à..... Fait à..... THIERIOT. »

S'il refuse cela, indigne de vivre ; s'il le fait, je pardonne. Je vous prie de recommander à mon neveu de faire un bon procès-verbal, si faire se peut. Cela peut servir et ne peut me nuire; cela tient le crime en respect, prévient la riposte, finit tout.

Ah! ma tragédie, ma tragédie! quand te commencerai-je?

Pardon de tant de misères, mais il y va du bonheur de ma vie et d'une vie qui vous est dévouée. Mon ange, *eripe me a fæce*, je n'ai recours qu'à vous.

DCCLXXXIII. — AU MÊME.

27 janvier.

Je vous envoie, mon cher ange gardien, qui *liberas nos a malo*, la correction pour l'*Épître sur l'Envie*. Je vous sacrifie le plus plaisant de tous mes vers :

Tout fuit, jusqu'aux enfants, et l'on sait trop pourquoi

Je ne suis pas né fort plaisant, et ce vers me faisait rire quelquefois; mais qu'il périsse, puisque vous ne croyez pas que je puisse rendre, comme dit Rabelais :

Fèves pour pois, et pain blanc pour fouace.

L'endroit du charlatan est un peu lourd chez notre cher d'Olivet, et son petit *Scazon*[1] est *horridus*. Figurez-vous ce que c'est qu'une indigestion de Cerbère ; et c'est du résultat de cette indigestion qu'on a formé le cœur de Desfontaines.

On me mande que ce monstre est partout en exécration, et cependant, quoi qu'en dise d'Olivet, le traître a des amis. M. de Lezonnet m'écrit qu'il veut faire un accommodement entre Desfontaines et moi, et les jésuites aussi. Hélas! qu'ai-je fait à M. de Lezonnet pour me proposer quelque chose de si infâme? Il a lu, je le sais, sa *Voltairomanie* chez M. de Locmaria, en présence de MM. de La Chevaleraie, Algarotti, l'abbé Prévost. J'ai écrit à M. de Locmaria, et je n'ai point eu de réponse. Il y a encore un avocat du conseil qui est son confident; mais j'ai oublié son nom.

Ce que je n'oublie pas, c'est vos bontés. Cet ardent chevalier de Mouhi a vite imprimé mon *Mémoire*, quitte à le supprimer, il faudra que j'en paye les frais. Je me console si on me fait quelque réparation.

Je voulais faire imprimer ce *Mémoire*, avec les *Épîtres*, au commen-

---

1. Ce poëme, en dix vers scazons, fut imprimé à la suite de la *Lettre de l'abbé d'Olivet au président Bouhier*, du 6 juillet 1738. (ÉD.)

cement de l'histoire du *Siècle de Louis XIV*. Il y a près d'un mois que Thieriot, ou l'abbé d'Olivet, avaient dû vous remettre ce commencement d'histoire, mais Thieriot ne se presse pas de remplir ses devoirs. Je suis, je vous l'avoue, très-affligé de sa conduite. Il devait assurément prendre l'occasion du libelle de Desfontaines pour réparer, par les démonstrations d'amitié les plus courageuses, tous les tours qu'il m'a joués, et que je lui ai pardonnés avec une bonté que vous pouvez appeler faiblesse. Non-seulement il avait mangé tout l'argent des souscriptions qu'il avait en dépôt, non-seulement j'avais payé du mien et remboursé tous les souscripteurs petit à petit, mais il me laissait tranquillement accuser d'infidélité sur cet article, et il jouissait du fruit de sa lâcheté et de mon silence. Le comble à cette infâme conduite est d'avoir ménagé Desfontaines, dont il avait été outragé, et qu'il craignait, afin de me laisser accabler, moi, qu'il ne craignait pas. Ce que j'ai éprouvé des hommes me met au désespoir, et j'en ai pleuré vingt fois, même en présence de celle qui doit arrêter toutes mes larmes. Mais enfin, mon respectable ami, vous qui me raccommodez avec la nature humaine, je cède au conseil sage que vous me donnez sur Thieriot. Il faut ne me plaindre qu'à vous, lui retirer insensiblement ma confiance, et ne jamais rompre avec éclat.

Mais, mon cher ami, qu'y a-t-il donc encore dans ce morceau de *Rome*, et dans le commencement de cet *Essai* qui ne soit pas plus mesuré mille fois que *Fra Paolo*, que le *Traité du Droit ecclésiastique*, que *Mézerai*, que tant d'autres écrits? S'il y a encore quelques amputations à faire, vous n'avez qu'à dire; ce morceau-là a déjà été bien taillé, et le sera encore quand vous voudrez.

Je ne perds pas *Zulime* de vue, et mon respectable et judicieux conseil aura bientôt les écrits de son client.

Émilie vous regarde toujours comme notre sauveur.

DCCLXXXIV. — DE FRÉDÉRIC, PRINCE ROYAL DE PRUSSE.

A Berlin, le 27 janvier.

Subitement d'un vol rapide
La mort fondait sur moi;
L'affreuse douleur qui la guide
Dans peu m'eût abîmé sous soi.
De maux carnassiers avidement rongée,
La trame de mes jours allait être abrégée,
Et la débile infirmité
Précipitait ma triste vie,
Hélas! avec trop de furie,
Au gouffre de l'éternité.
Déjà la mort qui sème l'épouvante,
Avec son attirail hideux,
Faisait briller sa faux tranchante,
Pour éblouir mes faibles yeux,
Et ma pensée évanouie
Allait abandonner mon corps.

Je me voyais finir; mes défaillants ressorts,
Du martyre souffrant la fureur inouïe,
    Faisaient leurs derniers efforts.
    L'ombre de la nuit éternelle
Dissipait à mes yeux la lumière du jour;
L'espérance, toujours ma compagne fidèle,
Ne me laissait plus voir la plus faible étincelle
    D'un espoir de retour.
Dans des tourments sans fin, d'une angoisse mortelle,
Je désirais l'instant qu'éteignant mon flambeau
La mort, assouvissant sa passion cruelle,
    Me précipitât au tombeau.
        C'est par vous, propice jeunesse,
        Que, plein de joie et d'allégresse,
Des tourments de la mort je suis sorti vainqueur.
        Oui, cher Voltaire, je respire,
        Oui, je respire encor pour vous,
        Et des rives du sombre empire,
De notre attachement le souvenir si doux
        Me transporta comme en délire
        Chez Émilie auprès de vous.
Mais, revenant à moi, par un nouveau martyre,
Je reconnus l'erreur où me plongeaient mes sens.
« Faut-il mourir ? disais-je; ô vous, dieux tout-puissants!
        Redoublez ma douleur amère,
        Et redoublez mes maux cuisants;
Mais ne permettez pas, fiers maîtres du tonnerre,
        Que les destins impatients,
Jaloux de mon bonheur, m'arrachent de la terre
        Avant que d'avoir vu Voltaire. »

Ces quarante et quelques vers se réduisent à vous apprendre qu'une affreuse crampe d'estomac faillit à vous priver, il y a deux jours, d'un ami qui vous est bien sincèrement attaché, et qui vous estime on ne saurait davantage. Ma jeunesse m'a sauvé : les charlatans disent que c'est leur médecine, et, pour moi, je crois que c'est l'impatience de vous voir avant que de mourir.

J'avais lu le soir, avant de me coucher, une très-mauvaise ode de Rousseau, adressée à *la Postérité* : j'en ai pris la colique, et je crains que nos pauvres neveux n'en prennent la peste. C'est assurément l'ouvrage le plus misérable qui me soit de la vie tombé entre les mains.

Je me sens extrêmement flatté de l'approbation que vous donnez à la dernière épître que je vous ai envoyée. Vous me faites grand plaisir de me reprendre sur mes fautes; je ferai ce que je pourrai pour corriger mon orthographe, qui est très-mauvaise; mais je crains de ne pas parvenir sitôt à l'exactitude qu'elle exige. J'ai le défaut d'écrire trop vite, et d'être trop paresseux pour copier ce que j'ai écrit. Je vous promets cependant de faire ce qui me sera possible pour que vous n'ayez pas lieu de composer, dans le goût de Lucien, un dialogue des *lettres* qui plaident devant le tribunal de Vaugelas, et qui accusent les défraudations que je leur ai faites.

Si, en se corrigeant, on peut parvenir à quelque habileté; si, par l'application, on peut apprendre à faire mieux; si les soins des maîtres de l'art ne se lassent point à former des disciples, je puis espérer, avec votre assistance, de faire un jour des vers moins mauvais que ceux que je compose à présent.

J'ai bien cru que la marquise du Châtelet était en affaires sérieuses ce qu'elle est en physique, en philosophie et dans la société; le propre des sciences est de donner une justesse d'esprit qui prévient l'abus qu'on pourrait faire de leur usage. J'aime à entendre qu'une jeune dame a assez d'empire sur ses passions pour quitter tous ses goûts en faveur de ses devoirs; mais j'admire encore plus un philosophe qui se résout d'abandonner la retraite et la paix en faveur de l'amitié. Ce sont des exemples que Cirey fournira à la postérité, et qui feront infiniment plus d'honneur à la philosophie que l'abdication de cette femme singulière qui descendit du trône de Suède pour aller occuper un palais à Rome.

Les sciences doivent être considérées comme des moyens qui nous donnent plus de capacité pour remplir nos devoirs. Les personnes qui les cultivent ont plus de méthode dans ce qu'elles font, et agissent plus conséquemment. L'esprit philosophique établit des principes; ce sont les sources du raisonnement et la cause des actions sensées. Je ne m'étonne point que vous autres habitants de Cirey fassiez ce que vous devez faire; mais je m'étonnerais beaucoup si vous ne le faisiez pas, vu la sublimité de vos génies et la profondeur de vos connaissances.

Je vous prie de m'avertir de votre départ pour Bruxelles, et d'aviser en même temps sur la voie la plus courte pour accélérer notre correspondance. Je me flatte de pouvoir recevoir de vous tous les huit jours des lettres, lorsque vous serez si voisin de nos frontières. Je pourrai peut-être vous être de quelque utilité dans ce pays, car je connais très-particulièrement le prince d'Orange, qui est souvent à Bréda, et le duc d'Aremberg, qui demeure à Bruxelles. Peut-être pourrai-je aussi, par le ministère du prince de Lichtenstein, abréger à la marquise les longueurs qu'on lui fera souffrir à Bruxelles et à Vienne. Les juges de ces pays ne se pressent point dans leurs jugements. On dit que si la cour impériale devait un soufflet à quelqu'un, il faudrait solliciter trois ans avant que d'en obtenir le payement. J'augure de là que les affaires de la marquise ne se termineront pas aussi vite qu'elle le pourrait désirer.

Le vin d'Hongrie vous suivra partout où vous irez. Il vous est beaucoup plus convenable que le vin du Rhin, duquel je vous prie de ne point boire, parce qu'il est fort malsain.

Ne m'oubliez pas, cher Voltaire, et si votre santé vous le permet, donnez-moi plus souvent de vos nouvelles, de vos censures et de vos ouvrages. Vous m'avez si bien accoutumé à vos productions, que je ne puis presque plus revenir à celles des autres. Je brûle d'impatience d'avoir la fin du *Siècle de Louis XIV*; cet ouvrage est incomparable, mais gardez-vous bien de le faire imprimer.

Je suis avec toute l'estime imaginable et l'amitié la plus sincère, mon cher ami, votre très-affectionné ami, Fédéric.

DCCLXXXV. — A. M. Helvétius.

A Cirey, ce 28 janvier.

Mon cher ami, tandis que vous faites tant d'honneur aux belles-lettres, il faut aussi que vous leur fassiez du bien; permettez-moi de recommander à vos bontés un jeune homme d'une bonne famille, d'une grande espérance, très-bien né, capable d'attachement et de la plus tendre reconnaissance, qui est plein d'ardeur pour la poésie et pour les sciences, et à qui il ne manque peut-être que de vous connaître pour être heureux. Il est fils d'un homme que des affaires où d'autres s'enrichissent, ont ruiné; il se nomme d'Arnaud; beaucoup de mérite et de malheur font sa recommandation auprès d'un cœur comme le vôtre. Si vous pouviez lui procurer quelque petite place, soit par vous, soit par M. de La Popelinière, vous le mettriez en état de cultiver ses talents, et vous rempliriez votre vocation, qui est de faire du bien. Vous m'en faites à moi, car vous avez réchauffé une âme tiède; jamais votre illustre père n'a fait de si belle cure.

Je lui ai envoyé un autre *Mémoire* où je sacrifie enfin le littéraire au personnel; mais M. d'Argental pense que c'est une nécessité; vous le pensez aussi, et je me rends. Ma présence serait nécessaire à Paris, mais je ne peux quitter mes amis pour mes propres affaires. Mme du Châtelet vous fait bien des compliments; on ne peut avoir plus d'estime et d'amitié qu'elle en a pour vous. Nous attendons de vous des choses qui feront l'agrément de notre retraite, et qui nous consoleront, si cela se peut, de votre absence.

Je vous embrasse avec les transports les plus vifs d'amitié, d'estime, et de reconnaissance.

DCCLXXXVI. — A M. Thieriot.

Ce 28 janvier, au matin.

Je vous envoie mon *Mémoire* tel que je compte le présenter aux magistrats. J'en avais envoyé un exemplaire à M. d'Argenson; mais on dit que le littéraire occupait trop de place. J'ai retranché tout ce qui ne servirait qu'à justifier mon esprit, et j'ai laissé tout ce qui est nécessaire pour venger l'honnête homme des attaques d'un scélérat.

Je mande à M. Helvétius que je vous envoie cet écrit; vous pourrez le lire avec lui, s'il n'en est pas fatigué. Mais je vous prie de le lire avec l'abbé d'Olivet, qui se connaît très-bien à ces sortes d'ouvrages, et aux personnes que vous croirez les plus capables d'en juger. Après cela, vous en pourrez présenter une copie de ma part à M. de Maurepas. Cela fera honneur à notre amitié dans son esprit. Il m'a écrit; il est très-bien disposé. Je suis servi dans cette affaire avec autant de vivaôté et de zèle par mes amis que si j'étais à Paris. J'espère que le plus ancien de tous sera aussi le plus tendre; et qu'il réparera sa négligence et sa lettre *ostensible* à Mme du Châtelet, par la vigilance que donne l'amitié. Vous nous avez donné de terribles alarmes quand vous avez fait penser que cette malheureuse lettre allait être publique. Compromettre Mme du Châtelet dans cette affaire! j'en tremble encore. Ce sont des gens bien peu instruits de l'état des choses qui ont pu vous conseiller une démarche si condamnable. Pardon! j'en suis encore ému. Mme du Châtelet vous prie instamment de retirer toutes les copies que vous avez données de cette malheureuse lettre. Pourquoi l'avez-vous envoyée au prince royal? qu'y pouvait-il comprendre, s'il n'avait pas vu le libelle? que vouliez-vous lui faire savoir? Vouliez-vous lui faire entendre que je suis l'auteur du *Préservatif*, que vous êtes un médiateur, que Mme du Châtelet est trop vive, que vous avez oublié votre lettre du 16 août 1726? Quel galimatias! quelle conduite! A quoi vous exposez-vous? ne connaissez-vous point Mme du Châtelet, et pensez-vous que vous puissiez jamais avoir une autre protection qu'elle auprès du prince? Si ce prince, qui peut faire votre fortune, savait jamais que sur une lettre où je vous mandais *qu'il avait envoyé exprès un de ses favoris à Mme du Châtelet*, vous écrivîtes : *Il nous en a envoyé un aussi*; si Mme du Châtelet, dans sa colère, l'avait fait savoir au prince, que seriez-vous devenu? Quel démon a pu vous conseiller d'envoyer à S. A. R. cette lettre *ostensible* dont Mme du Châtelet est furieuse? C'est donc un factum que vous écrivez au prince royal contre Mme du Châtelet? Voilà ce que vous lui avez fait penser. Au nom de Dieu! réparez cette conduite intolérable, si vous pouvez. Vous n'avez certainement de parti à prendre qu'à être très-attaché à Mme du Châtelet.

Un jeune homme à qui je n'ai rendu que de faibles services, et à qui je ne crois pas avoir donné, en ma vie, la valeur de cent écus, m'envoya, il y a trois semaines, une réponse à l'abbé Desfontaines, et me demanda la permission de l'imprimer; je le refusai. La réponse était trop forte; et d'ailleurs, comme ce jeune homme n'avait point été cité dans le libelle, je ne voulus pas qu'il se mêlât de la querelle; mais je lui en aurai obligation toute ma vie.

Un autre jeune homme, à qui j'ai rendu encore de moindres services, s'est proposé de me venger, et je l'ai refusé encore; c'est le jeune d'Arnaud. Je vous l'adresserai, celui-là. Il viendra vous voir. Je lui ai donné une lettre de recommandation pour M. Helvétius. Il a du mérite, et il est malheureux; il doit être protégé.

Or çà, voilà qui est fait; je compte sur vous; mon amitié est la même; mais que votre négligence ne soit point la même. Je vous embrasse aussi tendrement que jamais.

DCCLXXXVII. — A M. Lévesque de Burigny.

Janvier.

J'ai bien des grâces à vous rendre, monsieur, de tous vos bons documents; il faudrait avoir l'honneur de vivre avec vous pour mettre fin à la grande entreprise à laquelle je travaille. Je suis malheureusement détourné de mes travaux et persécuté dans ma retraite, par la haine de certains écrivains, par la calomnie, par la plus cruelle ingratitude. Je ne me plains point de l'abbé Desfontaines, il fait son métier : il est né pour le crime; mais qu'ai-je fait à M. de Saint-Hyacinthe? L'abbé Desfontaines cite un libelle de lui contre moi ; je ne sais ce que c'est; j'en crois M. de Saint-Hyacinthe incapable; il est votre ami, et un homme honoré de l'amitié d'un homme aussi estimable que vous, ne peut écrire un libelle diffamatoire. Il est de l'honneur de M. de Saint-Hyacinthe de s'en disculper. J'ose espérer qu'une âme comme la vôtre s'intéressera à se laver de cet opprobre. Voudrait-il se mettre au rang de ceux qui déshonorent les belles-lettres et l'humanité? Voudrait-il partager hautement la scélératesse de l'abbé Desfontaines, et outrager ma famille, une famille d'honnêtes gens, nombreuse, et pouvant se venger? Je me flatte, monsieur, que vous préviendrez les suites éternelles qui peuvent en résulter; je vous le demande au nom de l'estime qui m'attache à vous depuis si longtemps. Je suis, avec un zèle infini, monsieur, votre très-humble et très-obéissant serviteur.

DCCLXXXVIII. — A M. L'ABBÉ MOUSSINOT.

Cirey, janvier.

Allons notre train, mon cher ami; nous aurons justice, je vous le jure. Pour préparer, pour assurer cette justice, voyez le bâtonnier des avocats et les anciens; engagez-les à désavouer, au nom de leur corps, la *Voltairomanie*, qui est mise si impudemment sous le nom d'un avocat; c'est là une des choses les plus essentielles. Voyez aussi M. Pageau, qui est intime ami de mon père. Touchez-le, et faites-lui part, en secret, de ma petite intelligence avec M. Hérault.

Vous remettrez la procuration que je vous envoie à quelque bon praticien qui agira en mon nom: mais il ne doit agir que, au préalable, vous n'ayez vu brûler tous les papiers que le chevalier de Mouhi conserve, et qui pourraient me nuire, comme mon premier mémoire justificatif dont je ne suis pas content, et l'original du *Préservatif*, où il avait mis des choses très-fortes dont je suis encore plus mécontent. Lorsque le tout sera brûlé, et qu'il aura juré qu'il ne reste entre ses mains ni lettres, ni papiers, le praticien commencera une procédure criminelle. Reste à savoir si c'est à la police ou à la chambre de l'Arsenal qu'on poursuivra le Desfontaines.

Le désaveu du corps des avocats est nécessaire ; ne négligez pas cette branche. Il faut, mon cher abbé, sortir de là tout à fait à notre honneur; c'est le plus grand service que vous puissiez rendre à votre ami.

DCCLXXXIX. — AU MÊME.

Cirey, janvier.

Encore un coup, mon cher abbé, allons en avant. N'oublions rien de tout ce qui peut nous assurer un triomphe complet contre un malheureux méprisable, mais méchant et dangereux.

En 1724 la chambre de l'Arsenal le condamna comme auteur d'un libelle de l'espèce de *La Voltairomanie*. En 1725 il fut emprisonné au Châtelet et à Bicêtre. Tâchez de faire lever les écrous de ces deux prisons, d'avoir copie du commencement de son procès criminel chez M. Rossignol, et copie de son jugement rendu à la chambre de l'Arsenal.

Promettez de l'argent au chevalier de Mouhi. Il en a gagné au *Préservatif*, dont il est l'auteur en partie; il en aura encore, mais patience! Si dans le procès on agit à son nom, que ce ne soit pas lui qui fasse les démarches; j'aimerais mieux ne rien entreprendre. Puisque nous avons un procureur constitué, il est plus naturel d'agir en mon propre et privé nom.

Si la requête est présentée, si le lieutenant criminel a promis d'informer, tout va bien. Commençons donc, mon cher ami, sans perdre un moment de temps.

DCCXC. — A M. HELVÉTIUS.

Janvier.

Mon cher ami, toutes lettres écrites, tous mémoires brochés, toute réflexion faite, voici à quoi je m'arrête : je vous prends pour avocat et pour juge.

Thieriot avait oublié que l'abbé Desfontaines l'avait traité de *colporteur* et de *faquin* dans son *Dictionnaire néologique*; il avait peut-être aussi oublié un peu les marques de mon amitié; il avait surtout oublié que j'avais dix lettres de lui, par lesquelles il me mandait autrefois que Desfontaines est un *monstre*; qu'à peine sauvé de Bicêtre par mon secours, il fit un libelle contre moi, intitulé *Apologie*; qu'il le *lui montra*, etc. Thieriot ayant donc oublié tant de choses, et le vin de Champagne de La Popelinière lui ayant servi de fleuve Léthé, il se tenait coi et tranquille, faisait le petit important, le petit ministre avec Mme du Châtelet, s'avisait d'écrire des lettres équivoques, *ostensibles*, qu'on ne lui demandait pas; et, au lieu de venger son ami et soi-même, de soutenir la vérité, de publier par écrit que *la Voltairomanie* est un tissu de calomnies; enfin, au lieu de remplir les devoirs les plus sacrés, il buvait, se taisait, et ne m'écrivait point. Mme de Bernières, mon ancienne amie, outrée du libelle, m'écrit, il y a huit jours, une lettre pleine de cette amitié vigoureuse dont votre cœur est si capable, une lettre où elle avoue hautement tout ce que j'ai fait, tout ce que j'ai payé entre les mains par Thieriot même, tous les services que j'ai rendus à Desfontaines. La lettre est si forte, si terrible, que je la lui ai renvoyée, ne voulant pas la commettre; j'en attends une plus modérée, plus simple, un petit mot qui ne servira qu'à détruire, par son témoignage, les calomnies du libelle, sans nommer et sans offenser personne.

Que Thieriot en fasse autant; qu'il ait seulement le courage d'écrire dix lignes par lesquelles il avoue que, depuis vingt ans qu'il me connaît, il ne m'a connu qu'honnête homme et bienfaisant; que tout ce qui est dans le libelle, et en particulier ce qui le regarde, est faux et calomnieux; qu'il est très-loin d'avoir pu désavouer ce que j'ai jamais avancé, etc.

Voilà tout ce que je veux; je vous prie de l'engager à envoyer cet écrit à peu près dans cette forme. Quand même cela ne servirait pas, au moins cela ne pourrait nuire; et, en vérité, dans ces circonstances, Thieriot me doit dix lignes au moins; s'il veut faire mieux, à lui permis. C'est une chose honteuse que son silence. Vous devriez en parler fortement à M. de La Popelinière, qui a du pouvoir sur cette âme molle, et qui a quelque intérêt que la mollesse n'aille point jusqu'à l'ingratitude.

De quoi Thieriot s'avise-t-il de négocier, de tergiverser, de parler du *Préservatif*? Il n'est pas question de cela. Il est question de savoir si je suis un imposteur ou non : si Thieriot m'a écrit ou non, en 1726, que l'abbé Desfontaines avait fait, pour récompense de mes bienfaits, un libelle contre moi; si M. et Mme de Bernières m'ont logé par charité; si je ne leur ai pas payé ma pension et celle de Thieriot, etc. Voilà des faits; il faut les avouer, ou l'on est indigne de vivre.

Belle âme, je vous embrasse.

Gratior et pulchro veniens in corpore virtus.
                                    Virg., Æn., V, 344.

Je suis à vous pour ma vie.

DCCXCI. — A M. L'ABBÉ MOUSSINOT.
Janvier.

Dès que M. d'Argental aura approuvé ce nouveau *Mémoire*, vous le donnerez, mon cher, au chevalier de Mouhi pour le faire imprimer sur-le-champ. C'est une troisième leçon qui a beaucoup gagné d'être retouchée. Il est meilleur que le premier, plus modéré et plus touchant que le second. Il n'y a rien à craindre, et un tel mémoire peut être imprimé tête levée. On pourrait même demander un privilége; mais cela retarderait trop. Remarquez bien fort M. le chevalier de Mouhi, quand il parle d'imprimer à mon profit; faites-lui sentir que c'est pour lui faire plaisir uniquement qu'on le charge de cela, et qu'assez d'autres demandent la préférence. Il faut qu'il rende l'ancien *Mémoire*; n'oubliez pas cela.

Je pense que la *Voltairomanie* est achetée, déposée chez un commissaire, en présence de deux témoins, et qu'il existe un procès-verbal de ces préliminaires absolument nécessaires pour une procédure criminelle. Cela supposé, voici le modèle d'un placet à M. le chancelier, à M. Hérault, lieutenant général de police, à M. d'Argenson, à M. de Maurepas.

« Moussinot, prêtre, docteur en théologie, etc.; Moussinot, bourgeois de Paris; Germain Dubreuil, aussi bourgeois de Paris, anciens amis de M. de Voltaire, présentent à Mgr le chancelier une requête qu'il présenterait lui-même, s'il n'était pas trop malade, contre l'auteur d'un libelle diffamatoire qui paraît sous le titre de *la Voltairomanie*, dans lequel le sieur de Voltaire est traité de *voleur public*, d'*athée*, etc. Mgr le chancelier en connaît l'auteur, quoiqu'il ne soit pas juridiquement convaincu. Le public indigné attend justice, et le sieur de Voltaire la demande humblement. »

Je veux, mon ami, avoir raison de ce malheureux Desfontaines; mon honneur y est intéressé. Je ne crois pas qu'on me refuse justice. Adieu, mon cher abbé; je ressemble aux hommes véritablement dévots, qui pour le ciel oublient entièrement la terre; moi, j'oublie mes rentes et mes rentiers pour mon honneur. C'est cet honneur qui est le véritable bien; les autres ne viennent qu'après lui.

DCCXCII. — AU MÊME.

Cirey, ce 2 février.

e chevalier de Mouhi a trop d'esprit, mon cher abbé, pour penser que je croie aujourd'hui que l'imprimeur a travaillé cinq jours, après qu'il m'a mandé lui-même qu'il n'avait travaillé qu'un soir. Qu'il vous montre l'ouvrage des cinq jours. C'est un petit roman qu'il vous fait, et moins solidement bâti que l'ouvrage des sept jours sur lequel on a tant écrit. Je suis bien aise de lui faire plaisir; mais je suis très-aise aussi de ne faire que ce que je dois et que ce que je veux. Il n'en a jamais coûté douze livres pour une plainte à un commissaire. Passons cette bagatelle. Vous lui avez donné cinquante francs une fois, deux louis une autre fois; cela est quelque chose. Je lui donnerai encore, mais à présent vous n'avez point d'argent. Je vous prie de le lui dire tout simplement. Vous lui remettrez le *Mémoire*, si M. d'Argental est d'avis qu'on l'imprime avec les corrections que j'ai envoyées; vous lui direz que ce n'est pas un service que je le prie de me rendre, mais que c'est un plaisir que je lui fais. Il en fera ce qu'il voudra; je ne le prie de rien; je lui fournis l'occasion de gagner de l'argent s'il le veut, et c'est tout.

DCCXCIII. — DE FRÉDÉRIC, PRINCE ROYAL DE PRUSSE.

A Berlin, le 3 février.

Mon cher ami, vous recevez mes ouvrages avec trop d'indulgence. Une prévention trop favorable à l'auteur vous fait excuser leur faiblesse et les fautes dont ils fourmillent.

Je suis comme le Prométhée de la fable : je dérobe quelquefois de votre feu divin, dont j'anime mes faibles productions. Mais la différence qu'il y a entre cette fable et la vérité, c'est que l'âme de Voltaire, beaucoup plus grande et plus magnanime que celle du roi des dieux, ne me condamne point au supplice que souffrit l'auteur du céleste larcin. Ma santé, languissante encore, m'empêche d'exécuter les ouvrages que je roulais dans ma tête; et le médecin, plus cruel que la maladie même, me condamne à prendre journellement de l'exercice, temps que je suis obligé de prendre sur mes heures d'étude.

Ces charlatans veulent m'interdire de m'instruire; bientôt ils voudront que je ne pense plus. Mais, tout bien compté, j'aime mieux être malade de corps que d'être perclus d'esprit. Malheureusement l'esprit ne semble être que l'accessoire du corps; il est dérangé en même temps que l'organisation de notre machine, et la matière ne saurait souffrir sans que l'esprit ne s'en ressente également. Cette union si étroite, cette liaison intime, est, ce me semble, une très-forte preuve du sentiment de Locke. Ce qui pense en nous est assurément un effet ou un résultat de la mécanique de notre machine animée. Tout homme sensé, tout homme qui n'est point imbu de prévention ou d'amour-propre, doit en convenir.

Pour vous rendre compte de mes occupations, je vous dirai que j'ai fait quelque progrès en physique. J'ai vu toutes les expériences de la pompe pneumatique, et j'en ai indiqué deux nouvelles qui sont : 1° de mettre une montre ouverte dans la pompe, pour voir si son mouvement sera accéléré ou retardé; s'il restera le même ou s'il cessera. La seconde expérience regarde la vertu productrice de l'air. On prendra une portion de terre dans laquelle on plantera un pois, après quoi on l'enfermera dans le récipient; on pompera l'air, et je suppose que le pois ne croîtra point, parce que j'attribue à l'air cette vertu productrice et cette force qui développe les semences.

J'ai donné de plus quelque besogne à nos académiciens; il m'est venu une idée sur la cause des vents, que je leur ai communiquée, et notre célèbre Kirch pourra me dire, au bout d'un an, si mon assertion est juste, ou si je me suis trompé. Je vous dirai en peu de mots de quoi il s'agit. On ne peut considérer que deux choses comme les mobiles du vent : la pression de l'air et le mouvement. Or je dis que la raison qui fait que nous avons plus de tempêtes vers le solstice d'hiver, c'est que le soleil est plus voisin de nous, et que la pression de cet astre sur notre hémisphère produit les vents. De plus, la terre, étant dans son périgée, doit avoir un mouvement plus fort en raison inverse du carré de sa distance, et ce mouvement, influant sur les parties de l'air, doit nécessairement produire les vents et les tempêtes. Les autres vents peuvent venir des autres planètes avec lesquelles nous sommes dans le périgée. De plus, lorsque le soleil attire beaucoup d'humidités de la terre, ces humidités, qui s'élèvent et se rassemblent dans la moyenne région de l'air, peuvent, par leur pression, causer également des vents et des tourbillons. M. Kirch observera exactement la situation de notre terre à l'égard du monde planétaire; il remarquera les nuages, et il examinera avec soin, pour voir si la cause que j'assigne aux vents est véritable.

En voilà assez pour la physique. Quant à la poésie, j'avais formé un dessein, mais ce dessein est si grand, qu'il m'épouvante moi-même, lorsque je le considère de sang-froid. Le croiriez-vous? j'ai fait le projet d'une tragédie; le sujet est pris de l'*Énéide;* l'action de la pièce devait représenter l'amitié tendre et constante de Nisus et d'Euryale. Je me suis proposé de renfermer mon sujet en trois actes, et j'ai déjà rangé et digéré les matériaux; ma maladie est survenue, et *Nisus et Euryale* me paraissent plus redoutables que jamais.

Pour vous, mon cher ami, vous m'êtes un être incompréhensible. Je doute s'il y a un Voltaire dans le monde; j'ai fait un système pour nier son existence. Non, assurément, ce n'est pas un homme qui fait le travail prodigieux qu'on attribue à M. de Voltaire. Il y a à Cirey une académie composée de l'élite de l'univers; il y a des philosophes qui traduisent Newton; il y a des poëtes héroïques, il y a des Corneille, il y a des Catulle, il y a des Thucydide; et l'ouvrage de cette académie se publie sous le nom de Voltaire, comme l'action de toute une armée s'attribue au chef qui la commande. La Fable nous parle d'un géant qui avait cent bras ; vous avez mille génies. Vous embrassez l'univers entier, comme Atlas le portait.

Ce travail prodigieux me fait craindre, je l'avoue. N'oubliez point que, si votre esprit est immense, votre corps est très-fragile. Ayez quelque égard, je vous prie, à l'attachement de vos amis, et ne rendez pas votre champ aride, à force de le faire rapporter. La vivacité de votre esprit mine votre santé, et ce travail exorbitant use trop vite votre vie.

Puisque vous me promettez de m'envoyer les endroits de la *Henriade* que vous avez retouchés, je vous prie de m'envoyer la critique de ceux que vous avez rayés.

J'ai le dessein de faire graver *la Henriade* (lorsque vous m'aurez communiqué les changements que vous avez jugé à propos d'y faire) comme l'*Horace* qu'on a gravé à Londres. Knobelsdorf, qui dessine très-bien, fera les dessins des estampes; l'on pourrait y ajouter l'*Ode à Maupertuis*, les *Épîtres morales*, et quelques-unes de vos pièces qui sont dispersées en différents endroits. Je vous prie de me dire votre sentiment, et quelle serait votre volonté.

Il est indigne, il est honteux pour la France, qu'on vous persécute impunément. Ceux qui sont les maîtres de la terre doivent administrer la justice, récompenser et soutenir la vertu contre l'oppression et la calomnie. Je suis indigné de ce que personne ne s'oppose à la fureur de vos ennemis. La nation devrait embrasser la querelle de celui qui ne travaille que pour la gloire de sa patrie, et qui est presque le seul homme qui fasse honneur à son siècle. Les personnes qui pensent juste méprisent le libelle diffamatoire qui paraît; elles ont en horreur ceux qui en sont les abominables auteurs. Ces pièces ne sauraient attaquer votre réputation ; ce sont des traits impuissants, des calomnies trop atroces pour être crues si légèrement.

J'ai fait écrire à Thiériot tout ce qui convient qu'il sache, et l'avis qu'on lui a donné touchant sa conduite fructifiera, à ce que j'espère.

Vous savez que la marquise et moi nous sommes vos meilleurs amis ; chargez-nous, lorsque vous serez attaqué, de prendre votre défense. Ce n'est pas que nous nous en acquittions avec autant d'éloquence et de dignité que si vous preniez ce soin vous-même ; mais tout ce que nous dirons pourra être plus fort, parce qu'un ami, outré du tort qu'on fait à son ami, peut dire beaucoup de choses que la modération de l'offensé doit supprimer. Le public même est plutôt ému par les plaintes d'un ami compatissant, qu'il n'est attendri par l'*oppressé* qui crie vengeance.

Je ne suis point indifférent sur ce qui vous regarde, et je m'intéresse avec zèle au repos de celui qui travaille sans relâche pour mon instruction et pour mon agrément.

Je suis, avec tous les sentiments que vous inspirez à ceux qui vous connaissent, votre très-fidèlement affectionné ami, Féérain...

Mes assurances d'estime à la marquise.

DCCXCIV. — A M. L'ABBÉ MOUSSINOT.

Cirey, le 4 février.

Je vous parlerai donc, mon cher trésorier, des biens de ce monde, puisque vous m'y forcez; mais pensez qu'en m'occupant de ces biens je m'occuperai de mon honneur. Cependant cet honneur vous intéresse autant que ma caisse; et vous, qui voulez bien gouverner le trésor d'un indévot, vous ne voudriez pas régir certainement celui d'un malhonnête homme, comme ce scélérat de Desfontaines m'en accuse. Venons donc à ce temporel.

Je commence par vous reprocher une énorme erreur de calcul, et je pense que vous n'en avez jamais fait de pareilles en rendant vos comptes d'hiérophante au chapitre de Saint-Merri.

Vous me dites que vous avez fait une recette de....... 31586 liv.
et que vous avez déboursé........................... 14412

Donc, ajoutez-vous, il reste 21 500 liv. Ce donc-là me paraît peu arithmétique; car avec ce donc il ne doit rester que... 17174 liv.

Peu importe; c'est ce qu'on possède qui importe. A l'égard des autres rentes échues, elles viendront petit à petit. Obtenez de M. le marquis de Lézeau une délégation sur ses fermiers; on sera sûr d'être payé, et on ne sera plus obligé de lui faire la cour pour obtenir ce qui est à nous. Il y a un M. de Guébriant qui me néglige terriblement. Il me doit neuf années; cela est fort. En conscience, nous devons l'avertir souvent de ces arrérages, même le tourmenter.

Je suis très-aise que M. de La Roque ait refusé la lettre, et fâché qu'on l'ait présentée sans me consulter. Je me suis très-bien consulté, moi, et je veux que le procès soit fait à Desfontaines; il faut agir sur-le-champ sans difficulté et avec toute la vigueur imaginable. Encore un coup, vous n'avez point d'argent; dites-le au chevalier de Mouhi, je lui en ferai toucher ailleurs, mais à condition qu'il jurera de nouveau qu'il n'a aucun papier qui puisse me faire tort.

DCCXCV. — A M. LÉVESQUE DE BURIGNY.

A Cirey, ce 4 février.

Si vous daignez, monsieur, prévenir les suites les plus cruelles d'une affaire dans laquelle plusieurs officiers de mes parents s'intéressent jusqu'à sacrifier leur vie, ayez la bonté d'obtenir une réponse de Saint-Hyacinthe, je vous en conjure. Il vous doit beaucoup; il ne peut rien ou du moins ne doit rien vous refuser, et je crois qu'il n'osera point n'être pas vertueux devant vous; vous ne sauriez croire les obligations que je vous aurai.

Souffrez que je vous adresse cette lettre pour lui : le plus grand service que vous puissiez me rendre, c'est de me faire avoir une réponse qui prévienne des suites qui seraient affreuses.

DCCXCVI. — A M. L'ABBÉ MOUSSINOT.

Voilà qui est fait, mon cher ami, et il faut mettre les fers au feu. Le procès sera bientôt en très-bon train. M. d'Argental doit être content de mon mémoire. Vous ne m'en avez pas parlé. Ce mémoire a dû être envoyé aux ministres, aux principaux magistrats, au lieutenant criminel, pour demander permission d'informer. Il ne peut nuire en rien à la procédure ; au contraire, il disposera les esprits en ma faveur.

Avant de le faire imprimer, ayez la bonté, à l'endroit où l'on fait le dénombrement des personnes que Desfontaines a outragées, après ces mots : « Là où les autres hommes cherchent à s'instruire, » d'ajouter : « Il s'honorait de l'amitié et des instructions de M. l'abbé d'Olivet, et il vient tout récemment de faire un livre contre lui ; il ose le dédier à l'Académie française, et l'Académie a flétri à jamais, dans ses registres, et le livre, et la dédicace, et l'auteur. »

Je vous prie d'aller voir mon neveu Mignot, chez M. de Montigni, rue Cloche-Perche, près de votre loge, et de lui dire que des étrangers ayant présenté requête, il est indispensable qu'il en donne aussi une. Parlez-lui fortement et tendrement ; remuez son cœur ; c'est par là qu'il faut commencer

DCCXCVII. — A M. LE COMTE D'ARGENTAL.

A Cirey, le 5 février.

Mon respectable ami, je rougis, mais il faut que je vous importune. Les lettres se croisent, on prend des partis que l'événement imprévu fait changer ; on donne un ordre à Paris, il est mal exécuté ; on ne s'entend point, tout se confond. Deux jours de ma présence mettraient tout en règle, mais enfin je suis à Cirey. *Te rogamus, audi nos.*

Premièrement vous saurez que M. Deniau, bâtonnier des avocats, a fait courir des billets dans tous les bancs des avocats, et est prêt à donner une espèce de certificat par lettres, qu'aucun avocat n'est assez lâche et assez coquin pour avoir fait un tel libelle. Je vous prie de faire encourager ce M. Deniau.

2° J'insiste fortement sur le commencement d'un procès criminel, qu'on poursuivra si on a beau jeu. Qu'on n'intente d'abord que contre les distributeurs. J'ai des preuves assez fortes pour le commencer. Je ne crains rien d'aucune récrimination. On pourrait, sous main, réveiller l'affaire des *Lettres philosophiques*[1], mais il n'y a nulle preuve ; et, si Thieriot, qui connaît un substitut du procureur général, veut faire une procédure en l'air par Ballot, le décret sera purgé en quinze jours.

---

1. La condamnation du 10 juin 1734.

3° Indépendamment de tout cela, j'ai donc envoyé mon *Mémoire* manuscrit à M. le chancelier; je lui fais présenter, et le placet signé par cinq gens de lettres, et celui de mon neveu, et la lettre de Mme de Bernières.

4° Comme il faut se servir de tous les moyens qui peuvent s'entr'aider sans pouvoir s'entre-nuire, si M. le premier président pouvait, sur la requête à lui présentée, et sur le certificat du bâtonnier, faire brûler le libelle, ce serait une chose bien favorable.

5° Je ne sais si je dois faire paraître mon *Mémoire* ou isolé ou accompagné de quelques ouvrages fugitifs; mais je crois qu'il faut qu'il paraisse; car je ne peux sortir de ce principe que, si l'on doit laisser tomber les injures, il faut relever les faits. Je voudrais le mettre à la suite de la préface et du premier chapitre de l'histoire de Louis XIV, si cet ouvrage vous paraît sage. J'y ajouterais les *Épîtres* bien corrigées, une *Lettre* à M. de Maupertuis, une dissertation sur les journaux. Je tâcherais que le recueil se fît lire.

6° Ce que j'ai infiniment à cœur, c'est le désaveu le plus authentique et le plus favorable de la part de Saint-Hyacinthe; je crois qu'il ne sera pas difficile à obtenir.

7° Mme du Châtelet vous prie très-instamment de parler ferme à Thieriot. Votre douceur et votre bonté le gâtent. Il s'imagine que vous l'approuvez, et il a l'insolence d'écrire qu'il n'a rien fait que de votre aveu. Comptez que c'est une âme de boue, et que vous la tournerez en pressant fort. Mme du Châtelet ne lui pardonnera jamais d'avoir fait courir cette malheureuse lettre *ostensible* qu'elle n'avait jamais demandée, lettre ridicule en tout point, dans laquelle il dit qu'il ne se souvient pas *du temps où l'abbé Desfontaines lui montra le libelle ancien intitulé* APOLOGIE. Il devait pourtant se souvenir que c'était en 1725, et qu'il me l'avait écrit vingt fois dans les termes les plus forts.

Ce n'est pas tout : il fait entendre que j'ai part au *Préservatif;* il fait le petit médiateur, le petit ministre, lui qui, m'ayant tant d'obligations, et attaché par mes bienfaits et par ses fautes, aurait dû s'élever contre Desfontaines avec plus de force que moi-même. Il garde avec moi le silence; on lui écrit vingt lettres de Cirey, point de réponse; on lui demande si, selon sa louable coutume d'envoyer au prince de Prusse tout ce qui se fait contre moi, il ne lui a point envoyé le *Mémoire*, il ne répond rien; enfin il mande qu'il a envoyé au prince sa belle lettre à Mme du Châtelet. Je vous avoue que ce procédé lâche m'est plus sensible que celui de Desfontaines. Encore une fois, Mme du Châtelet vous demande en grâce de représenter à Thieriot ses torts; car, après tout, il peut servir dans cette affaire. Nous le connaissons bien; si on lui laisse entendre qu'il a raison, il demeurera dans son indolence; si on le convainc de ses fautes, il les réparera, et sûrement il fera ce que vous voudrez; mais, encore une fois, nous vous supplions de lui parler ferme.

Je suis bien assurément de cet avis; nous n'avons de recours qu'en vous, mon cher ami; donnez-nous vos conseils comme à Thieriot.

J'espère que votre amitié m'épargnera une séparation qui me coûterait bien des larmes. Rangez Thieriot à son devoir, aimez-nous toujours, et épargnez-nous le chagrin de nous quitter; votre amitié peut tout

DCCXCVIII. — A M. L'ABBÉ MOUSSINOT.

Cirey.

Vous êtes un ange de paix, mon cher abbé; les nouvelles que vous me donnez sont excellentes. Vous avez obtenu un certificat du bâtonn:er des avocats, et je vous en remercie. J'attends ce certificat avec la dernière impatience. C'est un des grands services que votre amitié m'ait encore rendus. Heureusement le bâtonnier est chargé d'une affaire de M. le marquis du Châtelet, qui va lui écrire et l'encourager à obtenir le désaveu du corps des avocats. J'espère bientôt lui écrire pour le remercier.

M. Begon est bon pour être procureur dans le procès; il fera les écritures; mais il s'en faut bien que cela suffise. Il faut quelqu'un qui sollicite, qui agisse, qui se présente, qui fournisse des pièces, des témoins, qui se donne des peines continuelles, ce qu'on appelle un solliciteur de procès, qui, moyennant une certaine somme, conduise l'affaire. Proposez-le à Demoulin, auquel j'ai pardonné. Je vais lui en écrire. Écrivez vous-même à M. Begon qu'il tienne toutes ses batteries prêtes pour entamer les procédures, et commençons, s'il est possible, par obtenir de faire brûler le *Mémoire* pour lequel Jore a donné son désistement. Ce *Mémoire* infâme était l'ouvrage de Desfontaines. Ne l'avais-je pas deviné? Jore a tout avoué; je lui en sais bon gré, et dans peu il en aura une preuve convaincante. Jore était un homme faible et non méchant. Plaignons et pardonnons au faible, mais poursuivons le méchant; poursuivons donc ce Desfontaines. Si on en purge la société, on rendra un grand service aux hommes.

DCCXCIX. — A MLLE QUINAULT.

6 février.

[Guyot de Merville s'est joint à Desfontaines pour écrire la *Voltairomanie*. Se plaint du libelle de Saint-Hyacinthe dans lequel il annonce que Voltaire a été insulté à la comédie par un officier nommé Beauregard. Attestation des comédiens demandée par Voltaire à Mlle Quinault, pour démontrer l'évidence de cette calomnie.]

DCCC. — A M. LE COMTE D'ARGENTAL.

6 février.

Pardon de tant d'importunités. Je reçois votre lettre, mon respectable ami; vous me liez les mains. Je suspends les procédures, je ne veux rien faire sans vos conseils; mais souffrez au moins que je sois toujours à portée de suivre ce procès. En quoi peut me nuire une plainte contre les distributeurs du libelle, par laquelle on pourra, quand on voudra, remonter à la source? Tout sera suspendu.

Mon généreux ami, il est certain qu'il me faut une réparation, ou que je meure déshonoré. Il s'agit de faits, il s'agit des plus horribles impostures. Vous ne savez pas à quel point l'abbé Desfontaines est l'oracle des provinces.

On me crie à Paris que mon ennemi est méprisé, et moi je vois que ses *Observations* se vendent mieux qu'aucun livre. Mon silence le désespère, dites-vous; ah! que vous êtes loin de le connaître! il prendra mon silence pour un aveu de sa supériorité, et, encore une fois, je resterai flétri par le plus méprisable des hommes, sans en pouvoir tirer la moindre vengeance, sans me justifier. Je suis bien loin de demander le certificat de Mme de Bernières pour en faire usage en justice; mais je voulais l'avoir par-devers moi, comme j'en ai déjà sept ou huit autres, pour avoir en main de quoi opposer à tant de calomnies, un jour à venir.

J'espère surtout avoir un désaveu authentique au nom des avocats. Le bâtonnier l'a promis. La lettre de Mme de Bernières me servira de certificat, et je la ferai lire à tous les honnêtes gens. A l'égard de mon *Mémoire*, je le refondrai encore, je le ferai imprimer dans un recueil intéressant de pièces de prose et de vers, dans lequel seront les *Épîtres*, que je crois enfin corrigées selon votre goût.

De grâce, ne me citez point M. de Fontenelle; il n'a jamais été attaqué comme moi, et il s'est assez bien vengé de Rousseau, en sollicitant plus que personne contre lui.

Encore une fois, j'arrête mon procès; mais, en le poursuivant, qu'ai-je à craindre? Quand il serait prouvé que j'ai reproché à l'abbé Desfontaines des crimes pour lesquels il a été repris de justice, n'est-il pas de droit que c'est une chose permise, surtout quand ce reproche est nécessaire à la réputation de l'offensé? Je lui reproche, quoi? des libelles; il a été condamné pour en avoir fait. Je lui reproche son ingratitude. Je ne l'ai point calomnié; je prouve, papiers en main, tout ce que j'avance. J'ai fait consulter des avocats; ils sont de mon avis, mais enfin tout cède au vôtre. Je ne veux me conduire que par vos ordres.

A l'égard de Saint-Hyacinthe, je veux réparation; je ne souffrirai pas tant d'outrages à la fois. Où est donc la difficulté qu'on exige un désaveu d'un coquin tel que lui? Pourrait-on dire que cela n'est rien? Je suis donc un homme bien méprisable; je suis donc dans un état bien humiliant, s'il faut qu'on ne me considère que comme un bouffon du public, qui doit, déshonoré ou non, amuser le monde à bon compte, et se montrer sur le théâtre avec ses blessures! La mort est préférable à un état si ignominieux. Voilà une récompense bien horrible de tant de travail! et cependant Desfontaines jouira tranquillement du privilége de médire; et on insultera à ma douleur. Au nom de Dieu, que j'obtienne quelque satisfaction! Ne pourrais-je pas du moins obtenir qu'on brûlât le libelle? Ne pourrai-je pas présenter ma requête contre Chaubert, et obtenir qu'en attendant des preuves, justice soit faite de ce libelle infâme, sans nom d'auteur?

Je vous réitère mes instantes prières sur Saint-Hyacinthe, si vous voulez que je reste en France.

Je suis honteux de vous faire voir tant de douleur, et désespéré de vous donner tant de soins; mais vous me tenez lieu de tout à Paris. J'ai encore assez de liberté dans l'esprit pour corriger *Zulime*, puisqu'elle vous plaît. J'attends vos ordres. J'ai quelque chose de beau[1] dans la tête, mais j'ai besoin de tranquillité, et mes ennemis me l'ôtent.

DCCCI. — DE M. LE MARQUIS D'ARGENSON.

Paris, le 7 février 1739.

C'est un vilain homme que l'abbé Desfontaines, monsieur; son ingratitude est assurément pire encore que les crimes qui vous avaient donné lieu de l'obliger. N'appréhendez point de n'avoir pas les puissances pour vous. Une fois il m'arriva, en dînant chez M. le cardinal[2], d'avancer la proposition qu'il était curé d'une grosse cure en Normandie : je révoltai toute l'assistance contre moi. Son Éminence me le fit répéter trois fois. Je me voyais perdu d'estime et de fortune, sans le prévôt des marchands qui me témoigna ce fait. M. le chancelier pense de même sur le compte de ce.... de police. M. Hérault doit penser de même, ou il serait justiciable de ceux qu'il justicie. M. le chancelier estime vos ouvrages; il m'en a parlé plusieurs fois dans des promenades à Fresnes. Mais, de tous les chevaliers, le plus prévenu contre votre ennemi, c'est mon frère[3]. J'ai été le voir à la réception de votre lettre; il m'a dit que l'affaire en était à ce que M. le chancelier avait ordonné que l'abbé Desfontaines serait mandé pour déclarer si les libelles en question étaient de lui, et pour signer l'affirmatif ou le négatif; sinon, contraint. Je vous assure que cela sera bien mené. Je solliciterai M. le chancelier en mon particulier, ces jours-ci.

J'embrasse vos intérêts avec chaleur et avec plaisir. La chose est bien juste. Je vous ai toujours connu ennemi de la satire ; vous vous indignez contre les fripons, vous riez des sots ; je compte en faire tout autant, tout de mon mieux, et je me crois honnête homme. Ce n'est là que juger ; faire part de son jugement à ses amis, c'est médire : la religion le défend, ainsi que le bon sens, et même l'instinct. Ainsi vous m'avez toujours paru éloigné d'un si mauvais penchant; vos écrits avoués et dignes de vous, et vos discours, m'y ont toujours confirmé. Travaillez en repos, monsieur, vingt-cinq autres ans; mais faites des vers, malgré votre serment qui est dans la préface de Newton. Avec quelque clarté, quelque beauté, quelque dignité que vous ayez entendu et rendu le système philosophique de cet Anglais, ne méprisez pas pour cela les poëmes, les tragédies, et les épîtres en vers : nous serons toujours éclairés et nourris dans la scène physique ; mais nous ne lirons bientôt plus pour nous amuser, et nous n'irons plus à la comédie, faute de bons auteurs en vers et en prose.

Adieu, monsieur; pourquoi allez-vous parler de protection et de respect à un ancien ami, et qui le sera toujours?

1. La tragédie de *Mahomet*. (ÉD.) — 2. Le cardinal de Fleury. (ÉD.)
3. Le comte d'Argenson. (ÉD.)

DCCCII. — AU CHANCELIER DAGUESSEAU.

Cirey, ce 11 février.

Monseigneur, je commence par vous demander très-humblement pardon de vous avoir envoyé un si gros mémoire; mais je crois avoir rempli le devoir d'un citoyen, en m'adressant au chef de la justice et des belles-lettres, pour obtenir réparation des calomnies de l'abbé Desfontaines. Je ne dois parler ici que de celles dont j'ose vous présenter les réfutations authentiques que voici.

Mme de Champbonin, ma cousine, a les originaux entre ses mains; elle aura l'honneur de les présenter à monseigneur.

1° La copie d'une partie de la lettre de l'abbé Desfontaines, signée de lui, par laquelle il convient de mes services, et par laquelle il est démontré que M. le lieutenant de police, loin de lui demander pardon de l'avoir enfermé à Bicêtre, exécuta l'ordre mitigé du roi, par lequel il fut exilé, etc.;

2° La lettre de Mme de Bernières, qui prouve que tout ce que Desfontaines avance sur feu M. de Bernières et sur mes services est calomnieux;

3° Extraits des lettres du sieur Thieriot, qui confirment que l'abbé Desfontaines fit, au sortir de Bicêtre, un libelle intitulé *Apologie de V....;*

4° Une lettre de Prault fils, libraire, qui prouve que, loin d'être coupable des rapines dont l'abbé Desfontaines m'accuse, j'ai toujours eu une conduite opposée;

5° L'attestation du sieur Demoulin, négociant, dont les registres prouvent que, loin de mériter les reproches de Desfontaines, j'ai fait au moins le bien qui a dépendu de moi;

6° L'attestation d'un jeune homme de lettres, qui, ayant été du nombre de ceux que ma petite fortune m'a permis d'aider, s'est empressé de donner ce témoignage public, que jamais je ne produirais si je n'y étais forcé.

Enfin, monseigneur, je suis traité, dans le libelle de Desfontaines, d'*athée*, de *voleur*, de *calomniateur*. Tout ce que je demande, c'est un désaveu authentique de sa part, désaveu qu'il ne peut refuser aux preuves ci-jointes.

DCCCIII. — A M. THIERIOT.

A Cirey, ce 12 février.

M. de Maupertuis m'envoie aujourd'hui de Bâle votre lettre, que vous lui aviez donnée. Apparemment que, voyant à Cirey la douleur excessive et l'indignation de Mme du Châtelet, jointe à l'effet que faisait la lettre de Mme de Bernières, il n'osa donner la vôtre; cependant elle m'aurait fait grand plaisir, et, sachant alors de quoi il était question, je vous aurais empêché de faire la malheureuse démarche de rendre publique et d'envoyer au prince royal cette lettre dont Mme du Châtelet est si cruellement outrée.

Ce qui lui a fait plus de peine, c'est que vous avez cherché à faire valoir cette lettre, qui la compromet. Vous avez voulu vous vanter auprès d'elle des suffrages de personnes qui, n'étant point au fait, ne pouvaient savoir si cette lettre était convenable.

Ne sentiez-vous pas qu'elle n'était qu'une espèce de factum contre Mme du Châtelet; que vous essayiez de persuader que l'abbé Desfontaines ne vous avait point outragé? que j'étais auteur du *Préservatif?* que vous ne vous ressouveniez pas d'un fait important? Enfin vous démentiez par ce malheureux écrit vos anciennes lettres; et certainement ceux que vous prétendez qui approuvaient cette lettre politique n'avaient pas vu ces anciennes lettres sincères où vous parliez si différemment. Que diraient-ils, s'ils les avaient vues? Et pourquoi mettre Mme du Châtelet dans la nécessité douloureuse de montrer, papier sur table, que vous vous démentez vous-même pour l'outrager? A quoi bon vous faire de gaieté de cœur une ennemie respectable? pourquoi me forcer à me jeter à ses pieds pour l'apaiser? et comment l'apaiser, quand elle apprend que vous vous vantez d'avoir écrit à *Mme la marquise du Châtelet avec dignité*, et qu'enfin vous envoyez un factum contre elle au prince? A quoi me réduisez-vous? pourquoi me mettre ainsi en presse entre elle et vous? Je me soucie bien de l'abbé Desfontaines; voilà un plaisant scélérat pour troubler mon repos! Si vous saviez à quel point les hommes de Paris les plus respectables pressent la vengeance publique contre ce monstre, vous seriez bien honteux d'avoir balancé, d'avoir cru des personnes qui vous ont inspiré la neutralité et la décence. Non, l'abbé Desfontaines n'est rien pour moi; mais j'avais le cœur percé que mon ami de vingt-cinq ans, mon ami outragé par ce monstre, ne fit pas au moins ce qu'a fait Mme de Bernières.

Il ne s'agit entre nous que de faits, et le fait est que vous avez alarmé tous mes amis. Mme de Champbonin, qui a beaucoup d'esprit, qui écrit mieux que moi, et que vous connaissez bien peu, Mme de Champbonin vous écrivit avec effusion de cœur, et sans me consulter. M. du Châtelet vous écrivit, à ma prière, au sujet des souscriptions, non pas des souscriptions dont vous dissipâtes l'argent, chose que je n'ai jamais dite à personne, et que Mme du Châtelet a avouée à un seul homme dans sa douleur, mais au sujet de quelques souscriptions à rembourser; je vous ai parlé sur cela assez à cœur ouvert. Jamais en ma vie, encore une fois, je n'ai parlé à qui que ce soit des souscriptions mangées. Il ne s'agissait que de rembourser une ou deux personnes que vous pourriez rencontrer. Voyez que de malentendus! et tout cela pour avoir été un mois sans m'écrire, quand tout le monde m'écrivait; tout cela pour avoir fait la politique, quand il fallait être ami; pour avoir mis un art, qui vous est étranger, où il ne fallait mettre que votre naturel, qui est bon et vrai. Ne laissez point ainsi frelater votre cœur, et donnez-le-moi tel qu'il est.

Vous me parliez d'une disgrâce auprès du prince, que vous craignez que je ne vous attire. Eh! morbleu, ne voyez-vous pas que je ne lui écris point sur tout cela, parce que je ne sais que lui mander après votre malheureuse lettre? Encore une fois, et cent fois, vous me mettez entre Mme du Châtelet et vous. Si vous me disiez : « Voici ce que j'ai écrit au prince, » je saurais alors que lui mander; mais vous me liez les mains.

Vous m'écrivez mille choses vagues; il faut des faits. Vous avez fait une faute presque irréparable dans tout ceci. Vous auriez tout prévenu d'un seul mot. Vous vous seriez fait un honneur infini en vous joignant à mes amis, en parlant vous-même à M. le chancelier, en confirmant vos lettres, qui déposent le fait de l'*Apologie de Voltaire*, en 1725; en ne craignant point un coquin qui vous a insulté publiquement : voilà ce qu'il fallait faire. Il est temps encore; M. le chancelier décidera seul de tout cela. Mais que faut-il faire à présent? ce que M. d'Argenson, l'aîné ou le cadet, ce que Mme de Champbonin, ce que M. d'Argental, vous diront, ou plutôt ce que votre cœur vous dira. En un mot, il ne faut pas réduire votre ami à la nécessité de vous dire : « Rendez-moi le service que des indifférents me rendent. » Tout va très-bien, malgré les dénonciations contre les *Lettres philosophiques* et contre l'*Épître à Uranie*, par lesquelles Desfontaines a consommé ses crimes. J'aurai, je crois, justice par M. le chancelier; je l'ai déjà par le public. J'eusse été heureux si vous aviez paru le premier; mais je suis consolé, si vous revenez de bonne foi, et si vous reprenez votre véritable caractère.

Mon *Mémoire* est infiniment approuvé; mais je ne veux point qu'il paraisse sitôt. Je ne ferai rien sans l'aveu de M. le chancelier, et sans les ordres secrets de M. d'Argenson.

DCCCIV. — À M. LE COMTE D'ARGENTAL.

12 février.

Au nom de Dieu, mon respectable, mon cher ami, rendez-moi à mes études, à Émilie, et à *Zulime*. J'ai le cœur pénétré de douleur. Desfontaines m'a prévenu, et a obtenu du lieutenant criminel permission d'informer contre moi; il m'a dénoncé comme auteur de l'*Épître à Uranie* et des *Lettres philosophiques*; il a écrit au cardinal; il remue ciel et terre; et moi, je n'ai pas seulement la lettre de Mme de Bernières ni celle de M. Dulion, qui prouveraient au moins son ingratitude, et qui disposeraient le public et les magistrats en ma faveur; et j'apprends, pour comble de malheur et d'humiliation, que le procureur du roi, auquel il s'est adressé, est mon ennemi déclaré, et cherche partout de quoi me perdre. Quelle protection puis-je avoir auprès de lui? Hélas! faudrait-il de la protection contre un Desfontaines?

J'ai suspendu mes procédures, puisque vous me l'avez ordonné; mais j'ai bien peur d'être obligé de me voir mis en justice par le scélérat même qui me persécute, et que j'épargne.

Saint-Hyacinthe m'a donné un désaveu dont je ne suis pas encore content. Engagez, je vous en conjure, par un mot de lettre, le chevalier d'Aidie à arracher de lui le désaveu le plus authentique. Je demande aussi à Mlle Quinault un certificat des comédiens qui détruise la calomnie de Saint-Hyacinthe, rapportée dans le libelle des Desfontaines. Tout cela est important à mon honneur.

Je songe que l'abbé Desfontaines, qui a toute l'activité des scélérats et toute la chicane des Normands, a fait entendre à M. Hérault que ma lettre rapportée dans le *Préservatif* est un libelle. M. Hérault ne songera peut-être pas que c'est au contraire une très-juste plainte contre un libelle.

Je n'ai point le temps de vous parler de *Zulime*; je suis tout entier à mon affaire; j'ai le cœur percé. Quelle récompense! Quoi! ne pouvoir obtenir justice d'un Desfontaines! *Regnum meum non est hinc*[1].

Enfin je n'ai d'espérance qu'en vous, mon cher ange gardien; *sub umbra alarum tuarum*[2].

DCCCV. — A M. L'ABBÉ MOUSSINOT.

Cirey.

Desfontaines, m'écrit-on, a présenté requête au lieutenant criminel. Pour être à deux de jeu avec ce drôle, présentez-en une de ma part au tribunal de ce magistrat. Demandez permission d'informer, et courez chez M. d'Argenson, l'ambassadeur de Portugal, pour l'assurer que cette démarche ne s'oppose point à ses vues, que ce n'est qu'une précaution sage; et que je ne veux la faire que par ses ordres; dites-en autant à M. d'Argental. Puisqu'on le veut, suspendons donc le procès, conservons les preuves, et voyons venir notre ennemi. Ces preuves serviront en temps et lieu.

J'ai reçu aujourd'hui de M. Hérault une lettre très-polie et très-encourageante; elle ferait entreprendre vingt procès. Une lettre de son juge est une grande tentation, à laquelle il faut de la force pour résister. Cependant je veux encore, puisqu'on le désire, me tenir sur la réserve.

DCCCVI. — AU MÊME.

Cirey.

Volez, mon cher ami, rue Cloche-Perce; remettez cette lettre à mon neveu. Son grand-père est attaqué; sa plainte devient juste et nécessaire; elle ne peut nuire, et elle peut servir beaucoup. Il ne risque rien; proposez-lui la chose fortement, obtenez cela de son amitié. Je le prie d'ameuter quelques-uns de mes parents. Joignez-vous à eux et à Mme de Champbonin. De votre côté agissez; ameutez les Procope, les Andri, et même l'indolent Pitaval, les abbé Seran de La Tour, les Duperron de Castera; qu'ils signent une nouvelle requête : la première a été inutile; celle-ci est de nécessité absolue. Je vous fais à tous la même prière. Offrez-leur des carrosses, et, avec votre adresse et honnêteté ordinaires, le payement de tous les faux frais. Trôlez de Mouhi; promettez-lui de l'argent, mais ne lui en donnez pas.

Il faut, mon cher ami, vous dire mon parent, comme Mme de Champbonin. Allez tous en corps à l'audience de M. le chancelier. Rien ne fait un si grand effet sur l'esprit d'un juge bien disposé que ces apparitions de famille. Cette démarche réussira; je vous prie de la regarder comme essentielle. Remerciez-le en général de la justice qu'il

---

1. Saint Jean, XVIII, 36. (ÉD.) — 2. *Ps.* XVI, 8. (ÉD.)

me rendra. Je m'en remets entièrement à lui pour l'obtenir, et, s'il me la fait, cela finira tout et me rendra mon repos. N'épargnons ni l'argent ni les promesses; il faut remuer les hommes pour les porter au bien, il faut les exciter puissamment. Je songe qu'il faut encore que mon ami Thieriot se joigne à mes parents et à mes défenseurs, et qu'il vienne avec eux chez le chancelier confirmer par son témoignage ses anciennes lettres, par lesquelles il demeure constant que l'abbé Desfontaines fit, au sortir de Bicêtre, un libelle contre moi qui avais, sur ses prières, travaillé à son élargissement de cette infâme maison.

Ne négligeons rien; poussons le scélérat par tous les bouts. J'ai cette affaire en tête, et je veux en devoir le succès, mon cher abbé, à vos soins et à votre tendre amitié.

DCCCVII. — AU MÊME.

Cirey, février.

Je ne m'endors pas, mon cher abbé, sur les outrages d'un gueux tel qu'un Desfontaines, et j'agis aussi vivement que si j'étais à Paris. Il en est de la justice comme du ciel, *et violenti rapiunt illud* [1]. Je ne vous parlerai donc de mon temporel que quand toute cette affaire, dont j'aurai certainement raison, sera entièrement finie; ne perdez donc pas un instant. Dites et redites à mon neveu que cet abbé Desfontaines se plaint en vain de la lettre qu'on a imprimée dans le *Préservatif*; c'est comme si Cartouche se plaignait qu'on l'eût accusé d'avoir volé. Voilà ce qu'il faut que mon neveu sache, et qu'il le représente fortement à M. le chancelier; n'en démordez pas.

Si Mme de Champbonin a besoin d'argent, dites-lui que nous en avons à son service, tout pauvres que nous sommes. Je compte toujours, mon cher abbé, sur l'activité de votre zèle : allez donc, courez, écrasez un monstre, servez votre ami.

DCCCVIII. — A FRÉDÉRIC, PRINCE ROYAL DE PRUSSE.

A Cirey, le 15 février.

Monseigneur, j'ai reçu les étrennes. Je vous en ai donné en sujet, et Votre Altesse royale m'en a donné en roi. Votre lettre sans date, vos jolis vers :

> Quelque démon malicieux
> Se joue assurément du monde, etc.

ont dissipé tous les nuages qui se répandaient sur le ciel serein de Cirey. Les peines viennent de Paris, et les consolations viennent de Remusberg. Au nom d'Apollon, notre maître, daignez me dire, monseigneur, comment vous avez fait pour connaître si parfaitement des états de la vie qui semblent être si éloignés de votre sphère. Avec quel microscope les yeux de l'héritier d'une grande monarchie ont-ils pu dé-

1. Saint Matthieu, ch. XI, v. 12. (ÉD.)

mêler toutes les nuances qui bigarrent la vie commune? Les princes ne savent rien de tout cela; mais vous êtes homme autant que prince.

L'abbé Alari demandait un jour à notre roi permission d'aller à la campagne pour quelques jours, et de partir sur-le-champ. « Comment! dit le roi, est-ce que votre carrosse à six chevaux est dans la cour? » Il croyait alors que tout le monde avait un carrosse à six chevaux, au moins.

Vous me feriez croire, monseigneur, à la métempsycose. Il faut que votre âme ait été longtemps dans le corps de quelque particulier fort aimable, d'un La Rochefoucauld, d'un La Bruyère. Quelle peinture des riches accablés de leur bonheur insipide, des querelles et des chagrins qui en effet troublent les mariages les plus heureux en apparence! Mais quelle foule d'idées et d'images! Avec une petite lime de deux liards, que tout cet or-là serait parfaitement travaillé! Vous créez, et je ne sais plus que raboter; c'est ce qui fait que je n'ose pas encore envoyer à Votre Altesse royale ma nouvelle tragédie; mais je prends la liberté de lui offrir un des petits morceaux que j'ai retouchés depuis peu dans la Henriade.

Mme la marquise du Châtelet vient de recevoir une lettre de Votre Altesse royale qui prouve bien que Remusberg va devenir une Académie des sciences. Il faut, monseigneur, que j'aime bien la vérité pour convenir qu'Émilie se trompe; mais cette vérité l'emporte sur les rois et même sur les Émilie.

Je pense que vous avez grande raison, monseigneur, sur ce feu causé par un vent d'ouest. Si les humains avaient attendu après Borée pour se chauffer, ils auraient couru grand risque de mourir de froid. Les plus grands vents passant par les branches d'arbres y perdent beaucoup de leur force; si ces branches sont sèches, elles tombent; si elles sont vertes, leur froissement éternel ne produirait pas une étincelle. Le tonnerre a bien plus l'air d'avoir embrasé des forêts que le vent; et les différents volcans dont la terre est pleins ont été nos premières fournaises.

Le mémoire d'ailleurs est plein de recherches curieuses et de pensées aussi hardies que philosophiques; c'est le système de Boerhaave, c'est celui de Musschenbroeck, c'est très-souvent celui de la nature. Notre Académie a donné le prix à des gens dont l'un[1] dit que le feu est un composé de bouteilles, et l'autre, que c'est une machine de cylindre. Voilà le goût de notre nation; ce qui tient au roman a la préférence sur la simple nature. Aussi ne donnerai-je point *Mérope*; mais je vais donner une tragédie toute romanesque; quand on est dans le pays d'Arlequin, il faut avoir un habit de toutes couleurs, avec un petit masque noir.

Me si fata meis paterentur ducere vitam
Auspiciis, et sponte mea componere curas!
Æn., IV, v. 340.

[1]. M. Euler ; mais ce n'est pas à cette hypothèse de *bouteilles*, c'est à une fort belle formule pour la propagation du son, que l'Académie donna le prix. (*Éd. de Kehl.*)

Si je vivais sous mon prince, je ne ferais pas de tels ouvrages; je tâcherais de me conformer à sa façon mâle et vigoureuse de penser; je ressusciterais mon feu mourant aux étincelles de son génie. Mais que puis-je faire en France, malade, persécuté, et toujours distrait par la crainte qu'à la fin l'envie et la persécution ne m'accablent? Le désert où je me suis réfugié auprès de Minerve, qui a pris pour me protéger la figure de Mme du Châtelet; ce désert, qui devrait être inaccessible aux persécuteurs, n'a pu empêcher leur fureur d'y venir trouver un solitaire languissant, qui ne vivait que pour Votre Altesse royale, pour Émilie, et pour l'étude.

Je suis avec le plus profond respect et le plus tendre attachement, etc.

DCCCIX. — A M. L'ABBÉ MOUSSINOT.

Cirey, 15.

L'audience de M. le chancelier, mon cher abbé, devient inutile; mais la requête de mes parents devient nécessaire. Je la présenterais bien en mon nom; mais alors je serais assigné pour être ouï, et ma santé ne me permettant pas d'aller à Paris, il faudrait qu'un juge voisin vînt recevoir mes dépositions à Cirey; ce qui peut être difficile à obtenir. Il est beaucoup plus aisé de présenter à Paris deux requêtes : l'une signée de mes parents Mignot, Montigni, Champbonin; l'autre signée des hommes de lettres, tels que Procope, Pitaval, Seran de La Tour, Duparron de Castera. Point de signature de Mouhi, il y aurait récrimination contre lui qui a eu des démêlés avec Desfontaines.

Sur ces deux requêtes préliminaires M. Hérault est obligé d'agir d'office, de procéder contre l'auteur, les imprimeurs et les colporteurs de *la Voltairomanie*, pour avoir imprimé, débité et colporté des calomnies sans permission. C'est là une matière très-criminelle dont M. Hérault connaît expressément.

Le moindre ressort va mettre cette machine en mouvement. Les deux requêtes sont le point capital. Je vous réponds, en ce cas, de la punition de mon calomniateur. Quand elles auront été présentées, votre mission sera finie. Comptez qu'ensuite l'affaire sera très-sommaire, et qu'on aura promptement bonne justice.

Agissez donc, mon cher ami, sans perdre un moment. Il y a un mois que cela devrait être fait. M. le cardinal de Fleury désire la punition de Desfontaines; il en a déjà parlé à M. Hérault.

DCCCX. — A M. BERGER.

A Cirey, ce 16 février.

Je vous supplie, monsieur, sitôt la présente reçue, d'aller chez M. d'Argental. C'est l'ami le plus respectable et le plus tendre que j'aie jamais eu. Il fait toute ma consolation et toute mon espérance dans cette affaire, et sa vertu prend le parti de l'innocence contre l'homme le plus scélérat, le plus décrié, mais le plus dangereux qui soit dans Paris. Comme il n'a pas toujours le temps de m'écrire, et que j'ai un besoin pressant d'être instruit à temps, de peur de faire de fausses démarches, et que, d'ailleurs, il demeure trop loin de la grande poste, il pourra vous instruire des choses qu'il faudra que je sache. Il connaît votre probité; parlez-lui, écrivez-moi, et tout ira bien.

Il s'en faut bien que je sois content de Saint-Hyacinthe. Il n'a pas plus réparé l'infâme outrage qu'il m'a fait, qu'il n'est l'auteur du *Mathanasius*. N'avez-vous pas vu l'un et l'autre ouvrage? n'y reconnaissez-vous pas la différence des styles ? C'est Sallengre et s'Gravesande qui ont fait le *Mathanasius;* Saint-Hyacinthe n'y a fourni que la chanson. Il est bien loin, ce misérable, de faire de bonnes plaisanteries. Il a escroqué la réputation d'auteur de ce petit livre, comme il a volé Mme Lambert. Infâme escroc et sot plagiaire, voilà l'histoire de ses mœurs et de son esprit. Il a été moine, soldat, libraire, marchand de café, et il vit aujourd'hui du profit du biribi. Il y a vingt ans qu'il écrit contre moi des libelles; et, depuis *Œdipe*, il m'a toujours suivi comme un roquet qui aboie après un homme qui passe sans le regarder. Je ne lui ai jamais donné le moindre coup de fouet; mais enfin je suis las de tant d'horreurs, et je me ferai justice d'une façon qui le mettra hors d'état d'écrire.

Si vous voulez prévenir les suites funestes d'une affaire très-sérieuse, parlez-lui de façon à obtenir qu'il signe au moins un désaveu par lequel il proteste qu'il ne m'a jamais eu en vue, et que ce qui est rapporté dans l'abbé Desfontaines est une calomnie horrible ; je ne l'ai jamais offensé, je le défie de citer un mot que j'aie jamais dit de lui. Faites-lui parler par M. Rémond de Saint-Mard. Il y a à Paris une Mme de Champbonin qui demeure à l'hôtel de Modène ; c'est une femme serviable, active, capable de tout faire réussir; voulez-vous l'aller trouver, et agir de concert? Comptez sur moi, mon cher Berger, comme sur votre meilleur ami.

DCCCXI. — A M. L'ABBÉ MOUSSINOT.

Cirey.

Monsieur votre frère, mon bon ami, fait des pas très-inutiles auprès de M. de Guébriant. Je vous ai déjà dit que ce n'est pas avec les pieds, mais avec la main qu'on fait des affaires. On ne trouve jamais M. de Guébriant. Une lettre est rendue sûrement, et cent voyages sont inutiles. On perd quatre heures de temps et toute sa journée à courir; on ne perd qu'un quart d'heure à écrire. Il peut donc écrire à ce seigneur; mais il ne doit jamais y aller.

Il en faut user ainsi avec le président d'Auneuil, avec M. de Lézeau, et, pour ne pas les importuner, leur demander la permission de s'adresser à leurs fermiers et à leurs locataires. Tout cela ne doit coûter qu'une demi-heure d'écriture. Quand à M. de Villars, on doit attendre son retour.

Faites-moi l'amitié d'envoyer encore trois louis d'or au chevalier de Mouhi ; mais c'est à condition que vous lui écrirez ces propres mots : « M. de Voltaire, mon ami, me presse toutes les semaines de vous envoyer de l'argent; mais je n'en toucherai pour lui peut-être de six mois. Voici trois louis qui me restent, en attendant mieux. »

Ce de Mouhi est insatiable, mais il m'est utile.

DCCCXII. — A MADEMOISELLE QUINAULT.

18 février 1739.

[Il convient que le certificat qu'il lui a demandé pourra être considéré comme ridicule; demande une lettre au lieu de certificat. Lui annonce qu'Alzire (sa chienne) est grosse de Zamore (son chien).]

DCCCXIII. — A M. HELVÉTIUS.

Ce 19 février.

Mon cher ami, si vous faites des lettres métaphysiques, vous faites aussi de belles actions de morale. Mme du Châtelet vous regarde comme quelqu'un qui fera bien de l'honneur à l'humanité, si vous allez de ce train-là. Je suis pénétré de reconnaissance et enchanté de vous. Il est bien triste que les misérables libelles viennent troubler le repos de ma vie et le cours de mes études. Je suis au désespoir, mais c'est de perdre trois ou quatre jours de ma vie; je les aurais consacrés à apprendre et peut-être à faire des choses utiles.

Si l'abbé Desfontaines savait que je ne suis pas plus l'auteur du *Préservatif* que vous, et s'il était capable de repentir, il devrait avoir bien des remords.

Cependant la chose est très-certaine, et j'en ai la preuve en main. L'auteur du *Préservatif*, piqué dès longtemps contre Desfontaines, a fait imprimer plusieurs choses que j'ai écrites il y a plus d'un an, à diverses personnes; encore une fois, j'en ai la preuve démonstrative; et, sur cela, ce monstre vomit ce que la calomnie a de plus noir.

> Et là-dessus on voit Oronte qui murmure,
> *Qui* tâche *sourdement* d'appuyer *cette injure*,
> Lui qui d'un honnête homme *ose chercher* le rang.
> Tête-bleu! ce me sont de mortelles blessures
> De voir qu'avec le vice on garde des mesures.

Mais je ne veux pas me fâcher contre les hommes; et, tant qu'il y aura des cœurs comme le vôtre, comme celui de M. d'Argental, de Mme du Châtelet, j'imiterai le bon Dieu, qui allait pardonner à Sodome, en faveur de quelques justes. Je suis presque tenté de pardonner à un sodomite en votre faveur. A propos de cœurs justes et tendres; je me flatte que mon ancien ami Thieriot est du nombre; il a un peu une âme de cire, mais le cachet de l'amitié y est si bien gravé, que je ne crains rien des autres impressions, et d'ailleurs vous le remouleriez.

Adieu; je vous embrasse tendrement, et je vous quitte pour travailler.

Non, je ne vous quitte pas; Mme du Châtelet reçoit votre charmante lettre. Pour réponse, je vous envoie le *Mémoire* corrigé; il est indispensablement nécessaire, la calomnie laisse toujours des cicatrices quand on n'écrase pas le scorpion sur la plaie. Laissez-moi la lettre au P. de Tournemine. Il la faut plus courte, mais il faut qu'elle paraisse; vous ne savez pas l'état où je suis. Il n'est pas question ici d'une intrépidité anglaise; je suis Français, et Français persécuté. Je veux vivre et mourir dans ma patrie avec mes amis, et je jetterai plutôt dans le feu les *Lettres philosophiques* que de faire encore un voyage à Amsterdam, au mois de janvier, avec un flux de sang, dans l'incertitude de retourner auprès de mes amis. Il faut, une bonne fois pour toutes, me procurer du repos; et mes amis devraient me forcer à tenir cette conduite, si je m'en écartais; *primum vivere*.

Comptez, belle âme, esprit charmant, comptez que c'est en partie pour vivre avec vous que je sacrifie à la bienséance. Je vous embrasse avec transport, et suis à vous pour jamais. Envoyez sur-le-champ, je vous en prie, *Mémoire* et lettre à M. d'Argental; ranimez le tiède Thieriot du beau feu que vous avez; qu'il soit ferme, ardent, imperturbable dans l'amitié, et qu'il ne se mêle jamais de faire la politique, et de négocier quand il faut combattre. Adieu, encore une fois.

DCCCXIV. — A M. LE COMTE D'ARGENTAL.

Ce 20 février.

Cher ange, voici une troisième fournée; j'ai presque prévenu ou suivi tous vos avis; je vous demande en grâce de souffrir le *Mémoire* à peu près tel qu'il est; je n'ai plus de temps; je suis au désespoir de le consumer à ces horreurs nécessaires. Au nom de Dieu, présentez-le bien transcrit à M. l'avocat général; je vais en envoyer un double à M. Defresnes, un à M. d'Argenson, un à M. de Maurepas, un à Thieriot, même à M. Hérault. S'il y a quelque chose à corriger pour l'impression, je le corrigerai.

La lettre au P. Tournemine est essentielle. Helvétius raisonne en jeune philosophe hardi qui n'a point tâté du malheur, et moi en homme qui ait tout à craindre. Les esprits forts me protégeront à souper, mais les dévots me feront brûler.

Mon cher et respectable ami, faites faire des copies du *Mémoire*. Je vous en conjure, n'épargnez aucuns frais; l'abbé Moussinot a l'argent tout prêt, mon neveu est à vos ordres. Trouvez-vous des longueurs, élaguez, disposez; mais présenter le *Mémoire* est une chose indispensable.

Que j'ai d'envie de me mettre tout de bon à ma tragédie, et de noyer dans les larmes du parterre le souvenir des crimes de Desfontaines! Faites un peu sentir à M. l'avocat général l'*Allégorie de Pluton* et du *juge Sixame*, et *du procureur général des enfers*.

Adieu; je baise vos deux ailes,
Et me mets à l'ombre d'icelles.

DCCCXV. — A M. L'ABBÉ MOUSSINOT.

Cirey, 20.

On me berce, mon cher ami, et je ne veux pas être bercé plus longtemps. J'exige plus que jamais la requête de mon neveu. Il doit faire pour son oncle, pour son grand-père, pour toute sa famille, ce qu'a fait un étranger. Si j'avais poursuivi l'affaire criminellement moi-même, j'aurais eu raison de Desfontaines; de Chaubert, je remontais aisément à ce scélérat. Je n'ai rien à craindre de ses récriminations vagues, ni sur le *Préservatif*, qui est prouvé n'être pas de moi, ni sur tout ce qu'il m'impute sans preuves. Il aurait succombé comme calomniateur et comme auteur de libelles diffamatoires; mais il fallait aller à Paris, et je n'ai pu faire ce voyage.

Soit que M. le marquis du Châtelet accommode cette affaire d'une manière honorable pour moi, soit qu'il la laisse à la justice, je prie toujours mon neveu de signer la requête. Faites-lui part *secreto* de ma petite intelligence avec M. Hérault; montrez-lui la lettre qu'il m'a écrite, celle que je lui ai écrite, et allons en avant. Sera-ce à la police ou à la chambre de l'Arsenal que Desfontaines sera poursuivi et condamné? Il n'est pas, je crois, nécessaire du ministère des avocats. Consultez, répondez, *et vale*.

DCCCXVI. — AU MÊME.

Cirey, 21.

Le billet qu'on vous a présenté, monsieur le trésorier, est une simple prière; il n'y a ni valeur reçue, ni rien d'équivalent : refusez donc le payement de cette prétendue lettre de change. On ne peut vous assigner; vous n'êtes pour rien dans cette affaire, et, si l'on vous assignait, ce serait un coup d'épée dans l'eau. Qu'on m'assigne à Cirey, et je répondrai.

Voulez-vous bien, mon cher ami, m'envoyer un bâton d'ébène pour servir de manche à une bassinoire d'argent? Je suis un philosophe un peu voluptueux. A propos de Desfontaines, est-il bien vrai qu'on instrumente sans moi contre cet insigne scélérat? On me mande que le procureur du roi du Châtelet informe. Cela est-il bien vrai? Envoyez-lui le nom de ceux qui ont acheté le livre, et dont le témoignage peut précipiter la condamnation du livre et de l'auteur. Nous voilà tous heureux; dans peu nous goûterons le repos.

P. S. On me donne avis que le procureur du roi poursuit Desfontaines. Tout est en branle; Dieu soit loué et vous aussi, mon cher ami; nous n'avons plus de corvée à faire ni de procès à essuyer. Nous tenons enfin le repos. Je vais me remettre à faire des vers, de la prose, et à suivre nos affaires temporelles.

DCCCXVII. — A M. HELVÉTIUS.

A Cirey, le 25 février.

Mon cher ami, l'ami des Muses et de la vérité, votre *Épître* est pleine d'une hardiesse de raison bien au-dessus de votre âge, et plus encore de nos lâches et timides écrivains, qui riment pour leurs libraires, qui se resserrent sous le compas d'un censeur royal, envieux ou plus timide qu'eux. Misérables oiseaux à qui on rogne les ailes, qui veulent s'élever, et qui retombent en se cassant les jambes! Vous avez un génie mâle, et votre ouvrage étincelle d'imagination. J'aime mieux quelques-unes de vos sublimes fautes que les médiocres beautés dont on nous veut affadir. Si vous me permettez de vous dire, en général, ce que je pense pour les progrès qu'un si bel art peut faire entre vos mains, je vous dirai : Craignez, en atteignant le grand, de sauter au gigantesque; n'offrez que des images vraies, et servez-vous toujours du mot propre. Voulez-vous une petite règle infaillible pour les vers? la voici. Quand une pensée est juste et noble, il n'y a encore rien de fait; il faut voir si la manière dont vous l'exprimez en vers serait belle en prose; et, si votre vers, dépouillé de la rime et de la césure, vous paraît alors chargé d'un mot superflu; s'il y a dans la construction le moindre défaut, si une conjonction est oubliée; enfin, si le mot le plus propre n'est pas employé, ou s'il n'est pas à sa place, concluez alors que l'or de cette pensée n'est pas bien enchâssé. Soyez sûr que des vers qui auront l'un de ces défauts ne se retiendront jamais par cœur, ne se feront point relire; et il n'y a de bons vers que ceux qu'on relit et qu'on retient malgré soi. Il y en a beaucoup de cette espèce dans votre *Épître*, tels que personne n'en peut faire à votre âge, et tels qu'on en faisait il y a cinquante ans. Ne craignez donc point d'honorer le Parnasse de vos talents; ils vous honoreront sans doute, parce que vous ne négligerez jamais vos devoirs; et puis voilà de plaisants devoirs! Les fonctions de votre état ne sont-elles pas quelque chose de bien difficile pour une âme comme la vôtre? Cette besogne se fait comme on règle la dépense de sa maison et le livre de son maître d'hôtel. Quoi! pour être fermier général on n'aurait pas la liberté de penser! Eh, morbleu! Atticus était fermier général, les chevaliers romains étaient fermiers généraux, et pensaient en Romains. Continuez donc, Atticus.

Je vous remercie tendrement de ce que vous avez fait pour d'Arnaud. J'ose vous recommander ce jeune homme comme mon fils; il a du mérite, il est pauvre et vertueux, il sent tout ce que vous valez, il vous sera attaché toute sa vie. Le plus beau partage de l'humanité, c'est de pouvoir faire du bien; c'est ce que vous savez et ce que vous pratiquez mieux que moi. Mme du Châtelet vous remerciera des éloges qu'elle mérite, et moi je passerai ma vie à me rendre moins indigne de ceux que vous m'adressez. Pardon de vous écrire en *vile* prose, mais je n'ai pas un instant à moi. Les jours sont trop courts. Adieu; quand pourrai-je en passer quelques-uns avec vous! Buvez à ma santé avec *x x* Montigni. Est-il vrai que la *Philosophie de Newton* gagne un peu?

DCCCXVIII. — A M. DE CIDEVILLE.

Ce 25 février.

Mon cher ami, eh quoi! malgré votre sagesse, vous tâtez aussi de l'amertume de cette vie! Ne pourrais-je verser une goutte de miel dans ce calice? Nous sommes bien éloignés, mais l'amitié rapproche tout. M. de Lézeau me doit environ mille écus, accommodez-vous-en sans façon; je vous ferai le transport, envoyez-moi le modèle. Si j'avais plus, je vous offrirais plus.

Mérope est trop heureuse. Puisse-t-elle vous amuser! J'aime mieux qu'un ami en ait les prémices que de les donner au parterre.

Je suis accablé de maladies, de calomnies, de chagrins, mais enfin je vis dans le sein de l'amitié, loin des hommes cruels, envieux et trompeurs. Cideville, mon cher Cideville m'aime toujours, je suis consolé.

Pardon de vous dire si peu de choses; mon cœur est plein, et je voudrais le répandre avec vous; je voudrais passer un jour entier à vous écrire; mais les affaires, les travaux, m'emportent, je n'ai pas un moment; et l'homme du monde qui vous aime le mieux est celui qui vous écrit le moins. L'adorable Émilie vous fait mille compliments.

DCCCXIX. — A M. DEVAUX.

Je vous ai aimé depuis que je vous ai connu, monsieur, et vos mœurs aimables m'ont charmé pour le moins autant que vos talents. Je reconnais les bontés pleines d'attention de Mme de Graffigni au soin qu'elle a eu de vous envoyer une lettre que je reçus de Mme de Bernières il y a quelque temps. Cette lettre détruisait, en effet, les calomnies infâmes que le malheureux abbé Desfontaines avait vomies contre moi. La justice s'est mêlée du soin de le punir, et le lieutenant de police procède actuellement contre lui. Je crois bien qu'il sera difficile de le convaincre, et qu'il échappera à la rigueur des lois; mais il essuiera le châtiment que le public prononce toujours contre les ingrats et contre les calomniateurs; ce châtiment, c'est l'exécration où il est; et quelque abîmé qu'on soit dans le crime, on est toujours sensible à cette punition. Pour moi, je suis plus flatté de votre suffrage, qu'il ne peut être accablé par la haine publique.

Mme de Graffigni est actuellement dans une ville qui est le rendez-vous des talents, et où vous devriez être. Dès que j'aurai mis au net quelques-uns des ouvrages dont vous me parlez, je ne manquerai pas de vous en faire part. J'ambitionne votre suffrage et votre amitié, et c'est dans ces sentiments, monsieur, que je serai toujours bien véritablement votre très-humble et très-obéissant serviteur, VOLTAIRE.

DCCCXX. — A M. L'ABBÉ MOUSSINOT.

Cirey, février.

M. de Maurepas m'écrit, M. d'Argenson m'écrit, M. l'avocat général, fils de M. Daguesseau, m'écrit et s'intéresse pour moi auprès de son père; ce père, M. le chancelier, a déjà commencé d'agir. Ils me protégent tous ouvertement; ils prétendent qu'il faut assigner Guyot Desfontaines au tribunal de la commission de M. Hérault. J'ai répondu qu'en mon particulier je ne souhaitais qu'un désaveu, mais en même temps qu'il fallait que son désaveu fût aussi authentique que ses calomnies; que je n'empêchais pas qu'une requête, signée de plusieurs gens de lettres, fût présentée juridiquement; que, sur cette requête, M. Hérault déplorerait sa justice, soit comme lieutenant général de police, soit comme chef de la commission de l'Arsenal.

Le tribunal de M. Hérault m'est plus avantageux que celui du Châtelet; il est plus expéditif; il n'y a point d'appel; il n'y aura point de factums; je n'aurai point à craindre de dénonciation étrangère au sujet; il n'y a aucune preuve contre moi, et les preuves fourmillent contre Desfontaines, appuyées de l'horreur publique.

Rassurez, je vous prie, M. d'Argental sur cette récrimination dont il a peur, et que je ne crains pas; représentez-lui aussi bien fortement qu'on ne peut ni qu'on ne doit agir par lettre de cachet, voie toujours infiniment odieuse, et que moi-même je déteste. Je sortirai certainement victorieux de cet odieux combat, mais, pour cela, j'ai besoin de votre zèle et de celui de tous mes amis.

DCCCXXI. — A FRÉDÉRIC, PRINCE ROYAL DE PRUSSE.

A Cirey, le 26 février.

O nouvelle effroyable! ô tristesse profonde!
Il était un héros mourri par les vertus,
L'espérance, l'idole, et l'exemple du monde;
Dieu! peut-être il n'est plus!

Quel envieux démon, de nos malheurs avide,
Dans ces jours fortunés tranche un destin si beau?
A mes yeux égarés quelle affreuse Euménide
Vient ouvrir ce tombeau?

Descendez, accourez du haut de l'empyrée,
Dieu des arts, dieu charmant, mon éternel appui;
Vertus, qui présidez à son âme éclairée,
Et que j'adore en lui,

Descendez, refermez cette tombe entr'ouverte;
Arrachez la victime aux destins ennemis;
Votre gloire en dépend, sa mort est votre perte;
Conservez votre fils.

Jusqu'au trône enflammé de l'empire céleste
La Terre a fait monter ces douloureux accents :
« Grand Dieu! si vous m'ôtez cet espoir qui me reste,
Sapez mes fondements.

« Vous le savez, grand Dieu! languissante, affaiblie
Sous le poids des forfaits, je gémis de tout temps;
Frédéric me console, il vous réconcilie
Avec mes habitants. »

Le Ciel entend la Terre, il exauce ses plaintes;

Minerve, la Santé, les Grâces, les Amours,
Revolent vers mon prince, et dissipent nos craintes,
  En assurant ses jours.

Rival de Marc-Aurèle, âme héroïque et tendre,
Ah! si je peux former le désir et l'espoir
Que de mes jours encor le fil puisse s'étendre,
  Ce n'est que pour vous voir.

Je suis né malheureux; la détestable envie,
Le zèle impérieux des dangereux dévots,
Contre les jours usés de ma mourante vie
  Arment la main des sots.

Un lâche[1] me trahit, un ingrat[2] m'abandonne,
Il rompt de l'amitié le voile décevant;
Misérables humains, ma douleur vous pardonne:
  Frédéric est vivant.

Il les faut excuser, monseigneur, ces vers sans esprit, que le cœur seul a dictés au milieu de la crainte où je suis encore de votre danger, dans le même temps que j'avais la joie d'apprendre votre résurrection de votre propre main.

Votre Altesse royale est donc comme le cygne du temps passé; elle chante au bord du tombeau. Ah! monseigneur, que vos vers m'ont rassuré! On a bien de la vie quand l'esprit fait de ces choses-là, après une crampe dans l'estomac. Mais, monseigneur, que de bontés à la fois! Je n'ai de protecteurs que vous et Émilie. Non-seulement Votre Altesse royale daigne m'aimer, mais elle veut encore que les autres m'aiment. Eh! qu'importent les autres? Après tout, je n'aurai pas la malheureuse faiblesse de rechercher le suffrage de Vadius, quand je suis honoré des bontés de Frédéric; mais le malheur est que la haine implacable des Vadius est souvent suivie de la persécution des Séjan.

Je suis en France parce que Mme du Châtelet y est; sans elle, il y a longtemps qu'une retraite plus profonde me déroberait à la persécution et à l'envie. Je ne hais point mon pays; je respecte et j'aime le gouvernement sous lequel je suis né; mais je souhaiterais seulement pouvoir cultiver l'étude avec plus de tranquillité et moins de crainte.

Si l'abbé Desfontaines et ceux de sa trempe, qui me persécutent, se contentaient de libelles diffamatoires, encore passe; mais il n'y a point de ressorts qu'ils ne fassent jouer pour me perdre. Tantôt ils font courir des écrits scandaleux, et me les imputent; tantôt des lettres anonymes aux ministres, des histoires forgées à plaisir par Rousseau, et consommées par Desfontaines; de faux dévots se joignent à eux, et couvrent du zèle de la religion leur fureur de nuire. Tous les huit jours je suis dans la crainte de perdre la liberté ou la vie; et, languissant dans une solitude, et dans l'impuissance de me défendre, je suis abandonné par ceux même à qui j'ai fait le plus de bien, et qui pensent qu'il est

1. Desfontaines. (ÉD.) — 2. Thieriot. (ÉD.)

de leur intérêt de me trahir. Du moins, un coin de terre dans la Hollande, dans l'Angleterre, chez les Suisses ou ailleurs, me mettrait à l'abri, et conjurerait la tempête; mais une personne trop respectable a daigné attacher sa vie heureuse à des jours si malheureux; elle adoucit tous mes chagrins, quoiqu'elle ne puisse calmer mes craintes.

Tant que j'ai pu, monseigneur, j'ai caché à Votre Altesse royale la douleur de ma situation, malgré la bonté qu'elle avait elle-même d'en plaindre l'amertume; je voulais épargner à cette âme généreuse des idées si désagréables; je ne songeais qu'aux sciences qui font vos délices; j'oubliais l'auteur que vous daignez aimer; mais enfin ce serait trahir son protecteur de lui cacher sa situation. La voilà telle qu'elle est. Horace dit :

Durum! sed levius fit patientia.
Lib. I, od. xxiv, v. 19.

et moi je dis : « *Durum! sed levius fit* par Federicum. »

Votre Altesse royale promet encore sa protection pour les affaires que Mme du Châtelet doit discuter vers les confins de votre souveraineté. Elle vous en remercie, monseigneur; il n'y a qu'elle qui puisse exprimer le prix de vos bienfaits. Sera-t-il possible que Votre Altesse royale soit en Prusse, quand nous serons près de Clèves? J'espère au moins que nous y serons si longtemps qu'enfin nous y verrons *salutare meum*[1].

Je suis avec un profond respect, etc.

DCCCXXII. — A M. LÉVESQUE DE POUILLI.

A Cirey, le 27 février.

Mon cher Pouilli, je n'ai aucun droit sur monsieur votre frère que celui de l'estime que je ne puis lui refuser; mais j'en ai peut-être sur vous, parce que je vous aime tendrement depuis vingt années.

Les affaires deviennent quelquefois plus sérieuses et plus cruelles qu'on ne pense. M. de Saint-Hyacinthe m'outrage depuis vingt ans, sans que jamais je lui en aie donné le moindre sujet, ni même que j'aie proféré la moindre plainte. Depuis la satire qu'il fit contre moi, au sujet d'*Œdipe*, il n'a cessé de m'accabler d'injures dans le *Journal littéraire* et dans tous ceux où il a eu part. Étant à Londres, il publia une brochure contre moi. Je sais que tout cela est ignoré du public; mais un outrage sanglant, imprimé à la suite de la plaisanterie du *Mathanasius* (que s'Gravesande, Sallengre, et autres, ont fait de concert avec tant de succès); un outrage, dis-je, de cette nature, attribué au sieur de Saint-Hyacinthe, est une injure d'autant plus cruelle qu'elle est plus durable.

Encore une fois, je défie M. de Saint-Hyacinthe de citer un mot que j'aie jamais prononcé contre lui. On m'a envoyé de Hollande et d'Angleterre des mémoires aussi terribles qu'authentiques dont je n'ai fait ni ne ferai aucun usage. Pour peu que vous soyez instruit de ses pro-

1. Cantique de Siméon, Évangile de saint Luc, II, 30 (Éd.)

cédés publics dans ces pays, vous sentirez que j'ai en main ma vengeance. Les héritiers de Mme Lambert ne se sont pas tus, et j'ai des lettres des personnes les plus respectables et de la plus haute considération, qui, après avoir assisté souvent M. de Saint-Hyacinthe, l'ont reconnu, et ont fait succéder la plus violente indignation à leurs hontés. J'oppose donc, monsieur, la plus longue et la plus discrète patience aux affronts les plus répétés et les plus impardonnables. Malheureusement j'ai des parents qui prennent cette affaire à cœur, et je ne cherche qu'à prévenir un éclat; c'est dans ce principe que je vous ai déjà écrit, et à monsieur votre frère, et même à M. de Saint-Hyacinthe. Je n'ai point obtenu, il s'en faut beaucoup, la satisfaction nécessaire à un honnête homme. Il est bien étrange et bien cruel que M. de Saint-Hyacinthe veuille partager l'opprobre et les fureurs de l'abbé Desfontaines, contre lequel la justice procède actuellement. Que lui coûterait-il de réparer tant d'injustices par un mot ? Je ne lui demande qu'un désaveu. Je suis content s'il dit qu'il ne m'a point eu *en vue*; que tout ce qu'avance l'abbé Desfontaines est calomnieux; qu'il pense de moi tout *le contraire de ce qui est avancé dans le libelle en question* : en un mot, je me tiens outragé de la manière la plus cruelle par Saint-Hyacinthe, que je n'ai jamais offensé, et je demande une juste réparation. Je vous conjure, monsieur, de lui procurer comme à moi un repos dont nous avons besoin l'un et l'autre. Je vous supplie instamment d'envoyer ma lettre à monsieur votre frère; j'en vais faire une copie que j'enverrai à plusieurs personnes, afin que, s'il arrivait un malheur que je veux prévenir, on rende justice à ma conduite, et que rien ne puisse m'être imputé.

Je connais trop, mon cher ami, la bonté et la générosité de votre cœur pour ne pas compter que vous ferez finir une affaire qui peut-être perdra deux hommes dont l'un a subsisté quelque temps de vos bienfaits, et dont l'autre vous est attaché par tant d'amitié.

DCCCXXIII. — A FRÉDÉRIC, PRINCE ROYAL DE PRUSSE.

28 février.

Monseigneur, je reçois la lettre de Votre Altesse royale du 3 février, et je lui réponds par la même voie. Nous avons sur-le-champ répété l'expérience de la montre dans le récipient; la privation d'air n'a rien changé au mouvement qui dépend du ressort. La montre est actuellement sous la cloche; je crois m'apercevoir que le balancier a pu aller peut-être un peu plus vite, étant plus libre dans le vide; mais cette accélération est très-peu de chose, et dépend probablement de la nature de la montre. Quant au ressort, il est évident, par l'expérience, que l'air n'y contribue en rien; et pour la *matière subtile* de Descartes, je suis son très-humble serviteur. Si cette matière, si ce torrent de tourbillons va dans un sens, comment les ressorts qu'elle produirait pourraient-ils s'opérer de tous les sens ? Et puis, qu'est-ce que c'est que des tourbillons ?

Mais que m'importe la machine pneumatique ? C'est votre machine, monseigneur, qui m'importe; c'est la santé du corps aimable qui loge une si belle âme. Quoi! je suis donc réduit à dire à Votre Altesse royale ce qu'elle m'a si souvent daigné dire : « Conservez-vous; travaillez moins. » Vous le disiez, monseigneur, à un homme dont la conservation est inutile au monde; et moi, je le dis à celui dont le bonheur des hommes doit dépendre. Est-il possible, monseigneur, que votre accident ait eu de telles suites? J'ai eu l'honneur d'écrire à Votre Altesse royale par M. Ploetz; j'ai écrit aussi en droiture; hélas! je ne puis être au nombre de ceux qui veillent auprès de votre personne. Nisus et Euryalus amuseront peut-être plus votre convalescence que ne feraient des calculs. Je ne m'étonne pas que le héros de l'amitié ait choisi un tel sujet; j'en attends les premières scènes avec impatience. Scipion, César, Auguste, firent des tragédies, *cur non Federicus?*

Votre Altesse royale me fait trop d'honneur; elle oppose trop de bonté à mes malheurs; j'ai fait tant de changements à *la Henriade*, que je suis obligé de lui envoyer l'ouvrage tout entier, avec les corrections. Si elle ordonne la voie par laquelle il faut lui faire tenir l'ouvrage qu'elle protège, elle sera obéie. Je suis trop heureux, malgré mes ennemis; je la remercie mille fois; et tout ce que vous daignez me dire pénètre mon cœur. Que je bavarderais, si ma déplorable santé me permettait d'écrire davantage! Je suis à vos pieds, monseigneur. Je ne respire guère, mais c'est pour Émilie et pour mon dieu tutélaire.

Je suis avec le plus profond respect et la plus tendre reconnaissance, etc.

DCCCXXIV — A M. THIERIOT.

Le 28 février

Je compte recevoir bientôt les livres pour Mme du Châtelet, et celui que M. le prince Cantemir[1] veut bien me prêter. Je vous renverrai exactement les *Épîtres* de Pope, le *s'Gravesande* de la Bibliothèque du roi, la petite bague que Mme du Châtelet a voulu garder quelque temps, et je souhaite qu'elle vous rappelle le souvenir d'un ancien ami qui vous a toujours aimé.

Si vous savez à Paris des choses que j'ignore, j'en sais peut-être à Cirey qui vous sont encore inconnues. Éclaircissez-les, et voyez si je suis bien informé. Il y a environ douze jours que Desfontaines rencontra Jore dans un café borgne, et qu'il l'excita à vous faire un procès sur une prétendue dette. Il lui donna le projet d'un factum contre vous, dont ce procès serait le prétexte. Huit pages entières contenaient ce projet de factum. Ils riaient en le lisant, et mon nom, comme vous croyez bien, n'y était pas épargné. Ils nommèrent le procureur qui devait agir contre vous. Depuis ce temps Jore a revu deux fois Desfontaines, et probablement vous avez reçu une assignation devant le lieutenant civil. Je n'en sais pas davantage; c'est à vous à m'apprendre la suite de cette affaire. Desfontaines, qui n'est capable que de crimes,

1. Ministre plénipotentiaire de l'impératrice de Russie. (ÉD.)

se servit, il y a quelques années, contre moi, d'un aussi lâche artifice, et Jore eut l'impudence de dire à M. d'Argental : « Je sais bien que M. de Voltaire ne me doit rien; mais j'aurai le plaisir de regagner, par un factum contre lui, l'argent qu'il devait me faire gagner d'ailleurs. » M. d'Argental me conseilla de n'être pas assez faible pour acheter le silence d'un scélérat, et je vous conseille aujourd'hui la même chose. Il y a trop de honte à céder aux méchants.

Vous n'êtes point surpris sans doute de la conduite de Desfontaines, et vous devez vous apercevoir qu'on ne peut réprimer ses iniquités que par l'autorité. Tous vos ménagements n'ont jamais servi qu'à nourrir ses poisons et son insolence. Vous savez que, depuis douze ans, il a mis au nombre de ses perfidies celle de vouloir nous diviser; et ce qu'il y a eu d'horrible, c'est qu'il a réussi à le faire croire à quelques personnes, et presque à me le faire craindre.

Je comptais vivre heureux. L'amitié inaltérable de la femme du monde la plus respectable et la plus éclairée m'assurait mon bonheur à Cirey; et la sûreté d'avoir en vous un ami intime à Paris, un correspondant fait pour mon esprit et pour mon cœur, me consolait de la rage de l'envie et des taches dont l'imposture noircit toujours les talents. J'avoue que j'eus le cœur percé quand vous me mandâtes que les injures infâmes dont l'abbé Desfontaines vous avait autrefois harcelé n'étaient pas de lui; moi qui sais aussi bien que vous qu'il en était l'auteur, je fus au désespoir de voir que vous ménagiez ce monstre. Je sus d'ailleurs qu'il vous avait montré ses mauvaises remarques contre l'abbé d'Olivet, et que vous l'aviez proposé à Algarotti pour traduire *le Newtonianisme des Dames;* vous voilà bien payé. Vous auriez bien dû sentir qu'il y a certaines âmes féroces, incapables du moindre bien, et dont il faut s'éloigner pour jamais avec horreur; mais aussi il y en a d'autres qui méritent un attachement sans variation et sans faiblesse.

Je vous prie de me mander comment vous vous portez, et de compter toujours sur des sentiments inébranlables de ma part. Le même caractère qui m'a rendu inflexible pour les cœurs mal faits me rend tendre pour les âmes sensibles auxquelles il ne manque qu'un peu de fermeté.

Avez-vous enfin donné le commencement de mon *Essai* à M. d'Argental?

Qu'est-ce que *Mahomet*[1]? *Quid novi?*

DCCCXXV. — A M. L'ABBÉ MOUSSINOT.

Cirey, le 4 mars.

Une réponse précise à mes demandes, mon cher abbé. Quoi! M. Begon m'écrit qu'on ne peut rien faire sans témoins? Je vous l'avoue, je ne m'attendais pas à cette observation. M. de Montigni n'a-t-il pas acheté la *Voltairomanie* chez Mérigot? Chaubert ne lui a-t-il pas promis long-

---

1. *Mahomet II*, tragédie de La Noue. (ÉD.)

temps, un exemplaire de cet abominable libelle? De Mouhi n'en a-t-il pas déposé chez le commissaire Le Comte? Le gendre de votre frère, et une autre personne, n'en ont-ils pas acheté? Ne m'a-t-on pas écrit tout cela? Ne m'avez-vous pas mandé que vous en aviez ramassé six exemplaires? Où d'Arnaud a-t-il pris le sien? D'où de Mouhi tient-il celui qu'il a déposé? Les vendeurs sont connus. N'en voilà-t-il pas assez pour commencer à instrumenter? Je vous demande en grâce de me mettre au fait, car jusqu'ici cette affaire ne sert qu'à me désespérer. Il est affreux qu'on ne veuille pas me laisser aller à Paris; mais enfin l'amitié l'emporte. Au nom de l'amitié, mon cher abbé, secondez-moi donc, et réparez mon absence par vos soins.

DCCCXXVI. — A M. BERGER.

Cirey, le 6 mars.

Je ne fais, mon cher monsieur, dans l'affaire de Desfontaines, que ce que mes amis et mes parents ont voulu; et je cède aux bienséances rigoureuses qui ordonnent de confondre certaines calomnies. Je vous prie d'aller, à votre loisir, consulter l'oracle à la Grange-Batelière.

Je suis bien aise que la pièce de M. de La Noue ait réussi. C'est un homme de mérite et de talent, à ce qu'il me paraît. Il faut que la pièce soit bien bonne pour faire tant d'effet avec un si triste dénoûment.

Je comptais vous envoyer le commencement de l'*Essai* sur l'histoire de Louis XIV; mais, puisqu'on m'a prévenu, je n'ai autre chose à vous dire, sinon qu'on le corrige encore.

Qu'est-ce que ce *Brutus* de Pontchavrau, et cette *Porcie* de Conscierge? Nous valons en cela les Anglais, mais ne nous en vantons pas comme eux dans les gazettes.

Je vous embrasse.

DCCCXXVII. — A M. DE CIDEVILLE.

A Cirey, ce 7 mars.

Mon cher ami, vite un petit mot. Je reçois votre aimable lettre. Je vais vous envoyer le commencement de cet *Essai sur le siècle de Louis XIV*. Votre suffrage est toujours le premier que j'ambitionne.

Embrassez pour moi mon confrère de La Noue. On dit que sa pièce est excellente. J'y prends part de tout mon cœur; et par cette raison que la pièce est bonne, et par cette autre raison, si persuasive pour moi, que vous aimez l'auteur. Si vous pouviez l'engager à l'envoyer à l'abbé Moussinot, cloître Saint-Merri, par le coche, je l'aurais au bout de sept jours. Ce sont des fêtes pour Cirey; car, quoique entourés de sphères et de compas, nous aimons les beaux vers comme vous. Si la pièce ne vous était pas dédiée, je voudrais qu'elle pût l'être à Mme du Châtelet. Cela pourrait nous lier avec M. de La Noue, quand nous habiterons Paris. Je sais que c'est un garçon très-estimable. Mme du Châtelet ne sait pas un mot de ce que je vous écris; mais voici mon idée, mon cher ami. Vous savez peut-être que, quand je dédiai *Alzire* à

Mme du Châtelet, quelques personnes murmurèrent, que des hommages publics déplurent à quelques yeux malins; or, si un étranger lui dédiait une pièce de théâtre, qu'aurait la malignité à dire? Je vous avoue que je serais enchanté, et que M. de La Noue pourrait compter sur ma reconnaissance; enfin, s'il est à Rouen, je mets cette négociation entre vos mains.

Mes compliments, je vous prie, à ce jeune chirurgien. Je sais ses quatre prix, et je connais son mérite. J'attends son livre avec une impatience que j'ai pour tous les beaux-arts.

Ce que j'ai entre les mains[1] de l'illustre marquis est toujours au service de mon cher et tendre ami Cideville. Mes lettres sont courtes, mais mes travaux sont longs, et c'est pour vous, ingrat public, que je travaille; vous verrez, vous verrez. Mme du Châtelet vous fait les plus sincères compliments.

Adieu, mon très-cher ami. V.

DCCCXXVIII. — A M. LE MARQUIS D'ARGENSON.

A Cirey, le 7 mars.

Que direz-vous de moi, monsieur? Vous me faites sentir vos bontés de la manière la plus bienfaisante, vous ne semblez me laisser de sentiments que ceux de la reconnaissance, et il faut, avec cela, que je vous importune encore. Non, ne me croyez pas assez hardi; mais voici le fait. Un grand garçon bien fait, aimant les vers, ayant de l'esprit, ne sachant que faire, s'avise de se faire présenter, je ne sais comment, à Cirey. Il m'entend parler de vous comme de mon ange gardien. « Oh, oh! dit-il, s'il vous fait du bien, il m'en fera donc; écrivez-lui en ma faveur. — Mais, monsieur, considérez que j'abuserais. — Eh bien! abusez, dit-il; je voudrais être à lui, s'il va en ambassade; je ne demande rien, je le servirai à tout ce qu'il voudra : je suis diligent, je suis bon garçon, je suis de fatigue; enfin donnez-moi une lettre pour lui. » Moi, qui suis bon homme, je lui donne la lettre. Dès qu'il la tient, il se croit trop heureux. « Je verrai M. d'Argenson! » Et voilà mon grand garçon qui vole à Paris.

J'ai donc, monsieur, l'honneur de vous en avertir. Il se présentera à vous avec une belle mine et une chétive recommandation. Pardonnez-moi, je vous en conjure, cette importunité; ce n'est pas ma faute. Je n'ai pu résister au plaisir de me vanter de vos bontés, et un passant a dit : « J'en retiens part. »

S'il arrivait, en effet, que ce jeune homme fût sage, serviable, instruit, et qu'allant en ambassade, vous eussiez par hasard besoin de lui, informez-vous-en au noviciat des jésuites. Il a été deux ans novice, malgré lui. Son père, congréganiste de la congrégation des *Messieurs*[2] (vous connaissez cela), voulait en faire un saint de la compagnie de

---

1. Les mille écus dus à Voltaire par le marquis de Lézeau. (ÉD.)
2. Les jésuites avaient deux congrégations dans leurs colléges : celle des écoliers, et celle des sots du quartier, qu'on appelait *Congrégation des Messieurs*. (*Éd. de Kehl.*)

Jésus; mais il vaut mieux vivre à votre suite que dans cette compagnie.

Pour moi, je vivrai pour vous être à jamais attaché avec la plus respectueuse et la plus tendre reconnaissance.

DCCCXXIX. — A Mlle Quinault.

7 mars 1739.

[Voltaire lui demande si *ce que vous savez* (c'est-à-dire *Zulime*) trouvera sa place, et lui recommande *un grand jeune homme bien fait qui idolâtre la comédie*.]

DCCCXXX. — A la même.

.... mars 1739.

[Nouvelle recommandation pour le jeune homme dont il a été question dans la lettre précédente.]

DCCCXXXI. — A M. l'abbé d'Olivet.

Cirey, *nonis martiis*.

Elegans et sapiens Olivete, Tullius ille laudum amator nunc, opinor, gloriatur quod ingenio tuo clarior et diligentia tuæ accuratior prodeat. Tullia nostra, Æmilia du Châtelet, in omni genere artium instructa et vera operum tuorum æstimatrix, novo operi tuo gratulatur, et commentarios tuos enixe desiderat. Sed tibi fateor, notæ ad textum in ipsis paginis accommodatæ non illi displicerent. Arduum est et operosum notas ad finem libri rejectas quærere. Ut ut, vir doctissime, incumbe labori tuo, et Ciceronem Olivetanum cum voluptate legemus. Hæc tibi scribunt Æmilia et Volterius.

Le scazon ne m'avait paru que plaisant et digne du personnage. Cerbère est sans doute le nom de baptême de ce misérable. C'est une âme infernale.

> Un jour Satan, pour égayer sa bile,
> Voulut créer un homme à sa façon;
> Il le forma des membres de Chausson,
> Et le pétrit de l'âme de Zoïle.
> L'homme fut fait, et Guyot fut son nom.
> A ses parents en tout il est semblable.
> Son fessier large, à Bicêtre étrillé,
> Devers Saint-Jean doit être en bref grillé.
> Mais ce qui plus lui semble insupportable,
> C'est que Paris de bon cœur donne au diable
> Chacun écrit par Guyot barbouillé.

On me fait espérer qu'on arrachera quelque satisfaction de ce monstre, ennemi du genre humain. J'avais de quoi le perdre; mais il eût fallu venir à Paris, et quitter mes amis pour un coquin. Mon cœur en est incapable; l'amitié m'est plus chère que la vengeance. Est-ce que vous n'avez point reçu mon nouveau morceau sur *Rome*? est-ce que vous ne l'avez point communiqué à l'abbé Dubos, après l'avoir reçu de Thieriot? Enfin n'avez-vous pas envoyé à M. d'Argental le petit *Essai*[1]?

J'ai de bonnes raisons pour penser que Silhon a fait le *Testament* du cardinal. L'abbé de Bourzeis n'y a pas plus de part que vous. Comment! cet abbé de Bourzeis écrivait comme Pélisson! Son *Traité des Droits de la Reine* est un chef-d'œuvre; son style d'ailleurs est moins antique que celui du cardinal. Les *aucunement, d'autant que, si est-ce*, etc., ne se trouvent point chez Bourzeis. Enfin, j'attends mon Silhon pour confronter.

J'ai idée qu'on a écrit quelque chose pour prouver que le cardinal de Richelieu n'a pas fait son *Testament*. Faites-moi la grâce, mon aimable maître, de donner sur cela quelques instructions *tuo addictissimo discipulo et amico* Voltaire.

DCCCXXXII. — DE FRÉDÉRIC, PRINCE ROYAL DE PRUSSE

A Remusberg, le 8 mars.

Mon cher ami, depuis la dernière lettre que je vous ai écrite, ma santé est si languissante, que je n'ai pu travailler à quoi que ce pût être. L'oisiveté m'est un poids beaucoup plus insupportable que le travail et que la maladie. Mais nous ne sommes formés que d'un peu d'argile, et il serait ridicule au suprême degré d'exiger beaucoup de santé d'une machine qui doit, par sa nature, se détraquer souvent, et qui est obligée de s'user, pour périr enfin.

Je vois, par votre lettre, que vous êtes en bon train de corriger vos ouvrages. Je regrette beaucoup que quelques grains de cette sage critique ne soient pas tombés sur la pièce que je vous ai adressée. Je ne l'aurais point exposée au soleil, si ce n'avait été dans l'intention qu'il la purifiât. Je n'attends point de louanges de Cirey, elles ne me sont point dues; je n'attends de vous que des avis et de sages conseils. Vous me les devez assurément, et je vous prie de ne point ménager mon amour-propre.

J'ai lu avec un plaisir infini le morceau de la *Henriade* que vous avez corrigé. Il est beau, il est superbe. Je voudrais bien, indépendamment de cela, avoir fait celui que vous retranchez. Je suis destiné, je crois, à sentir plus vivement que les autres les beautés dont vous ornez vos ouvrages; ces beaux vers que je viens de lire m'ont animé de nouveau du feu d'Apollon. Telle est la force de votre génie, qu'il se communique à plus de deux cents lieues. Je vais monter mon luth pour former de nouveaux accords.

Il n'y a point lieu de douter que vous réussirez dans la nouvelle tragédie que vous travaillez. Lorsque vous parlez de la gloire, on croit en entendre discourir Jules-César. Parlez-vous de l'humanité, c'est la nature qui s'explique par votre organe. S'agit-il d'amour, on croit entendre le tendre Anacréon ou le chantre divin qui soupira pour Lesbie.

1. *L'Essai sur le siècle de Louis XIV.* (ÉD.)

En un mot, il ne vous faut que cette tranquillité d'âme que je vous souhaite, de tout mon cœur, pour réussir et pour produire des merveilles en tout genre.

Il n'est point étonnant que l'Académie royale ait préféré quelque mauvais ouvrage de physique à l'excellent *Essai* de la marquise. Combien d'impertinences ne se sont pas dites en philosophie! De quelles absurdités l'esprit humain ne s'est-il point avisé dans les écoles! Quel paradoxe restera-t-il à débiter qu'on n'ait point soutenu? Les hommes ont toujours penché vers le faux; je ne sais par quelle bizarrerie la vérité les a toujours moins frappés. La prévention, les préjugés, l'amour-propre, l'esprit superficiel, seront, je crois, pendant tous les siècles, les ennemis qui s'opposeront aux progrès des sciences; et il est bien naturel que des savants de profession aient quelque peine à recevoir les lois d'une jeune et aimable dame qu'ils reconnaîtraient tous pour l'objet de leur admiration dans l'empire des grâces, mais qu'ils ne veulent point reconnaître pour l'exemple de leurs études dans l'empire des sciences. Vous rendez un hommage vraiment philosophique, à la vérité. Ces intérêts, ces raisons petites ou grandes, ces nuages épais, qui obscurcissent pour l'ordinaire l'œil du vulgaire, ne peuvent rien sur vous.

Il serait à souhaiter que les hommes fussent tous au-dessus des corruptions de l'erreur et du mensonge; que le vrai et le bon goût servissent généralement de règles, dans les ouvrages sérieux et dans les ouvrages d'esprit. Mais combien de savants sont capables de sacrifier à la vérité les préjugés de l'étude, et le prix de la beauté, et les ménagements de l'amitié? Il faut une âme forte pour vaincre d'aussi puissantes oppositions. Les vents sont très-bien, comme vous en convenez, dans la caverne d'Éole, d'où je crois qu'il ne faut les tirer que pour cause.

J'ai été vivement touché des persécutions qu'on vous a suscitées; ce sont des tempêtes qui ôtent pour un temps le calme à l'Océan, et je souhaiterais bien d'être le Neptune de l'*Énéide*, afin de vous procurer la tranquillité que je vous souhaite très-sincèrement. Souffrez que je vous rappelle ces deux beaux vers de l'*Épître à Émilie*, où vous vous faites si bien votre leçon :

Tranquille au haut des cieux que Newton s'est soumis,
Il ignore en effet s'il a des ennemis.

Laissez au-dessous de vous, croyez-moi, cet essaim méprisable et abject d'ennemis aussi furieux qu'impuissants. Votre mérite, votre réputation, vous servent d'égide. C'est en vain que l'envie vous poursuivra; ses traits s'émousseront et se briseront tous contre l'auteur de *la Henriade*, en un mot contre Voltaire. De plus, si le dessein de vos ennemis est de vous nuire, vous n'avez pas lieu de les redouter, car ils n'y parviendront jamais; et, s'ils cherchent à vous chagriner, comme cela paraît plus apparent, vous ferez très-mal de leur donner cette satisfaction. Persuadé de votre mérite, enveloppé de votre vertu, vous devez jouir de cette paix douce et heureuse qui est ce qu'il y a de plus désirable en ce monde. Je vous prie d'en prendre la résolution. Je m'y intéresse par amitié pour vous, et par cet intérêt que je prends à votre santé et à votre vie.

Mandez-moi, je vous prie, où, par qui et comment je dois faire parvenir ce que je vous destine[1] et à la marquise. Tout est emballé; agissez rondement, et mandez-moi, comme je le souhaite, ce que vous trouvez de plus expédient.

La marquise me demande si j'ai reçu l'extrait de Newton, qu'elle a fait. J'ai oublié de lui répondre sur cet article. Dites-lui, je vous prie, que Thieriot me l'avait envoyé, et qu'il m'a charmé comme tout ce qui vient d'elle. En vérité elle en fait trop; elle veut nous dérober à nous autres hommes tous les avantages dont notre sexe est privilégié. Je tremble que, si elle se mêle de commander des armées, elle ne fasse rougir les cendres des Condé et des Turenne. Opposez-vous à des progrès qui nous en font encore envisager d'autres dans l'éloignement, et faites du moins qu'une sorte de gloire nous reste.

Césarion, qui me tient compagnie, vous assure mille fois de son amitié; il ne se passe point de jour que nous ne nous entretenions sur votre sujet.

Je suis rempli de projets; pour peu que ma santé revienne, vous serez inondé de mes ouvrages, à Cirey, comme le fut l'Italie par l'invasion des Goths. Je vous prie d'être toujours mon juge, et non pas mon panégyriste. Je suis avec l'estime la plus fervente, mon cher ami, votre très-fidèlement affectionné ami, FÉDÉRIC.

DCCCXXXIII. — A M.***.

Ce 13 mars 1739.

Monsieur, la lettre, ou plutôt l'ouvrage dont vous m'honorez, est peut-être ce que la raison toute seule pouvait produire de mieux. Je suis à peu près comme ces directeurs qui admirent l'esprit et les objections d'un incrédule, et qui prient Dieu de lui donner un peu de foi.

La foi que j'oserais vous demander, c'est pour certains calculs indispensables, pour certaines propositions démontrées, après quoi nous serons de la même religion; et j'aurai l'honneur de douter avec vous de sept ou huit mille propositions, pourvu que vous m'accordiez seulement une douzaine de vérités fondées sur l'expérience. La première de ces vérités est que le feu et la lumière sont le même être; et, si vous en doutez, vous n'avez qu'à rassembler de la lumière (c'est-à-dire des rayons lumineux) au foyer d'un verre ardent, et à y mettre le bout de votre doigt. Il est bien vrai que cet être (quel qu'il soit) n'échauffe pas toujours, et n'illumine pas toujours. La bouche ne parle pas, ne baise pas, et ne mange pas sans cesse; cependant c'est avec la bouche seule qu'on mange, qu'on baise et qu'on parle.

Serait-on bienvenu à nier ces attributs-là, sous prétexte qu'ils ne

---

1. Du vin de Hongrie, et quelques *bagatelles* d'ambre. (ÉD.)

sont pas renfermés dans l'idée qu'un philosophe pourrait se faire d'une bouche? Le feu contenu dans les corps n'éclaire pas toujours, sans doute; mais mettez ce feu un peu plus en mouvement, et il vous éclairera; rassemblez bien des rayons, et vous serez échauffé.

En un mot, on ne connaît les corps ni le reste que par leurs effets; or l'effet d'un corps lumineux est, je crois, d'éclairer et de brûler dans l'occasion.

2° Vous doutez de la propagation de la lumière; doutez donc aussi de la propagation du son. M. Roumer a vu, a fait voir, a démontré, et M. Bradley a redémontré, d'une manière encore plus admirable, que la lumière vient à nous en un temps que vous appellerez long ou court, comme il vous plaira; car il semble court, si vous considérez qu'en sept minutes et demie un rayon arrive du soleil à nous; il paraît long, si vous faites attention que la lumière arrive en 36 ans au moins d'une étoile de la sixième grandeur. Il n'y a rien de long, rien de court, rien de grand, rien de petit en soi, comme vous savez.

3° Toutes les observations de Bradley font connaître que la lumière n'est aucunement retardée dans son cours d'une étoile à nous. Vous conclurez de là s'il est possible qu'il y ait un plein absolu : car assurément ce sont des conclusions qu'il ne faut tirer que d'après le calcul et l'expérience. Un vrai newtonien ne fait pas la plus petite supposition, et il n'en faut jamais faire.

4° Mais comment le soleil envoie-t-il tant de lumière sans s'épuiser, et comment votre cerveau produit-il tant d'idées sans les perdre, et n'en est même que plus lumineux? Moi ! que je vous dise comment cela se fait, monsieur ? Dieu m'en garde! je n'en sais rien, ni moi, ni personne. Je sais que la lumière arrive en un temps calculé; que les rayons, venant d'environ 33 millions de lieues, sont presque parallèles; que je fonds du plomb avec ces rayons-là quand il m'en prend envie, qu'ils sont colorés, qu'ils se réfractent suivant des lois immuables, etc. Mais combien d'onces il en sort du soleil par an, c'est ce que j'ignore; et comment il répare ses pertes, je n'en sais pas davantage. Je sais très-bien qu'une comète peut tomber dans ce globe, mais je ne dis point : *Cela peut être, donc cela est*. Vous faites un calcul qui m'épouvante pour le soleil. J'ai dit qu'un rayon de 33 millions de lieues n'a pas probablement un pied de matière, mis bout à bout; vous vous effrayez du nombre de pieds de roi que le soleil perd; mais, monsieur, ces pieds de roi ne sont pas des pieds cubiques. L'épaisseur d'un rayon est infiniment petite par rapport à l'épaisseur d'un cheveu, et le soleil ne perd peut-être pas en un an la valeur de quatre livres.

5° Cet être singulier, qui produit la chaleur, la lumière, les couleurs, est-il pesant comme les autres êtres connus? c'est-à-dire a-t-il la propriété de tendre vers le centre du globe où il se trouve, etc.? pèse-t-il sur le soleil, pèse-t-il sur la terre ? Certes, s'il pèse, il ne pèse guère. Toutes les expériences que j'ai vues et que j'ai faites ne prouvent pas grand'chose. J'ai fait peser du fer enflammé depuis une once jusqu'à 2000 livres; j'ai fait peser ce même fer refroidi, nulle différence dans le poids. Il se pourrait, à toute force, que le feu n'eût pas cette propriété; il se pourrait même qu'il fût pénétrable : c'est ce que pensent certains physiciens. Mme la marquise du Châtelet, dans son *Essai* plein d'excellentes choses sur la nature du feu, lequel a concouru pour le prix, dit hardiment que le feu, la lumière, n'a ni la propriété de la gravitation vers un centre, ni celle d'être impénétrable. Cette proposition a révolté nos cartésiens, et a fait manquer le prix à un ouvrage qui le méritait d'ailleurs. Pour moi, qui vois que la lumière, le feu est matière, qu'il presse, qu'il divise, qu'il se propage, etc., je ne vois pas qu'il y ait d'assez fortes raisons pour le priver des deux principales propriétés dont la matière est en possession, et je suis ici, comme le P. Bauny et Escobar, dans le cas des opinions probables.

Au reste, ne vous effrayez point que, malgré cette gravitation probable des petites particules du feu sur le centre du soleil, elles s'échappent pourtant avec une si prodigieuse célérité. Voyez dans une fournaise de forge; ce que les forgerons appellent la *pâte* est un globe de fonte tout enflammé quand on le retire de la fournaise. Sa flamme s'échappe en rond de tous les côtés, malgré la tendance que l'air lui imprime en haut; et l'on peut apercevoir ce globe de feu de six lieues, sans que cette prodigieuse quantité de particules qu'il envoie lui fasse perdre sensiblement de son poids. Or, qu'est-ce que ce petit pâté par rapport au soleil? Le soleil tourne en 25 jours et demi sur lui-même, et la terre en un jour sur elle-même. Or, pour que le soleil ne tournât pas plus vite que la terre, il faudrait que sa rotation sur son axe s'accomplît en 10 000 de nos jours, qui font plus de 27 ans; mais il tourne en 25 jours. Jugez donc, par cette prodigieuse célérité, de la force avec laquelle il envoie la lumière, et ne vous étonnez de rien; ou bien étonnez-vous de tout. Au reste, quand je dis que la lumière s'échappe du soleil, je me sers de cette expression dans le même sens qu'on dit que la pierre s'échappe de la fronde, et la balle du canon.

6° Quand on dit que la matière lumineuse vient du soleil à nous en ligne droite, on ne dit rien que de très-vrai, et cela n'est contesté par personne. *Jusqu'à nous* veut dire jusqu'à notre globe; et notre globe est composé d'air et de terre. Il arrive à la surface de l'air ce qui arrive à la surface de nos yeux; les rayons se brisent en passant du vide dans l'air, et c'est pourquoi on ne voit aucun astre à sa place. Il y a des tables de la réfraction depuis l'horizon jusqu'au quarantième degré; mais au méridien il n'y a plus de réfraction.

Vous devriez, monsieur, lire quelque traité sur ces matières, comme s'Gravesande, ou Keill, ou Wolffius; vous pourriez même vous en tenir à Bion. Un esprit comme le vôtre n'aura que la peine de feuilleter ces ouvrages, qui vous mettraient au fait de bien des minuties nécessaires, et qui vous abrégeraient le chemin infiniment. Par exemple le moindre livre d'optique résoudra vos difficultés sur la réflexion de la lumière, quant au géométrique et au mécanique; mais, quant à ce qui tient à la nature intime des choses, comment les rayons ne se confondent pas en se croisant, comment ils rebondissent sans toucher aux surfaces, pourquoi ils s'infléchissent vers les bords des objets, pourquoi le bleu

est plus réfrangible que le rouge, vous demanderez tout cela à Dieu, qui, je crois, est le seul qui en sache des nouvelles positives.
7° Quand vous aurez, monsieur, jeté un coup d'œil sur les moindres éléments de physique géométrique, vous ne serez plus révolté de cette idée très-commune, que tout point visible est le sommet d'un cône dont la base est dans nos yeux. Vous prenez le corps du soleil pour un point visible; voici, monsieur, le fait en deux mots. Je vois le corps AB sous l'angle ACB;

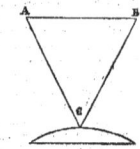

mais je vois les points D, E, G de cette manière

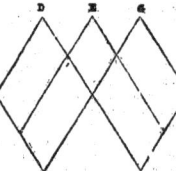

chacun de ces points est le sommet d'un cône.

En trois ou quatre conversations, je vous mettrais au fait de ces petits détails géométriques, qui, quoique peu considérables par eux-mêmes, sont des principes nécessaires sans lesquels on ne peut se former aucune idée nette.

8° « Qui ne rirait, dites-vous, de voir les philosophes déterminer la grandeur, la figure, la distance réelle des corps célestes, et ne pouvoir déterminer la grandeur réelle d'un grain de sable? » Je vous conjure de ne point les accuser d'une sottise dont ils ne sont point coupables; il y en a assez à leur reprocher. Vous savez, encore une fois, qu'il n'y a que des grandeurs relatives; or les philosophes ont très-bien trouvé la grandeur relative de la terre par rapport à celle de Vénus, de la lune, etc. Votre difficulté du microscope s'évanouit, car une mouche sera toujours plus grande qu'une puce, vue à l'œil ou au microscope. Il serait triste que de pareilles difficultés vous arrêtassent dans le chemin des sciences. Le scepticisme est très-bon avec des faiseurs d'hypothèses, avec des rêveurs théologiens; Bayle n'a guère couru sus qu'à ces messieurs, mais c'était un pauvre géomètre, et il ne savait presque rien en physique : il y a des choses sur lesquelles le doute même n'est pas permis.

9° Il se mêle à l'optique mathématique un jugement de l'âme fondé sur l'expérience; c'est ce qui fait que nous nous formons des idées des distances, sans nous servir d'aucune mesure : c'est pourquoi nous jugeons qu'un objet que nous voyons plus petit qu'à l'ordinaire est plus éloigné; c'est ainsi que nous jugeons qu'un homme est en colère quand il grince les dents, qu'il roule les yeux, qu'il jure Dieu, et qu'il veut tuer son prochain. Si quelquefois les signes des passions nous trompent, ce qui arrive cependant rarement aux connaisseurs, les signes des distances nous trompent aussi quelquefois; mais, quand on les mesure mathématiquement, il n'y a plus d'erreur.

10° Dans les objections que vous faites sur la gravitation, sur l'attraction de la matière, vous faites voir, monsieur, toute la sagacité d'un homme qui eût mieux expliqué que moi toutes ces vérités, s'il avait voulu s'y appliquer un peu. Mais, monsieur, ayez d'abord la bonté de croire que nous ne supposons rien du tout. Vous nous reprochez des hypothèses, nous n'en admettons pas la moindre. Newton a démontré, comme deux fois deux font quatre, que la même force qui fait retomber une pierre sur la terre retient les astres dans leurs orbites; il a calculé cette force depuis Saturne jusqu'à nous; il en a démontré les effets. Tout cela est une affaire de pure géométrie; et de tous ceux qui ont étudié ces découvertes aucun n'a osé les nier. Quelques vieux cartésiens s'avisent de dire que Newton n'a vu tout cela qu'en mathématicien; et ils se servent des tourbillons, de la matière subtile, et de tous ces misérables êtres de raison, pour expliquer un fait, un phénomène constant que Newton a découvert. On leur a prouvé que leurs tourbillons sont des chimères, et l'Europe se moque d'eux. N'importe : les bonnes gens n'en démordent point; il leur en coûterait trop de retourner à l'école.

Turpe putant parere minoribus, et quæ
Imberbes didicere, sines perdenda fateri.
Hor., lib. II, ep. I.

Reste à présent à savoir si cette attraction de la matière, cette gravitation établie par Newton et démontrée par lui est un effet ou une cause; elle sera ce qu'on voudra. La chose existe; et c'est bien assez pour des hommes d'avoir été jusque-là. Il y a, à la vérité, grande apparence que cette gravitation qui fait la pesanteur est une propriété de la matière. Cet univers paraît fondé sur plus d'un principe, et je crois que nous sommes bien loin de les connaître. Nous savons très-bien que les tourbillons ne peuvent causer la pesanteur; nous savons ce qui n'est pas, et Dieu sait ce qui est.

11° Ne comparez point, monsieur, l'attraction de l'aimant avec cette loi universelle par laquelle tous les corps gravitent les uns vers les autres. L'attraction de l'aimant est d'un tout autre genre.

Celle de l'électricité est encore toute différente, et n'a rien de commun avec les lois découvertes par Newton.

L'attraction de la lumière et des corps est peut-être encore d'une autre espèce. Qu'est-ce que tout cela prouve ? Que la matière agit dans plusieurs cas selon toute autre règle que les lois d'impulsion, et qu'il faut étendre la sphère de la nature beaucoup plus qu'on ne faisait. Mais, diront les vieux philosophes, il y aura donc des mystères dont nous ne pourrons rendre raison par les lois des chocs des corps? Oui, messieurs, il y en a peut-être des millions; et, sans aller plus loin, dites-nous pourquoi vous pensez, et pourquoi votre pensée fait remuer votre jambe.

12° Vous faites un reproche à Newton de ce qu'il suppose, dites-vous, ce qui est en question, que chaque partie de la matière a également le pouvoir de la gravitation. Il me semble qu'il ne suppose rien. Il a prouvé que les astres sont retenus dans leurs orbites par la même force qui fait tendre ici tous les corps au centre de la terre. Or les corps tendent tous également à ce centre; donc la même chose arrive à tous les astres. *Eadem causa, idem effectus*.

L'expérience dans le vide est une des démonstrations de cette vérité. Vous ne me ferez pas longtemps l'objection des nues et des exhalaisons qui flottent dans l'air, si vous voulez lire dans le premier mathématicien qui vous tombera sous la main les lois des fluides. Vous sentez, sans doute, tout d'un coup la prodigieuse différence entre un corps abandonné librement à la force de la gravitation dans un espace non résistant, et le même corps dans l'eau ou dans l'air dont il faut déplacer les parties. Encore une fois qu'un génie comme le vôtre daigne lire Keill ou s'Gravesande, ou Musschenbroeck : sans principes vous ne pouvez faire un pas.

13° Vous confondez toujours le centre de gravité d'un corps, qui est le point par lequel, étant suspendu, il n'inclinerait d'aucun côté, avec le foyer de l'orbe que décrivent les planètes : ce sont deux choses qui n'ont aucune ressemblance.

14° Je ne sais quel impitoyable pyrrhonien vous induit à penser que les mathématiques n'influent point dans la physique, sous prétexte que les mathématiques considèrent l'étendue en général, etc. Ce pyrrhonien n'avait apparemment jamais vu la pompe de Notre-Dame, la machine de Marly, le pyromètre, les moulins à vent, les machines à élever les fardeaux, les coupes des voussures, les cadrans au soleil, les pendules, les planétaires, les bas au métier, etc.; tout cela cependant est fondé sur les rigoureuses lois de la physique mathématique.

Il est bien vrai que, parmi les propositions de la géométrie, il y en a beaucoup qui sont de pure curiosité, et toutes les sciences sont dans ce cas-là. Aussi n'est-il pas nécessaire qu'un honnête homme sache toutes les propriétés de la cycloïde. Mais je maintiens qu'avec les *Éléments d'Euclide* et un peu de sections coniques tout esprit droit en sait assez pour être un très-bon physicien, et pour savoir en gros, assez rondement, ce que c'est que le newtonianisme. Je voudrais que vous daignassiez donc commencer par les premiers principes. Lisez seulement la *Géométrie de Pardies*; c'est l'affaire d'un mois tout au plus pour vous. Après cela je ne sais quel livre français vous devez consulter : nous n'avons pas encore une bonne physique; mais lisez Musschenbroeck: il est un peu pesant, et vous ne serez peut-être pas content de sa préface; mais enfin c'est la meilleure physique que je connaisse. Il faut que les mathématiques domptent les écarts de notre raison; c'est le bâton des aveugles, on ne marche point sans elles; et ce qu'il y a de certain en physique est dû à elles et à l'expérience. Entre nous, la métaphysique n'est qu'un jeu d'esprit : c'est le pays des romans; toute la *Théodicée* de Leibnitz ne vaut pas une expérience de Nollet. Vous pourriez un jour avoir un cabinet de physique, et le faire diriger par un artiste; c'est un des grands amusements de la vie. Nous en avons un assez beau; mais, hélas! il faut quitter tout cela. Il faut aller en Flandre plaider, et peut-être à Vienne. Le temporel l'emporte, et il faut céder. Mme du Châtelet vous fait les plus sincères compliments; elle est pleine d'estime pour vous ; mais qui peut vous refuser la sienne? Souffrez, monsieur, que je joigne à celle que je vous ai vouée le plus tendre et le plus respectueux attachement avec lequel je serai toute ma vie,

Votre très-humble et très-obéissant serviteur.

DCCCXXXIV. — A M. HELVÉTIUS, A PARIS.

A Cirey, ce 14 mars.

Vous êtes une bien aimable créature; voilà tout ce que je peux vous dire, mon cher ami. On me mande que vous venez bientôt à Cirey. Je remets à ce temps-là à vous parler des deux leçons de votre belle *Épître sur l'Étude*. Vous pouvez de ces deux dessins faire un excellent tableau avec peu de peine. Continuez à remplir votre belle âme de toutes les vertus et de tous les arts. Les femmes pensent que vous devez tout à l'amour; la poésie vous revendique, la géométrie vous offre des ax, l'amitié veut tout votre cœur, et messieurs des fermes voudraient aussi que vous ne fussiez qu'à eux; mais vous pouvez les satisfaire tous à la fois. Mettez-moi toujours, mon cher ami, au nombre des choses que vous aimez; et, dans votre immensité, n'oubliez point Cirey, qui ne vous oubliera jamais. Est-il possible que vous ayez daigné aller chez Saint-Hyacinthe ! Vous profanez vos bontés. Je ne sais comment vous remercier.

DCCCXXXV — DE FRÉDÉRIC, PRINCE ROYAL DE PRUSSE.

A Remusberg, ce 22 mars.

Mon cher ami, je me suis trop pressé de vous découvrir mes projets de physique. Il faut l'avouer, ce trait sent bien le jeune homme qui, pour avoir pris une légère teinture de physique, se mêle de proposer des problèmes aux maîtres de l'art. J'en fais amende honorable en rougissant, et je vous promets que vous n'entendrez plus parler de périhélies, ni d'aphélies, qu'après m'en être bien instruit préalablement. Passez cependant à un ignorant de vous faire une petite objection sur ce vide que vous supposez entre le soleil et nous.

Il me semble que, dans le Traité de la Lumière, Newton dit que les rayons du soleil sont de la matière, et qu'ainsi il fallait qu'il y eût un vide, afin que ces rayons pussent parvenir à nous en si peu de temps. Or, comme ces rayons sont matériels, et qu'ils occupent cet espace immense, tout cet intervalle se trouve donc rempli de cette matière lumineuse; ainsi il n'y a point de vide, et la matière subtile de Descartes, ou l'éther, comme il vous plaira de la nommer, est remplacée par votre lumière. Que devient donc le vide? Après ceci, n'attendez plus de moi un seul mot de physique.

Je suis un volontaire en fait de philosophie; je suis très-persuadé que nous ne découvrirons jamais les secrets de la nature; et, restant neutre entre les sectes, je peux les regarder sans prévention, et m'amuser à leurs dépens.

Je ne regarde point avec la même indifférence ce qui concerne la morale; c'est la partie la plus nécessaire de la philosophie, et qui contribue le plus au bonheur des hommes. Je vous prie de vouloir corriger la pièce que je vous envoie sur la *Tranquillité*; ma santé ne m'a pas permis de faire grand'chose. J'ai, en attendant, ébauché cet ouvrage. Ce sont des idées croquées que la main d'un habile peintre devrait mettre en exécution.

J'attends le retour de mes forces pour commencer ma tragédie; je ferai ce que je pourrai pour réussir. Mais je sens bien que la pièce tout achevée ne sera bonne qu'à servir de papillotes à la marquise.

Je médite un ouvrage sur *le Prince* de Machiavel; tout cela roule encore dans ma tête, et il faudra le secours de quelque divinité pour débrouiller ce chaos.

J'attends avec impatience *la Henriade*; mais je vous demande instamment de m'envoyer la critique des endroits que vous retranchez. Il n'y aurait rien de plus instructif ni de plus capable de former le goût que ces remarques. Servez-vous, s'il vous plaît, de la voie de Michelet pour me faire tenir vos lettres; c'est la meilleure de toutes.

Mandez-moi, je vous prie, des nouvelles de votre santé; j'appréhende beaucoup que ces persécutions et ces affaires continuelles qu'on vous fait ne l'altèrent plus qu'elle ne l'est déjà. Je suis avec bien de l'estime, mon cher ami, votre très-affectionné et fidèle ami, FÉDÉRIC.

DCCCXXXVI. — A M. LE MARQUIS D'ARGENSON.

Le 24 mars.

J'envoie, monsieur, sous le couvert de M. votre frère, le commencement de l'Histoire du *Siècle de Louis XIV*. Elle ne sera pas plus honorée de la cire d'un privilége que les deux *Épîtres*; mais, si elle vous plaît; c'est là le plus beau des privilèges. Or, j'ai grande envie de vous plaire, et vous verrez que, si je n'en viens pas à bout, ce ne sera pas faute de travailler dans les genres que vous aimez. Laissez-moi faire, et vous serez au moins content de mes efforts.

Hélas! monsieur, est-il possible que le prix de tant de travaux soit la persécution! et quelle persécution encore! la plus acharnée et la plus longue. Il paraît que mon affaire contre Desfontaines prend un fort méchant train. N'importe, j'ai la gloire que vous avez daigné vous y intéresser; c'est la plus belle des réparations. Vous m'aimez, Desfontaines est assez puni.

Voilà comme la vengeance est douce. Mon cœur est pénétré de vos bontés pour jamais.

DCCCXXXVII. — A M. THIERIOT.

Le 24 mars.

Un des meilleurs géomètres de l'univers, et sans contredit aussi un des plus aimables hommes, quitte Cirey pour Paris;

Et c'est la seule faute où tomba ce grand homme.
La Mort de César, act. II, sc. IV.

Il vous rapporte le *s'Gravesande* en maroquin, appartenant à Louis XV, les *Satires* de Pope, qui persécute ses ennemis autant que je suis persécuté des miens, et le portrait d'un homme fort malheureux à Paris, mais fort heureux dans sa solitude, et qui compte toujours sur votre amitié, malgré les injustices qu'il essuie. Nous avons reçu tous les livres. Nous vous prions d'envoyer *le Langage des bêtes*[1]. Je ne sais si c'est un bon livre, mais c'est un sujet charmant. J'envie aux bêtes deux choses, leur ignorance du mal à venir, et de celui qu'on dit d'elles. Elles ont de plus de fort bonnes choses; elles ont même des amis, et par là je me console avec elles, car j'en ai aussi, et je compte sur vous.

DCCCXXXVIII. — A MLLE QUINAULT.

26 mars 1739.

[*Zulime* a été faite au milieu du mouvement occasioné par le libelle de Desfontaines. Il lui annonce le départ de Cirey de Maupertuis et Bernoulli. Sollicite les observations de Mlle Quinault sur *Zulime*. Lui dit que M. Degouve est le jeune homme qu'il lui a recommandé.]

DCCCXXXIX. — A M. BERGER.

Cirey, le 29 mars.

Mon cher Berger, je viens d'écrire à M. Pallu ce que j'ai cru de plus engageant, en faveur de M. de Billi que je crois à Lyon. Continuez, je vous prie, à m'écrire. Vous savez que mes occupations et l'uniformité de ma vie me laissent peu de choses à vous mander. Il faut que votre fécondité supplée à ma disette.

1. *L'Amusement philosophique sur le langage des bêtes* est du P. Bougeant, jésuite; sa Compagnie, pour le punir d'avoir publié cet ouvrage, le condamna à ne plus faire que des catéchismes. (*Éd. de Kehl.*)

Le couplet contre M.*** est sanglant. N'est-ce pas Roi qui en est l'auteur? Comment va *Mahomet*[1]? Comment va le monde? Est-il vrai que vous ayez vu Saint-Hyacinthe? ce malheureux n'en vaut pas la peine. C'est un de ceux qui déshonorent le plus les lettres et l'humanité. Il n'a guère vécu à Londres que de mes aumônes et de ses libelles. Il m'a volé, et il a osé m'outrager. Escroc public, plagiaire qui s'est attribué le *Mathanasius* de Sallengre et de s'Gravesande; fait pour mourir par le bâton ou par la corde, je ne dis rien de trop. Dieu merci, je n'ai des ennemis que de cette espèce, et des amis de la vôtre. Comptez sur moi pour jamais.

DCCCXL. — A M. LE COMTE D'ARGENTAL.

2 avril.

Mon respectable ami, j'aime mieux encore succomber sous le libelle de Desfontaines que de signer un compromis qui me couvrirait de honte. Je suis plus indigné de la proposition que du libelle.

Tout ce malentendu vient de ce que M. Hérault, qui a tant d'autres affaires plus importantes, n'a pas eu le temps de voir ce que c'est que ce *Préservatif* qu'on veut que je désavoue comme un libelle, purement et simplement.

Ce *Préservatif*, publié par le chevalier de Mouhi, contient une lettre de moi qui fait l'unique fondement de tout le procès. Cette lettre authentique articule tous les faits qui démontrent mes services et l'ingratitude du scélérat qui me persécute. Désavouer un écrit qui contient cette lettre, c'est signer mon déshonneur, c'est mentir lâchement et inutilement. L'affaire, ce me semble, consiste à savoir si Desfontaines m'a calomnié ou non. Si je désavoue ma lettre, dans laquelle je l'accuse, c'est moi qui me déclare calomniateur. Tout ceci ne peut-il finir qu'en me chargeant de l'infamie de ce malheureux? Comment veut-on que je désavoue, que je condamne la seule chose qui me justifie, et que je mente pour me déshonorer?

M. de Meinières ne pourrait-il pas faire à M. Hérault ces justes représentations? Qu'il promette une obéissance entière à ses ordres, mais qu'il obtienne des ordres plus doux; qu'il ait la bonté de faire considérer à M. Hérault que pendant dix années l'abbé Desfontaines m'a persécuté moi et tant de gens de lettres par mille libelles; que j'ai été plus sensible qu'un autre, parce qu'il a joint la plus noire ingratitude aux plus atroces calomnies envers moi. Il a fait entendre à M. Hérault que j'ai rendu outrage pour outrage, que j'ai fait graver une estampe dans laquelle il est représenté à Bicêtre; mais l'estampe a été dessinée à Vérone, gravée à Paris, et l'inscription est à peine française; m'en accuser, c'est une nouvelle calomnie.

Enfin, mon cher ange gardien, je suis persuadé qu'une représentation forte de M. de Meinières, jointe à la vivacité de M. d'Argenson, qui ne démord pas, emportera la place. C'est une réparation authentique, non un compromis.

1. *Mahomet II.* (ÉD.)

« Si vous pouviez faire dire un petit mot à M. Hérault par M. de Maurepas, l'affaire n'en irait pas plus mal. Ah! mon cher et respectable ami, que de persécutions, que de temps perdu! *Eripe me a dentibus eorum.*

Mon autre ange, celui de Cirey, vous écrit; ainsi je quitte la plume; je m'en rapporte à tout ce qu'elle vous dit. L'auteur de *Mahomet II* m'a envoyé sa pièce; elle est pleine de vers étincelants; le sujet était bien difficile à traiter. Que diriez-vous si je vous envoyais bientôt *Mahomet I*er *Paresseux*, que vous êtes! j'ai plus tôt fait une tragédie que vous n'avez critiqué *Zulime*.

Ah! mettez mon âme en repos, et que tous mes travaux vous soient consacrés.

Faites lire à vos amis l'Essai sur Louis XIV; je voudrais savoir si on le goûtera, s'il paraîtra vrai et sage.

Adieu, mon cher ange gardien; mille respects à Mme d'Argental.

DCCCXLI. — A M. HELVÉTIUS.

Ce 2 avril.

Mon cher confrère en Apollon, mon maître en tout le reste, quand viendrez-vous voir la nymphe de Cirey et votre tendre ami? Ne manquez pas, je vous prie, d'apporter votre dernière *Épître*. Mme du Châtelet dit que c'est moi qui l'ai perdue; moi je dis que c'est elle. Nous cherchons depuis huit jours. Il faut que Bernoulli l'ait emportée pour en faire une équation. Je suis désespéré, mais vous en avez sans doute une copie. Je suis très-sûr de ne l'avoir confiée à personne. Nous la retrouverons, mais consolez-nous. Ce grand garçon d'Arnaud veut vous suivre dans vos royaumes de Champagne; il veut venir à Cirey. J'en ai demandé la permission à Mme la marquise, elle le veut bien; présenté par vous, il ne peut être que bienvenu.

Je serai charmé qu'il s'attache à vous. Je suis le plus trompé du monde, s'il n'est né avec du génie, et des mœurs aimables. Vous êtes un enfant bien charmant de cultiver les lettres à votre âge avec tant d'ardeur, et d'encourager encore les autres. On ne peut trop vous aimer. Amenez donc ce grand garçon. Mme du Châtelet et Mme de Champbonin vous font mille compliments.

Adieu, jusqu'au plaisir de vous embrasser.

DCCCXLII. — A M. THIERIOT.

A Cirey, le 3 avril.

Plus de *Langage des bêtes*, je vous prie; je viens de le lire, c'est un ouvrage dont le fond chimérique n'est pas assez orné par les détails. Il n'y a rien de ce qu'il fallait à un tel ouvrage, ni esprit, ni bonne plaisanterie. Si un autre qu'un jésuite en était l'auteur, on n'en parlerait pas.

Au lieu de cela, Cirey vous demande un *Démosthène* grec et latin, un *Euclide* grec et latin, et le *Démosthène* de Tourreil.

ANNÉE 1739.

Je vous prie de me déterrer quelque ouvrage d'un vieil académicien nommé Silhon. J'ai envie d'avoir quelque chose de ce bavard qui a eu part, dit-on, au *Testament* prétendu du cardinal de Richelieu.

Comment vous portez-vous? Je travaille toujours, mais je meurs.

DCCCXLIII. — A M. DE CIDEVILLE.

A Cirey, ce 3 avril.

Mon cher ami, je vous remercie d'un des plus grands plaisirs que j'aie goûtés depuis longtemps. Je viens de lire des morceaux admirables dans une tragédie pleine de génie, et où les ressources sont aussi grandes que le sujet était ingrat. Mon cher Pollion, ami des arts, qui vous connaissez si bien en vers, qui en faites de si aimables, je vous adresse mes sincères remercîments pour M. de La Noue. Si vous trouviez que mes petites idées valussent la peine de paraître à la queue de sa pièce, je m'en tiendrais honoré. Dites, je vous prie, à l'auteur, que je suis à jamais son partisan et son ami. Vous savez, mon cher Cideville, si mon cœur est capable de jalousie, si les arts ne me sont pas plus chers que mes vers. Je ressens vivement les injures, mais je suis encore plus sensible à tout ce qui est bon. Les gens de lettres devraient être tous frères; et ils ne sont presque tous que des faux frères. J'espère de la pièce¹ de Linant. Elle n'est pas au point où je la voudrais, mais il y a des beautés. Elle peut être jouée, et il en a besoin.

Adieu, mon très-cher ami. Mme du Châtelet vous fait mille complimens; vous lui êtes présent, quoiqu'elle ne vous ait jamais vu. Adieu.

DCCCXLIV. — A M. DE LA NOUE.

A Cirey, le 3 avril.

Votre belle tragédie, monsieur, est arrivée à Cirey, comme les Maupertuis et les Bernoulli en partaient. Les grandes vérités nous quittent; mais à leur place les grands sentiments et de très-beaux vers, qui valent bien des vérités, nous arrivent.

Mme la marquise du Châtelet a lu votre ouvrage avec autant de plaisir que le public l'a vu. Je joins mon suffrage au sien, quoiqu'il soit d'un bien moindre poids, et j'y ajoute mes remercîments du plaisir que vous me faites, et de la confiance que vous voulez bien avoir en moi.

Je crois que vous êtes le premier parmi les modernes qui ayez été à la fois acteur et auteur tragique; car celui qui donna *Hercule* sous son nom n'en était pas l'auteur; d'ailleurs cet *Hercule* est comme s'il n'avait point été.

Ce double mérite n'a guère été connu que chez les anciens Grecs, chez cette nation heureuse de qui nous tenons tous les arts, qui savait récompenser et honorer tous les talents, et que nous n'estimons et n'imitons pas assez.

1. *Ramessès.* (Éd.)

Je vous avoue, monsieur, que je sens un plaisir incroyable quand je vois des vers de génie, des vers nobles, pleins d'harmonie et de pensées; c'est un plaisir rare, mais je viens de le goûter avec transport.

Tranquille maintenant, l'amour qui le séduit
Suspend son caractère, et ne l'a point détruit.
....
Sur les plus turbulents j'ai versé les faveurs;
A la fidélité réservant la disgrâce,
Mon adroite indulgence a caressé l'audace.
Acte I, scène I.

....
Dans leurs sanglantes mains le tonnerre s'allume,
Sous leurs pas embrasés la terre se consume.
....
J'ai vaincu, j'ai conquis, je gouverne à présent.
Acte I, scène IV.

....
Parmi tant de dangers ma jeunesse imprudente
S'égarait et marchait aveuglée et contente.
Acte II, scène IV.

....
La gloire et les grandeurs n'ont pu remplir mes vœux
Un instant de vertu vient de me rendre heureux.
Acte II, scène V.

....
Tout autre bruit se tait lorsque la foudre gronde;
Tonne sur ces cruels, et rends la paix au monde.
Acte III, scène VI.

....
Cruel Aga! pourquoi dessillais-tu mes yeux?
Pourquoi, dans les replis d'un cœur ambitieux,
Avec des traits de flamme aiguillonnant la gloire,
A l'amour triomphant arracher la victoire?
Acte IV, scène I.

Il me semble que votre ouvrage étincelle partout de ces traits d'imagination; et, lorsque vous aurez achevé de polir les autres vers qui enchâssent ces diamants brillants, il doit en résulter une versification très-belle, et même d'un nouveau genre. Il ne faut sans doute rien de trop hardi dans les vers d'une tragédie; mais aussi les Français n'ont-ils pas souvent été trop timides? A la bonne heure qu'un courtisan poli, qu'une jeune princesse, ne mettent dans leurs discours que de la simplicité et de la grâce; mais il me semble que certains héros étrangers, des Asiatiques, des Américains, des Turcs, peuvent parler sur un ton plus fier, plus sublime.

Major e longinquo.

J'aime un langage hardi, métaphorique, plein d'images, dans la bouche de Mahomet II. Ces idées superbes sont faites pour son caractère : c'est ainsi qu'il s'exprimait lui-même. Savez-vous bien qu'en entrant dans Sainte-Sophie, qu'il venait de changer en mosquée, il s'écria en vers persans qu'il composa sur-le-champ : « Le palais impérial est tombé; les oiseaux qui annoncent le carnage ont fait entendre leurs cris sur les tours de Constantin! »

On a beau dire que ces beautés de diction sont des beautés épiques; ceux qui parlent ainsi ne savent pas que Sophocle et Euripide ont imité le style d'Homère. Ces morceaux épiques, entremêlés avec art parmi des beautés plus simples, sont comme des éclairs qu'on voit quelquefois enflammer l'horizon, et se mêler à la lumière douce et égale d'une belle soirée. Toutes les autres nations aiment, ce me semble, ces figures frappantes. Grecs, Latins, Arabes, Italiens, Anglais, Espagnols, tous nous reprochent une poésie un peu trop prosaïque. Je ne demande pas qu'on outre la nature, je veux qu'on la fortifie et qu'on l'embellisse. Qui aime mieux que moi les pièces de l'illustre Racine? qui les sait plus par cœur? Mais serais-je fâché que Bajazet, par exemple, eût quelquefois un peu plus de sublime?

Elle veut, Acomat, que je l'épouse. — Eh bien!
        Acte II, scène III.

Tout cela finirait par une perfidie!
J'épouserais! et qui? (s'il faut que je le die)
Une esclave attachée à ses seuls intérêts....
....
Si votre cœur était moins plein de son amour
Je vous verrais, sans doute, en rougir la première
Mais, pour vous épargner une injuste prière,
Adieu; je vais trouver Roxane de ce pas,
Et je vous quitte. — Et moi, je ne vous quitte pas.
        Acte II, scène V.

Que parlez-vous, madame, et d'époux, et d'amant?
O ciel! de ce discours quel est le fondement?
Qui peut vous avoir fait ce récit infidèle?...
... .
Je vois enfin, je vois qu'en ce même moment
Tout ce que je vous dis vous touche faiblement.
Madame, finissons et mon trouble et le vôtre;
Ne nous affligeons point vainement l'un et l'autre.
Roxane n'est pas loin, etc
        Acte III, scène IV.

Je vous demande, monsieur, si à ce style, dans lequel tout le rôle de ce Turc est écrit, vous reconnaissez autre chose qu'un Français qui s'exprime avec élégance et avec douceur? Ne désirez-vous rien de plus mâle, de plus fier, de plus animé dans les expressions de ce jeune Ottoman qui se voit entre Roxane et l'empire, entre Atalide et la mort? C'est à peu près ce que Pierre Corneille disait, à la première représentation de *Bajazet*, à un vieillard qui me l'a raconté: « Cela est tendre, touchant, bien écrit; mais c'est toujours un Français qui parle. » Vous sentez bien, monsieur, que cette petite réflexion ne dérobe rien au respect que tout homme qui aime la langue française doit au nom de Racine. Ceux qui désirent un peu plus de coloris à Raphaël et au Poussin ne les admirent pas moins. Peut-être qu'en général cette maigreur, ordinaire à la versification française, ce vide de grandes idées, est un peu la suite de la gêne de nos phrases et de notre poésie. Nous avons besoin de hardiesse, et nous devrions ne rimer que pour les oreilles; il y a vingt ans que j'ose le dire. Si un vers finit par le mot *terre*, vous êtes sûr de voir *la guerre* à la fin de l'autre; cependant prononce-t-on *terre* autrement que *père* et *mère*? Prononce-t-on *sang* autrement que *camp*? Pourquoi donc craindre de faire rimer aux yeux ce qui rime aux oreilles? On doit songer, ce me semble, que l'oreille n'est juge que des sons, et non de la figure des caractères. Il ne faut point multiplier les obstacles sans nécessité, car alors c'est diminuer les beautés. Il faut des lois sévères, et non un vil esclavage. De peur d'être trop long je ne vous en dirai pas davantage sur le style; j'ai d'ailleurs trop de choses à vous dire sur le sujet de votre pièce. Je n'en sais point qui fût plus difficile à manier; il n'était conforme, par lui-même, ni à l'histoire, ni à la nature. Il a fallu assurément bien du génie pour lutter contre ces obstacles.

Un moine, nommé Bandelli, s'est avisé de défigurer l'histoire du grand Mahomet II par plusieurs contes incroyables; il y a mêlé la fable de la mort d'Irène, et vingt autres écrivains l'ont copiée. Cependant il est sûr que jamais Mahomet n'eut de maîtresse connue des chrétiens sous ce nom d'Irène; que jamais les janissaires ne se révoltèrent contre lui, ni pour une femme ni pour aucun autre sujet, et que ce prince, aussi prudent, aussi savant et aussi politique qu'il était intrépide, était incapable de commettre cette action d'un forcené, que nos historiens lui reprochent si ridiculement. Il faut mettre ce conte avec celui des quatorze icoglans auxquels on prétend qu'il fit ouvrir le ventre pour savoir qui d'eux avait mangé ses figues ou ses melons. Les nations subjuguées imputent toujours des choses horribles et absurdes à leurs vainqueurs : c'est la vengeance des sots et des esclaves.

L'Histoire de Charles XII m'a mis dans la nécessité de lire quelques ouvrages historiques concernant les Turcs. J'ai lu entre autres, depuis peu, l'*Histoire* ottomane du prince Cantemir, vaivode de Moldavie, écrite à Constantinople. Il ne daigne, ni lui ni aucun auteur turc ou arabe, parler seulement de la fable d'Irène; il se contente de représenter Mahomet comme le plus grand homme et le plus sage de son temps. Il fait voir que Mahomet, ayant pris d'assaut, par un malentendu, la moitié de Constantinople, et ayant reçu l'autre à composition, observa religieusement le traité, et conserva même la plupart des églises de cette autre partie de la ville, lesquelles subsistèrent trois générations après lui.

Mais qu'il eût voulu épouser une chrétienne, qu'il l'eût égorgée, voilà ce qui n'a jamais été imaginé de son temps. Ce que je dis ici, je le dis en historien, non en poète. Je suis très-loin de vous condamner; vous avez suivi le préjugé reçu, et un préjugé suffit pour un peintre et pour un poète. Où en seraient Virgile et Horace, si on les avait chicanés sur les faits? Une fausseté qui produit au théâtre une belle situation est préférable, en ce cas, à toutes les archives de l'univers; elle devient vraie pour moi, puisqu'elle a produit le rôle de votre aga des janissaires, et la situation aussi frappante que neuve et hardie de Mahomet levant le poignard sur une maîtresse dont il est aimé. Continuez, monsieur, d'être du petit nombre de ceux qui empêchent que les belles-lettres ne périssent en France. Il y a encore et de nouveaux sujets de tragédie, et même de nouveaux genres. Je crois les arts inépuisables : celui du théâtre est un des plus beaux comme des plus difficiles. Je serais bien à plaindre si je perdais le goût de ces beautés, parce que j'étudie un peu d'histoire et de physique. Je regarde un homme qui a aimé la poésie, et qui n'en est plus touché, comme un malade qui a perdu un de ses sens. Mais je n'ai rien à craindre avec vous, et, eussé-je entièrement renoncé aux vers, je dirais en voyant les vôtres :

.... *Agnosco veteris vestigia flammæ.*
Virg., Æn., IV, 23.

Je dois sans doute, monsieur, la faveur que je reçois de vous à M. de Cideville, mon ami de trente années; je n'en ai guère d'autres. C'est un des magistrats de France qui a le plus cultivé les lettres; c'est un Pollion en poésie, et un Pylade en amitié. Je vous prie de lui présenter mes remercîments, et de recevoir les miens. Je suis, monsieur, avec une estime dont vous ne pouvez douter, votre, etc.

DCCCXLV. — A M. L'ABBÉ MOUSSINOT.

Cirey, avril.

J'enverrai à votre frère, quand vous voudrez et comme vous voudrez, la décharge que vous demandez; mais, mon ami, comment voulez-vous que je le décharge, n'étant chargé de rien, et ayant seulement prêté son nom? Ni vous ni lui ne pouvez être recherchés; vos livres ne font-ils pas foi? Comment d'ailleurs voulez-vous que je le décharge d'un argent qu'il n'a touché ni donné? Voyez cependant, et dictez-moi cette pièce qui me paraît un très-inutile hors-d'œuvre; car, ou il a reçu et recevra encore, en ce cas votre livre suffit; ou il n'a point reçu et ne recevra point, et en ce cas il n'a point de compte à rendre ni de décharge à demander. Je crois qu'il vaut mieux un billet par lequel je dirai qu'il n'est, quoique muni de ma procuration, que votre prête-nom; que vous voulez bien conduire mes petites affaires, et que je m'en rapporte uniquement à vos livres et à votre parole, au défaut de vos livres, priant mes héritiers de s'en rapporter uniquement à cette parole. C'est ce que j'ai déjà bien expressément établi dans mon testament, et ce que je vous enverrai signé quand vous voudrez.

A propos de testament, mon cher ami, il faut penser à mourir avec honneur. M. le marquis du Châtelet m'écrit qu'il va finir mon affaire avec Desfontaines; mais elle ne finit point. Ne perdons point nos preuves. M. d'Argental croit que c'est assez que M. le chancelier ôte à ce vilain abbé son privilége[1], et moi je dis que ce n'est point assez; que, quand même ce privilége lui serait ôté, on ne saurait pas que c'est pour moi qu'il est puni; ses calomnies n'en subsisteraient pas moins. Les faits qu'il avance doivent être détruits et confondus.

Donnez cent francs au chevalier de Mouhi, en ajoutant que c'est tout ce que vous avez, et demandez-lui pardon du peu; après tout, cela lui fera plaisir.

DCCCXLVI. — AU MÊME.

Avril.

Le bonhomme qui a quatre mille francs en a déjà donné deux à M. le marquis de Runepont, voisin de Cirey. Les deux autres sont tout prêts pour notre cher chevalier, et j'en réponds; je veux absolument lui procurer ce petit plaisir. Je me chargerai de payer au bonhomme la rente de cent francs, et le chevalier se chargera seulement de faire ratifier l'emprunt, soit par sa mère, soit par sa tante, et d'hypothéquer leurs biens libres pour l'assurance du payement. Au moyen de cet arrangement notre chevalier aura ses deux mille livres franches et quittes, qui ne seront payables qu'à la mort de sa mère ou de sa tante. Montrez-lui ce projet, et qu'il voie comment on peut s'arranger avec les lois, pour que mon amitié puisse le servir.

Voici un petit mot pour d'Arnaud, à qui je vous prie de donner un louis d'or.

DCCCXLVII. — AU MÊME.

Cirey.

Au lieu, mon cher trésorier, de recevoir deux mille livres de M. Michel, je vous prie de l'engager à prendre dix mille livres pour un an, lesquelles, avec les deux mille livres qu'il me doit, feront douze mille livres. Le reste sera pour notre voyage dans les Pays-Bas; et les douze mille livres entre les mains de M. Michel serviront dans un an ou deux, si je suis en vie, à acheter des meubles pour le palais Lambert. Je vous donne, mon cher abbé, rendez-vous à ce palais. Ah! que de tableaux et de curiosités, si j'ai de l'argent! Allez donc voir mon appartement[2]; c'est celui où est la galerie destinée à la bibliothèque.

---

1. Celui des *Observations sur les écrits modernes*, qui lui fut retiré, en 1743, par arrêt du conseil d'État. (ÉD.)
2. « Lorsque Voltaire vint à Paris, au commencement de septembre 1739, il descendit à l'*Hôtel de Brie*, rue Cloche-Perce, et non à l'*Hôtel Lambert*. Ses lettres

Adieu, mon cher abbé; une autre fois je vous parlerai de mes petites affaires qui ne sont pas trop bonnes, car personne ne daigne me payer.

Le grand d'Arnaud peut venir à Cirey, quand il le voudra, avec M. Helvétius; Mme la marquise du Châtelet le trouve bon.

DCCCXLVIII. — A M. THIERIOT.

A Cirey, le 13 avril.

Ma santé est toujours bien mauvaise, quoi qu'en dise Mme du Châtelet; mais ce n'est que demi-mal, puisque la vôtre va mieux. Mme la marquise vous a demandé *le Coup d'État*, que je crois de Bourzeis, et *l'Homme du Pape et du Roi*, que je crois du bavard Silhon. Nous attendons aussi le *Démosthène* grec et l'*Euclide*. Il est triste de quitter ces lectures et Cirey pour des procès et pour les Pays-Bas. Je vous demande instamment de remercier pour moi *Varron*-Dubos; je voudrais être à portée de le consulter. Cet homme-là a tous les petits événements présents à l'esprit comme les plus grands. Il faut avoir une mémoire bien vaste et bien exacte pour se souvenir que M. de Charnacé commandait un régiment français au service des États. La mémoire n'est pas son seul partage : il y a longtemps que je le regarde comme un des écrivains les plus judicieux que la France ait produits.

J'ai écrit à M. Le Franc. Il y a de très belles choses dans son *Épître*, et il paraît qu'il y en a de fort bonnes dans son cœur. Je vous prie de m'envoyer une *Lettre*[1] qui paraît sur l'ouvrage du P. Bougeant, et une lettre sur le *vide*[2], dont vous m'avez déjà parlé.

Mille respects, je vous prie, à tous ceux qui veulent bien se souvenir de moi. *Vale.*

DCCCXLIX. — A M. LE FRANC.

A Cirey, le 14 avril.

Vous me faisiez des faveurs, monsieur, quand je vous payais des tributs. Votre *Épître* sur les gens qu'on respecte trop dans ce monde venait à Cirey quand mes rêveries sur l'*Homme* et sur le monde allaient vous trouver à Montauban. J'avoue sans peine que mon petit tribut ne vaut pas vos présents.

Quid verum atque decens curas, atque *omnis in hoc* es.
Hor., lib. I, ep. I, v. 11.

du 2 juin 1740 à Moussinot, et de janvier 1743 à Mme de Champbonin, prouvent qu'il n'avait pas encore habité cette magnifique maison à cette époque; et, dans sa lettre du 27 juin 1743 à Cideville, il fait allusion à sa *petite retraite* de la rue *Traversière*, qu'il occupa de 1743 à 1750, dans ses divers voyages à Paris. » *(Note de M. Clogenson.)*

1. *Lettre à Mme la comtesse D****, attribuée à Aubert de La Chesnaie, capucin réfugié en Hollande. (ÉD.)
2. *Examen du vuide, ou Espace newtonien, relativement à l'idée de Dieu*, attribué à de La Fautrière. (ÉD.)

Vous montrez avec plus de liberté encore qu'Horace

> *Quo tandem pacto deceat majoribus uti,*
> Lib. I, ep. XVII, v. 2.

et c'est à vous, monsieur, qu'il faut dire :

> *Si bene te novi, metues, liberrime Le Franc,*
> *Scurrantis speciem præbere, professus amicum.*
> Lib. I, ep. XVIII, v. 2.

J'ignore quel est le duc assez heureux pour mériter de si belles épîtres. Quel qu'il soit, je le félicite de ce qu'on lui adresse ce vers admirable :

> Vertueux sans effort, et sage sans système.
> v. 12.

Votre épître, écrite d'un style élégant et facile, a beaucoup de ces vers frappés, sans lesquels l'élégance ne serait plus que de l'uniformité.

Que je suis bien de votre avis, surtout quand vous dites :

> Malheureux les États où les honneurs des pères
> Sont de leurs lâches fils les biens héréditaires !
> v. 48.

J'ai été inspiré un peu de votre génie, il y a quelque temps, en corrigeant une vieille tragédie de *Brutus*, qu'on s'avise de réimprimer ; car je passe actuellement ma vie à corriger. Il faut que je cède à la vanité de vous dire que j'ai employé à peu près la même pensée que vous. Je fais parler le vieux président Brutus comme vous l'allez voir :

> Non, non, le consulat n'est point fait pour son âge, etc.
> *Brutus*, acte II, scène IV.

Plût à Dieu, monsieur, qu'on pensât comme Brutus et comme vous ! Il y a un pays, dit l'abbé de Saint-Pierre, où l'on achète le droit d'entrer au conseil ; et ce pays, c'est la France. Il y a un pays où certains honneurs sont héréditaires, et ce pays, c'est encore la France. Vous voyez bien que nous réunissons les extrêmes.

Que reste-t-il donc à ceux qui n'ont pas cent mille francs d'argent comptant pour être maîtres des requêtes, ou qui n'ont pas l'honneur d'avoir un manteau ducal à leurs armes ? Il leur reste d'être heureux, et de ne pas s'imaginer seulement que cent mille francs et un manteau ducal soient quelque chose.

Vous dites en beaux vers, monsieur :

> Ce qu'on appelle un grand, pour le bien définir,
> Ne cherche, ne connaît, n'aime que le plaisir.

Mais, sauf votre respect, je connais force petits qui en usent ainsi. Ce serait alors, ma foi, que les grands auraient un terrible avantage s'ils avaient ce privilége exclusif.

Je vous le dis du fond de mon cœur, monsieur, votre prose et vos vers m'attachent à vous pour jamais.

Ce n'est pas des écussons de trois fleurs de lis qu'il me faut, ni des masses de chancelier, mais un homme comme vous à qui je puisse dire :

Le Franc, nostrarum rugarum candide judex....
....
Quid voveat dulci nutricula majus alumno
Qui sapere et fari possit quæ sentiat ; et cui
Gratia, fama, valetudo contingat abunde ?
Hor., lib. I, ep. IV, v. 1 et 8.

Je me flatte que nous ne serons pas toujours à six ou sept degrés l'un de l'autre, et qu'enfin je pourrai jouir d'une société que vos lettres me rendent déjà chère. J'espère aller, dans quelques années, à Paris. Mme la marquise du Châtelet vient de s'assurer une autre retraite délicieuse : c'est la maison du président Lambert. Il faudra être philosophe pour venir là. Nos petits-maîtres ne sont point gens à souper à la pointe de l'île, mais M. Le Franc y viendra.

J'entends dire que Paris a besoin plus que jamais de votre présence. Le bon goût n'y est presque plus connu ; la mauvaise plaisanterie a pris sa place. Il y a pourtant de bien beaux vers dans la tragédie de *Mahomet II*. L'auteur a du génie ; il y a des étincelles d'imagination, mais cela n'est pas écrit avec l'élégance continue de votre *Didon*. Il corrige à présent le style. Je m'intéresse fort à son succès ; car, en vérité, tout homme de lettres qui n'est pas un fripon est mon frère. J'ai la passion des beaux-arts, j'en suis fou. Voilà pourquoi j'ai été si affligé quand des gens de lettres m'ont persécuté ; c'est que je suis u citoyen qui déteste la guerre civile, et qui ne la fais qu'à mon corps défendant.

Adieu, monsieur ; Mme du Châtelet vous fait les plus sincères compliments. Elle pense comme moi sur vous, et c'est une dame d'un mérite unique. Les Bernoulli et les Maupertuis, qui sont venus à Cirey, en sont bien surpris. Si vous la connaissiez, vous verriez que je n'ai rien dit de trop dans ma préface d'*Alzire*. C'est dans de tels lieux qu'il faudrait que des philosophes comme vous vécussent : pourquoi sommes-nous si éloignés !

DCCCL. — A FRÉDÉRIC, PRINCE ROYAL DE PRUSSE.

A Cirey, le 15 avril.

Monseigneur, en attendant votre *Nisus et Euryale*, Votre Altesse royale essaye toujours très-bien ses forces dans ses nobles amusements. Votre style français est parvenu à un tel point d'exactitude et d'élégance, que j'imagine que vous êtes né dans le Versailles de Louis XIV, que Bossuet et Fénelon ont été vos maîtres d'école, et Mme de Sévigné votre nourrice. Si vous voulez cependant vous asservir à nos misérables règles de versification, j'aurai l'honneur de dire à

Votre Altesse royale qu'on évite autant qu'on le peut chez nos timides écrivains de se servir du mot *croient*, en poésie, parce que si on le fait de deux syllabes, il résulte une prononciation qui n'est pas française, comme si on prononçait *croyint*; et, si on le fait d'une syllabe, elle est trop longue. Ainsi, au lieu de dire :

Ils croient réformer, stupides téméraires....

les Apollons de Remusberg diront tout aussi aisément :

Ils pensent réformer, stupides téméraires,...

Ce qui me charme infiniment, c'est que je vois toujours, monseigneur, un fonds inépuisable de philosophie dans vos moindres amusements.

Quant à cette autre philosophie plus incertaine qu'on nomme physique, elle entrera sans doute dans votre sanctuaire, et vos objections sont déjà des instructions.

Il faut bien que les rayons de lumière soient de la matière, puisqu'on les divise, puisqu'ils échauffent, qu'ils brûlent, qu'ils vont et viennent, puisqu'ils poussent un ressort de montre exposé près du foyer de verre du prince de Hesse. Mais si c'est une matière précisément comme celle dont nous avons trois ou quatre notions, si elle en a toutes les propriétés, c'est sur quoi nous n'avons que des conjectures assez vraisemblables.

A l'égard de l'espace que remplissent les rayons du soleil, ils sont si loin de composer un plein absolu dans le chemin qu'ils traversent, que la matière qui sort du soleil en un an ne contient peut-être pas deux pieds cubes, et ne pèse peut-être pas deux onces.

Le fait est que Roemer a très-bien démontré, malgré les Maraldi, que la lumière vient du soleil à nous en sept minutes et demie ; et, d'un autre côté, Newton a démontré qu'un corps, qui se meut dans un fluide de même densité que lui, perd la moitié de sa vitesse après avoir parcouru trois fois son diamètre, et bientôt perd toute sa vitesse. Donc il résulte que la lumière, en pénétrant un fluide plus dense qu'elle, perdrait sa vitesse beaucoup plus vite, et n'arriverait jamais à nous ; donc elle ne vient qu'à travers l'espace le plus libre.

De plus, Bradley a découvert que la lumière qui vient de Sirius à nous n'est pas plus retardée dans son cours que celle du soleil. Si cela ne prouve pas un espace vide, je ne sais pas ce qui le prouvera.

Votre idée, monseigneur, de réfuter Machiavel est bien plus digne d'un prince tel que vous que de réfuter de simples philosophes; c'est la connaissance de l'homme, ce sont ses devoirs qui font votre étude principale; c'est à un prince comme vous à instruire les princes. J'oserais supplier, avec la dernière instance, Votre Altesse royale de s'attacher à ce beau dessein et de l'exécuter.

Cette bonté que vous conservez, monseigneur, pour la *Henriade* ne vient sans doute que des idées très-opposées au machiavélisme que vous y avez trouvées. Vous avez daigné aimer un auteur également ennemi de la tyrannie et de la rébellion. Votre Altesse royale est encore assez bonne pour m'ordonner de lui rendre compte des changements que j'ai faits. J'obéis.

1° Le changement le plus considérable est celui du combat de d'Ailli contre son fils. Il m'a paru que cette aventure, touchante par elle-même, n'avait pas une juste étendue, qu'on n'émeut point les cœurs en ne montrant les objets qu'en passant. J'ai tâché de suivre le bel exemple que Virgile donne dans Nisus et Euryale. Il faut, je crois, présenter les personnages assez longtemps aux yeux pour qu'on ait le temps de s'y attacher. J'aime les images rapides, mais j'aime à me reposer quelque temps sur des choses attendrissantes.

Le second changement le plus important est au dixième chant. Le combat de Turenne et d'Aumale me semblait encore trop précipité. J'avais évité la grande difficulté qui consiste à peindre les détails; j'ai lutté depuis contre cette difficulté, et voici les vers :

O Dieu, cria Turenne, arbitre de mon roi, etc.
v. 107.

Je suis, je crois, monseigneur, le premier poëte qui ait tiré une comparaison de la réfraction de la lumière, et le premier Français qui ait peint des coups d'escrime portés, parés, et détournés :

In tenui labor; at tenuis non gloria, si quem
Numina læva sinunt, auditque vocatus Apollo.
Georg., IV, v. 6.

Numina læva, ce sont ceux qui me persécutent; et *vocatus Apollo*. c'est mon protecteur de Remusberg.

Pour achever d'obéir à mon Apollon, je lui dirai encore que j'ai retranché ces quatre vers qui terminent le premier chant :

Surtout en écoutant ces tristes aventures,
Pardonnez, grande reine, à des vérités dures
Qu'un autre eût pu vous taire, ou saurait mieux voiler,
Mais que Bourbon jamais n'a pu dissimuler.

Comme ces *vérités dures*, dont parle Henri IV, ne regardent point la reine Élisabeth, mais des rois qu'Élisabeth n'aimait point, il est clair qu'il n'en doit point d'excuses à cette reine; et c'est une faute que j'ai laissée subsister trop longtemps. Je mets donc à sa place :

Un autre, en vous parlant, pourrait avec adresse, etc.
v. 385.

Voici, au sixième chant, une petite addition ; c'est quand Potier demande audience :

Il élève la voix; on murmure, on s'empresse, etc.
v. 75.

J'ai cru que ces images étaient convenables au poëme épique;

Ut pictura poesis erit. . . , ...
De Arte poet., v. 361.

Au septième chant, en parlant de l'enfer, j'ajoute

> Êtes-vous en ces lieux, faibles et tendres cœurs,
> Qui, livrés aux plaisirs, et couchés sur des fleurs,
> Sans fiel et sans fierté couliez dans la paresse
> Vos inutiles jours filés par la mollesse?
> Avec les scélérats seriez-vous confondus,
> Vous, mortels bienfaisants, vous, amis des vertus,
> Qui, par un seul moment de doute ou de faiblesse,
> Avez séché les fruits de trente ans de sagesse?
> v. 199.

Voilà de quoi inspirer peut-être, monseigneur, un peu de pitié pour les pauvres damnés, parmi lesquels il y a de si honnêtes gens. Mais le changement le plus essentiel à mon poëme, c'est une invocation qui doit être placée immédiatement après celle que j'ai faite à une déesse étrangère, nommée la Vérité. A qui dois-je m'adresser, si ce n'est à son favori, à un prince qui l'aime et qui la fait aimer, à un prince qui m'est aussi cher qu'elle, et aussi rare dans le monde? C'est donc ainsi que je parle à cet homme adorable au commencement de *la Henriade* :

> Et toi, jeune héros, toujours conduit par elle,
> Disciple de Trajan, rival de Marc-Aurèle,
> Citoyen sur le trône, et l'exemple du Nord,
> Sois mon plus cher appui, sois mon plus grand support :
> Laisse les autres rois, ces faux dieux de la terre,
> Porter de toutes parts ou la fraude ou la guerre :
> De leurs fausses vertus laisse-les s'honorer;
> Ils désolent le monde, et tu dois l'éclairer.

Je demande en grâce à Votre Altesse royale, je lui demande à genoux de souffrir que ces vers soient imprimés dans la belle édition qu'elle ordonne qu'on fasse de *la Henriade*. Pourquoi me défendrait-elle, à moi qui n'écris que pour la vérité, de dire celle qui m'est la plus précieuse?

Je compte envoyer à Votre Altesse royale de quoi l'amuser, dès que je serai aux Pays-Bas. Je n'ai pas laissé de faire de la besogne, malgré mes maladies; Apollon-Remus et Émilie me soutiennent. Mme du Châtelet ne sait encore ni comment remercier Votre Altesse royale, ni comment donner une adresse pour ce bon vin de Hongrie. Nous comptons partir au commencement de mai; j'aurai l'honneur d'écrire à Votre Altesse royale dès que nous nous serons un peu orientés.

Comme il faut rendre compte de tout à son maître, il y a apparence qu'au retour des Pays-Bas nous songerons à nous fixer à Paris[1]. Mme du Châtelet vient d'acheter une maison bâtie par un des plus grands

---

1. Voltaire y passa seulement les mois de septembre et d'octobre 1739; mais Mme du Châtelet descendit alors à l'hôtel de Richelieu, et Voltaire à celui de Brie, rue Cloche-Perce, et non à l'hôtel Lambert dont il est question ici. (*Note de M. Clogenson.*)

architectes de France, et peinte par Lebrun et par Lesueur; c'est une maison faite pour un souverain qui serait philosophe; elle est heureusement dans un quartier de Paris qui est éloigné de tout; c'est ce qui fait qu'on a eu pour deux cent mille francs ce qui a coûté deux millions à bâtir et à orner : je la regarde comme une seconde retraite, comme un second Cirey. Croyez, monseigneur, que les larmes coulent de mes yeux quand je songe que tout cela n'est pas dans les États de Marc-Aurèle-Frédéric. La nature s'est bien trompée en me faisant naître bourgeois de Paris. Mon corps seul y sera; mon âme ne sera jamais qu'auprès d'Émilie et de l'adorable prince dont je serai à jamais, avec le plus profond respect, et, si Son Altesse royale le permet, avec tendresse, etc.

DCCCLI. — De Frédéric, prince royal de Prusse.

A Remusberg, le 15 d'avril.

J'ai été sensiblement attendri du récit touchant que vous me faites de votre déplorable situation. Un ami à la distance de quelques centaines de lieues paraît un homme assez inutile dans le monde; mais je prétends faire un petit essai en votre faveur, dont j'espère que vous retirerez quelque utilité. Ah! mon cher Voltaire, que ne puis-je vous offrir un asile, où assurément vous n'auriez rien à souffrir de semblable aux chagrins que vous donne votre ingrate patrie! Vous ne trouveriez chez moi ni envieux, ni calomniateurs, ni ingrats; on saurait rendre justice à vos mérites, et distinguer parmi les hommes ce que la nature a si fort distingué parmi ses ouvrages.

Je voudrais pouvoir soulager l'amertume de votre condition; je vous assure que je pense aux moyens de vous servir efficacement. Consolez-vous toujours de votre mieux, mon cher ami, et pensez que, pour établir une égalité de *conditions* [1] parmi tous les hommes, il vous fallait des revers capables de balancer les avantages de votre génie, de vos talents, et de l'amitié de la marquise.

C'est dans des occasions semblables qu'il nous faut tirer de la philosophie des secours capables de modérer les premiers transports de douleur, et de calmer les mouvements impétueux que le chagrin excite dans nos âmes. Je sais que ces conseils ne coûtent rien à donner, et que la pratique en est presque impossible; je sais que la force de votre génie est suffisante pour s'opposer à vos calamités; mais on ne laisse point que de tirer des consolations du courage que nous inspirent nos amis.

Vos adversaires sont d'ailleurs des gens si méprisables, qu'assurément vous ne devez pas craindre qu'ils puissent ternir votre réputation. Les dents de l'envie s'émousseront toutes les fois qu'elles voudront vous mordre. Il n'y a qu'à lire sans partialité les écrits et les calomnies qu'on sème sur votre sujet pour en connaître la malice et l'infamie. Soyez en repos, mon cher Voltaire, et attendez que vous puissiez goûter les fruits de mes soins.

1. Allusion à l'*Épître* (ou *Discours*) sur l'*Égalité des conditions*. (Éd.)

J'espère que l'air de Flandre vous fera oublier vos peines, comme les eaux du Léthé en effaçaient le souvenir chez les ombres.

J'attends de vos nouvelles pour savoir quand il serait agréable à la marquise que je lui envoyasse une lettre pour le duc d'Aremberg. Mon vin de Hongrie et l'ambre languissent de partir; j'enverrai le tout à Bruxelles, lorsque je vous y saurai arrivé.

Ayez la bonté de m'adresser les lettres que vous m'écrivez de Cirey par le marchand Michelet; c'est la voie la plus courte. Mais, si vous m'écrivez de Bruxelles, que ce soit sous l'adresse du général Borck, à Vesel. Vous vous étonnerez de ce que j'ai été si longtemps sans vous répondre; mais vous débrouillerez facilement ce mystère, quand vous saurez qu'une absence de quinze jours m'a empêché de recevoir votre lettre qui m'attendait ici.

Je vous prie de ne jamais douter des sentiments d'amitié et d'estime avec lesquels je suis votre très-fidèle ami, FÉDÉRIC.

DCCCLII. — A M. LE MARQUIS D'ARGENSON.

Le 16 avril.

J'apprends avec bien du chagrin que le meilleur protecteur que j'aie à Paris, celui qui m'encourage davantage, et à qui je suis le plus redevable, va faire les affaires du roi très-chrétien dans la triste cour du Portugal, et contre-miner les Anglais, au lieu de me défendre contre l'abbé Desfontaines. Mon protecteur, mon ancien camarade de collége, monsieur l'ambassadeur, je suis au désespoir que vous partiez. Ma lettre, pour un homme dont je n'ai nul sujet de me louer, vous a donc paru bien; et vous me croyez si politique que vous me proposez tout d'un coup pour aller amuser le futur roi de Prusse. Si j'étais homme à prétendre à l'une de ces places-là, ce serait sûrement auprès de ce prince que j'en briguerais une.

Vous avez lu, monsieur, une de ses lettres; vous avez été sensiblement touché d'un mérite si rare. Connaissez-le donc encore plus à fond; en voici une autre que j'ai l'honneur de vous confier; vous verrez à quel point ce prince est homme. Mais, malgré l'excès de ses bontés et de son mérite, je ne quitterais pas un moment les personnes à qui je suis attaché pour l'aller trouver. J'aime bien mieux dire : *Émilie ma souveraine*, que *le roi mon maître*.

Si jamais il est roi, et que M. du Châtelet puisse être envoyé auprès de lui avec un titre honorable et convenable, à la bonne heure. En ce cas, je verrai le modèle des rois; mais, en attendant, je resterai avec le modèle des femmes.

Je n'osais vous envoyer le *Mémoire*[1] que j'ai composé depuis peu, parce que je craignais de vous commettre; mais il me paraît si mesuré, que je crois que je vous l'enverrais, fussiez-vous M. Hérault. Enfin vous me l'ordonnez par votre lettre à M. du Châtelet, et j'obéis. Daignez en juger; *quidquid ligaveris et ego ligabo*[2].

1. Le *Mémoire sur la satire*. (ÉD.) — 2. Matth., XVI, 19. (ÉD.)

Maintenant, monsieur, prenez, s'il vous plaît, des arrangements pour que je puisse vous amuser un peu à Lisbonne. Je veux payer vos bontés de ma petite monnaie. Je vous enverrai des chapitres de *Louis XIV*, des tragédies, etc. Je suis à vous en vers et en prose, et c'est à vous que je dois dire :

> O toi, mon support et ma gloire,
> Que j'aime à nourrir ma mémoire
> Des biens que ta vertu m'a faits,
> Lorsqu'en tout lieu l'ingratitude
> Se fait une *farouche* étude
> De l'oubli honteux des bienfaits!

C'est le commencement d'une ode; mais peut-être n'aimez-vous pas les odes.

Aimez du moins les sentiments de reconnaissance qui m'attachent à vous depuis si longtemps, et dites à ce chancelier [1], qui devrait être le seul chancelier, qu'il doit bien m'aimer aussi un peu, quoiqu'il n'écrive guère, et qu'il n'aime pas tant les belles-lettres que son aîné.

Mme du Châtelet vous fait les plus tendres compliments; elle a brûlé les cartes géographiques qui lui ont prouvé que votre chemin n'est pas par Cirey.

Adieu, monsieur; ne doutez pas de ma tendre et respectueuse reconnaissance.

DCCCLIII. — A M. L'ABBÉ MOUSSINOT.

Avril.

Ne donnez, mon cher ami, de l'argent à personne, sans avis de ma part, excepté à Hébert, joaillier, avec qui je vous prie de terminer un compte. Proposez-lui un petit accommodement d'argent comptant pour des choses qu'il m'a vendues fort cher. J'abandonne cette négociation mercantile à votre prudente économie.

La lettre pour d'Arnaud doit être non avenue; il est arrivé ici sur un cheval de louage. Il a fort mal fait de venir ici seul, de sa tête, chez une dame aussi respectable, dont il n'a pas l'honneur d'être connu; mais il faut pardonner une imprudence attachée à sa jeunesse et à son peu d'éducation.

Ne montrez point, mon ami, mes lettres à Mme de Champbonin. Je vous ai prié de lui offrir un peu d'argent; mais, pour les lettres, c'est un secret de confession. Répondez sur-le-champ à celle-ci; sinon, ne m'écrivez plus à Cirey jusqu'à ce que vous ayez de mes nouvelles.

DCCCLIV. — A MLLE QUINAULT.

19 avril 1739.

[Attend des nouvelles de *Zulime*, dont on apprend les rôles; il voudrait faire quelques corrections. Si on dit qu'il est auteur de *Zulime*,

---

1. M. le comte d'Argenson, chancelier du duc d'Orléans. (Éd.)

il faut dépayser le public pour *Mahomet*, auquel il a enfin trouvé un cinquième acte.]

DCCCLV. — A M. THIERIOT.

A Cirey, le 23 avril.

Je reçois le 21 une lettre de vous du 12; cela n'est pas extraordinaire, si vous êtes négligent à envoyer à la poste, ou bien s'il y a des gens à la poste très-diligents à s'informer des secrets de leurs chers concitoyens.

Je vous prie de faire une petite réflexion avec moi : qui pourrait faire des épigrammes contre Danchet et contre l'abbé d'Olivet, si ce n'est l'abbé Desfontaines? Croyez-vous que, s'il y en a contre vous, elles partent d'une autre source? L'abbé Desfontaines fait plus de vers qu'on ne pense; il en a fait *incognito* toute sa vie, et je sais qu'il est l'auteur de l'épigramme ancienne contre le cardinal de Fleuri, dans laquelle il y a un bon vers qu'on m'a fait le cruel honneur de m'imputer :

Fourbe dans le petit, et dupe dans le grand.

C'est un monstre comme le sphinx; il joint la fureur à l'adresse; mais il pourra enfin succomber sous ses méchancetés.

Envoyez à l'abbé Moussinot l'*Euclide* seulement et le *Brémond*[1]; mais envoyez vite, car nous partons. Jamais Mme d'Aiguillon n'a eu l'*Épître sur l'Homme*, dont je ne suis pas encore content.

Pour celle du *Plaisir*, je l'avais envoyée en Languedoc; mais M. le duc de Richelieu l'avait trouvée extrêmement mauvaise. Au reste, vous me ferez plaisir de me dire ce qu'on reprend dans celle de *l'Homme*. Je crois savoir distinguer les bonnes critiques des mauvaises. Surtout dites-moi si l'on n'a pas tâché d'empoisonner ces ouvrages innocents. Je crains toujours, comme le lièvre, qu'on ne prenne mes oreilles pour des cornes.

A l'égard d'un opéra, il n'y a pas d'apparence qu'après l'enfant mort-né[2] de *Samson*, je veuille en faire un autre; les premières couches m'ont trop blessé.

DCCCLVI. — A M. L'ABBÉ MOUSSINOT.

Cirey, le 25 avril.

Ne parlons plus de Desfontaines; je suis mal vengé, mais je le suis[3];

---

[1]. Auteur de la traduction des *Transactions philosophiques* dont les deux premiers tomes paraissaient alors. (ÉD.)
[2]. La cabale des dévots n'avait pas permis qu'on représentât cet opéra. (ÉD.)
[3]. L'abbé Desfontaines avait donné à M. Hérault, lieutenant général de police, ce désaveu : « Je déclare que je ne suis point l'auteur d'un libelle imprimé qui a pour titre : *la Voltairomanie*, et que je le désavoue en son entier, regardant comme calomnieux tous les faits qui sont imputés à M. de Voltaire dans ce libelle; et que je me croirais deshonoré si j'avais eu la moindre part à cet écrit, ayant pour lui tous les sentiments d'estime dus à ses talents, et que le public lui accorde si justement. Fait à Paris, ce 4 avril 1739, signé *Desfontaines*. » Cette déclaration fut imprimée dans les papiers publics à l'insu de M. de Voltaire : voyez la lettre au marquis d'Argenson, du 4 juin 1739. (*Éd. de Kehl.*)

je regrette le temps que j'ai perdu à obtenir justice. Je dois oublier cet homme-là, et songer à réparer le temps perdu. Mme la marquise du Châtelet et moi irons bientôt en Flandre. Il nous faudra beaucoup d'argent; en avons-nous beaucoup? Je vous prie de donner deux cents francs à Mme de Champbonin, et cela avec la meilleure grâce du monde; plus cent francs au chevalier de Mouhi, en lui disant que vous n'en avez pas davantage; plus cent francs à ce même chevalier, pour une planche d'estampe qu'il promettra de livrer, et qu'il ne livrera peut-être pas; plus au même dix écus pour les nouvelles par lui envoyées. Veut-il deux cents francs par an? Volontiers, promettez-les-lui de nouveau, mais à condition d'être un correspondant véridique et infiniment secret. J'aurais mieux aimé mon d'Arnaud, mais il n'a pas voulu seulement apprendre à former ses lettres; donnez-lui vingt-quatre livres ou dix écus, *et nos ama*.

DCCCLVII. — A FRÉDÉRIC, PRINCE ROYAL DE PRUSSE.

A Cirey, le 25 d'avril.

Monseigneur, j'ai donc l'honneur d'envoyer à Votre Altesse royale la lie de mon vin. Voici les corrections d'un ouvrage qui ne sera jamais digne de la protection singulière dont vous l'honorez. J'ai fait au moins tout ce que j'ai pu; votre auguste nom fera le reste. Permettez encore une fois, monseigneur, que le nom du plus éclairé, du plus généreux, du plus aimable de tous les princes, répande sur cet ouvrage un éclat qui embellisse jusqu'aux défauts mêmes; souffrez ce témoignage de mon tendre respect, il ne pourra point être soupçonné de flatterie. Voilà la seule espèce d'hommages que le public approuve. Je ne suis ici que l'interprète de tous ceux qui connaissent votre génie. Tous savent que j'en dirais autant de vous, si vous n'étiez pas l'héritier d'une monarchie.

J'ai dédié *Zaïre* à un simple négociant[1]; je ne cherchais en lui que l'homme; il était mon ami, et j'honorais sa vertu. J'ose dédier *la Henriade* à un esprit supérieur. Quoiqu'il soit prince, j'aime plus encore son génie que je ne révère son rang.

Enfin, monseigneur, nous partons incessamment, et j'aurai l'honneur de demander les ordres de Votre Altesse royale, dès que la chicane qui nous conduit nous aura laissé une habitation fixe. Mme du Châtelet va plaider pour de petites terres, tandis que probablement vous plaiderez pour de plus grandes, les armes à la main. Ces terres sont bien voisines du théâtre de la guerre que je crains :

Mantua væ miseræ nimium vicina Cremonæ !
  Virg., ecl. IX, v. 28.

Je me flatte qu'une branche de vos lauriers, mise sur la porte du château de Beringhen, le sauvera de la destruction. Vos grands grenadiers ne me feront point de mal, quand je leur montrerai de vos

1. Falkener. (ÉD.)

lettres. Je leur dirai : *Non huc in prælia veni*[1]. Ils entendent *Virgile* sans doute, et s'ils voulaient piller, je leur crierais : *Barbarus has segetes?!* Ils s'enfuiraient alors pour la première fois. Je voudrais bien voir qu'un régiment prussien m'arrêtât! « Messieurs, dirais-je, savez-vous bien que votre prince fait graver *la Henriade*, et que j'appartiens à Émilie? » Le colonel me prierait à souper; mais, par malheur, je ne soupe point.

Un jour, je fus pris pour un espion par les soldats du régiment de Conti; le prince, leur colonel, vint à passer, et me pria à souper au lieu de me faire pendre. Mais actuellement, monseigneur, j'ai toujours peur que les puissances ne me fassent pendre, au lieu de boire avec moi. Autrefois, le cardinal de Fleuri m'aimait, quand je le voyais chez Mme la maréchale de Villars; *altri tempi, altre cure*. Actuellement c'est la mode de me persécuter, et je ne conçois pas comment j'ai pu glisser quelques plaisanteries dans cette lettre, au milieu des vexations qui accablent mon âme, et des perpétuelles souffrances qui détruisent mon corps. Mais votre portrait, que je regarde, me dit toujours : *Macte animo*.

Durum, sed levius fit patientia
Quidquid corrigere est nefas.
Hor., lib. I, od. xxiv, v. 19.

J'ose exhorter toujours votre grand génie à honorer Virgile dans *Nisus* et dans *Euryalus*, et à confondre Machiavel. C'est à vous à faire l'éloge de l'amitié, c'est à vous de détruire l'infâme politique qui érige le crime en vertu. Le mot *politique* signifie, dans son origine primitive, *citoyen*, et aujourd'hui, grâce à notre perversité, il signifie *trompeur de citoyens*. Rendez-lui, monseigneur, sa vraie signification Faites connaître, faites aimer la vertu aux hommes.

Je travaille à finir un ouvrage[3] que j'aurai l'honneur d'envoyer à Votre Altesse royale dès que j'aurai reposé ma tête. Votre Altesse royale ne manquera pas de mes frivoles productions, et tant qu'elles l'amuseront, je suis à ses ordres.

Mme la marquise du Châtelet joint toujours ses hommages aux miens.
Je suis, avec le plus profond respect et la plus grande vénération, monseigneur, etc.

DCCCLVIII. — A M. BERGER.

A Cirey.

Mon cher Berger, que ma négligence ne vous rebute point. Croyez que je sens le prix de vos lettres et de votre amitié, comme si je vous écrivais tous les jours.

Je vous assure que mon Histoire du *Siècle de Louis XIV* serait plus intéressante, si j'y trouvais des anecdotes aussi agréables que celles dont vos lettres sont remplies. Je suis toujours dans l'incertitude du chemin que nous prendrons pour aller en Flandre. Si je passe par

---

1. Virgile, *Æn*., X, 901. (ÉD.) — 2. Virgile, églog. I, vers 72. (ÉD.)
3. *Le Fanatisme ou Mahomet le prophète*. (ÉD.)

Paris, vous croyez bien qu'un de mes plus grands plaisirs sera de vous embrasser. On me mande qu'on fait courir dans ce vilain Paris le commencement de mon Histoire de Louis XIV, et deux *Épîtres* morales très-incorrectes. Je vous enverrais tout cela, et vous auriez la bonne leçon, si le port n'était pas effrayant. Je crois que vous verrez dans l'*Essai sur le Siècle de Louis XIV* un bon citoyen plutôt qu'un bon écrivain. L'objet que je me propose a, me semble, un grand avantage : c'est qu'il ne fournit que des vérités honorables à la nation. Mon but n'est pas d'écrire tout ce qui s'est fait, mais seulement ce qu'on a fait de grand, d'utile, et d'agréable. C'est le progrès des arts et de l'esprit humain que je veux faire voir, et non l'histoire des intrigues de cour et des méchancetés des hommes. Toutes les cabales des courtisans et toutes les guerres se ressemblent assez, mais le siècle de Louis XIV ne ressemble à rien.

On a fait courir une lettre de moi à l'abbé Dubos; c'est une copie bien infidèle; mais il faut que je sois toujours ou calomnié ou mutilé, et qu'on persécute le père et les enfants. Je vous embrasse.

DCCCLIX. — A M. HELVÉTIUS.

Ce 29 avril.

Mon cher ami, j'ai reçu de vous une lettre sans date, qui me vient par Bar-sur-Aube, au lieu qu'elle devait arriver par Vassy. Vous m'y parlez d'une nouvelle *Épître;* vraiment vous me donnez de violents désirs; mais songez à la correction, aux liaisons, à l'élégance continue; en un mot, évitez tous mes défauts. Vous me parlez de Milton; votre imagination sera peut-être aussi féconde que la sienne, je n'en doute même pas; mais elle sera aussi plus agréable et plus réglée. Je suis fâché que vous n'ayez lu ce que j'en dis que dans la malheureuse traduction de mon *Essai* anglais. La dernière édition de *la Henriade*, qu'on trouve chez Prault, vaut bien mieux; et je serais fort aise d'avoir votre avis sur ce que je dis de Milton dans l'*Essai* qui est à la suite du poëme.

« You learn english, for ought I know. Go on; your lot is to be eloquent in every language, and master of every science. I love, I esteem you, I am yours for ever[1]. »

Je vous ai écrit en faveur d'un jeune homme[2] qui me paraît avoir envie de s'attacher à vous. J'ai mille remerciments à vous faire; vous avez remis dans mon paradis les tièdes que j'avais de la peine à vomir de ma bouche[3].... Cette tiédeur m'était cent fois plus sensible que tout le reste[4]. Il faut à un cœur comme le mien des sentiments vifs, ou rien du tout.

Tout Cirey est à vous.

1. « Vous apprenez l'anglais, à ce qu'il me paraît. Continuez; votre destin est d'être éloquent dans toutes les langues, et maître dans toutes les sciences. Je vous aime, je vous estime, et je suis à vous pour toujours. »
2. D'Arnaud. (ÉD.) — 3. *Apocalypse*, III, 16. (ÉD.)
4. Cette phrase, qui semble avoir subi quelque altération, est relative à Thieriot. (ÉD.)

DCCCLX — A M. LE MARQUIS D'ARGENSON.

Le 2 mai.

Je ne sais pas pourquoi j'ai toujours manqué, monsieur, à vous appeler *excellence*, car vous êtes assurément et un excellent négociateur, et un excellent consolateur des affligés, et un excellent juge; mais j'étais si plein des choses que vous avez bien voulu faire pour moi, que j'ai oublié les titres, comme vous les oubliez vous-même. Quand j'ai parlé de *chancelier*, je n'ai fait que jouer sur le mot, car vous avez chez moi tous les droits d'aînesse.

Vous êtes un homme admirable (chargé d'affaires comme vous l'êtes) de vouloir bien encore vous charger de mes misères. Vous êtes donc *magnus in magnis et in minimis*.

Vous pouvez garder le manuscrit que j'ai eu l'honneur de vous faire tenir, et de soumettre à votre jugement; car, si vous en êtes un peu content, il faut qu'il ait place au moins dans le sottisier. Je garde copie de tout, et, s'il est imprimable, il paraîtra avec quelques autres guenilles littéraires.

Vous aimez donc aussi les odes, monsieur. Eh bien! en voici une qui me paraît convenable à un ministre de paix tel que vous êtes.

A l'égard de M. de Valori, cet autre ministre fait pour dîner avec le roi de Prusse, et pour souper avec le prince royal, je vous prie de me recommander à lui auprès de cet aimable prince; et moi je me vanterai auprès de Son Altesse royale de devoir les bontés de M. de Valori à celles dont vous m'honorez. Ainsi toute justice sera accomplie.

Il y a près d'un an que j'ai dit en vers au prince royal ce que vous me dites en prose, et que je lui ai cité *la reine Jacques*[1] (regina Jacobus), qui dédiait ses ouvrages à *l'enfant Jésus*, et qui n'osait secourir le Palatin, son gendre. Mon prince me paraît d'une autre espèce; Il ne tremble point à la vue d'une épée, comme Jacques, et il pense comme il le doit sur la théologie. Il est capable d'imiter Trajan dans ses conquêtes, comme il l'imite dans ses vertus. Si j'étais plus jeune, je lui conseillerais de songer à l'empire, et à le rendre au moins alternatif entre les protestants et les catholiques. Il se trouvera, à la mort de son père, le plus riche monarque de la chrétienté, en argent comptant; mais je suis trop vieux, ou trop raisonnable, pour lui conseiller de mettre son argent à autre chose qu'à rendre ses sujets et lui les plus heureux qu'il pourra, et à faire fleurir les arts. C'est, ce me semble, sa façon de penser. Il me paraît qu'il n'a point l'ambition d'être le roi le plus puissant, mais le plus humain et le plus aimé.

Adieu, monsieur; quand vous voudrez quelques amusements en prose ou en vers, j'ai un gros portefeuille à votre service. Je voudrais vous témoigner autrement ma respectueuse reconnaissance; mais *parvi, parva decus*.

A jamais à vous *ex toto corde meo*, etc.

1. Jacques Ier, roi d'Angleterre. (ÉD.)

DCCCLXI. — A M. LE PRÉSIDENT BOUHIER.

Cirey, pridie nonas (6 mai).

Tibi gratias ago quam plurimas, vir doctissime et optime, de tuo quem mihi promittis *Petronio*[1]. Jam in te miratus sum, priscorum, qui litteras restituerunt et bonas artes, senatorum Budæorum et Thuanorum elegantem et peritissimum æmulatorem, scientiæ penè oblitæ restitutorem, et ætatis tuæ ornamentum. Nunc iter ad Belgas facio, et cras proficiscor cum illustrissima muliere quæ, latinæ linguæ perita, nunc ad græcas litteras avidum doctrinæ animum applicare inchoat, et quæ, geometriæ et physicæ potissimum addicta, eloquentiæ et poeseos lepores non dedignatur, quæque acuto judicio et summa cum voluptate Virgilium, Miltonum et Tassum perlegit, Ciceronem et Addisonum.

Si alicujus libri opus tibi est, qui in his tantum provinciis ad quas pergo reperiundus sit, jubere potes, et mandata tua exsequar. Te veneror, et tuus esse velim.

Mais si vous aviez quelques ordres à donner, quelques commissions pour la Hollande, mon adresse sera à Bruxelles, sous le couvert de Mme la marquise du Châtelet, qui vous estime beaucoup.

DCCCLXII. — A. M. THIERIOT.

A Cirey, le 7 mai.

Je pars demain ou après-demain pour les Pays-Bas, et je ne sais quand je reviendrai dans ma charmante solitude. Je pars malade, et ne reviendrai peut-être point; je compte sur votre amitié, quand je serais encore plus éloigné et plus malade. Je renvoie à M. Moussinot les livres de la Bibliothèque du roi. Je vous prie de vouloir bien présenter mes remercîments à l'abbé Sallier[2].

Le *Démosthène* grec est venu, et je l'emporte, quoique je ne l'entende guère. J'entends Euclide plus couramment, parce qu'il n'y a guère que des présents et des participes, et que d'ailleurs le sens de la proposition est toujours un dictionnaire infaillible. Pour égayer la tristesse de ces études, si cependant il y a quelque étude triste, je vous prie, mon cher ami, de m'envoyer le *Janus*[3] de M. Le Franc; il m'a donné avis qu'il doit arriver par votre canal.

Je vous prie de me conserver dans les bonnes grâces de MM. des Alleurs, Dubos, Mairan, et du petit nombre d'êtres pensants qui ne blasphèment point contre la philosophie, et qui veulent bien penser à moi.

1. Poème de Pétrone sur la guerre civile avec deux épîtres d'Ovide, le tout traduit en vers français. (ÉD.)
2. Claude Sallier, chargé de la garde des manuscrits de la Bibliothèque du roi. (ÉD.)
3. Opéra non représenté. (ÉD.)

DCCCLXIII. — A M. BERGER.

Cirey, ce 7 mai.

Nous partons demain, mon cher correspondant. Dans quelque pays que l'amitié nous conduise, vos lettres me feront toujours du plaisir. Je vous adresse un mot pour M. de Billi dont je ne sais pas la demeure. N'oubliez pas vos amis qui vont plaider dans les Pays-Bas. Adressez, je vous prie, vos lettres à Mme la marquise du Châtelet, à l'*Impératrice*, à Bruxelles. Je n'ai que le temps de vous renouveler les assurances de mon amitié. Je vais m'arranger pour partir. Adieu!

DCCCLXIV. — A M. LE MARQUIS D'ARGENSON.

A Cirey, ce 8 mai, *en partant*.

La Providence m'a fait rester, monsieur, un jour de plus que nous ne pensions, pour me faire recevoir la plus agréable lettre que j'aie reçue depuis que Mme du Châtelet ne m'écrit plus. Je viens de lui lire l'extrait que vous voulez bien nous faire d'un ouvrage dont on doit dire, à plus juste titre que de *Télémaque*, que le bonheur du genre humain naîtrait de ce livre, si un livre pouvait le faire naître.

En mon particulier jugez où vous poussez ma vanité; je trouve toutes mes idées dans votre ouvrage. Ce ne sont point ici seulement les *rêves d'un homme de bien*, comme les chimériques projets du bon abbé de Saint-Pierre, qui croit qu'on lui doit des statues parce qu'il a proposé que l'empereur gardât Naples et qu'on lui ôtât le Mantouan, tandis qu'on lui a laissé le Mantouan et qu'on lui a ôté Naples. Ce n'est pas ici un *projet de paix perpétuelle*, que Henri IV n'a jamais eu; ce n'est point un sermon contre Jules César, qui, selon le bon abbé, n'était qu'un sot, parce qu'il n'entendait pas assez *la méthode de perfectionner le scrutin*; ce n'est pas non plus la colonie de Salente, où M. de Fénelon veut qu'il n'y ait point de pâtissiers, et qu'il y ait sept façons de s'habiller; c'est ici quelque chose de plus réel, et que l'expérience prouve de la manière la plus éclatante. Car, si vous en exceptez le pouvoir monarchique, auquel un homme de votre nom et de votre état ne peut souhaiter qu'un pouvoir immense, aux bornes près, dis-je, de ce pouvoir monarchique aimé et respecté par nous, l'Angleterre n'est-elle pas un témoignage subsistant de la sagesse de vos idées? Le roi avec son parlement est législateur, comme il l'est avec son conseil. Tout le reste de la nation se gouverne selon des lois municipales, aussi sacrées que celles du parlement même. L'amour de la loi est devenu une passion dans le peuple, parce que chacun est intéressé à l'observation de cette loi. Tous les grands chemins sont réparés, les hôpitaux fondés et entretenus, le commerce florissant, sans qu'il faille un arrêt du conseil. Cette idée est d'autant plus admirable dans vous, que vous êtes vous-même de ce conseil, et que l'amour du bien public l'emporte dans votre âme sur l'amour de votre autorité.

Mme du Châtelet, qui, en vérité, est la femme en qui j'ai vu l'esprit le plus universel et la plus belle âme, est enchantée de votre plan.

Vous devriez nous le faire tenir à Bruxelles. Je vous avertis que nous sommes les plus honnêtes gens du monde, et que nous le renverrons incessamment à l'adresse que vous ordonnerez, sans en avoir copié un mot. Je vous étais attaché par les liens d'un dévouement de trente années, et par ceux de la reconnaissance; voici l'admiration qui s'y joint.

Je reçois, cet ordinaire, une lettre d'un prince dont vous seriez le premier ministre, si vous étiez né dans son pays. Il a pris tant de pitié des vexations que j'essuie, qu'il a écrit à M. de La Chétardie en ma faveur. Il l'a prié de parler fortement; mais il ne me mande point à qui il le prie de parler. J'ignore donc les détails du bienfait, et je connais seulement qu'il y a des cœurs généreux. Vous êtes du nombre, *et in capite libri*[1]. Je vous supplie donc de vouloir bien parler à M. de La Chétardie, et de lui dire ce qui conviendra, car vous le savez mieux que moi.

À l'égard de M. Hérault, c'est M. de Meinières, son beau-frère, qui avait depuis longtemps la bonté de le presser pour moi, et il y était engagé par M. d'Argental, mon ancien ami de collége; car j'ai de nouveaux ennemis et d'anciens amis. Depuis dix jours je n'ai point de leurs nouvelles; mais depuis votre dernière lettre, je n'ai plus besoin d'en recevoir de personne.

M. et Mme du Châtelet vous font les plus tendres compliments. Je suis à vous pour jamais, avec la reconnaissance la plus respectueuse, avec tous les sentiments d'estime et d'amitié.

DCCCLXV. — DE FRÉDÉRIC, PRINCE ROYAL DE PRUSSE.

A Ruppin, le 16 mai.

Mon cher ami, j'ai reçu deux de vos lettres presque en même temps, et sur le point de mon départ pour Berlin, de façon que je ne puis répondre qu'en gros à toutes les deux.

Je vous ai une obligation infinie de ce que vous m'avez communiqué les changements que vous avez faits à *la Henriade*. Il n'y a que vous qui soyez supérieur à vous-même; tous les changements que je viens de lire sont très-bons, et je ne cesse de m'étonner de la force que la langue française prend dans vos ouvrages. Si Virgile fût né citoyen de Paris, il n'aurait pu rien faire d'approchant du *combat de Turenne*. Il y a un feu dans cette description qui m'enlève. Avouez-nous la vérité: vous y fûtes présent à ce combat, vous l'avez vu de vos yeux, et vous avez écrit sur vos tablettes chaque coup d'épée porté, reçu, et paré; vous avez noté chacun des gestes des champions, et, par cette force supérieure qu'ont les grands génies, vous avez lu dans leurs cœurs ce que pensaient ces vaillants combattants.

Le Carrache n'eût pas mieux dessiné les attitudes difficiles de ce duel, et Lebrun, avec tout son coloris, n'aurait assurément rien fait de semblable au petit portrait de la réfraction que fait l'aimable, le cher poëte philosophe.

1. *Psalm.* XXXIX, 9. (ÉD.)

L'endroit ajouté au chant septième est encore admirable et très propre à occuper une place dans l'édition que je fais préparer de la *Henriade*. Mais, mon cher Voltaire, ménagez la race des bigots, et craignez vos persécuteurs; ce seul article est capable de vous faire des affaires de nouveau; il n'y a rien de plus cruel que d'être soupçonné d'irréligion. On a beau faire tous les efforts imaginables pour sortir de ce blâme, cette accusation dure toujours; j'en parle par expérience, et je m'aperçois qu'il faut être d'une circonspection extrême sur un article dont les sots font un point principal.

Vos vers sont conformes à la raison, ils doivent ainsi l'être à la vérité; et c'est justement pourquoi les idiots et les stupides s'en formaliseront. Ne les communiquez donc point à votre ingrate patrie; traitez-la comme le soleil traite les Lapons. Que la vérité et la beauté de vos productions ne brillent donc que dans un endroit où l'auteur est estimé et vénéré, dans un pays enfin où il est permis de ne point être stupide, où l'on ose penser et où l'on ose tout dire.

Vous voyez bien que je parle de l'Angleterre. C'est là que j'ai trouvé convenable de faire graver *la Henriade*. Je ferai l'avant-propos, que je vous communiquerai avant de le faire imprimer. Pine composera les tailles-douces, et Knobelsdorf les vignettes. On ne saurait assez honorer cet ouvrage, et on n'en peut assez estimer l'auteur respectable. La postérité m'aura l'obligation de *la Henriade* gravée, comme nous l'avons à ceux qui nous ont conservé l'*Énéide*, ou les ouvrages de Phidias et de Praxitèle.

Vous voulez donc que mon nom entre dans vos ouvrages. Vous faites comme le prophète Élie qui, montant au ciel, à ce qu'en dit l'histoire, abandonna son manteau au prophète Élisée. Vous voulez me faire participer à votre gloire. Mon nom sera comme ces cabanes qui se trouvent placées dans de belles situations; on les fréquente à cause des paysages qui les environnent.

Après avoir parlé de *la Henriade* et de son auteur, il faudrait s'arrêter et ne point parler d'autres ouvrages; je dois cependant vous rendre compte de mes occupations.

C'est actuellement Machiavel qui me fournit de la besogne. Je travaille aux notes sur son *Prince*, et j'ai déjà commencé un ouvrage qui réfutera entièrement ses maximes, par l'opposition qui se trouve entre elles et la vertu, aussi bien qu'avec les véritables intérêts des princes. Il ne suffit point de montrer la vertu aux hommes, il faut encore faire agir les ressorts de l'intérêt, sans quoi il y en a très-peu qui soient portés à suivre la droite raison.

Je ne saurais vous dire le temps où je pourrai avoir rempli cette tâche, car beaucoup de dissipations me viendront à présent distraire de l'ouvrage. J'espère cependant, si ma santé le permet, et si mes autres occupations le souffrent, que je pourrai vous envoyer le manuscrit d'ici à trois mois. *Nisus et Euryale* attendront, s'il leur plaît, que Machiavel soit expédié. Je ne vais que l'allure de ces pauvres mortels qui cheminent tout doucement, et mes bras m'embrassent que peu de matière.

Ne vous imaginez pas, je vous prie, que tout le monde ait cent bras homme Voltaire-Briarée. Un de ses bras saisit la physique, tandis qu'un autre s'occupe avec la poésie, un autre avec l'histoire, et ainsi à l'infini. On dit que cet homme a plus d'une intelligence unie à son corps, et que lui seul fait toute une académie. Ah! qu'on se sentirait tenté de se plaindre de son sort, lorsqu'on réfléchit sur le partage inégal des talents qui nous sont échus! On me parlerait en vain de l'*égalité des conditions*; je soutiendrai toujours qu'il y a une différence infinie entre cet homme universel dont je viens de parler, et le reste des mortels.

Ce me serait une grande consolation, à la vérité, de le connaître; mais nos destins nous conduisent par des routes si différentes, qu'il paraît que nous sommes destinés à nous fuir.

Vous m'envoyez des vers pour la nourriture de mon esprit, et je vous envoie des recettes pour la convalescence de votre corps. Elles sont d'un très-habile médecin que j'ai consulté sur votre santé; il m'assure qu'il ne désespère point de vous guérir; servez-vous de ces remèdes, car j'ai l'espérance que vous en trouverez soulagé.

Comme cette lettre vous trouvera, selon toutes les apparences, à Bruxelles, je peux vous parler plus librement sur le sujet de Son Éminence[1] et de toute votre patrie. Je suis indigné du peu d'égard qu'on a pour vous, et je m'emploierai volontiers pour vous procurer du moins quelque repos. Le marquis de La Chétardie, à qui j'avais écrit, est malheureusement parti de Paris; mais je trouverai bien le moyen de faire insinuer au cardinal ce qu'il est bon qu'il sache, au sujet d'un homme que j'aime et que j'estime.

Le vin de Hongrie et l'ambre partiront dès que je saurai si c'est à Bruxelles que vous fixerez votre étoile errante et la chicane. Mon marchand de vin, Honi, vous rendra cette lettre; mais, lorsque vous voudrez me répondre, je vous prie d'adresser vos lettres au général Borck, à Vesel.

Le cher Césarion, qui est ici présent, ne peut s'empêcher de vous réitérer tout ce que l'estime et l'amitié lui font sentir sur votre sujet.

Vous marquerez bien à la marquise jusqu'à quel point j'admire l'auteur de l'*Essai sur le feu*, et combien j'estime l'amie de M. d Voltaire.

Je suis, avec ces sentiments que votre mérite arrache à tout le monde, et avec une amitié plus particulière encore, votre très-fidèle ami, Fédéric.

DCCCLXVI. — Du même.

Mai.

Mon cher ami, je n'ai qu'un moment à moi pour vous assurer de mon amitié, et pour vous prier de recevoir l'écritoire d'ambre et les bagatelles que je vous envoie. Ayez la bonté de donner l'autre boîte, où il y a le jeu de quadrille, à la marquise. Nous sommes si occupés

1. Le cardinal de Fleuri. (Éd.)

ici, qu'à peine a-t-on le temps de respirer. Quinze jours me mettront en situation d'être plus prolixe.

Le vin de Hongrie ne peut partir qu'à la fin de l'été à cause des chaleurs qui sont survenues. Je suis occupé à présent à régler l'édition de *la Henriade*. Je vous communiquerai tous les arrangements que j'aurai pris là-dessus.

Nous venons de perdre l'homme le plus savant de Berlin, le répertoire de tous les savants d'Allemagne, un vrai magasin de sciences; le célèbre M. de La Croze vient d'être enterré avec une vingtaine de langues différentes, la quintessence de toute l'histoire et une multitude d'historiettes dont sa mémoire prodigieuse n'avait laissé échapper aucune circonstance. Fallait-il tant étudier pour mourir au bout de quatre-vingts ans, ou plutôt ne devait-il point vivre éternellement pour récompense de ses belles études?

Les ouvrages qui nous restent de ce savant prodigieux ne le font pas assez connaître, à mon avis. L'endroit par lequel M. de La Croze brillait le plus, c'était, sans contredit, sa mémoire; il en donnait des preuves sur tous les sujets, et l'on pouvait compter qu'en l'interrogeant sur quelque objet qu'on voulût, il était présent, et vous citait les éditions et les pages où vous trouviez tout ce que vous souhaitiez d'apprendre. Les infirmités de l'âge n'ont diminué en rien les talents extraordinaires de sa mémoire, et, jusqu'au dernier moment de sa vie, il a fait amas de trésors d'érudition, que sa mort vient d'enfouir pour jamais avec une connaissance parfaite de tous les systèmes philosophiques, qui embrassait également les points principaux des opinions jusqu'aux moindres minuties.

M. de La Croze était assez mauvais philosophe; il suivait le système de Descartes, dans lequel on l'avait élevé, probablement par prévention, et pour ne point perdre la coutume qu'il avait contractée, depuis une *septantaine* d'années, d'être de ce sentiment. Le jugement, la pénétration, et un certain feu d'esprit qui caractérise si bien les esprits originaux et les génies supérieurs, n'étaient point du ressort de M. de La Croze; en revanche, une probité égale en toutes ses fortunes le rendait respectable et digne de l'estime des honnêtes gens.

Plaignez-nous, mon cher Voltaire; nous perdons de grands hommes, et nous n'en voyons pas renaître. Il paraît que les savants et les orangers sont de ces plantes qu'il faut transplanter dans ce pays, mais que notre terrain ingrat est incapable de reproduire, lorsque les rayons arides du soleil, ou les gelées violentes des hivers, les ont une fois fait sécher. C'est ainsi qu'insensiblement et par degrés la barbarie s'est introduite dans la capitale de l'univers, après le siècle heureux des Cicéron et des Virgile. Lorsque le poète est remplacé par le poète, le philosophe par le philosophe, l'orateur par l'orateur, alors on peut se flatter de voir perpétuer les sciences; mais, lorsque la mort les ravit les uns après les autres, sans qu'on voie ceux qui peuvent les remplacer dans les siècles à venir, il ne semble point qu'on enterre un savant, mais plutôt qu'on enterre les sciences

Je suis avec tous les sentiments que vous faites si bien sentir à vos amis; et qu'il est si difficile d'exprimer, votre très-fidèle ami, FRÉDÉRIC.

DCCCLXVII. — A FRÉDÉRIC, PRINCE ROYAL DE PRUSSE.

A Louvain, ce 30 mai.

Monseigneur, en partant de Bruxelles, j'ai reçu tout ce qui peut flatter mon âme et guérir mon corps, et c'est à Votre Altesse royale que je le dois.

..........*Deus nobis hæc* munera *fecit.*
Virg., ecl. 1, v. 6.

Vous voulez que je vive, monseigneur; j'ose dire que vous avez quelque raison de ne pas vouloir que le plus tendre de vos admirateurs, le fidèle témoin de ce qui se passe dans votre belle âme, périsse sitôt. *La Henriade* et moi nous vous devrons la vie. Je suis bien plus honoré que ne le fut Virgile; Auguste ne fit des vers pour lui qu'après la mort de son poëte, et Votre Altesse royale fait vivre le sien, et daigne honorer *la Henriade* d'un avertissement de sa main. Ah! monseigneur, qu'ai-je affaire de la misérable bienveillance d'un cardinal que la fortune a rendu puissant? qu'ai-je besoin des autres hommes? Plût à Dieu que je restasse dans l'ermitage du comte de Loo, où je vais suivre Émilie! Nous arrivâmes avant-hier à Bruxelles. Nous voici en route; je ne commencerai que dans quelques jours à jouir d'un peu de loisir; dès que j'en aurai, je mettrai en ordre de quoi amuser quelques quarts d'heure mon protecteur, tandis qu'il s'occupera à ce bel ouvrage, si digne d'un prince comme lui. S'il daigne écrire contre Machiavel, ce sera Apollon qui écrasera le serpent Python. Vous êtes certainement mon Apollon, monseigneur, vous êtes pour moi le dieu de la médecine et celui des vers; vous êtes encore Bacchus, car Votre Altesse royale daigne envoyer de bon vin à Émilie et à son malade. Ayez donc la bonté d'ordonner, monseigneur, que ce présent de Bacchus soit voituré à l'adresse d'un de ses plus dignes favoris : c'est M. le duc d'Aremberg; tout vin doit lui être adressé, comme tout ouvrage vous doit hommage. Il y a certaines cérémonies à Bruxelles pour le vin, dont il nous sauvera. J'espère que je boirai, avec lui, à la santé de mon cher souverain, du vrai maître de mon âme, dont je suis plus réellement le sujet que du roi sous lequel je suis né. Il faut partir; je finis une lettre que mon cœur très-bavard ne m'eût point permis de finir sitôt. Quand je serai arrivé, je donnerai une libre carrière à mes remerciments, et la digne Émilie aura l'honneur d'y joindre les siens. Je ferai serment de docilité au médecin dont Votre Altesse royale a eu la bonté de m'envoyer la consultation. J'écrirai à votre aimable favori, M. de Kaiserling; je remplirai tous les devoirs de mon cœur; je suis à vos pieds, grand prince,

O et præsidium et dulce decus meum!
Hor., lib. 1, od. 1, v. 2.

Je suis en courant, mais avec les sentiments les plus inébranlables de respect, d'admiration, de tendre reconnaissance, monseigneur, etc.

DCCCLXVIII. — AU MÊME.

Mai.

Votre Altesse royale prend le parti des citadelles contre Machiavel; il paraît que l'Empire pense de même, car on a tiré vraiment *douze cents* florins de la caisse pour les réparations de Philisbourg, qui en exigent, dit-on, plus de *douze mille*.

Il n'y a guère de places dans les Deux-Siciles; voilà pourquoi ce pays change si souvent de maître. S'il y avait des Namur, des Valenciennes, des Tournai, des Luxembourg dans l'Italie,

Ch'or giù dall' Alpi non vedrei torrenti
Scender d'armati, nè di sangue tinta
Bever l'onda del Pò gallici armenti;

Nè la vedrei del non *suo* ferro cinta
Pugnar col braccio di straniere genti,
Per servir sempre, o vincitrice, o vinta.

Il faudra bien qu'au printemps prochain l'empereur et les Anglais reprennent ce beau pays; il serait trop longtemps sous la même domination. Ah! monseigneur, heureux qui peut vivre sous vos lois!

J'ai commencé, monseigneur, à prendre de votre poudre. Où il n'y a point de Providence, ou elle me fera du bien. Je n'ai point d'expression pour remercier Marc-Aurèle devenu Esculape.

Je suis avec le plus profond respect et la plus tendre reconnaissance, etc.

DCCCLXIX. — A MME DE CHAMPBONIN.

De Beringhen, juin.

Mon aimable *gros chat*, j'ai reçu votre lettre à Bruxelles. Nous voici en fin fond de Barbarie, dans l'empire de Son Altesse Mgr le marquis de Trichâteau, qui, je vous jure, est un assez vilain empire. Si Mme du Châtelet demeure longtemps dans ce pays-ci, elle pourra s'appeler la reine des sauvages. Nous sommes dans l'auguste ville de Beringhen, et demain nous allons au superbe château de Ham, où il n'est pas sûr qu'on trouve des lits, ni des fenêtres, ni des portes. On dit cependant qu'il y a ici une troupe de voleurs. En ce cas, ce sont des voleurs qui font pénitence; je ne connais que nous de gens volables. Le plénipotentiaire Montors avait assuré M. du Châtelet que les citoyens de son auguste ville lui prêteraient beaucoup d'argent; mais je doute qu'ils pussent prêter de quoi envoyer au marché. Cependant Emilie fait de l'algèbre, ce qui lui sera d'un grand secours dans le cours de sa vie, et d'un grand agrément dans la société. Moi, chétif, je ne sais encore rien, sinon que je n'ai ni principauté ni procès, et que je suis un serviteur fort utile.

P. S. Il faut à présent, gros chat, que vous sachiez que nous revenions du château de Ham, château moins orné que celui de Cirey, et où l'on trouve moins de bains et de cabinets bleu et or; mais il est logeable, et il y a de belles avenues. C'est une assez agréable situation; mais fût-ce l'empire du Cataï, rien ne vaut Cirey. Mme du Châtelet travaille à force à ses affaires. Si le succès dépend de son esprit et de son travail, elle sera fort riche; mais malheureusement tout cela dépend de gens qui n'ont pas autant d'esprit qu'elle. Mon cher gros chat, je baise millfois et vo pattes de velours. Adieu, ma chère amie.

FIN DU TRENTE-TROISIÈME VOLUME.

Coulommiers. — Imp. P. BRODARD et GALLOIS.

RAPPORT

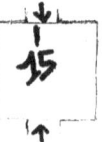

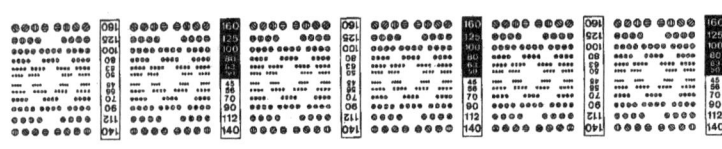

BIBLIOTHEQUE
NATIONALE

CHÂTEAU
de
SABLÉ
1981

www.ingramcontent.com/pod-product-compliance
Lightning Source LLC
Chambersburg PA
CBHW060930230426
43665CB00015B/1901